Ein frommer Mann, der versuchte, nach Gottes Willen zu leben, wohnte in einem Tal auf dem Lande. Eines Tages ging ein starker Regen auf sein Tal nieder, und es gab eine Überschwemmung. Der Mann begab sich vom ersten ins zweite Stockwerk, während der Regen weiter fiel. Schließlich kletterte er auf das Dach.

Ein Rettungsboot kam vorbei und bot an, ihn in Sicherheit zu rudern, doch der Mann schickte die Leute fort und sagte: „Ich habe volles Vertrauen auf Gott. Ich bete und glaube und vertraue, daß er für mich sorgen wird." So verließ ihn das Ruderboot. Der Sturm ging weiter, es regnete unaufhörlich, und bald schon stand ihm das Flutwasser bis zum Hals.

Ein zweites Ruderboot kam zu seiner Rettung. Auch das wurde wieder fortgeschickt. „Ich habe Glauben und vertraue auf Gott. Ich bete und glaube." Es regnete weiter, und das Wasser stieg so hoch, daß der Mann kaum noch durch Mund und Nase atmen konnte.

Ein Hubschrauber flog über ihm und ließ eine Strickleiter zu seiner Rettung hinunter. „Komm rauf", riefen sie, „wir werden dich in Sicherheit bringen." „Nein.", erwiderte er und mit denselben Worten wie zuvor. „Ich habe Glauben an Gott. Ich bete und glaube und vertraue, und ich folge ihm." Und er schickte den Hubschrauber fort. Allerdings regnete es trotzdem weiter, das Wasser stieg und stieg, und schließlich ertrank er in den Fluten.

Er kam in den Himmel, wo ihm nach einer Weile eine Audienz mit Gott gewährt wurde. Er trat ein und durfte vor dem Allmächtigen Platz nehmen. Er begann zu fragen: „Ich hatte so großen Glauben an dich. Ich glaubte so vollständig. Ich betete und versuchte, deinem Willen zu folgen. Ich verstehe das einfach nicht."

Da kratzte Gott sich am Kopf und sagte: „Ich verstehe das auch nicht! Ich schickte dir doch zwei Ruderboote und einen Hubschrauber."

Expresso

Idee:	Hartmut Braunschneider
Redaktion:	Hartmut Braunschneider
Verantwortlich für:	
Vorworte:	Hartmut Braunschneider
Einleitung:	Hartmut Braunschneider
Das System:	Hartmut Braunschneider
Die einzelnen Deliktsformen:	Hartmut Braunschneider
Täterschaft und Teilnahme:	Hartmut Braunschneider
Konkurrenzen:	Hartmut Braunschneider
Gutachtenstil & Übungsklausuren:	Hartmut Braunschneider
Hausarbeiten:	Hartmut Braunschneider
Sachregister:	Hartmut Braunschneider
Werbung:	Hartmut Braunschneider
Bescheidenheit:	Hartmut Braunschneider
Und sonst:	Hartmut Braunschneider
Mitarbeiter Regionalausgabe Köln:	Hartmut Braunschneider
Mitarbeiter der 1.-9. Auflage:	Hartmut Braunschneider
Graphische Konzeption & Black Out:	Hartmut Braunschneider

Druck:
Fortuna Druck, Aschmattstr. 8, 76532 Baden-Baden

Bezug:
Ach*So!* Verlag GmbH, Herbigstraße 4A,
50825 Köln (Ehrenfeld), Tel: 0221 - 550 9370, Fax: 550 9231
Internet: www.achso.de - email: info@achso.de

V.S.O.P.: Hartmut Braunschneider

ISBN 3-933243-16-5

Geleitwort zur Reihe Das Skript

Die **Probleme**, die Ihnen im Jurastudium begegnen, kann man auf einen ziemlich simplen Nenner bringen: **Datenfülle und Komplexität**.

Die **Gründe** hierfür sind ebenfalls leicht zu benennen: Wer sich als Jurist einen Namen machen will, kann dies im aktuellen Wissenschaftssystem nur durch eine möglichst große Anzahl von Veröffentlichungen. **Wer schreibt, der bleibt.** Das bedingt die Datenfülle. Soweit es die Komplexität betrifft, gibt es drei Gründe. Zuerst ist es so, daß nicht alles im Leben einfach *ist*. Zum zweiten *kann* nicht jeder die komplizierten Dinge aus den einfachen erklären. Zum dritten *will* das auch gar nicht jeder, denn was einfach klingt, wird oft als anspruchslos abgestempelt. **Was nichts [an Anstrengung] kostet, ist nichts wert.** Mit dem Einfachen läßt sich deshalb keine wissenschaftliche Reputation erreichen.

Die **Lösung** dieses Dilemmas ist Anliegen der Reihe **Das Skript**.

> Diese Reihe verzichtet darauf, die Anerkennung des Wissenschaftlers zu finden. Sie kann es sich deshalb leisten, Ihnen **die einfachen Dinge einfach** zu erklären und Ihnen **die komplizierten Dinge auf die einfachen zurück** zu führen. Daß Sie dabei den ganzen, klausurrelevanten Stoff verstehen, ist das durchaus beabsichtigte Hauptanliegen.
>
> **Das Skript** kann den **Fundstellenapparat** in überschaubarem Rahmen halten, denn das Einfache braucht keinen Beleg. Es leuchtet Ihnen auch so ein.
>
> **Das Skript** muß **keine wissenschaftliche Auseinandersetzung** führen. Es kann Ihnen deshalb auch klipp und klar sagen, wie Sie sich in einer Klausur am besten verhalten, um maximalen Erfolg zu erzielen. Dazu gibt es Ihnen **Aufbauschemata** und **Formulierungsvorschläge, Musterklausuren** und **Musterhausarbeiten**.

Ihr **Erfolg** bei dieser Vorgehensweise: Sie werden **Jura verstehen**. Und zwar einfach. Unser Erfolg, wenn Sie es verstanden haben: Den über 350.000 bislang verkauften Exemplaren werden weitere hinzugefügt.

Der **Autor** ist Rechtsanwalt beim OLG Köln. Er arbeitet seit rund 15 Jahren als AG-Leiter in der Universität zu Köln. Seine Bücher entstehen und verändern sich im Dialog mit den Kurs-Teilnehmern. Sie berücksichtigen die Erfahrung aus unzähligen Klausurenkorrekturen.

Ihre **Mithilfe** ist sehr gerne gesehen. Am einfachsten geht es, wenn Sie **Vorschläge per email (Braunschneider@achso.de)** machen. Das können z.B. Fragen zu Dingen sein, die Sie hier im Skript **nicht verstanden** haben, es kann sich um Fragen drehen, die im Skript gar **nicht angesprochen** werden. Sollten Sie Fehler finden, sind wir auch für Hinweise darauf dankbar.

Lassen Sie im übrigen Ihrer Phantasie freien Lauf. Nur mit Strafrecht AT sollte es was zu tun haben.

Köln, im März 2000
AchSo! Verlag

Wenn Sie glauben, *Sie* hätten´s nicht drauf, und wenn Sie glauben, *Sie* wären die größte Niete von allen, sollten Sie sich das mal antun:

Zum Buch:

In diesem Buch erfahren Sie die unschätzbaren **Geheimnisse des Scheiterns**, zum Beispiel die Anti-Studienmethodik oder die Klausurtechnik für Versager. Erklärter Zweck dieses Studienratgebers ist die **möglichst ineffektive Vorbereitung** auf das 1. Examen und wie man dessen **Katastrophenpotential voll ausschöpft**.
Aber auch das Versagen im 2. Examen, in der Dissertation und bei Bewerbungen wird bei Befolgung der Ratschläge garantiert.

Aus dem Inhalt:

(Zur Literatur) Wessels, Strafrecht, Bd. 1 Allgemeiner Teil, Bd. 2 Besonderer Teil 1, Bd. 3 Besonderer Teil 2, Bd. 4 Kursiver Teil 5, Bd. 5 Blaugrüner Teil C. Teilweise bereits in 2. Auflage. – (...) Bemerkenswert ist, wie es der Autor versteht, die paar Paragraphen des Strafgesetzbuches auf das Ben-Hur-Format von 1.456 Seiten aufzublasen. Dabei läßt sich die Frage "Schuldig oder Nichtschuldig" viel schnellller mit dem Werfen einer Münze beantworten. Bei richtiger Anwendung von Lynchjustiz, die die Gerichte entlastet, unbürokratisch, schnell und billig ist, kommt es auf die Feststellung der Schuld im übrigen auch nicht mehr an. Für den echten Juraversager sind diese Bände unbrauchbar.

(Zur mündlichen Prüfung) Sorgen Sie für ein negatives Gesprächsklima. Ein Dialog ist der Versuch, zum Konsens zu gelangen, was sich dadurch verhindern läßt, daß man grundsätzlich widerspricht. Kritisieren Sie den Prüfer zum Beispiel so: „Was für eine Scheiß-Frage - darf ich mein erstes Magengeschwür nach Ihnen benennen?". Vergessen Sie aber nicht, auch Ihre Mitkandidaten zu mobben, indem Sie etwa bemerken „Den Versager brauchen Sie erst gar nicht zu fragen".

Die Presse:

„Ein für jeden Studenten und Referendar gleichermaßen unentbehrliches Standwerk." (Prof. Dr. Axel Heimer, in: Stuß 11/1998 zur Vorauflage)

„Dieser Klassiker der Ausbildungsliteratur bekommt schon längst keine Empfehlung mehr. Der van Helsing ist der beste Studienratgeber weit und breit." (RiOLG Guillotine, Präsident des Justizprüfungsamtes, in: Der Studentenjäger 4/1999)

ISBN 3-933243-07-6
DM 19,95 / € 10,20

Inhaltsübersicht

Vorwort I

Ein Geleitwort wird definitionsgemäß nicht vom Verfasser selber, sondern vom Herausgeber, dem Doktorvater, einer anerkannten Fachautorität oder einer sonst geeigneten Persönlichkeit geschrieben. Ein solches Geleitwort - in der Regel nicht mehr als zwei Seiten - umfaßt inhaltlich entweder die Zuordnung der vorliegenden Arbeit in einen größeren Reihen oder Fachzusammenhang oder aber eine kurze wertende bzw. empfehlende Stellungnahme zu Gehalt und Bedeutung der Arbeit; es schließt mit der maschinenschriftlichen Orts-, Datums- und Namensangabe des jeweiligen Autors.

(Theisen, Manuel in: „Wissenschaftliches Arbeiten")

Vorwort II

Das Vorwort hat gewöhnlich die Bedeutung einer Empfehlung, einer Beteuerung dieses oder jenes Außenstehenden, daß die nun folgenden Zeilen von durchaus beachtenswerter Qualität seien.

Wenngleich, und das läßt der geübte Vorwortspezialist leicht einfließen, der Wortgewaltigkeit des Vorwortverfassers zu entnehmen sein müßte, daß zwischen der Qualität des Werkes und der des Vorwortes Welten liegen.

In wenigen Sätzen versucht der Meister des Vorwortes dem Leser das Werk so zu erklären, daß dieser das Buch erleichtert wieder weglegt und es als gelesen erklärt.

(Hildebrandt, Dieter in: „Worte des Statthalters Kohl")

Vorwort III

In vielen gelehrten Werken findet sich im Vorwort die Bemerkung: „Möglichste Vollständigkeit war natürlich überall angestrebt, ob mir dies restlos gelungen, mögen die verehrten Fachkollegen entscheiden." Mein Standpunkt ist nun genau der umgekehrte. Denn ganz abgesehen davon, daß ich die verehrten Fachkollegen natürlich gar nichts entscheiden lasse, möchte ich im Gegenteil sagen: möglichste Unvollständigkeit war überall angestrebt. Man wird vielleicht finden, dies hätte ich gar nicht erst anzustreben brauchen, es wäre mir auch ohne jedes Streben mühelos gelungen. Dennoch verleiht ein solcher bewußter Wille zum Fragment und Ausschnitt, Akt und Torso, Stückwerk und Bruchwerk jeder Darstellung einen ganz besonderen stilistischen Charakter. Wir können die Welt immer nur unvollständig sehen; sie mit Willen unvollständig zu sehen, macht den künstlerischen Aspekt.

(Friedell, Egon in: „Kulturgeschichte der Neuzeit Band 1")

Vorwort IV

Ich bin fett und faul und stolz darauf.

(Garfield in: „Garfield überlebensgroß - Sein drittes Buch")

Inhaltsverzeichnis

1. Teil - Das System

Es gibt ***unendlich viele Probleme***. Man kann aber nur endlich viele lernen. Das bedeutet, daß irgendwann ein Problem kommt, das man nicht gelernt hat. Die eigentlich zwingende Konsequenz aus dieser Überlegung: Man muß nicht die Probleme selbst lernen, sondern den Weg zu ihnen und die Methode, sie zu lösen.

Unendlich viele Probleme kann man nicht lernen.

Ein Problem ist immer die Abweichung von etwas Normalem. Um ein Problem finden und lösen zu können, muß man also das Normale kennen. Was normal ist, kann man aber erst dann beurteilen, wenn man die Zusammenhänge kennt. Die Summe aller Zusammenhänge ist das dahinter stehende System.

Probleme sind Abweichungen vom Normalen.

Aus diesen wenigen Überlegungen ergibt sich schon, daß ***nur*** ein ***systematisches Vorgehen***, nur ein systematisches Lernen ***auch*** ein ***sinnvolles***, ein arbeitsökonomisches ***Vorgehen*** und Lernen sein kann. Um überhaupt verstehen zu können, *was* man lernt, muß man also wissen, *wo* es einzuordnen ist. Grundsätzliche Regel in diesem Zusammenhang: Von oben nach unten, vom Groben zum Feinen, vom Ganzen zum Einzelnen vorgehen. Ein Bild:

Nur systematisches Lernen kann arbeitsökonomisch sein.

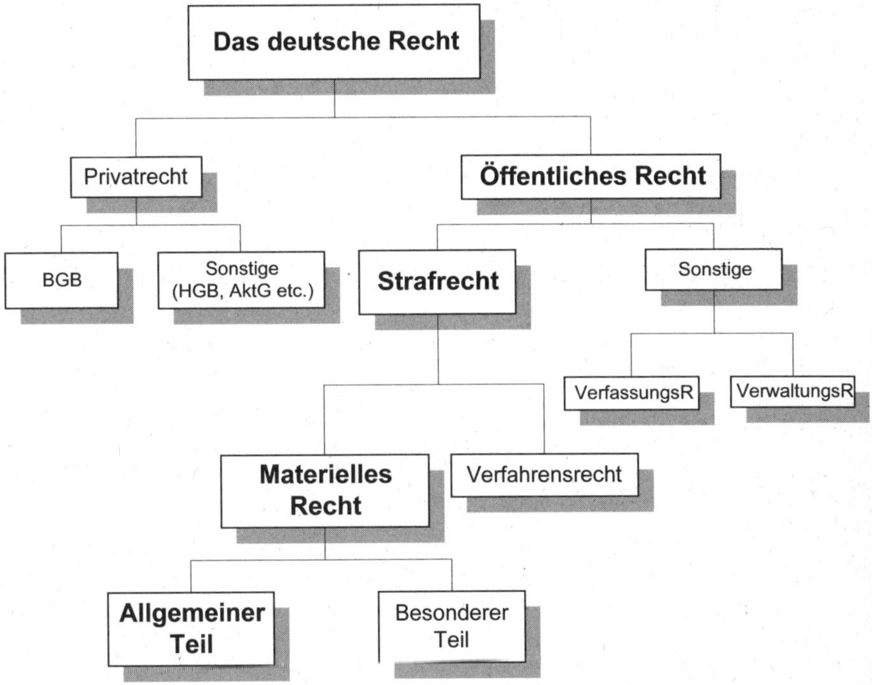

Unterschied zwischen Privatrecht und öffentlichem Recht.

Der Unterschied zwischen dem Privatrecht und dem öffentlichen Recht besteht - vereinfacht - darin, daß es einmal um die Rechtsbeziehungen zwischen gleichberechtigten Rechtssubjekten (im Privatrecht) und zum anderen um solche zwischen Hoheitsträgern und Rechtsunterworfenen geht (öffentliches Recht).

Schlagwortartig kann man sagen:

Privat-Recht =	Verhältnis Bürger zu Bürger
Öffentliches Recht =	Verhältnis Staat zu Bürger

Verschiedene Einteilungsmöglichkeiten.

Es gibt nun verschiedene Möglichkeiten, die zahlreichen Delikte, die sich im Strafgesetzbuch und den anderen strafrechtlichen Vorschriften so rumtreiben, einzuteilen. Die gebräuchlichsten Einteilungsmöglichkeiten sind in der folgenden Abbildung dargestellt.

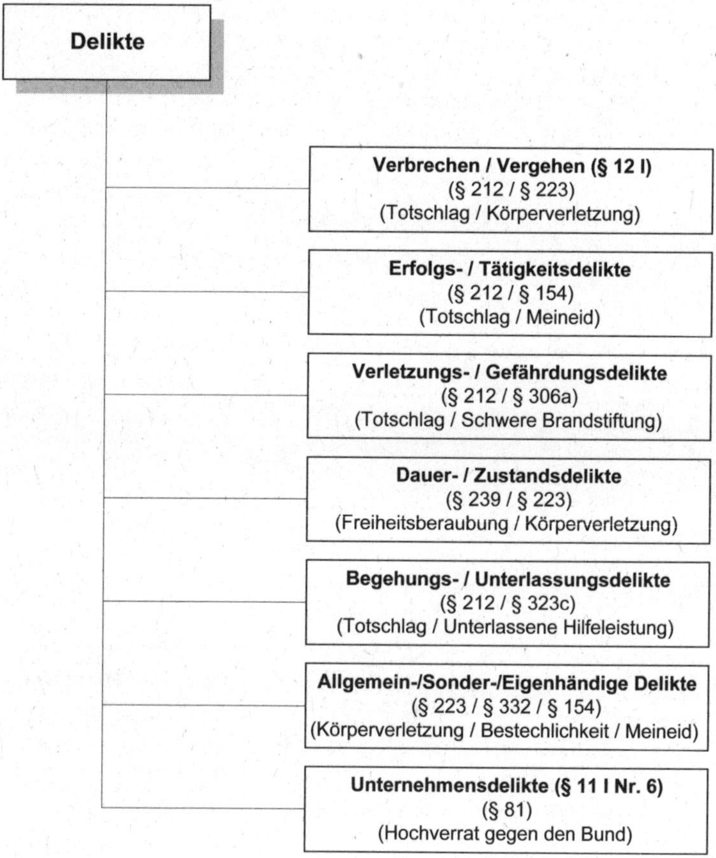

Die Einteilungsmöglichkeiten überschneiden sich, wie man den Beispielen unschwer entnehmen kann. So ist zum Beispiel Totschlag, § 212, sowohl Verbrechen, als auch Erfolgsdelikt, als auch Verletzungsdelikt, als auch Begehungsdelikt, als auch (nicht aufgeführt) Allgemeindelikt.

Deliktseinteilungen überschneiden sich.

Lernen bedeutet Verstehen. Das bedeutet, daß wir hier nachfragen sollten, ***warum*** es diese Einteilungsmöglichkeiten überhaupt gibt. Eine rein akademische Spielerei, Einteilen, weil's so schön ist, sollte man nicht mitmachen. Ist es hier aber auch nicht. Für jede dieser Einteilungsmöglichkeiten gibt es einen guten Grund.

Warum?

Die Unterscheidung zwischen Verbrechen und Vergehen ist bspw. für die Strafbarkeit eines Versuchs wichtig (vgl. § 23 I); die Unterscheidung zwischen Erfolgs- und Tätigkeitsdelikten gewinnt an Bedeutung, wenn es darum geht, wann ein Delikt vollendet ist.

Darum.

Ich verzichte darauf, hier jeden Grund darzustellen: Ich will ja nicht noch eins von den Lehrbüchern schreiben, die wir alle im Regal haben, aber nicht lesen. Bei dem, was ich hier schreibe, werden oft (vor allem inhaltliche) Fragen offenbleiben. Dann ist es angesagt, die Antworten zu suchen. Und nicht zu warten, daß irgendwann die Erkenntnis kommt. Für dieses Suchen sind die vielen dicken Bücher ganz gut.

Im übrigen: Wenn hier und im folgenden Paragraphen genannt werden, dann sollten wir diese nachlesen. Das hat 2 Gründe. Der erste ist der, daß man dann weiß, über was wir überhaupt reden. Und der zweite besagt, daß die Kenntnis des Gesetzes für die Rechtsfindung nicht schädlich ist.

Das muß man gelesen haben!

Nach den Einteilungsmöglichkeiten jetzt zu den verschiedenen ***Deliktsformen***. Unter Deliktsformen im hier benutzten Sprachgebrauch versteht man die ***am Prüfungsaufbau orientierte Unterscheidung*** zwischen einzelnen Delikten.

Deliktsformen haben mit dem Prüfungsaufbau in Klausuren zu tun.

Das bedeutet: Der Prüfungsaufbau eines Deliktes hängt von verschiedenen Umständen ab. Jenachdem, ob ein Delikt vorsätzlich oder fahrlässig begangen, ob es durch ein Tun oder Unterlassen begangen, ob es vollendet oder nur versucht wurde, ist der Prüfungsaufbau zu variieren. Es gibt dabei 8 (A-H) verschiedene Aufbauformen. Alle acht Formen können auf eine Grundform zurückgeführt werden. Die Formen sind in der folgenden Abbildung, die Grundform in der daran anschließenden Abbildung dargestellt.

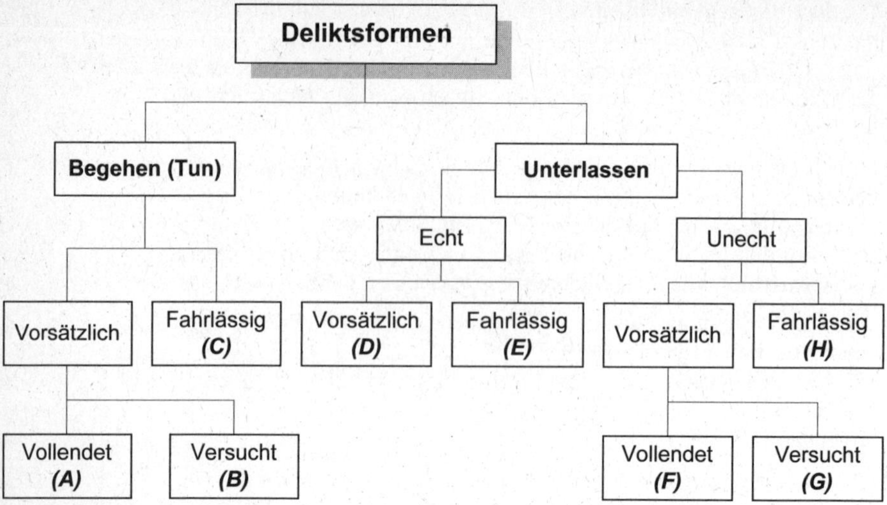

Die Grundform jeder Strafbarkeitsprüfung:

Jetzt ist es wieder an der Zeit, auf die eingangs erwähnte Systematik zurückzukommen. Von oben nach unten, hieß es dort. Und genau das soll hier passieren. Im Moment sind wir oben. Wir haben die 8 Möglichkeiten ein Delikt durchzuprüfen, kennengelernt. Allerdings nur mit dem jeweiligen Oberbegriff („C. Fahrlässiges Begehungsdelikt").

8 Möglichkeiten, ein Delikt durchzuprüfen ...

Wir haben weiterhin gesehen, daß es für alle Deliktsformen eine Grundform gibt, die durchgängig unverändert bleibt. Wir könnten uns jetzt also theoretisch durchaus vorstellen, daß unter jede der 8 Aufbauformen diese Grundstruktur gesetzt wird. Ich verzichte auf eine Darstellung der dann entstehenden Großstruktur; das kann sich jeder selbst ausmalen. Ich beschränke mich auf den Begehungszweig (A-C) und stelle ihn dar, wie er aussehen würde, wenn man die Strukturen kombiniert.

... werden durch eine Grundform ergänzt.

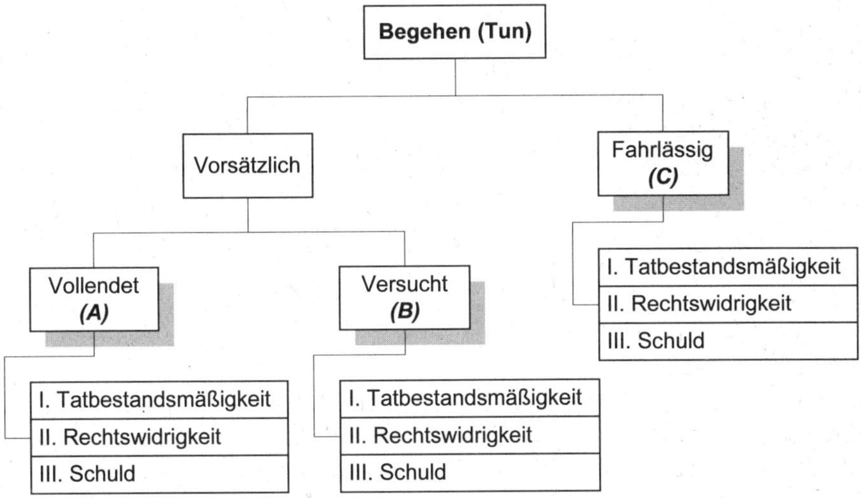

Es gibt also 8 Möglichkeiten, ein Delikt durchzuprüfen. Das hatten wir schon. Aber nur als Oberbegriff. Der folgende Teil beschäftigt sich nun im einzelnen mit jeder dieser 8 Möglichkeiten. Es liegt ihm dabei ein ziemlich simples Konzept zugrunde, das deshalb so simpel ist, weil es auf Praktikabilität bedacht ist. Ich halte mich dabei an die Reihenfolge, die ich durch die alphabetische Benennung festgelegt habe.

Das Konzept des Skriptes sieht so aus:

Zunächst wird jeweils ein ***Aufbauschema*** für die behandelte Deliktsform gebracht. Natürlich nicht einfach nur Tatbestandsmäßigkeit / Rechtswidrigkeit / Schuld, das kennen wir ja inzwischen. Es ist vielmehr ein erweitertes Schema, in dem schon einzelne Problempunkte und Merkmale angesprochen sind.

Zuerst immer ein Aufbauschema.

Dann die dazugehörigen Klausurprobleme.

Anschließend werden dann anhand dieses Schemas die bei einer Prüfung auftretenden (potentiellen) ***Probleme*** behandelt. Natürlich in der Reihenfolge, die durch das Schema vorgegeben ist.

Zur Einordnung obendrüber: das Schema ...

Gleichzeitig wird in einer Kopfzeile das jeweils behandelte Schema etwas verkürzt, bei umfangreichen Schemata in verkleinerter Form dargestellt. Diese Darstellung ist wichtig. Sie dient dazu, daß das Problem ***richtig eingeordnet*** werden kann.

... mit Kennzeichnung des Problemstandorts.

In der Kopfzeile wird der Standort der Erörterungen dadurch gekennzeichnet, daß der entsprechende Teil (durch Fettsetzung oder Graurasterung) hervorgehoben wird. Es empfiehlt sich, ab und an einen Blick auf diese Kopfzeile zu werfen.

Zwei Anmerkungen noch, bevor es losgeht:

1. Es werden natürlich nie alle Probleme, die hier behandelt werden, in einer Klausur gleichzeitig auftauchen. Sinn eines Schemas ist es nur, daß man für den Fall, daß ein Problem auftaucht, dieses Problem auch findet und richtig zuordnet.
2. Die folgenden Ausführungen behandeln selbstverständlich nicht alle Probleme, die irgendwann mal auftauchen können. Sie behandeln aber die wichtigsten und häufigsten.

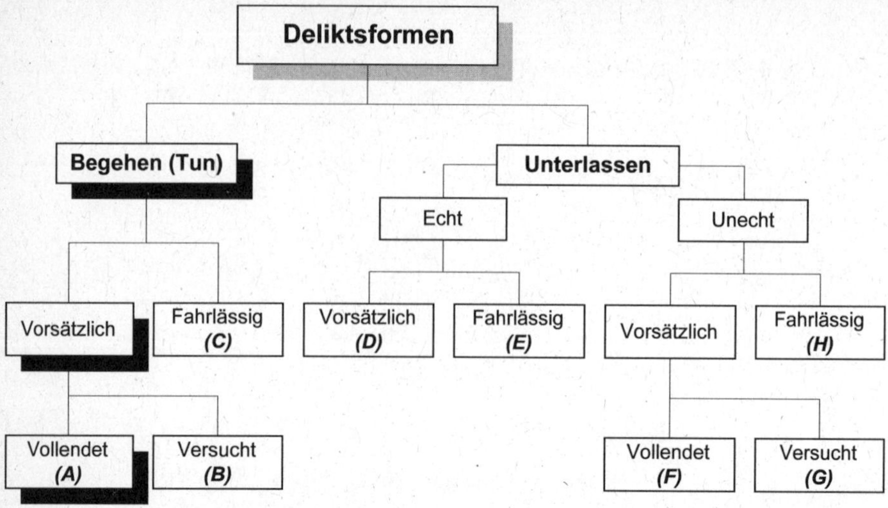

2. Teil - Die einzelnen Deliktsformen

A. Das vollendete vorsätzliche Begehungsdelikt

I. Tatbestandsmäßigkeit

1. Objektiver (äußerer) Tatbestand (TB)

a. Das ***Tatsubjekt*** (= der Handelnde / Täter) - besondere Merkmale des Handelnden (Beamteneigenschaft etc., § 331).

b. Die ***Tathandlung*** (*Wegnahme* beim Diebstahl, § 242) - Begehungsweisen (z.B.: *gewaltsam* beim Raub, § 249) und Tatmittel (*Waffe* bei § 250).

c. Das ***Tatobjekt*** (Sache beim Diebstahl) mit den tb-lich umschriebenen Merkmalen (fremd, beweglich beim Diebstahl)

d. Bei Erfolgsdelikten zusätzlich: Eintritt des ***Taterfolges*** (Tod bei § 212) und ***Verbindung*** dieses Erfolges mit der Täterhandlung (aufgrund eines Schusses etc.) über Kausalität und Zurechnung.

2. Subjektiver (innerer) Tatbestand

a. ***Vorsatz*** (= Wissen und Wollen) bezüglich aller objektiven Merkmale, einschließlich Erfolg und Verbindung von Erfolg und Handlung bei Erfolgsdelikten. Systematischer Standort für eine bestimmte Form von Irrtum des Täters: Tatbestandsirrtum.

b. ***Sonstige subjektive Merkmale*** (Zueignungsabsicht beim Diebstahl). Auch hier Tatbestandsirrtum möglich.

3. Tatbestandsannexe

- Sog. „objektive Bedingungen der Strafbarkeit" (Tod eines Menschen bei § 231 I). Müssen nicht vom subjektiven Tatbestand umfaßt sein.

4. Fälle des § 28 II (dazu am Ende des 3. Teils - Täterschaft und Teilnahme).

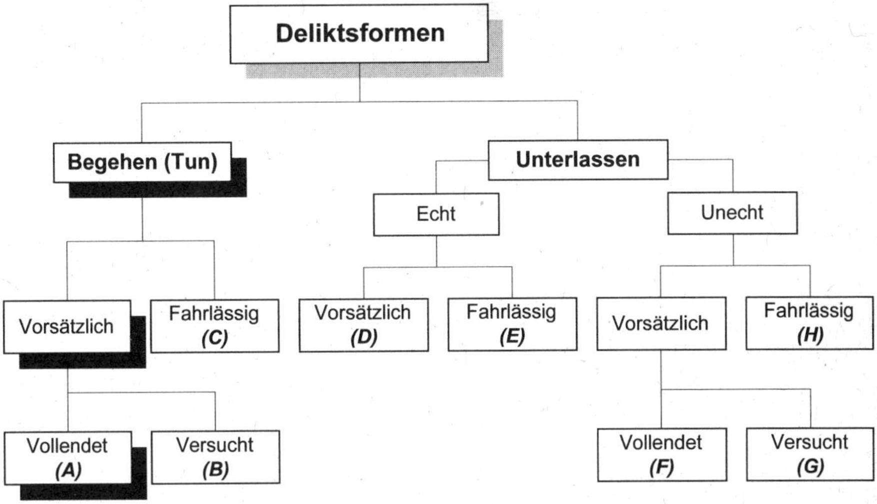

II. Rechtswidrigkeit

1. Wird durch den TB indiziert (Ausnahmen: §§ 240, 253). Das weiß man, schreibt es aber nicht.
2. Ausnahme: Es liegen Rechtfertigungsgründe vor (Notwehr, § 32 etc.).
   a. Obj. Voraussetzungen des Rechtfertigungsgrundes (Notwehr: gegenwärtiger, rechtswidriger Angriff, notwendige Verteidigungshandlung).
   b. Subj. Voraussetzungen des Rechtfertigungsgrundes (Verteidigungswille)

III. Schuld

1. Schuldfähigkeit (Geisteskranke, Kinder). Systematischer Standort für den Einstieg in eine Prüfung der actio libera in causa.
2. Spezielle Schuldmerkmale: selten (Böswilligkeit im § 225 I, str.)
3. Die persönliche Vorwerfbarkeit: das Unrechtsbewußtsein (im weiteren Sinne) des Täters.
   a. Schuldform: Vorsatz. Standort für speziellen Verbotsirrtum: Erlaubnistatbestandsirrtum.
   b. Unrechtsbewußtsein (im engen Sinne). Standort für „normale" Verbotsirrtümer
4. Keine Entschuldigungs-, bzw. Schuldaufhebungsgründe (Notstand, § 35).

IV. Besonderheiten

1. Bestimmte Strafausschließungs- oder Strafaufhebungsgründe (Angehörigeneigenschaft in § 258 VI, tätige Reue in § 306e).
2. Bestimmte Strafverfolgungshindernisse (Strafantrag etc.).
3. Standort für die Prüfung von Regelbeispielen (vgl. dazu die Lösung zur Übungsklausur Nr. 2).

I. Tatbestandsmäßigkeit
1. Objektiver Tatbestand
   a. Das Tatsubjekt
   b. Die Tathandlung
   c. Das Tatobjekt
   d. Der Taterfolg und die Verbindung von Handlung und Erfolg
2. Subjektiver Tatbestand
   a. Vorsatz (= Wissen und Wollen)
   b. Sonstige subjektive Merkmale
3. Tatbestandsannexe
4. Fälle des § 28 II

II. Rechtswidrigkeit (indiziert)
Ausnahme: Rechtfertigungsgründe

III. Schuld
1. Schuldfähigkeit
2. Spezielle Schuldmerkmale
3. Die persönliche Vorwerfbarkeit Unrechtsbewußtsein im weiten Sinne
   a. Schuldform: Vorsatz
   b. Unrechtsbewußtsein im engen Sinne
4. Entschuldigungsgründe

IV. Besonderheiten
1. Strafausschließungs- und aufhebungsgründe
2. Strafverfolgungshindernisse
3. Regelbeispiele

I. Tatbestandsmäßigkeit

Unterschied zwischen Sachverhalt und Tatbestand

Es war jetzt schon desöfteren die Rede vom Tatbestand. Noch nicht gesprochen wurde über den Sachverhalt. Beide sind strikt voneinander zu trennen. Tatbestände stehen im Gesetz, Sachverhalte in der Regel auf grauem Umweltpapier.

Tatbestand = die gesetzlich normierten Voraussetzungen der Strafbarkeit.

Sachverhalt = der Tatsachenstoff des zu beurteilenden Geschehens.

Tatbestand = Gesetz
Sachverhalt = Leben

Das Muster einer Einzelvorschrift des Strafrecht BT

Im übrigen sind alle Strafvorschriften des Besonderen Teils des StGB (des BT) nach demselben Muster gestrickt: „Wer X macht, wird bestraft mit ..." X stellt dabei den Tatbestand dar.

Mini-Exkurs - Allgemeine Systematik des BT

Die Systematik des Strafrecht BT

Der Gesetzgeber ist nicht immer so planlos wie bei der Steuergesetzgebung. Im Besonderen Teil hat er sich von einer ganz bestimmten Systematik leiten lassen, die zu kennen das Verständnis wesentlich vereinfacht. (Wir müssen der Fairnis halber sagen, daß der Gesetzgeber, der das StGB konstruiert hat - 1871 -, mit dem heutigen nicht einen Topf geworfen werden sollte. Gerade bei der Steuergesetzgebung geht es ja auch um, immer nur kurzfristig bedachte Wahlgeschenke an bestimmte Zielgruppen. Das kann gar nicht planvoll sein.)

I. Tatbestandsmäßigkeit
- 1. Objektiver Tatbestand
  - a. Das Tatsubjekt
  - b. Die Tathandlung
  - c. Das Tatobjekt
  - d. Der Taterfolg und die Verbindung von Handlung und Erfolg
- 2. Subjektiver Tatbestand
  - a. Vorsatz (= Wissen und Wollen)
  - b. Sonstige subjektive Merkmale
- 3. Tatbestandsannexe
- 4. Fälle des § 28 II

II. Rechtswidrigkeit (indiziert)
Ausnahme: Rechtfertigungsgründe

III. Schuld
- 1. Schuldfähigkeit
- 2. Spezielle Schuldmerkmale
- 3. Die persönliche Vorwerfbarkeit
  Unrechtsbewußtsein im weiten Sinne
  - a. Schuldform: Vorsatz
  - b. Unrechtsbewußtsein im engen Sinne
- 4. Entschuldigungsgründe

IV. Besonderheiten
- 1. Strafausschließungs- und aufhebungsgründe
- 2. Strafverfolgungshindernisse
- 3. Regelbeispiele

Gruppen nach Thematik zusammengefaßt

Tatbestände, die dieselbe Thematik behandeln, werden zu ***Gruppen*** zusammengefaßt (Thematik „Leben“: §§ 211, 212, 216, 222 etc.; Thematik: „Eigentum“: §§ 242, 244, 247 etc.).

Innerhalb der Gruppen herrschen hierarchische Verhältnisse, d.h., bestimmte Aufbauregeln sind zu berücksichtigen.

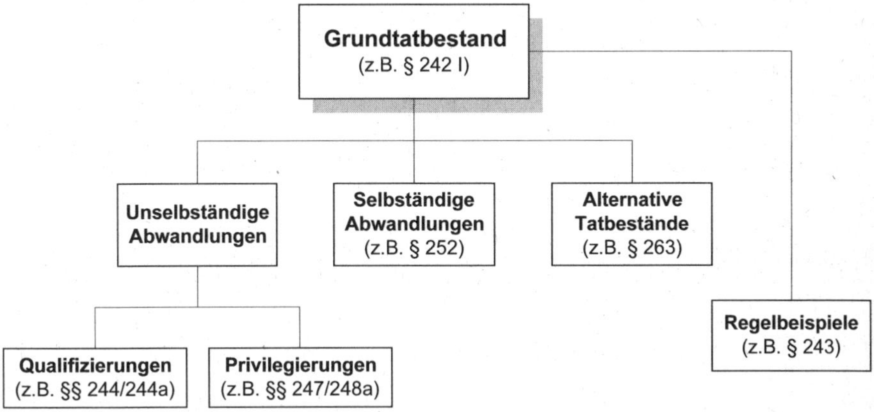

Zwischen den Gruppen (zum Beispiel: Totschlag, § 212 und Diebstahl, § 242) gibt es keine Rangverhältnisse, es gilt als allgemeine Regel, daß die schwerwiegendsten Delikte zuerst geprüft werden (im gerade genannten Beispiel: der Totschlag, vgl. die Strafdrohung).

I. Tatbestandsmäßigkeit
1. Objektiver Tatbestand
   a. Das Tatsubjekt
   b. Die Tathandlung
   c. Das Tatobjekt
   d. Der Taterfolg und die Verbindung von Handlung und Erfolg
2. Subjektiver Tatbestand
   a. Vorsatz (= Wissen und Wollen)
   b. Sonstige subjektive Merkmale
3. Tatbestandsannexe
4. Fälle des § 28 II

II. Rechtswidrigkeit (indiziert)
Ausnahme: Rechtfertigungsgründe

III. Schuld
1. Schuldfähigkeit
2. Spezielle Schuldmerkmale
3. Die persönliche Vorwerfbarkeit
   Unrechtsbewußtsein im weiten Sinne
   a. Schuldform: Vorsatz
   b. Unrechtsbewußtsein im engen Sinne
4. Entschuldigungsgründe

IV. Besonderheiten
1. Strafausschließungs- und aufhebungsgründe
2. Strafverfolgungshindernisse
3. Regelbeispiele

Erläuterungen zur internen Gruppendynamik:

Der Grundtatbestand:

Die Mindestvoraussetzungen eines Deliktes.

Er bildet die Grundform des Deliktstyps. Er enthält die Mindestvoraussetzungen, die dem Delikt sein typisches Gepräge geben und seinen Unrechtsgehalt bestimmen.

Er sagt etwas über den Täter (Tatsubjekt), über das Tatobjekt, über die Tathandlung, über den Taterfolg. Aufbautechnisch ist der Grundtatbestand immer als erstes zu prüfen, es sei denn, es liegt eine selbständige Abwandlung vor. Dann prüft man als erstes (und nur) die selbständige Abwandlung (deshalb heißt die auch „selbständig“).

Die unselbständige Abwandlung:

Einfache Veränderungen: erschwerend und erleichternd - Qualifikationen und Privilegierungen.

Der Gesetzgeber erweitert den Grundtatbestand um spezielle Merkmale (hinsichtlich Zeit/Ort der Tat, der Begehungsweise, der Verwendung bestimmter Mittel, der Beziehung zwischen Täter und Opfer, der Qualität des Täters oder des Opfers etc.). Sie kann privilegierend (erleichternd) und qualifizierend (verschärfend) sein. Das hängt davon ab, ob eine dem Täter günstigere (= privilegierende) oder ungünstigere (= qualifizierende) Rechtsfolge bestimmt ist.

Unselbständig ist sie deshalb, weil die Veränderung nicht zu einer Unabhängigkeit von der Grundform führt, sondern ein rechtliches Stufenverhältnis schafft. Dies ist eine Frage des Einzelfalles (vgl. selbständige Abwandlung). Aufbautechnisch darf die unselbständige Abwandlung nie alleine, sondern immer nur mit dem Grunddelikt geprüft werden.

I. Tatbestandsmäßigkeit
1. Objektiver Tatbestand
   a. Das Tatsubjekt
   b. Die Tathandlung
   c. Das Tatobjekt
   d. Der Taterfolg und die Verbindung von Handlung und Erfolg
2. Subjektiver Tatbestand
   a. Vorsatz (= Wissen und Wollen)
   b. Sonstige subjektive Merkmale
3. Tatbestandsannexe
4. Fälle des § 28 II

II. Rechtswidrigkeit (indiziert)
Ausnahme: Rechtfertigungsgründe

III. Schuld
1. Schuldfähigkeit
2. Spezielle Schuldmerkmale
3. Die persönliche Vorwerfbarkeit
   Unrechtsbewußtsein im weiten Sinne
   a. Schuldform: Vorsatz
   b. Unrechtsbewußtsein im engen Sinne
4. Entschuldigungsgründe

IV. Besonderheiten
1. Strafausschließungs- und aufhebungsgründe
2. Strafverfolgungshindernisse
3. Regelbeispiele

Die selbständige Abwandlung:

Besondere Veränderungen: ein neues Delikt entsteht.

Selbständige Abwandlungen.

Sie liegt dann vor, wenn eine Abwandlung ein neues Delikt mit eigenständigem Unwert bildet. So ist der räuberische Diebstahl, § 252, wertungsmäßig schon so weit vom „normalen" Diebstahl, § 242, entfernt, daß man ihn nicht mehr einfach nur als etwas Unselbständiges begreifen kann. Wann eine Abwandlung selbständig ist, muß im Einzelfall ermittelt werden. Das ist allerdings nicht problematisch, weil es für alle Delikte im Grunde schon lange entschieden ist. Man muß es nur in einem Kommentar nachlesen. Geprüft wird die selbständige Abwandlung ganz alleine (s. Grundtatbestand).

Manchmal ist sie sogar selber ein (neuer) Grundtatbestand (vgl. §§ 252 i.V.m. 250, 251).

Die alternativen Tatbestände:

In mindestens einem zentralen Punkt ganz anders: Alternativtatbestände.

Sie sind in der Weise konstruiert, daß von zwei in Betracht kommenden Tatbeständen *entweder* der eine *oder* der andere (oder keiner), niemals aber beide gleichzeitig erfüllt sein können. (Bsp.: Diebstahl, § 242, und Betrug, § 263. Grund: Diebstahl setzt Wegnahme = Gewahrsamswechsel *gegen* den Willen voraus, (Sach-) Betrug setzt voraus, daß der Täter den Gewahrsam durch einen (wenn auch erschlichen) *einverständlichen* Gewahrsamswechsel – Vermögensverfügung - erhält.)

Die Regelbeispiele:

Sehen aus wie Tatbestände, sind aber keine: die Regelbeispiele.

Sie beschäftigen sich nur mit der Straf*zumessung*, sind also nicht wie die Tatbestände Grundlage einer Straf*barkeit*. Sie sind nur beispielhaft, d.h., der Richter ***kann*** schärfer bestrafen, er muß aber nicht; bei Tatbeständen muß der Richter. Wichtig ist in die-

I. Tatbestandsmäßigkeit
1. Objektiver Tatbestand
   a. Das Tatsubjekt
   b. Die Tathandlung
   c. Das Tatobjekt
   d. Der Taterfolg und die Verbindung von Handlung und Erfolg
2. Subjektiver Tatbestand
   a. Vorsatz (= Wissen und Wollen)
   b. Sonstige subjektive Merkmale
3. Tatbestandsannexe
4. Fälle des § 28 II

II. Rechtswidrigkeit (indiziert)
Ausnahme: Rechtfertigungsgründe

III. Schuld
1. Schuldfähigkeit
2. Spezielle Schuldmerkmale
3. Die persönliche Vorwerfbarkeit
   Unrechtsbewußtsein im weiten Sinne
   a. Schuldform: Vorsatz
   b. Unrechtsbewußtsein im engen Sinne
4. Entschuldigungsgründe

IV. Besonderheiten
1. Strafausschließungs- und aufhebungsgründe
2. Strafverfolgungshindernisse
3. Regelbeispiele

sem Zusammenhang, daß man nicht von *Tatbeständen* und *Tatbestands*merkmalen spricht, wenn ein Regelbeispiel auftaucht.

Hier ein Überblick über die Folgen, die diese Einteilung für den Aufbau von Klausuren und Hausarbeiten hat. Es handelt sich zunächst nur um einen ***groben Überblick.***

Welche Möglichkeiten es im einzelnen gibt, z.B. Grundtatbestand und Qualifikation aufzubauen (es sind drei) und welche davon wann zulässig (nach herrschender Meinung: nur zwei) und sinnvoll sind, werde ich weiter unten näher erläutern (ab Seite 123). Die detaillierte Darstellung können Sie aber erst verstehen, wenn wir wenigstens eine Deliktsform komplett kennengelernt haben. Insoweit muß ich Sie noch um ein wenig Geduld bitten.

Es liegt/liegen vor:	Aufbau:
Privilegierung / Qualifizierung	Erst den Grundtatbestand, dann die Privilegierung / die Qualifikation prüfen.
Selbständige Abwandlung	Sofort das selbständige Delikt prüfen. Regelmäßig ist der Grundtatbestand schon bei einer vorherigen Handlung geprüft worden.
Alternative Tatbestände	Den einen *oder* den anderen Tatbestand prüfen. Nach Bejahung des einen kein Wort mehr über den anderen.
Regelbeispiele	Immer mit dem Grundtatbestand zusammen prüfen (Bsp.: §§ 242 I, 243 I S. 2 Nr. 6; s. dazu im einzelnen unten auf Seite 123.)

I. Tatbestandsmäßigkeit
1. Objektiver Tatbestand
   a. Das Tatsubjekt
   b. Die Tathandlung
   c. Das Tatobjekt
   d. Der Taterfolg und die Verbindung von Handlung und Erfolg
2. Subjektiver Tatbestand
   a. Vorsatz (= Wissen und Wollen)
   b. Sonstige subjektive Merkmale
3. Tatbestandsannexe
4. Fälle des § 28 II

II. Rechtswidrigkeit (indiziert)
Ausnahme: Rechtfertigungsgründe

III. Schuld
1. Schuldfähigkeit
2. Spezielle Schuldmerkmale
3. Die persönliche Vorwerfbarkeit
   Unrechtsbewußtsein im weiten Sinne
   a. Schuldform: Vorsatz
   b. Unrechtsbewußtsein im engen Sinne
4. Entschuldigungsgründe

IV. Besonderheiten
1. Strafausschließungs- und aufhebungsgründe
2. Strafverfolgungshindernisse
3. Regelbeispiele

1. Objektiver Tatbestand

- Überblick

Der objektive Tatbestand kennzeichnet das nach außen Sichtbare einer Straftat. Dazu gehört zunächst der *Täter* (das Tatsubjekt), der sich in einer bestimmten Weise verhält, das *Opfer* (das Tatobjekt), das durch das Verhalten in Mitleidenschaft gezogen wird, und das *Verhalten* selbst (die Tathandlung), das als strafwürdig angesehen wird.

Es gibt: den ***Täter*** das ***Opfer*** das ***Verhalten*** ...

Reicht das Verhalten allein für die Strafwürdigkeit nicht aus, gehört oft auch noch ein *Effekt* (der Taterfolg) dazu, der auf dem Verhalten *beruhen* muß (die Verbindung von Tathandlung und Taterfolg). Zuletzt ist es manchmal so, daß ein bestimmtes Verhalten nur in einer bestimmten *Situation* strafwürdig ist: das Unterlassen von Hilfeleistung etwa setzt die Notlage eines anderen voraus (vgl. § 323c).

... manchmal auch den ***Effekt*** und die ***Situation***.

a. Das Tatsubjekt - Merkmale des Handelnden

Die meisten Delikte kann tatbestandlich jeder Mensch begehen. Es gibt aber auch Delikte, die voraussetzen, daß der Täter bestimmte Merkmale in seiner Person erfüllt. Insbesondere sind hier die Amtsdelikte zu nennen. Täter einer Bestechlichkeit kann nur ein Amtsträger sein, vgl. § 332. Dieses Element des objektiven Tatbestandes ist aus der Sicht des Strafrecht AT unproblematisch. Entweder der Täter erfüllt das besondere Merkmal (ist z.B. Amtsträger) oder er erfüllt es nicht. Das läßt sich mit der Kenntnis der Definitionen aus dem Strafrecht BT unschwer feststellen.

Grundsätzlich kann ***jeder*** Täter sein.

I. Tatbestandsmäßigkeit
1. Objektiver Tatbestand
   a. Das Tatsubjekt
   b. Die Tathandlung
   c. Das Tatobjekt
   d. Der Taterfolg und die Verbindung von Handlung und Erfolg
2. Subjektiver Tatbestand
   a. Vorsatz (= Wissen und Wollen)
   b. Sonstige subjektive Merkmale
3. Tatbestandsannexe
4. Fälle des § 28 II

II. Rechtswidrigkeit (indiziert)
Ausnahme: Rechtfertigungsgründe

III. Schuld
1. Schuldfähigkeit
2. Spezielle Schuldmerkmale
3. Die persönliche Vorwerfbarkeit Unrechtsbewußtsein im weiten Sinne
   a. Schuldform: Vorsatz
   b. Unrechtsbewußtsein im engen Sinne
4. Entschuldigungsgründe

IV. Besonderheiten
1. Strafausschließungs- und aufhebungsgründe
2. Strafverfolgungshindernisse
3. Regelbeispiele

b. Die Tathandlung

Welche Handlung strafbar ist, folgt ohne weiteres aus dem Gesetz.

Die gesetzlichen Tatbestände beschreiben eine bestimmte Handlung des Täters. (In § 212 I z.B. besteht diese Handlung im Töten.) Dieses Merkmal scheint zunächst unproblematisch. Entweder der Täter handelt und diese Handlung entspricht der im Tatbestand beschriebenen Handlung oder sie entspricht ihr nicht.

Problematisch wird's erst bei den Unterlassungsdelikten.

Manchmal ist es aber auch etwas kniffeliger. Die Probleme liegen einmal darin, daß eine Handlung sowohl in einem Tun als auch in einem Unterlassen liegen kann. Dieses Problem wird uns aber erst später beschäftigen (bei den Unterlassungsdelikten). Hier gehen wir zunächst nur auf das Tun als Handlung ein.

Handlungslehren sind in Klausuren nicht besonders interessant. Ihre Ergebnisse werden einfach benutzt, aber nicht begründet.

Aber auch beim Tun ist die Frage, was genau eine Handlung ist, nicht unumstritten. Ich folge hier der sog. sozialen Handlungslehre, da man mit ihr in allen Fällen zurechtkommt. Die verschiedenen ***Handlungslehren***, die es sonst noch gibt (kausal, final, personal) ***sind*** - ebenso wie die soziale - ***reine Zweckbegriffe***. Man will damit bestimmte Dinge in den Griff kriegen. Es gibt also nicht eine richtige oder eine wahre, es gibt nur praktische und weniger praktische. Als Student(in) muß man sich damit aber nicht abplagen. Es genügt, wenn man in Zweifelsfällen die folgende Definition kennt, bringt und anwendet. *Daß* man damit einer bestimmten Lehre gefolgt ist, erkennt ein Korrektor sofort: Das muß man nicht begründen.

Definition: Unter einer ***Handlung*** versteht man ein willensgetragenes, sozialerhebliches, menschliches Verhalten.

I. Tatbestandsmäßigkeit
1. Objektiver Tatbestand
   a. Das Tatsubjekt
   b. Die Tathandlung
   c. Das Tatobjekt
   d. Der Taterfolg und die Verbindung von Handlung und Erfolg
2. Subjektiver Tatbestand
   a. Vorsatz (= Wissen und Wollen)
   b. Sonstige subjektive Merkmale
3. Tatbestandsannexe
4. Fälle des § 28 II

II. Rechtswidrigkeit (indiziert)
Ausnahme: Rechtfertigungsgründe

III. Schuld
1. Schuldfähigkeit
2. Spezielle Schuldmerkmale
3. Die persönliche Vorwerfbarkeit
   Unrechtsbewußtsein im weiten Sinne
   a. Schuldform: Vorsatz
   b. Unrechtsbewußtsein im engen Sinne
4. Entschuldigungsgründe

IV. Besonderheiten
1. Strafausschließungs- und aufhebungsgründe
2. Strafverfolgungshindernisse
3. Regelbeispiele

Es sind also drei Merkmale zu prüfen:

- ***Menschliches Verhalten.*** Dieser Punkt schließt aus, daß Tiere oder Naturereignisse auf Strafbarkeit hin überprüft werden können (ein Tier tötet einen Menschen). Wir haben das indirekt schon gesagt, wenn wir als *Tatsubjekt* nur Menschen genannt hatten.

Ein Mensch ...

- ***Willensgetragenes Verhalten.*** Liegt nicht vor bei Bewegungen im Schlaf, Reflexen oder Bewegungen infolge sog. absoluter Gewalt (O wird von T auf den X geworfen; X stirbt an den Folgen. O hat nicht gehandelt.)

... will ...

- ***Sozialerhebliches Verhalten.*** Wenn T auf vertrauten Fuß mit dem Satan steht, diesen nachts beschwört, daß er den O holen solle und O anderntags tot gefunden wird, stellt sich die Frage: Wo zum Teufel ist O? Hier liegt kein sozialerhebliches Verhalten vor.

... etwas Sozialerhebliches.

Die Frage, *ob* eine Handlung vorliegt oder nicht, ist extrem selten zu erörtern. Denn meistens ist es so, daß man z.B. Tierhandlungen oder Reflexe nicht *ernsthaft* auf Strafbarkeit untersuchen kann, ohne sich selbst lächerlich zu fühlen. Denkbar ist eher eine Erörterung der stark wertungsabhängigen Sozialerheblichkeit. Normalerweise gilt für die Frage der Handlungsqualität als solcher: ***Kein Wort darüber!*** Wir werden später noch einmal auf die aufbautechnischen Unterschiede zwischen der kausalen und finalen (die im Aufbau der sozialen entspricht) Handlungslehre zurückkommen, weil man damit einige Probleme besser verstehen kann (ab Seite 125).

Wir decken darüber den Mantel des Schweigens.

I. Tatbestandsmäßigkeit
1. Objektiver Tatbestand
   a. Das Tatsubjekt
   b. Die Tathandlung
   c. Das Tatobjekt
   d. Der Taterfolg und die Verbindung von Handlung und Erfolg
2. Subjektiver Tatbestand
   a. Vorsatz (= Wissen und Wollen)
   b. Sonstige subjektive Merkmale
3. Tatbestandsannexe
4. Fälle des § 28 II

II. Rechtswidrigkeit (indiziert)
Ausnahme: Rechtfertigungsgründe

III. Schuld
1. Schuldfähigkeit
2. Spezielle Schuldmerkmale
3. Die persönliche Vorwerfbarkeit
   Unrechtsbewußtsein im weiten Sinne
   a. Schuldform: Vorsatz
   b. Unrechtsbewußtsein im engen Sinne
4. Entschuldigungsgründe

IV. Besonderheiten
1. Strafausschließungs- und aufhebungsgründe
2. Strafverfolgungshindernisse
3. Regelbeispiele

c. Das Tatobjekt

Das Tatobjekt wird im Gesetz beschrieben.

In einigen Tatbeständen reicht es nicht, daß der Täter *etwas* tut (Meineid, § 154), sondern es ist darüber hinaus erforderlich, daß er dieses „etwas" einem bestimmten Objekt antut. So verbietet z.B. § 176 I den Mißbrauch des Objektes „Kind", § 303 das Beschädigen oder Zerstören des Objektes „Sache". Diese Objekte sind in aller Regel noch genau umschrieben. § 176 verbietet den Mißbrauch einer „Person unter 14 Jahre (Kind)", § 303 die Manipulation einer „fremden" Sache. Auch hier gibt es keine Probleme, die im Rahmen des StGB AT an Bedeutung gewinnen.

d. Eintritt des Erfolgs und Verbindung zwischen Handlung und Erfolg

Problematisch ist die Verbindung von Handlung und Taterfolg.

Ganz anders dagegen dieser Prüfungspunkt. Der hat Probleme satt. Bevor wir diese im einzelnen behandeln, einige grundsätzliche Dinge vorweg: Es gilt die Begriffe *Handlung* und *Erfolg* gegeneinander abzugrenzen.

Handlung = willensgetragenes, sozialerhebliches, menschliches Verhalten

Erfolg = Ereignis in der Außenwelt, das nicht mit der Handlung identisch ist

Manchmal ist es schwer, die Handlung vom Erfolg zu unterscheiden..

Soweit es die Handlung betrifft, ist das natürlich dieselbe Definition, die wir gerade schon kennengelernt haben. Ich bringe sie hier nur noch einmal des Zusammenhanges wegen. Wann etwas ein Erfolg ist, ist manchmal einfach (bei den Tötungsdelikten der eingetretene pathologische Zustand), manchmal aber auch ziem-

I. Tatbestandsmäßigkeit
  1. Objektiver Tatbestand
    a. Das Tatsubjekt
    b. Die Tathandlung
    c. Das Tatobjekt
    d. Der Taterfolg und die Verbindung von Handlung und Erfolg
  2. Subjektiver Tatbestand
    a. Vorsatz (= Wissen und Wollen)
    b. Sonstige subjektive Merkmale
  3. Tatbestandsannexe
  4. Fälle des § 28 II

II. Rechtswidrigkeit (indiziert)
  Ausnahme: Rechtfertigungsgründe

III. Schuld
  1. Schuldfähigkeit
  2. Spezielle Schuldmerkmale
  3. Die persönliche Vorwerfbarkeit Unrechtsbewußtsein im weiten Sinne
    a. Schuldform: Vorsatz
    b. Unrechtsbewußtsein im engen Sinne
  4. Entschuldigungsgründe

IV. Besonderheiten
  1. Strafausschließungs- und aufhebungsgründe
  2. Strafverfolgungshindernisse
  3. Regelbeispiele

---

lich schwierig (ist die Wegnahme beim Diebstahl (nur) eine Handlung oder ein - zusätzlicher - Erfolg?).

Es genügt nun aber nicht, daß überhaupt irgendeine Handlung irgendwie mit irgendeinem Erfolg zusammentrifft, sondern es tritt ein zusätzliches Erfordernis bei Erfolgsdelikten hinzu:

Frisch an´s Werk.

Der Erfolg muß das „Werk" des Täters sein.

Dies ist ein (meistens) *ungeschriebenes Merkmal* des obj. Tatbestandes. Manchmal (meist bei den Fahrlässigkeitsdelikten) schreibt der Gesetzgeber aber auch etwas darüber (§ 222: Wer ... verursacht ...)

Was man schwarz auf weiß besitzt, kann man getrost nach Hause tragen.

Man kann hier jetzt unterscheiden: Es gibt 2 Fallgruppen, die völlig unproblematisch sind. Und es gibt 4 Fallgruppen, die ziemlich problematisch sind. In dieser Reihenfolge also weiter. Ich gehe dabei jetzt so vor, daß ich zunächst Beispielsfälle darstelle und jeweils eine Skizze anfertige. Danach werden wir uns die zur Lösung nötigen Kriterien überlegen, um letztlich die einzelnen Fälle auch zu lösen.

I. Tatbestandsmäßigkeit
1. Objektiver Tatbestand
   a. Das Tatsubjekt
   b. Die Tathandlung
   c. Das Tatobjekt
   d. Der Taterfolg und die Verbindung von Handlung und Erfolg
2. Subjektiver Tatbestand
   a. Vorsatz (= Wissen und Wollen)
   b. Sonstige subjektive Merkmale
3. Tatbestandsannexe
4. Fälle des § 28 II

II. Rechtswidrigkeit (indiziert)
Ausnahme: Rechtfertigungsgründe

III. Schuld
1. Schuldfähigkeit
2. Spezielle Schuldmerkmale
3. Die persönliche Vorwerfbarkeit
   Unrechtsbewußtsein im weiten Sinne
   a. Schuldform: Vorsatz
   b. Unrechtsbewußtsein im engen Sinne
4. Entschuldigungsgründe

IV. Besonderheiten
1. Strafausschließungs- und aufhebungsgründe
2. Strafverfolgungshindernisse
3. Regelbeispiele

Unproblematische Fälle:

Keine Kausalität: kein Problem.

Fall 1: T schaltet das Fernsehen ein. In genau demselben Augenblick stirbt in New York der O bei einem Verkehrsunfall.

aa. Keine Kausalität: Handlung und Erfolg haben nichts miteinander zu tun.

Normale Kausalität: auch kein Problem.

Fall 2: T mischt O eine tödliche Dosis Gift ins Essen. O stirbt daran.

bb. Normale Kausalität: Handlung und Erfolg hängen direkt zusammen.

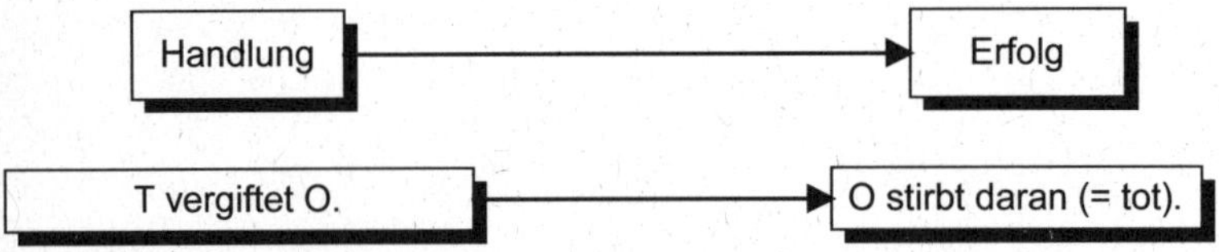

I. Tatbestandsmäßigkeit
1. Objektiver Tatbestand
   a. Das Tatsubjekt
   b. Die Tathandlung
   c. Das Tatobjekt
   d. Der Taterfolg und die Verbindung von Handlung und Erfolg
2. Subjektiver Tatbestand
   a. Vorsatz (= Wissen und Wollen)
   b. Sonstige subjektive Merkmale
3. Tatbestandsannexe
4. Fälle des § 28 II

II. Rechtswidrigkeit (indiziert)
Ausnahme: Rechtfertigungsgründe

III. Schuld
1. Schuldfähigkeit
2. Spezielle Schuldmerkmale
3. Die persönliche Vorwerfbarkeit
   Unrechtsbewußtsein im weiten Sinne
   a. Schuldform: Vorsatz
   b. Unrechtsbewußtsein im engen Sinne
4. Entschuldigungsgründe

IV. Besonderheiten
1. Strafausschließungs- und aufhebungsgründe
2. Strafverfolgungshindernisse
3. Regelbeispiele

Problematische Fälle:

Fall 3: T mischt O eine tödliche Dosis Gift ins Essen. X mischt ebenfalls eine tödliche Dosis in O's Essen. Beide wissen nichts voneinander. O stirbt. Die Gifte wirken gleichzeitig.

2 volle Ursachen: 1 halbes Problem.

cc. Doppelkausalität: Zwei unabhängige Handlungen führen gleichzeitig den Erfolg herbei. Jede für sich hätte ausgereicht.

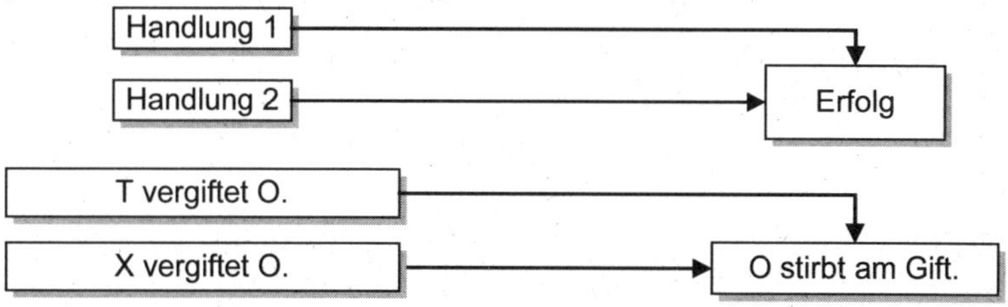

Fall 4: T mischt O die Hälfte der Dosis Gift ins Essen, die für eine Tötung notwendig wäre. Er glaubt, diese Dosis reiche zur Tötung. X mischt O ebenfalls die Hälfte der Dosis Gift ins Essen, die für eine Tötung notwendig wäre. Auch er glaubt, diese Dosis reiche. Beide Gifte zusammen führen zum Tode des O.

Fall 4a: T schießt mit Tötungsvorsatz auf O. Er trifft ihn nur mit einem Streifschuß. Trotzdem kommt O um's Leben, weil er Bluter ist. Dies wußte T nicht.

2 halbe Ursachen: 1 volles Problem.

I. Tatbestandsmäßigkeit
1. Objektiver Tatbestand
   a. Das Tatsubjekt
   b. Die Tathandlung
   c. Das Tatobjekt
   d. Der Taterfolg und die Verbindung von Handlung und Erfolg
2. Subjektiver Tatbestand
   a. Vorsatz (= Wissen und Wollen)
   b. Sonstige subjektive Merkmale
3. Tatbestandsannexe
4. Fälle des § 28 II

II. Rechtswidrigkeit (indiziert)
Ausnahme: Rechtfertigungsgründe

III. Schuld
1. Schuldfähigkeit
2. Spezielle Schuldmerkmale
3. Die persönliche Vorwerfbarkeit
   Unrechtsbewußtsein im weiten Sinne
   a. Schuldform: Vorsatz
   b. Unrechtsbewußtsein im engen Sinne
4. Entschuldigungsgründe

IV. Besonderheiten
1. Strafausschließungs- und aufhebungsgründe
2. Strafverfolgungshindernisse
3. Regelbeispiele

---

dd. Kumulative (atypische) Kausalität: Zwei unabhängige Handlungen zusammen führen gleichzeitig den Erfolg herbei. Jede für sich hätte nicht ausgereicht.

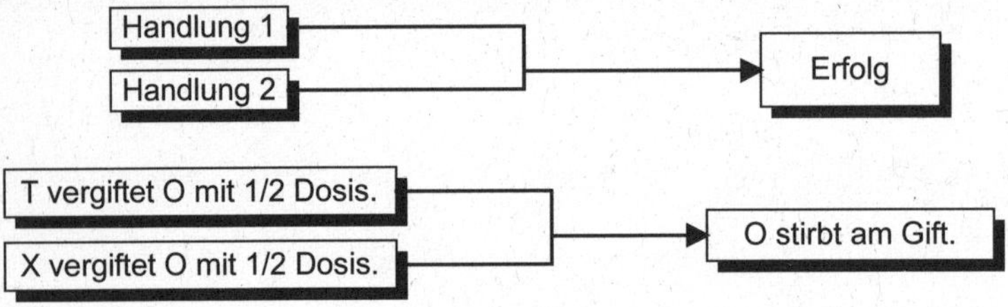

eins *statt* eins ...
... bzw. ...
... eins
und vielleicht
noch eins ...
... bleibt eins.

Fall 5: T mischt O eine tödliche Dosis Gift ins Essen. Bevor das Gift wirken kann, wird O von X erschossen.
Fall 6: T mischt O eine tödliche Dosis Gift ins Essen. O stirbt daran. Wäre O nicht am Gift gestorben, hätte er an einer bereits fest gebuchten Schiffsreise teilgenommen. Das Schiff rammt einen Eisberg und säuft ab. Alle Passagiere kommen ums Leben. (Bis auf O, aber der ist schon vorher tot.)

ee. Überholende (abbrechende) Kausalität: Eine Handlung hätte den Erfolg herbeigeführt, wenn nicht eine andere den Erfolg herbeigeführt hätte, bevor die erste Handlung wirken kann.

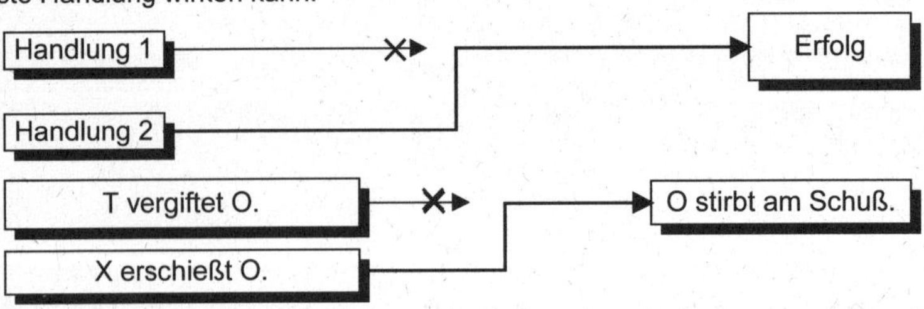

I. Tatbestandsmäßigkeit
1. Objektiver Tatbestand
   a. Das Tatsubjekt
   b. Die Tathandlung
   c. Das Tatobjekt
   d. Der Taterfolg und die Verbindung von Handlung und Erfolg
2. Subjektiver Tatbestand
   a. Vorsatz (= Wissen und Wollen)
   b. Sonstige subjektive Merkmale
3. Tatbestandsannexe
4. Fälle des § 28 II

II. Rechtswidrigkeit (indiziert)
Ausnahme: Rechtfertigungsgründe

III. Schuld
1. Schuldfähigkeit
2. Spezielle Schuldmerkmale
3. Die persönliche Vorwerfbarkeit
   Unrechtsbewußtsein im weiten Sinne
   a. Schuldform: Vorsatz
   b. Unrechtsbewußtsein im engen Sinne
4. Entschuldigungsgründe

IV. Besonderheiten
1. Strafausschließungs- und aufhebungsgründe
2. Strafverfolgungshindernisse
3. Regelbeispiele

ee. Hypothetische Kausalität: Die Handlung des Täters führt den Erfolg herbei. Eine andere Ursache hätte den Erfolg aber wenig später auch herbeigeführt.

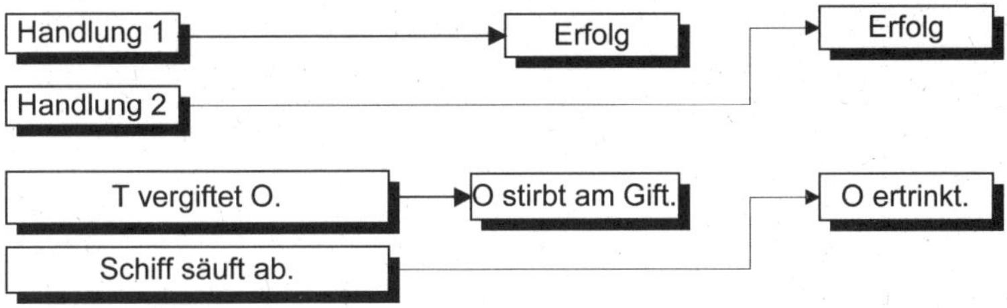

Nachdem die problematischen und unproblematischen Fälle anhand von Beispielsfällen und Skizzen vorgestellt wurden, wollen wir die Beispielsfälle jetzt lösen. Wir sollten aber nicht versäumen, uns zwischendrin kurz klar zu machen, daß sich jedes komplexe Problem leichter lösen läßt, wenn man es sich optisch veranschaulicht. Das war der Sinn der Skizzen. Komplex ist im übrigen jedes Problem, das mehr als 2 Elemente (Täter, Opfer, Ursachen, Mittel etc.) hat.

Je komplexer ein Problem ist, umso notwendiger wird eine Skizze.

Vorüberlegung: Die Verbindung von Handlung und Erfolg muß das „Werk" des Täters sein. Es gibt 2 grundsätzliche Möglichkeiten, diese Verbindung herzustellen. Entweder man denkt von der Handlung (= Ursache) zum Erfolg (= Wirkung). Oder man schaut vom Erfolg auf die Handlung zurück. Unterschiedlich ist also ***die Betrachtungs-Richtung***.

2 Möglichkeiten, Handlung und Erfolg zu verbinden.

(Nebenbei bemerkt: in Wirklichkeit stimmt das mit den verschiedenen Betrachtungsrichtungen natürlich nicht. Wir schauen *immer* zurück. Denn erst wenn wir mindestens zwei Teile haben -

I. Tatbestandsmäßigkeit
1. Objektiver Tatbestand
   a. Das Tatsubjekt
   b. Die Tathandlung
   c. Das Tatobjekt
   d. Der Taterfolg und die Verbindung von Handlung und Erfolg
2. Subjektiver Tatbestand
   a. Vorsatz (= Wissen und Wollen)
   b. Sonstige subjektive Merkmale
3. Tatbestandsannexe
4. Fälle des § 28 II

II. Rechtswidrigkeit (indiziert)
Ausnahme: Rechtfertigungsgründe

III. Schuld
1. Schuldfähigkeit
2. Spezielle Schuldmerkmale
3. Die persönliche Vorwerfbarkeit Unrechtsbewußtsein im weiten Sinne
   a. Schuldform: Vorsatz
   b. Unrechtsbewußtsein im engen Sinne
4. Entschuldigungsgründe

IV. Besonderheiten
1. Strafausschließungs- und aufhebungsgründe
2. Strafverfolgungshindernisse
3. Regelbeispiele

---

also auch schon den Erfolg -, macht es überhaupt Sinn, eine Verbindung herstellen zu wollen. Für unsere Aufbauüberlegungen ist das aber nicht wichtig.)

Der Hinweg: die *Kausalität*.

- Den ersten Weg (von der Ursache zur Wirkung) - in verschiedenen Spielarten - geht die klassische Verbrechenslehre. Weil immer von Ursache und Wirkung die Rede ist, heißen die Lehren, die sich damit befassen, ***Kausalitätslehren*** (causa (lat.) = die Ursache).

Der Rückweg: die *Zurechnung*.

- Der zweite Weg entspricht der modernen Strafrechtsdogmatik. Dabei wird dann gewertet, ob man den Erfolg der Handlung noch zurechnen kann. Aus diesem Grund wird auch von einer ***„normativen“ (= wertenden) Zurechnung*** gesprochen.

Am besten: Hin *und* zurück.

Das sinnvollste Ergebnis: Man kombiniert die beiden Ansätze und geht wie folgt vor: ***Zunächst*** prüft man, ob die Handlung des Täters eine kausale Ursache (= Bedingung) für den Erfolg ist. Dies geschieht mit der sog. ***„Conditio-sine-qua-non-Formel“*** (c.s.q.n.). (conditio = die Bedingung, sine = ohne, qua = die, non = nicht. Zusammen also: Bedingung, ohne die nicht.) Sie lautet:

Die Definition der Kausalität.

Kausal (= Ursache) im Sinne des Strafrechts ist jede Bedingung, die nicht hinweggedacht werden kann, ohne daß der Erfolg in seiner konkreten Gestalt entfiele.

Die Grenzen der Kausalität.

Stellt sich ***anschließend*** heraus, daß das damit erzielte Ergebnis zu „weit“ ist (der Vater des Mörders hat mit dessen Zeugung auch eine solche Ursache gesetzt), prüft man, ob diese kausale Ursache auch zugerechnet werden kann. Dies geschieht mit der ***Formel der Zurechnungslehre.*** Sie lautet:

I. Tatbestandsmäßigkeit
1. Objektiver Tatbestand
   a. Das Tatsubjekt
   b. Die Tathandlung
   c. Das Tatobjekt
   d. Der Taterfolg und die Verbindung von Handlung und Erfolg
2. Subjektiver Tatbestand
   a. Vorsatz (= Wissen und Wollen)
   b. Sonstige subjektive Merkmale
3. Tatbestandsannexe
4. Fälle des § 28 II

II. Rechtswidrigkeit (indiziert)
Ausnahme: Rechtfertigungsgründe

III. Schuld
1. Schuldfähigkeit
2. Spezielle Schuldmerkmale
3. Die persönliche Vorwerfbarkeit
   Unrechtsbewußtsein im weiten Sinne
   a. Schuldform: Vorsatz
   b. Unrechtsbewußtsein im engen Sinne
4. Entschuldigungsgründe

IV. Besonderheiten
1. Strafausschließungs- und aufhebungsgründe
2. Strafverfolgungshindernisse
3. Regelbeispiele

Objektiv zurechenbar ist ein Erfolg nur dann, wenn die für den Erfolg (1.) ursächliche Handlung eine (2.) rechtlich mißbilligte Gefahr (im Sinne des jeweiligen Tatbestandes) des Erfolgseintritts geschaffen und (3.) diese sich in dem konkreten Erfolgseintritt auch realisiert hat.

Die Definition der obj. Zurechnung.

Das klingt zunächst sicher etwas schwülstig. Es läßt sich aber leicht verstehen.

Jeder Straftatbestand dient dem Schutz irgendeines Rechtsgutes (die Tötungsdelikte etwa dienen dem Schutz des Rechtsgutes *Leben*). Die Handlung des Täters muß nun gerade für dieses Rechtsgut eine konkrete und rechtlich mißbilligte Gefahr geschaffen haben. Den Begriff der ***Gefahr*** definieren die Juristen so, daß damit die ***Wahrscheinlichkeit eines Schadenseintrittes*** besteht. Anders gesagt:

Ein geschütztes Rechtsgut wird in eine Gefahr gebracht.

Das Verhalten des Täters muß so beschaffen gewesen sein, daß die Wahrscheinlichkeit eines Schadenseintrittes für das Rechtsgut des untersuchten Straftatbestandes bestand.

Ein bestimmter Schaden ***könnte*** entstehen.

Wenn es nun weiter heißt, daß sich *diese* Gefahr (also diese Wahrscheinlichkeit eines Schadenseintrittes) im konkreten Erfolg realisiert haben muß, dann bedeutet das nichts anderes, als daß aus dem *wahrscheinlichen* Schadenseintritt ein *wirklicher* Schadenseintritt geworden ist.

Dieser bestimmte Schaden ***ist*** dann entstanden.

Keine Probleme gibt es also zunächst, wenn die - kausale - Handlung des Täters gar keine rechtlich mißbilligte Gefahr geschaffen hat (der Vater des Mörders schafft mit der Zeugung keine rechtlich mißbilligte Gefahr). Keine Problem gibt es weiter, wenn sich *genau der* Schaden verwirklicht hat, der wahrscheinlich war (Fall 2 und 3).

Keine Gefahr: kein Problem.

Identität von möglichem und tatsächlichem Schaden: kein Problem.

I. Tatbestandsmäßigkeit
1. Objektiver Tatbestand
   a. Das Tatsubjekt
   b. Die Tathandlung
   c. Das Tatobjekt
   d. Der Taterfolg und die Verbindung von Handlung und Erfolg
2. Subjektiver Tatbestand
   a. Vorsatz (= Wissen und Wollen)
   b. Sonstige subjektive Merkmale
3. Tatbestandsannexe
4. Fälle des § 28 II

II. Rechtswidrigkeit (indiziert)
Ausnahme: Rechtfertigungsgründe

III. Schuld
1. Schuldfähigkeit
2. Spezielle Schuldmerkmale
3. Die persönliche Vorwerfbarkeit
   Unrechtsbewußtsein im weiten Sinne
   a. Schuldform: Vorsatz
   b. Unrechtsbewußtsein im engen Sinne
4. Entschuldigungsgründe

IV. Besonderheiten
1. Strafausschließungs- und aufhebungsgründe
2. Strafverfolgungshindernisse
3. Regelbeispiele

Ein *anderer* Schaden ist problematisch.

Die ***Probleme*** fangen aber dann an, wenn ein bestimmter Schadenseintritt *wahrscheinlich* ist (eine rechtlich mißbilligte Gefahr also geschaffen wurde), ***ein anderer*** Schaden aber *wirklich* eintritt (Fall 4 und 4a).

Wie groß darf die Abweichung sein?

Dann muß man sich nämlich Gedanken darüber machen, ob die Abweichung des Wahrscheinlichen vom Wirklichen noch so gering ist, daß eine Zurechnung angemessen ist, oder ob sie schon so groß ist, daß eine Zurechnung nicht möglich ist.

Die Standardfloskel hilft uns nicht weiter.

Die Lehre von der Zurechnung versucht sich hier mit der Floskel von „der wertenden Feststellung, ob der Erfolg nach dem gewöhnlichen Verlauf der Dinge und der allgemeinen Lebenserfahrung noch in Rechnung zu stellen ist oder nicht."

Wir müssen uns was ausdenken.

Was allerdings der gewöhnliche Verlauf der Dinge ist, und was die allgemeine Lebenserfahrung alles weiß, das kann uns auch die Lehre von der Zurechnung nicht sagen. Das kann uns eigentlich überhaupt niemand sagen. Wir müssen es uns in einer Klausur selbst ausdenken und mit der wohlklingenden Formel umrahmen.

Die Prüfung läuft damit so:

a. Ist die betrachtete Handlung c.s.q.n. für den eingetretenen Erfolg?
b. Hat diese Handlung eine rechtlich mißbilligte Gefahr geschaffen?
c. Hat sich ***diese*** Gefahr im Erfolg realisiert (verwirklicht)?

Es ergibt sich für die Fälle:

I. Tatbestandsmäßigkeit
1. Objektiver Tatbestand
   a. Das Tatsubjekt
   b. Die Tathandlung
   c. Das Tatobjekt
   d. Der Taterfolg und die Verbindung von Handlung und Erfolg
2. Subjektiver Tatbestand
   a. Vorsatz (= Wissen und Wollen)
   b. Sonstige subjektive Merkmale
3. Tatbestandsannexe
4. Fälle des § 28 II

II. Rechtswidrigkeit (indiziert)
Ausnahme: Rechtfertigungsgründe

III. Schuld
1. Schuldfähigkeit
2. Spezielle Schuldmerkmale
3. Die persönliche Vorwerfbarkeit
   Unrechtsbewußtsein im weiten Sinne
   a. Schuldform: Vorsatz
   b. Unrechtsbewußtsein im engen Sinne
4. Entschuldigungsgründe

IV. Besonderheiten
1. Strafausschließungs- und aufhebungsgründe
2. Strafverfolgungshindernisse
3. Regelbeispiele

Alle Fälle:
T kann sich durch sein Verhalten gemäß § 212 I strafbar gemacht haben. (Objektiver Tatbestand:) Dann muß sein Verhalten zum Tod eines Menschen geführt haben. O ist tot. Fraglich ist aber, ob dieser Tod das Werk des T ist.

Fall 1:
a. Das Einschalten ist nicht c.s.q.n. - Ende der Prüfung: Der obj. TB liegt nicht vor.

Keine Kausalität.

Fall 2:
a. Das Untermischen des Giftes ist c.s.q.n. für den Tod.
b. Mit dem Untermischen hat T eine rechtlich mißbilligte Gefahr für das Leben des O geschaffen.
c. Diese Gefahr hat sich realisiert. Dies alles ist so selbstverständlich, daß man nichts dazu sagt, sondern lediglich feststellt: Der obj. TB des § 212 I ist erfüllt.

Normale Kausalität.

Fall 3:
a. Die Handlung des T kann hinweggedacht werden (c.s.q.n.!), ohne daß der Erfolg entfällt. Also keine Ursächlichkeit? Falsch. In Fällen wie dem vorliegenden wird die c.s.q.n.-Formel dahingehend abgewandelt, daß von mehreren Bedingungen, die zwar alternativ aber nicht kumulativ hinweggedacht werden können, ohne daß der Erfolg entfiele, jede für den Erfolg ursächlich ist. Der Grund hierfür liegt in dem absurden Ergebnis, das man sonst erzielen würde: Man kann nämlich sonst - wahlweise - die Handlung des T und die des X hinwegdenken, ohne daß der Erfolg entfällt und kommt damit dazu, daß keine der beiden Handlungen ursächlich war. Das aber ist ersichtlich Blödsinn: Beide waren ursächlich. Man sieht hier im übrigen, wie praktisch es ist, daß man die Formel als einen reinen Zweckbegriff versteht. Paßt der Begriff nicht mehr zum Zweck, wird er eben geändert.
b. Mißbilligte Gefahr geschaffen und
c. eingetreten wie oben unter Fall 2. Auch hier sind b. und c. völlig selbstverständlich und daher nicht zu erwähnen. Der objektive Tatbestand ist erfüllt.

Doppelkausalität.

I. Tatbestandsmäßigkeit
1. Objektiver Tatbestand
   a. Das Tatsubjekt
   b. Die Tathandlung
   c. Das Tatobjekt
   d. Der Taterfolg und die Verbindung von Handlung und Erfolg
2. Subjektiver Tatbestand
   a. Vorsatz (= Wissen und Wollen)
   b. Sonstige subjektive Merkmale
3. Tatbestandsannexe
4. Fälle des § 28 II

II. Rechtswidrigkeit (indiziert)
Ausnahme: Rechtfertigungsgründe

III. Schuld
1. Schuldfähigkeit
2. Spezielle Schuldmerkmale
3. Die persönliche Vorwerfbarkeit
   Unrechtsbewußtsein im weiten Sinne
   a. Schuldform: Vorsatz
   b. Unrechtsbewußtsein im engen Sinne
4. Entschuldigungsgründe

IV. Besonderheiten
1. Strafausschließungs- und aufhebungsgründe
2. Strafverfolgungshindernisse
3. Regelbeispiele

Kumulative (atypische) Kausalität.

Fall 4:
a. Denkt man die Handlung des T weg, entfällt der Tod des O. Die Hälfte von X hätte nicht ausgereicht.
b. Diese Handlung hat die rechtlich mißbilligte Gefahr geschaffen, daß O durch das Gift zu Schaden kommt.
c. Fraglich dagegen, ob sich gerade *diese* Gefahr im konkreten Erfolg realisiert hat. Hier wird wertend festgestellt, ob der konkrete Erfolg nach dem gewöhnlichen Verlauf der Dinge und der allgemeinen Lebenserfahrung noch in Rechnung zu stellen ist oder nicht. Das von T beigebrachte Gift hätte nur gesundheitliche Schäden, aber nicht den Tod des O herbeiführen können. Erst in der Verbindung mit dem von X beigebrachten Gift ist es zum Tod des O gekommen.
Vorliegend kann man wohl feststellen, daß es absolut ungewöhnlich ist, daß zwei Personen unabhängig voneinander gleichzeitig einer dritten Gifte verabreichen, die erst gemeinsam zum Tod des Opfers führen. Damit hat sich nicht die von T geschaffene Gefahr realisiert. Eine Zurechnung des Todeserfolges zu seiner Handlung kann nicht stattfinden.
Der obj. TB ist nicht erfüllt. Ende der Prüfung des vollendeten Delikts. Es bleibt nur Versuch (+ ein vollendeter § 224 I Nr. 1).

Kumulative (atypische) Kausalität.

Fall 4a:
a. Ohne den Streifschuß hätte O gar nicht zu bluten angefangen. C.s.q.n. also (+)
b. Diese Handlung hat die rechtlich mißbilligte Gefahr geschaffen, daß O durch den Schuß sterben könnte.
c. Fraglich dagegen, ob sich gerade diese Gefahr im Erfolg realisiert hat. Hier wird wertend festgestellt, ob der Erfolg nach dem gewöhnlichen Verlauf der Dinge und der allgemeinen Lebenserfahrung noch in Rechnung zu stellen ist oder nicht. Gewöhnlich stirbt jemand, der von einem Schuß getroffen wird, daran, daß das Projektil lebenswichtige Organe funktionsunfähig macht. Vorliegend kann man aber wohl feststellen, daß es nicht absolut ungewöhnlich ist, daß jemand Bluter ist. Eine andere Ansicht ist aber ebenfalls gut vertretbar. Je nach Ansicht daher entweder erfüllter objektiver Tatbestand oder nicht erfüllt. Im letzteren Falle bleibt nur Versuch.

I. Tatbestandsmäßigkeit
1. Objektiver Tatbestand
   a. Das Tatsubjekt
   b. Die Tathandlung
   c. Das Tatobjekt
   d. Der Taterfolg und die Verbindung von Handlung und Erfolg
2. Subjektiver Tatbestand
   a. Vorsatz (= Wissen und Wollen)
   b. Sonstige subjektive Merkmale
3. Tatbestandsannexe
4. Fälle des § 28 II

II. Rechtswidrigkeit (indiziert)
Ausnahme: Rechtfertigungsgründe

III. Schuld
1. Schuldfähigkeit
2. Spezielle Schuldmerkmale
3. Die persönliche Vorwerfbarkeit
   Unrechtsbewußtsein im weiten Sinne
   a. Schuldform: Vorsatz
   b. Unrechtsbewußtsein im engen Sinne
4. Entschuldigungsgründe

IV. Besonderheiten
1. Strafausschließungs- und aufhebungsgründe
2. Strafverfolgungshindernisse
3. Regelbeispiele

Fall 5:
a. Man kann das Gift hinwegdenken, ohne daß der Tod des O entfällt. Also: Keine c.s.q.n. Damit: Ende der Prüfung des vorsätzlich vollendeten Deliktes, kein obj. TB. (Es liegt aber natürlich Versuch vor.)

Überholende (abbrechende) Kausalität.

Fall 6:
a. Man kann das Gift nicht hinwegdenken, ohne daß der Erfolg in seiner *konkreten* Form entfällt. Zwar wäre O so oder so gestorben, aber anders. Im übrigen: Sterben müssen wir alle mal, schon deshalb kann man nicht auf hypothetische Ursachen zurückgreifen.
Folge: c.s.q.n. (+).
b. und c. keine Probleme, daher auch kein Wort darüber. Der objektive Tatbestand liegt vor.

Hypothetische Kausalität.

I. Tatbestandsmäßigkeit
1. Objektiver Tatbestand
   a. Das Tatsubjekt
   b. Die Tathandlung
   c. Das Tatobjekt
   d. Der Taterfolg und die Verbindung von Handlung und Erfolg
2. Subjektiver Tatbestand
   a. Vorsatz (= Wissen und Wollen)
   b. Sonstige subjektive Merkmale
3. Tatbestandsannexe
4. Fälle des § 28 II

II. Rechtswidrigkeit (indiziert)
Ausnahme: Rechtfertigungsgründe

III. Schuld
1. Schuldfähigkeit
2. Spezielle Schuldmerkmale
3. Die persönliche Vorwerfbarkeit
   Unrechtsbewußtsein im weiten Sinne
   a. Schuldform: Vorsatz
   b. Unrechtsbewußtsein im engen Sinne
4. Entschuldigungsgründe

IV. Besonderheiten
1. Strafausschließungs- und aufhebungsgründe
2. Strafverfolgungshindernisse
3. Regelbeispiele

---

2. Subjektiver Tatbestand

Aufgabe des subjektiven Tatbestandes: nur Widerspiegeln kein Vorwurf.

Im subjektiven Tatbestand wird - salopp gesagt - nachgesehen, ob die innere Seite des Täters die äußere Seite der Tat widerspiegelt. Es geht dabei (noch) nicht darum, ob man dem Täter einen Vorwurf machen kann. Das ist Sache der Schuld. Es geht alleine darum, wie der Täter innerlich zur Verwirklichung des objektiven Tatbestandes steht. Wir werden das später (im Zusammenhang mit der finalen und kausalen Aufbaulehre) noch einmal ansprechen (ab Seite 125).

Nachfolgend werden wir zunächst den Vorsatz besprechen, seine Bestandteile und seine Ausprägungen. Danach geht es dann um die außerordentlich klausurträchtigen Irrtümer, bzw. auch Nicht-Irrtümer.

a. Der Vorsatz

Definition Vorsatz.

Vorsatz = Wissen und Wollen der zum gesetzlichen Tatbestand gehörenden objektiven Merkmale.

Vorsatz bedeutet also Wissen und Wollen. Es müssen folglich 2 Elemente vorliegen: ein Wissenselement und ein Wollenselement.

I. Tatbestandsmäßigkeit
1. Objektiver Tatbestand
   a. Das Tatsubjekt
   b. Die Tathandlung
   c. Das Tatobjekt
   d. Der Taterfolg und die Verbindung von Handlung und Erfolg
2. Subjektiver Tatbestand
   a. Vorsatz (= Wissen und Wollen)
   b. Sonstige subjektive Merkmale
3. Tatbestandsannexe
4. Fälle des § 28 II

II. Rechtswidrigkeit (indiziert)
Ausnahme: Rechtfertigungsgründe

III. Schuld
1. Schuldfähigkeit
2. Spezielle Schuldmerkmale
3. Die persönliche Vorwerfbarkeit
   Unrechtsbewußtsein im weiten Sinne
   a. Schuldform: Vorsatz
   b. Unrechtsbewußtsein im engen Sinne
4. Entschuldigungsgründe

IV. Besonderheiten
1. Strafausschließungs- und aufhebungsgründe
2. Strafverfolgungshindernisse
3. Regelbeispiele

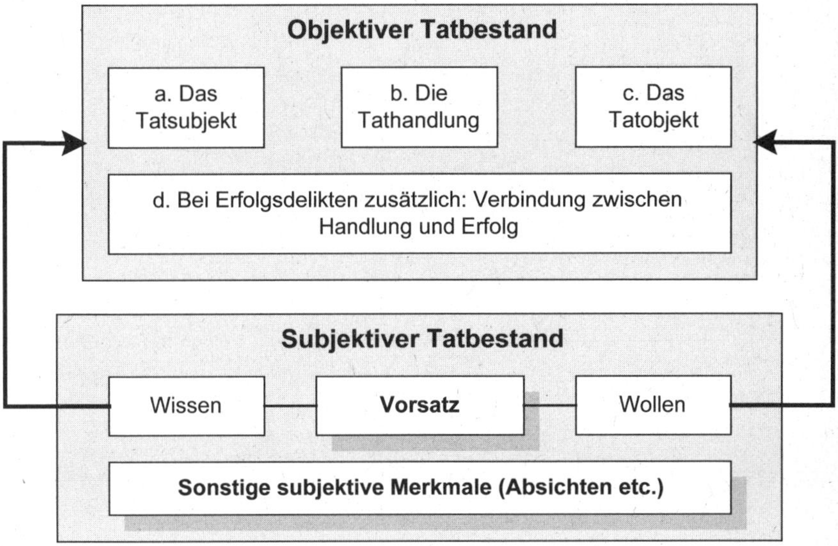

aa. Die Wissenskomponente: das Bewußtsein

Man unterscheidet Vollbewußtsein und Mitbewußtsein. Für das Vorliegen des Wissenselementes ist es aber egal, welche Form vorliegt. Diese Unterscheidung ist also klausurmäßig gesehen rein akademisch.

Wissen kann vorliegen als Vollbewußtsein und als Mitbewußtsein.

- ***Vollbewußtsein***: Der Täter denkt gerade darüber nach.
- ***Mitbewußtsein***: Der Täter weiß den Umstand, auch wenn er nicht darüber nachdenkt. (Der Polizist, der im Amt ein Opfer verprügelt, *weiß,* daß er Amtsträger ist.)

I. Tatbestandsmäßigkeit
1. Objektiver Tatbestand
   a. Das Tatsubjekt
   b. Die Tathandlung
   c. Das Tatobjekt
   d. Der Taterfolg und die Verbindung von Handlung und Erfolg
2. Subjektiver Tatbestand
   a. Vorsatz (= Wissen und Wollen)
   b. Sonstige subjektive Merkmale
3. Tatbestandsannexe
4. Fälle des § 28 II

II. Rechtswidrigkeit (indiziert)
Ausnahme: Rechtfertigungsgründe

III. Schuld
1. Schuldfähigkeit
2. Spezielle Schuldmerkmale
3. Die persönliche Vorwerfbarkeit
   Unrechtsbewußtsein im weiten Sinne
   a. Schuldform: Vorsatz
   b. Unrechtsbewußtsein im engen Sinne
4. Entschuldigungsgründe

IV. Besonderheiten
1. Strafausschließungs- und aufhebungsgründe
2. Strafverfolgungshindernisse
3. Regelbeispiele

Wissen ist eigentlich das falsche Wort.

Besser ist: ***Prognose***.

Wissen hat man immer erst hinterher. Bei Erfolgsdelikten kann es deshalb im Augenblick der Tathandlung noch gar kein Wissen geben. Dem Wissenserfordernis ist daher schon dann Rechnung getragen, wenn der Täter „meint", der Erfolg trete ein; es taucht ein Wahrscheinlichkeitsurteil, eine ***Prognose*** auf.

bb. Die Wollenskomponente

Definition Wollen.

- Das Wollen besteht darin, daß der Täter die erkannte Möglichkeit (Wissen) der Tatbestandsverwirklichung in seinen Willen aufnimmt und sich für sie entscheidet.
- Wollen kann man folglich nur, was man weiß (oder meint). Logische Folge: ***Wollen kommt immer nach dem Wissen***.

cc. Die 3 Vorsatzformen

Dreimal Vorsatz ...

Man teilt den Vorsatz gemeinhin in 3 Gruppen ein: Absicht, direkter Vorsatz, Eventualvorsatz.

.. in Abhängigkeit von der Stärke des Wissens und Wollens.

- ***Grundgedanke:*** Wissen und Wollen stehen in einem wechselseitigem Verhältnis zueinander. Das bedeutet, daß viel Wissen wenig Wollen ausgleichen kann und umgekehrt. Die 3 Erscheinungsformen des Vorsatzes unterscheiden sich daher durch die unterschiedlichen Stärken von Wissen und Wollen.

I. Tatbestandsmäßigkeit
1. Objektiver Tatbestand
   a. Das Tatsubjekt
   b. Die Tathandlung
   c. Das Tatobjekt
   d. Der Taterfolg und die Verbindung von Handlung und Erfolg
2. Subjektiver Tatbestand
   a. Vorsatz (= Wissen und Wollen)
   b. Sonstige subjektive Merkmale
3. Tatbestandsannexe
4. Fälle des § 28 II

II. Rechtswidrigkeit (indiziert)
Ausnahme: Rechtfertigungsgründe

III. Schuld
1. Schuldfähigkeit
2. Spezielle Schuldmerkmale
3. Die persönliche Vorwerfbarkeit
   Unrechtsbewußtsein im weiten Sinne
   a. Schuldform: Vorsatz
   b. Unrechtsbewußtsein im engen Sinne
4. Entschuldigungsgründe

IV. Besonderheiten
1. Strafausschließungs- und aufhebungsgründe
2. Strafverfolgungshindernisse
3. Regelbeispiele

(1) Die Absicht (dolus directus 1. Grades)

Ein bloßes Für-möglich-Halten genügt (= Wissen schlapp).

Das Wollen dominiert (= Wollen stark).

Bsp.: T will seine Frau F töten, um in den Genuß einer Versicherungssumme zu kommen. Er schüttet Gift in ihren Kaffee. Er handelt hinsichtlich ihres Todes mit Absicht.
Das Wissen kann schlapp sein, muß es aber nicht. Es liegt bei starkem Wollen auch dann Absicht vor, wenn der Täter für sich die Gewißheit hat, daß der Erfolg eintritt (starkes Wissen).

Ich ***will*** es unbedingt!

(2) Der direkte Vorsatz (dolus directus 2. Grades)

Das Wissen dominiert (= Wissen stark).

Selbst ein "Nicht-Wollen" kann vorliegen (= Wollen schlapp).

I. Tatbestandsmäßigkeit
1. Objektiver Tatbestand
   a. Das Tatsubjekt
   b. Die Tathandlung
   c. Das Tatobjekt
   d. Der Taterfolg und die Verbindung von Handlung und Erfolg
2. Subjektiver Tatbestand
   a. Vorsatz (= Wissen und Wollen)
   b. Sonstige subjektive Merkmale
3. Tatbestandsannexe
4. Fälle des § 28 II

II. Rechtswidrigkeit (indiziert)
Ausnahme: Rechtfertigungsgründe

III. Schuld
1. Schuldfähigkeit
2. Spezielle Schuldmerkmale
3. Die persönliche Vorwerfbarkeit
   Unrechtsbewußtsein im weiten Sinne
   a. Schuldform: Vorsatz
   b. Unrechtsbewußtsein im engen Sinne
4. Entschuldigungsgründe

IV. Besonderheiten
1. Strafausschließungs- und aufhebungsgründe
2. Strafverfolgungshindernisse
3. Regelbeispiele

Ich *weiß* es ganz genau!

Bsp.: Wie gerade. Zusätzlich: Die Tante X sitzt ebenfalls am Kaffeetisch und trinkt vom vergifteten Kaffee. T handelt hinsichtlich des Todes der X mit direktem Vorsatz.
Man kann sich das auch so vorstellen, daß das angebliche „Nicht-Wollen" des T gar nicht ernst zu nehmen ist, weil er ja Gewißheit hat, wie's ausgeht. Wenn er wirklich nicht will, dann muß er sich anders verhalten.

(3) Der Eventualvorsatz (dolus eventualis)

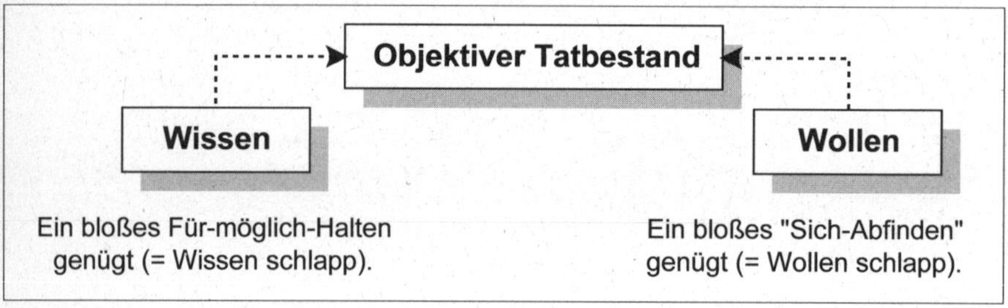

Keine Ahnung, ob´s passiert, ist mir aber auch egal.

Bsp.: T zündet das Haus des X an. Er hält es für möglich, daß noch Bewohner drin sind. Dies ist ihm egal. O kommt zu Tode.

(4) Die bewußte Fahrlässigkeit (sog. luxuria)

Zur Abgrenzung des Eventualvorsatzes von der bewußten Fahrlässigkeit eine strukturell gleiche Abbildung. Die Einzelheiten der Fahrlässigkeitsdelikte werden weiter unten behandelt (ab Seite 179).

I. Tatbestandsmäßigkeit
1. Objektiver Tatbestand
   a. Das Tatsubjekt
   b. Die Tathandlung
   c. Das Tatobjekt
   d. Der Taterfolg und die Verbindung von Handlung und Erfolg
2. Subjektiver Tatbestand
   a. Vorsatz (= Wissen und Wollen)
   b. Sonstige subjektive Merkmale
3. Tatbestandsannexe
4. Fälle des § 28 II

II. Rechtswidrigkeit (indiziert)
Ausnahme: Rechtfertigungsgründe

III. Schuld
1. Schuldfähigkeit
2. Spezielle Schuldmerkmale
3. Die persönliche Vorwerfbarkeit
   Unrechtsbewußtsein im weiten Sinne
   a. Schuldform: Vorsatz
   b. Unrechtsbewußtsein im engen Sinne
4. Entschuldigungsgründe

IV. Besonderheiten
1. Strafausschließungs- und aufhebungsgründe
2. Strafverfolgungshindernisse
3. Regelbeispiele

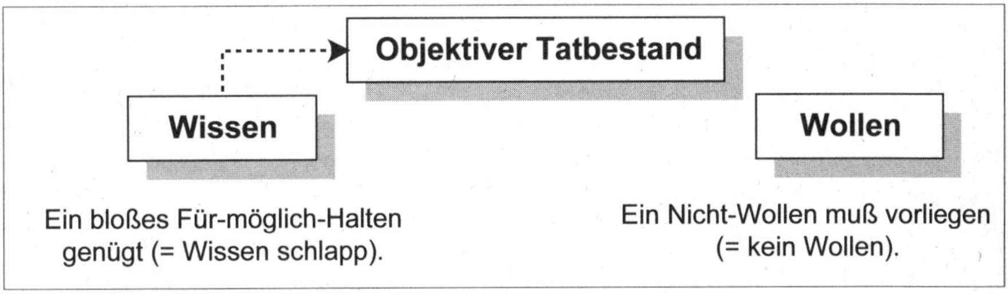

Bsp.: T zündet das Haus des X an. Er hält es für möglich, daß noch Bewohner drin sind. Er hofft allerdings, daß dies nicht der Fall ist. O kommt zu Tode.

Könnte passieren, wird aber wohl nicht.

Zur ***Abgrenzung*** kann hier eine Faustformel dienen:

bewußte Fahrlässigkeit: Der Täter sagt sich: ***„Wird schon gutgehen."***

bedingter Vorsatz: Der Täter sagt sich: ***„Na wenn schon."***

Bedeutung der Dreiteilung?

Warum ist die Dreiteilung des Vorsatzes überhaupt von Bedeutung? - Ich hoffe, daß Sie sich bis hierhin einmal überlegt haben, was das Ganze soll. Schließlich ist es nicht gerade das Aufregendste der Welt zu lernen, daß der Vorsatz in drei Formen existiert.

Richtige Anwendung des Gesetzes.

Nun, das Gesetz selbst umschreibt verschiedene Vorsatzformen. Sagt das Gesetz gar nichts, dann (vgl. § 15) genügt jede Art des Vorsatzes, also auch der Eventualvorsatz. Dies z.B. bei Mord, § 211.

I. Tatbestandsmäßigkeit
1. Objektiver Tatbestand
   a. Das Tatsubjekt
   b. Die Tathandlung
   c. Das Tatobjekt
   d. Der Taterfolg und die Verbindung von Handlung und Erfolg
2. Subjektiver Tatbestand
   a. Vorsatz (= Wissen und Wollen)
   b. Sonstige subjektive Merkmale
3. Tatbestandsannexe
4. Fälle des § 28 II

II. Rechtswidrigkeit (indiziert)
Ausnahme: Rechtfertigungsgründe

III. Schuld
1. Schuldfähigkeit
2. Spezielle Schuldmerkmale
3. Die persönliche Vorwerfbarkeit
   Unrechtsbewußtsein im weiten Sinne
   a. Schuldform: Vorsatz
   b. Unrechtsbewußtsein im engen Sinne
4. Entschuldigungsgründe

IV. Besonderheiten
1. Strafausschließungs- und aufhebungsgründe
2. Strafverfolgungshindernisse
3. Regelbeispiele

Zum Beispiel: der direkte Vorsatz.

Teilweise verwendet der Gesetzgeber Begriffe wie ***„wissentlich“***, ***„wider besseres Wissen“*** etc. (§§ 145, 145d etc.). Dann ist der direkte Vorsatz gefordert. Denn dann geht es ersichtlich um die Betonung der Wissenskomponente.

Zum Beispiel: Absicht.

Zuletzt benutzt das Gesetz auch den Begriff der ***„Absicht“***. Das bedeutet aber leider nicht immer, daß damit auch die Absicht im hier dargestellten (technischen) Sinne gemeint ist. In den §§ 164, 288 meint der Gesetzgeber damit nur den direkten Vorsatz. Im § 267 dagegen meint er Absicht und sagt nur ***„zur Täuschung“***. Was genau gemeint ist, ist im Einzelfall durch Auslegung zu ermitteln.

Das ist der Sinn der Dreiteilung:

Die unterschiedlichen Verwendungsformen dienen also dazu, Abweichungen von der Regel, daß der einfache, der Eventualvorsatz genügt, festzulegen.

Die richtige Einordnung.

Die oben gestellte Frage ist damit so zu beantworten, daß die Bedeutung der Dreiteilung in der richtigen Einordnung dessen liegt, was der Gesetzgeber gewollt hat.

Und für die Klausur: der richtige Prüfungsumfang.

Das sollte uns aber immer noch nicht genügen, denn es kann uns schließlich auch einerlei sein, was der Gesetzgeber will, wenn sich das in einer Klausur oder Hausarbeit nicht auswirkt. Es wirkt aber. Denn jenachdem, was der Gesetzgeber gewollt hat, müssen wir mehr oder weniger prüfen, um das Vorliegen des subjektiven Tatbestandes bejahen zu können.

dd. Entscheidender Zeitpunkt für den Vorsatz

Richtiger Zeitpunkt: Begehung der Tat.

Der entscheidende Zeitpunkt für den Vorsatz ist die Begehung der Tat (= die Tathandlung). Unbeachtlich: früherer oder späterer Vorsatz. Zwar sind auch Vorsätze, die früher oder später gefaßt

I. Tatbestandsmäßigkeit
1. Objektiver Tatbestand
   a. Das Tatsubjekt
   b. Die Tathandlung
   c. Das Tatobjekt
   d. Der Taterfolg und die Verbindung von Handlung und Erfolg
2. Subjektiver Tatbestand
   a. Vorsatz (= Wissen und Wollen)
   b. Sonstige subjektive Merkmale
3. Tatbestandsannexe
4. Fälle des § 28 II

II. Rechtswidrigkeit (indiziert)
Ausnahme: Rechtfertigungsgründe

III. Schuld
1. Schuldfähigkeit
2. Spezielle Schuldmerkmale
3. Die persönliche Vorwerfbarkeit
   Unrechtsbewußtsein im weiten Sinne
   a. Schuldform: Vorsatz
   b. Unrechtsbewußtsein im engen Sinne
4. Entschuldigungsgründe

IV. Besonderheiten
1. Strafausschließungs- und aufhebungsgründe
2. Strafverfolgungshindernisse
3. Regelbeispiele

wurden, Vorsätze. Aber es sind keine strafrechtlich relevanten Vorsätze. Werfen Sie doch nebenbei mal einen Blick in § 8.

In Klausuren ganz prima zu problematisieren, wenn sich ein Vorgang über einen längeren Zeitraum erstreckt, wenn also z.B. der Erfolg erst lange Zeit nach der Handlung eintritt. (Spannend auch - aber hier nur am Rande erwähnt -, wenn ein Mittäter erst dann dazu kommt, nachdem der Täter schon einige Erfolge erzielt hat, und wenn dieser Mittäter die schon erzielten Erfolge nachträglich billigt - sukzessive Mittäterschaft, s.u. S. 278).

Bsp. für früheren Vorsatz:
T macht Waffe schußfertig, um O am nächsten Tag zu töten. Dabei löst sich versehentlich ein Schuß und tötet O. Kein relevanter Vorsatz. Möglicherweise: fahrlässige Tötung

Bsp. für späteren Vorsatz:
T schießt auf eine Vogelscheuche. Hinter dieser stand, für T nicht erkennbar, der O. O ist tot. T erkennt dies jetzt und ist hocherfreut. Er sagt sich: „Hätte ich das gewußt, hätte ich es erst recht getan.“ Kein relevanter Vorsatz. Möglicherweise: fahrlässige Tötung.

I. Tatbestandsmäßigkeit
1. Objektiver Tatbestand
   a. Das Tatsubjekt
   b. Die Tathandlung
   c. Das Tatobjekt
   d. Der Taterfolg und die Verbindung von Handlung und Erfolg
2. Subjektiver Tatbestand
   a. Vorsatz (= Wissen und Wollen)
   b. Sonstige subjektive Merkmale
3. Tatbestandsannexe
4. Fälle des § 28 II

II. Rechtswidrigkeit (indiziert)
Ausnahme: Rechtfertigungsgründe

III. Schuld
1. Schuldfähigkeit
2. Spezielle Schuldmerkmale
3. Die persönliche Vorwerfbarkeit
   Unrechtsbewußtsein im weiten Sinne
   a. Schuldform: Vorsatz
   b. Unrechtsbewußtsein im engen Sinne
4. Entschuldigungsgründe

IV. Besonderheiten
1. Strafausschließungs- und aufhebungsgründe
2. Strafverfolgungshindernisse
3. Regelbeispiele

---

b. Die sonstigen subjektiven Tatbestandsmerkmale

Darf's ein bißchen mehr sein?

Es gibt außer dem Vorsatz noch weitere subjektive Merkmale, die nicht in allen, wohl aber in einigen Delikten ***zusätzlich*** zum „normalen" Vorsatz gefordert werden.

Bsp.: Absichtsmerkmale bei den §§ 242, 263, 267, etc.

Noch eine Absicht.

Die Bezeichnung „Absichts"-Merkmale sollte Sie jetzt stutzen lassen. Absicht ist gerade erst als eine Vorsatzform festgestellt worden. Warum also jetzt noch eine Absicht? Auch das hat der Gesetzgeber auf dem Gewissen.

Man kann damit Vorsatzformen ***mischen*** ...

... ***und*** den Vorsatz vom objektiven TB ***abkoppeln.***

Die Ausgliederung von zusätzlichen Absichtsmerkmalen aus dem normalen Vorsatz ermöglicht es einmal, verschiedene Vorsatzformen in einen (subjektiven) Tatbestand hineinzubringen. Zum anderen ermöglicht die Ausgliederung es aber auch, daß der Vorsatz ein Stück ***vom objektiven Tatbestand abgekoppelt*** wird.

Normalerweise ist es ja so, daß bestimmte Merkmale des objektiven Tatbestandes, die tatsächlich vorliegen, von einer Vorsatzform erfaßt werden.

Jeder Schuß ein Treffer.

Bei den zusätzlichen Absichtsmerkmalen dagegen gibt es nicht zwingend Gegenstücke im objektiven Tatbestand. Hier ist es regelmäßig so, daß bestimmte andere Merkmale, die tatsächlich (objektiv) nicht vorliegen, lediglich angestrebt sein müssen. Dies nennt man ***„überschießende Innentendenz"***.

Bsp.: Beim Diebstahl, § 242, genügt für die Wegnahme einer fremden beweglichen Sache der Eventualvorsatz. Für die angestrebte rechtswidrige Zueignung dagegen ist Absicht erforderlich. (Wir beachten hierbei, daß die Zueignung *nicht* erfolgt sein muß. Es genügt, wenn der Täter nur die Absicht hatte.

I. Tatbestandsmäßigkeit
1. Objektiver Tatbestand
   a. Das Tatsubjekt
   b. Die Tathandlung
   c. Das Tatobjekt
   d. Der Taterfolg und die Verbindung von Handlung und Erfolg
2. Subjektiver Tatbestand
   a. Vorsatz (= Wissen und Wollen)
   b. Sonstige subjektive Merkmale
3. Tatbestandsannexe
4. Fälle des § 28 II

II. Rechtswidrigkeit (indiziert)
Ausnahme: Rechtfertigungsgründe

III. Schuld
1. Schuldfähigkeit
2. Spezielle Schuldmerkmale
3. Die persönliche Vorwerfbarkeit
   Unrechtsbewußtsein im weiten Sinne
   a. Schuldform: Vorsatz
   b. Unrechtsbewußtsein im engen Sinne
4. Entschuldigungsgründe

IV. Besonderheiten
1. Strafausschließungs- und aufhebungsgründe
2. Strafverfolgungshindernisse
3. Regelbeispiele

Der Gesetzgeber hat sich damit also ***die Möglichkeit*** offengehalten, ***verschiedene Vorsatzformen*** in einem Tatbestand ***zu mischen***.

Abgrenzungsfragen.

Abgrenzung zu der Absicht als Vorsatzform:
- Die Absicht als Vorsatzform bezieht sich ***auf alle*** Merkmale des objektiven Tatbestandes.
- Die Absicht der sonstigen subjektiven Merkmale bezieht sich immer nur ***auf einen Punkt*** (Diebstahl, § 242: Absicht rechtswidriger Zueignung). Dieser Punkt ist meistens (aber nicht immer) im subjektiven Tatbestand verankert.

Ansonsten ist hier aber dasselbe Chaos, wie bei der Absicht als Vorsatzform, insbesondere stellt sich auch hier die Frage, ob der Gesetzgeber auch tatsächlich die Absicht im technischen Sinne oder nur im Sinne eines direkten Vorsatzes gemeint hat. Man muß also stets auf's Neue antesten, was denn nun gemeint ist.

Kurze Werbeunterbrechung.

Eine Bemerkung hierzu zum Schluß: Weil dies jeden Tatbestand einzeln betrifft, ist das eine Frage des Besonderen Teils. Sorgen muß man sich darum aber nicht. Bedenkt man, daß das StGB seit 1871 existiert, liegt es auf der Hand, daß die meisten Probleme in dieser Hinsicht ausgelutscht sind: Man kann sie überall nachlesen. Das gilt trotz der umfänglichen Änderungen durch das 6. StrRG auch weiterhin, da die Merkmale dort im wesentlichen nur zwischen alten und neuen Paragraphen (-nummerierungen) hin- und hergeschoben wurden. (Welches subjektive Merkmal mit welchem Inhalt bei den einzelnen Straftatbeständen vonnöten ist, haben wir in THIELEN / BRAUNSCHNEIDER: Jura light - Strafrecht BT 1 und 2, ausführlich aufgelistet.)

I. Tatbestandsmäßigkeit
1. Objektiver Tatbestand
   a. Das Tatsubjekt
   b. Die Tathandlung
   c. Das Tatobjekt
   d. Der Taterfolg und die Verbindung von Handlung und Erfolg
2. Subjektiver Tatbestand
   a. Vorsatz (= Wissen und Wollen)
   b. Sonstige subjektive Merkmale
3. Tatbestandsannexe
4. Fälle des § 28 II

II. Rechtswidrigkeit (indiziert)
Ausnahme: Rechtfertigungsgründe

III. Schuld
1. Schuldfähigkeit
2. Spezielle Schuldmerkmale
3. Die persönliche Vorwerfbarkeit
   Unrechtsbewußtsein im weiten Sinne
   a. Schuldform: Vorsatz
   b. Unrechtsbewußtsein im engen Sinne
4. Entschuldigungsgründe

IV. Besonderheiten
1. Strafausschließungs- und aufhebungsgründe
2. Strafverfolgungshindernisse
3. Regelbeispiele

Nochmal die Abgrenzung der Vorsatzformen ...

Zur Wiederholung: Der Unterschied zwischen Absicht und direktem Vorsatz liegt in der Ausprägung von Wissen und Wollen. Absicht: Wollen stark/Wissen schlapp, direkter Vorsatz: Wollen schlapp / Wissen stark.

... und ihre Häufigkeit.

Probleme, die sich mit der Abgrenzung der 3 Vorsatzformen befassen, sind sehr selten. Häufig ist nur die Abgrenzung zwischen Eventualvorsatz und bewußter Fahrlässigkeit.

c. Die verschiedenen Irrtümer im Rahmen des subj. Tatbestandes

Die Bedeutung von Irrtümern.

Irren ist menschlich. Wie schön. Solche Plattheiten könnte man sich sparen, hätten sie nicht irgendeine Bedeutung. Haben sie: Bestimmte Irrtümer im Bereich des Tatbestandes schließen den Vorsatz aus, vgl. § 16 I S. 1.

Definition Irrtum.

Irrtum = Auseinanderfallen von Bewußtsein und Wirklichkeit

Standort der Irrtumsprüfung.

Das bedeutet, daß sich der Irrtum ***immer im Wissensbereich*** des Vorsatzes abspielt. Und weil sich das Wissenselement immer auf irgendetwas im objektiven (extern) oder subjektiven (intern) TB bezieht, gibt es eine ganze Reihe Möglichkeiten, was passieren kann und wie es zu bewältigen ist.

Es gibt zwei verschiedene Sorten von Irrtümern:

Bevor wir uns die Einzelheiten ansehen, aber noch eine Bemerkung: Viel Irritation bei der Irrtumsbehandlung beruht auf einer Verwechslung. Gemeint ist die Verwechslung eines ***Irrtums im alltäglichen Sinne*** mit einem ***Irrtum im rechtlich relevanten Sinne***.

I. Tatbestandsmäßigkeit
1. Objektiver Tatbestand
   a. Das Tatsubjekt
   b. Die Tathandlung
   c. Das Tatobjekt
   d. Der Taterfolg und die Verbindung von Handlung und Erfolg
2. Subjektiver Tatbestand
   a. Vorsatz (= Wissen und Wollen)
   b. Sonstige subjektive Merkmale
3. Tatbestandsannexe
4. Fälle des § 28 II

II. Rechtswidrigkeit (indiziert)
Ausnahme: Rechtfertigungsgründe

III. Schuld
1. Schuldfähigkeit
2. Spezielle Schuldmerkmale
3. Die persönliche Vorwerfbarkeit
   Unrechtsbewußtsein im weiten Sinne
   a. Schuldform: Vorsatz
   b. Unrechtsbewußtsein im engen Sinne
4. Entschuldigungsgründe

IV. Besonderheiten
1. Strafausschließungs- und aufhebungsgründe
2. Strafverfolgungshindernisse
3. Regelbeispiele

Es kommt sehr oft vor, daß man sich - nichtjuristisch gesprochen - irrt, ohne daß dieser Irrtum gleich eine rechtliche Bedeutung erlangt. Wenn man nun in diesen Fällen versucht, festzustellen, daß *kein* Irrtum vorliegt, wird man - mindestens sprachlich - scheitern. Es liegt ja einer vor.

Solche aus dem Alltag (rechtlich irrelevant) und rechtlich bedeutsame.

Man kommt in diesen Konstellationen deshalb nur dann weiter, wenn man dem Sachverhalt gemäß zunächst einmal einen Irrtum feststellt, diesem dann aber die rechtliche Relevanz für den vorliegenden Fall abspricht.

Bei Alltagsirrtümern: Irrtum: ja. Bedeutung: nein.

Wir werden im folgenden ***die klausurwichtigsten Irrtumskonstellationen des Tatbestandes*** besprechen. Es sind diese fünf:

Die Top 5.

- Subsumtionsirrtum
- Irrtum über das Tatobjekt (error in persona vel objecto)
- Abirrung der Tat (aberratio ictus)
- Irrtum über strafschärfende /-mildernde Umstände
- Irrtum über den Kausalverlauf

Später in der Schuldprüfung kommen wir dann auf die (nur) dort relevanten Irrtümer: die direkten Verbotsirrtümer und die indirekten Verbotsirrtümer (Erlaubnisirrtümer).

Der traurige Rest: unten in der Schuld.

aa. Der Subsumtionsirrtum

Die Ausgangssituation: Der Täter kennt (= Wissen) den tatsächlichen Sachverhalt *richtig,* ordnet ihn aber im Hinblick auf ein Tatbestandsmerkmal falsch ein, er *subsumiert* ihn falsch.

Anders als beim error in persona:

Die Tatsachen sind bekannt, aber eine Wertung wird falsch vorgenommen.

a. T erschießt die Katze des O und glaubt, Tiere seien ***keine Sachen.***

I. Tatbestandsmäßigkeit
1. Objektiver Tatbestand
   a. Das Tatsubjekt
   b. Die Tathandlung
   c. Das Tatobjekt
   d. Der Taterfolg und die Verbindung von Handlung und Erfolg
2. Subjektiver Tatbestand
   a. Vorsatz (= Wissen und Wollen)
   b. Sonstige subjektive Merkmale
3. Tatbestandsannexe
4. Fälle des § 28 II

II. Rechtswidrigkeit (indiziert)
Ausnahme: Rechtfertigungsgründe

III. Schuld
1. Schuldfähigkeit
2. Spezielle Schuldmerkmale
3. Die persönliche Vorwerfbarkeit
   Unrechtsbewußtsein im weiten Sinne
   a. Schuldform: Vorsatz
   b. Unrechtsbewußtsein im engen Sinne
4. Entschuldigungsgründe

IV. Besonderheiten
1. Strafausschließungs- und aufhebungsgründe
2. Strafverfolgungshindernisse
3. Regelbeispiele

---

b. T erschießt die ihm und O gemeinsam gehörende Katze und glaubt, bei Miteigentum wäre die Katze ***keine fremde*** (Sache).

Der objektive TB liegt vor ...

Lösung: In beiden Fällen liegt der objektive Tatbestand des § 303 Abs. 1 vor: Die Katze war objektiv eine Sache. Sie stand im (Mit-)Eigentum eines anderen, war also objektiv fremd. Das ist hier nicht das Problem.

... subjektiv kann das Wissen fehlen.

Beim subjektiven Tatbestand kann es am Wissenselement des Vorsatzes fehlen. Es ist zu differenzieren:

Beschreibende Merkmale muß man nur sinnlich richtig erfassen.

Hier geht es um die rechtliche Bewertung von ***Tatsachen***.

- Bei a. handelt es sich um ein ***beschreibendes (lat.: deskriptives) Merkmal***, das T falsch zuordnet. In solchen Fällen genügt es, daß der Täter die ***tatsächlichen*** Voraussetzungen (Katze = körperl. Gegenstand = Sache) kennt. Das reicht für's Wissen. Deskriptiv ist dabei jedes Merkmal, daß man auf rein sinnlicher Ebene (Sehen, Hören, Riechen, Schmecken, Fühlen) ohne jeden rechtlichen Schnickschnack erfassen kann. ***Formulierungsvorschlag:***

T wußte, daß es eine Katze ein körperlicher Gegenstand ist. Ob er dies (rechtlich) als „Sache" verstand, spielt keine Rolle. Das rechtlich notwendige Wissen war also da. Sein *tatsächlich vorliegender* Irrtum über die Sacheigenschaft ist mithin *rechtlich* irrelevant.

Bei wertenden Merkmalen muß man die Wertung mindestens parallel nachvollzogen haben.

Hier geht es um die rechtliche Bewertung von ***Rechtsfragen***.

- Bei b. handelt es sich um ein ***wertendes (lat.: normatives) Tatbestandsmerkmal***. In solchen Fällen ist erforderlich, daß der Täter den tatsächlichen Sachverhalt kennt und aufgrund „einer Parallelwertung in der Laiensphäre" den wesentlichen Bedeutungsgehalt erfaßt. Grund: Der normale Täter ist gar nicht in der Lage, ***rechtlich*** exakte Wertungen abzugeben (im vorliegenden Fall: die Eigentumsverhältnisse nach den Vorschriften des BGB auszuloten). Das StGB gilt aber auch nor-

I. Tatbestandsmäßigkeit
1. Objektiver Tatbestand
   a. Das Tatsubjekt
   b. Die Tathandlung
   c. Das Tatobjekt
   d. Der Taterfolg und die Verbindung von Handlung und Erfolg
2. Subjektiver Tatbestand
   a. Vorsatz (= Wissen und Wollen)
   b. Sonstige subjektive Merkmale
3. Tatbestandsannexe
4. Fälle des § 28 II

II. Rechtswidrigkeit (indiziert)
Ausnahme: Rechtfertigungsgründe

III. Schuld
1. Schuldfähigkeit
2. Spezielle Schuldmerkmale
3. Die persönliche Vorwerfbarkeit Unrechtsbewußtsein im weiten Sinne
   a. Schuldform: Vorsatz
   b. Unrechtsbewußtsein im engen Sinne
4. Entschuldigungsgründe

IV. Besonderheiten
1. Strafausschließungs- und aufhebungsgründe
2. Strafverfolgungshindernisse
3. Regelbeispiele

malen Bürgern gegenüber. Deshalb reicht die „Parallelwertung". Normativ ist also jedes Merkmal, das *nur über eine rechtliche Wertung* erfaßt werden kann. ***Formulierungsvorschlag:***

> T wußte, daß es einen Unterschied macht, ob die Sache ihm alleine gehört oder noch jemandem anderen. Eine solche „laienhaft verschwommene Vorstellung" genügt. Das für die Verwirklichung des subjektiven Tatbestandes nötige Wissen war also da.
> Es kommt jeweils hinzu (Fall a. und b.), daß T die Zerstörung wollte. Damit handelte T vorsätzlich. Der Tatbestand des § 303 I liegt vor.

Hinweis:

1. Die Abgrenzung zwischen deskriptiven und normativen Merkmalen ist manchmal gar nicht möglich (Ist „Beschädigen" i.S. d. § 303 deskriptiv oder normativ?).

Abgrenzungsproblem zwischen beschreibend und wertend.

2. Der *beachtliche* (also der rechtlich relevante) Subsumtionsirrtum ist sehr selten. Im Zweifel daher über die „Parallelwertung" einen Irrtum verneinen.

Der beachtliche Subsumtionsirrtum ist sehr selten.

bb. Der Irrtum über das Tatobjekt (error in persona vel objecto)

Ausgangssituation: Der Täter kennt den tatsächlichen Sachverhalt *nicht richtig.* Er hat ein Wissensdefizit im Hinblick auf das Objekt seiner Tat. Das Objekt kann eine Person oder ein sonstiges Objekt sein. Als Wissensdefizit liegt eine Verwechslung vor.

Anders als beim Subsumtionsirrtum:

Die Tatsachen sind *nicht* richtig bekannt.

> ***a.*** T will X erschießen. Er lauert ihm im Wald auf. Es nähert sich eine Person. T schießt, weil er glaubt, es sei X. In Wirklichkeit war es O.
> ***b.*** T will den Hund X des N erschießen. Das Kind O kauert vor der Hundehütte. T hält O für den Hund und erschießt O.

I. Tatbestandsmäßigkeit
1. Objektiver Tatbestand
   a. Das Tatsubjekt
   b. Die Tathandlung
   c. Das Tatobjekt
   d. Der Taterfolg und die Verbindung von Handlung und Erfolg
2. Subjektiver Tatbestand
   a. Vorsatz (= Wissen und Wollen)
   b. Sonstige subjektive Merkmale
3. Tatbestandsannexe
4. Fälle des § 28 II

II. Rechtswidrigkeit (indiziert)
Ausnahme: Rechtfertigungsgründe

III. Schuld
1. Schuldfähigkeit
2. Spezielle Schuldmerkmale
3. Die persönliche Vorwerfbarkeit
   Unrechtsbewußtsein im weiten Sinne
   a. Schuldform: Vorsatz
   b. Unrechtsbewußtsein im engen Sinne
4. Entschuldigungsgründe

IV. Besonderheiten
1. Strafausschließungs- und aufhebungsgründe
2. Strafverfolgungshindernisse
3. Regelbeispiele

Der objektive Tatbestand liegt vor ...

Lösung: In beiden Fällen liegt der objektive Tatbestand des § 212 vor: O war ein Mensch, der getötet wurde. Dies jeweils aufgrund einer kausalen und zurechenbaren Handlung des T.

... subjektiv kann das Wissen fehlen.

Beim subjektiven Tatbestand kann es am Wissenselement des Vorsatzes fehlen: T wußte nicht, daß (Fall a.) es O war, der sich näherte, daß (Fall b.) das Kind O vor der Hütte kauerte. Es ist zu differenzieren:

Weiß der Täter um die das Objekt bildenden Eigenschaften, ist ein Irrtum über die Identität des Objektes rechtlich irrelevant.

- Bei a. weiß T, daß er einen Menschen tötet und will auch *genau diesen als Zielobjekt individualisierten* Menschen töten. Er verwechselt (bloß) die Identität dieses Menschen. Dieser Irrtum schließt das (rechtlich relevante) Wissen um den Tatbestand des § 212 nicht aus.

§ 212 beschreibt das Tatobjekt *allgemein* als Mensch, die Tathandlung *allgemein* als Töten. Es ist für die Erfüllung des Tatbestandes (objektiv und subjektiv) damit unbeachtlich, wie die *konkrete* Ausgestaltung des Tatobjektes (alt, jung, dick, dünn) und der Tathandlung (Schuß, Stich, Schlag) aussehen. Wichtig ist nur, daß der Täter bei seiner Tat mitbekommt, daß das Objekt, das er mit seiner Handlung verletzten will, die Wesensmerkmale des Objektes aufweist, das durch § 212 geschützt werden soll (also die Qualität „Mensch") und daß die Handlung, die er an dem Objekt vornehmen will, die Merkmale aufweist, die durch § 212 verboten werden sollen (also die Qualität „Töten"). Die Identität des Opfers ist *aus rechtlicher Sicht* dann nicht mehr von Bedeutung.

Dem Wissenselement des § 212 ist damit nach herrschender Auffassung schon dann genüge getan, wenn der Täter die Mensch-Eigenschaft (oder allgemeiner: die Objekteigenschaft) des angepeilten Opfers kennt.

I. Tatbestandsmäßigkeit
1. Objektiver Tatbestand
   a. Das Tatsubjekt
   b. Die Tathandlung
   c. Das Tatobjekt
   d. Der Taterfolg und die Verbindung von Handlung und Erfolg
2. Subjektiver Tatbestand
   a. Vorsatz (= Wissen und Wollen)
   b. Sonstige subjektive Merkmale
3. Tatbestandsannexe
4. Fälle des § 28 II

II. Rechtswidrigkeit (indiziert)
Ausnahme: Rechtfertigungsgründe

III. Schuld
1. Schuldfähigkeit
2. Spezielle Schuldmerkmale
3. Die persönliche Vorwerfbarkeit
   Unrechtsbewußtsein im weiten Sinne
   a. Schuldform: Vorsatz
   b. Unrechtsbewußtsein im engen Sinne
4. Entschuldigungsgründe

IV. Besonderheiten
1. Strafausschließungs- und aufhebungsgründe
2. Strafverfolgungshindernisse
3. Regelbeispiele

Merke: *Sind die Objekte* ***gleichwertig,***
ist der ***Irrtum unbeachtlich*** *(Identitätsverwechslung).*
(X = Mensch/O = Mensch)

❍ Bei b. weiß T nicht, daß er einen Menschen tötet. Er verwechselt einen Menschen mit einem Hund. Dieser Irrtum schließt das Wissen um den Tatbestand des § 212 aus. Ohne Wissen kann selbstverständlich auch kein Wollen vorliegen. Damit fehlt es am Vorsatz (vgl. erneut: § 16 I S. 1). Strafbarkeit allerdings wegen versuchter Sachbeschädigung und - eventuell - fahrlässiger Tötung.

Irrt sich der Täter über die das Objekt bildenden Eigenschaften, ist der Irrtum beachtlich.

Merke: *Sind die Objekte* ***nicht gleichwertig,***
ist der ***Irrtum beachtlich*** *(Objektverwechslung).*
(X = Hund/O = Mensch)

cc. Die Abirrung (das Fehlgehen) der Tat (*die* aberratio ictus)

Die Ausgangssituation: Der Täter trifft mit der Tat nicht das Opfer, sondern einen Dritten. Dies aber nicht aufgrund einer Verwechslung des Tatobjektes, sondern weil der Täter daneben trifft. Es handelt sich hier regelmäßig in erster Linie nicht um einen Irrtum (Wissenselement!) im Hinblick auf das angepeilte Tatobjekt, sondern schwerpunktmäßig um einen Mangel im Wollensbereich.

Die Tatsachen sind grundsätzlich bekannt ...

I. Tatbestandsmäßigkeit
1. Objektiver Tatbestand
   a. Das Tatsubjekt
   b. Die Tathandlung
   c. Das Tatobjekt
   d. Der Taterfolg und die Verbindung von Handlung und Erfolg
2. Subjektiver Tatbestand
   a. Vorsatz (= Wissen und Wollen)
   b. Sonstige subjektive Merkmale
3. Tatbestandsannexe
4. Fälle des § 28 II

II. Rechtswidrigkeit (indiziert)
Ausnahme: Rechtfertigungsgründe

III. Schuld
1. Schuldfähigkeit
2. Spezielle Schuldmerkmale
3. Die persönliche Vorwerfbarkeit
   Unrechtsbewußtsein im weiten Sinne
   a. Schuldform: Vorsatz
   b. Unrechtsbewußtsein im engen Sinne
4. Entschuldigungsgründe

IV. Besonderheiten
1. Strafausschließungs- und aufhebungsgründe
2. Strafverfolgungshindernisse
3. Regelbeispiele

... abgesehen davon, daß der Täter eine falsche Prognose über Ablauf der Tat hat.

Man könnte aber auch einen Irrtum draus basteln, wenn man sich klarmacht, daß der Täter eine von der Realität *abweichende Prognose* darüber hatte, wie seine Tathandlung sich den Weg bahnen, insbesondere welcher Taterfolg sich an seine Handlung knüpfen würde.

a. T will den Hund des N erschießen. Er zielt auf den Hund, der vor der Hundehütte pennt. Er trifft aber das 2 Meter weiter spielende Kind O, das er gar nicht gesehen hat. O spielt nicht mehr weiter. O ist tot.
b. T will das Nachbarskind X erschießen, weil er sich vom Lärm des ganz laut spielenden Kindes gestört fühlt. Er zielt auf X, trifft aber den 2 Meter weiter ganz leise spielenden O. O wird noch leiser. O ist tot.

Der objektive Tatbestand liegt vor ...

Lösung: In beiden Fällen liegt der objektive Tatbestand des § 212 I vor: Dies jeweils aufgrund einer kausalen und zurechenbaren Handlung des T.

... subjektiv kann das Wollen fehlen.

Möglichkeit 1: Beim subjektiven Tatbestand kann es am *Wollens*element des Vorsatzes fehlen: T wollte nicht den O, sondern den Hund (Fall a.), nicht den O, sondern den X (Fall b.) treffen.

Oder: ... subjektiv kann das Wissen um den Ablauf fehlen.

Alternativ: Beim subjektiven Tatbestand kann es am *Wissens*element des Vorsatzes fehlen. Bei Erfolgsdelikten besteht das Wissen des Täters immer in einer Prognose über den wahrscheinlichen Tatverlauf. Die Prognose des T ging dahin, nicht den O, sondern den Hund (Fall a.), nicht den O, sondern den X (Fall b.) zu treffen.

Es ist zu differenzieren:

I. Tatbestandsmäßigkeit
1. Objektiver Tatbestand
   a. Das Tatsubjekt
   b. Die Tathandlung
   c. Das Tatobjekt
   d. Der Taterfolg und die Verbindung von Handlung und Erfolg
2. Subjektiver Tatbestand
   a. Vorsatz (= Wissen und Wollen)
   b. Sonstige subjektive Merkmale
3. Tatbestandsannexe
4. Fälle des § 28 II

II. Rechtswidrigkeit (indiziert)
Ausnahme: Rechtfertigungsgründe

III. Schuld
1. Schuldfähigkeit
2. Spezielle Schuldmerkmale
3. Die persönliche Vorwerfbarkeit
   Unrechtsbewußtsein im weiten Sinne
   a. Schuldform: Vorsatz
   b. Unrechtsbewußtsein im engen Sinne
4. Entschuldigungsgründe

IV. Besonderheiten
1. Strafausschließungs- und aufhebungsgründe
2. Strafverfolgungshindernisse
3. Regelbeispiele

❍ Bei a. fehlt es ***bezüglich des Kindes O*** am subjektiven Tatbestand: T hat nicht gewußt (im Sinne einer Prognose), daß seine Handlung einen Menschen töten würde und er will auch gar keinen Menschen töten, sondern eine Sache zerstören. Damit fehlt es am Vorsatz. (Strafbarkeit allenfalls noch wegen fahrlässiger Tötung, § 222.)

Prognostiziert der Täter den Erfolg an einer anderen Objektgattung als der verletzten, fehlt es schon deshalb am Vorsatz.

Bezüglich des Hundes mangelt es schon am objektiven Tatbestand des § 303 I: Der Hund ist weder beschädigt noch zerstört. (Bleibt nur Versuch.)

❍ Bei b. fehlt es ***bezüglich des Kindes O*** am subjektiven Tatbestand: T hat nicht gewußt (im Sinne einer Prognose), daß seine Handlung O töten würde und er will auch gar nicht O, sondern X töten. Es ist dabei aber nicht so, daß er O irrtümlich für X hält, sich über dessen Identität irrt. Es ist vielmehr so, daß er das angezielte Objekt X sehr richtig erkennt, aber nicht trifft. O wiederum ist überhaupt nicht angezielt.

Prognostiziert der Täter den Erfolg an einem gleichwertigen Objekt, fehlt der Vorsatz, wenn ein anderes als das *konkretisierte* Ziel getroffen wird.

Dabei kann es dann dahinstehen, ob T das Kind O auch gesehen hat oder nicht (das wäre nur für die Frage interessant, ob bewußte oder unbewußte Fahrlässigkeit vorliegt).

Jedenfalls fehlt es am Willen im Hinblick *auf O*. (Strafbarkeit dann allenfalls noch wegen fahrlässiger Tötung, § 222.)

Bezüglich des Kindes X mangelt es am objektiven Tatbestand des § 212 I. X ist nicht tot. (Bleibt nur Versuch.)

Wichtig: Die aberratio ictus ist häufig vom error in persona (vel objecto) abzugrenzen. Entscheidend ist: Hat der Täter *das* Objekt getroffen, das er treffen wollte (und sich nur über die Identität geirrt)? Dann liegt ein error in persona vor. Oder hat er *ein anderes* Objekt (daneben) getroffen? Dann nur aberratio ictus.

Entscheidendes Abgrenzungskriterium: Individualisiertes Objekt getroffen oder nicht?

I. Tatbestandsmäßigkeit
1. Objektiver Tatbestand
   a. Das Tatsubjekt
   b. Die Tathandlung
   c. Das Tatobjekt
   d. Der Taterfolg und die Verbindung von Handlung und Erfolg
2. Subjektiver Tatbestand
   a. Vorsatz (= Wissen und Wollen)
   b. Sonstige subjektive Merkmale
3. Tatbestandsannexe
4. Fälle des § 28 II

II. Rechtswidrigkeit (indiziert)
Ausnahme: Rechtfertigungsgründe

III. Schuld
1. Schuldfähigkeit
2. Spezielle Schuldmerkmale
3. Die persönliche Vorwerfbarkeit Unrechtsbewußtsein im weiten Sinne
   a. Schuldform: Vorsatz
   b. Unrechtsbewußtsein im engen Sinne
4. Entschuldigungsgründe

IV. Besonderheiten
1. Strafausschließungs- und aufhebungsgründe
2. Strafverfolgungshindernisse
3. Regelbeispiele

Andere Ansicht

Es gibt allerdings auch die Auffassung, die bei Gleichwertigkeit von angezieltem und getroffenem Objekt (unsere Fallgruppe b.) eine Unbeachtlichkeit der Abweichung annehmen will.

Begründung: Mensch angezielt, Mensch getroffen.

Die Begründung hierfür lautet: Der Täter *wollte* einen Menschen treffen und er *hat* einen Menschen getroffen. Dieser Lehre kann man (mit der h.M.) entgegenhalten, daß sie nicht hinreichend berücksichtigt, daß der Täter seinen Vorsatz nicht auf die z.B. Tötung *irgendeines* Menschen gerichtet, sondern ihn auf einen bestimmten Menschen ***konkretisiert***, bzw. ***manifestiert*** hatte.

Man könnte wie folgt ***formulieren:***

Einstieg: (ab subjektiver TB im Hinblick auf das getroffene Objekt O): T muß weiterhin vorsätzlich gehandelt haben. Vorsatz bedeutet Wissen und Wollen der zum gesetzlichen Tatbestand gehörenden Umstände.

Einstieg in das Problem.

Problem: Fraglich ist, wie es sich auswirkt, daß T nicht O, sondern X treffen wollte. Es kann am Wollenselement des Vorsatzes fehlen. T hatte einen Willen dahin, X zu treffen. Dabei hatte er X als Zielobjekt konkretisiert. Getroffen wurde aber O. Das Auseinanderfallen von angezieltem und getroffenen Objekt lag dabei nicht darin, daß T sich über die Identität des Zielobjektes geirrt hätte (sog. error in persona vel objecto). Es war vielmehr darin begründet, daß ein weiteres, ein ganz anderes Objekt als das angezielte getroffen wurde. Einen solchen Fall nennt man Abirrung der Tat ***(aberratio ictus).***

Streitdarstellung.

Streit: Die Behandlung der aberratio ictus ist nicht einheitlich. Während eine Auffassung davon ausgeht, daß dem Täter im Hinblick auf das getroffene Objekt kein Vorsatz zur Last gelegt werden könne, weil er eben dieses nicht habe treffen wollen, geht eine Gegenauffassung dahin, einen Vorsatz gleichwohl zu bejahen. Sie begründet dies damit, daß der Täter ein Objekt habe treffen wollen und ein Objekt getroffen habe. Nachdem beide Objekte gleichwertig seien, sei davon auszugehen, daß das Wollen und damit der Vorsatz vorliege.

Streitauflösung.

Auflösung: Diese Auffassung überzeugt nicht. Sie übersieht, daß der Vorsatz nicht auf *(irgend-) ein* Objekt gerichtet, sondern auf *ein bestimmtes* Objekt konkretisiert (individualisiert) war. Und dieses be-

I. Tatbestandsmäßigkeit
1. Objektiver Tatbestand
   a. Das Tatsubjekt
   b. Die Tathandlung
   c. Das Tatobjekt
   d. Der Taterfolg und die Verbindung von Handlung und Erfolg
2. Subjektiver Tatbestand
   a. Vorsatz (= Wissen und Wollen)
   b. Sonstige subjektive Merkmale
3. Tatbestandsannexe
4. Fälle des § 28 II

II. Rechtswidrigkeit (indiziert)
Ausnahme: Rechtfertigungsgründe

III. Schuld
1. Schuldfähigkeit
2. Spezielle Schuldmerkmale
3. Die persönliche Vorwerfbarkeit
   Unrechtsbewußtsein im weiten Sinne
   a. Schuldform: Vorsatz
   b. Unrechtsbewußtsein im engen Sinne
4. Entschuldigungsgründe

IV. Besonderheiten
1. Strafausschließungs- und aufhebungsgründe
2. Strafverfolgungshindernisse
3. Regelbeispiele

stimmte Objekt - hier X - ist nicht getroffen worden. Richtigerweise ist daher mit der erstgenannten Meinung davon auszugehen, daß das Wollenselement des Vorsatzes und daher der Vorsatz insgesamt fehlt.
Ausstieg: Eine Strafbarkeit wegen vorsätzlicher Begehung scheidet daher aus.

Ergebnis.

dd. Irrtum über strafschärfende bzw. strafmildernde Umstände

Die Ausgangssituation: Der Täter weiß um alle Umstände eines von ihm verwirklichten Grundtatbestandes. Im Hinblick auf eine Qualifikation bzw. Privilegierung unterliegt er einem Irrtum. Das kann zwei Gründe haben:

Die Tatsachen sind *teilweise* bekannt ...

a. Der Täter verwirklicht neben dem Grund-TB, dessen Merkmale er in seinen Vorsatz aufgenommen hat, noch weitere Merkmale, welche die Tat qualifizieren, bzw. privilegieren würden. Der Täter weiß *nichts* davon.

... teilweise fehlt dem Täter ein Wissen, bzw. ...

a. Der Täter verwirklicht nur den Grund-TB, geht aber (fälschlich) davon aus, auch qualifizierende, bzw. privilegierende Merkmale verwirklicht zu haben (Er „weiß“ also um diese gar nicht vorliegenden Merkmale).

... teilweise „weiß“ der Täter mehr als wirklich ist.

Bsp. a.: T begeht einen Diebstahl. Er führt, ohne es zu wissen, eine geladene Schußwaffe (qualifizierend, vgl. § 244) mit sich, die ihm seine fürsorgliche Frau in die Tasche gesteckt hat.
T tötet seinen schwerkranken Vater, der ihn in vollem Bewußtsein seines Zustandes ausdrücklich und ernsthaft per Brief darum gebeten hatte (privilegierend, vgl. § 216), ohne diesen Brief gelesen zu haben.

I. Tatbestandsmäßigkeit
1. Objektiver Tatbestand
   a. Das Tatsubjekt
   b. Die Tathandlung
   c. Das Tatobjekt
   d. Der Taterfolg und die Verbindung von Handlung und Erfolg
2. Subjektiver Tatbestand
   a. Vorsatz (= Wissen und Wollen)
   b. Sonstige subjektive Merkmale
3. Tatbestandsannexe
4. Fälle des § 28 II

II. Rechtswidrigkeit (indiziert)
Ausnahme: Rechtfertigungsgründe

III. Schuld
1. Schuldfähigkeit
2. Spezielle Schuldmerkmale
3. Die persönliche Vorwerfbarkeit
   Unrechtsbewußtsein im weiten Sinne
   a. Schuldform: Vorsatz
   b. Unrechtsbewußtsein im engen Sinne
4. Entschuldigungsgründe

IV. Besonderheiten
1. Strafausschließungs- und aufhebungsgründe
2. Strafverfolgungshindernisse
3. Regelbeispiele

Bsp. b.: T begeht einen Diebstahl. Er glaubt, eine geladene Schußwaffe mit sich zu führen. Seine fürsorgliche Frau hatte diese jedoch vorher der Tasche entnommen.
T tötet seinen Vater in der Annahme, dieser sei schwerkrank und habe ihn ausdrücklich und ernsthaft per Brief darum gebeten. Tatsächlich war der Brief gar nicht von seinem Vater, sondern vom Vater des Nachbarn.

Lösung:

... Kennt der Täter qualifizierende, bzw. privilegierende Umstände nicht, fehlt es *insoweit* am Vorsatz .

- Die Fälle zu a. werden so aufgelöst, daß dem Täter die qualifizierenden, bzw. privilegierenden Umstände nicht angerechnet werden. Mangels Wissen um sie fehlt es nämlich am Vorsatz. Bestrafung dann nur aus dem Grundtatbestand. Klarer Fall von § 16 I 1.

- Bei den Fällen zu b. ist zu differenzieren:

Glaubt der Täter mehr als ist, wird er bei Qualifikationen (auch) wegen Versuches bestraft.

1. Bei Qualifizierungen wird wegen Vollendung des Grunddeliktes und Versuch (allerdings untauglich) der Qualifizierung bestraft. Man prüft dabei zunächst ein vollendetes (Grund-) Delikt, stellt Strafbarkeit fest, prüft dann das Vorliegen der qualifizierenden Merkmale, stellt deren Nichtvorliegen fest, und beginnt endlich die neue Prüfung eines versuchten Deliktes (der versuchten Qualifikation). Die Details einer Versuchsprüfung kommen später (ab S. 136).

Bei Privilegierungen kommt er aber besser weg: § 16 II.

2. Bei Privilegierungen gilt dagegen ***§ 16 II:*** Strafbarkeit nur nach dem milderen Delikt.

Aufbautechnisch sieht die Prüfung eines § 16 II übrigens so aus, daß man zunächst das komplette Grunddelikt durchprüft (also z.B. § 212, mit Tatbestand, Rechtswidrigkeit und Schuld), dann auf die Privilegierung überschwenkt (also z.B. § 216), um in de-

I. Tatbestandsmäßigkeit
1. Objektiver Tatbestand
   a. Das Tatsubjekt
   b. Die Tathandlung
   c. Das Tatobjekt
   d. Der Taterfolg und die Verbindung von Handlung und Erfolg
2. Subjektiver Tatbestand
   a. Vorsatz (= Wissen und Wollen)
   b. Sonstige subjektive Merkmale
3. Tatbestandsannexe
4. Fälle des § 28 II

II. Rechtswidrigkeit (indiziert)
Ausnahme: Rechtfertigungsgründe

III. Schuld
1. Schuldfähigkeit
2. Spezielle Schuldmerkmale
3. Die persönliche Vorwerfbarkeit Unrechtsbewußtsein im weiten Sinne
   a. Schuldform: Vorsatz
   b. Unrechtsbewußtsein im engen Sinne
4. Entschuldigungsgründe

IV. Besonderheiten
1. Strafausschließungs- und aufhebungsgründe
2. Strafverfolgungshindernisse
3. Regelbeispiele

ren objektiven Tatbestand festzustellen, daß es an einer Voraussetzung fehlt. Normalerweise wäre dann hier Schluß und man müßte auf die Prüfung eines Versuches wechseln.

Bei Privilegierungen ist das anders. Hier prüft man - obwohl der objektive Tatbestand nicht vorliegt - weiter mit dem subjektiven Tatbestand und fragt, wie es sich auswirkt, daß der Täter aber glaubt, der objektive Tatbestand läge vor. Die Antwort gibt dann § 16 II.

Dort gibt es spezielle Aufbaufolgen.

Strafbarkeit der T gemäß §§ 212 I, 216 I
I. Tatbestand § 212 I
  1. Objektiv
  2. Subjektiv
II. Rechtswidrigkeit
III. Schuld
IV. Tatbestand § 216 I
  1. Objektiv: liegt nicht vor
  2. Subjektiv: Täter glaubt es aber ⇨ § 16 II
V. Ergebnis: Strafbarkeit nach §§ 212 I, 216 I.

ee. Der Irrtum über den Kausalverlauf

Die Ausgangssituation: Der Täter irrt sich über die Verbindung von Handlung und Erfolg. Der Erfolg tritt zwar ein, der Täter hatte aber eigentlich damit gerechnet, daß der Erfolg auf einem anderen Weg eintritt.

Die Tatsachen sind grundsätzlich bekannt. Die Ablaufprognose ist falsch.

Das klingt im übrigen ganz ähnlich wie eben bei der aberratio ictus. Der Unterschied liegt darin, daß der (Kausal-) Verlauf bei der aberratio ictus so sehr vom vorgestellten abweicht, daß der Erfolg an einem ganz *anderen Objekt* eintritt. Hier aber tritt er schon an dem Objekt ein, an dem er eintreten soll. Nur auf einem *anderen Weg*.

Unterschied zur aberratio ictus: der Erfolg tritt am „richtigen" Objekt ein.

I. Tatbestandsmäßigkeit
1. Objektiver Tatbestand
   a. Das Tatsubjekt
   b. Die Tathandlung
   c. Das Tatobjekt
   d. Der Taterfolg und die Verbindung von Handlung und Erfolg
2. Subjektiver Tatbestand
   a. Vorsatz (= Wissen und Wollen)
   b. Sonstige subjektive Merkmale
3. Tatbestandsannexe
4. Fälle des § 28 II

II. Rechtswidrigkeit (indiziert)
Ausnahme: Rechtfertigungsgründe

III. Schuld
1. Schuldfähigkeit
2. Spezielle Schuldmerkmale
3. Die persönliche Vorwerfbarkeit Unrechtsbewußtsein im weiten Sinne
   a. Schuldform: Vorsatz
   b. Unrechtsbewußtsein im engen Sinne
4. Entschuldigungsgründe

IV. Besonderheiten
1. Strafausschließungs- und aufhebungsgründe
2. Strafverfolgungshindernisse
3. Regelbeispiele

Bsp.: T will O erschießen, verletzt ihn aber nur. Trotzdem stirbt O, weil er Bluter ist.
Bsp.: T will O vergiften. Er benutzt - unwissentlich - nur die Hälfte der tödlichen Dosis. Er glaubt, diese Dosis sei tödlich. O stirbt dennoch, weil X unabhängig von T die noch fehlende Hälfte der tödlichen Dosis verabreicht hat. Auch X glaubt, diese Dosis sei tödlich.

Sicheres „Wissen" hat man erst hinterher.

Prognosen können immer geringe Abweichungen nach sich ziehen.

Vorüberlegung: Da der Erfolg bei Erfolgsdelikten ein in der Zukunft liegendes Ereignis ist, kann man nicht „wissen", ob er eintritt. Man kann es nur - mit mehr oder weniger großer Wahrscheinlichkeit - prognostizieren, man kann es nur „meinen". Damit liegt dann auf der Hand, daß *unwesentliche* Abweichungen des tatsächlichen Tat- und Kausalverlaufes vom vorgestellten Verlauf nicht etwa den Vorsatz ausschließen und einen Tatbestandsirrtum (§ 16 I S. 1!) begründen.

Bsp.: T schießt auf O. Er will ihn ins Herz treffen, trifft aber, weil er ein schlechter Schütze ist, in den Kopf. O ist tot.

Problem: Welcher Grad an Abweichung ist noch erträglich?

Das Problem entsteht dann, wenn die Abweichung so wesentlich ist, daß man sich fragen muß, ob sie noch als unerheblich bezeichnet werden kann. Dieses Problem ist identisch mit dem bereits im Rahmen des objektiven Tatbestandes erörterten Problem bei der *Zurechnung*.

Lösung: Es ist wie bei der Zurechnung im objektiven TB.

Dort wurde in den Fällen der ***atypischen (kumulativen) Kausalität*** darauf abgestellt, ob der Erfolg „nach dem gewöhnlichen Verlauf der Dinge und der allgemeinen Lebenserfahrung noch in Rechnung zu stellen" sei. Wurde dies bejaht, erfolgte die Zurechnung im objektiven Tatbestand.

Deshalb: Kann, was zurechenbar ist, wesentlich abweichen?

Dann - und nur dann - stellt sich hier die Frage, ob ***ein Kausalverlauf zwar objektiv zurechenbar*** ist, ***subjektiv aber*** als so ***we-***

I. Tatbestandsmäßigkeit
1. Objektiver Tatbestand
   a. Das Tatsubjekt
   b. Die Tathandlung
   c. Das Tatobjekt
   d. Der Taterfolg und die Verbindung von Handlung und Erfolg
2. Subjektiver Tatbestand
   a. Vorsatz (= Wissen und Wollen)
   b. Sonstige subjektive Merkmale
3. Tatbestandsannexe
4. Fälle des § 28 II

II. Rechtswidrigkeit (indiziert)
Ausnahme: Rechtfertigungsgründe

III. Schuld
1. Schuldfähigkeit
2. Spezielle Schuldmerkmale
3. Die persönliche Vorwerfbarkeit
   Unrechtsbewußtsein im weiten Sinne
   a. Schuldform: Vorsatz
   b. Unrechtsbewußtsein im engen Sinne
4. Entschuldigungsgründe

IV. Besonderheiten
1. Strafausschließungs- und aufhebungsgründe
2. Strafverfolgungshindernisse
3. Regelbeispiele

---

sentlich vom vorgestellten Kausalverlauf ***abweichend*** angesehen werden muß, daß der Vorsatz des Täters ihn nicht mehr erfaßt.

Dies wird man wohl mit der Begründung verneinen können, die objektive Zurechnung erfolge ja gerade aufgrund des Umstandes, daß der tatsächliche Kausalverlauf nur unwesentlich vom vorgestellten abweiche. Dann müsse dies auch für den subjektiven Tatbestand, den Vorsatz gelten. Diese Lösung ist die in sich stimmigste.

Wohl kaum.

Teilweise wird aber auch die Ansicht vertreten, man müsse im subjektiven Tatbestand erneut prüfen, ob eine wesentliche Abweichung vorliege. Das sind die ewig Unentschlossenen.

Der BGH hat diese Probleme nicht. Er kümmert sich nämlich nicht um die Lehre von der objektiven Zurechnung. Er muß das auch nicht. Er muß nämlich keine Klausuren schreiben. ***Die Probleme***, in denen solche Überlegungen relevant werden, ***entstammen kranken Professorenhirnen***. Im „wirklichen Leben" - sieht man von der Boulevardpresse ab - gibt es sie nicht. (T schießt auf O. Er trifft nicht. Ein Pferd, durch den Schuß zu Tode erschrocken, überrennt O tödlich. BILD: Killerpferd fand neues Opfer!)

Das kleine Glück des BGH.

Keine objektive Zurechnung, sondern ...

Der BGH hat daher nur einmal zu prüfen, ob eine wesentliche Abweichung vorliegt. Da er dies im objektiven Tatbestand nicht macht, er hängt, wie gesagt, nicht der Lehre von der objektiven Zurechnung an, bleibt für ihn nur der Vorsatz (den der BGH übrigens in der Schuld prüft, dazu später ab S. 125). Von daher hat diese Irrtumsform noch ihre Bedeutung.

... nur die subjektive Abweichung vom Kausalverlauf.

Lösungsüberlegung: Geht man von der Lehre von der objektiven Zurechnung aus, ist der Irrtum über den Kausalverlauf unin-

Wer die Zurechnung prüft, hat hier nicht mehr viel zu tun.

I. Tatbestandsmäßigkeit
1. Objektiver Tatbestand
   a. Das Tatsubjekt
   b. Die Tathandlung
   c. Das Tatobjekt
   d. Der Taterfolg und die Verbindung von Handlung und Erfolg
2. Subjektiver Tatbestand
   a. Vorsatz (= Wissen und Wollen)
   b. Sonstige subjektive Merkmale
3. Tatbestandsannexe
4. Fälle des § 28 II

II. Rechtswidrigkeit (indiziert)
Ausnahme: Rechtfertigungsgründe

III. Schuld
1. Schuldfähigkeit
2. Spezielle Schuldmerkmale
3. Die persönliche Vorwerfbarkeit
   Unrechtsbewußtsein im weiten Sinne
   a. Schuldform: Vorsatz
   b. Unrechtsbewußtsein im engen Sinne
4. Entschuldigungsgründe

IV. Besonderheiten
1. Strafausschließungs- und aufhebungsgründe
2. Strafverfolgungshindernisse
3. Regelbeispiele

---

teressant geworden. Entweder der Kausalverlauf weicht wesentlich ab: Dann liegt bereits der objektive Tatbestand nicht vor. Oder er weicht nur unwesentlich ab: Dann ist er auch im Vorsatz enthalten.

Die opportunistische Lösung:

Für Klausuren sollte man sich an das Motto halten: Allen recht und keinem weh. Deshalb:

1. Zurechnung im obj. TB ...

... ***und*** ...

1. Im objektiven Tatbestand prüfen, ob Zurechenbarkeit vorliegt. Dazu feststellen, ob der Erfolg nach dem gewöhnlichen Verlauf der Dinge und der allgemeinen Lebenserfahrung noch zur Handlung gerechnet werden kann, ob also eine ***unerhebliche*** Abweichung vorliegt.

... 2. Irrtum über den Kausalverlauf im subj. TB.

2. Ist die Abweichung unerheblich (sonst schon kein obj. TB), im subjektiven Tatbestand feststellen, daß zwar eine Abweichung vom vorgestellten Kausalverlauf vorliegt, diese aber ***unwesentlich*** und damit vom Vorsatz umfaßt ist.

Nicht besonders elegant, aber ziemlich sicher.

Dann ist alles drin und jeder zufrieden. (Auch wenn es irgendwo ein bißchen schwachsinnig ist, dieselbe Sache zweimal zu prüfen.) Was allerdings sinnvoll sein kann, ist, den jeweiligen Übungsleiter zu fragen, wie er es gerne hätte. Nachdem dieser Tip im Examen aber nicht zieht, schlage ich *grundsätzlich* den oben aufgezeigten (doppelten) Weg vor.

Abartige Probleme: lehrstuhlverdächtig.

Zuletzt: Diese Fälle sind selten (Lehrbuchkriminalität). Sie treten im wesentlichen nur bei den Fällen der kumulativen (atypischen) Kausalität auf.

I. Tatbestandsmäßigkeit
1. Objektiver Tatbestand
   a. Das Tatsubjekt
   b. Die Tathandlung
   c. Das Tatobjekt
   d. Der Taterfolg und die Verbindung von Handlung und Erfolg
2. Subjektiver Tatbestand
   a. Vorsatz (= Wissen und Wollen)
   b. Sonstige subjektive Merkmale
3. Tatbestandsannexe
4. Fälle des § 28 II

II. Rechtswidrigkeit (indiziert)
Ausnahme: Rechtfertigungsgründe

III. Schuld
1. Schuldfähigkeit
2. Spezielle Schuldmerkmale
3. Die persönliche Vorwerfbarkeit
   Unrechtsbewußtsein im weiten Sinne
   a. Schuldform: Vorsatz
   b. Unrechtsbewußtsein im engen Sinne
4. Entschuldigungsgründe

IV. Besonderheiten
1. Strafausschließungs- und aufhebungsgründe
2. Strafverfolgungshindernisse
3. Regelbeispiele

3. Tatbestandsannexe

(Annex, lat. = Anhang) In seltenen Fällen finden sich Merkmale, die rein objektiv verwirklicht sein müssen, die aber keine subjektive Entsprechung haben. Diese Merkmale, die also nicht vom Vorsatz umfaßt sein müssen, nennt man ***objektive Bedingungen der Strafbarkeit.*** Ihre Existenz ist nicht unumstritten, denn der Täter kann für etwas bestraft werden, für das seine Eigenbeteiligung nur noch ganz von fern eine Rolle gespielt hat.

Was ist das:

Es wird vor der Rechtswidrigkeit geprüft, aber nach dem subjektiven Tatbestand?

Ein Beispiel hierfür bietet § 231 I. Wenn der *Tod eines Menschen* unter den dort beschriebenen Tatumständen erfolgt ist, greift § 231 I ein, ohne daß der Täter in irgendeiner inneren Beziehung hierzu gestanden haben muß. Ein weiteres Beispiel ist die *rechtswidrige Tat* im § 323a (str.).

Man prüft im übrigen deshalb als Annex, weil damit die Gefahr ausgeschlossen ist, daß gleichsam aus Versehen ein Vorsatz untersucht wird.

Ein Annex.

4. Akzessorietätseinschränkende Umstände

In den Fällen, in denen mehrere an einer Tat beteiligt sind, hängt die Strafbarkeit einzelner zum Teil an der Strafbarkeit anderer (anhängen = lat. accedere). Diese Verknüpfung wird durch § 28 II in einigen Bereichen aufgehoben. Der Verweis an dieser Stelle dient nur der Vollständigkeit. Die Details kann man erst dann verstehen, wenn man den Abschnitt über Täterschaft und Teilnahme (3. Teil) durchgearbeitet hat. Deshalb werde ich dort darauf zurückkommen (ab Seite 258).

Und eine Akzessorietätslockerung.

I. Tatbestandsmäßigkeit
1. Objektiver Tatbestand
   a. Das Tatsubjekt
   b. Die Tathandlung
   c. Das Tatobjekt
   d. Der Taterfolg und die Verbindung von Handlung und Erfolg
2. Subjektiver Tatbestand
   a. Vorsatz (= Wissen und Wollen)
   b. Sonstige subjektive Merkmale
3. Tatbestandsannexe
4. Fälle des § 28 II

II. Rechtswidrigkeit (indiziert)
Ausnahme: Rechtfertigungsgründe

III. Schuld
1. Schuldfähigkeit
2. Spezielle Schuldmerkmale
3. Die persönliche Vorwerfbarkeit
   Unrechtsbewußtsein im weiten Sinne
   a. Schuldform: Vorsatz
   b. Unrechtsbewußtsein im engen Sinne
4. Entschuldigungsgründe

IV. Besonderheiten
1. Strafausschließungs- und aufhebungsgründe
2. Strafverfolgungshindernisse
3. Regelbeispiele

II. Rechtswidrigkeit

Ob etwas rechtswidrig ist oder nicht ...

Alleine damit, daß der Täter einen Tatbestand verwirklicht hat, ist noch nicht gesagt, daß er auch strafbar geworden ist. Strafbarkeit liegt nämlich nur dann vor, wenn der Täter tatbestandsmäßig, rechtswidrig und schuldhaft gehandelt hat. Daher also jetzt zur nächsten Stufe, der Rechtswidrigkeit.

Man kann die Rechtswidrigkeit so beschreiben:

Rechtswidrigkeit = Widerspruch gegen das Recht

... entscheidet die gesamte Rechtsordnung.

Daraus folgt, daß *die gesamte* Rechtsordnung darüber entscheiden muß, ob ein Verhalten rechtswidrig ist oder nicht. Die Betrachtung darf sich nicht auf das StGB beschränken. *Entweder* ein Verhalten ist rechtswidrig *oder* rechtmäßig. Ein „bißchen Rechtswidrigkeit“ im StGB und ansonsten Rechtmäßigkeit (etwa im BGB) gibt es ebensowenig, wie ein bißchen schwanger oder ein bißchen Frieden.

Stichwort: Einheit der Rechtsordnung

1. Grundgedanke:

Das Typische ...

Tatbestände beschreiben ***typisches Unrecht.*** Rechtswidrigkeit liegt also im Normalfall mit der Erfüllung des Tatbestandes vor (ist indiziert). Und weil das so normal ist, ist die häufig anzutreffende ***Formulierung***

„Die Tatbestandsmäßigkeit indiziert die Rechtswidrigkeit.“

I. Tatbestandsmäßigkeit
1. Objektiver Tatbestand
   a. Das Tatsubjekt
   b. Die Tathandlung
   c. Das Tatobjekt
   d. Der Taterfolg und die Verbindung von Handlung und Erfolg
2. Subjektiver Tatbestand
   a. Vorsatz (= Wissen und Wollen)
   b. Sonstige subjektive Merkmale
3. Tatbestandsannexe
4. Fälle des § 28 II

II. Rechtswidrigkeit (indiziert)
Ausnahme: Rechtfertigungsgründe

III. Schuld
1. Schuldfähigkeit
2. Spezielle Schuldmerkmale
3. Die persönliche Vorwerfbarkeit Unrechtsbewußtsein im weiten Sinne
   a. Schuldform: Vorsatz
   b. Unrechtsbewußtsein im engen Sinne
4. Entschuldigungsgründe

IV. Besonderheiten
1. Strafausschließungs- und aufhebungsgründe
2. Strafverfolgungshindernisse
3. Regelbeispiele

---

zwar inhaltlich richtig, aber eine überflüssige Leerformel. ***Besser*** schreibt man nach der Feststellung der Tatbestandserfüllung einfach nur:

... floskelhaft beschrieben ...

„Die Tat war rechtswidrig."

Typisierung erfordert aber notwendig Abstraktheit. Abstraktheit stellt auf einen Regel- bzw. Normalfall ab. Die Typisierung wird daher Ausnahmesituationen nicht gerecht. Für solche ***Ausnahmesituationen*** muß es aber auch Regelungen geben; und so ist es: Es gibt ***Rechtfertigungsgründe***. Obwohl sie Ausnahmesituationen zum Inhalt haben, sind sie zu unterscheiden von den folgenden:

... und seine Ausnahmen: die Rechtfertigungen.

2. Ausnahme

Von der allgemeinen Regel (TB indiziert RW) gibt es Ausnahmen. Es handelt sich dabei um Tatbestände, die soweit gefaßt sind, daß quasi alles darunter fällt. Bei diesen sog. ***„offenen" Tatbeständen*** muß die Rechtswidrigkeit positiv festgestellt werden. Die Rede ist von den ***§§ 240, 253***. Diese Ausnahmen sind übrigens nicht immer im StGB gewesen. Ursprünglich gab es keine offenen Tatbestände. Zu dieser Zeit lauteten §§ 240, 253 auch noch etwas anders. Statt der uferlosen Formulierung „Drohung mit empfindlichen Übel" hieß es damals „Drohung mit Verbrechen oder Vergehen". Das engte den Kreis dann automatisch auf Drohungen mit Straftatbeständen ein.

Besondere Ausnahmen: „Offene" Tatbestände.

I. Tatbestandsmäßigkeit
1. Objektiver Tatbestand
   a. Das Tatsubjekt
   b. Die Tathandlung
   c. Das Tatobjekt
   d. Der Taterfolg und die Verbindung von Handlung und Erfolg
2. Subjektiver Tatbestand
   a. Vorsatz (= Wissen und Wollen)
   b. Sonstige subjektive Merkmale
3. Tatbestandsannexe
4. Fälle des § 28 II

II. Rechtswidrigkeit (indiziert)
Ausnahme: Rechtfertigungsgründe

III. Schuld
1. Schuldfähigkeit
2. Spezielle Schuldmerkmale
3. Die persönliche Vorwerfbarkeit
   Unrechtsbewußtsein im weiten Sinne
   a. Schuldform: Vorsatz
   b. Unrechtsbewußtsein im engen Sinne
4. Entschuldigungsgründe

IV. Besonderheiten
1. Strafausschließungs- und aufhebungsgründe
2. Strafverfolgungshindernisse
3. Regelbeispiele

So waren (und sind) Juristen:

Sie stülpen Nazi-Gesetzen ein Demokratiemützchen über und verkaufen das als die „Erhaltung des Bewährten".

Erst die Nazis haben 1943 ein Vielzweckinstrument daraus gemacht. Die im jeweiligen Abs. 2 von §§ 240, 253 zu prüfende ***Zweck-Mittel-Relation,*** die heute ***verwerflich*** sein muß, wurde damals mit einer anderen Formulierung eingeführt. Es hieß dort „dem gesunden Volksempfinden widersprechend". Nach der Einführung des Grundgesetzes und den Bereinigungen der 50er Jahre hat man diese Formulierung nicht rückgängig gemacht, sondern nur verbalkosmetisch behandelt. Konsequenterweise sind diese Normen heute ausgesprochen schwierig zu behandeln. Das ist auch kein Wunder; es handelt sich schließlich um einen Systembruch. Zur Weite der Tatbestände ein

Bsp.: Hausmann T droht seiner Frau O, er werde sie nicht mehr mit ihrer Lieblingsspeise bekochen, wenn sie (sich) ihm nicht mehr zuwenden würde.
Der objektive und der subjektive Tatbestand des § 240 I sind erfüllt. Es handelt sich um die Drohung mit einem empfindlichen Übel. Es fehlt jedoch an der in Abs. 2 geforderten Verwerflichkeit und damit an der Rechtswidrigkeit.

Prüfungskonsequenzen ...

Treten solche Fälle auf (§§ 240, 253), ist zunächst

a. zu prüfen, ob ein Rechtfertigungsgrund eingreift. Dann ist
b. festzustellen, ob eigentlich Rechtswidrigkeit vorliegt (mit Hilfe der Zweck-Mittel-Relation von §§ 240 II, 253 II).

... die gar nicht konsequent sind (aber praktisch).

Diese Vorgehensweise ist an sich nicht konsequent: Eigentlich müßte erst festgestellt werden, ob Rechtswidrigkeit vorliegt und dann, ob ein Rechtfertigungsgrund diese Rechtswidrigkeit wieder entfallen läßt. Ein solcher Aufbau würde aber prüfungstechnisch ziemliche Schwierigkeiten bereiten, weshalb hier die umgekehrte Reihenfolge empfohlen wird. Zur Zweck-Mittel-Relation und de-

I. Tatbestandsmäßigkeit
1. Objektiver Tatbestand
   a. Das Tatsubjekt
   b. Die Tathandlung
   c. Das Tatobjekt
   d. Der Taterfolg und die Verbindung von Handlung und Erfolg
2. Subjektiver Tatbestand
   a. Vorsatz (= Wissen und Wollen)
   b. Sonstige subjektive Merkmale
3. Tatbestandsannexe
4. Fälle des § 28 II

II. Rechtswidrigkeit (indiziert)
Ausnahme: Rechtfertigungsgründe

III. Schuld
1. Schuldfähigkeit
2. Spezielle Schuldmerkmale
3. Die persönliche Vorwerfbarkeit Unrechtsbewußtsein im weiten Sinne
   a. Schuldform: Vorsatz
   b. Unrechtsbewußtsein im engen Sinne
4. Entschuldigungsgründe

IV. Besonderheiten
1. Strafausschließungs- und aufhebungsgründe
2. Strafverfolgungshindernisse
3. Regelbeispiele

---

ren Verwerflichkeit kann man im übrigen nahezu alles vertreten. Der freien Wertung sind hier Tür und Tor geöffnet.

3. Die einzelnen Rechtfertigungsgründe

Vorüberlegung: Straftatbestände regeln, was verboten ist. Rechtfertigungsgründe regeln, was erlaubt ist. Man nennt sie daher auch ***Erlaubnistatbestände***. Ebenso wie Straftatbestände werden sie unterteilt in einen objektiven und einen subjektiven Tatbestand.

Vom ***Straf***tatbestand zum ***Erlaubnis***tatbestand.

a. Überblick

Die wichtigsten Rechtfertigungsgründe sind:

Die wichtigsten.

a. im Strafrecht (StGB und StPO): §§ 32, 34, 193, 218a StGB und § 81a und § 127 StPO

b. im BGB: §§ 227, 228, 229, 904

c. ungeschriebene: Einwilligung, erlaubtes Risiko und (völlig inakzeptabel!) Züchtigungsrecht (Kinderpädagoge Prof. Prügelpeitsch: „Es hilft!“)

Im Einzelnen werden nachfolgend behandelt:

- Notwehr, § 32
- Rechtfertigender Notstand, §§ 228, 904 BGB; § 34 StGB
- Einwilligung (ungeschrieben)

I. Tatbestandsmäßigkeit
1. Objektiver Tatbestand
   a. Das Tatsubjekt
   b. Die Tathandlung
   c. Das Tatobjekt
   d. Der Taterfolg und die Verbindung von Handlung und Erfolg
2. Subjektiver Tatbestand
   a. Vorsatz (= Wissen und Wollen)
   b. Sonstige subjektive Merkmale
3. Tatbestandsannexe
4. Fälle des § 28 II

II. Rechtswidrigkeit (indiziert)
Ausnahme: Rechtfertigungsgründe

III. Schuld
1. Schuldfähigkeit
2. Spezielle Schuldmerkmale
3. Die persönliche Vorwerfbarkeit
   Unrechtsbewußtsein im weiten Sinne
   a. Schuldform: Vorsatz
   b. Unrechtsbewußtsein im engen Sinne
4. Entschuldigungsgründe

IV. Besonderheiten
1. Strafausschließungs- und aufhebungsgründe
2. Strafverfolgungshindernisse
3. Regelbeispiele

b. Allgemeiner Aufbau

Gemeinsamkeiten aller „Not-Gründe".

Sieht man sich die nun folgenden Rechtfertigungsgründe einmal genauer an, kann man feststellen, daß sich jedenfalls die Not-Gründe alle irgendwie ähneln. Die Ähnlichkeit sieht so aus, daß alle die folgenden Merkmale haben:

1. Objektiv

a. eine ***Notsituation***
   - *ein rechtlich schützenswertes Interesse ist in Gefahr.*

b. eine ***Nothandlung***
   - *ein weiteres Interesse wird beeinträchtigt, um das gefährdete zu schützen.*

c. eine ***Abwägung*** (manchmal)
   - *zwischen dem geschützten und dem beeinträchtigten Rechtsgut.*

2. Subjektiv

Kenntnis hiervon

Wenn man die Gemeinsamkeiten kennt, ist alles ziemlich einfach.

Wenn man sich das einmal klar gemacht hat, ist der Aufbau all dieser Rechtfertigungsgründe ein Klacks. Man muß dann nur noch schauen, was gefährdet und was beeinträchtigt wird und wie das Gesetz die Gewichte setzt (zusammenfassende Übersicht auf S. 132).

4. Die Notwehr

... oder: Das Recht muß dem Unrecht nicht weichen.

This town isn´t big enough for the both of us.

Man könnte dieses markige Wort auch als das ***„John-Wayne-Prinzip"*** des deutschen Strafrechts bezeichnen. Allerdings emp-

I. Tatbestandsmäßigkeit
1. Objektiver Tatbestand
   a. Das Tatsubjekt
   b. Die Tathandlung
   c. Das Tatobjekt
   d. Der Taterfolg und die Verbindung von Handlung und Erfolg
2. Subjektiver Tatbestand
   a. Vorsatz (= Wissen und Wollen)
   b. Sonstige subjektive Merkmale
3. Tatbestandsannexe
4. Fälle des § 28 II

II. Rechtswidrigkeit (indiziert)
Ausnahme: Rechtfertigungsgründe

III. Schuld
1. Schuldfähigkeit
2. Spezielle Schuldmerkmale
3. Die persönliche Vorwerfbarkeit Unrechtsbewußtsein im weiten Sinne
   a. Schuldform: Vorsatz
   b. Unrechtsbewußtsein im engen Sinne
4. Entschuldigungsgründe

IV. Besonderheiten
1. Strafausschließungs- und aufhebungsgründe
2. Strafverfolgungshindernisse
3. Regelbeispiele

fehle ich niemandem, diesen Ausdruck in einer Klausur oder Hausarbeit zu gebrauchen. Dieses Prinzip gilt im übrigen auch nur im Grundsatz. (Ein Satz, den man sich im Kopf zergehen lassen sollte. Da *Prinzip* nur ein Fremdwort für *Grundsatz* ist, muß der Satz inhaltlich überaus richtig sein.)

„Scheiß Rocker!“

Wenn sich der Notwehrausübende selbst durch eine ***Provokation*** des Angreifers etwa in eine Notwehrlage hineinmanövriert hat, wird auch vertreten, daß ein (Aus-) Weichen zuzumuten sei. Es ist dann allerdings auch nicht mehr (uneingeschränkt) das Recht, das dem Unrecht weicht.

Notwehrvoraussetzungen

Die Voraussetzungen der Notwehr:

1. Objektiver Tatbestand
   a. Notwehrlage (= ***Notsituation***), die besteht aus:
      aa. Angriff
      bb. gegenwärtiger
      cc. rechtswidriger
   b. ***Notwehrhandlung***, die besteht aus:
      aa. Verteidigung
      bb. erforderliche (tatsächliches Element)
   c. ***Abwägung***
      - *Gebotenheit der Verteidigung (normatives Element)*

2. Subjektiver Tatbestand
   a. Kenntnis des objektiven Tatbestandes
   b. Verteidigungswille

Die einzelnen Elemente werden nun im folgenden in der Reihenfolge ihrer Prüfung kurz erläutert.

I. Tatbestandsmäßigkeit
1. Objektiver Tatbestand
   a. Das Tatsubjekt
   b. Die Tathandlung
   c. Das Tatobjekt
   d. Der Taterfolg und die Verbindung von Handlung und Erfolg
2. Subjektiver Tatbestand
   a. Vorsatz (= Wissen und Wollen)
   b. Sonstige subjektive Merkmale
3. Tatbestandsannexe
4. Fälle des § 28 II

II. Rechtswidrigkeit (indiziert)
Ausnahme: Rechtfertigungsgründe

III. Schuld
1. Schuldfähigkeit
2. Spezielle Schuldmerkmale
3. Die persönliche Vorwerfbarkeit
   Unrechtsbewußtsein im weiten Sinne
   a. Schuldform: Vorsatz
   b. Unrechtsbewußtsein im engen Sinne
4. Entschuldigungsgründe

IV. Besonderheiten
1. Strafausschließungs- und aufhebungsgründe
2. Strafverfolgungshindernisse
3. Regelbeispiele

Definition Angriff

Angriff ist jedes willensgetragene, menschliche Verhalten, durch das Rechtsgüter gefährdet werden.

Einschränkungen ...

Das Merkmal des Angriffes kann verneint werden bei ***Bagatellfällen***: Anleuchten mit einer Taschenlampe etc. (= kein Angriff wegen Geringfügigkeit).

... und typische Klausurfehler.

Häufig gemachter Fehler in diesem Zusammenhang: Nur *Leib* und *Leben* werden als notwehrfähige Rechtsgüter angesehen. Das ist falsch. ***Jedes Rechtsgut*** ist notwehrfähig, also auch: *Ehre, Eigentum, Besitz* etc.

Angriffe von Tieren

Weiter: Wenn ***Tiere*** im Spiel sind, dann hängt es davon ab, ob diese Tiere als eine Art Werkzeug eines Menschen anzusehen sind (gehetzter Hund), dann liegt ein menschlicher Angriff i.S.v. § 32 vor, oder ob sie von sich aus (tollwütiger Hund) gefährlich werden, dann kommt § 228 BGB in Betracht.

Definition Gegenwärtig

Gegenwärtig ist ein Angriff, der unmittelbar bevorsteht oder bereits im Gange ist oder noch andauert.

Definition Rechtswidrig

Rechtswidrig ist ein Angriff, wenn der Angreifer einen Straftatbestand erfüllt und ihm seinerseits keine Rechtfertigungsgründe zur Seite stehen.

Klausurtaktische Überlegungen.

Daß der Angriff ***des Angreifers*** rechtswidrig sein muß, sollte uns zu der klausurtaktischen Überlegung führen, daß es schön wäre, diese Frage schon *vor der Prüfung der Strafbarkeit des Verteidigers* geprüft zu haben. Soweit die Klausur das zuläßt, könnte man mit der Prüfung der Strafbarkeit des Angreifers beginnen. Hat man hier die Rechtswidrigkeit seines Verhaltens geklärt (z.B. durch Feststellung einer vollendeten oder versuchten Tötungshandlung), kann man im Rahmen der Notwehr des Verteidigers darauf Bezug nehmen.

I. Tatbestandsmäßigkeit
1. Objektiver Tatbestand
   a. Das Tatsubjekt
   b. Die Tathandlung
   c. Das Tatobjekt
   d. Der Taterfolg und die Verbindung von Handlung und Erfolg
2. Subjektiver Tatbestand
   a. Vorsatz (= Wissen und Wollen)
   b. Sonstige subjektive Merkmale
3. Tatbestandsannexe
4. Fälle des § 28 II

II. Rechtswidrigkeit (indiziert)
Ausnahme: Rechtfertigungsgründe

III. Schuld
1. Schuldfähigkeit
2. Spezielle Schuldmerkmale
3. Die persönliche Vorwerfbarkeit
   Unrechtsbewußtsein im weiten Sinne
   a. Schuldform: Vorsatz
   b. Unrechtsbewußtsein im engen Sinne
4. Entschuldigungsgründe

IV. Besonderheiten
1. Strafausschließungs- und aufhebungsgründe
2. Strafverfolgungshindernisse
3. Regelbeispiele

Definition Verteidigung

Verteidigung ist jedes Verhalten, das sich gegen die Rechtsgüter *des Angreifers* richtet und der Beendigung des Angriffes dient.

Ziel der Verteidigung: Rechtsgüter des Angreifers.

Notwehr darf sich also immer nur gegen die Rechtsgüter des Angreifers richten. (Eine Ausnahme wird - überflüssigerweise - von der h.M. nur dann gemacht, wenn der Täter sich beim Angriff fremder Sachen bedient. Dann soll Notwehr auch gegen diese Sachen zulässig sein.)

Bsp.: T wird von O in einem Café angegriffen, indem O ihm eine caféeigene Vase auf den Kopf zuwirft. Wenn T jetzt die Vase zerstört, soll dies durch Notwehr, § 32, abgedeckt sein, obwohl die Vase kein Rechtsgut des O ist. Nach meiner Auffassung ist dieser Fall über die Notstandsvorschriften hinreichend abgedeckt, eine Anwendung der Notwehr systemwidrig.

Beeinträchtigung sonstiger Rechtsgüter: s. Notstand.

Dabei bleibt's aber. Also nicht bei Gelegenheit den übrigen Anwesenden auch noch eins verpassen und dann von Notwehr reden. (Vgl. zu dieser Problematik unten § 34, ab S. 73.)

Definition Erforderlich

Erforderlich ist eine Verteidigung immer dann, wenn es kein milderes, aber *genauso wirksames* Mittel gibt, den Angriff zu beenden.

Mildere Mittel: ja. Ausweichen: nein.

Wenn der weglaufende Dieb sicher und ohne Risiko mit einem Beinschuß aufgehalten werden kann, darf es kein Kopfschuß sein. Ausweichen wird *grundsätzlich* nicht zu den milderen Mitteln gezählt.

Definition Geboten

Geboten ist eine Verteidigung immer dann, wenn die Rechtsordnung ihrer zur Bewährung bedarf (also eigentlich immer).

I. Tatbestandsmäßigkeit
1. Objektiver Tatbestand
   a. Das Tatsubjekt
   b. Die Tathandlung
   c. Das Tatobjekt
   d. Der Taterfolg und die Verbindung von Handlung und Erfolg
2. Subjektiver Tatbestand
   a. Vorsatz (= Wissen und Wollen)
   b. Sonstige subjektive Merkmale
3. Tatbestandsannexe
4. Fälle des § 28 II

II. Rechtswidrigkeit (indiziert)
Ausnahme: Rechtfertigungsgründe

III. Schuld
1. Schuldfähigkeit
2. Spezielle Schuldmerkmale
3. Die persönliche Vorwerfbarkeit
   Unrechtsbewußtsein im weiten Sinne
   a. Schuldform: Vorsatz
   b. Unrechtsbewußtsein im engen Sinne
4. Entschuldigungsgründe

IV. Besonderheiten
1. Strafausschließungs- und aufhebungsgründe
2. Strafverfolgungshindernisse
3. Regelbeispiele

Ausnahmen: extreme Mißverhältnisse

Seltene Ausnahmen kommen hier in zwei Richtungen vor. Da sind einmal die Fälle von ***extremem Mißverhältnis***:

Ein Dieb hat - erkennbar - ein völlig normales 1-Pfennigstück gestohlen. Er kann nicht anders (sonst schon keine Erforderlichkeit!) als durch einen Kopfschuß aufgehalten werden.

Und *extrem* meint: *extrem!*

Hier stehen zwei Interessen (Vermögen, bzw. Eigentum und Besitz auf der einen Seite / Leben auf der anderen Seite) einander gegenüber, zwischen denen ein extremes Mißverhältnis besteht. Bitte beachten: Das Mißverhältnis muß *so richtig extrem* sein, weil grundsätzlich keine Abwägung getroffen wird: Recht muß dem Unrecht nicht weichen. (John Wayne: Erst schießen, dann fragen.)

Die Rechtsordnung muß nicht immer „bewahrt" werden.

Zum anderen gibt es (sonstige) Fälle, in denen die ***Rechtsordnung*** der ***Bewährung*** nicht bedarf:

Angriffe durch Kinder / Volltrunkene: Ein Kind / ein Volltrunkener greift einen Verteidiger an. Der Verteidiger könnte ohne Probleme ausweichen. Aber er denkt: „Recht muß Unrecht nicht weichen" und schlägt das Kind / den Volltrunkenen bewußtlos.

... z.B. bei Angriffen von Kindern und/oder Betrunkenen.

Sieht man vom Ausweichen ab, gab es kein anderes Mittel (sonst schon keine Erforderlichkeit), den Angriff zu beenden. Diese Alternativlosigkeit wird hier für die Betrachtung einmal unterstellt. Es fehlt in diesem Falle an der Gebotenheit. Da dies aber normativ festzustellen ist, kann man auch anderer Ansicht sein: Wertungen sind eben höchst subjektiv.

Provokation: Eine Person provoziert eine andere Person so lange, bis diese einen Angriff startet. Die Provokation geschah mit der Absicht, eine Notwehrlage herbeizuführen, um den Angreifer dann schwer verletzen zu können.

I. Tatbestandsmäßigkeit
1. Objektiver Tatbestand
   a. Das Tatsubjekt
   b. Die Tathandlung
   c. Das Tatobjekt
   d. Der Taterfolg und die Verbindung von Handlung und Erfolg
2. Subjektiver Tatbestand
   a. Vorsatz (= Wissen und Wollen)
   b. Sonstige subjektive Merkmale
3. Tatbestandsannexe
4. Fälle des § 28 II

II. Rechtswidrigkeit (indiziert)
Ausnahme: Rechtfertigungsgründe

III. Schuld
1. Schuldfähigkeit
2. Spezielle Schuldmerkmale
3. Die persönliche Vorwerfbarkeit
   Unrechtsbewußtsein im weiten Sinne
   a. Schuldform: Vorsatz
   b. Unrechtsbewußtsein im engen Sinne
4. Entschuldigungsgründe

IV. Besonderheiten
1. Strafausschließungs- und aufhebungsgründe
2. Strafverfolgungshindernisse
3. Regelbeispiele

Hier ist es nicht nur so, daß die Rechtsordnung der Bewährung nicht bedarf, sondern sogar so, daß die Rechtsordnung (teilweise) mißbraucht wird. Klar ist also schon einmal, daß sich der Provokateur nicht in gleichem Umfang auf den Schutz des § 32 berufen kann, wie ein „normal" Angegriffener.

Provozierte Verteidigungssituationen sind ein (teilweiser) Mißbrauch der Rechtsordnung.

Andererseits ist der Provokateur nicht gezwungen, sich z.B. töten zu lassen, wenn der provozierte Angriff unter Benutzung einer Schußwaffe erfolgt. Hier kann eine Verteidigung durchaus nach § 32 gerechtfertigt sein.

Trotzdem muß man sich nicht z.B. töten lassen.

Die gerechte Lösung dürfte in der Mitte liegen. Der Provokateur darf sich verteidigen, und die Verteidigung muß - wie immer - das mildeste Mittel sein; bei der Gebotenheit wird man aber eine Abwägung vornehmen müssen, die auch mal dazu führen kann, daß der Provokateur einem Angriff ausweichen oder etwa geringfügige eigene Verletzungen in Kauf nehmen muß. Handelt er dem entgegen, dann war sein Verhalten eben nicht durch § 32 gerechtfertigt.

Aber man darf weniger tun.

Zuletzt lassen wir uns zum Nachdenken noch folgendes lustige Fällchen durch den Kopf gehen:

Etwas zum Knobeln.

> ***Bsp.:*** O wird in einem Park mit hohen Hecken von einem Sittlichkeitsverbrecher T belästigt. Sie ruft laut um Hilfe. Dies hören die Kavaliere A und B unabhängig voneinander. Sie laufen nach Gehör zum Tatort. An einer Heckenkreuzung treffen sie aufeinander. Jeder hält den anderen für den Sittlichkeitsverbrecher. Sie beginnen sofort aufeinander einzuschlagen. Beide erleiden einige blaue Flecken. Wie haben sich A und B strafbar gemacht?

I. Tatbestandsmäßigkeit
1. Objektiver Tatbestand
   a. Das Tatsubjekt
   b. Die Tathandlung
   c. Das Tatobjekt
   d. Der Taterfolg und die Verbindung von Handlung und Erfolg
2. Subjektiver Tatbestand
   a. Vorsatz (= Wissen und Wollen)
   b. Sonstige subjektive Merkmale
3. Tatbestandsannexe
4. Fälle des § 28 II

II. Rechtswidrigkeit (indiziert)
Ausnahme: Rechtfertigungsgründe

III. Schuld
1. Schuldfähigkeit
2. Spezielle Schuldmerkmale
3. Die persönliche Vorwerfbarkeit
   Unrechtsbewußtsein im weiten Sinne
   a. Schuldform: Vorsatz
   b. Unrechtsbewußtsein im engen Sinne
4. Entschuldigungsgründe

IV. Besonderheiten
1. Strafausschließungs- und aufhebungsgründe
2. Strafverfolgungshindernisse
3. Regelbeispiele

5. Der rechtfertigende Notstand

Es gibt auch noch einen *entschuldigenden* Notstand.

Vorbemerkung: Dieser Notstand wird deshalb ausdrücklich als *rechtfertigender* gekennzeichnet, weil es auch noch einen *entschuldigenden* gibt (vgl. unten in der Schuld, ab S. 117).

Den rechtfertigenden gibt's mehrfach.

Der rechtfertigende Notstand ist in mehreren Gesetzen normiert, und das auch noch mehrfach. So taucht er im StGB in § 34 und § 218a II und III, im BGB in den §§ 228 und 904 auf.

Das Spezielle verdrängt das Allgemeine.

Es gilt die allgemeine juristische Regel: Die Spezialnorm verdrängt die allgemeinere. Das bedeutet für Klausuren und Hausarbeiten:

Prüfungsreihenfolge.

Zunächst prüfen, ob

a. eine ***Spezialnorm*** vorliegt. Das wären hier die §§ 218a StGB und 228, 904 BGB. Erst wenn diese nicht einschlägig sind,

b. auf § 34 StGB zurückgreifen.

a. § 228 BGB (Defensivnotstand)

Wer auf einen Gefahrbringer einwirkt, ist defensiv.

Dieser Notstand heißt deshalb Defensivnotstand, weil man sich durch die Einwirkung auf eine Sache verteidigt, von der die Gefahr droht.

§ 228 nur für von Sachen ausgehende Gefahren

Spezieller ist ***§ 228 BGB*** gegenüber § 34 deshalb, weil er ***nur Gefahren*** erfaßt, die ***von einer Sache*** ausgehen. ***§ 34*** erfaßt ***alle Gefahren***.

Bsp.: Der Hund des O greift T an. T erschießt den Hund.

I. Tatbestandsmäßigkeit
1. Objektiver Tatbestand
   a. Das Tatsubjekt
   b. Die Tathandlung
   c. Das Tatobjekt
   d. Der Taterfolg und die Verbindung von Handlung und Erfolg
2. Subjektiver Tatbestand
   a. Vorsatz (= Wissen und Wollen)
   b. Sonstige subjektive Merkmale
3. Tatbestandsannexe
4. Fälle des § 28 II

II. Rechtswidrigkeit (indiziert)
Ausnahme: Rechtfertigungsgründe

III. Schuld
1. Schuldfähigkeit
2. Spezielle Schuldmerkmale
3. Die persönliche Vorwerfbarkeit
   Unrechtsbewußtsein im weiten Sinne
   a. Schuldform: Vorsatz
   b. Unrechtsbewußtsein im engen Sinne
4. Entschuldigungsgründe

IV. Besonderheiten
1. Strafausschließungs- und aufhebungsgründe
2. Strafverfolgungshindernisse
3. Regelbeispiele

Zum Aufbau:

1. Objektiver Tatbestand:

a. Notstandslage (= ***Notsituation***), die besteht aus:
- *aa. Gefahr* ***durch eine fremde Sache***
- *bb. drohende*
- *cc. für ein Rechtsgut*

b. ***Notstandshandlung***, die besteht aus:
- *aa. Beeinträchtigung (Beschädigung/Zerstörung)*
- *bb.* ***der gefährdenden fremden Sache***
- *cc. Erforderlichkeit der Beeinträchtigung*

c. ***Abwägung:***
- *aa. Das geschützte Rechtsgut*
- *bb. ist nicht wesentlich weniger wert (konkreter Wert der Rechtsgüter / konkrete Art der Beeinträchtigungen)*
- *cc. als die beschädigte/zerstörte Sache*[1]

2. Subjektiver Tatbestand

Kenntnis von Lage/Handlung/Abwägung

Neu ist hier nur der Begriff der Gefahr. Neu:

Gefahr ist ein durch eine beliebige Ursache eingetretener ungewöhnlicher Zustand, in welchem nach den konkreten Umständen der Eintritt eines Schadens wahrscheinlich ist.

Definition Gefahr

---

1 Formulierung des BGB: der Schaden steht „nicht außer Verhältnis zur der Gefahr".

I. Tatbestandsmäßigkeit
1. Objektiver Tatbestand
   a. Das Tatsubjekt
   b. Die Tathandlung
   c. Das Tatobjekt
   d. Der Taterfolg und die Verbindung von Handlung und Erfolg
2. Subjektiver Tatbestand
   a. Vorsatz (= Wissen und Wollen)
   b. Sonstige subjektive Merkmale
3. Tatbestandsannexe
4. Fälle des § 28 II

II. Rechtswidrigkeit (indiziert)
Ausnahme: Rechtfertigungsgründe

III. Schuld
1. Schuldfähigkeit
2. Spezielle Schuldmerkmale
3. Die persönliche Vorwerfbarkeit
   Unrechtsbewußtsein im weiten Sinne
   a. Schuldform: Vorsatz
   b. Unrechtsbewußtsein im engen Sinne
4. Entschuldigungsgründe

IV. Besonderheiten
1. Strafausschließungs- und aufhebungsgründe
2. Strafverfolgungshindernisse
3. Regelbeispiele

Großzügige Abwägung.

Weil Sachen häufig nicht soviel wert sind, wie die von ihnen bedrohten Rechtsgüter (Leben etc.), ist § 228 BGB auch großzügiger, was die Abwägung betrifft. Während § 34 fordert, daß das geschützte Rechtsgut *erheblich mehr* wert sein muß als das beeinträchtigte, läßt § 228 BGB es schon genügen, daß „der Schaden nicht außer Verhältnis zu der Gefahr" steht, daß mit anderen Worten das geschützte Rechtsgut *nicht erheblich weniger* wert ist.

Wichtig: nur die ***konkreten*** Ausprägungen zählen.

Aber aufpassen: Es geht immer (nur) um die konkreten Ausprägungen. Man kann sich nicht etwa generell auf eine Gleichung der Art verlassen: „Menschlicher Körper ist höherwertiger als Sachen."

Bsp.: T führt seinen Hund im Park spazieren. Es handelt sich um einen von ihm speziell gezüchteten Kampfhund, der von Passanten ob seiner Größe gerne mit einem Pony verwechselt wird und auf den Namen „Terminator" hört (Spitzname: Termi). Zur gleichen Zeit geht O mit seinem Hund im Park spazieren. Er hat einen speziell gezüchteten zahnlosen Hund, der von Passanten gerne mit einem besonders kleinen Meerschweinchen verwechselt wird und auf den Namen „Bonsai" hört (Spitzname: Bonni). Beide Hunde haben einen Wert von 1.000,- DM. Der Anblick von Termi erweckt in Bonni archaische Gefühle. Ohne zu zögern, greift Bonni den T an. Bevor Bonni sich aber zu seiner vollen imposanten Körpergröße von 15 cm aufrichten kann, befiehlt T dem Termi die Verteidigung. Sekunden später findet sich Bonni im Verdauungstrakt des Termi wieder.

Rechtsgut „Körper" ist nicht *immer* mehr wert als Rechtsgut „Sache"

Hier ist deutlich, daß die dem Körper des T drohende Gefahr (Bonni hätte sich durch die Stiefel des T durchlecken können) bei weitem nicht den Schaden des O (verdauter 1.000,- DM-Hund) rechtfertigt.

I. Tatbestandsmäßigkeit
1. Objektiver Tatbestand
   a. Das Tatsubjekt
   b. Die Tathandlung
   c. Das Tatobjekt
   d. Der Taterfolg und die Verbindung von Handlung und Erfolg
2. Subjektiver Tatbestand
   a. Vorsatz (= Wissen und Wollen)
   b. Sonstige subjektive Merkmale
3. Tatbestandsannexe
4. Fälle des § 28 II

II. Rechtswidrigkeit (indiziert)
Ausnahme: Rechtfertigungsgründe

III. Schuld
1. Schuldfähigkeit
2. Spezielle Schuldmerkmale
3. Die persönliche Vorwerfbarkeit
   Unrechtsbewußtsein im weiten Sinne
   a. Schuldform: Vorsatz
   b. Unrechtsbewußtsein im engen Sinne
4. Entschuldigungsgründe

IV. Besonderheiten
1. Strafausschließungs- und aufhebungsgründe
2. Strafverfolgungshindernisse
3. Regelbeispiele

b. § 904 BGB (Aggressivnotstand)

Dieser Notstand heißt deshalb Aggressivnotstand, weil man sich durch die Einwirkung auf eine Sache verteidigt, von der keine Gefahr droht. Spezieller ist ***§ 904 BGB*** gegenüber § 34 deshalb, weil er nur Handlungen erfaßt, die sich ***gegen Sachen*** richten. ***§ 34*** erfaßt ***alle Abwehrhandlungen***.

Wer auf eine andere Sache als den Gefahrbringer einwirkt, handelt aggressiv.

> ***Bsp.:*** Bei einem Autounfall läuft X mit brennenden Kleidern auf der Straße herum. T nimmt von der Wäscheleine der benachbarten O eine Decke und wickelt sie um X, um die Flammen zu ersticken. Die Decke wird dabei erheblich beschädigt.

Zum Aufbau:

1. Objektiver Tatbestand:

a. Notstandslage (= ***Notsituation***), die besteht aus:
   aa. Gefahr
   bb. gegenwärtige
   cc. für ein Rechtsgut

b. ***Notstandshandlung***, die besteht aus:
   aa. Beeinträchtigung
   *bb. einer **nicht die Gefahr hervorrufenden fremden Sache***
   cc. Erforderlichkeit der Beeinträchtigung

c. ***Abwägung:***
   aa. Das geschützte Rechtsgut
   bb. überwiegt wesentlich (konkreter Wert der Rechtsgüter / konkrete Art der Beeinträchtigungen)

I. Tatbestandsmäßigkeit
1. Objektiver Tatbestand
   a. Das Tatsubjekt
   b. Die Tathandlung
   c. Das Tatobjekt
   d. Der Taterfolg und die Verbindung von Handlung und Erfolg
2. Subjektiver Tatbestand
   a. Vorsatz (= Wissen und Wollen)
   b. Sonstige subjektive Merkmale
3. Tatbestandsannexe
4. Fälle des § 28 II

II. Rechtswidrigkeit (indiziert)
Ausnahme: Rechtfertigungsgründe

III. Schuld
1. Schuldfähigkeit
2. Spezielle Schuldmerkmale
3. Die persönliche Vorwerfbarkeit
   Unrechtsbewußtsein im weiten Sinne
   a. Schuldform: Vorsatz
   b. Unrechtsbewußtsein im engen Sinne
4. Entschuldigungsgründe

IV. Besonderheiten
1. Strafausschließungs- und aufhebungsgründe
2. Strafverfolgungshindernisse
3. Regelbeispiele

cc. das beeinträchtigte Rechtsgut[2]

2. *Subjektiver Tatbestand*

Kenntnis von Lage/Handlung/Abwägung

§ 904 ist nicht besonders großzügig ...

Obwohl Sachen häufig nicht soviel wert sind, wie die von ihnen bedrohten Rechtsgüter, ist § 904 BGB, was die Abwägung betrifft, nicht so großzügig wie § 228 BGB, sondern genauso anspruchsvoll wie § 34.

... die „aggressierte“ Sache kann ja nichts dafür.

Das hat seinen Grund darin, daß hier auf eine Sache zugegriffen wird, die mit der Gefährdung des geschützten Interesses eigentlich gar nichts zu tun hat.

Letztlich entscheidet wieder das Konkrete.

Aber genau wie bei § 228 kommt es auch hier wieder auf die konkreten Ausprägungen an:

> ***Bsp.:*** T hat sich auf einer Bergwanderung sehr erhitzt. Er schwitzt. Er beginnt sich um seine Gesundheit zu sorgen; es droht ein Schnupfen. Da kommt er zufällig an der noblen Berg-Villa des O vorbei. Er beschließt, vorübergehend Unterschlupf zu nehmen, und bricht dazu ein Fenster auf. Es entgeht ihm dabei, daß es sich um eine spezielle Künstler-Bleiverglasung handelt, deren Wert bei etwa 25.000,- DM liegt.

Rechtsgut „Gesundheit“ kann mehr wert sein als Rechtsgut „Sache“, muß aber nicht.

Ein Schnupfen wird die Zerstörung eines 25.000,- DM-Fensters nicht rechtfertigen können. Eine Bronchitis wohl auch nicht. Drohende Lungenentzündungen oder Erfrierungen können das Gewicht dann zur Rechtfertigung hin verschieben.

---

2 Formulierung des BGB: der drohende Schaden (ist) „gegenüber dem aus der Einwirkung dem Eigentümer entstehenden Schaden unverhältnismäßig groß“.

I. Tatbestandsmäßigkeit
1. Objektiver Tatbestand
   a. Das Tatsubjekt
   b. Die Tathandlung
   c. Das Tatobjekt
   d. Der Taterfolg und die Verbindung von Handlung und Erfolg
2. Subjektiver Tatbestand
   a. Vorsatz (= Wissen und Wollen)
   b. Sonstige subjektive Merkmale
3. Tatbestandsannexe
4. Fälle des § 28 II

II. Rechtswidrigkeit (indiziert)
Ausnahme: Rechtfertigungsgründe

III. Schuld
1. Schuldfähigkeit
2. Spezielle Schuldmerkmale
3. Die persönliche Vorwerfbarkeit Unrechtsbewußtsein im weiten Sinne
   a. Schuldform: Vorsatz
   b. Unrechtsbewußtsein im engen Sinne
4. Entschuldigungsgründe

IV. Besonderheiten
1. Strafausschließungs- und aufhebungsgründe
2. Strafverfolgungshindernisse
3. Regelbeispiele

c. § 34

Viel zu erläutern bleibt für den „normalen" Notstand nicht mehr übrig. Gefahren im Zusammenhang mit Sachen sind von §§ 228, 904 BGB abgedeckt, Beeinträchtigungen von Sachen ebenfalls. Für § 34 bleibt deshalb regelmäßig nur die Beeinträchtigung von anderen Rechtsgütern als Sachen.

§ 34 deckt Beeinträchtigung von „Nicht-Sachen" ab ...

> ***Bsp.:*** T wird von X mit einem Messer angegriffen. T kann sich nur dadurch wehren, daß er mit einem Stuhl nach X wirft, diesen trifft und verletzt. Dabei fällt der ebenfalls anwesende O durch ein Ausweichmanöver in den nahegelegenen eiskalten Bach und zieht sich eine Erkältung zu. Das hatte T als sichere Folge seines Handelns vorausgesehen.

Geprüft werden kann der Notstand hier nur im Verhältnis T/O. Im Verhältnis T/X liegt bei einem §§ 223, 224 I Nr. 2 (Werkzeug) durch X eine Notwehr des T gemäß § 32 vor. So eine Notwehr gegen O scheidet aber aus: Notwehr darf sich immer nur gegen die Rechtsgüter des Angreifers richten. O war aber kein Angreifer, sondern am Angriff unbeteiligter Dritter.

... gerne auch parallel zu einer Notwehr.

Zum Aufbau:

1. Objektiver Tatbestand:

a. Notstandslage (= ***Notsituation***), die besteht aus:
   aa. Gefahr
   bb. gegenwärtige
   cc. für ein Rechtsgut

b. ***Notstandshandlung***, die besteht aus:
   aa. Beeinträchtigung
   bb. eines anderen Rechtsgutes

I. Tatbestandsmäßigkeit
1. Objektiver Tatbestand
   a. Das Tatsubjekt
   b. Die Tathandlung
   c. Das Tatobjekt
   d. Der Taterfolg und die Verbindung von Handlung und Erfolg
2. Subjektiver Tatbestand
   a. Vorsatz (= Wissen und Wollen)
   b. Sonstige subjektive Merkmale
3. Tatbestandsannexe
4. Fälle des § 28 II

II. Rechtswidrigkeit (indiziert)
Ausnahme: Rechtfertigungsgründe

III. Schuld
1. Schuldfähigkeit
2. Spezielle Schuldmerkmale
3. Die persönliche Vorwerfbarkeit
   Unrechtsbewußtsein im weiten Sinne
   a. Schuldform: Vorsatz
   b. Unrechtsbewußtsein im engen Sinne
4. Entschuldigungsgründe

IV. Besonderheiten
1. Strafausschließungs- und aufhebungsgründe
2. Strafverfolgungshindernisse
3. Regelbeispiele

---

cc. Erforderlichkeit der Beeinträchtigung

c. ***Abwägung:***

aa. Das geschützte Rechtsgut
bb. überwiegt wesentlich (konkreter Wert der Rechtsgüter / konkrete Art der Beeinträchtigungen)
cc. das beeinträchtigte Rechtsgut

2. Subjektiver Tatbestand

Kenntnis von Lage/Handlung/Abwägung

6. Die rechtfertigende Einwilligung

a. Abgrenzung zu den „Notgründen"

Der ***Unterschied*** zwischen den Notgründen und der Einwilligung ...

In den Fällen von Notwehr und Notstand ist *ein* Interesse in Gefahr *und* die Gefahr wird auf Kosten *eines anderen* Interesses beseitigt. Das Charakteristikum besteht also im Vorliegen einer Konfliktsituation zwischen *zwei* Interessen.

... liegt wesentlich in der Anzahl der beteiligten Interessen.

Anders dagegen die Fälle der Einwilligung: Bei der Einwilligung geht es nur um *ein (1)* Interesse, das preisgegeben wird. Durch diese Preisgabe besteht für die Rechtsordnung kein Interesse mehr, dieses Interesse zu schützen.

Vordringend: Einwilligung ist gar kein Rechtfertigungsgrund ...

... sondern ein Tatbestandsausschluß.

Das führt in der neueren Literatur zu der richtigen Auffassung, eigentlich sei die Einwilligung überhaupt kein Rechtfertigungsgrund, sondern ein Tatbestandsausschlußgrund. Für die Preisgabe des geschützten Interesses bei Tatbeständen, die ausdrücklich einen „Widerwillen" haben wollen (z.B. § 248b) ist der Prüfungsstandort Tatbestand auch völlig unstreitig (die Preisgabe läuft dann unter der Bezeichnung ***Einverständnis*** - dazu gleich mehr).

I. Tatbestandsmäßigkeit	**II. Rechtswidrigkeit** (indiziert)
1. Objektiver Tatbestand	Ausnahme: Rechtfertigungsgründe
a. Das Tatsubjekt	**III. Schuld**
b. Die Tathandlung	1. Schuldfähigkeit
c. Das Tatobjekt	2. Spezielle Schuldmerkmale
d. Der Taterfolg und die Verbindung von Handlung und Erfolg	3. Die persönliche Vorwerfbarkeit Unrechtsbewußtsein im weiten Sinne
2. Subjektiver Tatbestand	a. Schuldform: Vorsatz
a. Vorsatz (= Wissen und Wollen)	b. Unrechtsbewußtsein im engen Sinne
b. Sonstige subjektive Merkmale	4. Entschuldigungsgründe
3. Tatbestandsannexe	**IV. Besonderheiten**
4. Fälle des § 28 II	1. Strafausschließungs- und aufhebungsgründe
	2. Strafverfolgungshindernisse
	3. Regelbeispiele

Unterschied zwischen Einwilligung und Einverständnis ...

... eigentlich nicht auszumachen.

Anders soll es aber bei Tatbeständen sein, deren Tatbestandsformulierung keinen „Widerwillen" enthält: die Sachbeschädigung etwa, § 303. Dort soll die Preisgabe des Interesses erst die Rechtswidrigkeit ausschließen. Angesichts der überzeugenden Argumente von z.B. ROXIN (Strafrecht AT I, § 13 Rn. 23 ff.) wird sich derartiges nicht mehr allzu lange halten können. Nachdem eine falsche Meinung aber bekanntlich nicht deshalb ausstirbt, weil sie als falsch erkannt wird, sondern weil ihre Vertreter sterben, wollen wir nachfolgend von der (noch) herrschenden Meinung ausgehen und einen Unterschied zwischen Einverständnis und Einwilligung annehmen.

In Klausuren: ggfls. Prüfung im Tatbestand.

Prüfungstechnisch muß die Auffassung ROXINS im übrigen im Tatbestand dargelegt werden und zwar an der Stelle, an der man diskutiert, ob (z.B.) ein Erfolg im Sinne der Strafnorm vorliegt (wenn der Eigentümer einer Sache von einem Dritten die Vernichtung einer Sache einfordert, müßte man fragen, ob dies eine i.S. des § 303 tatbestandsmäßige *Zerstörung* ist).

b. Die Einwilligung

Anders aber die noch h.M.

Abzugrenzen ist die ***Einwilligung*** also vom ***Einverständnis***. Das Einverständnis schließt nicht erst die Rechtswidrigkeit aus, sondern läßt bereits den Tatbestand (obj.) entfallen.

> ***Bsp.:*** „Wegnahme" bei § 242, „gegen den Willen" bei § 248b: Liegt hierbei jeweils Einverständnis vor, fehlt es zum einen an der Wegnahme, es wurde ja kein Gewahrsam *gebrochen* (bei § 242) Zum anderen ist eben nicht „gegen den Willen" gehandelt worden (bei § 248b).

Einwilligung setzt TB-Erfüllung voraus.

Demgegenüber setzt die Einwilligung gerade voraus, daß der objektive Tatbestand vorliegt. Erst danach besteht ja die Notwen-

I. Tatbestandsmäßigkeit
1. Objektiver Tatbestand
   a. Das Tatsubjekt
   b. Die Tathandlung
   c. Das Tatobjekt
   d. Der Taterfolg und die Verbindung von Handlung und Erfolg
2. Subjektiver Tatbestand
   a. Vorsatz (= Wissen und Wollen)
   b. Sonstige subjektive Merkmale
3. Tatbestandsannexe
4. Fälle des § 28 II

II. Rechtswidrigkeit (indiziert)
Ausnahme: Rechtfertigungsgründe

III. Schuld
1. Schuldfähigkeit
2. Spezielle Schuldmerkmale
3. Die persönliche Vorwerfbarkeit
   Unrechtsbewußtsein im weiten Sinne
   a. Schuldform: Vorsatz
   b. Unrechtsbewußtsein im engen Sinne
4. Entschuldigungsgründe

IV. Besonderheiten
1. Strafausschließungs- und aufhebungsgründe
2. Strafverfolgungshindernisse
3. Regelbeispiele

---

digkeit zu fragen, ob die Regelwirkung der Tatbestandserfüllung durch die Ausnahmewirkung einer Einwilligung neutralisiert wird. Typische Einwilligungsfälle gibt es bei den Sachbeschädigungs- und bei den Körperverletzungsdelikten. Bei den letzten insbesondere hat die Rechtsprechung umfangreich zur Problematik des ärztlichen Heileingriffes zu tun gehabt.

Bsp. 1: Der Eigentümer willigt in die Zerstörung einer Sache durch einen Dritten ein (Abbruch eines Hauses durch einen Abbruchunternehmer).

z.B. bei Sachbeschädigungen.

Dies ist nach h.M. eine tb-mäßige (obj. & subj.) Sachbeschädigung, § 303. Da der Eigentümer mit der Sache aber machen darf, was er will, darf er sie grundsätzlich auch zerstören (lassen).

Bsp. 2: Der Patient willigt in die operative Entfernung seines Blinddarmes durch einen Dritten (Arzt).

z.B. bei ärztlichen Heileingriffen.

Dies ist nach h.M. eine tb-mäßige (obj. & subj.) gefährliche Körperverletzung, §§ 223, 224 I Nr. 2 (Skalpell als gefährliches Werkzeug). Da man mit seinem Körper aber *grundsätzlich* machen kann, was man will, kann man ihn auch operieren lassen.

Es gibt fünf Voraussetzungen (eine Hand voll).

Der Aufbau:

1. Objektiver (Einwilligungs-)Tatbestand

a. Einwilligungs***fähigkeit*** (fehlt bei 2-jährigen etc., dort ist aber grundsätzlich Stellvertretung z.B. durch die Eltern möglich).

b. (Alleinige) ***Verfügbarkeit*** über das Einwilligungsgut. (Ich gebe den Auftrag, den Reichstag abzureißen).

I. Tatbestandsmäßigkeit
1. Objektiver Tatbestand
   a. Das Tatsubjekt
   b. Die Tathandlung
   c. Das Tatobjekt
   d. Der Taterfolg und die Verbindung von Handlung und Erfolg
2. Subjektiver Tatbestand
   a. Vorsatz (= Wissen und Wollen)
   b. Sonstige subjektive Merkmale
3. Tatbestandsannexe
4. Fälle des § 28 II

II. Rechtswidrigkeit (indiziert)
Ausnahme: Rechtfertigungsgründe

III. Schuld
1. Schuldfähigkeit
2. Spezielle Schuldmerkmale
3. Die persönliche Vorwerfbarkeit
   Unrechtsbewußtsein im weiten Sinne
   a. Schuldform: Vorsatz
   b. Unrechtsbewußtsein im engen Sinne
4. Entschuldigungsgründe

IV. Besonderheiten
1. Strafausschließungs- und aufhebungsgründe
2. Strafverfolgungshindernisse
3. Regelbeispiele

---

c. ***Keine Sittenwidrigkeit*** *der Tat* in die eingewilligt werden soll. (Merke: Entscheidend ist nicht die Sittenwidrigkeit *der Einwilligung*, sondern die Sittenwidrigkeit der Tat!)

d. ***Kundgabe*** der Einwilligung (bloße innere Übereinstimmung genügt nicht, es genügt aber, daß sie in irgendeiner Weise nach außen getreten ist, Kenntnis des Täters ist nicht nötig).

e. Die Einwilligung muß ***vor der Tat*** erteilt worden sein.

f. Sie muß ***frei*** von Täuschung, Irrtum, Drohung & Zwang erteilt worden sein.

2. Subjektiver (Einwilligungs-)Tatbestand

Kenntnis des objektiven Tatbestandes

Zur Not auch: mutmaßlich.

Diese Einwilligung ist die sog. ausdrückliche, also die, die man vom Inhaber des Rechtsgutes einholt. Das ist aber nicht immer möglich. Manchmal ist ein Opfer bspw. bewußtlos. Für diese Fälle kann man immer noch versuchen, über eine sog. ***mutmaßliche Einwilligung*** die Rechtsverletzung zu rechtfertigen.

Minimale Zusatzvoraussetzungen:

Entscheidend hierfür ist *objektiv* lediglich, daß

- der Einwilligungsfähige, bzw. sein Vertreter, ***nicht in der Lage ist,*** die Einwilligung abzugeben;
- es sich um eine einwilligungsfähige Tatbestandserfüllung handelt (Verfügbarkeit des Rechtsgutes);
- die Tat nicht sittenwidrig ist und
- die Rechtsgutverletzung ***dem mutmaßlichen Willen*** des Rechtsgutträgers entspricht.

I. Tatbestandsmäßigkeit
1. Objektiver Tatbestand
   a. Das Tatsubjekt
   b. Die Tathandlung
   c. Das Tatobjekt
   d. Der Taterfolg und die Verbindung von Handlung und Erfolg
2. Subjektiver Tatbestand
   a. Vorsatz (= Wissen und Wollen)
   b. Sonstige subjektive Merkmale
3. Tatbestandsannexe
4. Fälle des § 28 II

II. Rechtswidrigkeit (indiziert)
Ausnahme: Rechtfertigungsgründe

III. Schuld
1. Schuldfähigkeit
2. Spezielle Schuldmerkmale
3. Die persönliche Vorwerfbarkeit
   Unrechtsbewußtsein im weiten Sinne
   a. Schuldform: Vorsatz
   b. Unrechtsbewußtsein im engen Sinne
4. Entschuldigungsgründe

IV. Besonderheiten
1. Strafausschließungs- und aufhebungsgründe
2. Strafverfolgungshindernisse
3. Regelbeispiele

- Entscheidender Zeitpunkt für all dies ist der Zeitpunkt, in dem die Rechtsgutverletzung vorgenommen werden soll. Unerheblich ist, ob früher eine ausdrückliche Einwilligung hätte herbeigeführt werden können.

Inkl. subj. Rechtfertigungselemente.

Subjektiv muß der Handelnde im Bewußtsein dieser objektiven Merkmale handeln.

Wenn ***TB*** und ***RW*** vorliegen, ist Unrecht begangen worden.

Unrecht ist wichtig (weil ausreichend) für Anstiftung und Teilnahme.

Damit wurden die wesentlichen Merkmale der Rechtswidrigkeit besprochen. Liegen bis hierher alle Voraussetzungen vor (bzw.: liegen alle Verbots-, aber keine Rechtfertigungsvoraussetzungen vor), ist ***Unrecht*** begangen worden. Wichtig ist dies vor allem für die verschiedenen Teilnahmeformen Anstiftung und Beihilfe. Dort wird jeder Beteiligte persönlich angesehen, so daß es für die Anstiftung bspw. genügt, daß eine tatbestandsmäßige, rechtswidrige Haupttat, daß also Unrecht vorliegt. Die *Schuld des Täters* ist für die Anstiftung egal, dort zählt nur die *Schuld des Anstifters*. Einzelheiten hierzu im 3. Teil dieses Skriptes (ab Seite 287).

III. Schuld

In der ***Schuld*** geht es weniger um die Tat, als vielmehr um den Täter.

Wir erinnern uns: Wenn mit Tatbestand und Rechtswidrigkeit ein Urteil *über die Tat* gefällt wird (***man*** darf so etwas nicht tun), dann geht es in der Schuld um das ***Urteil über den Täter*** (***Du,*** Täter, darfst das nicht tun!). Wir werden also im folgenden sehr persönlich werden müssen. Das unterscheidet die Schuld des StGB im übrigen in aller Regel von der des BGB. Dort geht es in der Schuld (z.B. bei § 823 I) immer nur um die im Verkehr erforderliche (= objektive) Sorgfalt, § 276. Und es interessiert überhaupt keinen, ob man im konkreten Fall den letzten Depp oder den absoluten Überflieger vor sich hat. (Die Ausnahme, auf die § 277 BGB verweist, sei nur kurz benannt.)

I. Tatbestandsmäßigkeit
1. Objektiver Tatbestand
   a. Das Tatsubjekt
   b. Die Tathandlung
   c. Das Tatobjekt
   d. Der Taterfolg und die Verbindung von Handlung und Erfolg
2. Subjektiver Tatbestand
   a. Vorsatz (= Wissen und Wollen)
   b. Sonstige subjektive Merkmale
3. Tatbestandsannexe
4. Fälle des § 28 II

II. Rechtswidrigkeit (indiziert)
Ausnahme: Rechtfertigungsgründe

III. Schuld
1. Schuldfähigkeit
2. Spezielle Schuldmerkmale
3. Die persönliche Vorwerfbarkeit
   Unrechtsbewußtsein im weiten Sinne
   a. Schuldform: Vorsatz
   b. Unrechtsbewußtsein im engen Sinne
4. Entschuldigungsgründe

IV. Besonderheiten
1. Strafausschließungs- und aufhebungsgründe
2. Strafverfolgungshindernisse
3. Regelbeispiele

1. Die Schuldfähigkeit

Vorbemerkung: Fehlt die Schuldfähigkeit, entsteht gar keine Schuld, sie ist ausgeschlossen. Gründe, die die Schuldfähigkeit entfallen lassen, heißen daher ***Schuldausschließungsgründe***.

Zur Schuld muß man erst mal fähig sein.

Die wichtigsten Gründe sind:

Zweimal Unfähigkeit.

a. Alter, § 19

b. Störungen von Einsichts- und Steuerungsfähigkeit, § 20

Aufgepaßt: § 21 ist kein Schuldausschließungsgrund!

Probleme:

a. ***Altersprobleme*** gibt es im Rahmen des Studiums eigentlich nie. Entweder ist der Täter alt genug oder nicht. (In der Praxis ist das natürlich etwas anders. Insbesondere bei ausländischen Kindern, die nicht in unseren Personenregistern auftauchen, läßt sich das Alter oft schwer bestimmen.)

Die Kleinen nach vorne!

a. Bei ***Störungen der Einsichts- und Steuerungsfähigkeit*** taucht dagegen immer wieder ein ***Standardproblem*** auf:

Juhnke, Juhnke, ...

Der Täter versetzt sich mittels Alkohols oder sonstiger Drogen in einen Zustand tiefgreifender Bewußtseinsstörung, vgl. § 20, ist also schuldunfähig. In diesem Zustand begeht er eine Straftat. Er kann jetzt deshalb nicht wegen dieser Straftat bestraft werden, weil er schuldunfähig ist.

Deutschland am Sonntag - BILD am Sonntag.

Er kann aber anders bestraft werden: nach ***§ 323a*** nämlich. Diese Vorschrift muß automatisch fallen, wenn es um rauschbedingte

Der letzte Anker: § 323a - Vollrausch.

I. Tatbestandsmäßigkeit
1. Objektiver Tatbestand
   a. Das Tatsubjekt
   b. Die Tathandlung
   c. Das Tatobjekt
   d. Der Taterfolg und die Verbindung von Handlung und Erfolg
2. Subjektiver Tatbestand
   a. Vorsatz (= Wissen und Wollen)
   b. Sonstige subjektive Merkmale
3. Tatbestandsannexe
4. Fälle des § 28 II

II. Rechtswidrigkeit (indiziert)
Ausnahme: Rechtfertigungsgründe

III. Schuld
1. Schuldfähigkeit
2. Spezielle Schuldmerkmale
3. Die persönliche Vorwerfbarkeit
   Unrechtsbewußtsein im weiten Sinne
   a. Schuldform: Vorsatz
   b. Unrechtsbewußtsein im engen Sinne
4. Entschuldigungsgründe

IV. Besonderheiten
1. Strafausschließungs- und aufhebungsgründe
2. Strafverfolgungshindernisse
3. Regelbeispiele

Schuldunfähigkeit geht. Die Strafandrohung geht bis zu 5 Jahre Freiheitsstrafe. Bestraft wird damit übrigens (nur) das Herbeiführen der Lage. (Daß zugleich noch eine rechtswidrige Tat stattgefunden haben muß, ist dabei (str., aber herrschend) - nur - eine objektive Bedingung der Strafbarkeit. Vgl. hierzu auch die Ausführungen zu den Tatbestandsannexen, oben auf S. 57) Das ***Unrecht*** liegt hier also ***im Betrinken***.

Mit relativ milder Strafandrohung.

Dieses Ergebnis ist aber dann unbefriedigend, wenn der Täter sich gerade deshalb (= vorsätzlich) betrunken hat, weil er in diesem Zustand eine Straftat begehen wollte (eher selten), oder wenn der Täter es zumindest vermuten (= fahrlässig) konnte, daß er in diesem Zustand eine Straftat begehen werde.

Sonderangebot: 1 Mord für nur 5 Jahre.

Unterstellt, der Täter beginge dann einen Mord, § 211, käme er mit § 323a erheblich besser weg: maximal 5 Jahre gegenüber lebenslänglich.

Diese mißliche Situation hat dazu geführt, daß man mit einem Trick versuchte, den Täter doch noch „angemessen" zu bestrafen. Zuerst der Trick, dann die ***neuere Rechtsprechung des BGH***, nach der damit wohl alsbald Schluß sein dürfte (ab S. 96).

Korrekturen daran: Differenzierung zwischen Trinken & Tun.

Man unterschied man zwischen zwei Handlungen:

- dem ***Betrinken***, auch Berauschung genannt (z.B. um 20.00 in der Kneipe) und
- der ***Rauschtat*** (z.B. Mord um 22.00 im Wald).

Trinken mit Blick auf's Tun konnte zu erhöhter Strafbarkeit führen.

Wenn nun bereits das Berauschen unter dem Gesichtspunkt stattfand, daß eine Straftat, z.B. ein Mord, geschehen sollte oder könnte, stellte man bei der Beurteilung der Strafbarkeit nicht mehr auf die Straftat als solche - um 22.00 - ab (bei ihr ist der Tä-

I. Tatbestandsmäßigkeit
1. Objektiver Tatbestand
   a. Das Tatsubjekt
   b. Die Tathandlung
   c. Das Tatobjekt
   d. Der Taterfolg und die Verbindung von Handlung und Erfolg
2. Subjektiver Tatbestand
   a. Vorsatz (= Wissen und Wollen)
   b. Sonstige subjektive Merkmale
3. Tatbestandsannexe
4. Fälle des § 28 II

II. Rechtswidrigkeit (indiziert)
Ausnahme: Rechtfertigungsgründe

III. Schuld
1. Schuldfähigkeit
2. Spezielle Schuldmerkmale
3. Die persönliche Vorwerfbarkeit Unrechtsbewußtsein im weiten Sinne
   a. Schuldform: Vorsatz
   b. Unrechtsbewußtsein im engen Sinne
4. Entschuldigungsgründe

IV. Besonderheiten
1. Strafausschließungs- und aufhebungsgründe
2. Strafverfolgungshindernisse
3. Regelbeispiele

---

ter ja schuldunfähig), sondern verlagerte die Betrachtung auf die Berauschung - um 20.00.

Die Berauschung war dann die letzte Handlung, die der Täter schuldfähig vorgenommen hatte, sie war das letzte, was der Täter frei vom Rausch getan hatte.

Die letzte Tankstelle vor der Autobahn:

Aus diesem Grund nannte (und nennt) man die Berauschungshandlung auch ***„actio libera in causa"*** (= freie ursächliche Handlung). Abgekürzt heißt das Ganze „a.l.i.c."!

a.l.i.c.

War man dann aber soweit, daß man auf diese letzte freie Handlung vor der „eigentlichen" Tathandlung abstellte, waren alle Probleme vom Tisch. Bei der Vornahme *dieser* Handlung war der Täter ja noch schuldfähig. Im oben angeführten Beispiel (Mord) war der Täter dann ganz glatt nach § 211 zu bestrafen. Bestraft wurde der Täter hier also *nicht nur* wegen der Herbeiführung der Rauschlage, *sondern auch* wegen der anschließenden Tat. Unrecht war hier also beides (die Kombination).

Hier war der Täter nämlich noch schuldfähig.

Die actio libera in causa diente also dazu, die Schuldfähigkeit quasi durch die Hintertür wieder hereinzuhebeln.

Die ganze a.l.i.c. - ein Trick..

Wenn das so war, könnte man jetzt sagen, dann konnte man die Prüfung des betrachteten Deliktes (z.B. Mord) doch an der Stelle fortsetzen, an der man gerade war: an der Schuldfähigkeit nämlich. Das hätte dann geheißen: in die Schuldfähigkeit rein, § 20 kurz antäuschen, bejahen, aber dann mit der a.l.i.c. und ihren Grundsätzen triumphierend weitermachen. Insgesamt bliebe es dann bei einer (1) Prüfung eines (1) Deliktes.

Der Trick funktionierte aber nicht so ...

I. Tatbestandsmäßigkeit
1. Objektiver Tatbestand
   a. Das Tatsubjekt
   b. Die Tathandlung
   c. Das Tatobjekt
   d. Der Taterfolg und die Verbindung von Handlung und Erfolg
2. Subjektiver Tatbestand
   a. Vorsatz (= Wissen und Wollen)
   b. Sonstige subjektive Merkmale
3. Tatbestandsannexe
4. Fälle des § 28 II

II. Rechtswidrigkeit (indiziert)
Ausnahme: Rechtfertigungsgründe

III. Schuld
1. Schuldfähigkeit
2. Spezielle Schuldmerkmale
3. Die persönliche Vorwerfbarkeit
   Unrechtsbewußtsein im weiten Sinne
   a. Schuldform: Vorsatz
   b. Unrechtsbewußtsein im engen Sinne
4. Entschuldigungsgründe

IV. Besonderheiten
1. Strafausschließungs- und aufhebungsgründe
2. Strafverfolgungshindernisse
3. Regelbeispiele

... sondern so:

Tatbestandsvorverlagerung bzw:

Der nüchterne Täter benutzt den betrunkenen Täter (also sich selbst) als Werkzeug.

Man hätte tatsächlich so vorgehen können (haben auch einige gemacht). War aber nicht die herrschende Meinung. Der dogmatische Ansatz, wie man reinhebelte, war nämlich umstritten und wohl herrschend war eine Lösung, die *am Tatbestand* ansetzt. Man betrachtet einfach die Berauschung als *eine* mögliche Handlung (so wie sonst z.B. die Abgabe eines Schusses) im Rahmen des jeweiligen Unrechtstatbestandes (***Tatbestandslösung***). Einige setzten noch eins drauf und verstanden den (nachher) betrunkenen und damit schuldunfähigen Täter gleichsam als das Werkzeug des (vorher) nüchternen und damit schuldfähigen Täters. Es lag also ein ***Spezialfall der mittelbaren Täterschaft*** vor.

Das sollte reichen.

Indem nun der nüchterne Täter (als Hintermann) den betrunkenen Täter (*sich selbst* als Werkzeug) in Richtung auf die Tat abschickte, hatte er (tatbestandlich) alles getan, was er für die Verwirklichung des Tatbestandes tun mußte (zu den Voraussetzungen der mittelbaren Täterschaft ausführlich im 3. Teil, ab Seite 265).

Klausurkonsequenz: 2 Prüfungen.

Diese Lösung ging also über zwei Prüfungen. Erst in die *Rauschtat* rein, dort über § 20 wieder raus. Dann in die *Berauschung* rein und bis zum Ende durch.

Man konnte verschiedene Kombinationen bilden.

Die Unterscheidung zwischen Berauschung und Rauschtat ermöglichte eine differenzierte Betrachtungsweise. Drei grundsätzliche Möglichkeiten gab es: Entweder lag Vorsatz vor oder Fahrlässigkeit oder gar nichts von beiden. Diese drei grundsätzlichen Möglichkeiten konnten nun jeweils

a. bezüglich der Berauschung (um 20.00 Uhr in der Kneipe) und

b. bezüglich der Rauschtat (im Zeitpunkt der Berauschung, um 20.00 Uhr in der Kneipe) und

I. Tatbestandsmäßigkeit
1. Objektiver Tatbestand
   a. Das Tatsubjekt
   b. Die Tathandlung
   c. Das Tatobjekt
   d. Der Taterfolg und die Verbindung von Handlung und Erfolg
2. Subjektiver Tatbestand
   a. Vorsatz (= Wissen und Wollen)
   b. Sonstige subjektive Merkmale
3. Tatbestandsannexe
4. Fälle des § 28 II

II. Rechtswidrigkeit (indiziert)
Ausnahme: Rechtfertigungsgründe

III. Schuld
1. Schuldfähigkeit
2. Spezielle Schuldmerkmale
3. Die persönliche Vorwerfbarkeit Unrechtsbewußtsein im weiten Sinne
   a. Schuldform: Vorsatz
   b. Unrechtsbewußtsein im engen Sinne
4. Entschuldigungsgründe

IV. Besonderheiten
1. Strafausschließungs- und aufhebungsgründe
2. Strafverfolgungshindernisse
3. Regelbeispiele

c. bezüglich der Rauschtat im Zeitpunkt der Rauschtat (um 22.00 im Wald) vorliegen. Da man bei der Rauschtat aber erst in der Schuld ausgestiegen war, lag hier immer entweder Vorsatz oder mindestens Fahrlässigkeit vor. War es weniger, kam man gar nicht bis zur Schuldfähigkeit.

Um es noch einmal ganz deutlich zu sagen: Die Unterscheidung der verschiedenen Zeitpunkte war sehr wichtig. Man konnte als ***ersten Zeitpunkt*** die Berauschung sehen und als ***zweiten Zeitpunkt*** die eigentliche Rauschtat. Wenn jetzt im nachfolgenden Schema von Vorsatz und Fahrlässigkeit die Rede ist, dann ist damit *immer der Zeitpunkt der Berauschung* (um 20.00 Uhr in der Kneipe) gemeint. Und das gilt auch für Vorsatz und Fahrlässigkeit bezüglich der Rauschtat. Es ist *nicht der Zeitpunkt der Rauschtat* (um 22.00 Uhr im Wald) gemeint.

Das Wichtigste dabei ist, die verschiedenen Zeitpunkte im Auge zu haben:

einmal das Trinken und einmal das Tun.

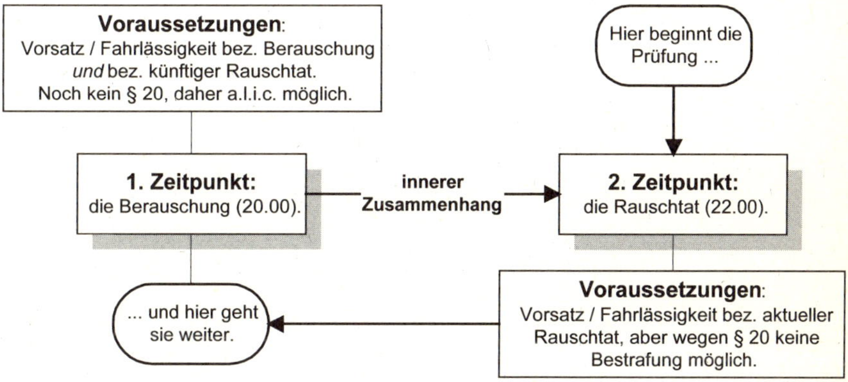

I. Tatbestandsmäßigkeit
1. Objektiver Tatbestand
   a. Das Tatsubjekt
   b. Die Tathandlung
   c. Das Tatobjekt
   d. Der Taterfolg und die Verbindung von Handlung und Erfolg
2. Subjektiver Tatbestand
   a. Vorsatz (= Wissen und Wollen)
   b. Sonstige subjektive Merkmale
3. Tatbestandsannexe
4. Fälle des § 28 II

II. Rechtswidrigkeit (indiziert)
Ausnahme: Rechtfertigungsgründe

III. Schuld
1. Schuldfähigkeit
2. Spezielle Schuldmerkmale
3. Die persönliche Vorwerfbarkeit
   Unrechtsbewußtsein im weiten Sinne
   a. Schuldform: Vorsatz
   b. Unrechtsbewußtsein im engen Sinne
4. Entschuldigungsgründe

IV. Besonderheiten
1. Strafausschließungs- und aufhebungsgründe
2. Strafverfolgungshindernisse
3. Regelbeispiele

Für die a.l.i.c. war ***das Trinken*** entscheidend.

Das bedeutete, daß ich *in dem Augenblick*, in dem der Täter die Flasche an die Kehle setzt, fragte: Hat er den Vorsatz / handelt er fahrlässig hinsichtlich einer *späteren* Straftat? Wie er anschließend die spätere Rauschtat vollbringt (ob vorsätzlich oder fahrlässig), war dann egal (soweit es das Delikt, die Rauschtat, überhaupt fahrlässig gibt).

Das Tun war eher nebensächlich.

Um das deutlich zu machen, habe ich bei den Beispielen jeweils beide Möglichkeiten für die Begehung der Rauschtat (22.00 Uhr im Wald) aufgenommen. Im übrigen weiche ich dann bei den Beispielen von meiner Kneipen-Wald-Konstellation ab.

Es gab noch mehr Konstellationen, aber nur 7 waren sinnvoll.

Es ergaben sich insgesamt 7 theoretisch denkbare und sinnvolle Konstellationen. Diese Konstellationen zeigt die nachfolgende Übersicht.

Möglichkeit:	1	2	3	4	5	6	7
Bezüglich der Berauschung lag (um 20.00) vor:	V	V	F	F	V	F	x
Bezüglich der Rauschtat lag (um 20.00) vor:	V	F	V	F	x	x	x
Bezüglich der Rauschtat selbst lag (um 20.00) vor:	V/F	V/F	V/F	V/F	V/F	V/F	V/F
Strafbarkeit:	Vors. a.l.i.c.	Fahrlässige a.l.i.c.			Vors. § 323a	Fahrl. § 323a	keine

I. Tatbestandsmäßigkeit
1. Objektiver Tatbestand
   a. Das Tatsubjekt
   b. Die Tathandlung
   c. Das Tatobjekt
   d. Der Taterfolg und die Verbindung von Handlung und Erfolg
2. Subjektiver Tatbestand
   a. Vorsatz (= Wissen und Wollen)
   b. Sonstige subjektive Merkmale
3. Tatbestandsannexe
4. Fälle des § 28 II

II. Rechtswidrigkeit (indiziert)
Ausnahme: Rechtfertigungsgründe

III. Schuld
1. Schuldfähigkeit
2. Spezielle Schuldmerkmale
3. Die persönliche Vorwerfbarkeit Unrechtsbewußtsein im weiten Sinne
   a. Schuldform: Vorsatz
   b. Unrechtsbewußtsein im engen Sinne
4. Entschuldigungsgründe

IV. Besonderheiten
1. Strafausschließungs- und aufhebungsgründe
2. Strafverfolgungshindernisse
3. Regelbeispiele

In dieser Übersicht bedeuten: V = Vorsatz, F = Fahrlässigkeit, V/F = Vorsatz oder Fahrlässigkeit, a.l.i.c. = actio libera in causa, x = nix

Beispiele zur Tabelle

Möglichkeit 1:
T will O töten und trinkt sich um 20.00 für die Tat Mut an. Anschließend tötet T dann O um 22.00 vorsätzlich (fahrlässig würde auch genügen) durch einen Schuß. Um 22.00 befand sich T im Zustand des § 20.

Vorsätzliche a.l.i.c.

Möglichkeit 2:
T betrinkt sich um 20.00 vorsätzlich und handelt dabei fahrlässig hinsichtlich der späteren Möglichkeit, noch Auto fahren zu müssen, wodurch dann um 22.00 fahrlässig (oder vorsätzlich) der O getötet wird. Um 22.00 befand sich T im Zustand des § 20.

Fahrlässige a.l.i.c.

Möglichkeit 3:
T hat den Vorsatz, O zu töten, trinkt während der Wartezeit um 20.00 und gerät fahrlässig in den Zustand des § 20. Anschließend tötet T dann O um 22.00 vorsätzlich (fahrlässig würde auch genügen) durch einen Schuß. Um 22.00 befand sich T im Zustand des § 20.

Fahrlässige a.l.i.c.

Möglichkeit 4:
T betrinkt sich um 20.00 fahrlässig und handelt dabei fahrlässig hinsichtlich der späteren Möglichkeit einer Trunkenheitsfahrt (die dann auch stattfindet), wodurch um 22.00 fahrlässig (oder vorsätzlich) der O getötet wird. Um 22.00 befand sich T im Zustand des § 20.

Fahrlässige a.l.i.c.

Möglichkeit 5:
T betrinkt sich um 20.00 vorsätzlich, ohne daß dabei eine Vorsatz- oder Fahrlässigkeitsbeziehung zu der späteren Rauschtat besteht, bei der um 22.00 fahrlässig (oder vorsätzlich) ein Mensch getötet wird. Um 22.00 befand sich T im Zustand des § 20.

Vorsätzlicher Vollrausch.

I. Tatbestandsmäßigkeit
1. Objektiver Tatbestand
   a. Das Tatsubjekt
   b. Die Tathandlung
   c. Das Tatobjekt
   d. Der Taterfolg und die Verbindung von Handlung und Erfolg
2. Subjektiver Tatbestand
   a. Vorsatz (= Wissen und Wollen)
   b. Sonstige subjektive Merkmale
3. Tatbestandsannexe
4. Fälle des § 28 II

II. Rechtswidrigkeit (indiziert)
Ausnahme: Rechtfertigungsgründe

III. Schuld
1. Schuldfähigkeit
2. Spezielle Schuldmerkmale
3. Die persönliche Vorwerfbarkeit
   Unrechtsbewußtsein im weiten Sinne
   a. Schuldform: Vorsatz
   b. Unrechtsbewußtsein im engen Sinne
4. Entschuldigungsgründe

IV. Besonderheiten
1. Strafausschließungs- und aufhebungsgründe
2. Strafverfolgungshindernisse
3. Regelbeispiele

Fahrlässiger Vollrausch.

Möglichkeit 6:
T betrinkt sich um 20.00 fahrlässig, ohne daß dabei eine Vorsatz- oder Fahrlässigkeitsbeziehung zu der späteren Rauschtat besteht, bei der um 22.00 fahrlässig (oder vorsätzlich) der O getötet wird. Um 22.00 befand sich T im Zustand des § 20.

Straflosigkeit.

Möglichkeit 7:
Dem T wird, ohne daß er es merkt, um 20.00 ein Medikament beigebracht, welches den Zustand des § 20 herbeiführt. In diesem Zustand tötet T um 22.00 dann fahrlässig (oder vorsätzlich) O. Um 22.00 befand sich T im Zustand des § 20.

Zur Verdeutlichung: Muster einer Klausurprüfung.

Damit klar wird, wie sich das Vorliegen einer a.l.i.c. auf den Aufbau auswirkte, habe ich folgend das als Möglichkeit 1 bezeichnete Beispiel so durchgeprüft, wie man es in einer Klausur oder Hausarbeit machen konnte.

„Muster" heißt nicht, daß es nur so geht.

Es geht auch anders.

An dieser Stelle direkt ein Hinweis, der später noch öfter auftauchen wird: Es gibt nicht *die richtige*, *die wahre* Lösung. Das ist einerseits schade, denn es würde die Angelegenheit in gewisser Weise vereinfachen. Das ist aber andererseits auch gut, denn die Vereinfachung läge doch in Wirklichkeit nur in einer Schematisierung, Kategorisierung, oder - beim Namen genannt: im ***Schubladendenken.*** Das Leben besteht aber nicht nur aus Schubladen, auch wenn man manches da reinpacken kann.

Wir können immer nur Vorschläge machen. Mehr nicht.

Aber das ist ja auch schon was.

Alles, was in diesem Skript und auch in anderen Büchern als Lösung auftaucht, muß als Lösungs*vorschlag* aufgefaßt werden. Das Leben, und sein kleiner Ausschnitt: die Rechtswissenschaften, erlauben eine dermaßene Fülle von Wertungen, daß es vermessen wäre, auf einer Lösung als der alleinig richtigen zu beharren.

I. Tatbestandsmäßigkeit
1. Objektiver Tatbestand
   a. Das Tatsubjekt
   b. Die Tathandlung
   c. Das Tatobjekt
   d. Der Taterfolg und die Verbindung von Handlung und Erfolg
2. Subjektiver Tatbestand
   a. Vorsatz (= Wissen und Wollen)
   b. Sonstige subjektive Merkmale
3. Tatbestandsannexe
4. Fälle des § 28 II

II. Rechtswidrigkeit (indiziert)
Ausnahme: Rechtfertigungsgründe

III. Schuld
1. Schuldfähigkeit
2. Spezielle Schuldmerkmale
3. Die persönliche Vorwerfbarkeit
   Unrechtsbewußtsein im weiten Sinne
   a. Schuldform: Vorsatz
   b. Unrechtsbewußtsein im engen Sinne
4. Entschuldigungsgründe

IV. Besonderheiten
1. Strafausschließungs- und aufhebungsgründe
2. Strafverfolgungshindernisse
3. Regelbeispiele

Der Aufbau bei Möglichkeit 1

A. Strafbarkeit gemäß § 212

I. Tatbestand

1. *Objektiv: Schuß - Kausalität/Zurechnung - Tod (+)*
2. *Subjektiv: Vorsatz* **bezüglich Schuß** - *Kausalität/Zurechnung - Tod (+)*

II. Rechtswidrigkeit

III. Schuld

- *Schuldfähigkeit (-)* **Zeitpunkt des Schusses**, *wg. § 20*

B. Strafbarkeit gemäß § 212 in Verbindung mit den Grundsätzen der a.l.i.c.

- „Vorprüfung:" Gibt es die a.l.i.c. noch? (vgl. ab S. 96)

I. Tatbestand

1. *Objektiv: Betrinken - Kausalität/Zurechnung - Tod (+)*
2. *Subjektiv: Vorsatz* **bezüglich Betrinken** - *Kausalität/Zurechnung* - **und (!) bezüglich Tod** *(+)*

II. Rechtswidrigkeit

III. Schuld

1. *Schuldfähigkeit (+):* **Zeitpunkt des Betrinkens (!)**
2. *Rest (+)*

IV. Ergebnis: Strafbar nach § 212 in Verbindung mit den Grundsätzen der a.l.i.c.

Bis hierhin eigentlich nichts aufregend Neues.

Der Aufbau dieses Lösungsvorschlages orientiert sich streng an dem, was bis hierher schon erörtert worden ist. Von der *Aufbaureihenfolge* müßte dies also jeder lösen können, der dieses Skript

I. Tatbestandsmäßigkeit
1. Objektiver Tatbestand
   a. Das Tatsubjekt
   b. Die Tathandlung
   c. Das Tatobjekt
   d. Der Taterfolg und die Verbindung von Handlung und Erfolg
2. Subjektiver Tatbestand
   a. Vorsatz (= Wissen und Wollen)
   b. Sonstige subjektive Merkmale
3. Tatbestandsannexe
4. Fälle des § 28 II

II. Rechtswidrigkeit (indiziert)
Ausnahme: Rechtfertigungsgründe

III. Schuld
1. Schuldfähigkeit
2. Spezielle Schuldmerkmale
3. Die persönliche Vorwerfbarkeit
   Unrechtsbewußtsein im weiten Sinne
   a. Schuldform: Vorsatz
   b. Unrechtsbewußtsein im engen Sinne
4. Entschuldigungsgründe

IV. Besonderheiten
1. Strafausschließungs- und aufhebungsgründe
2. Strafverfolgungshindernisse
3. Regelbeispiele

---

einigermaßen sorgfältig durchgearbeitet hat. Grundsätzliche Formulierungstechniken kann man natürlich noch nicht erwarten.

Vielleicht ein Blick auf den Gutachtenstil?

Wer vorgreifen möchte, dem empfehle ich, die Hinweise zum Gutachtenstil im 5. Teil dieses Skriptes zu lesen. Im übrigen erscheint mir das aber erst dann sinnvoll, wenn zumindest das vollendete vorsätzliche Begehungsdelikt komplett durchgearbeitet wurde.

Ansonsten die Formulierungen einfach nur lesen.

Der jetzt folgende ***Formulierungsvorschlag*** macht daher eigentlich auch erst dann einen Sinn, wenn man sich mit dem Gutachtenstil auseinandergesetzt hat. Bis das geschehen ist, sollte er nur zur Kenntnis genommen werden.

A. T kann sich dadurch, daß er den O um 22.00 erschossen hat, gemäß § 212 I strafbar gemacht haben.

I. Tatbestand
Der Schuß des T führte kausal zum Tod des O. Der objektive Tatbestand liegt also vor. Dies wußte T und wollte es auch, er handelte vorsätzlich. Auch der subjektive Tatbestand ist daher erfüllt.

II. Rechtswidrigkeit und III. Schuld
Die Tat war rechtswidrig. Nachdem T aber im Zeitpunkt des Schusses schuldunfähig i.S.d. § 20 war, handelte er insoweit nicht schuldhaft.

IV. Ergebnis
Eine Strafbarkeit gemäß § 212 I, die allein darauf beruht, daß T den O um 22.00 erschossen hat, scheidet damit aus.

B. T kann sich aber dadurch, daß er sich um 20.00 im Hinblick auf eine spätere Tötung des O Mut angetrunken und dann den O um 22.00 auch tatsächlich erschossen hat, gemäß § 212 I i.V.m. den Grundsätzen der a.l.i.c. strafbar gemacht haben.

I. Tatbestandsmäßigkeit
1. Objektiver Tatbestand
   a. Das Tatsubjekt
   b. Die Tathandlung
   c. Das Tatobjekt
   d. Der Taterfolg und die Verbindung von Handlung und Erfolg
2. Subjektiver Tatbestand
   a. Vorsatz (= Wissen und Wollen)
   b. Sonstige subjektive Merkmale
3. Tatbestandsannexe
4. Fälle des § 28 II

II. Rechtswidrigkeit (indiziert)
Ausnahme: Rechtfertigungsgründe

III. Schuld
1. Schuldfähigkeit
2. Spezielle Schuldmerkmale
3. Die persönliche Vorwerfbarkeit Unrechtsbewußtsein im weiten Sinne
   a. Schuldform: Vorsatz
   b. Unrechtsbewußtsein im engen Sinne
4. Entschuldigungsgründe

IV. Besonderheiten
1. Strafausschließungs- und aufhebungsgründe
2. Strafverfolgungshindernisse
3. Regelbeispiele

Hinweis: Wenn man sich die Argumente der neueren Rechtsprechung des BGH zu eigen macht, kommt hier die Prüfung hin, ob es die a.l.i.c. überhaupt noch gibt (vgl. ab Seite 96).

I. Tatbestand
Das Betrinken um 20.00 ist ein Handlung, die nicht hinweggedacht werden kann, ohne daß der Tod des O um 22.00 in seiner konkreten Form entfällt. Es ist zwar denkbar, daß T den O irgendwann und irgendwie auch sonst getötet hätte, für die Frage der Kausalität kommt es aber auf die konkrete Herbeiführung des Taterfolges an. Das Betrinken des T führte also kausal zum Tod des O. Der objektive Tatbestand liegt demnach vor.
T wußte um 20.00, daß er durch sein Betrinken einen Rauschzustand erreichen würde und wollte es auch, er wußte (im Sinne einer Prognose) um 20.00 ebenfalls, daß er in diesem Zustand eine Tötung begehen würde und wollte auch dies; er handelte damit insgesamt vorsätzlich. Auch der subjektive Tatbestand ist daher erfüllt.

II. Rechtswidrigkeit und III. Schuld
Die Tat war rechtswidrig. Im Zeitpunkt des Betrinkens um 20.00, auf den allein es hier ankommt, war T noch schuldfähig. An den Voraussetzungen der Schuld im übrigen bestehen keine Zweifel, T handelte schuldhaft.

IV. Ergebnis
T hat sich damit gemäß § 212 I i.V.m. den Grundsätzen der a.l.i.c. strafbar gemacht.

Die jetzt weiter gebrachten Beispiele für den Aufbau der Möglichkeiten 2 und 3 sind ohne Kenntnis des Fahrlässigkeitsaufbaus nicht zu lösen.

Noch mehr Muster ..

Ich bringe sie an dieser Stelle trotzdem, um den Zusammenhang zur a.l.i.c. nicht zu brechen. Für den ersten Durchgang rate ich allerdings, die folgenden Aufbaubeispiele einfach zu überspringen und erst nach dem Fahrlässigkeitsdelikt wieder hierher zurückzu-

... diesmal für die fahrlässige a.l.i.c.

I. Tatbestandsmäßigkeit
1. Objektiver Tatbestand
   a. Das Tatsubjekt
   b. Die Tathandlung
   c. Das Tatobjekt
   d. Der Taterfolg und die Verbindung von Handlung und Erfolg
2. Subjektiver Tatbestand
   a. Vorsatz (= Wissen und Wollen)
   b. Sonstige subjektive Merkmale
3. Tatbestandsannexe
4. Fälle des § 28 II

II. Rechtswidrigkeit (indiziert)
Ausnahme: Rechtfertigungsgründe

III. Schuld
1. Schuldfähigkeit
2. Spezielle Schuldmerkmale
3. Die persönliche Vorwerfbarkeit
   Unrechtsbewußtsein im weiten Sinne
   a. Schuldform: Vorsatz
   b. Unrechtsbewußtsein im engen Sinne
4. Entschuldigungsgründe

IV. Besonderheiten
1. Strafausschließungs- und aufhebungsgründe
2. Strafverfolgungshindernisse
3. Regelbeispiele

---

kehren. (Vielleicht sollte ich bei den Fahrlässigkeitsdelikten einen Hinweis anbringen?)

Pures Baukastenprinzip.

Was - später - auffallen sollte, ist, daß es sich nur wieder um die Anwendung des Baukastenprinzips handelt. Die immer gleichen Elemente werden zusammengebastelt, bis es hübsch aussieht.

Der Aufbau bei Möglichkeit 2

A. Strafbarkeit gemäß § 222

I. Tatbestand

1. Objektiv:
- a. Obj. Sorgfaltspflichtverletzung: Autofahren (+)
- b. Tod (+)
- c. Verbindung Autofahren - Tod (+)
  - aa. Kausalität (+)
  - bb. Obj. Vorhersehbarkeit der Tötung (+)
  - cc. Obj. Pflichtwidrigkeitszusammenhang (+)
  - dd. Schutzzweck der Sorgfaltspflicht (+)

2. Subjektiv: **Tod** *(nicht) gesehen = (un-) bewußte Fahrlässigkeit (+)*

II. Rechtswidrigkeit

III. Schuld

1. Schuldfähigkeit (-): **Zeitpunkt der Fahrt**

B. Strafbarkeit gemäß § 222 in Verbindung mit den Grundsätzen der a.l.i.c.

- „Vorprüfung:" Gibt es die a.l.i.c. noch? (vgl. ab S. 96)

I. Tatbestand

1. Objektiv:
- a. Obj. Sorgfaltspflichtverletzung: Betrinken (+)
- b. spätere Autofahrt und Tod (+)

I. Tatbestandsmäßigkeit
1. Objektiver Tatbestand
   a. Das Tatsubjekt
   b. Die Tathandlung
   c. Das Tatobjekt
   d. Der Taterfolg und die Verbindung von Handlung und Erfolg
2. Subjektiver Tatbestand
   a. Vorsatz (= Wissen und Wollen)
   b. Sonstige subjektive Merkmale
3. Tatbestandsannexe
4. Fälle des § 28 II

II. Rechtswidrigkeit (indiziert)
Ausnahme: Rechtfertigungsgründe

III. Schuld
1. Schuldfähigkeit
2. Spezielle Schuldmerkmale
3. Die persönliche Vorwerfbarkeit
   Unrechtsbewußtsein im weiten Sinne
   a. Schuldform: Vorsatz
   b. Unrechtsbewußtsein im engen Sinne
4. Entschuldigungsgründe

IV. Besonderheiten
1. Strafausschließungs- und aufhebungsgründe
2. Strafverfolgungshindernisse
3. Regelbeispiele

---

c. Verbindung Betrinken - spätere Autofahrt und Tod (+)
   aa. Kausalität (+)
   bb. Obj. Vorhersehbarkeit der späteren Autofahrt und Tötung (+)
   cc. Obj. Pflichtwidrigkeitszusammenhang (+)
   dd. Schutzzweck der Sorgfaltspflicht (+)

2. *Subjektiv:* **Trunkenheit gewollt / spätere Autofahrt und Tod** *(nicht) gesehen = (un-) bewußte Fahrlässigkeit (+)*

II. Rechtswidrigkeit

III. Schuld

1. *Schuldfähigkeit (+):* **Zeitpunkt des Betrinkens (!)**
2. *Unrechtsbewußtsein*
   a. Subjektive Sorgfaltspflichtverletzung (+)
   b. Subjektive Vorhersehbarkeit (+)

IV. Ergebnis: Strafbar nach § 222 in Verbindung mit den Grundsätzen der a.l.i.c.

A. T kann sich dadurch, daß er den O um 22.00 bei seiner Autofahrt getötet hat, gemäß § 222 strafbar gemacht haben.

I. Tatbestand
Die Fahrt des T führte kausal zum Tod des O. Wer betrunken mit dem Auto fährt, verletzt die jedem Autofahrer obliegende objektive Sorgfaltspflicht, nur in fahrbereitem Zustand zu fahren. Es ist auch objektiv vorhersehbar, daß bei einer Trunkenheitsfahrt ein Mensch getötet werden kann. Der objektive Tatbestand liegt also vor.
Wenn T den Tod des O vorhergesehen hat, handelt er bewußt fahrlässig, ansonsten unbewußt fahrlässig. Auch der subjektive Tatbestand ist erfüllt.

II. Rechtswidrigkeit und III. Schuld
Die Tat war rechtswidrig. Nachdem T aber im Zeitpunkt der Autofahrt schuldunfähig i.S.d. § 20 war, handelte er insoweit nicht schuldhaft.

IV. Ergebnis

I. Tatbestandsmäßigkeit
1. Objektiver Tatbestand
   a. Das Tatsubjekt
   b. Die Tathandlung
   c. Das Tatobjekt
   d. Der Taterfolg und die Verbindung von Handlung und Erfolg
2. Subjektiver Tatbestand
   a. Vorsatz (= Wissen und Wollen)
   b. Sonstige subjektive Merkmale
3. Tatbestandsannexe
4. Fälle des § 28 II

II. Rechtswidrigkeit (indiziert)
Ausnahme: Rechtfertigungsgründe

III. Schuld
1. Schuldfähigkeit
2. Spezielle Schuldmerkmale
3. Die persönliche Vorwerfbarkeit
   Unrechtsbewußtsein im weiten Sinne
   a. Schuldform: Vorsatz
   b. Unrechtsbewußtsein im engen Sinne
4. Entschuldigungsgründe

IV. Besonderheiten
1. Strafausschließungs- und aufhebungsgründe
2. Strafverfolgungshindernisse
3. Regelbeispiele

Eine Strafbarkeit gemäß § 222, die allein darauf beruht, daß T den O um 22.00 bei einer Autofahrt getötet hat, scheidet damit aus.

B. T kann sich aber dadurch, daß er sich um 20.00 betrunken und dann den O um 22.00 auch bei einer Autofahrt getötet hat, gemäß § 222 (i.V.m. den Grundsätzen der a.l.i.c.) strafbar gemacht haben.

Hinweis: Wenn man sich die Argumente der neueren Rechtsprechung des BGH zu eigen macht, kommt hier die Prüfung hin, ob es die a.l.i.c. überhaupt noch gibt. Gerade bei der fahrlässigen Tötung steht der BGH auf dem Standpunkt, daß auch ohne a.l.i.c. alle Ursachen gleichwertig seien und man deshalb *ohne weiteres* (also auch ohne a.l.i.c.) das Betrinken zum Anknüpfungspunkt einer Tat nach § 222 machen könne.

I. Tatbestand
Das Betrinken um 20.00 ist ein Handlung, die nicht hinweggedacht werden kann, ohne daß der Tod des O um 22.00 in seiner konkreten Form entfällt. Es ist kaum denkbar, daß T den O auch bei einer nüchternen Fahrt genau so getötet hätte, für die Frage der Kausalität kommt es aber (nur) auf die konkrete Herbeiführung des Taterfolges an. Das Betrinken des T führte also kausal zum Tod des O. Der objektive Tatbestand liegt demnach vor.
Wer sich betrinkt, obwohl er vielleicht noch mit dem Auto fahren wird, verletzt die jedem Autofahrer obliegende objektive Sorgfaltspflicht, sich in fahrbereitem Zustand zu halten. Es ist auch objektiv vorhersehbar, daß durch die Herbeiführung von Trunkenheit eine anschließende Trunkenheitsfahrt vorgenommen werden und ein Mensch getötet werden kann. Der objektive Tatbestand liegt also vor.
Im Hinblick auf die Trunkenheit handelte T mindestens mit bedingtem Vorsatz (dolus eventualis).
Wenn T die Autofahrt und den Tod (irgendeines Verkehrsteilnehmers, hier:) des O vorhergesehen hat, handelt er bewußt fahrlässig, ansonsten unbewußt fahrlässig. Auch der subjektive Tatbestand ist erfüllt.

II. Rechtswidrigkeit und III. Schuld
Die Tat war rechtswidrig. Im Zeitpunkt des Betrinkens um 20.00, auf den allein es hier ankommt, war T noch schuldfähig. T war um 20.00 auch nach seinen persönlichen Verhältnissen noch in der Lage, die

I. Tatbestandsmäßigkeit
1. Objektiver Tatbestand
   a. Das Tatsubjekt
   b. Die Tathandlung
   c. Das Tatobjekt
   d. Der Taterfolg und die Verbindung von Handlung und Erfolg
2. Subjektiver Tatbestand
   a. Vorsatz (= Wissen und Wollen)
   b. Sonstige subjektive Merkmale
3. Tatbestandsannexe
4. Fälle des § 28 II

II. Rechtswidrigkeit (indiziert)
Ausnahme: Rechtfertigungsgründe

III. Schuld
1. Schuldfähigkeit
2. Spezielle Schuldmerkmale
3. Die persönliche Vorwerfbarkeit
   Unrechtsbewußtsein im weiten Sinne
   a. Schuldform: Vorsatz
   b. Unrechtsbewußtsein im engen Sinne
4. Entschuldigungsgründe

IV. Besonderheiten
1. Strafausschließungs- und aufhebungsgründe
2. Strafverfolgungshindernisse
3. Regelbeispiele

---

gebotene Sorgfalt zu beachten und nicht zu trinken, er hat dies dennoch getan und damit auch die ihm obliegende subjektive Sorgfaltspflicht verletzt. Er hätte weiter auch subjektiv vorhersehen können, daß es trotz der Trunkenheit noch zu einer Autofahrt hätte kommen können, bei der ein Mensch sterben würde. T handelte schuldhaft.

IV. Ergebnis
T hat sich damit gemäß § 222 (i.V.m. den Grundsätzen der a.l.i.c.) strafbar gemacht.

Der Aufbau bei Möglichkeit 3

A. Strafbarkeit gemäß § 212

I. Tatbestand

1. *Objektiv: Schuß - Kausalität/Zurechnung - Tod (+)*
2. *Subjektiv: Vorsatz* **bezüglich Schuß** *- Kausalität / Zurechnung - Tod (+)*

II. Rechtswidrigkeit

III. Schuld

- *Schuldfähigkeit (-)* **Zeitpunkt des Schusses**, *wg. § 20*

B. Strafbarkeit gemäß § 222 in Verbindung mit den Grundsätzen der a.l.i.c.

- „Vorprüfung:" Gibt es die a.l.i.c. noch? (vgl. ab S. 96)

I. Tatbestand

1. *Objektiv*
   a. Obj. Sorgfaltspflichtverletzung: Betrinken (+)
   b. Tod (+)
   c. Verbindung Betrinken - Tod (+)
      aa. Kausalität (+)
      bb. Obj. Vorhersehbarkeit der Tötung (+)
      cc. Obj. Pflichtwidrigkeitszusammenhang (+)

I. Tatbestandsmäßigkeit
1. Objektiver Tatbestand
   a. Das Tatsubjekt
   b. Die Tathandlung
   c. Das Tatobjekt
   d. Der Taterfolg und die Verbindung von Handlung und Erfolg
2. Subjektiver Tatbestand
   a. Vorsatz (= Wissen und Wollen)
   b. Sonstige subjektive Merkmale
3. Tatbestandsannexe
4. Fälle des § 28 II

II. Rechtswidrigkeit (indiziert)
Ausnahme: Rechtfertigungsgründe

III. Schuld
1. Schuldfähigkeit
2. Spezielle Schuldmerkmale
3. Die persönliche Vorwerfbarkeit
   Unrechtsbewußtsein im weiten Sinne
   a. Schuldform: Vorsatz
   b. Unrechtsbewußtsein im engen Sinne
4. Entschuldigungsgründe

IV. Besonderheiten
1. Strafausschließungs- und aufhebungsgründe
2. Strafverfolgungshindernisse
3. Regelbeispiele

---

dd. Schutzzweck der Sorgfaltspflicht (+)

2. *Subjektiv:* **Trunkenheit nicht gewollt / späteren Tod gewollt** = *bewußte Fahrlässigkeit (+)*

II. Rechtswidrigkeit

III. Schuld

1. *Schuldfähigkeit (+):* **Zeitpunkt des Betrinkens (!)**
2. *Unrechtsbewußtsein*
   a. Subjektive Sorgfaltspflichtverletzung (+)
   b. Subjektive Vorhersehbarkeit (+)

IV. Ergebnis: Strafbar nach § 222 in Verbindung mit den Grundsätzen der a.l.i.c.

A. T kann sich dadurch, daß er den O um 22.00 erschossen hat, gemäß § 212 I strafbar gemacht haben.

I. Tatbestand
Der Schuß des T führte kausal zum Tod des O. Der objektive Tatbestand liegt also vor. Dies wußte T und wollte es auch, er handelte vorsätzlich. Auch der subjektive Tatbestand ist daher erfüllt.

II. Rechtswidrigkeit und III. Schuld
Die Tat war rechtswidrig. Nachdem T aber im Zeitpunkt des Schusses schuldunfähig i.S.d. § 20 war, handelte er insoweit nicht schuldhaft.

IV. Ergebnis
Eine Strafbarkeit gemäß § 212 I, die allein darauf beruht, daß T den O um 22.00 erschossen hat, scheidet damit aus.

B. T kann sich aber dadurch, daß er sich um 20.00 betrunken und dann den O um 22.00 durch einen Schuß getötet hat, gemäß § 222 i.V.m. den Grundsätzen der a.l.i.c. strafbar gemacht haben.

Hinweis: Wenn man sich die Argumente der neueren Rechtsprechung des BGH zu eigen macht, kommt hier die Prüfung hin, ob es die a.l.i.c. überhaupt noch gibt.

I. Tatbestand

I. Tatbestandsmäßigkeit
1. Objektiver Tatbestand
   a. Das Tatsubjekt
   b. Die Tathandlung
   c. Das Tatobjekt
   d. Der Taterfolg und die Verbindung von Handlung und Erfolg
2. Subjektiver Tatbestand
   a. Vorsatz (= Wissen und Wollen)
   b. Sonstige subjektive Merkmale
3. Tatbestandsannexe
4. Fälle des § 28 II

II. Rechtswidrigkeit (indiziert)
Ausnahme: Rechtfertigungsgründe

III. Schuld
1. Schuldfähigkeit
2. Spezielle Schuldmerkmale
3. Die persönliche Vorwerfbarkeit
   Unrechtsbewußtsein im weiten Sinne
   a. Schuldform: Vorsatz
   b. Unrechtsbewußtsein im engen Sinne
4. Entschuldigungsgründe

IV. Besonderheiten
1. Strafausschließungs- und aufhebungsgründe
2. Strafverfolgungshindernisse
3. Regelbeispiele

Das Betrinken um 20.00 ist ein Handlung, die nicht hinweggedacht werden kann, ohne daß der Tod des O um 22.00 in seiner konkreten Form entfällt. Es ist kaum denkbar, daß T den O auch in nüchternem Zustand genau so getötet hätte, für die Frage der Kausalität kommt es aber (nur) auf die *konkrete* Herbeiführung des Taterfolges an. Das Betrinken des T führte also kausal zum Tod des O. Der objektive Tatbestand liegt demnach vor.
Wer sich betrinkt, verletzt die jedem Bürger obliegende objektive Sorgfaltspflicht, sich in einem Zustand zu halten, in dem er verantwortungsbewußt handeln kann.[3] Es war für T auch objektiv vorhersehbar, daß durch die Herbeiführung der Trunkenheit eine anschließende Tötungshandlung vorgenommen werden kann. Der objektive Tatbestand liegt also vor.
Im Hinblick auf die Tötung handelte T um 20.00 mindestens mit bedingtem Vorsatz (dolus eventualis).
Wenn T die Trunkenheit um 20.00 vorhergesehen hat, handelt er bewußt fahrlässig, ansonsten unbewußt fahrlässig. Auch der subjektive Tatbestand ist erfüllt.

II. Rechtswidrigkeit und III. Schuld
Die Tat war rechtswidrig. Im Zeitpunkt des Betrinkens um 20.00, auf den allein es hier ankommt, war T noch schuldfähig. T war um 20.00 auch nach seinen persönlichen Verhältnissen noch in der Lage, die gebotene Sorgfalt zu beachten und nicht zu trinken, er hat dies dennoch getan und damit auch die ihm obliegende subjektive Sorgfaltspflicht verletzt.
Er hätte weiter auch subjektiv vorhersehen können, daß es zur Trunkenheit und dem dadurch bedingten Tod des O kommen konnte. Schließlich hatte er auch das nötige Unrechtsbewußtsein. T handelte schuldhaft.

---

3 Die Verletzung dieser Pflicht ist für sich genommen natürlich nicht strafbar, ansonsten könnte die Alkoholindustrie sofort dicht machen. Eine Strafbarkeit entsteht dadurch, daß aufgrund dieser Pflichtverletzung rechtlich mißbilligte Erfolge eintreten (Tod, Verletzung von Menschen, Gefährdung des Straßenverkehrs etc.).

I. Tatbestandsmäßigkeit
1. Objektiver Tatbestand
   a. Das Tatsubjekt
   b. Die Tathandlung
   c. Das Tatobjekt
   d. Der Taterfolg und die Verbindung von Handlung und Erfolg
2. Subjektiver Tatbestand
   a. Vorsatz (= Wissen und Wollen)
   b. Sonstige subjektive Merkmale
3. Tatbestandsannexe
4. Fälle des § 28 II

II. Rechtswidrigkeit (indiziert)
Ausnahme: Rechtfertigungsgründe

III. Schuld
1. Schuldfähigkeit
2. Spezielle Schuldmerkmale
3. Die persönliche Vorwerfbarkeit
   Unrechtsbewußtsein im weiten Sinne
   a. Schuldform: Vorsatz
   b. Unrechtsbewußtsein im engen Sinne
4. Entschuldigungsgründe

IV. Besonderheiten
1. Strafausschließungs- und aufhebungsgründe
2. Strafverfolgungshindernisse
3. Regelbeispiele

IV. Ergebnis
T hat sich damit gemäß § 222 i.V.m. den Grundsätzen der a.l.i.c. strafbar gemacht.

a.l.i.c.-Prüfungen klingen immer sehr eigenartig.

Wenn wir jetzt mal ehrlich zu uns selber sind, dann müssen wir wohl zugeben, daß das alles unheimlich gestelzt und gekünstelt wirkt. Die ganzen Formulierungen, die sich bemühen, die Verbindung zwischen dem Betrinken und dem späteren Tod herzustellen, haben einen anstrengenden Kampf mit dem Sprachgefühl auszufechten.

a.l.i.c.-Prüfungen *sind* sehr eigenartig.

Das ist natürlich aus gutem Grund so. Wir müssen dabei immer bedenken, daß die ganze a.l.i.c. eigentlich nur ein Trick ist, eine normalerweise nicht gegebene Strafbarkeit doch wieder annehmen zu können. Und das ist eben mühsam.

Die neuere Rechtsprechung

Und deshalb kann uns nun ganz gelegen kommen, was sich der 4. Strafsenat des BGH zwischenzeitlich ausgedacht hat. Der hat sich (NStZ 1997, 228) wie nachstehend geäußert. (Ich habe die zahllosen Fundstellennachweise, die der BGH zitiert hat, weggelassen. Sieht zwar immer ziemlich klasse aus, ist aber inhaltlich nicht ergiebig. Dafür habe ich ein paar Fettkursivsetzungen vorgenommen, die im Originalurteil nicht drinstehen.)

„bb) Jedenfalls bei den Delikten der Straßenverkehrsgefährdung und des Fahrens ohne Fahrerlaubnis ist die ***Vorverlagerung der Schuld unzulässig***. An seiner in BGHSt 17, 333 (= NJW 1962, 1830) - allerdings ohne Begründung - vertretenen abweichenden Auffassung hält der Senat nicht fest. Die verschiedenen Ansätze mit denen in Rechtsprechung und Literatur die actio libera in causa erklärt wird, bieten zum einen Teil keine tragfähige Grund-

I. Tatbestandsmäßigkeit
1. Objektiver Tatbestand
   a. Das Tatsubjekt
   b. Die Tathandlung
   c. Das Tatobjekt
   d. Der Taterfolg und die Verbindung von Handlung und Erfolg
2. Subjektiver Tatbestand
   a. Vorsatz (= Wissen und Wollen)
   b. Sonstige subjektive Merkmale
3. Tatbestandsannexe
4. Fälle des § 28 II

II. Rechtswidrigkeit (indiziert)
Ausnahme: Rechtfertigungsgründe

III. Schuld
1. Schuldfähigkeit
2. Spezielle Schuldmerkmale
3. Die persönliche Vorwerfbarkeit Unrechtsbewußtsein im weiten Sinne
   a. Schuldform: Vorsatz
   b. Unrechtsbewußtsein im engen Sinne
4. Entschuldigungsgründe

IV. Besonderheiten
1. Strafausschließungs- und aufhebungsgründe
2. Strafverfolgungshindernisse
3. Regelbeispiele

lage für die Anwendung der Rechtsfigur auf die hier in Rede stehenden Verkehrsstraftaten, zum anderen Teil sind sie mit dem geltenden Recht nicht in Einklang zu bringen.

(1) Mit der Erwägung, daß, wenn der Alkoholkonsum zur Schuldunfähigkeit führt, bereits das Sichbetrinken die eigentliche Tatbestandshandlung darstellt, kann die Anwendung der actio libera in causa auf die Straßenverkehrsgefährdung und das Fahren ohne Fahrerlaubnis nicht begründet werden. Diese sogenannte ***„Tatbestandslösung“, der die Vorstellung zugrunde liegt, daß bereits das Trinken ein Anfang der Ausführung der geplanten Tat ist***, mag, was hier keiner Entscheidung bedarf, trotz aller grundsätzlichen Bedenken gegen ihren Ansatz, bei anderen Delikten eine tragfähige Grundlage für die Rechtsfigur der actio libera in causa darstellen. Bei Tatbeständen aber, die wie die §§ 315c, 316 StGB und § 21 StVG ein Verhalten verbieten, das nicht auch als die Herbeiführung eines dadurch verursachten, von ihm trennbaren Erfolges begriffen werden kann, kann sie die Annahme schuldhafter Taten trotz schuldausschließenden Vollrausches bei der eigentlichen Tathandlung nicht rechtfertigen. Das gilt nicht nur für den von der StrK angenommenen Fall eines vorsätzlichen Verstoßes gegen diese Vorschriften, sondern auch für fahrlässige Zuwiderhandlungen.

Die Verkehrsstraftaten nach den § 315 c StGB, § 21 StVG setzen voraus, daß der Täter das Fahrzeug „führt“. ***Führen eines Fahrzeugs ist aber nicht gleichbedeutend mit Verursachen der Bewegung. Es beginnt erst mit dem Bewegungsvorgang des Anfahrens selbst***. Dazu genügt nicht einmal, daß der Täter in der Absicht, alsbald wegzufahren, den Motor seines Fahrzeugs anläßt und das Abblendlicht einschaltet. Um so mehr muß eine Ausdehnung auf zeitlich vorgelagerte Handlungen nach der gesetzlichen Umschreibung der Tathandlung ausscheiden. Auch im Sichbe-

I. Tatbestandsmäßigkeit
1. Objektiver Tatbestand
   a. Das Tatsubjekt
   b. Die Tathandlung
   c. Das Tatobjekt
   d. Der Taterfolg und die Verbindung von Handlung und Erfolg
2. Subjektiver Tatbestand
   a. Vorsatz (= Wissen und Wollen)
   b. Sonstige subjektive Merkmale
3. Tatbestandsannexe
4. Fälle des § 28 II

II. Rechtswidrigkeit (indiziert)
Ausnahme: Rechtfertigungsgründe

III. Schuld
1. Schuldfähigkeit
2. Spezielle Schuldmerkmale
3. Die persönliche Vorwerfbarkeit
   Unrechtsbewußtsein im weiten Sinne
   a. Schuldform: Vorsatz
   b. Unrechtsbewußtsein im engen Sinne
4. Entschuldigungsgründe

IV. Besonderheiten
1. Strafausschließungs- und aufhebungsgründe
2. Strafverfolgungshindernisse
3. Regelbeispiele

---

rauschen in Fahrbereitschaft liegt dementsprechend noch nicht der Beginn der Trunkenheitsfahrt.

(2) Im wesentlichen aus denselben Erwägungen kommt die Heranziehung der Grundsätze der actio libera in causa auf die Trunkenheitsfahrt und die Straßenverkehrsgefährdung auch dann nicht in Betracht, wenn man die Rechtsfigur als einen ***Sonderfall der mittelbaren Täterschaft*** begreift, bei dem der Täter sich zur Ausführung der Tat seiner eigenen Person als Werkzeug bedient. Sieht man von den grundsätzlichen Bedenken gegen dieses Begründungsmodell ab, so ist auch nach ihm die tatbestandsmäßige Handlung letztlich das Sichberauschen. Indem der Täter sich berauscht, führt er aber - wie ausgeführt - kein Fahrzeug.

(3) Eine Ausdehnung des Begriffs der „Begehung der Tat" i. S. des § 20 StGB in der Weise, daß das „vortatbestandliche, auf die Tatbestandsverwirklichung bezogene Vorverhalten", auch soweit es sich nicht als Versuchshandlung, sondern als bloße Vorbereitung darstellt, im Schuldtatbestand erfaßt wird, ist nicht möglich. Es spricht nichts dafür, daß das Strafgesetzbuch den in §§ 16 1, 16 II, 17 S. 1 und in § 20 unterschiedslos verwendeten Begriff in § 20 in einem weiteren Sinn verstanden wissen will als in jenen anderen Vorschriften. Im übrigen hätte dieses ***„Ausdehnungsmodell"*** über die Fallgestaltungen der actio libera in causa hinaus, um die es ihr geht, eine auch unter Präventions- und Gerechtigkeitsgedanken nicht zu rechtfertigende Einschränkung des § 20 StGB zur Folge.

(4) Die Annahme schuldhaft begangener Vergehen nach § 315c StGB und § 21 StVG kann schließlich auch nicht mit dem sogenannten ***Ausnahmemodell*** begründet werden, nach dem - im Präventionsinteresse und aus Gerechtigkeitserwägungen - in ***Ausnahme von dem § 20 StGB zugrundeliegenden Koinzidenzprinzip der Schuldvorwurf vorverlagert und dem Täter das***

I. Tatbestandsmäßigkeit
1. Objektiver Tatbestand
   a. Das Tatsubjekt
   b. Die Tathandlung
   c. Das Tatobjekt
   d. Der Taterfolg und die Verbindung von Handlung und Erfolg
2. Subjektiver Tatbestand
   a. Vorsatz (= Wissen und Wollen)
   b. Sonstige subjektive Merkmale
3. Tatbestandsannexe
4. Fälle des § 28 II

II. Rechtswidrigkeit (indiziert)
Ausnahme: Rechtfertigungsgründe

III. Schuld
1. **Schuldfähigkeit**
2. Spezielle Schuldmerkmale
3. Die persönliche Vorwerfbarkeit
   Unrechtsbewußtsein im weiten Sinne
   a. Schuldform: Vorsatz
   b. Unrechtsbewußtsein im engen Sinne
4. Entschuldigungsgründe

IV. Besonderheiten
1. Strafausschließungs- und aufhebungsgründe
2. Strafverfolgungshindernisse
3. Regelbeispiele

schuldhafte Vorverhalten des Sichberauschens als schuldhafte Tatbegehung angelastet wird. Das Ausnahmemodell ist mit dem eindeutigen Wortlaut des § 20 StGB, nach dem die Schuldfähigkeit „bei Begehung der Tat“ vorliegen muß, nicht in Einklang zu bringen.

Aus diesem Grunde kann die actio libera in causa auch nicht als richterrechtliche Ausnahme von dem Koinzidenzprinzip oder als Gewohnheitsrecht anerkannt werden. Beide Erklärungsversuche sind mit Art. 103 II GG, der strafbarkeitsbegründendes Gewohnheitsrecht verbietet, nicht vereinbar. ***Art. 103 II GG gilt nicht nur dann, wenn es um die Auslegung einzelner Straftatbestände geht, sondern in gleicher Weise bei der Auslegung von Bestimmungen des Allgemeinen Teils des Strafgesetzbuches.***

Ob der Gesetzgeber die Rechtsfigur der actio libera in causa als richterrechtliche Ausnahme von § 20 StGB akzeptiert hat, ist angesichts des eindeutigen Wortlautes des § 20 StGB ohne Bedeutung, solange er dies nicht im Gesetzestext zum Ausdruck bringt.“

Mit dieser Begründung lehnt der BGH die Anwendung der a.l.i.c. auf Delikte, die nicht zwischen einer Handlung und einem Erfolg trennen (sondern in einem reinen, vom Gesetz umschriebenen tatbestandlichen Tun („Führen“) bestehen) ab.

Der 3. Strafsenat wiederum hat zwischenzeitlich ausdrücklich entschieden, daß er an den Grundsätzen der a.l.i.c. festhalte (19.2.1997 - 3 StR 632/96, NStZ 1997, 230), dies allerdings in einem nicht-straßenverkehrgefährdendem Zusammenhang.

Gegen die Auffassung des BGH vgl. die Anmerkung von Hirsch, NStZ 1997, 230-231.

I. Tatbestandsmäßigkeit
1. Objektiver Tatbestand
   a. Das Tatsubjekt
   b. Die Tathandlung
   c. Das Tatobjekt
   d. Der Taterfolg und die Verbindung von Handlung und Erfolg
2. Subjektiver Tatbestand
   a. Vorsatz (= Wissen und Wollen)
   b. Sonstige subjektive Merkmale
3. Tatbestandsannexe
4. Fälle des § 28 II

II. Rechtswidrigkeit (indiziert)
Ausnahme: Rechtfertigungsgründe

III. Schuld
1. Schuldfähigkeit
2. Spezielle Schuldmerkmale
3. Die persönliche Vorwerfbarkeit Unrechtsbewußtsein im weiten Sinne
   a. Schuldform: Vorsatz
   b. Unrechtsbewußtsein im engen Sinne
4. Entschuldigungsgründe

IV. Besonderheiten
1. Strafausschließungs- und aufhebungsgründe
2. Strafverfolgungshindernisse
3. Regelbeispiele

In einer Klausur kommt diese Frage genau dort hin, wo ich es im Rahmen der oben gemachten Lösungsvorschläge skizziert habe (als eine Art „Vorprüfung").

2. Spezielle Schuldmerkmale

Spezielle Schuldmerkmale spielen klausurmäßig keine Rolle. Es ist nämlich nicht klar, was genau ein solches Merkmal ist.

Hier ergeben sich keine besonderen Prüfungsprobleme. Es ist nur dem Sachverhalt zu entnehmen, ob ein solches Merkmal vorliegt oder nicht.

Es ist allerdings strittig, welche Merkmale hier einzuordnen sind. Aus diesem Grund ist es auch nicht leicht, ein Beispiel zu geben. Einige Autoren (z.B. WESSELS) ordnen hier bspw. die Merkmale des § 211 ein, die die Gesinnung kennzeichnen: Mordlust, Verdeckungsabsicht. Es ist dies aber eine Mindermeinung, d.h., die herrschende Meinung (h.M.) versteht „Mordlust" und „Verdeckungsabsicht" als (subjektive) Tatbestandsmerkmale. Als Beispiel immer wieder genannt wird auch die „Böswilligkeit" in § 225 I. Da dies aber ein Problem der einzelnen Tatbestände ist, gehört dieser Streit zum Besonderen Teil des StGB.

Im Zweifel lieber: Einordnung als TB-Merkmal.

Im Zweifel (also bei striktem Befolgen der h.M.) können wir diesen Punkt getrost direkt wieder vergessen. Denn alles, was sich als spezielles Schuldmerkmal etikettieren läßt, kann man auch irgendwo im Tatbestand unterbringen.

3. Die persönliche Vorwerfbarkeit - das Unrechtsbewußtsein im weiten Sinne

Unrechtsbewußtsein liegt vor, wenn der Täter um ein Verbotensein weiß.

Mit der Verwirklichung des Tatbestandes und ohne das Vorliegen von Rechtfertigungsgründen hat der Täter „Unrecht" getan. Unrechtsbewußtsein heißt, daß der Täter weiß, daß er Unrecht getan hat. Der Täter muß dabei nicht die Strafvorschrift kennen,

I. Tatbestandsmäßigkeit
1. Objektiver Tatbestand
   a. Das Tatsubjekt
   b. Die Tathandlung
   c. Das Tatobjekt
   d. Der Taterfolg und die Verbindung von Handlung und Erfolg
2. Subjektiver Tatbestand
   a. Vorsatz (= Wissen und Wollen)
   b. Sonstige subjektive Merkmale
3. Tatbestandsannexe
4. Fälle des § 28 II

II. Rechtswidrigkeit (indiziert)
Ausnahme: Rechtfertigungsgründe

III. Schuld
1. Schuldfähigkeit
2. Spezielle Schuldmerkmale
3. Die persönliche Vorwerfbarkeit Unrechtsbewußtsein im weiten Sinne
   a. Schuldform: Vorsatz
   b. Unrechtsbewußtsein im engen Sinne
4. Entschuldigungsgründe

IV. Besonderheiten
1. Strafausschließungs- und aufhebungsgründe
2. Strafverfolgungshindernisse
3. Regelbeispiele

---

gegen die er verstoßen hat. Das wird er im Regelfall gar nicht können. Es genügt die Einsicht, daß das, was er getan hat, *irgendwie* rechtlich verboten ist.

Man unterscheidet aktuelles und potentielles Unrechtsbewußtsein.

In der Regel wird dem Täter das Unrecht einer vorsätzlichen Tat klar vor Augen stehen. Eine solche Klarheit wird mit dem Begriff ***„aktuelles Unrechtsbewußtsein"*** bezeichnet. Es genügt aber auch, daß er bei ihm zumutbaren Einsatz seiner Erkenntniskräfte und Wertvorstellungen die Einsicht in das Unrecht der Tat gewinnen konnte. Dies nennt man dann ***„potentielles Unrechtsbewußtsein"***. Solange eine dieser beiden Voraussetzungen gegeben sind (entweder Klarheit oder potentielles U.) gibt's keine Probleme.

Problematisch: Täter glaubt sich im Recht.

Bis hierhin nicht besonders spannend. Die Probleme fangen aber an, wenn der Täter irrtümlich glaubt, er handle gar nicht im Widerspruch zur Rechtsordnung, wenn ihm also jede Einsicht fehlt, Unrecht zu tun, wenn er, kurz gesagt, nichts über das Verbotensein seines Tuns weiß.

Ein Verbotsirrtum.

Einen solchen Irrtum nennt man sinnigerweise ***Verbotsirrtum***. Der Gesetzgeber hat diesen Irrtum lange Zeit nicht, dann aber irgendwann mal doch normiert, in *§ 17*. (Lesen!) Das hat ihn (den Gesetzgeber) einige Freunde gekostet, denn es gab vorher ganz viele tolle Theorien, wie man in solchen Fällen wohl verfahren müßte. Diese Theorien sind dann zum größten Teil Makulatur geworden, auch wenn sich einige noch heftig dagegen wehren.

Es gibt verschiedene Verbotsirrtümer.

Den Verbotsirrtum gibt es in mehreren Spielarten, je nachdem, worauf sich der Irrtum des Täters bezieht. Die nachfolgende Übersicht soll zunächst einmal die Strukturen verdeutlichen.

I. Tatbestandsmäßigkeit
1. Objektiver Tatbestand
   a. Das Tatsubjekt
   b. Die Tathandlung
   c. Das Tatobjekt
   d. Der Taterfolg und die Verbindung von Handlung und Erfolg
2. Subjektiver Tatbestand
   a. Vorsatz (= Wissen und Wollen)
   b. Sonstige subjektive Merkmale
3. Tatbestandsannexe
4. Fälle des § 28 II

II. Rechtswidrigkeit (indiziert)
Ausnahme: Rechtfertigungsgründe

III. Schuld
1. Schuldfähigkeit
2. Spezielle Schuldmerkmale
3. Die persönliche Vorwerfbarkeit Unrechtsbewußtsein im weiten Sinne
   a. Schuldform: Vorsatz
   b. Unrechtsbewußtsein im engen Sinne
4. Entschuldigungsgründe

IV. Besonderheiten
1. Strafausschließungs- und aufhebungsgründe
2. Strafverfolgungshindernisse
3. Regelbeispiele

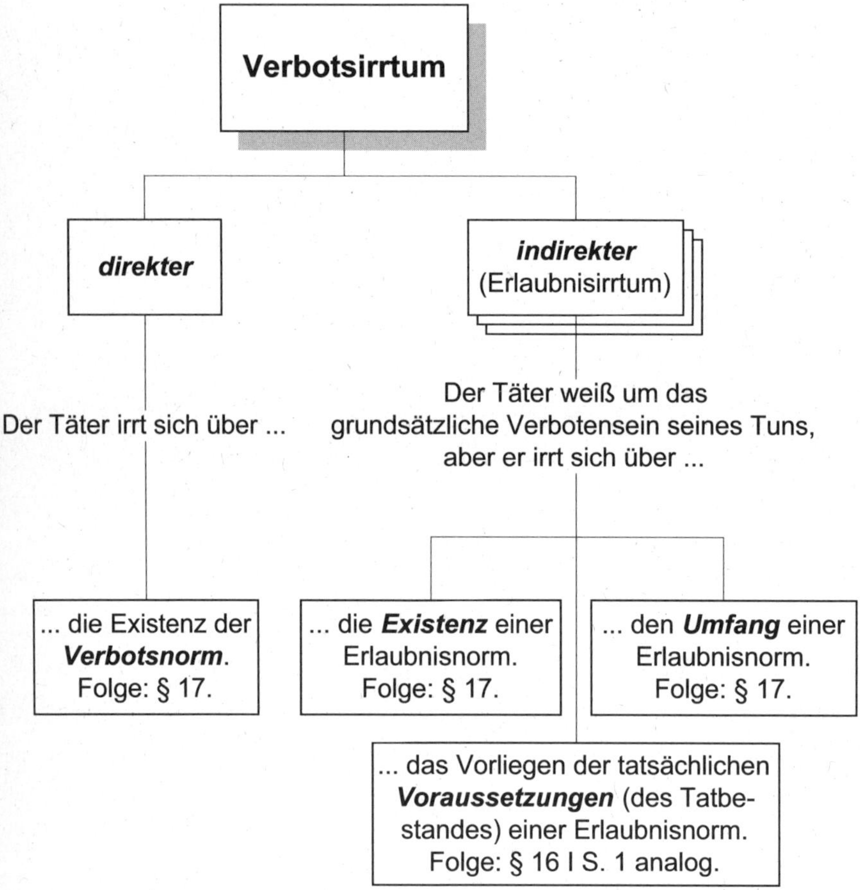

I. Tatbestandsmäßigkeit
1. Objektiver Tatbestand
   a. Das Tatsubjekt
   b. Die Tathandlung
   c. Das Tatobjekt
   d. Der Taterfolg und die Verbindung von Handlung und Erfolg
2. Subjektiver Tatbestand
   a. Vorsatz (= Wissen und Wollen)
   b. Sonstige subjektive Merkmale
3. Tatbestandsannexe
4. Fälle des § 28 II

II. Rechtswidrigkeit (indiziert)
Ausnahme: Rechtfertigungsgründe

III. Schuld
1. Schuldfähigkeit
2. Spezielle Schuldmerkmale
3. Die persönliche Vorwerfbarkeit Unrechtsbewußtsein im weiten Sinne
   a. Schuldform: Vorsatz
   b. Unrechtsbewußtsein im engen Sinne
4. Entschuldigungsgründe

IV. Besonderheiten
1. Strafausschließungs- und aufhebungsgründe
2. Strafverfolgungshindernisse
3. Regelbeispiele

Die folgenden Erläuterungen lassen sich von einem ganz wesentlichen Unterschied leiten, der diese 4 Irrtümer in zwei Gruppen einteilt. Der Täter kann sich nämlich in zweierlei Hinsicht im Irrtum befinden:

- einmal, indem er auf tatsächlichem, besser: auf ***nicht-rechtlichem***, noch besser: auf ***deskriptivem*** Gebiet etwas falsch mitbekommt. (T sieht, wie O in die Tasche greift und glaubt, es solle eine Pistole gezogen werden. Tatsächlich will O nur ein paar Zigaretten herausholen. Eine derartige Fehlbewertung des Täters hat ersichtlich nicht mit Rechtsfragen zu tun).

Der Täter kann sich aufgrund einer Tatsachenfehlbewertung im Recht glauben ...

- Ein andermal aber, indem er eine ***rechtliche*** Wertung fehlerhaft vollzieht. (Der Täter glaubt - aus rechtlichen Gründen fehlerhaft - an das Gar-nicht-erst-Verbotensein oder an das Zwar-grundsätzlich-Verboten-aber-hier-Erlaubtsein seines Tuns. Hierzu muß der Täter ***normative*** Merkmale falsch subsumieren).

... oder aufgrund einer rechtlichen Fehlbewertung.

Eine vergleichbare Zweiteilung haben wir übrigens schon im subjektiven Tatbestand gehabt. Dort hatten wir differenziert zwischen Irrtümern über deskriptive (= beschreibende) Merkmale und Irrtümern über normative (= wertende) Merkmale (auf S. 44). Ganz ähnlich liegt der Fall hier.

Das erinnert an den Subsumtionsirrtum im TB.

Nur die Gruppe der Irrtümer, die mit rechtlichen Fehlern zusammenhängen (direkter Verbotsirrtum, Erlaubnisexistenz- und Erlaubnisumfangsirrtum), paßt sinnvoll unter die Regelung des § 17. Für den noch übrig bleibenden Erlaubnistatbestandsirrtum werden herrschend andere Wege beschritten.

§ 17 paßt nicht für alle Verbotsirrtümer (zumindest nach h.M.)

I. Tatbestandsmäßigkeit
1. Objektiver Tatbestand
   a. Das Tatsubjekt
   b. Die Tathandlung
   c. Das Tatobjekt
   d. Der Taterfolg und die Verbindung von Handlung und Erfolg
2. Subjektiver Tatbestand
   a. Vorsatz (= Wissen und Wollen)
   b. Sonstige subjektive Merkmale
3. Tatbestandsannexe
4. Fälle des § 28 II

II. Rechtswidrigkeit (indiziert)
Ausnahme: Rechtfertigungsgründe

III. Schuld
1. Schuldfähigkeit
2. Spezielle Schuldmerkmale
3. Die persönliche Vorwerfbarkeit Unrechtsbewußtsein im weiten Sinne
   a. Schuldform: Vorsatz
   b. Unrechtsbewußtsein im engen Sinne
4. Entschuldigungsgründe

IV. Besonderheiten
1. Strafausschließungs- und aufhebungsgründe
2. Strafverfolgungshindernisse
3. Regelbeispiele

Daraus resultiert eine Prüfungsteilung.

Die hiermit aufgezeigte Zweiteilung führt dann auch zu einer ***Zweiteilung der Prüfung des Unrechtsbewußtseins***[4].

Zuerst werden tatsächliche Fehlbewertungen untersucht (Stichwort: Erlaubnistatbestandsirrtum) ...

- In einem ersten Teil kümmert man sich um die Fehlbewertungen des Täters, die keine rechtliche Ursache haben, und fragt dabei nach solchen Umständen, die geeignet wären, einen Erlaubnis*tatbestands*irrtum anzunehmen.

  Es handelt sich dabei um einen Sonderfall, der aus diesem Grund auch einen eigenen Namen bekommt: man nennt diesen Teil des Unrechtsbewußtseins ***Schuld-Vorsatz***.

... dann das eigentliche Unrechtsbewußtsein.

- Im dann anschließenden zweiten Teil kümmert man sich um den Rest, um *das eigentliche Unrechtsbewußtsein*, oder - in Abgrenzung zum Schuld-Vorsatz - um das Unrechtsbewußtsein *im engeren Sinne*.

a. Der Schuld-Vorsatz

Der „Schuld-Vorsatz" ...

Beim hier besprochenen vollendeten vorsätzlichen Begehungsdelikt muß nach dem gerade Gesagten zunächst ein Schuld-Vorsatz vorliegen.

... dient dazu ...

Das mag merkwürdig anmuten, schließlich wurde das Vorliegen des Vorsatzes bereits oben im subjektiven Tatbestand erörtert. Es gibt jedoch (auf dem Hintergrund der eben dargestellten Zweiteilung der Verbotsirrtümer) Gründe für eine doppelte Prüfung. ***Der Vorsatz hat eine Doppelfunktion.***

... (anders als der Tatbestands-Vorsatz) ...

- ***Im Tatbestand*** kennzeichnet er ***die psychische Beziehung*** des Täters zum äußeren Tatgeschehen. (Hat der Täter von der Tatbestandsseite des Unrechts her überhaupt kapiert, was pas-

---

4 Dazu nachher (ab S. 125) noch einige Hinweise aus der Geschichte.

I. Tatbestandsmäßigkeit
1. Objektiver Tatbestand
   a. Das Tatsubjekt
   b. Die Tathandlung
   c. Das Tatobjekt
   d. Der Taterfolg und die Verbindung von Handlung und Erfolg
2. Subjektiver Tatbestand
   a. Vorsatz (= Wissen und Wollen)
   b. Sonstige subjektive Merkmale
3. Tatbestandsannexe
4. Fälle des § 28 II

II. Rechtswidrigkeit (indiziert)
Ausnahme: Rechtfertigungsgründe

III. Schuld
1. Schuldfähigkeit
2. Spezielle Schuldmerkmale
3. Die persönliche Vorwerfbarkeit
   Unrechtsbewußtsein im weiten Sinne
   a. Schuldform: Vorsatz
   b. Unrechtsbewußtsein im engen Sinne
4. Entschuldigungsgründe

IV. Besonderheiten
1. Strafausschließungs- und aufhebungsgründe
2. Strafverfolgungshindernisse
3. Regelbeispiele

---

siert? Etwas vornehmer: Wird der Täter von der Appellfunktion des Tatbestandes erreicht?)

❍ ***Im Schuldbereich*** dagegen kennzeichnet er ***die Gesinnung*** des Täters. Gefragt wird dann, ob der Täter eine vorsätzlich-fehlerhafte Einstellung zu den Verhaltensanforderungen der Rechtsordnung zeigt.

... die Gesinnung des Täters zu erfassen.

Charakteristisch ist insoweit, daß der Täter den Verhaltensnormen des Rechts feindlich oder gleichgültig gegenübersteht. (Hat der Täter von der Rechtswidrigkeitsseite des Unrechts her überhaupt kapiert, was passiert: ist er also böse und will er es sein?)

Hat der Täter fälschlich Erlaubnistatsachen angenommen?

Prüfungstechnisch ist der argumentative Aufwand mit dem Schuldvorsatz nur in dem einem, eben genannten Fall relevant: Der Täter glaubt irrig, die Voraussetzungen eines (anerkannten) Rechtfertigungsgrundes lägen vor.

Wichtig nur in einem Fall.

> ***Klassisches Beispiel*** hierfür ist ***die Putativnotwehr***. O tritt im Dunkeln auf T zu, um ihn um Feuer zu bitten. Er zieht dabei eine Packung Zigaretten aus der Manteltasche. T sieht, wie O in die Manteltasche greift und glaubt, O wolle ihn überfallen und berauben. T schlägt O nieder.
>
> ***Auflösung:***
> I. Es liegt objektiv und subjektiv der Tatbestand einer Körperverletzung vor.
> II. Es liegt kein Rechtfertigungsgrund vor. Insbesondere ist keine Notwehr gegeben, da kein Angriff stattfand.
> III. T ist schuldfähig. T zeigt aber keine fehlerhafte Einstellung zur Rechtsordnung i.S. einer vorsätzlichen Tat: T wollte sich ja rechtstreu verhalten. Er unterlag dabei allerdings einer Fehleinschätzung der tatsächlichen Situation. Aus diesem Grund entfällt der Schuldvorwurf der vorsätzlichen Tat. § 16 I S. 1 wird hierfür analog angewandt. (str.)

I. Tatbestandsmäßigkeit
1. Objektiver Tatbestand
   a. Das Tatsubjekt
   b. Die Tathandlung
   c. Das Tatobjekt
   d. Der Taterfolg und die Verbindung von Handlung und Erfolg
2. Subjektiver Tatbestand
   a. Vorsatz (= Wissen und Wollen)
   b. Sonstige subjektive Merkmale
3. Tatbestandsannexe
4. Fälle des § 28 II

II. Rechtswidrigkeit (indiziert)
Ausnahme: Rechtfertigungsgründe

III. Schuld
1. Schuldfähigkeit
2. Spezielle Schuldmerkmale
3. Die persönliche Vorwerfbarkeit
   Unrechtsbewußtsein im weiten Sinne
   a. Schuldform: Vorsatz
   b. Unrechtsbewußtsein im engen Sinne
4. Entschuldigungsgründe

IV. Besonderheiten
1. Strafausschließungs- und aufhebungsgründe
2. Strafverfolgungshindernisse
3. Regelbeispiele

Dem Fall des Erlaubnistatbestandsirrtums.

Dieser Fall nennt sich, wie wir wissen, wegen seiner Ähnlichkeit zum („normalen") Tatbestandsirrtum ***Erlaubnistatbestandsirrtum***: Der Täter irrt sich über die tatsächlichen Voraussetzungen eines Rechtfertigungsgrundes.

Die h.M. schränkt dafür § 17 ein.

Die von mir hier dargestellte Lösung entspricht der herrschenden Meinung. Diese herrschende Meinung ist der Ansicht, für Verbotsirrtümer von der Art des Erlaubnistatbestandsirrtumes passe § 17 nicht. Sie schränkt den Anwendungsbereich des § 17 daher so ein, daß dieser Irrtum nicht unter § 17, sondern unter die Rechtsfolgen des § 16 subsumiert wird. Sie heißt deshalb ***„rechtsfolgenverweisende eingeschränkte Schuldtheorie"***.

Eine Mindermeinung will § 17 ganz streng anwenden.

Es gibt aber auch die beliebten Mindermeiner. Die vertreten hier den Standpunkt, Verbotsirrtum sei Verbotsirrtum, und § 17 sei auf jeden Verbotsirrtum anzuwenden, also auch auf diesen. Sie ist da ganz streng. Und deshalb heißt sie auch ***„strenge Schuldtheorie"***.

Wir folgen hier der herrschenden Meinung.

Folgen wir der herrschenden Meinung, müssen wir aber noch dies feststellen:

> IV. Es bleibt natürlich unbenommen, T wegen fahrlässiger Körperverletzung zu bestrafen, § 16 I S. 2 analog.

Kleine Feinheit am Rande: die Fahrlässigkeitsbezugspunkte wechseln.

Allerdings gibt es hier einen kleinen Pfiff. Die Körperverletzung selbst war ja vorsätzlich: T hat mit Wissen und Wollen den Körper des O verletzt. Wenn also Fahrlässigkeit vorliegt, dann nur im Hinblick auf den Irrtum. Folge: Nur wenn *der Irrtum* fahrlässig erfolgte, ist wegen fahrlässiger Körperverletzung zu bestrafen.

I. Tatbestandsmäßigkeit
1. Objektiver Tatbestand
   a. Das Tatsubjekt
   b. Die Tathandlung
   c. Das Tatobjekt
   d. Der Taterfolg und die Verbindung von Handlung und Erfolg
2. Subjektiver Tatbestand
   a. Vorsatz (= Wissen und Wollen)
   b. Sonstige subjektive Merkmale
3. Tatbestandsannexe
4. Fälle des § 28 II

II. Rechtswidrigkeit (indiziert)
Ausnahme: Rechtfertigungsgründe

III. Schuld
1. Schuldfähigkeit
2. Spezielle Schuldmerkmale
3. Die persönliche Vorwerfbarkeit Unrechtsbewußtsein im weiten Sinne
   a. Schuldform: Vorsatz
   b. Unrechtsbewußtsein im engen Sinne
4. Entschuldigungsgründe

IV. Besonderheiten
1. Strafausschließungs- und aufhebungsgründe
2. Strafverfolgungshindernisse
3. Regelbeispiele

Für Prüfungen in Klausuren und Hausarbeiten:

Klausurkonsequenz:

Solange kein Irrtum der gerade besprochenen Art vorliegt, also ***normalerweise***, ist ***kein Wort*** über diesen Prüfungspunkt zu verlieren. Der Schuld-Vorsatz liegt dann immer vor.

Schweigen im Walde ...

Für die Fälle, in denen eine Auseinandersetzung mit Theorien verlangt wird, gebe ich nachfolgend einen Formulierungsvorschlag, der die wesentlichen (allerdings auch nicht alle) Theorien berücksichtigt. Zu beachten ist dabei für den Ernstfall noch, daß die erwähnten Schuldtheorien in ihrer Terminologie und damit ihrer Bedeutung nicht ganz einheitlich behandelt werden (vgl. insoweit WESSELS, Strafrecht AT, Rn. 471-485 und 877 ff.).

... oder Auseinandersetzung mit den Theorien.

A. Strafbarkeit des T gemäß § 223 I StGB
T kann sich dadurch, daß er O niederschlug, einer Körperverletzung gemäß § 223 I strafbar gemacht haben.

I. Tatbestand - 1. Objektiver Tatbestand
T hat durch den Schlag bei O einen pathologischen Zustand, eine Gehirnerschütterung, hervorgerufen. Er hat damit einen anderen an der Gesundheit beschädigt. Daneben hat er O auch übel und unangemessen behandelt und ihn damit körperlich mißhandelt. T hat den objektiven Tatbestand des § 223 I erfüllt.

2. Subjektiver Tatbestand
T hätte vorsätzlich, d.h. mit Wissen und Wollen im Hinblick auf den objektiven Tatbestand gehandelt haben müssen. T wußte, daß er O an der Gesundheit beschädigte und ihn körperlich mißhandelte. Genau das wollte er auch.
Fraglich ist nun, wie es sich auswirkt, daß T glaubt, er werde angegriffen und daß er sich folglich nur verteidigen will. Tatsächlich wird T nicht angegriffen. Die Voraussetzungen der Notwehr oder eines sonstigen Rechtfertigungsgrundes liegen nicht vor. T glaubt aber, diese lägen vor. Er irrt sich damit über das Vorliegen der tatsächlichen Voraussetzungen eines Rechtfertigungsgrundes.

Schon hier (im TB!) *kann* man den Irrtum problematisieren.

I. Tatbestandsmäßigkeit
1. Objektiver Tatbestand
   a. Das Tatsubjekt
   b. Die Tathandlung
   c. Das Tatobjekt
   d. Der Taterfolg und die Verbindung von Handlung und Erfolg
2. Subjektiver Tatbestand
   a. Vorsatz (= Wissen und Wollen)
   b. Sonstige subjektive Merkmale
3. Tatbestandsannexe
4. Fälle des § 28 II

II. Rechtswidrigkeit (indiziert)
Ausnahme: Rechtfertigungsgründe

III. Schuld
1. Schuldfähigkeit
2. Spezielle Schuldmerkmale
3. Die persönliche Vorwerfbarkeit Unrechtsbewußtsein im weiten Sinne
   a. Schuldform: Vorsatz
   b. Unrechtsbewußtsein im engen Sinne
4. Entschuldigungsgründe

IV. Besonderheiten
1. Strafausschließungs- und aufhebungsgründe
2. Strafverfolgungshindernisse
3. Regelbeispiele

Wenn man etwas zur Vorsatztheorie sagen will.

(Muß man aber nicht.)

Die früher vertretene sog. ***Vorsatztheorie*** ging davon aus, daß jeder Irrtum - gleich, ob er sich auf die Tatbestandsmäßigkeit oder Rechtswidrigkeit eines Verhaltens bezog - den Vorsatz entfallen lasse. Damit könnte T hier nicht mehr wegen vorsätzlicher Begehung bestraft werden.[5] Diese Theorie ist aber nach Einführung des § 17 nicht mehr haltbar: Der Gesetzgeber zeigt, daß er zwischen einem Irrtum im Bereich des Tatbestandes und einem solchen im Bereich der Rechtswidrigkeit eines Verhaltens sehr wohl unterscheidet. Eine Theorie, die dies nicht berücksichtigt, steht mit dem materiellen Recht in Widerspruch.

Das gilt auch für die Lehre von den negativen Tatbestandsmerkmalen.

Zu demselben Ergebnis wie die Vorsatztheorie käme in den Fällen des Erlaubnistatbestandsirrtums auch die sog. ***Lehre von den negativen Tatbestandsmerkmalen***. Diese geht mit einem zweistufigen Deliktsaufbau davon aus, daß sich der Unrechts-Tatbestand einer Verbotsnorm aus Merkmalen zusammensetzt, deren Vorliegen (positiv) festgestellt werden müsse - entsprechend dem Tatbestand beim dreistufigen Aufbau - und aus Merkmalen, deren Fehlen (negativ) festgestellt werden müsse - entsprechend der Rechtswidrigkeit beim dreistufigen Aufbau. Ein Fehler im positiven oder ein Überschuß im negativen Bereich führt danach stets dazu, daß der gesamte Unrechts-Tatbestand nicht vorliegt. Wenn daher der Täter (irrtümlich) glaubt, er handle gerechtfertigt, ist ein Überschuß im negativen Bereich gegeben. Der Täter kennt damit einen Umstand des objektiven Unrechtstatbestandes nicht und kann nach § 16 I S. 1 nicht wegen vorsätzlicher Begehung bestraft werden. Diese Lehre leidet allerdings an einem schwerwiegenden Mangel. Sie unterscheidet nicht zwischen der Funktion des Tatbestandes (Typisierung von Unrecht) und der von Rechtfertigungsgründen (Wegfall der Rechtswidrigkeit in Ausnahmesituationen), dies entgegen dem Gesetz, das diese Unterscheidung vornimmt. Die Lehre von den negativen Tatbestandsmerkmalen ist daher ebenfalls abzulehnen.
Es ergibt sich, daß der Tatbestandsvorsatz des T trotz des Irrtums vorliegt. Der subjektive Tatbestand ist damit erfüllt.

---

5 Wieso die das in den Vorsatz packen, obwohl er doch „eigentlich“ vorliegt, habe ich am Ende der Prüfung des vollendeten vorsätzlichen Begehungsdelikts erläutert, vgl. Seite 130.

I. Tatbestandsmäßigkeit
1. Objektiver Tatbestand
   a. Das Tatsubjekt
   b. Die Tathandlung
   c. Das Tatobjekt
   d. Der Taterfolg und die Verbindung von Handlung und Erfolg
2. Subjektiver Tatbestand
   a. Vorsatz (= Wissen und Wollen)
   b. Sonstige subjektive Merkmale
3. Tatbestandsannexe
4. Fälle des § 28 II

II. Rechtswidrigkeit (indiziert)
Ausnahme: Rechtfertigungsgründe

III. Schuld
1. Schuldfähigkeit
2. Spezielle Schuldmerkmale
3. Die persönliche Vorwerfbarkeit Unrechtsbewußtsein im weiten Sinne
   a. Schuldform: Vorsatz
   b. Unrechtsbewußtsein im engen Sinne
4. Entschuldigungsgründe

IV. Besonderheiten
1. Strafausschließungs- und aufhebungsgründe
2. Strafverfolgungshindernisse
3. Regelbeispiele

II. Rechtswidrigkeit

Rechtfertigungsgründe liegen - wie oben geprüft - nicht vor.
Von einem Teil der Lehre wird ein Irrtum über das Vorliegen der tatbestandlichen Voraussetzungen eines anerkannten Rechtfertigungsgrundes allerdings zum Anlaß genommen, im Wege der analogen Anwendung des § 16 I 1 das ***Vorsatz-Unrecht bzw. den Handlungs-Unwert*** einer vorsätzlichen Tat zu verneinen.[6] Diese Auffassung ist abzulehnen, da sie von der (unrechtsausschließenden) Wirkung her keine Unterschiede mehr zwischen wirklicher und nur vermeintlicher Rechtfertigung macht.

Und ebenfalls für die Lehre vom Unrechts- bzw. Unwertausschluß.

III. Schuld

An der Schuldfähigkeit des T besteht kein Zweifel.
Fraglich ist allerdings, ob sich der Irrtum des T hier auswirkt. T ist der Ansicht, mit seiner Handlung kein Unrecht zu begehen. Man kann daher sagen, daß ihm das Unrechtsbewußtsein fehlt. Die Fälle des fehlenden Unrechtsbewußtseins werden typischerweise über § 17 gelöst. Eine derartige Lösung wird für den Fall eines Erlaubnistatbestandsirrtums von der sog. ***strengen Schuldtheorie*** vertreten. Diese Lehre stellt aber nur auf das Ergebnis - das fehlende Unrechtsbewußtsein - ab; sie fragt nicht, wie es dazu kam.

Diese Schuldtheorien dagegen *muß* man bringen.

Demgegenüber trägt die sog. ***(rechtsfolgenverweisende) eingeschränkte Schuldtheorie*** richtigerweise dem Umstand Rechnung, daß der Täter „an sich rechtstreu" ist. Während sich der Täter beim normalen Erlaubnisirrtum allein bei der rechtlichen Bewertung seines Verhaltens irrt, liegt der Fehler beim Erlaubnistatbestandsirrtum schwerpunktmäßig auf einem vorgelagerten Irrtum über tatsächliche Umstände. Für letzteres enthält aber § 16 eine Regelung, die von der des § 17 abweicht. Die eingeschränkte Schuldtheorie verkennt nicht, daß der Täter mit Tatbestandsvorsatz handelt, und wendet daher nur die Rechtsfolge des § 16 I S. 1 (analog) an.

Ob zuerst streng und dann eingeschränkt oder umgekehrt, ist allerdings wieder egal.

---

6 Ziemlich unerfindlich, warum diese Lehre (von einigen) auch als (eingeschränkte) Schuldtheorie bezeichnet wird. Sie kümmert sich ja gar nicht um die Schuld.

I. Tatbestandsmäßigkeit
1. Objektiver Tatbestand
   a. Das Tatsubjekt
   b. Die Tathandlung
   c. Das Tatobjekt
   d. Der Taterfolg und die Verbindung von Handlung und Erfolg
2. Subjektiver Tatbestand
   a. Vorsatz (= Wissen und Wollen)
   b. Sonstige subjektive Merkmale
3. Tatbestandsannexe
4. Fälle des § 28 II

II. Rechtswidrigkeit (indiziert)
Ausnahme: Rechtfertigungsgründe

III. Schuld
1. Schuldfähigkeit
2. Spezielle Schuldmerkmale
3. Die persönliche Vorwerfbarkeit Unrechtsbewußtsein im weiten Sinne
   a. Schuldform: Vorsatz
   b. Unrechtsbewußtsein im engen Sinne
4. Entschuldigungsgründe

IV. Besonderheiten
1. Strafausschließungs- und aufhebungsgründe
2. Strafverfolgungshindernisse
3. Regelbeispiele

Die Begrifflichkeiten werden nicht einheitlich verwandt.

Zu demselben Ergebnis gelangt auch die ***Lehre von der Doppelfunktion des Vorsatzes***, so daß es insoweit hinsichtlich der unterschiedlichen Begründungen keiner Auseinandersetzung bedarf.
Für den vorliegenden Fall ist festzuhalten, daß sich T in einem Erlaubnistatbestandsirrtum, also in einem Irrtum über das Vorliegen der tatsächlichen Voraussetzungen eines Rechtfertigungsgrundes befand. Dieser ist - wie gerade aufgezeigt - nach § 16 I S. 1 analog zu behandeln. Eine Bestrafung wegen vorsätzlicher Begehung scheidet daher aus.

IV. Ergebnis
T hat sich nicht nach § 223 I strafbar gemacht.

Die Fahrlässigkeit erst ab dem 2. Durchgang vertieft lesen.

Die jetzt folgende Darstellung des Fahrlässigkeitsteiles kann sinnvoll nur verstanden werden, wenn der Fahrlässigkeitsaufbau klar ist. Jedenfalls für den ersten Durchgang sollte sie daher übersprungen werden. Aber nicht vergessen!

B. Strafbarkeit des T gemäß § 229

T kann sich aber einer fahrlässigen Körperverletzung gemäß § 229 strafbar gemacht haben. Gemäß § 16 I S.2 analog läßt ein Irrtum die Strafbarkeit wegen fahrlässiger Begehung unberührt.

I. Tatbestand - 1. Objektiver Tatbestand
T hat O eine Körperverletzung zugefügt (s.o.). Zu prüfen ist daher nun, ob diese fahrlässig geschah. Dabei muß berücksichtigt werden, daß T an sich im Hinblick auf den Tatbestand vorsätzlich gehandelt hat. Die Fahrlässigkeitsprüfung folgt allein aus einer analogen Anwendung des § 16. Bezugspunkt der Fahrlässigkeit kann daher nicht wie bei der „normalen" Fahrlässigkeitsprüfung die Körperverletzung selbst sein, zu betrachten ist vielmehr der Irrtum des T, der zum Vorsatzausschluß führte.

Der Kniff liegt hier *im Bezugspunkt* der Sorgfaltswidrigkeit.

T muß im Hinblick auf den Irrtum ***objektiv sorgfaltswidrig*** gehandelt haben. Objektiv sorgfaltswidrig handelt der, der die Sorgfalt, zu der er nach den Umständen verpflichtet ist, außer Acht läßt. In einer Konstellation wie der vorliegenden war T verpflichtet, das weitere Verhal-

I. Tatbestandsmäßigkeit
1. Objektiver Tatbestand
   a. Das Tatsubjekt
   b. Die Tathandlung
   c. Das Tatobjekt
   d. Der Taterfolg und die Verbindung von Handlung und Erfolg
2. Subjektiver Tatbestand
   a. Vorsatz (= Wissen und Wollen)
   b. Sonstige subjektive Merkmale
3. Tatbestandsannexe
4. Fälle des § 28 II

II. Rechtswidrigkeit (indiziert)
Ausnahme: Rechtfertigungsgründe

III. Schuld
1. Schuldfähigkeit
2. Spezielle Schuldmerkmale
3. Die persönliche Vorwerfbarkeit
   Unrechtsbewußtsein im weiten Sinne
   a. Schuldform: Vorsatz
   b. Unrechtsbewußtsein im engen Sinne
4. Entschuldigungsgründe

IV. Besonderheiten
1. Strafausschließungs- und aufhebungsgründe
2. Strafverfolgungshindernisse
3. Regelbeispiele

ten des O abzuwarten, bevor er von einem Angriff ausgehen durfte. Allein ein Griff in eine Tasche läßt den Schluß auf einen Raubüberfall oder dergleichen nicht zu. T hat nicht abgewartet, er handelte daher objektiv sorgfaltswidrig.

Der Irrtum des T hätte weiterhin ***objektiv vorhersehbar*** sein müssen. Maßgeblich ist insoweit die Beurteilung ex ante aufgrund der dem Täter in der Tatsituation bekannten und erkennbaren Umstände. T hätte bei sachgerechter Beurteilung der Lage erkennen können, daß mit einem Griff in eine Tasche nicht notwendig ein Überfall verbunden sein mußte. Sein Irrtum war daher objektiv vorhersehbar.

Das gilt dann auch für die übrigen Fahrlässigkeitsmerkmale.

Da bei sorgfaltsgemäßem Verhalten des T der Irrtum vermieden wäre, liegt auch der ***objektive Pflichtwidrigkeitszusammenhang*** vor.

Der objektive Tatbestand des § 229 ist damit gegeben.

2. Subjektiver Tatbestand
Es bestehen keine Anhaltspunkte dafür, daß T seinen Irrtum vorhergesehen hatte; es handelt sich daher um einen Fall unbewußter Fahrlässigkeit.

II. Rechtswidrigkeit
Die Tat geschah rechtswidrig.

III. Schuld
T handelte auch ***subjektiv sorgfaltswidrig***, da er auch nach seinen persönlichen Verhältnissen die objektiv gebotene Sorgfalt hätte beachten können. Darüberhinaus war der Irrtum für T auch ***subjektiv vorhersehbar***. Die Tat geschah damit auch schuldhaft. T hat sich folglich gemäß § 229 strafbar gemacht.

Abschließende Bemerkung hierzu: Im Normalfall der Erlaubnistatbestandsirrtumsprüfung reichen zwei Theorien in der Schuld: strenge und eingeschränkte Schuldtheorie. Der restliche Kram ist nur interessant, wenn ein Dozent in der Uni drauf rumreitet. Im Zweifel (hier, wie auch sonst): den Übungsleiter fragen, ob er's in einer Klausur / Hausarbeit haben will oder nicht.

2 Theorien sind im Normalfall genug.

I. Tatbestandsmäßigkeit
1. Objektiver Tatbestand
   a. Das Tatsubjekt
   b. Die Tathandlung
   c. Das Tatobjekt
   d. Der Taterfolg und die Verbindung von Handlung und Erfolg
2. Subjektiver Tatbestand
   a. Vorsatz (= Wissen und Wollen)
   b. Sonstige subjektive Merkmale
3. Tatbestandsannexe
4. Fälle des § 28 II

II. Rechtswidrigkeit (indiziert)
Ausnahme: Rechtfertigungsgründe

III. Schuld
1. Schuldfähigkeit
2. Spezielle Schuldmerkmale
3. Die persönliche Vorwerfbarkeit Unrechtsbewußtsein im weiten Sinne
   a. Schuldform: Vorsatz
   b. Unrechtsbewußtsein im engen Sinne
4. Entschuldigungsgründe

IV. Besonderheiten
1. Strafausschließungs- und aufhebungsgründe
2. Strafverfolgungshindernisse
3. Regelbeispiele

---

b. Das Unrechtsbewußtsein im engeren Sinne

Die restlichen 3 Fälle des Verbotsirrtums.

Für den Fall des Unrechtsbewußtseins im engeren Sinne bleiben jetzt noch die drei Fälle, die wir oben in der Übersicht (auf S. 102) hatten.

aa. Direkter Verbotsirrtum

Der direkte.

Der Täter glaubt, es gäbe gar keine Verbotsnorm dieses Inhaltes.

> ***Bsp.:*** T ist Vater mehrerer Kinder, die er eigentlich gar nicht leiden mag. Er beschließt deshalb, diesen Kindern auch keinen Unterhalt zu zahlen. Der Lebensbedarf der Kinder gerät dabei in Gefahr. Dem T (wie im übrigen auch vielen Juristen) ist es völlig unbekannt, daß es dafür einen Straftatbestand gibt, der dies unter Strafe stellt (vgl. § 170).

bb. Indirekter Verbotsirrtum

Der indirekte (auch: Erlaubnisirrtum) ...

Der Täter weiß, daß er den Tatbestand einer Verbotsnorm verwirklicht. Er glaubt sein Verhalten aber gerechtfertigt,

... als Existenzirrtum.

- weil er irrig ***die Existenz*** eines Rechtfertigungsgrundes (Erlaubnissatzes) annimmt, den es gar nicht gibt - sog. Erlaubnisexistenzirrtum.

> ***Bsp.:*** Der volljährige T weiß zwar, daß (sein) Geschlechtsverkehr mit seiner 14-jährigen Tochter O strafbar ist, glaubt aber, die Einwilligung seiner Frau (!) rechtfertige die Tat.

... als Umfangsirrtum.

- weil er sich über ***den Umfang*** eines tatsächlich existierenden Rechtfertigungsgrundes (Erlaubnissatzes) irrt - sog. Erlaubnisumfangsirrtum.

I. Tatbestandsmäßigkeit
1. Objektiver Tatbestand
   a. Das Tatsubjekt
   b. Die Tathandlung
   c. Das Tatobjekt
   d. Der Taterfolg und die Verbindung von Handlung und Erfolg
2. Subjektiver Tatbestand
   a. Vorsatz (= Wissen und Wollen)
   b. Sonstige subjektive Merkmale
3. Tatbestandsannexe
4. Fälle des § 28 II

II. Rechtswidrigkeit (indiziert)
Ausnahme: Rechtfertigungsgründe

III. Schuld
1. Schuldfähigkeit
2. Spezielle Schuldmerkmale
3. Die persönliche Vorwerfbarkeit Unrechtsbewußtsein im weiten Sinne
   a. Schuldform: Vorsatz
   b. Unrechtsbewußtsein im engen Sinne
4. Entschuldigungsgründe

IV. Besonderheiten
1. Strafausschließungs- und aufhebungsgründe
2. Strafverfolgungshindernisse
3. Regelbeispiele

Bsp.: O stiehlt T ein Buch und läuft weg. T könnte O ohne Schwierigkeiten durch einen Beinschuß aufhalten, sieht das auch, schießt aber in den Kopf. T glaubt, daß man in Notwehr immer jeden erschießen dürfe.

○ weil er irrig ***die Tatbestands-Voraussetzungen*** eines tatsächlich existierenden Rechtfertigungsgrundes (Erlaubnissatzes) annimmt - sog. Erlaubnistatbestandsirrtum.

... und als TB-Irrtum (oben erörtert).

Bsp.: O tritt im Dunkeln auf T zu, um ihn um Feuer zu bitten. Er zieht dabei eine Packung Zigaretten aus der Manteltasche. T bemerkt, wie O in die Manteltasche greift und glaubt, O wolle ihn überfallen und berauben. T schlägt O nieder.

Dieser Fall wurde bereits oben beim Schuld-Vorsatz behandelt.

Behandlung dieser Fälle:

Vorgehensweise:

Bis auf den Erlaubnistatbestandsirrtum (§ 16 I S. 1 analog, vgl. oben) werden alle Fälle gleich behandelt, nach § 17 nämlich.

... gemäß § 17.

1. Feststellung, daß ein Verbotsirrtum vorliegt.
2. Prüfung, ob dieser Irrtum vermeidbar war.
3. Je nach Vermeidbarkeit entfällt die Schuld oder die Strafe kann gemindert werden.

Bei Punkt 2. (Prüfung der Vermeidbarkeit) stellt sich natürlich die Frage, wann ein Irrtum vermeidbar ist. Man benutzt hierzu eine Gummiformel, die als Elemente „soziale Stellung", „individuelle Fähigkeiten", „rechtlich-sittliche Wertvorstellungen" und „Einsatz von Erkenntniskräften" einzeln oder alle zusammen enthalten sollte.

Die Vermeidbarkeit: Ab heute wird zurückgewertet.

I. Tatbestandsmäßigkeit
1. Objektiver Tatbestand
   a. Das Tatsubjekt
   b. Die Tathandlung
   c. Das Tatobjekt
   d. Der Taterfolg und die Verbindung von Handlung und Erfolg
2. Subjektiver Tatbestand
   a. Vorsatz (= Wissen und Wollen)
   b. Sonstige subjektive Merkmale
3. Tatbestandsannexe
4. Fälle des § 28 II

II. Rechtswidrigkeit (indiziert)
Ausnahme: Rechtfertigungsgründe

III. Schuld
1. Schuldfähigkeit
2. Spezielle Schuldmerkmale
3. Die persönliche Vorwerfbarkeit Unrechtsbewußtsein im weiten Sinne
   a. Schuldform: Vorsatz
   b. Unrechtsbewußtsein im engen Sinne
4. Entschuldigungsgründe

IV. Besonderheiten
1. Strafausschließungs- und aufhebungsgründe
2. Strafverfolgungshindernisse
3. Regelbeispiele

Definition Vermeidbarkeit

Vermeidbar wäre ein Irrtum demnach dann, „wenn der Täter unter Berücksichtigung seiner sozialen Stellung und seiner individuellen Fähigkeiten, bei ihm zumutbarem Einsatz seiner Erkenntniskräfte das Verbotensein seines Verhaltens hätte erkennen können." Amen.

Vergleich mit der Parallelwertung in der Laiensphäre.

Klingt ein bißchen wie die Parallelwertung in der Laiensphäre. Und hat wohl auch viel damit zu tun. Denn hier wird ja ebenfalls eine normative Wertung verlangt, für die man ebenfalls nicht konkrete Gesetzeskenntnisse des Täters verlangen kann.

c. Nochmal: die Schuldtheorien

Unterschiedliche Wege der Schuldtheorien ...

Wir sollten abschließend noch bedenken, daß die strenge und die einschränkte Schuldtheorie in den Fällen der „normalen" Verbotsirrtümer immer zu demselben Ergebnis gelangen, da sie ja beide § 17 anwenden.

... beim ErlaubnisTB-Irrtum:

Beim Erlaubnistatbestandsirrtum dagegen unterscheiden sie sich ein wenig im Weg.

Nur Vorsatzdelikt ...

Die ***strenge Schuldtheorie*** prüft immer nur das Vorsatzdelikt durch.

- Ist der Irrtum vermeidbar, wird der Täter aus dem Vorsatzdelikt (z.B. § 223) bestraft, eventuell gemindert.
- Ist der Irrtum unvermeidbar, wird der Täter gar nicht bestraft.

... oder auch ...

Die ***eingeschränkte Schuldtheorie*** dagegen beendet die Prüfung des Vorsatzdeliktes mit der Feststellung eines Erlaubnistatbestandsirrtumes.

I. Tatbestandsmäßigkeit	**II. Rechtswidrigkeit** (indiziert)
1. Objektiver Tatbestand	Ausnahme: Rechtfertigungsgründe
a. Das Tatsubjekt	**III. Schuld**
b. Die Tathandlung	1. Schuldfähigkeit
c. Das Tatobjekt	2. Spezielle Schuldmerkmale
d. Der Taterfolg und die Verbindung von Handlung und Erfolg	3. Die persönliche Vorwerfbarkeit Unrechtsbewußtsein im weiten Sinne
2. Subjektiver Tatbestand	a. Schuldform: Vorsatz
a. Vorsatz (= Wissen und Wollen)	b. Unrechtsbewußtsein im engen Sinne
b. Sonstige subjektive Merkmale	4. Entschuldigungsgründe
3. Tatbestandsannexe	**IV. Besonderheiten**
4. Fälle des § 28 II	1. Strafausschließungs- und aufhebungsgründe
	2. Strafverfolgungshindernisse
	3. Regelbeispiele

Sie beginnt dann - wie oben vorgeführt - mit der Prüfung des entsprechenden Fahrlässigkeitsdeliktes. Das geht natürlich nur, wenn es überhaupt ein solches Fahrlässigkeitsdelikt gibt. Wenn nicht, steht der Täter hier schon mal ziemlich gut da (z.B. bei der Sachbeschädigung).

... Fahrlässigkeitsprüfung.

- Ist der Irrtum objektiv und subjektiv vermeidbar, wird der Täter aus dem Fahrlässigkeitsdelikt (z.B. § 229) bestraft. Das ist jedenfalls milder als aus dem Vorsatzdelikt (vgl. Strafandrohung).

... mit Strafbarkeit ...

- Ist der Irrtum objektiv oder subjektiv unvermeidbar, wird der Täter gar nicht bestraft. Das liegt daran, daß es dann entweder an der objektiven oder an der subjektiven Sorgfaltspflichtverletzung fehlt, die für eine Fahrlässigkeitstat vonnöten sind. (Details hierzu ab Seite 180).

... und ohne.

Unterm Strich können wir also festhalten, daß die beiden Schuldtheorien auch in einem weiteren Fall zum selben Ergebnis kommen: Bei Unvermeidbarkeit des Irrtums. Einmal fliegt's über § 17 raus, ein andermal über die fehlende (objektive oder subjektive) Sorgfaltspflichtverletzung beim Fahrlässigkeitsdelikt.

Ergebnis: Fast immer gleich, nur einmal ein bißchen anders.

Es bleibt damit nur ein ***minimaler Unterschiedsspielraum: bei vermeidbaren Verbotsirrtümern.*** Gibt es kein Fahrlässigkeitsdelikt, ist man bei der eingeschränkten Schuldtheorie fein raus. Gibt es eins, kommt man billiger weg.

Beim vermeidbaren Verbotsirrtum.

Auf der nächsten Seite gibt jetzt noch mal einen zusammenfassende Übersicht, welcher Irrtum wo auftaucht und sich auf was bezieht.

Eine Übersicht.

Vergleichende Übersicht: Irrtümer im Tatbestand und in der Schuld

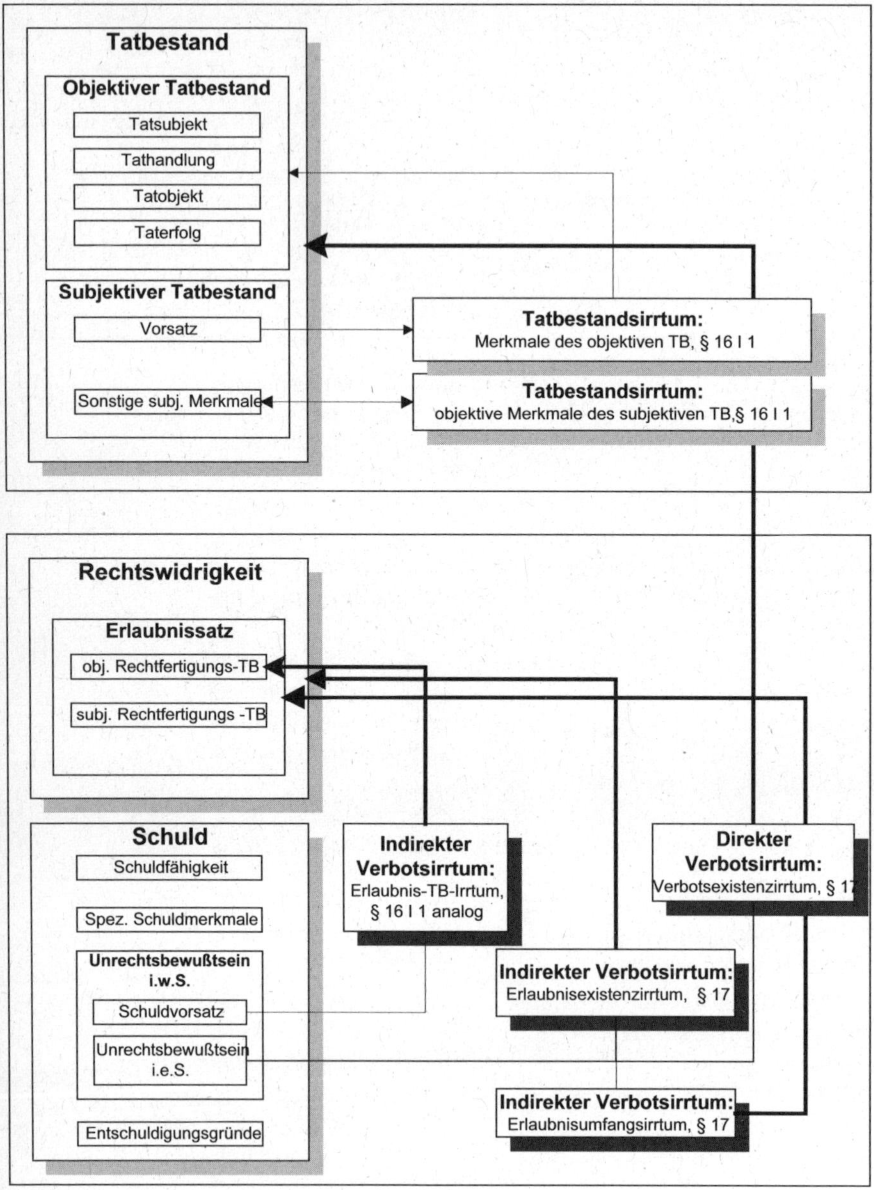

I. Tatbestandsmäßigkeit
1. Objektiver Tatbestand
   a. Das Tatsubjekt
   b. Die Tathandlung
   c. Das Tatobjekt
   d. Der Taterfolg und die Verbindung von Handlung und Erfolg
2. Subjektiver Tatbestand
   a. Vorsatz (= Wissen und Wollen)
   b. Sonstige subjektive Merkmale
3. Tatbestandsannexe
4. Fälle des § 28 II

II. Rechtswidrigkeit (indiziert)
Ausnahme: Rechtfertigungsgründe

III. Schuld
1. Schuldfähigkeit
2. Spezielle Schuldmerkmale
3. Die persönliche Vorwerfbarkeit
   Unrechtsbewußtsein im weiten Sinne
   a. Schuldform: Vorsatz
   b. Unrechtsbewußtsein im engen Sinne
4. Entschuldigungsgründe

IV. Besonderheiten
1. Strafausschließungs- und aufhebungsgründe
2. Strafverfolgungshindernisse
3. Regelbeispiele

4. Entschuldigungsgründe:

Vorbemerkung: Das Fehlen der Schuldfähigkeit und das Fehlen des Unrechtsbewußtsein schließen die Entstehung von Schuld aus. Es handelt sich also um Schuldausschließungsgründe. In diese Gruppe gehören all die bisher genannten (also z.B. §§ 19 und 20, § 17, § 16 I S. 1 analog).

Schuld, die *eigentlich* schon da ist, ...

Entschuldigungsgründe dagegen, auch ***Schuldaufhebungsgründe*** genannt, lassen bei entstandener Schuld den Schuldvorwurf wieder entfallen, so daß Straflosigkeit eintritt.

... kann manchmal wieder entfallen.

Grundgedanke: Unrecht und Schuld werden infolge außergewöhnlicher Umstände unter die Strafwürdigkeitsschwelle heruntergedrückt. Man könnte auch sagen, daß es in diesen Fällen letztlich nicht ***der Täter*** war, an dem es gelegen hat, sondern ***die Situation*** (Stichwort: Sachzwang).

Natürlich nur in außergewöhnlichen Situationen.

a. Die wichtigsten Entschuldigungsgründe:

aa. Der entschuldigende Notstand, § 35.

bb. Der Notwehrexzeß, § 33.

b. Der entschuldigende Notstand, § 35

Die Voraussetzungen des entschuldigenden Notstandes werden im folgenden beschrieben. Man kann ohne weiteres die starke Aufbauähnlichkeit zu den rechtfertigenden Notständen feststellen. Um die Parallelität noch stärker hervorzuheben, habe ich weiter unten auf Seite 132 eine Übersicht über alle (wesentlichen), gesetzlich normierten Not-Gründe eingefügt.

Der entschuldigende Notstand wird fast genauso aufgebaut wie der rechtfertigende.

I. Tatbestandsmäßigkeit
1. Objektiver Tatbestand
   a. Das Tatsubjekt
   b. Die Tathandlung
   c. Das Tatobjekt
   d. Der Taterfolg und die Verbindung von Handlung und Erfolg
2. Subjektiver Tatbestand
   a. Vorsatz (= Wissen und Wollen)
   b. Sonstige subjektive Merkmale
3. Tatbestandsannexe
4. Fälle des § 28 II

II. Rechtswidrigkeit (indiziert)
Ausnahme: Rechtfertigungsgründe

III. Schuld
1. Schuldfähigkeit
2. Spezielle Schuldmerkmale
3. Die persönliche Vorwerfbarkeit Unrechtsbewußtsein im weiten Sinne
   a. Schuldform: Vorsatz
   b. Unrechtsbewußtsein im engen Sinne
4. Entschuldigungsgründe

IV. Besonderheiten
1. Strafausschließungs- und aufhebungsgründe
2. Strafverfolgungshindernisse
3. Regelbeispiele

Weil wir an § 17 schon vorbei sind, gibt es hier § 35 II.

Wir nehmen in diesem Zusammenhang auch noch die Regelung des § 35 II zur Kenntnis, die den Fall behandelt, daß ein Täter irrtümlich vom Vorliegen der Notstandsvoraussetzungen ausgeht. Diese Vorschrift ist systematisch verwandt mit der des § 17. Hier wie dort ist deshalb auch zu untersuchen, inwieweit Vermeidbarkeit vorliegt. Es gelten dieselben Kriterien, die oben zu § 17 aufgezeigt wurden (auf S. 113).

1. Objektiver Entschuldigungstatbestand

a. Notstandslage (***Notsituation***)
- *Gefahr*
- *gegenwärtige*
- *für Leben, Leib, Freiheit*
- *des Täters, eines Angehörigen, sonstige nahestehende Person*

b. ***Notstandshandlung***
- *Beeinträchtigung*
- *eines anderen Rechtsgutes*
- *ist das mildeste Mittel,*
- *für das es keine zumutbaren Alternativen gibt*

c. ***Abwägung*** findet nicht statt

2. Subjektiver Entschuldigungstatbestand

Kenntnis von Lage/Handlung

Bsp.: Zwei Schiffbrüchige erreichen schwimmend eine Planke, die nur einen tragen kann. Der stärkere T stößt den schwächeren O ins Meer, wo dieser ertrinkt.

Hinten weit - vorne eng.

Der Unterschied zum rechtfertigenden Notstand liegt hier darin, daß keine Abwägung mehr getroffen wird. Der entschuldigende

I. Tatbestandsmäßigkeit
1. Objektiver Tatbestand
   a. Das Tatsubjekt
   b. Die Tathandlung
   c. Das Tatobjekt
   d. Der Taterfolg und die Verbindung von Handlung und Erfolg
2. Subjektiver Tatbestand
   a. Vorsatz (= Wissen und Wollen)
   b. Sonstige subjektive Merkmale
3. Tatbestandsannexe
4. Fälle des § 28 II

II. Rechtswidrigkeit (indiziert)
Ausnahme: Rechtfertigungsgründe

III. Schuld
1. Schuldfähigkeit
2. Spezielle Schuldmerkmale
3. Die persönliche Vorwerfbarkeit
   Unrechtsbewußtsein im weiten Sinne
   a. Schuldform: Vorsatz
   b. Unrechtsbewußtsein im engen Sinne
4. Entschuldigungsgründe

IV. Besonderheiten
1. Strafausschließungs- und aufhebungsgründe
2. Strafverfolgungshindernisse
3. Regelbeispiele

wird damit nach hinten hin enorm weit. Und um mögliche Unstimmigkeiten gar nicht erst aufkommen zu lassen, hat man ihn vorne sehr eng gemacht. Jetzt sind nämlich nur noch die in § 35 genannten Rechtsgüter notstandsfähig.

c. Der Notwehrexzeß, § 33

aa. Die Konstellationen

Der Täter überschreitet die Grenzen einer tatsächlich gegebenen Notwehr. Jenachdem, ob die Notwehrlage *in diesem Augenblick* noch besteht oder nicht (mehr), unterscheidet man zwischen einem intensiven (Notwehrlage besteht noch) und einem extensiven (Notwehrlage besteht nicht mehr) Notwehrexzeß. Man kann dann anschließend noch differenzieren, ob der Täter aus Furcht, Verwirrung, Schrecken (= uncool) oder ruhig und überlegt (= cool) gehandelt hat. Im Ganzen gibt es daher die folgenden 4 Möglichkeiten:

Es liegt (oder lag) tatsächlich mal eine Notwehrlage vor.

Der Täter überschreitet die Grenzen der erlaubten Verteidigung.

Im Umfang und/oder in der Zeit.

Möglichkeit	1	2	3	4
Notwehrlage bestand im Zeitpunkt der Tat:	ja	ja	nein	nein
Täter handelte:	uncool	cool	uncool	cool
Täter kann geltend machen:	§ 33	nix / § 17	nix (str.)	nix

I. Tatbestandsmäßigkeit
1. Objektiver Tatbestand
   a. Das Tatsubjekt
   b. Die Tathandlung
   c. Das Tatobjekt
   d. Der Taterfolg und die Verbindung von Handlung und Erfolg
2. Subjektiver Tatbestand
   a. Vorsatz (= Wissen und Wollen)
   b. Sonstige subjektive Merkmale
3. Tatbestandsannexe
4. Fälle des § 28 II

II. Rechtswidrigkeit (indiziert)
Ausnahme: Rechtfertigungsgründe

III. Schuld
1. Schuldfähigkeit
2. Spezielle Schuldmerkmale
3. Die persönliche Vorwerfbarkeit
   Unrechtsbewußtsein im weiten Sinne
   a. Schuldform: Vorsatz
   b. Unrechtsbewußtsein im engen Sinne
4. Entschuldigungsgründe

IV. Besonderheiten
1. Strafausschließungs- und aufhebungsgründe
2. Strafverfolgungshindernisse
3. Regelbeispiele

bb. Beispiele zu den Konstellationen

intensiv / uncool

Möglichkeit 1:
T wird von O überfallen. Er ist so erschrocken, daß er, statt eines an sich ausreichenden Beinschusses, einen Kopfschuß landet.

intensiv / cool

Möglichkeit 2:
T wird von O überfallen. Er ist nicht erschrocken, meint aber, daß er, statt eines an sich ausreichenden Beinschusses, auch einen Kopfschuß landen könne. Und so geschieht es. Hier ist vor § 33 noch ein Erlaubnisumfangsirrtum (§ 17) zu prüfen (dazu oben ab S. 112).

extensiv / uncool

Möglichkeit 3:
Meßdiener T wird im Park wegen seines Gewandes versehentlich für eine Frau gehalten und von Triebtäter O überfallen. T ist so erschrocken, daß er nach erfolgreicher Abwehr noch eine halbe Stunde mit dem Gebetbuch auf O einschlägt. Dieser Fall ist nur nach einer Mindermeinung (**Überschreitung der zeitlichen Grenzen** der Notwehr) noch von § 33 abgedeckt. Die h.M. zählt ihn nicht hierzu.

extensiv / cool

Möglichkeit 4:
Feministin T wird im Park von Triebtäter O überfallen. T wehrt den Angriff ohne große Mühe ab. Da sie nicht nur Parolen auf Hörsaalgebäude sprüht („Kastration ist erst der Anfang"), sondern auch Handlungsbedarf verspürt, erteilt sie O anschließend mit ihrer Nagelfeile noch eine Zusatzlektion.

I. Tatbestandsmäßigkeit
1. Objektiver Tatbestand
   a. Das Tatsubjekt
   b. Die Tathandlung
   c. Das Tatobjekt
   d. Der Taterfolg und die Verbindung von Handlung und Erfolg
2. Subjektiver Tatbestand
   a. Vorsatz (= Wissen und Wollen)
   b. Sonstige subjektive Merkmale
3. Tatbestandsannexe
4. Fälle des § 28 II

II. Rechtswidrigkeit (indiziert)
Ausnahme: Rechtfertigungsgründe

III. Schuld
1. Schuldfähigkeit
2. Spezielle Schuldmerkmale
3. Die persönliche Vorwerfbarkeit
   Unrechtsbewußtsein im weiten Sinne
   a. Schuldform: Vorsatz
   b. Unrechtsbewußtsein im engen Sinne
4. Entschuldigungsgründe

IV. Besonderheiten
1. Strafausschließungs- und aufhebungsgründe
2. Strafverfolgungshindernisse
3. Regelbeispiele

cc. Die Prüfungsvoraussetzungen im einzelnen

1. Bestehen einer Notwehrlage im Zeitpunkt der Tathandlung.
2. Die Tat(„Notwehr")handlung[7] ist überzogen (nicht erforderlich / nicht geboten).
3. Aus Furcht, Verwirrung oder Schrecken.

Was über § 33 übrigens nicht geht, ist ein ***Putativnotwehr-Exzeß***. Der läge dann vor, wenn der Täter die Notwehrlage irrig nur annimmt (putativ = geglaubt) und sich dann aus Furcht, Verwirrung oder Schrecken noch über die Maßen einer bei gegebener Notwehr zulässigen Handlung hinausbewegt.

Wenn die Notwehrlage tatsächlich gar nicht gegeben war:

Putativnotwehr-Exzeß

§ 33 erfaßt nach h.M. nur die Fälle, in denen (irgendwann) mal wirklich eine Notwehrlage gegeben war.

Nach h.M. kein Fall von § 33.

---

7 „Notwehrhandlung" ist in Anführungszeichen gesetzt, weil diese Handlung ja eben nicht mehr von Notwehr gedeckt ist. Es handelt sich - genau besehen - nur um eine „Handlung anläßlich einer Notwehrlage".

I. Tatbestandsmäßigkeit
1. Objektiver Tatbestand
   a. Das Tatsubjekt
   b. Die Tathandlung
   c. Das Tatobjekt
   d. Der Taterfolg und die Verbindung von Handlung und Erfolg
2. Subjektiver Tatbestand
   a. Vorsatz (= Wissen und Wollen)
   b. Sonstige subjektive Merkmale
3. Tatbestandsannexe
4. Fälle des § 28 II

II. Rechtswidrigkeit (indiziert)
Ausnahme: Rechtfertigungsgründe

III. Schuld
1. Schuldfähigkeit
2. Spezielle Schuldmerkmale
3. Die persönliche Vorwerfbarkeit
   Unrechtsbewußtsein im weiten Sinne
   a. Schuldform: Vorsatz
   b. Unrechtsbewußtsein im engen Sinne
4. Entschuldigungsgründe

IV. Besonderheiten
1. Strafausschließungs- und aufhebungsgründe
2. Strafverfolgungshindernisse
3. Regelbeispiele

IV. Besonderheiten

1. Strafausschließungs-/Strafaufhebungsgründe

Klausurrelevanz gering. In der richtigen Praxis natürlich enorm wichtig.

Die praktische Relevanz in Klausuren ist sehr gering, weil sich an dieser Stelle nicht mehr viel tun kann. Egal, was man hier entscheidet: Aus prüfungstechnischer Sicht ist hier jede Strafbarkeitsprüfung zu Ende.

Wichtig sind hier z.B. ***§ 258 VI und § 306e***. Da dies keine besondere Schwierigkeit des Allgemeinen Teils aufweist, wird hier nicht weiter darauf eingegangen.

2. Strafverfolgungshindernisse

Das gilt auch für die benötigten Strafanträge.

Gewisse Delikte werden nur auf ***Antrag*** verfolgt. Praktische Relevanz haben vor allen Dingen die §§ 123 II, 247, 248a, 248b III, 303c. Man formuliert je nach Sachverhalt entweder:

- Der zur Strafverfolgung erforderliche Antrag nach § xy ist gestellt; oder:
- Zur Strafverfolgung muß noch ein Antrag nach § xy gestellt werden.

3. Strafzumessungsnormen (z.B. Regelbeispiele)

Regelbeispiele sind keine Tatbestände.

An diese Stelle der Klausur gehören als Strafzumessungsnormen die Regelbeispiele. § 243 z.B. muß hier geprüft werden. Das verringert zugleich das Risiko, ein Regelbeispiel mit dem (falschen) Etikett „Tatbestand“ zu versehen. Man kann eine Strafzumessungsnorm im übrigen sinnvollerweise erst dann prüfen, wenn man die grundsätzliche Strafbarkeit festgestellt hat, denn ohne dies gibt es nichts zuzumessen. Wie eine solche Prüfung (= Besonderer Teil des StGB) im einzelnen auszusehen hat, kann man

I. Tatbestandsmäßigkeit
1. Objektiver Tatbestand
   a. Das Tatsubjekt
   b. Die Tathandlung
   c. Das Tatobjekt
   d. Der Taterfolg und die Verbindung von Handlung und Erfolg
2. Subjektiver Tatbestand
   a. Vorsatz (= Wissen und Wollen)
   b. Sonstige subjektive Merkmale
3. Tatbestandsannexe
4. Fälle des § 28 II

II. Rechtswidrigkeit (indiziert)
Ausnahme: Rechtfertigungsgründe

III. Schuld
1. Schuldfähigkeit
2. Spezielle Schuldmerkmale
3. Die persönliche Vorwerfbarkeit
   Unrechtsbewußtsein im weiten Sinne
   a. Schuldform: Vorsatz
   b. Unrechtsbewußtsein im engen Sinne
4. Entschuldigungsgründe

IV. Besonderheiten
1. Strafausschließungs- und aufhebungsgründe
2. Strafverfolgungshindernisse
3. Regelbeispiele

dem Beispiel der 2. Übungsklausur im Anhang entnehmen (auf S. 347).

Außerdem gehört an diese Stelle - wenn er denn mal auftaucht - § 28 I.

V. Sonstiges

1. Aufbau von Grundtatbestand & Qualifikation

Dieser Punkt ist kein Prüfungspunkt, der in einer Klausur gebracht werden könnte. Ich stelle ihn nur in diese Reihe, weil hier ein guter Standort ist, den Aufbau von Grundtatbestand und Qualifikation zu behandeln, wie ich es eingangs angekündigt habe.

Jetzt geht es um Aufbaufragen, die in Klausuren nicht begründet werden.

Es gibt drei Möglichkeiten. Entweder man prüft zunächst das Grunddelikt voll durch (TB / RW / S) und hängt die Qualifikation (TB / RW / S) hintendran. Oder man prüft zunächst den Tatbestand (objektiv und subjektiv) des Grunddeliktes und dann den Tatbestand (objektiv und subjektiv) der Qualifikation und dann RW und S in einem. Oder man prüft den objektiven Tatbestand des Grunddeliktes, den objektiven Tatbestand der Qualifikation, den subjektiven Tatbestand des Grunddeliktes, den subjektiven Tatbestand der Qualifikation und dann RW und S in einem.

3 Möglichkeiten, die Qualifikation mit dem Grundtatbestand zu koppeln.

Das sähe am Beispiel einer gefährlichen Körperverletzung so aus (§§ 223 I, 224 I Nr. 2):

Möglichkeit 1:

Strafbarkeit gemäß §§ 223 I, 224 I Nr. 2

I. Tatbestand, § 223 I
  1. **Objektiv**
  2. **Subjektiv**

II. Rechtswidrigkeit

III. Schuld

IV. Tatbestand § 224 I Nr. 2
  1. **Objektiv**
  2. **Subjektiv**

V. Rechtswidrigkeit

VI. Schuld

Möglichkeit 2:

Strafbarkeit gemäß §§ 223 I, 224 I Nr. 2

I. Tatbestand
  1. **Objektiv, § 223 I**
  2. **Subjektiv, § 223 I**
  3. **Objektiv, § 224 I Nr. 2**
  4. **Subjektiv, § 224 I Nr. 2**

II. Rechtswidrigkeit

III. Schuld

Möglichkeit 3:

Strafbarkeit gemäß §§ 223 I, 224 I Nr. 2

I. Tatbestand
  1. **Objektiv, § 223 I**
  2. **Objektiv, § 224 I Nr. 2**
  3. **Subjektiv, § 223 I**
  4. **Subjektiv, § 224 I Nr. 2**

II. Rechtswidrigkeit

III. Schuld

Eine davon soll unzulässig sein.

Als zulässige Möglichkeiten sind üblicherweise die Möglichkeiten 1 und 2 anerkannt. ***Möglichkeit 3 gilt als unzulässig.*** Die Begründung hierfür liegt - wie immer bei Aufbaufragen - in Zweckmäßigkeitserwägungen. Die Vermischung von zwei objektiven Tatbeständen und von zwei subjektiven Tatbeständen bringt unnötige Schwierigkeiten. Man denke nur an einen Irrtum im Hinblick auf den Grundtatbestand. Wenn man nach Möglichkeit 3 prüfte, hätte man, bis man zum Irrtum gekommen wäre, schon etliches Überflüssiges erörtert (die objektiven Voraussetzungen der Qualifikation). Und überflüssig ist falsch.

Ganz überzeugend ist das aber nicht. Denn wenn z.B. Grundtatbestand und Qualifikation problemlos (oder meinetwegen auch mit Problemen, aber letztlich doch erfolgreich) durchgehen, ziehen keine Zweckmäßigkeitserwägungen mehr. Für diesen Fall kommen ja alle zum gleichen Ergebnis. Und mehr noch: in den Fällen einer versuchten Qualifikation (Grundtatbestand erfüllt, Qualifikation versucht) oder auch eines qualifizierten Versuches (Grundtatbestand versucht, Qualifikation erfüllt) gibt es überhaupt keinen Zweifel daran, daß der Vorsatz zu Grundtatbestand und Qualifikation gemeinsam in einem (1!) subjektiven Tatbestand geprüft wird. Und auch der objektive Tatbestand (besteht dort allerdings nur im unmittelbaren Ansatz zur Tat = Grundtatbestand + Qualifikation) wird nur einmal geprüft.

Das ist nicht gerade überzeugend.

Wir sollten daher die Beschränkung auf die beiden ersten Möglichkeiten mehr als traditionell, denn als sinnvoll ansehen. Am besten ist es auch hier, wenn man den jeweiligen Übungsleiter in der Uni fragt, wie er es denn gern hätte. Bis dahin halten wir uns an die Tradition.

Aber es hat eine lange Tradition.

Welche der beiden ersten Möglichkeiten man wählt, hängt von der Fallkonstellation ab. In Fällen, in denen ein Rechtfertigungsgrund eingreift, wählt man clevererweise Möglichkeit 1. Dann muß man zur Qualifikation nichts mehr sagen. In Fällen, in denen die Schuld nicht vorliegt, es aber auch um die Strafbarkeit eines Teilnehmers geht, wird man versuchen, die Qualifikation vor der Schuld abzuhandeln (also vor der Rechtswidrigkeit), damit der Teilnehmer die Qualifikation auch noch reingewürgt bekommt. (Die Details folgen im 3. Teil. Hier nur soviel, daß die Strafbarkeit des Teilnehmers nicht von der Schuld des Täters, wohl aber von dessen tatbestandsmäßiger, vorsätzlicher, rechtswidriger Tat abhängt, vgl. §§ 26, 27.)

Die Auswahl der richtigen Möglichkeit hängt von der Fallgestaltung ab.

Zuletzt bringt es - wie gerade erwähnt - der Versuch eines qualifizierten Deliktes mit sich, daß wir an unseren Qualifikationsaufbauregeln doch noch ein bißchen basteln müssen. Aber dazu erst auf Seite 173.

Besonderheiten gibt es beim Versuch eines qualifizierten Deliktes.

2. Einiges über Handlungslehren und Klausuraufbau

Mehrfach wurde jetzt schon auf diesen Teil verwiesen. Bei der Handlung im objektiven Tatbestand ebenso wie bei der Schuld.

Erst die geschichtliche Basis, dann die Aufbaukonsequenz.

Wir machen jetzt zuerst einen kurzen Schlenker durch die Geschichte und sehen uns dann die Konsequenzen für den Prüfungsaufbau an.

Die „Kausalisten".

Am Anfang stand die ***sog. kausale Handlungslehre***. Diese definierte die Handlung schlicht als ein menschliches Verhalten, bestehend aus einer gewillkürten (= willentlichen) Körperbewegung, das irgendeine ***Veränderung der Außenwelt*** zur Folge hat. Handlung war damit alles, was irgendwie zur Ursache (zur causa) einer Veränderung erklärt werden konnte.

Die „Finalisten".

Nicht in diesem Handlungsbegriff enthalten war aber der Aspekt, daß menschliches Verhalten ja nicht „einfach so" erfolgte, sondern (meistens) der Verfolgung irgendwelcher (bewußter oder unbewußter) ***Ziele*** diente. Diesen Aspekt machte sich eine Lehre zunutze, die sich in Anlehnung an das lateinische Wort für Ziel (wir merken uns ganz olympisch das große Finale) ***finale Handlungslehre*** nannte. Hier war Handlung nur das Tätigwerden auf ein bestimmtes Ziel zu. Für die Vorsatzdelikte war das gegenüber der kausalen Lehre eine schöne Differenzierung, mit der sich besser arbeiten ließ.

Probleme: Unterlassungsdelikte und unbewußte Fahrlässigkeiten.

Diese beiden Handlungslehren wiederum hatten ihre ***Schwierigkeiten*** mit den Unterlassungsdelikten, bei denen man ja gerade nicht (körperbewegungsmäßig) tätig wird. Die finale Handlungslehre speziell hat auch noch an der (unbewußten) Fahrlässigkeit zu knacken, die schließlich voraussetzt, daß man etwas *nicht will*, ja nicht einmal (bei der unbewußten F.) als Ziel *gesehen* hat (der Erfolg ist nicht das Ziel, auf das man zuhandelt). Hier war die kausale Lehre klar besser geeignet: wer wenig fordert, hat auch wenig Probleme.

Die „Sozialisten".

Die auch in diesem Skript vertretene ***soziale Handlungslehre*** ist gleichsam ein Kombi-Pack. Mit der *Willentlichkeit* des Verhaltens schließt sie zunächst alle Fälle aus, die auch die kausale Handlungslehre ausschließt (Reflexe etc.). Mit der *Sozialerheblichkeit* erfaßt sie aber darüberhinaus zunächst auch den Aspekt der *Zielgerichtetheit* menschlichen Verhaltens einerseits und weiter, daß mit derartigen sozialerheblichen Verhaltensweisen auch Folgen verbunden sein können, die man nicht gewollt, ja noch nicht einmal gesehen hat. Sie erfaßt damit auch die *Fahrlässigkeitsfälle*.

Indem sie zuletzt nur von einem *Verhalten* (und nicht von einer - aktiven - *Körperbewegung*) spricht, erfaßt sie nicht nur die Fälle des Tuns, sondern auch die des Unterlassens.

Was soll das Ganze?

Das könnte uns jetzt alles ziemlich einerlei sein und wir könnten zu Recht meinen, daß das ja sowieso nur Geschichte ist, wenn diese Geschichte nicht erhebliche Auswirkungen auf den Aufbau gehabt hätte und immer noch hat.

Die Kausalisten, zu denen auch heute noch die Rechtsprechung (nicht ganz unwichtig) gehört, hatten - wie oben gesehen - einen sehr reduzierten Handlungsbegriff. Was so im Innern des Täters abging, interessierte sie tatbestandsmäßig erst dann, wenn der Täter, statt gewillkürt zu handeln, irgendwelche Reflexe zeigte, oder wenn das Gesetz explizit subjektive Tatbestandselemente forderte (z.B. beim Diebstahl die Absicht rechtswidriger Zueignung). Die Kausalisten kamen daher *im Tatbestand* regelmäßig ohne jeden Rückgriff auf die inneren Werte des Täters aus.

Kausalisten brauchen im Tatbestand keinen Vorsatz.

Ein Kausalist baute den Totschlag daher nicht etwa so auf:

I. TB
1. Objektiv
2. Subjektiv = Vorsatz

II. RW

III. Schuld

sondern so:

I. TB
(- Objektiv)

II. RW

III. Schuld

Das „- Objektiv" ist hier in Klammern gesetzt, weil der Kausalist kein *Objektiv* braucht. Diese Überschrift macht ja eigentlich nur deshalb Sinn, weil irgendwo auch noch ein *Subjektiv* folgt.

Sie brauchen daher grundsätzlich auch keinen subj. TB.

Nun war aber auch der Kausalist nicht so unverständig zu meinen, daß man nichts Subjektives brauche. Er stufte dieses Subjektive aber nicht im Tatbestand ein (dort geht's ja nur um die Tat), sondern in die Schuld (da geht's um den Täter, also auch um dessen Innereien). Er prüfte die innere Einstellung des Täters in einem auf das Unrecht (= Tatbestand und Rechtswidrigkeit) bezogenen Prüfungspunkt. Er nannte dies, ähnlich dem, wie wir es die ganze Zeit schon im subjektiven Tatbestand gemacht haben, ganz allgemein ***Vorsatz***. Dieser Vorsatz hatte zwei unselbständige Bestandteile, die beide vorliegen mußten, damit der Vorsatz zu bejahen war.

Sie prüfen das Subjektive in der Schuld.

Da war einmal der Tatbestandsvorsatz und einmal der Rechtswidrigkeitsvorsatz, genannt Unrechtsbewußtsein. Schematisch sah das so aus:

Sie haben *dort* den TB-Vorsatz und den RW-Vorsatz.

I. TB
(- Objektiv)

II. RW
III. Schuld
1. Schuldfähigkeit
2. Vorsatz (= Vorsatz bezogen auf Unrecht)
   a. Tatbestandsvorsatz
   b. Rechtswidrigkeitsvorsatz = Unrechtsbewußtsein
3. Entschuldigungsgründe

Auch egal, wenn *jeder* Irrtum den Vorsatz *insgesamt* beseitigt.

Eigentlich alles nicht so wild, denn ob man den Vorsatz nun in einem subjektiven Tatbestand oder in der Schuld prüft, hat sich für's Ergebnis ziemlich gleich. Interessant wurde es aber bei Irrtümern. Man dachte nämlich am Anfang, daß jeder Irrtum - egal, ob er sich auf die Ebene des Tatbestandes oder auf die Ebene der Rechtswidrigkeit bezog - den Vorsatz insgesamt beseitige. Immerhin ging es ja insgesamt immer um Unrecht.

Das sagte z.B. die Vorsatztheorie.

Von hier aus (und nur von hier aus) machte z.B. die Vorsatztheorie einen Sinn, die uns ja sagte, daß bei einem Irrtum über das Vorliegen eines Rechtfertigungsgrundes der Vorsatz entfällt. Klar entfällt der Vorsatz, wenn man ihn einheitlich, als ein Ganzes versteht.

Die Differenzierung von §§ 16 und 17 gab es früher nicht.

Und man konnte das auch durchaus so sehen, denn es gab in dieser Zeit die heutigen §§ 16 und 17, die ja deutlich differenzieren, noch nicht. Es gab damals nur eine (1) Vorschrift, die den Tatbestandsirrtum regelte (§ 59 StGB a.F.).

Und dann: Der Große Senat in BGHSt 2, 194:

Das Unrechtsbewußtsein ist selbständig.

Grundlegend wurde für die Kausalisten dann eine Entscheidung des Großen Senats des BGH aus dem Jahre 1952. Dort stellte der BGH erstmals ganz offiziell fest, was schon seit Jahren durch die Literatur lief: ***das Unrechtsbewußtsein ist ein eigenständiger Teilaspekt der Schuld***. Es gibt demnach einen Vorsatzteil in der Schuld, der sich auf den Tatbestand bezieht (den Tatbestandsvorsatz) und einen davon verschiedenen, anderen Teil, der sich auf die Rechtswidrigkeit bezieht (den Rechtswidrigkeitsvorsatz, das Unrechtsbewußtsein). Der BGH verwarf damit die Vorsatztheorie (Hinweis: die Paragraphenangaben beziehen sich auf die heute geltenden Vorschriften, 1952 waren es noch andere, s.o.).

Aufbaukonsequenz.

Das Schema des Kausalisten sieht seitdem so aus:

I. TB
(- Objektiv)
II. RW
III. Schuld
1. Schuldfähigkeit
2. Vorsatz bezogen auf Tatbestand - bei Irrtum: § 16.

3. Unrechtsbewußtsein = RW-Vorsatz - bei Irrtum: § 17.
4. Entschuldigungsgründe

Schön zu sehen, daß ein Verbotsirrtum jetzt nur noch *nach* einem eventuellen Tatbestandsirrtum kommt und einen bestehenden Tatbestandsvorsatz selbst völlig unberührt läßt.

Verbotsirrtümer lassen den TB-Vorsatz unberührt.

Beim Unrechtsbewußtsein selbst schließlich wurde kurz darauf noch einmal differenziert. So, wie es im letzten Schema steht, entspricht es nämlich nur der ***strengen Schuldtheorie***, die ja für jeden Verbotsirrtum § 17 anwenden will. Wir wissen aber schon, daß für die Fälle des Erlaubnistatbestandsirrtums eine andere Behandlung herrschend ist: die über § 16 I S. 1 analog. Letztes Schema damit (nach der ***eingeschränkten Schuldtheorie***):

Das Unrechtsbewußtsein ist ebenfalls aufteilt.

I. TB
(- Objektiv)
II. RW
III. Schuld
1. Schuldfähigkeit
2. Vorsatz bezogen auf Tatbestand - bei Irrtum: § 16.
3. Unrechtsbewußtsein = RW-Vorsatz
   a. bez. tatsächlicher Voraussetzungen eines Erlaubnissatzes - bei Irrtum: § 16 I S. 1.
   b. bez. rechtlicher Voraussetzungen (Existenz/Umfang) eines Erlaubnissatzes - bei Irrtum: § 17.
4. Entschuldigungsgründe

Das ist der aktuelle Stand für Kausalisten.

Wir haben damit den aktuellen Stand der Diskussion für die kausale Handlungslehre erreicht. Jetzt sollten wir uns die Unterschiede bei der finalen Handlungslehre ansehen.

Wir müssen es dabei nicht so lang machen wie gerade. Denn den ***wesentlichen Aufbauunterschied bei der finalen Handlungslehre*** (und an die lehnt sich die soziale Handlungslehre an) haben wir das ganze Skript über schon gesehen.

Etwas kürzer jetzt: die Unterschiede zu den Finalisten.

Wer davon ausgeht, daß eine Handlung über bestimmte innere Pläne, Vorstellungen, Wünsche - kurz: Ziele definiert wird, der muß all dies natürlich nicht erst dort bringen, wo es um den Vorwurf an einen Täter geht, sondern schon da, wo es um eben die Frage nach dem Vorliegen einer Handlung geht.

Die inneren Ziele des Täters gehören zur Handlung.

Die Handlung gehört zum Tatbestand.

Zum inneren (subj.) Tatbestand.

Und hier gibt es keinen Zweifel: die Frage nach dem Vorliegen einer Handlung stellt sich ***im Tatbestand*** eines Deliktes. Es bleibt den Finalisten daher gar nichts anderes übrig, als in Konsequenz ihrer Definition der Handlung einen inneren Tatbestand zu prüfen. Sie nannten das subjektiver Tatbestand.

Die Ziele sind Teil des Vorsatzes. Der Vorsatz gehört in den subj. Tatbestand.

Und all die Motivationen etc. sind zuletzt nichts anderes als Bestandteile des Vorsatzes. Es sind die Bewußtseins- und Wollenselemente, die ihn ausmachen. Damit war klar, daß der Vorsatz ab sofort in den subjektiven Tatbestand gehörte.

Aufbaukonsequenz.

Und dort ist er dann bis heute geblieben. Der Aufbau der finalen (und technisch gesehen damit auch der sozialen) Handlungslehre sieht damit bei der ***eingeschränkten Schuldtheorie*** so aus:

I. TB
1. Objektiv
2. Subjektiv = TB-Vorsatz - bei Irrtum: § 16.

II. RW

III. Schuld
1. Schuldfähigkeit
2. Unrechtsbewußtsein = RW-Vorsatz
   a. bez. tatsächliche Voraussetzungen eines Erlaubnissatzes - bei Irrtum: § 16 I S. 1.
   b. bez. rechtliche Voraussetzungen eines Erlaubnissatzes - bei Irrtum: § 17.
3. Entschuldigungsgründe

Kleine Abweichung bei der strengen Schuldtheorie.

Bei der ***strengen Schuldtheorie*** ist es fast dasselbe, bis auf den Umstand, daß die Punkte, die hier unter III. 2. a. und b. getrennt behandelt werden, jeweils als Fälle des § 17 auftauchen würden.

I. TB
1. Objektiv
2. Subjektiv = TB-Vorsatz - bei Irrtum: § 16.

II. RW

III. Schuld
1. Schuldfähigkeit
2. Unrechtsbewußtsein = RW-Vorsatz - bei Irrtum: § 17.
3. Entschuldigungsgründe

Damit erklären sich Aufbaubrüche.

Und wenn wir so weit sind, wie wir jetzt sind, lassen sich auch einige vermeintliche „Aufbauungereimtheiten" besser verstehen.

Altes (Vorsatztheorie der Kausalisten) ...

So insbesondere die, als wir die Vorsatztheorie im Rahmen des Erlaubnistatbestandsirrtums durchgeprüft haben. Dort hatten wir mit dem schwierigen Problem zu kämpfen, daß wir schon im subjektiven Tatbestand, also noch *vor der Rechtswidrigkeit*, die

Auswirkungen einer vermeintlichen gegebenen Rechtfertigung geprüft haben. Wir hatten also gleichsam vorgreifen müssen.

Diese Aufbauschwierigkeit gibt es bei Leuten, die kausal aufbauen, überhaupt nicht. Denn die prüfen den Vorsatz ja erst in der Schuld. Und bis man dahin kommt, sind ja alle Rechtswidrigkeits- bzw. Rechtfertigungsfragen schon abgehakt. Die müssen also auch nicht vorgreifen, sondern können sich bequem auf schon Geprüftes zurücklehnen.

... mußte mit Neuem (Vorsatz im TB bei den Finalisten) gemixt werden.

Dafür war es nicht gemacht.

Wir könnten uns aber auch fragen, ob es jetzt für die Rauschtat bei der a.l.i.c. wirklich noch darauf ankommt, ob sie vorsätzlich oder fahrlässig begangen wurde. Denn wenn wir kausal prüften, wären wir (am Bsp. § 212) schon bei der Schuldfähigkeit, bevor wir überhaupt was zum Vorsatz gesagt haben.

Auch die a.l.i.c. ist für Kausalisten etwas einfacher zu handhaben.

All diese Feinheiten müssen uns aber nicht interessieren, wenn wir so aufbauen, wie es in diesem Skript (und auch in der Literatur herrschend) gemacht wird - sozial/final nämlich.

Muß uns aber nicht sonderlich interessieren.

Jetzt wäre Zeit für etwas Eigeninitiative.

Hinweis: Hier ist das vollendete vorsätzliche Begehungsdelikt abgeschlossen. Ich empfehle, jetzt die Ausführungen zum Gutachtenstil zu lesen und die 1. Übungsklausur zu bearbeiten.

Übersicht über Notgründe (Rechtfertigung und Entschuldigung)

Notgrund	***§ 32***	***§ 34***	***§ 228 BGB***	***§ 904 BGB***	***§ 35***
Prüf-Punkt	Rechtswidrigkeit	Rechtswidrigkeit	Rechtswidrigkeit	Rechtswidrigkeit	Schuld
Not-Lage	Angriff, gegenwärtiger, rechtswidriger auf beliebiges Rechtsgut	Gefahr, gegenwärtige, für beliebiges Rechtsgut	Gefahr, gegenwärtige, durch eine Sache für beliebiges Rechtsgut	Gefahr, gegenwärtige, für beliebiges Rechtsgut	Gefahr, gegenwärtige, für Leben, Leib Freiheit
Not-Handlung	Verteidigung, gegen beliebiges Rechtsgut* erforderliche,	Beeinträchtigung, eines beliebigen Rechtsgutes nicht anders abwendbar	Beschädigung Zerstörung ***der*** Sache, erforderliche	Beschädigung Zerstörung einer Sache, erforderliche	Beeinträchtigung, eines beliebigen Rechtsgutes nicht anders abwendbare
Abwägung	gebotene	geschütztes I. überwiegt wesentlich beeinträchtigtes I.	geschütztes I. nicht wesentlich weniger wert als beeinträchtigtes I.	geschütztes I. überwiegt wesentlich beeinträchtigtes I.	keine
subj. Element	Wille/Kenntnis	Wille/Kenntnis	Wille/Kenntnis	Wille/Kenntnis	Wille/Kenntnis

*__Anmerkung:__
Die Verteidungshandlung darf sich nach h.M. nur gegen Rechtsgüter des Angreifers richten. Eine (überflüssige) Ausnahme hiervon macht die h.M., wenn der Angreifer sich fremder Sachen bedient. Dann soll Notwehr auch hiergegen zulässig sein.

__Vorgehensweise:__

1. Frage: Welches Rechtsgut ist vom Täter verletzt worden? Wenn es sich um eine Sache handelt, kommen zunächst die §§ 32, 228 und 904 in Betracht.
2. Frage: Ist die Sache nicht von einem Menschen benutzt worden? Wenn ja, scheidet § 32 aus. Dasselbe gilt, wenn ein Mensch eine nicht ihm gehörende Sache benutzt (a.A. aber die wohl h.M.).
3. Frage: Geht die Gefahr von der Sache aus? Wenn ja, ist § 228 einschlägig, wenn nein § 904.
4. Ergibt eine Abwägung bei §§ 34, 228, 904, daß das erforderliche Verhältnis zwischen beeinträchtigtem und geschützten Interesse nicht gewahrt ist, war das Verhalten des Täters rechtswidrig, es ist aber an § 35 zu denken.

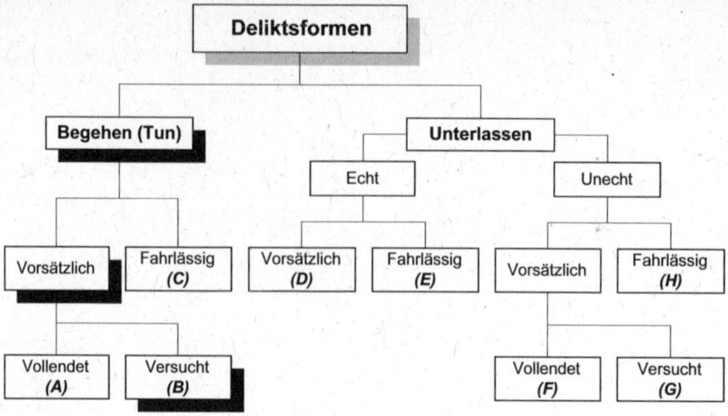

B. Das versuchte vorsätzliche Begehungsdelikt

- *Vorprüfung*
  1. Fehlen der Vollendung (Feststellung, daß und aus welchem Grunde der objektive Tatbestand nicht vollständig erfüllt ist.)
  2. Prüfung, ob der Versuch überhaupt mit Strafe bedroht ist, §§ 23 I, 22 I.

I. Tatbestandsmäßigkeit

1. *Subjektiver Tatbestand*
   a. *Im Gegensatz zum vollendeten Delikt wird hier der subj. TB zuerst geprüft!*
   b. *Erforderlich ist ein Tatentschluß (i.S. d. § 22). Dieser besteht aus:*
      aa. Tatbestands-Vorsatz. Systematischer Standort zur Abgrenzung von der straflosen Tatgeneigtheit. Weiterhin Standort zur Abgrenzung zwischen untauglichem Versuch (strafbar) und Wahndelikt (straflos).
      bb. Sonstigen subjektiven Tatbestandsmerkmalen.
2. *Objektiver Tatbestand*
   a. *Unmittelbarer Ansatz zur Verwirklichung des objektiven Tatbestandes. Systematischer Standort zur Abgrenzung von der straflosen Vorbereitungshandlung.*
   b. *Besondere täterschaftliche Merkmale des Handelnden (z.B. Beamter)*
3. *Tatbestandsannexe*

II. Rechtswidrigkeit: Keine Besonderheiten gegenüber dem vollendeten Delikt.

III. Schuld: Keine Besonderheiten gegenüber dem vollendeten Delikt.

IV. Besonderheiten

1. Strafaufhebungsgründe, hier insbesondere: der ***Rücktritt gem. § 24***
2. Strafverfolgungshindernisse (Antrag) Keine Besonderheiten.

- **Vorprüfung**
  1. Fehlen der Vollendung
  2. Strafbarkeit des Versuchs

I. Tatbestandsmäßigkeit
  1. Subjektiver Tatbestand (Tatentschluß)
     a. Vorsatz (= Wissen & Wollen aller Merkmale des gesetzlichen TBs)
     b. Sonstige subjektive Merkmale
  2. Objektiver Tatbestand
     a. Der unmittelbare Ansatz
     b. Bes. täterschaftliche Merkmale
  3. Tatbestandsannexe
  4. Fälle des § 28 II

II. Rechtswidrigkeit (indiziert)
  Ausnahme: Rechtfertigungsgründe

III. Schuld
  1. Schuldfähigkeit
  2. Spezielle Schuldmerkmale
  3. Die persönliche Vorwerfbarkeit
     Unrechtsbewußtsein im weiten Sinne
     a. Schuldform: Vorsatz
     b. Unrechtsbewußtsein im engen Sinne
  4. Entschuldigungsgründe

IV. Besonderheiten
  1. Strafaufhebungsgründe, insb.: Rücktritt, § 24
  2. Strafverfolgungshindernisse
  3. Regelbeispiele

Begriff: Eine Straftat versucht, wer nach seiner ***Vorstellung von der Tat*** (= subjektives Element) zur Verwirklichung des Tatbestandes ***unmittelbar ansetzt*** (= objektives Element), vgl. § 22. ***Definition*** Versuch

Grundgedanke: Jede vorsätzliche Straftat durchläuft mehrere Stadien bis zu ihrer Beendigung:

Die einzelnen Stadien:
a. Am Anfang steht der Entschluß, eine Straftat zu begehen.
b. Dem Entschluß folgen Vorbereitungshandlungen.
c. An die Vorbereitung schließt sich der Versuch an.
d. Vollendet ist die Tat, wenn alle Tatbestandsmerkmale erfüllt sind.
e. Beendet ist sie, wenn darüberhinaus die Tat tatsächlich zu Ende kommt.

Beispiel hierfür:
a. T entschließt sich, einen Tresor im O-Supermarkt zu knacken. Entschluß.
b. Er nimmt einen Aushilfsjob an, um sich das Spezialwerkzeug kaufen zu können, er kundschaftet die Öffnungszeiten aus, er macht Waldläufe und beginnt ein Verhältnis mit einer Kassiererin, um im entscheidenden Augenblick fit zu sein etc. Vorbereitung.
c. T läßt das Schweißgerät warmlaufen und beginnt, den Tresor zu erhitzen. Versuch.
d. T hat den Tresor geknackt und das Geld in eine Tasche gepackt. Vollendung.
e. T sitzt daheim im Lehnstuhl und zählt das Geld. Die Kassiererin kocht derweil einen Tee. Beendung.

- **Vorprüfung**
  1. Fehlen der Vollendung
  2. Strafbarkeit des Versuchs

I. Tatbestandsmäßigkeit
1. Subjektiver Tatbestand (Tatentschluß)
   a. Vorsatz (= Wissen & Wollen aller Merkmale des gesetzlichen TBs)
   b. Sonstige subjektive Merkmale
2. Objektiver Tatbestand
   a. Der unmittelbare Ansatz
   b. Bes. täterschaftliche Merkmale
3. Tatbestandsannexe
4. Fälle des § 28 II

II. Rechtswidrigkeit (indiziert)
Ausnahme: Rechtfertigungsgründe

III. Schuld
1. Schuldfähigkeit
2. Spezielle Schuldmerkmale
3. Die persönliche Vorwerfbarkeit
   Unrechtsbewußtsein im weiten Sinne
   a. Schuldform: Vorsatz
   b. Unrechtsbewußtsein im engen Sinne
4. Entschuldigungsgründe

IV. Besonderheiten
1. Strafaufhebungsgründe, insb.: Rücktritt, § 24
2. Strafverfolgungshindernisse
3. Regelbeispiele

Strafbarkeit in den einzelnen Phasen:

Entschluß.
a. Keine Strafbarkeit, weil ansonsten Gesinnungsschnüffelei die Folge wäre. Noch haben wir Gedankenfreiheit.

Vorbereitung.
b. Grundsätzlich straflos, weil die Ausführung der Tat noch von vielen Unwägbarkeiten abhängt: T kann die Lust am Jobben, am Sparen, an der Kassiererin, am Waldlauf verlieren. Was sollte man dann bestrafen?
Ausnahmen hiervon: §§ 83, 87, 149, 234a, 316c IV und - besonders wichtig - § 30.

Versuch.
c. Strafbarkeit nach § 23.

Vollendung.
d. Strafbarkeit wegen Vollendung

Beendung.
e. Strafbarkeit wegen Vollendung - Beginn der Verjährung.

- Vorprüfung

1. Fehlen der Vollendung

Jede Vollendung enthält einen geglückten Versuch.

In jeder vollendeten Tat steckt auch ein geglückter Versuch. Auf den Versuch ist daher nur dann einzugehen, wenn keine Vollendung vorliegt. Ansonsten würde stets eine Doppelprüfung stattfinden.

Wenn die Nichtvollendung unproblematisch ist: nur ein knapper Hinweis.

Bei unproblematischen Fällen (das sind die, bei denen man ohne Sorge vor irgendeinem Widerspruch im Urteilsstil feststellen kann, was ist und was nicht) beginnt man sofort mit der Versuchsprüfung und stellt lediglich fest, *daß* kein vollendetes Delikt vorliegt und *warum nicht:* durch Verweis auf das nicht vorliegende TB-Merkmal.

Bsp.: T will O erschießen. Er schießt daneben.
Formulierung: Die Tat ist nicht vollendet: O ist nicht tot.

- **Vorprüfung**
  1. Fehlen der Vollendung
  2. Strafbarkeit des Versuchs

I. Tatbestandsmäßigkeit
1. Subjektiver Tatbestand (Tatentschluß)
   a. Vorsatz (= Wissen & Wollen aller Merkmale des gesetzlichen TBs)
   b. Sonstige subjektive Merkmale
2. Objektiver Tatbestand
   a. Der unmittelbare Ansatz
   b. Bes. täterschaftliche Merkmale
3. Tatbestandsannexe
4. Fälle des § 28 II

II. Rechtswidrigkeit (indiziert)
Ausnahme: Rechtfertigungsgründe

III. Schuld
1. Schuldfähigkeit
2. Spezielle Schuldmerkmale
3. Die persönliche Vorwerfbarkeit
   Unrechtsbewußtsein im weiten Sinne
   a. Schuldform: Vorsatz
   b. Unrechtsbewußtsein im engen Sinne
4. Entschuldigungsgründe

IV. Besonderheiten
1. Strafaufhebungsgründe, insb.: Rücktritt, § 24
2. Strafverfolgungshindernisse
3. Regelbeispiele

Bei problematischen Fällen (und das sind all die, die im Gutachtenstil abgehandelt werden müßten) beginnt man mit der Prüfung des vollendeten Delikts, stellt dann fest, daß der Tatbestand nicht voll erfüllt ist, und schwenkt danach auf die Versuchsprüfung über.

Sonst: erst das vollendete Delikt prüfen und dann umschwenken.

Bsp.: T will dem O ein Buch stehlen. O beobachtet T, ohne daß dieser es merkt. O ist damit einverstanden, daß T das Buch mitnimmt. Damit entfällt das Merkmal der „Wegnahme" des § 242 I: Es fehlt am Gewahrsamsbruch.

2. Strafbarkeit des Versuchs, § 23 I, 22 I.

Grundsätzliches: Nicht jeder Versuch ist strafbar, § 23 I. Es wäre höchstgradig peinlich, auf langen Seiten einen versuchten Hausfriedensbruch durchzuprüfen, nur um am Ende festzustellen, daß es auf die gerade vorangegangene Prüfung nicht ankommt, da der Versuch nicht strafbar ist.

Nicht jeder Versuch ist strafbar, § 23 I.

Zitierweise: Hier spart man sich viel Zeit und warme Worte, wenn man das Delikt, das man prüft, im Obersatz exakt angibt.

Exakt zitieren hilft sparen.

- Bei versuchtem Betrug etwa schreibt man: §§ 263 I, II; 22; 23 I; 12 II;
- versuchter Diebstahl wäre: §§ 242 I, II; 22; 23 I; 12 II;
- versuchter Totschlag: §§ 212 I; 23 I; 12 I usw.

- **Vorprüfung**
  1. Fehlen der Vollendung
  2. Strafbarkeit des Versuchs
- **I. Tatbestandsmäßigkeit**
  1. Subjektiver Tatbestand (Tatentschluß)
     a. Vorsatz (= Wissen & Wollen aller Merkmale des gesetzlichen TBs)
     b. Sonstige subjektive Merkmale
  2. Objektiver Tatbestand
     a. Der unmittelbare Ansatz
     b. Bes. täterschaftliche Merkmale
  3. Tatbestandsannexe
  4. Fälle des § 28 II
- **II. Rechtswidrigkeit** (indiziert)
  Ausnahme: Rechtfertigungsgründe
- **III. Schuld**
  1. Schuldfähigkeit
  2. Spezielle Schuldmerkmale
  3. Die persönliche Vorwerfbarkeit
     Unrechtsbewußtsein im weiten Sinne
     a. Schuldform: Vorsatz
     b. Unrechtsbewußtsein im engen Sinne
  4. Entschuldigungsgründe
- **IV. Besonderheiten**
  1. Strafaufhebungsgründe, insb.: Rücktritt, § 24
  2. Strafverfolgungshindernisse
  3. Regelbeispiele

I. Tatbestandsmäßigkeit

Das Wichtigste: Die Aufbaufolge ändert sich, der subjektive Tatbestand kommt vor dem objektiven Tatbestand

Vorbemerkung: Im Rahmen des Tatbestandes findet sich der einzige wesentliche ***Unterschied zum*** vorsätzlichen ***vollendeten Delikt***. Der subjektive Tatbestand wird nämlich vor dem objektiven Tatbestand geprüft. Der Grund hierfür liegt in folgender Überlegung: Die strafrechtliche Einordnung eines *vollendeten* Delikts ist relativ einfach, man sieht ja, was passiert ist.

Objektiv liegt nicht alles vor, man versteht es nur auf der Basis des subjektiven.

Beim versuchten Delikt ist das anders. Hier ist der objektive, d.h. der nach außen hin sichtbare Tatbestand nur in Teilstücken erfüllt, möglicherweise sogar gar nicht. Ein vielleicht äußerlich (also objektiv) neutrales Geschehen kann erst dann richtig verstanden werden, wenn man den Vorsatz des Täters kennt.

> ***Bsp.:*** T schlägt O von hinten auf den Rücken. Das kann je nach Vorsatz des T versuchter Totschlag, versuchte Körperverletzung (nicht strafbar) oder eine tatbestandslose, kameradschaftliche Geste sein.

Merkhilfe: § 22 sagt: „nach" seiner Vorstellung von der Tat.

Hinzu kommt ein zweites: Gemäß § 22 besteht der objektive Tatbestand des Versuches darin, daß der Täter *nach* seiner Vorstellung von der Tat zur Verwirklichung derselben ansetzt. (Wir können dieses „nach" ruhig wörtlich, also zeitlich nehmen. Dann bekommen wir in einer Klausur nie Aufbauprobleme.)

Die Vorstellung ist also das primäre.

Ohne daß ich die Vorstellung des Täters von der Tat kenne, kann ich also gar nicht beurteilen, ob er zur Tat angesetzt hat. Und die Vorstellung ist eben das subjektive.

Von daher ist zunächst abzuklären, mit welchem Vorsatz der Täter gehandelt hat, um dann zu prüfen, ob er zu dieser Tat auch angesetzt hat.

- **Vorprüfung**
  1. Fehlen der Vollendung
  2. Strafbarkeit des Versuchs

I. Tatbestandsmäßigkeit
1. Subjektiver Tatbestand (Tatentschluß)
   a. Vorsatz (= Wissen & Wollen aller Merkmale des gesetzlichen TBs)
   b. Sonstige subjektive Merkmale
2. Objektiver Tatbestand
   a. Der unmittelbare Ansatz
   b. Bes. täterschaftliche Merkmale
3. Tatbestandsannexe
4. Fälle des § 28 II

II. Rechtswidrigkeit (indiziert)
Ausnahme: Rechtfertigungsgründe

III. Schuld
1. Schuldfähigkeit
2. Spezielle Schuldmerkmale
3. Die persönliche Vorwerfbarkeit
   Unrechtsbewußtsein im weiten Sinne
   a. Schuldform: Vorsatz
   b. Unrechtsbewußtsein im engen Sinne
4. Entschuldigungsgründe

IV. Besonderheiten
1. Strafaufhebungsgründe, insb.: Rücktritt, § 24
2. Strafverfolgungshindernisse
3. Regelbeispiele

Im übrigen: Auch diejenigen, die den Vorsatz „normalerweise" erst in der Schuld prüfen (bei *kausaler* Vorgehensweise, dazu oben auf Seite 125), müssen ihn beim Versuch aus den gerade genannten Gründen schon im Tatbestand prüfen. Sie tun das dann auch.

Das müssen auch die Kausalisten so machen, die den Vorsatz sonst in der Schuld prüfen.

Wenn dem aber so ist, stellt sich doch die Frage, warum der Vorsatz nur deshalb, weil ein Delikt aus dem Versuchs- ins Vollendungsstadium gelangt ist, auf einmal in der Schuld geprüft werden soll. Das ist - dezent formuliert - inkonsequent. Ist für uns aber egal, denn wir prüfen in diesem Skript ja nicht kausal.

1. Der subjektive Tatbestand

Den Tatentschluß hat der Täter, wenn er vorsätzlich handelt und wenn daneben etwaige zusätzliche subjektive TB-Merkmale erfüllt sind. Für einen versuchten Diebstahl ist also der Vorsatz bezüglich der objektiven Merkmale (fremde bewegliche Sache / Wegnahme) und die Absicht bezüglich einer rechtswidrigen Zueignung erforderlich.

Subjektiver Tatbestand:

Eigentlich ganz normal: Vorsatz und Sonstiges. Aber:

Anders als beim vollendeten Delikt, bei dem ja der objektive Tatbestand zuerst kommt, heißt das, daß alle Definitionen von Tatbestandsmerkmalen im Rahmen des subjektiven Tatbestandes geprüft werden müssen. Im objektiven Tatbestand kommen dann ***keine Tatbestandsdefinitionen*** mehr, sondern nur solche, die sich mit dem unmittelbaren Ansetzen beschäftigen (Details unten, auf S. 153).

Wer zuerst kommt, den bestraft das Leben.

Alle *Definitionen* kommen jetzt schon.

Wenn es also beim vollendeten Diebstahl so aussieht:

Also nicht so ...

> ***I. Tatbestand - 1. Objektiv***
> T muß eine fremde (...) Sache weggenommen haben. Fremd ist eine Sache immer dann, wenn sie im (Mit-) Eigentum eines anderen steht.

- **Vorprüfung**
  1. Fehlen der Vollendung
  2. Strafbarkeit des Versuchs

I. Tatbestandsmäßigkeit
  1. Subjektiver Tatbestand (Tatentschluß)
     a. Vorsatz (= Wissen & Wollen aller Merkmale des gesetzlichen TBs)
     b. Sonstige subjektive Merkmale
  2. Objektiver Tatbestand
     a. Der unmittelbare Ansatz
     b. Bes. täterschaftliche Merkmale
  3. Tatbestandsannexe
  4. Fälle des § 28 II

II. Rechtswidrigkeit (indiziert)
  Ausnahme: Rechtfertigungsgründe

III. Schuld
  1. Schuldfähigkeit
  2. Spezielle Schuldmerkmale
  3. Die persönliche Vorwerfbarkeit Unrechtsbewußtsein im weiten Sinne
     a. Schuldform: Vorsatz
     b. Unrechtsbewußtsein im engen Sinne
  4. Entschuldigungsgründe

IV. Besonderheiten
  1. Strafaufhebungsgründe, insb.: Rücktritt, § 24
  2. Strafverfolgungshindernisse
  3. Regelbeispiele

Die Juwelen standen im Eigentum des J, sie waren für T also fremde Sachen. (...)

2. Subjektiv
T wußte, daß die Juwelen fremde (...) Sachen waren und wollte sie wegnehmen. Er handelte weiter in der Absicht rechtswidriger Zueignung. (...)

... sondern so:

Dann sieht es beim versuchten Diebstahl so aus:

I. Tatbestand - 1. Subjektiv
T muß zunächst den Tatentschluß gehabt haben, eine fremde (...) Sache wegzunehmen. Fremd ist eine Sache immer dann, wenn sie im (Mit-) Eigentum eines anderen steht. Die Juwelen standen im Eigentum des J, sie waren für T also fremde Sachen. (...) Dies wußte T und er wollte sie dennoch wegnehmen, er hatte also den insoweit nötigen Tatentschluß.
Weiter hätte er die Absicht rechtswidriger Zueignung haben müssen. (...)

2. Objektiv
Dadurch, daß T die Juwelen in seine Tasche steckte, hat er unmittelbar zu Tat angesetzt.

Beliebter Fehler:

Ein beliebter Fehler in diesem Zusammenhang ist es, den Einstieg in die Prüfung zwar richtig zu wählen ...

T muß den Tatentschluß gehabt haben, eine fremde (...) Sache wegzunehmen. Fremd ist eine Sache immer dann, wenn ...

Richtiger Anfang und richtiges Mittelstück, aber ...

... auch die Subsumtion[8] für das Tatbestandsmerkmal selbst korrekt durchzuführen ...

---

8 Zur „Subsumtion“ vgl. die Ausführungen zum Gutachtenstil, ab S. 328.

- **Vorprüfung**
  1. Fehlen der Vollendung
  2. Strafbarkeit des Versuchs

I. Tatbestandsmäßigkeit
  1. Subjektiver Tatbestand (Tatentschluß)
     a. Vorsatz (= Wissen & Wollen aller Merkmale des gesetzlichen TBs)
     b. Sonstige subjektive Merkmale
  2. Objektiver Tatbestand
     a. Der unmittelbare Ansatz
     b. Bes. täterschaftliche Merkmale
  3. Tatbestandsannexe
  4. Fälle des § 28 II

II. Rechtswidrigkeit (indiziert)
  Ausnahme: Rechtfertigungsgründe

III. Schuld
  1. Schuldfähigkeit
  2. Spezielle Schuldmerkmale
  3. Die persönliche Vorwerfbarkeit Unrechtsbewußtsein im weiten Sinne
     a. Schuldform: Vorsatz
     b. Unrechtsbewußtsein im engen Sinne
  4. Entschuldigungsgründe

IV. Besonderheiten
  1. Strafaufhebungsgründe, insb.: Rücktritt, § 24
  2. Strafverfolgungshindernisse
  3. Regelbeispiele

> Die Juwelen standen im Eigentum des J, sie waren für T also fremde Sachen. (...)

... dann aber zu vergessen, daß man ja *im subjektiven* Tatbestand ist und noch eine Subsumtion im Hinblick auf das *subjektive* Element, den Tatentschluß, den Vorsatz, durchzuführen hat.

Endstück ganz vergessen.

Dieser Fehler resultiert daraus, daß man es gewöhnt ist, Definitionen nur im objektiven Tatbestand zu bringen. *Dort* fehlt dann (naturgemäß) der letzte Schritt, den wir *hier* gehen müssen:

Angewohnheiten vom vollendeten Delikt.

> Dies wußte T und er wollte sie dennoch wegnehmen, er hatte also den insoweit nötigen Tatentschluß. (...)

a. Abgrenzung Tatentschluß - Tatgeneigtheit

(Noch) kein Tatentschluß liegt vor, wenn der Täter die endgültige Fassung seines Tatentschlusses noch von einer Bedingung abhängig gemacht hat. Er ist dann lediglich ***tatgeneigt.***

Tatgeneigtheit ist eine Vorstufe zum Tatentschluß.

> ***Bsp.:*** T steht vor einem Bank und sagt sich: Wenn ich dieses Jahr Urlaub bekomme, könnte ich hier einbrechen und mir das Urlaubsgeld stehlen.

- Man erkennt diese Geneigtheit daran, daß der Täter sich sagt: ***Ich weiß noch nicht, ob ich es will.***

„Ich weiß noch nicht." ...

- Beim Tatentschluß dagegen sagt sich der Täter: ***Ich weiß, daß ich es will.***

... ist weniger als ... „Ich weiß es."

Die pure Theorie. Mag sein, daß man Geneigtheit und Tatentschluß daran unterscheiden kann, was der Täter sich sagt. Aber wie erkenne ich, was der Täter sich sagt?

Wie soll man das unterscheiden?

- **Vorprüfung**
  1. Fehlen der Vollendung
  2. Strafbarkeit des Versuchs

I. Tatbestandsmäßigkeit
  1. Subjektiver Tatbestand (Tatentschluß)
     a. Vorsatz (= Wissen & Wollen aller Merkmale des gesetzlichen TBs)
     b. Sonstige subjektive Merkmale
  2. Objektiver Tatbestand
     a. Der unmittelbare Ansatz
     b. Bes. täterschaftliche Merkmale
  3. Tatbestandsannexe
  4. Fälle des § 28 II

II. Rechtswidrigkeit (indiziert)
  Ausnahme: Rechtfertigungsgründe

III. Schuld
  1. Schuldfähigkeit
  2. Spezielle Schuldmerkmale
  3. Die persönliche Vorwerfbarkeit
     Unrechtsbewußtsein im weiten Sinne
     a. Schuldform: Vorsatz
     b. Unrechtsbewußtsein im engen Sinne
  4. Entschuldigungsgründe

IV. Besonderheiten
  1. Strafaufhebungsgründe, insb.: Rücktritt, § 24
  2. Strafverfolgungshindernisse
  3. Regelbeispiele

b. Umfang des Tatentschlusses

„Ich will alles! Und ich will es jetzt!"

Ein Tatentschluß liegt nur dann vor, wenn der Täter *die Vollendung* der Tat will. Es genügt nicht, daß er nur den Versuch will. Grundsätzlich gilt: ***Nicht der Täter, sondern die Tat muß im Versuch stecken bleiben.***

Bsp.: T bricht im Hause des O ein. Vorher hat er die Polizei alarmiert. Die Polizei erscheint und nimmt T fest, genau wie dieser sich das gedacht hatte. Der Diebstahl ist nicht gelungen. T hatte das Ganze inszeniert, um über Winter im Gefängnis sitzen zu können.

Hier fehlt es am Tatentschluß bezüglich eines versuchten Einbruchdiebstahls, §§ 242 I, II, 243 I S. 2 Ziffer 1, 22, 23 I, 12 II: T wollte die Vollendung nicht.

c. Der Tatentschluß - Untauglicher Versuch

Auch beim Versuch kann man sich irren. Manchmal wird aus dem Versuch gerade deshalb keine Vollendung, weil sich der Täter geirrt hat.

Vorbemerkung: Der Tatentschluß besteht im wesentlichen aus dem Vorsatz. Vorsatz = Wissen und Wollen der zum objektiven Tatbestand gehörenden Umstände. Das ist nichts Neues und stimmt mit dem überein, was bereits oben beim vollendeten Begehungsdelikt erörtert wurde.

Ebenso wie oben gibt es aber auch bei diesem (hier jetzt vor den objektiven Tatbestand gezogenen) Vorsatz Fehler im Wissensbereich, Irrtümer also. Diese Irrtümer sind zum Teil unbeachtlich, das heißt, sie berühren die Strafbarkeit nicht, wie etwa der jetzt folgende Fall des untauglichen Versuchs, zum Teil aber auch beachtlich, wie etwa der anschließende Fall des Wahndelikts.

- **Vorprüfung**
  1. Fehlen der Vollendung
  2. Strafbarkeit des Versuchs

I. Tatbestandsmäßigkeit
1. Subjektiver Tatbestand (Tatentschluß)
   a. Vorsatz (= Wissen & Wollen aller Merkmale des gesetzlichen TBs)
   b. Sonstige subjektive Merkmale
2. Objektiver Tatbestand
   a. Der unmittelbare Ansatz
   b. Bes. täterschaftliche Merkmale
3. Tatbestandsannexe
4. Fälle des § 28 II

II. Rechtswidrigkeit (indiziert)
Ausnahme: Rechtfertigungsgründe

III. Schuld
1. Schuldfähigkeit
2. Spezielle Schuldmerkmale
3. Die persönliche Vorwerfbarkeit
   Unrechtsbewußtsein im weiten Sinne
   a. Schuldform: Vorsatz
   b. Unrechtsbewußtsein im engen Sinne
4. Entschuldigungsgründe

IV. Besonderheiten
1. Strafaufhebungsgründe, insb.: Rücktritt, § 24
2. Strafverfolgungshindernisse
3. Regelbeispiele

aa. Die Problematik

Es sind Fälle denkbar, in denen der Täter irrtümlich davon ausgeht, einen tatsächlich existierenden Straftatbestand verwirklichen (= vollenden) zu können. Dann aber kann dieser Tatbestand nicht verwirklicht werden, weil ***tatsächliche*** Gründe dem entgegenstehen.

Der Irrtum kann sich auf tatsächliche Umstände beziehen.

Das wird im übrigen im Regelfall des Versuches so sein. Jeder Täter, der eine vollendete Tat will, geht ja in dem Bewußtsein (= mit der Prognose) zu Werke, daß das, was er macht, schon klappen wird. Wie wir als Bearbeiter aber sehen, hat er sich da geirrt, denn sonst hätten wir jetzt keinen Versuch, sondern die Vollendung zu prüfen. Das, was der Täter unternommen hat, um seine Tat in die Vollendung zu bringen, war also (für uns jetzt offenkundig) untauglich. Wäre es nämlich tauglich gewesen, wäre die Tat vollendet.

Das wird der Normalfall sein. Hätte der Täter die richtige Prognose abgegeben, hätte er wahrscheinlich anderes unternommen und die Tat wäre vollendet worden.

bb. Die 3 Fallgruppen

Es bieten sich 3 Fallgruppen an:

3 Fallgruppen:

1. Der Täter benutzt ein ***untaugliches Mittel***.

Untaugliches Mittel.

Bsp.: T treibt mit Pfefferminzbonbons ab.

2. Der Täter geht gegen ein ***untaugliches Tatobjekt*** vor.

Untaugliches Objekt.

Bsp.: T hat gehört, daß man nach dem 3. Kuß schwanger werde. Als sie auf diese Weise geschwängert wird, treibt sie ab. Untauglich mangels Masse.

- **Vorprüfung**
  1. Fehlen der Vollendung
  2. Strafbarkeit des Versuchs

I. Tatbestandsmäßigkeit
1. Subjektiver Tatbestand (Tatentschluß)
   a. Vorsatz (= Wissen & Wollen aller Merkmale des gesetzlichen TBs)
   b. Sonstige subjektive Merkmale
2. Objektiver Tatbestand
   a. Der unmittelbare Ansatz
   b. Bes. täterschaftliche Merkmale
3. Tatbestandsannexe
4. Fälle des § 28 II

II. Rechtswidrigkeit (indiziert)
Ausnahme: Rechtfertigungsgründe

III. Schuld
1. Schuldfähigkeit
2. Spezielle Schuldmerkmale
3. Die persönliche Vorwerfbarkeit
   Unrechtsbewußtsein im weiten Sinne
   a. Schuldform: Vorsatz
   b. Unrechtsbewußtsein im engen Sinne
4. Entschuldigungsgründe

IV. Besonderheiten
1. Strafaufhebungsgründe, insb.: Rücktritt, § 24
2. Strafverfolgungshindernisse
3. Regelbeispiele

Untaugliches Subjekt.

3. Der Täter ist selbst ein ***untaugliches Tatsubjekt*** (strittig, vgl. auch S. 149).

> ***Bsp.:*** T hält sich für einen Beamten. Seine Ernennung war jedoch *aus tatsächlichen Gründen* nichtig: Er ist gar kein Beamter. T quält den O, um eine Aussage zu erhalten (vgl. § 343). Untauglich mangels Klasse.

In diesen Fällen liegt ein umgekehrter Tatbestandsirrtum vor.

Der Tatentschluß liegt in all diesen Fällen vor. Der Täter weiß und will (= Vorsatz) ja die vollendete Tat. Daß im Wissenselement ein Fehler steckt, eine falsche Prognose über die Tauglichkeit von Mittel, Objekt oder Subjekt, ist unerheblich. Es handelt sich um einen ***umgekehrten Tatbestandsirrtum***. Genauer gesagt: um einen umgekehrten Irrtum über ein deskriptives Merkmal, zu dessen richtiger Einordnung es ja keiner rechtlichen, sondern allein einer tatsächlichen Bewertung bedarf.

Der Täter „weiß" subjektiv mehr als objektiv gegeben ist.

„Umgekehrt" ist dieser Irrtum deshalb, weil normalerweise der objektive Tatbestand vorliegt und der subjektive fehlt, hier aber genau umgekehrt der subjektive Tatbestand vorliegt, während der objektive fehlt.

Die Strafbarkeit bleibt in solchen Fällen die ganz normale Versuchsstrafbarkeit.

Der untaugliche Versuch wird bestraft, wie jeder andere Versuch auch. Auch diese Folge ist eine umgekehrte. Beim normalen Tatbestandsirrtum entfällt die Strafbarkeit wegen eines Wissensmangels im subjektiven Tatbestand. Beim umgekehrten Tatbestandsirrtum dagegen kommt es erst zu einer Strafbarkeit wegen „Wissensüberschusses" im subjektiven Tatbestand.

„Wissensüberschuß" ist eigentlich nicht das richtige Wort.

Das Wort *„Wissensüberschuß"* ist im übrigen mit einer Einschränkung zu genießen. Ein Überschuß liegt nur insoweit vor, als der subjektive Tatbestand etwas enthält (z.B. das „Wissen" über die Tauglichkeit eines Mittels), was der objektive Tatbestand gar nicht aufweisen kann.

- **Vorprüfung**
  1. Fehlen der Vollendung
  2. Strafbarkeit des Versuchs

I. Tatbestandsmäßigkeit
  1. Subjektiver Tatbestand (Tatentschluß)
     a. Vorsatz (= Wissen & Wollen aller Merkmale des gesetzlichen TBs)
     b. Sonstige subjektive Merkmale
  2. Objektiver Tatbestand
     a. Der unmittelbare Ansatz
     b. Bes. täterschaftliche Merkmale
  3. Tatbestandsannexe
  4. Fälle des § 28 II

II. Rechtswidrigkeit (indiziert)
  Ausnahme: Rechtfertigungsgründe

III. Schuld
  1. Schuldfähigkeit
  2. Spezielle Schuldmerkmale
  3. Die persönliche Vorwerfbarkeit
     Unrechtsbewußtsein im weiten Sinne
     a. Schuldform: Vorsatz
     b. Unrechtsbewußtsein im engen Sinne
  4. Entschuldigungsgründe

IV. Besonderheiten
  1. Strafaufhebungsgründe, insb.: Rücktritt, § 24
  2. Strafverfolgungshindernisse
  3. Regelbeispiele

Rein technisch gesehen liegt natürlich kein „Überschuß" vor, sondern nur der ganz normale, vollständige subjektive Tatbestand eines Versuches.

Der Täter hat subjektiv 100%. Der Überschuß besteht nur im Verhältnis zur Realität.

Lediglich für Fälle, in denen der Täter aus grobem Unverstand verkannt hat, daß es nicht klappen konnte, kann das Gericht von der Strafe absehen, bzw. die Strafe mildern, § 23 III, sog. ***Trottelprivileg***.

Wirklich dumm gelaufen: das Trottelprivileg.

> ***Bsp.1:*** T (Kevin) schießt mit Pfeil und Bogen auf ein Düsenflugzeug, das sich in 10.000 Meter Höhe befindet, um es zur Landung zu zwingen.
> ***Bsp.2:*** Schwangerschaftsabbruch mit Kräuterbonbons

cc. Zusammenfassung zum untauglichen Versuch

Beim untauglichen Versuch hält der Täter ein in Wirklichkeit nicht vorliegendes Merkmal des objektiven Tatbestandes für gegeben. Er stellt sich eine ***tatsächliche Sachlage*** vor, bei deren wirklichem Vorliegen sein Handeln den gesetzlichen Tatbestand erfüllen würde (= umgekehrter Tatbestandsirrtum). Der Fehler des Täters liegt also schwerpunktmäßig ***im tatsächlichen Bereich***, selbst wenn er darauf aufbauend zusätzlich noch falsche rechtliche Schlüsse zieht.

Zusammenfassung: Der Täter irrt sich schwerpunktmäßig im tatsächlichen Bereich. Er stellt sich eine *Sach*lage vor, deren Vorliegen den TB erfüllen würde.

Aufbautechnisch gibt es keine Schwierigkeiten. Da der untaugliche Versuch genauso bestraft wird, wie jeder andere Versuch auch, da weiter im Grunde jeder Versuch eigentlich ein untauglicher ist (s. meine brilliante Argumentation oben), wird der untaugliche Versuch nicht wirklich problematisiert, sondern nur genannt. Es handelt sich hier um ein Etikett, um sonst nichts.

Aufbautechnisch gibt's keine Probleme: die Versuchsprüfung läuft ganz normal.

- **Vorprüfung**
  1. Fehlen der Vollendung
  2. Strafbarkeit des Versuchs

I. Tatbestandsmäßigkeit
1. Subjektiver Tatbestand (Tatentschluß)
   a. Vorsatz (= Wissen & Wollen aller Merkmale des gesetzlichen TBs)
   b. Sonstige subjektive Merkmale
2. Objektiver Tatbestand
   a. Der unmittelbare Ansatz
   b. Bes. täterschaftliche Merkmale
3. Tatbestandsannexe
4. Fälle des § 28 II

II. Rechtswidrigkeit (indiziert)
Ausnahme: Rechtfertigungsgründe

III. Schuld
1. Schuldfähigkeit
2. Spezielle Schuldmerkmale
3. Die persönliche Vorwerfbarkeit
   Unrechtsbewußtsein im weiten Sinne
   a. Schuldform: Vorsatz
   b. Unrechtsbewußtsein im engen Sinne
4. Entschuldigungsgründe

IV. Besonderheiten
1. Strafaufhebungsgründe, insb.: Rücktritt, § 24
2. Strafverfolgungshindernisse
3. Regelbeispiele

Gegenüberstellung.

Wir sehen uns den normalen und den umgekehrten Tatbestandsirrtum in der folgenden kleinen Gegenüberstellung an und widmen uns dann dem Verbotsirrtum.

Vergleich der Tatbestandsirrtümer

Normaler TB-Irrtum (bei Vollendung)	**Umgekehrter TB-Irrtum** (bei Versuch)
Objektiver TB liegt voll vor. (Täter macht alles.)	***Subjektiver TB*** liegt voll vor. (Täter "weiß" / will alles.)
Subjektiver TB enthält Fehler. (Täter weiß / will nicht alles.)	***Objektiver TB*** enthält Fehler. (Täter macht nicht alles.)
Rechtsfolge: *Strafbarkeit entfällt, § 16 I.*	***Rechtsfolge:*** *Strafbarkeit bleibt, (Umkehrschluß aus § 23 III).*

d. Der Tatentschluß - Wahndelikt

aa. Die Problematik

Irrtum Nr. 2: der Irrtum bezieht sich auf rechtliche Umstände.

Es sind weitere Fälle denkbar, in denen der Täter irrtümlich davon ausgeht, einen Straftatbestand zu verwirklichen. In Wirklichkeit aber ist ***aus rechtlichen Gründen*** gar kein Straftatbestand verwirklicht worden.

- **Vorprüfung**
  1. Fehlen der Vollendung
  2. Strafbarkeit des Versuchs

I. Tatbestandsmäßigkeit
1. Subjektiver Tatbestand (Tatentschluß)
   a. Vorsatz (= Wissen & Wollen aller Merkmale des gesetzlichen TBs)
   b. Sonstige subjektive Merkmale
2. Objektiver Tatbestand
   a. Der unmittelbare Ansatz
   b. Bes. täterschaftliche Merkmale
3. Tatbestandsannexe
4. Fälle des § 28 II

II. Rechtswidrigkeit (indiziert)
Ausnahme: Rechtfertigungsgründe

III. Schuld
1. Schuldfähigkeit
2. Spezielle Schuldmerkmale
3. Die persönliche Vorwerfbarkeit
   Unrechtsbewußtsein im weiten Sinne
   a. Schuldform: Vorsatz
   b. Unrechtsbewußtsein im engen Sinne
4. Entschuldigungsgründe

IV. Besonderheiten
1. Strafaufhebungsgründe, insb.: Rücktritt, § 24
2. Strafverfolgungshindernisse
3. Regelbeispiele

Ein solcher Fall heißt Wahndelikt. Bei einem Wahndelikt fehlt es an einem *strafrechtlich relevantem* Tatentschluß. Ein strafrechtlich relevanter Tatentschluß liegt nämlich nur dann vor, wenn das, was sich der Täter vorstellt und will, bei einer eventuellen Durchführung ein vollendetes Delikt ergäbe. Daran fehlt es, wenn der Täter ein an sich erlaubtes Verhalten irrig für verboten hält.

Es fehlt ein strafrechtlich relevanter Tatentschluß.

Der Täter hält etwas Erlaubtes für verboten.

Wenn aber kein Tatentschluß vorliegt, fehlt das wesentliche Element des subjektiven Tatbestandes und die Strafbarkeit entfällt.

Dadurch wird es aber nicht wirklich verboten.

Um das noch einmal deutlich herauszustellen: Der Täter *hat* einen Tatentschluß. Dieser Entschluß ist *aber* strafrechtlich *nicht relevant.*

bb. Die 3 Gründe

Dafür sind 3 grundsätzliche Gründe denkbar (die sich natürlich auch munter miteinander kombinieren lassen):

3 Fallgruppen:

1. Der vom Täter angenommene Straftatbestand existiert gar nicht.

Völliges Fehlen des Verbotstatbestandes.

> ***Bsp.:*** Der volljährige T verkehrt mit seinem volljährigen Freund F und glaubt, dies sei strafbar. Es gibt aber gar keinen Straftatbestand (mehr), der dies unter Strafe stellt.

Diesen Fall bezeichnet man als ***„umgekehrten direkten Verbotsirrtum“.***

Umgekehrt ist dieser Verbotsirrtum, weil der Täter glaubt, ein an sich erlaubtes Verhalten sei durch ***eine Norm*** verboten. Beim normalen direkten Verbotsirrtum dagegen glaubt der Täter, ein

Täter glaubt, es gäbe eine Verbotsnorm.

- **Vorprüfung**
  1. Fehlen der Vollendung
  2. Strafbarkeit des Versuchs

I. Tatbestandsmäßigkeit
1. Subjektiver Tatbestand (Tatentschluß)
   a. Vorsatz (= Wissen & Wollen aller Merkmale des gesetzlichen TBs)
   b. Sonstige subjektive Merkmale
2. Objektiver Tatbestand
   a. Der unmittelbare Ansatz
   b. Bes. täterschaftliche Merkmale
3. Tatbestandsannexe
4. Fälle des § 28 II

II. Rechtswidrigkeit (indiziert)
Ausnahme: Rechtfertigungsgründe

III. Schuld
1. Schuldfähigkeit
2. Spezielle Schuldmerkmale
3. Die persönliche Vorwerfbarkeit
   Unrechtsbewußtsein im weiten Sinne
   a. Schuldform: Vorsatz
   b. Unrechtsbewußtsein im engen Sinne
4. Entschuldigungsgründe

IV. Besonderheiten
1. Strafaufhebungsgründe, insb.: Rücktritt, § 24
2. Strafverfolgungshindernisse
3. Regelbeispiele

---

an sich verbotenes Verhalten sei erlaubt, weil es ***keine Norm*** gäbe, die es verbietet.

Vergleich der direkten Verbotsirrtümer	
Normaler Verbots-Irrtum (bei Vollendung)	**Umgekehrter Verbots-Irrtum** (bei "Versuch")
TB und ***RW*** liegen voll vor. (Täter macht Verbotenes.)	***"Schuld"*** liegt voll vor. (Täter glaubt, er mache Verbotenes.)
Schuld enthält Fehler. (Täter glaubt, es sei nicht verboten.)	***TB*** und damit ***RW*** gibt es nicht (Tat ist nicht verboten.)
Rechtsfolge: *Strafbarkeit richtet sich nach § 17.*	***Rechtsfolge:*** *Strafbarkeit entfällt, Wahndelikt.*

Täter glaubt aufgrund fehlerhafter *rechtlicher* Wertung, eine (tatsächlich existierende) Verbotsnorm sei von ihm tb-mäßig erfüllt.

2. Der vom Täter angenommene Straftatbestand existiert. Er ist aber objektiv nicht erfüllt. Der Täter glaubt nun, dieser Tatbestand sei erfüllt. Dieser Glaube stammt aus einer ***falschen rechtlichen Wertung*** des Täters. Der Täter legt ein *normatives* Merkmal des Tatbestandes zu seinen Ungunsten zu weit aus. (Das ist der entscheidende Unterschied zum oben besprochenen umgekehrten Tatbestandsirrtum, bei dem ein deskriptives Merkmal falsch angenommen wurde.)

Bsp.: T verkauft dem O ein ihm (dem T) gehörendes Buch. Dazu nimmt er das Buch aus dem Zimmer der F, der er es geliehen hatte.

- **Vorprüfung**
  1. Fehlen der Vollendung
  2. Strafbarkeit des Versuchs

I. Tatbestandsmäßigkeit
1. Subjektiver Tatbestand (Tatentschluß)
   a. Vorsatz (= Wissen & Wollen aller Merkmale des gesetzlichen TBs)
   b. Sonstige subjektive Merkmale
2. Objektiver Tatbestand
   a. Der unmittelbare Ansatz
   b. Bes. täterschaftliche Merkmale
3. Tatbestandsannexe
4. Fälle des § 28 II

II. Rechtswidrigkeit (indiziert)
Ausnahme: Rechtfertigungsgründe

III. Schuld
1. Schuldfähigkeit
2. Spezielle Schuldmerkmale
3. Die persönliche Vorwerfbarkeit
   Unrechtsbewußtsein im weiten Sinne
   a. Schuldform: Vorsatz
   b. Unrechtsbewußtsein im engen Sinne
4. Entschuldigungsgründe

IV. Besonderheiten
1. Strafaufhebungsgründe, insb.: Rücktritt, § 24
2. Strafverfolgungshindernisse
3. Regelbeispiele

T glaubt, weil er der F versprochen hatte, ihr das Buch als Weihnachtsgeschenk zu schenken, handle es sich um eine fremde Sache.

Diesen Fall nennt man „***umgekehrten Subsumtionsirrtum***“.

Umgekehrt ist dieser Irrtum, weil der Täter ein Merkmal der Norm auf etwas ***ausdehnt***, das es gar nicht erfaßt. Beim normalen Subsumtionsirrtum dagegen ***engt*** der Täter ein Merkmal über Gebühr ***ein***, obwohl es eigentlich vorliegt.

Der Täter glaubt dies, weil er ein TB-Merkmal zu weit ausdehnt.

Vergleich der Subsumtionsirrtümer über normatives TB-Merkmal	
Normaler Subsumtions-Irrtum (bei Vollendung)	**Umgekehrter Subsumtions-Irrtum** (bei "Versuch")
Objektiver TB liegt voll vor. (Täter macht alles.)	***Subjektiver TB*** enthält "Überschuß". (Täter überdehnt normatives Merkmal.)
Subjektiver TB enthält Fehler. (Täter verengt normatives Merkmal.) Parallelwertung i.d. Laiensphäre	***Objektiver TB*** und damit ***RW*** liegen nicht vor. ("Tat" liegt außerhalb des TB.)
Rechtsfolge (bei entsprechender Parallelwertung): *Strafbarkeit bleibt.*	***Rechtsfolge:*** *Strafbarkeit entfällt: Wahndelikt.*

(Diese Irrtumsform ist es im übrigen auch, die Zweifel daran begründen könnte, ob der *Irrtum über das Tatsubjekt* - s. S. 144 - , die vermeintliche Beamtenernennung - ein fehlgeschlagener Versuch ist. Denn man könnte auch annehmen, daß der Täter einen Vorgang ***rechtlich fehlerhaft*** als Ernennung ansieht, der ***aus***

- **Vorprüfung**
  1. Fehlen der Vollendung
  2. Strafbarkeit des Versuchs

I. Tatbestandsmäßigkeit
1. Subjektiver Tatbestand (Tatentschluß)
   a. Vorsatz (= Wissen & Wollen aller Merkmale des gesetzlichen TBs)
   b. Sonstige subjektive Merkmale
2. Objektiver Tatbestand
   a. Der unmittelbare Ansatz
   b. Bes. täterschaftliche Merkmale
3. Tatbestandsannexe
4. Fälle des § 28 II

II. Rechtswidrigkeit (indiziert)
Ausnahme: Rechtfertigungsgründe

III. Schuld
1. Schuldfähigkeit
2. Spezielle Schuldmerkmale
3. Die persönliche Vorwerfbarkeit
   Unrechtsbewußtsein im weiten Sinne
   a. Schuldform: Vorsatz
   b. Unrechtsbewußtsein im engen Sinne
4. Entschuldigungsgründe

IV. Besonderheiten
1. Strafaufhebungsgründe, insb.: Rücktritt, § 24
2. Strafverfolgungshindernisse
3. Regelbeispiele

Rechtsgründen gar keine Ernennung ist. Dann handelt es sich aber um ein Wahndelikt)

Täter glaubt, ein in Wirklichkeit gerechtfertigtes Verhalten sei nicht gerechtfertigt.

3. Der Täter hat zwar einen Straftatbestand erfüllt, ist aber objektiv ***gerechtfertigt***. Der Täter glaubt sich aber ***nicht gerechtfertigt***, weil er sich zu seinen Ungunsten über den Umfang dieses Rechtfertigungsgrundes irrt.

Bsp.: Der überaus männliche T wird von der überaus weiblichen O angegriffen. Sie will sein Bestes: sein Geld. T versetzt O eine Ohrfeige, aufgrund derer O ihren Angriff aufgibt. T meint, daß man überaus weibliche Angreifer nur durch intensives Flirten abwehren darf. Er ist daher der Ansicht, diese Ohrfeige sei nicht durch Notwehr gedeckt.

Vergleich der Erlaubnis-Irrtümer (TB/Inhalt/Umfang)

Normaler Erlaubnis-Irrtum (bei Vollendung)	**Umgekehrter Erlaubnis-Irrtum** (bei gerechtfertigter Tat)
TB und ***RW*** liegen voll vor. (TB-Erfüllung ist nicht erlaubt.)	***Schuld*** enthält "Überschuß". (Täter verengt Erlaubnissatz.)
Schuld enthält Fehler. (Täter erweitert Erlaubnissatz.) Erl.-TB- / Inhalts- / Umfangsirrtum.	***Objektiver TB*** und damit ***RW*** liegen nicht vor. ("Tat" liegt außerhalb des TB.)
Rechtsfolge: Strafbarkeit gem. § 17 oder § 16 analog .	***Rechtsfolge:*** *Strafbarkeit entfällt: Wahndelikt.*

- **Vorprüfung**
  1. Fehlen der Vollendung
  2. Strafbarkeit des Versuchs

I. Tatbestandsmäßigkeit
1. Subjektiver Tatbestand (Tatentschluß)
   a. Vorsatz (= Wissen & Wollen aller Merkmale des gesetzlichen TBs)
   b. Sonstige subjektive Merkmale
2. Objektiver Tatbestand
   a. Der unmittelbare Ansatz
   b. Bes. täterschaftliche Merkmale
3. Tatbestandsannexe
4. Fälle des § 28 II

II. Rechtswidrigkeit (indiziert)
Ausnahme: Rechtfertigungsgründe

III. Schuld
1. Schuldfähigkeit
2. Spezielle Schuldmerkmale
3. Die persönliche Vorwerfbarkeit
   Unrechtsbewußtsein im weiten Sinne
   a. Schuldform: Vorsatz
   b. Unrechtsbewußtsein im engen Sinne
4. Entschuldigungsgründe

IV. Besonderheiten
1. Strafaufhebungsgründe, insb.: Rücktritt, § 24
2. Strafverfolgungshindernisse
3. Regelbeispiele

Dieser Fall ist ein „***umgekehrter indirekter Verbotsirrtum***“, auch umgekehrter Erlaubnisirrtum genannt.

Relevanz hat dieser Irrtum beim hier benutzten Aufbau nicht.

Umgekehrt ist der Irrtum, weil der Täter glaubt, ein an sich durch Vorliegen eines Rechtfertigungsgrundes gerechtfertigtes Verhalten sei ***rechtswidrig***. Beim normalen indirekten Verbotsirrtum dagegen glaubt der Täter, ein an sich nicht gerechtfertigtes Verhalten sei durch das Eingreifen eines Rechtfertigungsgrundes ***gerechtfertigt***.

Der Täter irrt sich über die rechtlichen Umstände eines Erlaubnissatzes.

Dieser Irrtum gewinnt allerdings nur dann praktische Relevanz, wenn man einer anderen Aufbaulehre als der hier vertretenen folgt. Gemeint ist die ***Lehre von den negativen Tatbestandsmerkmalen***.

Im hier benutzten ***3-Stufen-Aufbau*** (TB/ RW/Schuld) ***kommt dieser Irrtum nie*** zum Tragen. Das folgt daraus, daß der Täter ja objektiv gerechtfertigt ist und subjektiv auch zur Rechtfertigung handelt. Daß er dabei Grenzen zu überschreiten glaubt, ist für das volle Vorliegen eines Rechtfertigungsgrundes egal. Würde man das Flirt-Beispiel durchprüfen, müßte man zu dem Ergebnis kommen, daß der Täter zwar tatbestandsmäßig eine Körperverletzung begangen hat, diese aber wegen § 32 gerechtfertigt ist. Nach dem 3-Stufen-Aufbau ist bei vollem Vorliegen des Tatbestandes im übrigen ohnehin nur noch ein vollendetes Delikt denkbar.

Die Tat *ist* ja objektiv und subjektiv gerechtfertigt.
Die entgegenstehende Auffassung des Täters kommt quasi *zu spät*.

Anders die ***Lehre von den negativen Tatbestandsmerkmalen***. Da diese von einem Unrechtstatbestand ausgeht, der das Fehlen von Rechtfertigungselementen für die Vollendung fordert, kann nach dieser Lehre auch ein Versuch vorliegen, wenn der „normale“ Tatbestand vorliegt. Nachdem diese Lehre sich aber nicht hat durchsetzen können, wird hier nicht weiter darauf eingegangen (vgl. aber oben die Formulierungen zur Putativnotwehr, S. 108). Bei Interesse: Nachlesen!

Die Lehre von den negativen TB-Merkmalen ist so mindermeinig, daß wir ihr hier nicht viel Raum widmen.

(Das heißt nicht, daß sie qualitativ schlecht ist!)

- **Vorprüfung**
  1. Fehlen der Vollendung
  2. Strafbarkeit des Versuchs
- **I. Tatbestandsmäßigkeit**
  1. Subjektiver Tatbestand (Tatentschluß)
     a. Vorsatz (= Wissen & Wollen aller Merkmale des gesetzlichen TBs)
     b. Sonstige subjektive Merkmale
  2. Objektiver Tatbestand
     a. Der unmittelbare Ansatz
     b. Bes. täterschaftliche Merkmale
  3. Tatbestandsannexe
  4. Fälle des § 28 II
- **II. Rechtswidrigkeit** (indiziert)
  Ausnahme: Rechtfertigungsgründe
- **III. Schuld**
  1. Schuldfähigkeit
  2. Spezielle Schuldmerkmale
  3. Die persönliche Vorwerfbarkeit
     Unrechtsbewußtsein im weiten Sinne
     a. Schuldform: Vorsatz
     b. Unrechtsbewußtsein im engen Sinne
  4. Entschuldigungsgründe
- **IV. Besonderheiten**
  1. Strafaufhebungsgründe, insb.: Rücktritt, § 24
  2. Strafverfolgungshindernisse
  3. Regelbeispiele

cc. Zusammenfassung zum Wahndelikt

Zusammenfassung: Der Täter irrt sich schwerpunktmäßig im rechtlichen Bereich. Er stellt sich eine *Rechts*lage vor, die Strafbarkeit brächte.

Dadurch wird die Rechtslage aber nicht wirklich geändert.

Beim Wahndelikt nimmt der Täter irrig an, sein in tatsächlicher Hinsicht richtig erkanntes Verhalten falle unter eine Verbotsnorm, die nur in seiner Einbildung existiert oder die er infolge falscher Auslegung zu seinen Ungunsten überdehnt. (= umgekehrter Verbotsirrtum)

Aufbautechnisch ergeben sich keine Probleme, wenn der Täter eine Norm falsch auslegt. Dann kann man im Rahmen des subjektiven Tatbestandes feststellen, daß diese Norm so nicht ausgelegt werden kann, daß also der Vorsatz des Täters insoweit auch irrelevant ist.

Kleine Aufbautricks.

Interessant wird es aber, wenn der Täter an die Erfüllung einer Verbotsnorm glaubt, die nur in seiner Einbildung existiert. Dann beginnen die ***Probleme*** bereits mit der Überschrift. Da die Norm nicht existiert, kann man eigentlich auch überhaupt keine Strafbarkeitsprüfung vornehmen, denn es läßt sich nicht einmal ein Obersatz formulieren.

Man nimmt was *Ähnliches* zum Einsteig.

Will man dennoch nicht stillschweigend auf diese Konstellation verzichten, muß man einen ***Trick*** wählen: Man beginnt mit der Prüfung einer Norm, die so ähnlich ist, stellt fest, daß diese objektiv nicht greift. Dann prüft man, ob der Täter die Norm versuchen wollte, und stellt fest, daß er insoweit keinen relevanten Vorsatz hatte, daß der Vorsatz, der da war, aber auch keinen weiteren Tatbestand betrifft.

- **Vorprüfung**
  1. Fehlen der Vollendung
  2. Strafbarkeit des Versuchs

I. Tatbestandsmäßigkeit
1. Subjektiver Tatbestand (Tatentschluß)
   a. Vorsatz (= Wissen & Wollen aller Merkmale des gesetzlichen TBs)
   b. Sonstige subjektive Merkmale
2. Objektiver Tatbestand
   a. Der unmittelbare Ansatz
   b. Bes. täterschaftliche Merkmale
3. Tatbestandsannexe
4. Fälle des § 28 II

II. Rechtswidrigkeit (indiziert)
Ausnahme: Rechtfertigungsgründe

III. Schuld
1. Schuldfähigkeit
2. Spezielle Schuldmerkmale
3. Die persönliche Vorwerfbarkeit Unrechtsbewußtsein im weiten Sinne
   a. Schuldform: Vorsatz
   b. Unrechtsbewußtsein im engen Sinne
4. Entschuldigungsgründe

IV. Besonderheiten
1. Strafaufhebungsgründe, insb.: Rücktritt, § 24
2. Strafverfolgungshindernisse
3. Regelbeispiele

2. Objektiver Tatbestand - unmittelbarer Ansatz zur Tat

Vorbemerkung: Sobald der Täter die Entschlußphase, in der er stille vor sich hindenkt, verlassen hat, betritt er die Vorbereitungsphase. Direkt an diese Phase schließt sich der Versuch an. Am Übergang von Vorbereitung und Versuch treten Abgrenzungsschwierigkeiten auf: Ist das jeweils betrachtete Verhalten des Täters noch (straflose) Vorbereitung oder schon (strafbarer) Versuch?

Wo ist die Grenze zwischen Vorbereitung und Versuch?

Unproblematisch ist die Abgrenzung dann, wenn der Täter bereits mit der tatbestandlichen Ausführungshandlung selbst begonnen hat, wie etwa bei § 242 mit dem „Wegnehmen" oder bei § 263 (Betrug) mit der „Täuschungshandlung".

Unproblematisch bei Verwirklichung einzelner objektiver TB-Merkmale.

Das Gesetz (§ 22) stellt auf den unmittelbaren Ansatz zur Tat ab. Wann dieser unmittelbare Ansatz vorliegt, richtet sich dabei nicht nach objektiven Kriterien, etwa aus der Sicht eines außenstehenden Betrachters, sondern allein nach der ***subjektiven Vorstellung*** des Täters.

Das Gesetz stellt auf einen „unmittelbaren Ansatz" ab.
Die Tätervorstellung entscheidet.

Ein unmittelbarer Ansatz liegt folglich immer dann vor, *wenn das Verhalten des Täters nach dem Gesamtplan (des Täters) so eng mit der tatbestandlichen Ausführungshandlung verknüpft ist, daß es bei ungestörtem Fortgang ohne längere Unterbrechung im Geschehensablauf unmittelbar zur Verwirklichung des gesamten Tatbestandes führen soll. Dieser Ansatz muß also nicht unbedingt in der Verwirklichung eines Tatbestandsmerkmales liegen.* So der BGH (BGHSt 31, 178).

Unser BGH schlägt zu.

Man kann es auch kürzer formulieren. *Unmittelbar ist der Ansatz immer dann, wenn der Täter sich denkt: „Jetzt geht's los. Wenn*

Etwas kürzer.

- **Vorprüfung**
  1. Fehlen der Vollendung
  2. Strafbarkeit des Versuchs

I. Tatbestandsmäßigkeit
  1. Subjektiver Tatbestand (Tatentschluß)
     a. Vorsatz (= Wissen & Wollen aller Merkmale des gesetzlichen TBs)
     b. Sonstige subjektive Merkmale
  2. Objektiver Tatbestand
     a. Der unmittelbare Ansatz
     b. Bes. täterschaftliche Merkmale
  3. Tatbestandsannexe
  4. Fälle des § 28 II

II. Rechtswidrigkeit (indiziert)
  Ausnahme: Rechtfertigungsgründe

III. Schuld
  1. Schuldfähigkeit
  2. Spezielle Schuldmerkmale
  3. Die persönliche Vorwerfbarkeit
     Unrechtsbewußtsein im weiten Sinne
     a. Schuldform: Vorsatz
     b. Unrechtsbewußtsein im engen Sinne
  4. Entschuldigungsgründe

IV. Besonderheiten
  1. Strafaufhebungsgründe, insb.: Rücktritt, § 24
  2. Strafverfolgungshindernisse
  3. Regelbeispiele

---

nichts dazwischen kommt, hab ich's gleich geschafft." und dann dem Gedanken entsprechend handelt.

Beispielsfall: T will den Geldboten O einer B-Bank berauben. Nachdem er die äußeren Umstände sorgfältig ausgekundschaftet hat, wartet er an der Hausecke, an der der Weg des O jeden Dienstag um 10.00 Uhr vorbeiführt. Im Mantel verborgen hält er einen Knüppel. Damit will er O niederschlagen, um ihm dann die Geldtasche zu entreißen. T wartet vergeblich, weil O ausnahmsweise schon um 9.00 Uhr vorbeigekommen ist.
Hat sich T strafbar gemacht?

Lösungsmöglichkeit:
T kann sich nach §§ 249 I, 250 I Ziffer 1.a), 22, 23 I, 12 I strafbar gemacht haben.
- Die Tat ist nicht vollendet: Es liegt keine Wegnahme vor. Die Strafbarkeit des Versuchs folgt aus dem Verbrechenscharakter, § 12 I.

I. Tatbestandsmäßigkeit 1. Subjektiver Tatbestand
T muß den Entschluß zur Tat gehabt haben. Tatentschluß bedeutet Vorsatz, also Wissen und Wollen der objektiven Tatbestandsmerkmale.
T wußte, daß er O die fremde bewegliche Sache, die Geldtasche, mit Gewalt wegnehmen muß. Er wollte dies auch. Er hatte daneben die Absicht, sich diese Sachen zuzueignen. Dies, obwohl er keinen Anspruch darauf hatte.
Er wollte dies weiterhin auch mittels einer Waffe i.S. d. § 250 I Ziffer 1.a) tun. Er hatte also den erforderlichen Tatentschluß.

2. Objektiver Tatbestand
Nach seiner Vorstellung von der Tat muß T unmittelbar zur Verwirklichung der Tat angesetzt haben.
Ein unmittelbarer Ansatz liegt dann vor, wenn nach der Vorstellung des Täters keine wesentlichen Zwischenschritte mehr vorzunehmen sind, um die Tat zu verwirklichen.
Auch nach der Vorstellung des T ist mindestens erforderlich, daß das potentielle Opfer den Gefahrenbereich überhaupt betreten hat. Vorher kann T den O ja gar nicht berauben. Es fehlt mithin an einem Zwischenschritt. Das Auflauern des T kann den oben dargestellten Anforderungen daher nicht genügen.

- **Vorprüfung**
  1. Fehlen der Vollendung
  2. Strafbarkeit des Versuchs

I. Tatbestandsmäßigkeit
  1. Subjektiver Tatbestand (Tatentschluß)
     a. Vorsatz (= Wissen & Wollen aller Merkmale des gesetzlichen TBs)
     b. Sonstige subjektive Merkmale
  2. Objektiver Tatbestand
     a. Der unmittelbare Ansatz
     b. Bes. täterschaftliche Merkmale
  3. Tatbestandsannexe
  4. Fälle des § 28 II

II. Rechtswidrigkeit (indiziert)
  Ausnahme: Rechtfertigungsgründe

III. Schuld
  1. Schuldfähigkeit
  2. Spezielle Schuldmerkmale
  3. Die persönliche Vorwerfbarkeit Unrechtsbewußtsein im weiten Sinne
     a. Schuldform: Vorsatz
     b. Unrechtsbewußtsein im engen Sinne
  4. Entschuldigungsgründe

IV. Besonderheiten
  1. Strafaufhebungsgründe, insb.: Rücktritt, § 24
  2. Strafverfolgungshindernisse
  3. Regelbeispiele

Ein unmittelbarer Ansatz liegt also noch nicht vor.

II. Ergebnis: T hat sich nicht nach §§ 249 I, 250 I Ziffer 1.a), 22, 23 I, 12 I strafbar gemacht.

II. Rechtswidrigkeit & III. Schuld

Keine Besonderheiten.

In Rechtswidrigkeit und Schuld gibt es keine Besonderheiten gegenüber dem vollendeten Delikt. Soweit keine Anhaltspunkte für Rechtfertigungs-, Schuldausschließungs-, Schuldaufhebungsgründe bestehen, schreibt man schlicht:

Die versuchte Tatbestandsverwirklichung geschah rechtswidrig und schuldhaft.

IV. Strafaufhebungsgründe

1. Der Rücktritt gem. § 24 [9]

a. Die Wirkung

Ab hier gibt's Prämien.

Hat der Täter seinen Tatentschluß bereits in ein Geschehen umgesetzt, das auf die Vollendung der Straftat zulaufen kann und verläßt er dann den Weg des Unrechts und kehrt freiwillig auf den Weg des Rechts zurück, muß grundsätzlich die „Prämie" der Straflosigkeit gewährt werden. Dies resultiert aus der Überlegung, daß Strafe für Unrecht und Schuld verhängt wird. Im Rahmen des Unrechtes kann man unterteilen nach dem Unrecht der

---

9 Zum Rücktritt nach § 31 in den Fällen des § 30, vgl. unten ab S. 306.

- **Vorprüfung**
  1. Fehlen der Vollendung
  2. Strafbarkeit des Versuchs

I. Tatbestandsmäßigkeit
1. Subjektiver Tatbestand (Tatentschluß)
   a. Vorsatz (= Wissen & Wollen aller Merkmale des gesetzlichen TBs)
   b. Sonstige subjektive Merkmale
2. Objektiver Tatbestand
   a. Der unmittelbare Ansatz
   b. Bes. täterschaftliche Merkmale
3. Tatbestandsannexe
4. Fälle des § 28 II

II. Rechtswidrigkeit (indiziert)
Ausnahme: Rechtfertigungsgründe

III. Schuld
1. Schuldfähigkeit
2. Spezielle Schuldmerkmale
3. Die persönliche Vorwerfbarkeit
   Unrechtsbewußtsein im weiten Sinne
   a. Schuldform: Vorsatz
   b. Unrechtsbewußtsein im engen Sinne
4. Entschuldigungsgründe

IV. Besonderheiten
1. Strafaufhebungsgründe, insb.: Rücktritt, § 24
2. Strafverfolgungshindernisse
3. Regelbeispiele

der Handlung (***Handlungsunrecht***) und dem Unrecht des Erfolges (***Erfolgsunrecht***).

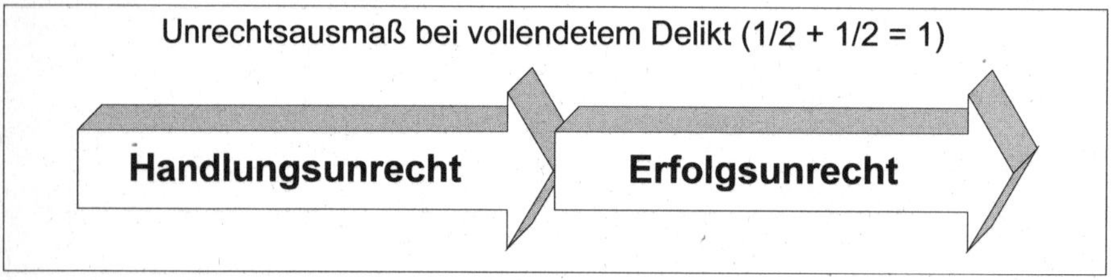

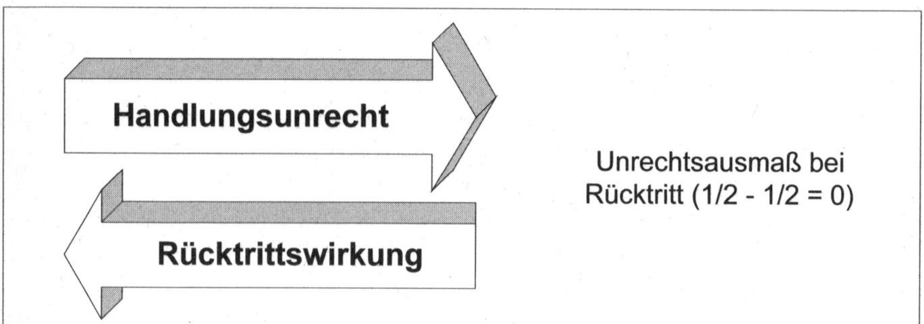

- **Vorprüfung**
  1. Fehlen der Vollendung
  2. Strafbarkeit des Versuchs

I. Tatbestandsmäßigkeit
  1. Subjektiver Tatbestand (Tatentschluß)
     a. Vorsatz (= Wissen & Wollen aller Merkmale des gesetzlichen TBs)
     b. Sonstige subjektive Merkmale
  2. Objektiver Tatbestand
     a. Der unmittelbare Ansatz
     b. Bes. täterschaftliche Merkmale
  3. Tatbestandsannexe
  4. Fälle des § 28 II

II. Rechtswidrigkeit (indiziert)
  Ausnahme: Rechtfertigungsgründe

III. Schuld
  1. Schuldfähigkeit
  2. Spezielle Schuldmerkmale
  3. Die persönliche Vorwerfbarkeit
     Unrechtsbewußtsein im weiten Sinne
     a. Schuldform: Vorsatz
     b. Unrechtsbewußtsein im engen Sinne
  4. Entschuldigungsgründe

IV. Besonderheiten
  1. Strafaufhebungsgründe, insb.: Rücktritt, § 24
  2. Strafverfolgungshindernisse
  3. Regelbeispiele

Wenn wir nun eine Versuchssituation haben, dann ist ein Stück des Unrechtes sowieso schon weg: das Erfolgsunrecht. Denn der Gag beim Versuch besteht ja gerade darin, daß kein Erfolg eingetreten ist *(„Die Tat ist nicht vollendet.“)*

Beim Versuch fehlt sowieso schon das Erfolgsunrecht.

Schafft es der Täter jetzt auch, sein Handlungsunrecht dadurch zu neutralisieren, daß er gegen seine *böse Handlung* eine *gute* setzt, dann besteht kein Grund mehr, eine Strafe zu verhängen, weder aus der Sicht der Rechtsordnung, noch unter dem Gesichtspunkt einer Prävention. Dann bekommt er die erwähnte Prämie.

Und hier wird auch noch das Handlungsunrecht neutralisiert.

Die Zahlen in den Abbildungen (½) sind nicht wörtlich zu nehmen. Denn auch der Versuch kann ja genauso bestraft werden wie das vollendete Delikt, § 23 II. Die Zahlen sollen also nur verschiedene Unrechtsanhäufungen symbolisieren.

Die Beispielsrechnungen sind nur für die mathematisch Interessierten.

b. Beendeter und unbeendeter Versuch

Bei dieser Prämie muß jedoch nach dem Stadium der Ausführungshandlung unterschieden werden, ob nämlich

Wichtig ist das Stadium ...

- der Täter *nach seiner Vorstellung* schon ***alles*** Erforderliche ***getan*** hat, um den Erfolg herbeizuführen (sog. ***beendeter Versuch***) ...

... schon alles getan? (beendeter Versuch) oder ...

> ***Bsp.1:*** T1, der O vergiften will, hat ihm in den Morgentee eine Menge Gift geschüttet, die nach seiner Ansicht bis spätestens 14. 00 Uhr tödlich wirken muß.

- ... oder ob er nach seiner Vorstellung ***noch nicht alles getan*** hat, um den Erfolg herbeizuführen (sog. ***unbeendeter Versuch***)

... noch nicht alles getan? (unbeendeter Versuch)

- **Vorprüfung**
  1. Fehlen der Vollendung
  2. Strafbarkeit des Versuchs

I. Tatbestandsmäßigkeit
  1. Subjektiver Tatbestand (Tatentschluß)
     a. Vorsatz (= Wissen & Wollen aller Merkmale des gesetzlichen TBs)
     b. Sonstige subjektive Merkmale
  2. Objektiver Tatbestand
     a. Der unmittelbare Ansatz
     b. Bes. täterschaftliche Merkmale
  3. Tatbestandsannexe
  4. Fälle des § 28 II

II. Rechtswidrigkeit (indiziert)
   Ausnahme: Rechtfertigungsgründe

III. Schuld
  1. Schuldfähigkeit
  2. Spezielle Schuldmerkmale
  3. Die persönliche Vorwerfbarkeit Unrechtsbewußtsein im weiten Sinne
     a. Schuldform: Vorsatz
     b. Unrechtsbewußtsein im engen Sinne
  4. Entschuldigungsgründe

IV. Besonderheiten
  1. Strafaufhebungsgründe, insb.: Rücktritt, § 24
  2. Strafverfolgungshindernisse
  3. Regelbeispiele

Bsp.2: T2, der den O erschießen will, lauert ihm auf, läßt aber dann doch die Waffe sinken und schießt nicht.

Wer *vorher* mehr getan hat, muß auch *nachher* mehr tun.

Es wäre ungerechtfertigt, beide Täter allein für ein bloßes Aufhören mit Straflosigkeit zu prämieren. Der, der mehr getan hat, muß auch aktiver werden. Wenn nämlich der, der mehr (Böses) getan hat, aufhört, stirbt das Opfer im Beispielfall 1 trotzdem, bei dem anderen (Bsp. 2) überlebt es. Demgemäß verlangt der Gesetzgeber für einen strafbefreienden Rücktritt

... nämlich freiwillig aktiv werden, statt ...

- vom beendeten Versuch, daß der Täter freiwillig aktiv einschreitet

im ***Bsp.1:*** Arzt anrufen, um den Magen auszupumpen;

... einfach aufhören.

- während er es beim unbeendeten Versuch für ausreichend ansieht, wenn der Täter freiwillig ein bloßes Abstehen von der Tat an den Tag legt.

im ***Bsp.2:*** Nicht schießen.

Ob alles getan wurde oder nicht, richtet sich allein nach der Vorstellung des Täters.

Diese Differenzierung zwischen beendetem und unbeendetem Versuch richtet sich ***allein nach dem, was der Täter glaubt***, § 22 („nach seiner Vorstellung"). Noch nicht geklärt worden ist damit aber, welcher Zeitpunkt für den Glauben des Täters der entscheidende ist. Es handelt sich dabei um die Frage, welcher *(Betrachtungs-) Horizont* entscheidend ist. Ich werde diese Frage nach der folgenden Figur des fehlgeschlagenen Versuches beantworten.

Und was ist, wenn der Täter die Lage falsch einschätzt?

Witzig im übrigen noch, was passiert, wenn der Täter, auf dessen Vorstellung allein es ja ankommt, sich vertut. Wenn der Täter also glaubt, es läge ein beendeter Versuch vor (er hätte also alles

- **Vorprüfung**
  1. Fehlen der Vollendung
  2. Strafbarkeit des Versuchs

I. Tatbestandsmäßigkeit
1. Subjektiver Tatbestand (Tatentschluß)
   a. Vorsatz (= Wissen & Wollen aller Merkmale des gesetzlichen TBs)
   b. Sonstige subjektive Merkmale
2. Objektiver Tatbestand
   a. Der unmittelbare Ansatz
   b. Bes. täterschaftliche Merkmale
3. Tatbestandsannexe
4. Fälle des § 28 II

II. Rechtswidrigkeit (indiziert)
Ausnahme: Rechtfertigungsgründe

III. Schuld
1. Schuldfähigkeit
2. Spezielle Schuldmerkmale
3. Die persönliche Vorwerfbarkeit
   Unrechtsbewußtsein im weiten Sinne
   a. Schuldform: Vorsatz
   b. Unrechtsbewußtsein im engen Sinne
4. Entschuldigungsgründe

IV. Besonderheiten
1. Strafaufhebungsgründe, insb.: Rücktritt, § 24
2. Strafverfolgungshindernisse
3. Regelbeispiele

---

getan), obwohl in Wirklichkeit nur ein unbeendeter Versuch vorliegt (er hat objektiv gesehen noch gar nicht alles getan).

> ***Bsp.:*** T hat O eine Dosis Gift verabreicht, von der er glaubt, sie reiche, um O zum Tode zu befördern. In Wirklichkeit war die Dosis zu gering.

Oder wenn der Täter glaubt, es läge ein unbeendeter Versuch vor, obwohl in Wirklichkeit ein beendeter Versuch vorliegt.

> ***Bsp.:*** T hat O eine Dosis Gift verabreicht, von der er glaubt, sie reiche noch nicht, um O zum Tode zu befördern. In Wirklichkeit war die Dosis völlig ausreichend.

Die Auflösung beider Fälle ist denkbar einfach. Im ersten Fall reicht es nicht aus, wenn der Täter einfach aufhört, sondern er muß aktiv gegensteuern. Damit macht er zwar objektiv mehr, als eigentlich nötig wäre, aber es kommt eben (nur) auf seine Vorstellung an. Hat er aber mehr gegengesteuert, ist es in Ordnung, wenn er als Prämie die Straffreiheit für dieses Delikt (§§ 212 I, 22) bekommt. (Aus § 224 I Nr. 1 kann ihn dagegen nichts mehr rausholen, denn der wäre ja vollendet.)

Einmal muß er dann eben wegen seiner subjektiven Sicht objektiv mehr tun als nötig.

Und im zweiten Fall kann der Täter ja mal ausprobieren, was passiert, wenn er seiner Vorstellung folgt und einfach aufhört. Da die Dosis ausreichend war, wird das Opfer daran sterben. Und dann ist die Tat vollendet und ein Rücktritt nicht mehr möglich. Wir hätten dieses Problem in einer Klausur aber auch nie ernsthaft, denn wir würden in solchen Fällen ja auch keinen Versuch prüfen. (Nur noch als Klausurkriminalität kann man dagegen dann den Fall bezeichnen, in dem der Täter einfach aufhört, durch sonstige Umstände aber der Tod des O verhindert wird.

Und ein andermal heißt es:

Dumm gelaufen.

- **Vorprüfung**
  1. Fehlen der Vollendung
  2. Strafbarkeit des Versuchs
- **I. Tatbestandsmäßigkeit**
  1. Subjektiver Tatbestand (Tatentschluß)
     a. Vorsatz (= Wissen & Wollen aller Merkmale des gesetzlichen TBs)
     b. Sonstige subjektive Merkmale
  2. Objektiver Tatbestand
     a. Der unmittelbare Ansatz
     b. Bes. täterschaftliche Merkmale
  3. Tatbestandsannexe
  4. Fälle des § 28 II
- **II. Rechtswidrigkeit** (indiziert)
  Ausnahme: Rechtfertigungsgründe
- **III. Schuld**
  1. Schuldfähigkeit
  2. Spezielle Schuldmerkmale
  3. Die persönliche Vorwerfbarkeit
     Unrechtsbewußtsein im weiten Sinne
     a. Schuldform: Vorsatz
     b. Unrechtsbewußtsein im engen Sinne
  4. Entschuldigungsgründe
- **IV. Besonderheiten**
  1. Strafaufhebungsgründe, insb.: Rücktritt, § 24
  2. Strafverfolgungshindernisse
  3. Regelbeispiele

Hier reicht das Aufhören aus, wenn die jetzt noch folgend erörterten Voraussetzungen gleichfalls vorliegen.)

c. Der fehlgeschlagene Versuch

Er nun wieder: Der BGH hat was Eigenes - eine zusätzliche Gruppe.

Neben diesen beiden Möglichkeiten (beendeter und unbeendeter Versuch) und auch neben dem Gesetz glaubt der BGH (und mit ihm ein Teil der Literatur) noch eine dritte, eigenständige Gruppe ausgemacht zu haben: den ***fehlgeschlagenen Versuch***. Dieser Versuch ist dadurch gekennzeichnet, daß man von ihm deshalb nicht mehr zurücktreten kann, weil er sowieso nicht mehr zum Erfolg führen kann. Kann der Versuch aber nicht mehr zum Erfolg führen, dann ist die Nichtherbciführung des Erfolges auch nicht mehr zu prämieren. Wir beachten wieder, daß es auch hier *nur auf die Vorstellung des Täters* ankommt. Wie es wirklich (objektiv) ist, ist egal.

Ausgangslage.

Gedacht ist an solche Fälle:

> ***Bsp.:*** T will O erschießen. Er hat ein Präzisionsgewehr, aber nur eine Kugel. Er schießt aus 400 Meter Entfernung auf O, verfehlt ihn aber, und hat auch keine andere Möglichkeit, sein Vorhaben weiterzuführen.

Kleine Abwandlung.

Dabei kann es noch etwas kniffelig werden, wenn man folgende Abwandlung untersucht:

> ***Bsp.:*** T will O erschießen. Er hat ein Pistole, aber nur eine Kugel. Er schießt aus 2 Metern Entfernung auf O, verfehlt ihn aber. Weil er dem O körperlich weit überlegen ist, hat er die Möglichkeit, sein Vorhaben dadurch weiterzuführen, daß er O erschlägt. Er sieht dies auch, läßt es aber.

- **Vorprüfung**
  1. Fehlen der Vollendung
  2. Strafbarkeit des Versuchs

I. Tatbestandsmäßigkeit
  1. Subjektiver Tatbestand (Tatentschluß)
     a. Vorsatz (= Wissen & Wollen aller Merkmale des gesetzlichen TBs)
     b. Sonstige subjektive Merkmale
  2. Objektiver Tatbestand
     a. Der unmittelbare Ansatz
     b. Bes. täterschaftliche Merkmale
  3. Tatbestandsannexe
  4. Fälle des § 28 II

II. Rechtswidrigkeit (indiziert)
  Ausnahme: Rechtfertigungsgründe

III. Schuld
  1. Schuldfähigkeit
  2. Spezielle Schuldmerkmale
  3. Die persönliche Vorwerfbarkeit Unrechtsbewußtsein im weiten Sinne
     a. Schuldform: Vorsatz
     b. Unrechtsbewußtsein im engen Sinne
  4. Entschuldigungsgründe

IV. Besonderheiten
  1. Strafaufhebungsgründe, insb.: Rücktritt, § 24
  2. Strafverfolgungshindernisse
  3. Regelbeispiele

Hinter dem Horizont geht's doch nicht mehr weiter -

wenn der Täter aufhört.

Für diese Abwandlung kann man sich (es geht um die Prämie der Straffreiheit) auf zwei verschiedene Standpunkte stellen. Der eine ist der zu Beginn der Tat, im Augenblick der Abgabe des Schusses also. Von hier aus gesehen ist die Tat fehlgeschlagen, weil der Tatplan (so) nicht mehr zum Erfolg führen kann. Man nennt diese Perspektive den ***Planungshorizont***. Der andere Standpunkt ist der, nachdem die Kugel fehlgegangen ist. Von hier aus gesehen ist die Tat noch nicht (ganz) fehlgeschlagen, weil dem Täter ja noch die Möglichkeit bleibt, den Erfolg (mit etwas anderen Mitteln) herbeizuführen. Man nennt diese Perspektive den ***Rücktrittshorizont***.

Planungshorizont macht einen Rücktritt fast unmöglich.

Stellt man auf den Planungshorizont ab, ist der Versuch fehlgeschlagen, ein Rücktritt nicht mehr möglich, stellt man auf den Rücktrittshorizont ab, ist ein Rücktritt noch möglich. Die zweite Möglichkeit ist damit entschieden rücktrittsfreundlicher.

Rücktrittshorizont ist rücktrittsfreudlicher.

Der BGH hatte früher in ständiger Rechtsprechung (zuerst zum Thema *beendeter Versuch*, später dann zum Thema *fehlgeschlagener Versuch*) die erste Möglichkeit (Planungshorizont) angenommen, es sich inzwischen aber anders überlegt. Er ***löst alle Fragen nunmehr über den Rücktrittshorizont***. Die Begründung hierfür ist ebenso einfach wie überzeugend.

Und er ist auch sachgerechter.

Da es beim gesamten Versuch und damit auch beim Rücktritt auf die Vorstellung des Täters von der Tat ankommt, stellt sich die Frage nach dem Rücktritt das erste Mal dann, wenn sich der Täter *nach* einer Handlung (sonst schon kein Versuch) überlegt, ob er weitermachen soll. In dem Augenblick, in dem er die erste Handlung vornimmt (im Beispiel: Abgabe des Schusses) will der Täter ja noch die Vollendung (sonst schon kein Vorsatz).

- **Vorprüfung**
  1. Fehlen der Vollendung
  2. Strafbarkeit des Versuchs

I. Tatbestandsmäßigkeit
1. Subjektiver Tatbestand (Tatentschluß)
   a. Vorsatz (= Wissen & Wollen aller Merkmale des gesetzlichen TBs)
   b. Sonstige subjektive Merkmale
2. Objektiver Tatbestand
   a. Der unmittelbare Ansatz
   b. Bes. täterschaftliche Merkmale
3. Tatbestandsannexe
4. Fälle des § 28 II

II. Rechtswidrigkeit (indiziert)
Ausnahme: Rechtfertigungsgründe

III. Schuld
1. Schuldfähigkeit
2. Spezielle Schuldmerkmale
3. Die persönliche Vorwerfbarkeit
   Unrechtsbewußtsein im weiten Sinne
   a. Schuldform: Vorsatz
   b. Unrechtsbewußtsein im engen Sinne
4. Entschuldigungsgründe

IV. Besonderheiten
1. Strafaufhebungsgründe, insb.: Rücktritt, § 24
2. Strafverfolgungshindernisse
3. Regelbeispiele

Manche Fragen stellt man besser erst hinterher.

Das bedeutet, daß erst *nach* der Abgabe des Schusses die Frage nach einem Rücktritt sinnvoll ist. Und das ist dann eben der Rücktrittshorizont.

Die Horizonte benutzt man in gleicher Weise für die Abgrenzung vom unbeendeten zum beendeten Versuch. (Da kommen sie auch her.)

Dies gilt im übrigen dann ***in gleicher Weise für die Abgrenzung des unbeendeten zum beendeten Versuch*** (die Vorstellung des Täters (noch nicht) alles getan zu haben, ist vom Rücktrittshorizont aus zu ermitteln), wie für die Feststellung eines fehlgeschlagenen Versuches (die Vorstellung des Täters, ob die versuchte Tat noch zum Erfolg gebracht werden kann, ist vom Rücktrittshorizont aus zu ermitteln).

Hier lauern Verständnisprobleme.

Vermischt - und deshalb oft schwer verständlich - wird die Frage nach Fehlschlag oder nicht Fehlschlag eines Versuches häufig mit der Frage nach der Freiwilligkeit eines Rücktritts.

d. Die Freiwilligkeit

Sire, geben Sie Gedankenfreiheit!

Für einen Rücktritt ist nämlich in jedem Fall erforderlich, daß der Täter freiwillig handelt. ***Freiwilligkeit*** liegt salopp gesagt dann vor, wenn der Täter sich sagt:

„Ich will nicht, obwohl ich kann."

Der Geist ist willig, aber das Fleisch ist schwach.

Unfreiwilligkeit läge demgegenüber dann vor, wenn sich der Täter sagt:

„Ich kann nicht, obwohl ich will."

- **Vorprüfung**
  1. Fehlen der Vollendung
  2. Strafbarkeit des Versuchs
- **I. Tatbestandsmäßigkeit**
  1. Subjektiver Tatbestand (Tatentschluß)
     a. Vorsatz (= Wissen & Wollen aller Merkmale des gesetzlichen TBs)
     b. Sonstige subjektive Merkmale
  2. Objektiver Tatbestand
     a. Der unmittelbare Ansatz
     b. Bes. täterschaftliche Merkmale
  3. Tatbestandsannexe
  4. Fälle des § 28 II
- **II. Rechtswidrigkeit** (indiziert)
  Ausnahme: Rechtfertigungsgründe
- **III. Schuld**
  1. Schuldfähigkeit
  2. Spezielle Schuldmerkmale
  3. Die persönliche Vorwerfbarkeit
     Unrechtsbewußtsein im weiten Sinne
     a. Schuldform: Vorsatz
     b. Unrechtsbewußtsein im engen Sinne
  4. Entschuldigungsgründe
- **IV. Besonderheiten**
  1. Strafaufhebungsgründe, insb.: Rücktritt, § 24
  2. Strafverfolgungshindernisse
  3. Regelbeispiele

Diese beiden Formulierungen werden (nach dem entsprechenden Autor) als FRANK'sche Formel bezeichnet. Man kann aber auch sagen, daß es allein darauf ankommt, ob der Täter aus autonomen Gründen zurücktritt, die nicht durch einen Zwang in der Außenwelt begründet sein dürfen. Die moralische Wertigkeit dieser autonomen Gründe („Was werden wohl die Nachbarn sagen, wenn es auffliegt?"), spielt keine Rolle.

FRANK und frei:

Entscheidend ist die Autopsie.

Bezieht man nun das auf die oben dargestellte Figur des fehlgeschlagenen Versuches, so kann man mit Fug und Recht sagen, daß es sich dabei eigentlich nur um eine Spezialvariante des *Versuches, von dem man freiwillig nicht mehr zurücktreten, weil er sowieso nicht in eine vollendete Tat übergehen kann,* handelt. Entsprechend lautet auch die dem BGH häufig entgegengesetzte Kritik: Die Figur des fehlgeschlagenen Versuches ist überflüssig.

Das ist für den fehlgeschlagenen Versuch eigentlich ein Begräbnis erster Klasse.

Wir merken hier aber schon einmal vor, daß die Figur des fehlgeschlagenen Versuches einen Riesenvorteil hat, den wir auch aufbau-, also klausurtechnisch nicht unterschätzen sollten: Es entfällt jede Differenzierung zwischen § 24 I und § 24 II. Dazu gleich mehr. Wir dürfen dabei vermuten, daß es u.a. auch dieser Vorteil war, der den BGH dazu gebracht hat, den fehlgeschlagenen Versuch zu basteln.

Der BGH mag aber nicht für die Begräbniskosten aufkommen und wählt den billigsten Weg.

Fassen wir das bis jetzt Gesagte zusammen, ergibt sich folgendes Bild:

Aller guten Dinge sind drei.

1. *Es gibt fehlgeschlagene Versuche (BGH).* **Kein Rücktritt möglich.**
2. *Es gibt unbeendete Versuche.*
   a. Freiwilliges Aufhören (Rücktritt möglich).

- **Vorprüfung**
  1. Fehlen der Vollendung
  2. Strafbarkeit des Versuchs
- **I. Tatbestandsmäßigkeit**
  1. Subjektiver Tatbestand (Tatentschluß)
     a. Vorsatz (= Wissen & Wollen aller Merkmale des gesetzlichen TBs)
     b. Sonstige subjektive Merkmale
  2. Objektiver Tatbestand
     a. Der unmittelbare Ansatz
     b. Bes. täterschaftliche Merkmale
  3. Tatbestandsannexe
  4. Fälle des § 28 II
- **II. Rechtswidrigkeit** (indiziert)
  Ausnahme: Rechtfertigungsgründe
- **III. Schuld**
  1. Schuldfähigkeit
  2. Spezielle Schuldmerkmale
  3. Die persönliche Vorwerfbarkeit
     Unrechtsbewußtsein im weiten Sinne
     a. Schuldform: Vorsatz
     b. Unrechtsbewußtsein im engen Sinne
  4. Entschuldigungsgründe
- **IV. Besonderheiten**
  1. Strafaufhebungsgründe, insb.: Rücktritt, § 24
  2. Strafverfolgungshindernisse
  3. Regelbeispiele

---

b. Unfreiwilliges Aufhören (Kein Rücktritt möglich).

3. Es gibt beendete Versuche.

a. Freiwilliges Gegensteuern (Rücktritt möglich).

b. Unfreiwilliges Gegensteuern (Kein Rücktritt möglich).

e. Die Ernsthaftigkeit

Die Lage ist ernst.

Neben der Freiwilligkeit gibt es noch das Erfordernis der Ernsthaftigkeit. Es genügt nicht allein, daß der Täter aus autonomen Gründen (= freiwillig) aufhört. Er muß dies auch ***endgültig*** tun. Und das Erfordernis der Endgültigkeit, das es ausschließt, nach dem Motto „Morgen geht's weiter." zu verfahren, nennt man ***Ernsthaftigkeit***. Diese Ernsthaftigkeit betrifft dabei zunächst aber nur die geplante Tatausführung in dieser oder in einer vergleichbaren, jedenfalls auch zeitnahen Weise. Daß der Täter möglicherweise vorhat, sein (potentielles) Opfer *irgendwann* doch noch mal umzubringen, schließt die Ernsthaftigkeit nicht aus.

... oder muß es wenigstens sein.

Für einen Teil der Rücktrittsmöglichkeiten steht die Ernsthaftigkeit ausdrücklich im Gesetz (vgl. § 24 I und II, jeweils die zweiten Sätze), es folgt aber ohnehin aus dem Merkmal des „Aufgebens" der Tat, bzw. des „Verhinderns der Vollendung".

f. Mehrere Tatbeteiligte

Eins und eins, das macht zwei ...

Und es kommt noch ein weiteres hinzu. Wird nämlich nicht nur *ein* Täter aktiv, sondern gleich *mehrere,* nutzt es wenig, wenn ein Täter einfach sagt: „Ich will nicht mehr". Es kann dann ja durchaus sein, daß die anderen mit Hilfe des bereits geleisteten Tatbeitrages die Tat alleine ausführen.

- **Vorprüfung**
  1. Fehlen der Vollendung
  2. Strafbarkeit des Versuchs

I. Tatbestandsmäßigkeit
1. Subjektiver Tatbestand (Tatentschluß)
   a. Vorsatz (= Wissen & Wollen aller Merkmale des gesetzlichen TBs)
   b. Sonstige subjektive Merkmale
2. Objektiver Tatbestand
   a. Der unmittelbare Ansatz
   b. Bes. täterschaftliche Merkmale
3. Tatbestandsannexe
4. Fälle des § 28 II

II. Rechtswidrigkeit (indiziert)
Ausnahme: Rechtfertigungsgründe

III. Schuld
1. Schuldfähigkeit
2. Spezielle Schuldmerkmale
3. Die persönliche Vorwerfbarkeit Unrechtsbewußtsein im weiten Sinne
   a. Schuldform: Vorsatz
   b. Unrechtsbewußtsein im engen Sinne
4. Entschuldigungsgründe

IV. Besonderheiten
1. Strafaufhebungsgründe, insb.: Rücktritt, § 24
2. Strafverfolgungshindernisse
3. Regelbeispiele

Bsp.: T1, T2, T3 und T4 planen, eine Bank auszurauben. T1 soll am Überfall teilnehmen und vorher noch die Waffen beschaffen. Nachdem er die Waffen beschafft hat, überkommen ihn Gewissensbisse und er setzt sich ab. Die übrigen Täter überfallen die Bank mit Hilfe der von T1 verschafften Waffen.

Es liegt auf der Hand, daß T1 hier nicht straffrei ausgehen kann. Er hat immerhin wesentlichen Anteil am Gelingen des Überfalls. Ohne Waffen glückt ein Bankraub selten. Es verhält sich hier ähnlich, wie mit dem Giftfall von vorhin: An den Rücktritt sind besondere Anforderungen zu stellen.

Wer etwas tut, muß auch die Verantwortung dafür tragen.

Das Gesetz differenziert daher auch noch nach der Anzahl der Tatbeteiligten. Ist nur ein Täter am Werk, gilt § 24 I. Sind es deren mehrere, greift § 24 II ein. Es ist dabei völlig egal, wieviele Täter zurücktreten, entscheidend ist nur, wieviele beteiligt sind.

Sieht das Gesetz auch so: § 24 I vs. § 24 II.

Achtung: Diese Differenzierung ist ausgesprochen wichtig. Sie wird aber trotzdem immer wieder falsch gemacht. Wir merken uns die ***Grundregel: Zuerst die Anzahl der Beteiligten ermitteln.*** Ist es nur einer: § 24 I. Sind es mehrere: § 24 II. Danach dann nach beendetem oder unbeendetem Versuch fragen. (Zu einer manchmal gemachten Ausnahme vgl. aber gleich noch unten auf S. 167)

Beliebter Klausurfehler: *alles* über § 24 I abhandeln.

(Wir denken hier noch einmal an den Riesenvorteil der Figur des fehlgeschlagenen Versuches: Es entfällt jede Differenzierung zwischen § 24 I und § 24 II, zwischen beendetem und unbeendetem Versuch!)

(Ein Grund, warum der fehlgeschlagene Versuch so beliebt ist.)

- **Vorprüfung**
  1. Fehlen der Vollendung
  2. Strafbarkeit des Versuchs

I. Tatbestandsmäßigkeit
  1. Subjektiver Tatbestand (Tatentschluß)
     a. Vorsatz (= Wissen & Wollen aller Merkmale des gesetzlichen TBs)
     b. Sonstige subjektive Merkmale
  2. Objektiver Tatbestand
     a. Der unmittelbare Ansatz
     b. Bes. täterschaftliche Merkmale
  3. Tatbestandsannexe
  4. Fälle des § 28 II

II. Rechtswidrigkeit (indiziert)
Ausnahme: Rechtfertigungsgründe

III. Schuld
  1. Schuldfähigkeit
  2. Spezielle Schuldmerkmale
  3. Die persönliche Vorwerfbarkeit Unrechtsbewußtsein im weiten Sinne
     a. Schuldform: Vorsatz
     b. Unrechtsbewußtsein im engen Sinne
  4. Entschuldigungsgründe

IV. Besonderheiten
  1. Strafaufhebungsgründe, insb.: Rücktritt, § 24
  2. Strafverfolgungshindernisse
  3. Regelbeispiele

Klausurproblem:

Erst *einen* Täter geprüft, den zweiten erst im Visier für später.

Klausurtechnisch gesehen sind wir an dieser Stelle aber oft in einer blöden ***Klemme***. Denn normalerweise haben wir bis hierhin irgendeinen Täter T geprüft und wissen noch gar nicht, ob irgendwelche Teilnehmer oder Mittäter mitspielen. Wir können also bei Licht besehen noch gar nicht sagen, ob es um einen oder um mehrere Beteiligte geht.

Andererseits:

Wir wissen ja schon, was rauskommen wird.

Andererseits stimmt das so nun auch wieder nicht. Wenn wir - wie dies im Teil über's Klausurenschreiben immer wieder betont wird - vor der Niederschrift der Klausur eine Gliederung gemacht haben, dann wissen wir natürlich genau, ob noch einer kommt oder nicht. Wir haben's dann nur noch nicht geschrieben. Daraus folgt, daß es zwei Möglichkeiten gibt, aus der Klemme wieder rauszukommen:

Technik Nr. 1: Verweis nach unten.

1. Der ***Verweis nach unten***. Ist normalerweise nicht zulässig, weil das Verständnis eines Textes allein aufgrund der bis dahin geschriebenen Informationen erfolgen soll, kann hier aber ausnahmsweise mal gemacht werden.

   Bsp.: Möglicherweise kann T gemäß § 24 zurücktreten. Wie später noch gezeigt wird, hat T die Tat unter Beteiligung des B ausgeführt (siehe unten S. ...). Die Voraussetzungen seines Rücktritts bestimmen sich daher nach § 24 II.

Technik Nr. 2: Zwischenstop.

(Da denkt man doch noch mal ernsthaft über die Vorteile des fehlgeschlagenen Versuches nach.)

2. Der ***Zwischenstop***. Das bis dahin gefundene Ergebnis wird als Zwischenergebnis festgehalten, verbunden mit dem Hinweis, daß die Frage eines eventuellen Rücktritts erst nach der Erörterung der Strafbarkeit eventueller Beteiligter erfolgen könne. Dann erörtert man die potentiellen Beteiligten. Zuletzt geht's wieder auf den Täter zurück und der Rücktritt kommt dran (aber nicht vergessen!).

- **Vorprüfung**
  1. Fehlen der Vollendung
  2. Strafbarkeit des Versuchs

I. Tatbestandsmäßigkeit
1. Subjektiver Tatbestand (Tatentschluß)
   a. Vorsatz (= Wissen & Wollen aller Merkmale des gesetzlichen TBs)
   b. Sonstige subjektive Merkmale
2. Objektiver Tatbestand
   a. Der unmittelbare Ansatz
   b. Bes. täterschaftliche Merkmale
3. Tatbestandsannexe
4. Fälle des § 28 II

II. Rechtswidrigkeit (indiziert)
Ausnahme: Rechtfertigungsgründe

III. Schuld
1. Schuldfähigkeit
2. Spezielle Schuldmerkmale
3. Die persönliche Vorwerfbarkeit Unrechtsbewußtsein im weiten Sinne
   a. Schuldform: Vorsatz
   b. Unrechtsbewußtsein im engen Sinne
4. Entschuldigungsgründe

IV. Besonderheiten
1. Strafaufhebungsgründe, insb.: Rücktritt, § 24
2. Strafverfolgungshindernisse
3. Regelbeispiele

Bsp.: Als Zwischenergebnis bleibt daher festzuhalten, daß sich T *an sich* gemäß §§ ..., 22 strafbar gemacht hat. Ob er von diesem Versuch strafbefreiend zurückgetreten ist, läßt sich im Hinblick auf die Differenzierung nach der Anzahl der Beteiligten in § 24 I und II erst dann feststellen, wenn die Frage der Beteiligtenzahl geklärt ist. Dies wird daher im folgenden zunächst untersucht. Die Rücktrittsprüfung erfolgt unten auf S. ...

Bisweilen kann man übrigens auch lesen, daß ***bei mehreren Mitwirkenden nicht grundsätzlich für jeden § 24 II*** angewendet werden soll, sondern eine Differenzierung stattfinden muß. Dahinter steckt der Gedanke, daß in § 24 II die erhöhte Gefährlichkeit mehrerer, sich gegenseitig antreibender Beteiligter berücksichtigt wird. Handelt daher einer am Tatort ***ganz alleine (wie ein Einzeltäter),*** während andere eher im Hintergrund und im Vorbereitungsstadium mitwirken (Haupttäter - Anstifter), soll es möglich sein, den Haupttäter nach § 24 I und den Anstifter nach § 24 II zurücktreten zu lassen (dazu und weitere Beispiele bei S/S-Eser, § 24 Rn. 73).

Der Gesetzgeber hat gepennt.

Erstaunlicherweise scheint es nun, als habe der Gesetzgeber die Möglichkeit eines ***unbeendeten Versuches bei mehreren Beteiligten*** überhaupt nicht gesehen. § 24 II enthält jedenfalls keine dem § 24 I S. 1, 1. Var. vergleichbare Formulierung. Es besteht aber Einigkeit, daß dies nur redaktionell bedingt ist. Natürlich ist auch dann, wenn mehrere beteiligt sind, ein unbeendeter Versuch denkbar, von dem man zurücktreten kann.

Bsp.: T1 und T2 beschließen, eine Bank zu überfallen. Sie betreten mit gezogenen Waffen die Schalterhalle, rufen „Überfall, Geld raus!" Bevor sie das Geld aber entgegennehmen, beschließen sie einverständlich, es doch noch einmal ehrlich zu versuchen, und fliehen ohne Beute, freiwillig und ernsthaft.

- **Vorprüfung**
  1. Fehlen der Vollendung
  2. Strafbarkeit des Versuchs

I. Tatbestandsmäßigkeit
1. Subjektiver Tatbestand (Tatentschluß)
   a. Vorsatz (= Wissen & Wollen aller Merkmale des gesetzlichen TBs)
   b. Sonstige subjektive Merkmale
2. Objektiver Tatbestand
   a. Der unmittelbare Ansatz
   b. Bes. täterschaftliche Merkmale
3. Tatbestandsannexe
4. Fälle des § 28 II

II. Rechtswidrigkeit (indiziert)
Ausnahme: Rechtfertigungsgründe

III. Schuld
1. Schuldfähigkeit
2. Spezielle Schuldmerkmale
3. Die persönliche Vorwerfbarkeit Unrechtsbewußtsein im weiten Sinne
   a. Schuldform: Vorsatz
   b. Unrechtsbewußtsein im engen Sinne
4. Entschuldigungsgründe

IV. Besonderheiten
1. Strafaufhebungsgründe, insb.: Rücktritt, § 24
2. Strafverfolgungshindernisse
3. Regelbeispiele

Wir korrigieren das.

Man löst derartige Konstellation über eine Verbindung von § 24 II S. 1 *i.V.m. dem Rechtsgedanken aus § 24 I S. 1, 1. Var.*

g. § 24 II S. 2 letzte Var.

Ein kniffeliger Spezialfall:

Witzig ist schließlich noch ***§ 24 II S. 2 letzte Var.*** Dort steht, daß die Tat auch „unabhängig von seinem (des Zurücktretenden) früheren Tatbeitrag“ begangen wurde. Das bedeutet zunächst, daß der Zurücktretende es schaffen muß, seinen eigenen Tatbeitrag völlig zu neutralisieren. Da ist die Rechtsprechung ganz streng.

Rücktritt bei Vollendung?

Die Schwierigkeiten dieser Konstellation sind aber auch andere: Wie kann es sein, daß ein Rücktritt in Betracht kommt, obwohl doch nach dem Gesetzeswortlaut die Tat „begangen“, also offenkundig vollendet wurde? Oder auf den Punkt gebracht: Gibt es einen ***Rücktritt auch bei Vollendung***?

Ja.

Es gibt ihn. Wir müssen uns dabei aber folgende Einzelschritte überlegen.

Bsp.1: T1 und T2 beschließen, gemeinsam einen Einbruch zu machen. T1 soll einsteigen, T2 soll Schmiere stehen. Während des Tatablaufes kommen beiden Bedenken und sie nehmen von der Tat Abstand.

Zwei versuchen und zwei treten zurück.

In diesem Beispiel haben sich zunächst beide eines versuchten Einbruchsdiebstahls (schuldig und) strafbar gemacht. Sie sind aber beide davon zurückgetreten.

Bsp.2: T1 und T2 beschließen, gemeinsam einen Einbruch zu machen. T1 soll einsteigen, T2 soll Schmiere stehen. Während des Tatablaufes kommen T2 Bedenken und er nimmt von der Tat Abstand. Ohne seine Hilfe kann T1 den Bruch nicht weiterführen, er hört ebenfalls auf.

- **Vorprüfung**
  1. Fehlen der Vollendung
  2. Strafbarkeit des Versuchs

I. Tatbestandsmäßigkeit
1. Subjektiver Tatbestand (Tatentschluß)
   a. Vorsatz (= Wissen & Wollen aller Merkmale des gesetzlichen TBs)
   b. Sonstige subjektive Merkmale
2. Objektiver Tatbestand
   a. Der unmittelbare Ansatz
   b. Bes. täterschaftliche Merkmale
3. Tatbestandsannexe
4. Fälle des § 28 II

II. Rechtswidrigkeit (indiziert)
Ausnahme: Rechtfertigungsgründe

III. Schuld
1. Schuldfähigkeit
2. Spezielle Schuldmerkmale
3. Die persönliche Vorwerfbarkeit
   Unrechtsbewußtsein im weiten Sinne
   a. Schuldform: Vorsatz
   b. Unrechtsbewußtsein im engen Sinne
4. Entschuldigungsgründe

IV. Besonderheiten
1. Strafaufhebungsgründe, insb.: Rücktritt, § 24
2. Strafverfolgungshindernisse
3. Regelbeispiele

Hier haben sich zunächst wieder beide eines versuchten Einbruchsdiebstahls strafbar gemacht. Zurückgetreten ist aber allein T2, denn T1 hat nicht freiwillig aufgehört.

Zwei versuchen und nur einer tritt zurück.

Sowohl Beispiel 1 als auch Beispiel 2 gingen davon aus, daß beide Täter im Versuchsstadium die weitere Ausführung aufgeben. Jetzt stellt sich die Frage, wie es sich auswirkt, wenn nur einer aufhört, aber der andere weitermacht.

> ***Bsp.3:*** T1 und T2 beschließen, gemeinsam einen Einbruch zu machen. T1 soll einsteigen, T2 soll Schmiere stehen. Während des Tatablaufes kommen T2 Bedenken und er nimmt von der Tat Abstand. T1 kann den Bruch allein nicht weiterführen, er schafft es aber, T3 für die weitere Mitarbeit zu gewinnen. Zusammen mit T3 führt er die Tat dann durch.

In diesem Beispiel hat T2 die Tat im Versuchsstadium verlassen, während T1 sie (mit T3) in das Vollendungsstadium hinübergeführt hat. Und genau das ist es, was der Gesetzgeber mit der Formulierung des § 24 II S. 2, letzte Var. gemeint hat. Die Antwort auf die Frage (Rücktritt trotz Vollendung?) setzt also die Differenzierung voraus, daß sich von mehreren einer im *Versuchsstadium* aus der Tat entfernt hat (deshalb ist noch ein Rücktritt möglich), während andere die Tat *vollendet* („begangen") haben.

Zwei versuchen, einer tritt zurück, der andere bringt den Versuch *anschließend* ohne den einen zur Vollendung.

Es reicht nun aber nicht aus, daß T2 einfach aufgehört hat, denn der Einstiegshalbsatz des § 24 II S. 2 lautet: *„Jedoch genügt zu seiner Straflosigkeit sein freiwilliges und ernsthaftes Bemühen, die Vollendung der Tat zu verhindern (...)".*

Natürlich muß der eine sich freiwillig und ernsthaft um die Verhinderung der Vollendung bemüht haben.

Wollten wir das Beispiel daher in diesem Sinne ergänzen, müßte es so aussehen:

- **Vorprüfung**
  1. Fehlen der Vollendung
  2. Strafbarkeit des Versuchs

I. Tatbestandsmäßigkeit
1. Subjektiver Tatbestand (Tatentschluß)
   a. Vorsatz (= Wissen & Wollen aller Merkmale des gesetzlichen TBs)
   b. Sonstige subjektive Merkmale
2. Objektiver Tatbestand
   a. Der unmittelbare Ansatz
   b. Bes. täterschaftliche Merkmale
3. Tatbestandsannexe
4. Fälle des § 28 II

II. Rechtswidrigkeit (indiziert)
Ausnahme: Rechtfertigungsgründe

III. Schuld
1. Schuldfähigkeit
2. Spezielle Schuldmerkmale
3. Die persönliche Vorwerfbarkeit
   Unrechtsbewußtsein im weiten Sinne
   a. Schuldform: Vorsatz
   b. Unrechtsbewußtsein im engen Sinne
4. Entschuldigungsgründe

IV. Besonderheiten
1. Strafaufhebungsgründe, insb.: Rücktritt, § 24
2. Strafverfolgungshindernisse
3. Regelbeispiele

Bsp.4: T1 und T2 beschließen, gemeinsam einen Einbruch zu machen. T1 soll einsteigen, T2 soll Schmiere stehen. Während des Tatablaufes kommen T2 Bedenken und er nimmt von der Tat Abstand. T1 kann den Bruch allein nicht weiterführen, er schafft es aber, T3 für die weitere Mitarbeit zu gewinnen. Zusammen mit T3 führt er die Tat dann durch. T2 hatte sich vergeblich bemüht, T1 davon abzubringen. Als dies nicht fruchtete, alarmierte er die Polizei, die jedoch zu spät kam.

In der Klausur:

Klausurtechnisch müßte man zunächst

Erst die Vollendung.

1. den vollendeten Diebstahl von T1 und T3 durchprüfen und deren Strafbarkeit bejahen. Danach schwenkt man auf T2 über.

Dann die vollendete Beteiligung (an der vollendeten Tat).

2. Man beginnt dann, eine Strafbarkeit wegen vollendeter Beteiligung (als Täter oder Teilnehmer) zu prüfen. Die Vollendung muß man verneinen, denn der Tatbeitrag des T2 reicht nur in das Versuchsstadium hinein und wirkt sich für die Vollendung (durch T1 und T3) nicht mehr aus - ***keine Kausalität***.

Dann der Versuch einer Beteiligung (an der vollendeten Tat).

3. Deshalb ist der Tatbeitrag des T2 als versuchte Beteiligung (als Täter oder Teilnehmer) zu untersuchen. Diese ist zu bejahen, wobei den Abschluß die Prüfung des Rücktritts nach § 24 II S. 2, letzte Var. macht.

2. Strafverfolgungshindernisse / 3. Regelbeispiele

Hier gibt es keine Besonderheiten im Verhältnis zum vollendeten Begehungsdelikt.

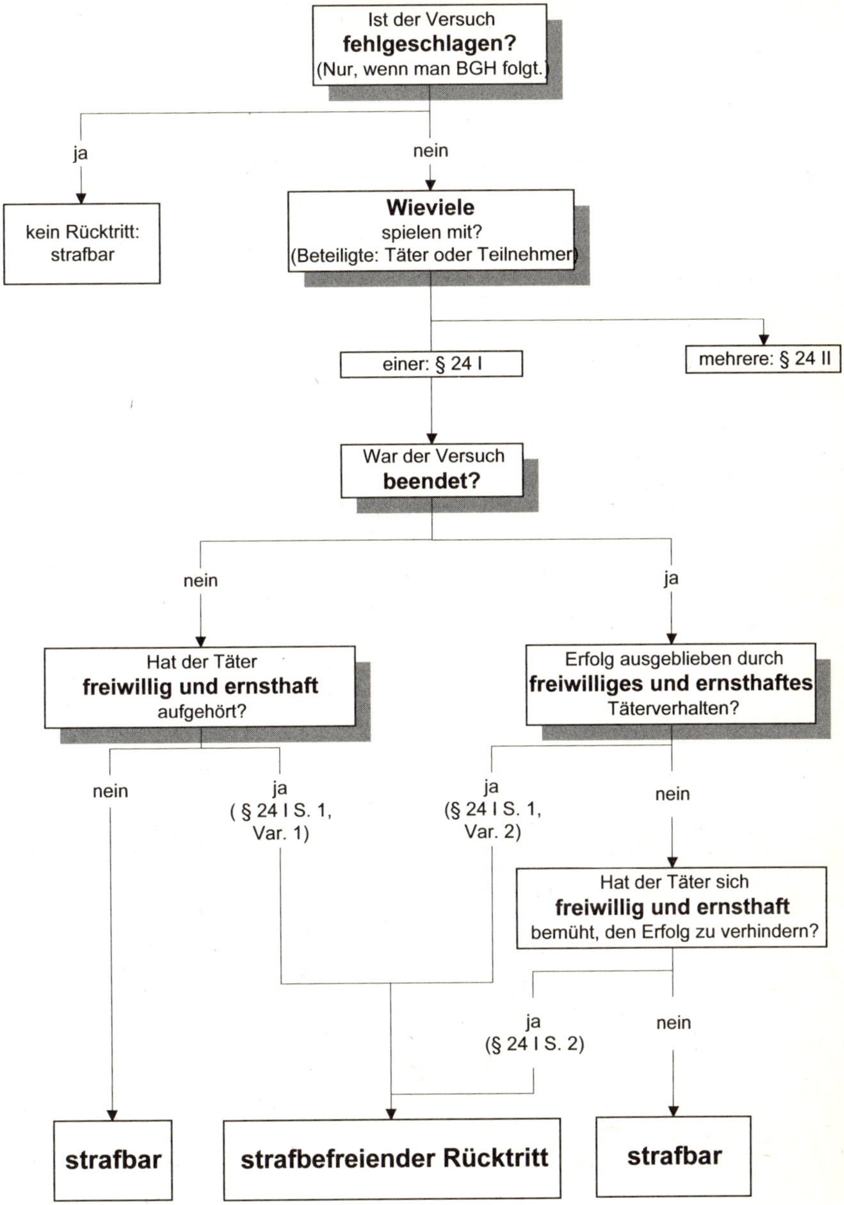
Ist der Versuch
fehlgeschlagen?
(Nur, wenn man BGH folgt.)
ja
nein
kein Rücktritt:
strafbar
Wieviele
spielen mit?
(Beteiligte: Täter oder Teilnehmer)
einer: § 24 I
mehrere: § 24 II
War der Versuch
beendet?
nein
ja
Hat der Täter
freiwillig und ernsthaft
aufgehört?
Erfolg ausgeblieben durch
freiwilliges und ernsthaftes
Täterverhalten?
nein
ja
(§ 24 I S. 1,
Var. 1)
ja
(§ 24 I S. 1,
Var. 2)
nein
Hat der Täter sich
freiwillig und ernsthaft
bemüht, den Erfolg zu verhindern?
ja
(§ 24 I S. 2)
nein
strafbar
strafbefreiender Rücktritt
strafbar

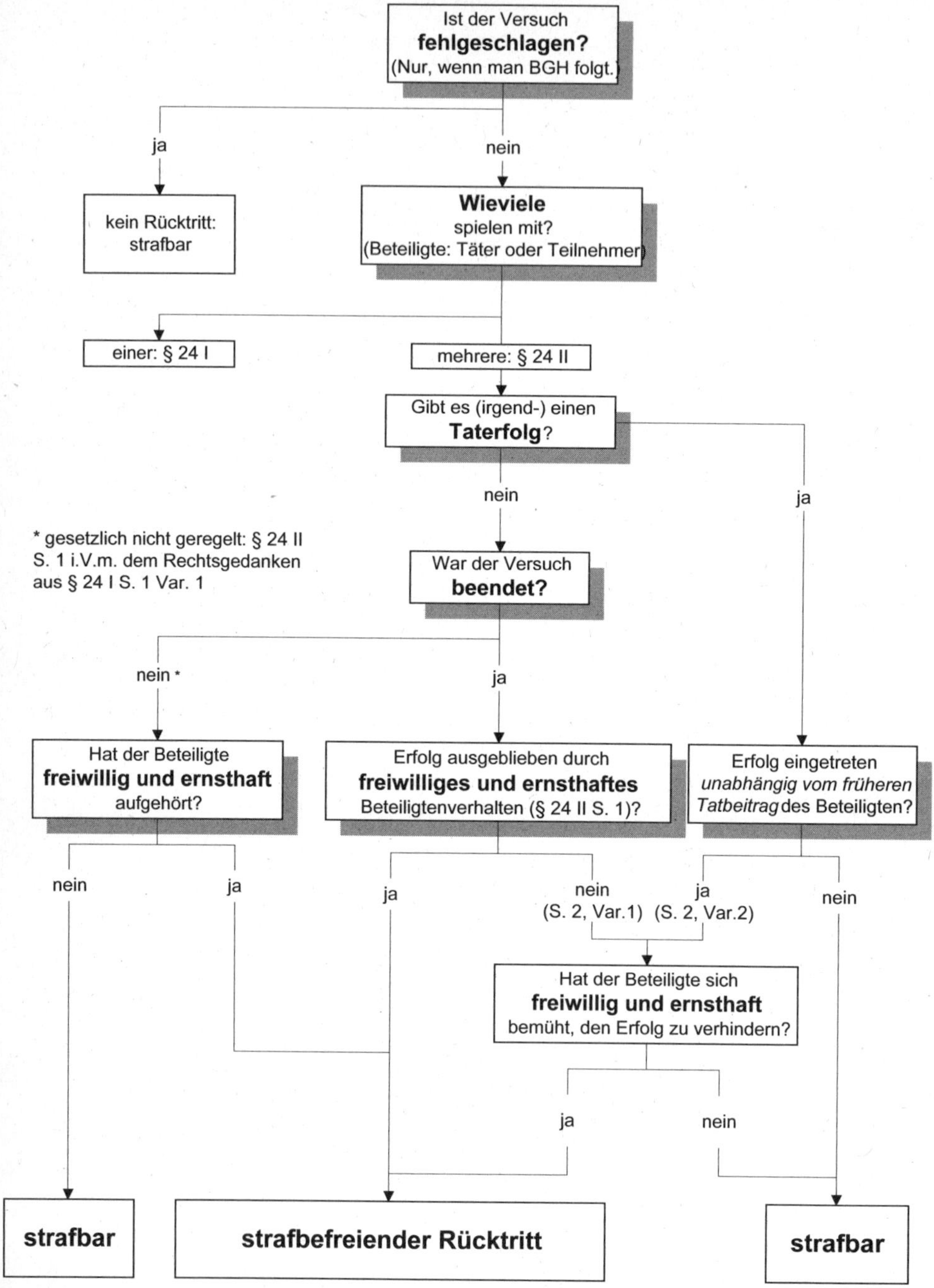

Ist der Versuch fehlgeschlagen? (Nur, wenn man BGH folgt.)
ja
nein
kein Rücktritt: strafbar
Wieviele spielen mit? (Beteiligte: Täter oder Teilnehmer)
einer: § 24 I
mehrere: § 24 II
Gibt es (irgend-) einen Taterfolg?
nein
ja
* gesetzlich nicht geregelt: § 24 II S. 1 i.V.m. dem Rechtsgedanken aus § 24 I S. 1 Var. 1
War der Versuch beendet?
nein *
ja
Hat der Beteiligte freiwillig und ernsthaft aufgehört?
Erfolg ausgeblieben durch freiwilliges und ernsthaftes Beteiligtenverhalten (§ 24 II S. 1)?
Erfolg eingetreten unabhängig vom früheren Tatbeitrag des Beteiligten?
nein
ja
ja
nein (S. 2, Var.1)
ja (S. 2, Var.2)
nein
Hat der Beteiligte sich freiwillig und ernsthaft bemüht, den Erfolg zu verhindern?
ja
nein
strafbar
strafbefreiender Rücktritt
strafbar

V. Versuchsaufbau bei Qualifikationen

Abschließende Aufbaubemerkung zum Versuch. Wir hatten oben am Ende des vollendeten Deliktes gesehen, daß es drei grundsätzliche Möglichkeiten gibt, die Kombination aus Grundtatbestand und Qualifikation durchzuprüfen.

3 Aufbaumöglichkeiten.

Als zulässig wurden dabei zwei dieser Möglichkeiten angesehen. Beim Versuch nun, bleibt häufig nichts, als die dritte Möglichkeit zu wählen.

Davon sollten nur 2 zulässig sein.

Wir können daneben aber auch noch bemerken, daß sich im Versuchsstadium Grundtatbestand und Qualifikation häufig nur noch durch den subjektiven Teil unterscheiden, der objektive hingegen - der unmittelbare Ansatz - bei beiden gleich ist.

Versuchte Grunddelikte *pur* sehen objektiv oft genauso aus wie versuchte Grunddelikte *mit versuchter Qualifikation*.

> ***Bsp.:*** T will einen Raub begehen. Er hat alle subjektiven Merkmale und setzt gerade dazu an, einen 10-jährigen im Park am Ohr zu fassen und dessen Schokoriegel in seine Tasche zu stecken, als er vom Polizisten P ertappt wird.

In diesem Beispiel hat sich T eines versuchten Raubes (Gewalt liegt vor, Wegnahme noch nicht) schuldig gemacht. Jetzt erweitern wir diesen Fall so:

> Wie gerade, aber: T hat noch eine Schußwaffe dabei.

Nun ist aus dem versuchten Raub schon ein solcher mit Waffen geworden. Dies, ohne daß sich etwas am objektiven Tatbestand - dem unmittelbaren Ansatz - geändert hat. Und jetzt noch das:

> Wie im Ausgangsfall, aber: T glaubt nur, er habe eine Schußwaffe dabei.

Und auch hier wieder ein versuchter Raub mit Waffen. Wie wir nach all dem, was wir oben gelesen und hoffentlich auch behalten haben, wissen, ein untauglicher Versuch (im Hinblick auf die Qualifikation), denn in Wirklichkeit hatte T ja gar keine Schußwaffe mit. Aber wie wir ja auch noch wissen, ist dies für die Strafbarkeit egal.

Es zeigt sich im Ganzen, daß sich manche Qualifikations-Versuche nur im subjektiven Tatbestand unterscheiden. Wir müssen (z.B. bei der Körperverletzung) und können und sollen im übrigen also wohl oder übel Grundtatbestand und Qualifikation schon im Tatbestand mischen. Wir würden bei einem Versuch dann wie folgt aufbauen:

Unterschiede gibt es dann nur noch im subjektiven Tatbestand: der Täter will halt mehr.

- **Vorprüfung**

I. Tatbestand

__1. Subjektiver Tatbestand__ - Tatentschluß bez.

a. Grunddelikt (§ 223 I)
b. Qualifikation (§ 224 I Nr. 2)

__2. Objektiver Tatbestand__ - Unmittelbarer Ansatz

II. Rechtswidrigkeit

III. Schuld

IV. Kein Rücktritt

Das ist eigentlich inkonsequent, aber es geht nicht anders (s. auch S. 123).

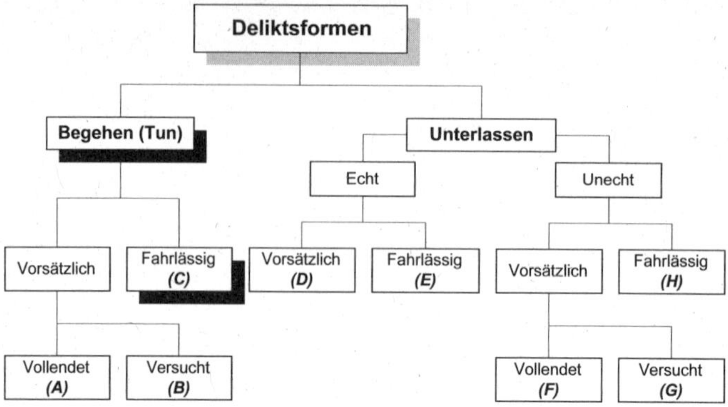

C. Das fahrlässige Begehungsdelikt

I. Tatbestandsmäßigkeit

1. Objektiver Tatbestand
   a. Tathandlung: Objektive Sorgfaltspflichtverletzung
   b. Taterfolg
   c. Verbindung zwischen pflichtwidriger Handlung und Erfolg
      aa. Kausalität
      bb. Objektive Vorhersehbarkeit
      cc. Objektiver Pflichtwidrigkeitszusammenhang
      dd. Schutzzweck der Sorgfaltspflicht (Norm)
2. Subjektiver Tatbestand
   a. Das Wissenselement
      aa. Wissen um den objektiven Tatbestand (bewußte Fahrlässigkeit: luxuria) oder
      bb. Nicht-Wissen um den obj. Tatbestand (unbewußte Fahrlässigkeit: neglentia)
   b. Das Wollenselement
      aa. Kann nur bei Wissen vorliegen (2.a.aa.)
      bb. Inhaltlich: Auf die Nicht-Verwirklichung vertrauen, also: Nicht-Wollen.

II. Rechtswidrigkeit

III. Schuld

1. Schuldfähigkeit
2. Spezielle Schuldmerkmale
3. Unrechtsbewußtsein i.w.S.
   a. Schuldform: Fahrlässigkeit
      aa. Subjektive Sorgfaltspflichtverletzung
      bb. Subjektive Vorhersehbarkeit
   b. Unrechtsbewußtsein i.e.S.
4. Entschuldigungsgründe

I. Tatbestandsmäßigkeit
1. Objektiver Tatbestand
   a. Die Tathandlung: Pflichtverletzung
   b. Der Taterfolg
   c. Die Verbindung von Handlung und Erfolg
      aa. Kausalität
      bb. Objektive Vorhersehbarkeit
      cc. Obj.Pflichtwidrigkeitszus.
      dd. Schutzzweck der Sorgfaltspflicht
2. Subjektiver Tatbestand
   bewußte / unbewußte Fahrlässigkeit
3. Tatbestandsannexe
4. Fälle des § 28 II

II. Rechtswidrigkeit (indiziert)
Ausnahme: Rechtfertigungsgründe

III. Schuld
1. Schuldfähigkeit
2. Spezielle Schuldmerkmale
3. Die persönliche Vorwerfbarkeit
   Unrechtsbewußtsein im weiten Sinne
   a. Schuldform: Fahrlässigkeit
      aa. Subj. Sorgfaltspflichtverletzung
      bb. Subj. Vorhersehbarkeit
4. Entschuldigungsgründe

IV. Besonderheiten
1. Strafausschließungs- und aufhebungsgründe
2. Strafverfolgungshindernisse

Allgemeines: Aufgrund ihrer Eigenart gibt es bei Fahrlässigkeitsdelikten weder Versuch noch Teilnahme (Beihilfe / Anstiftung / Mittäterschaft), allenfalls ***Nebentäterschaft*** (dazu unten auf S. 285) Dies folgt aus dem Gesetz, das für Versuch und Teilnahme Vorsatz fordert (§ 22: nach seiner Vorstellung von der Tat, §§ 26, 27: vorsätzliche Tat, § 25 II: gemeinschaftlich).

Es gibt weder Versuch noch Teilnahme, weil dort ein Vorsatz nötig ist.

Fahrlässigkeit ist nur dann mit Strafe bedroht, wenn dies im Gesetz ausdrücklich bestimmt ist, § 15. Fahrlässigkeitsdelikte gibt es ebenso wie Vorsatzdelikte als Erfolgs- (vgl. § 222) und als Tätigkeitsdelikte (vgl. § 163)

Entscheidend: § 15

Der ***Aufbau*** des fahrlässigen Erfolgsdeliktes ist sehr umstritten. Das betrifft nicht den grundsätzlichen Aufbau „Tatbestandsmäßigkeit, Rechtswidrigkeit, Schuld“, sondern die Zuordnung der einzelnen Fahrlässigkeitsmerkmale zu diesen Stufen und die Benennung der Merkmale. (Vorliegend wird dem von HAFT vertretenen dreistufigen Fahrlässigkeitsprüfungsaufbau gefolgt.) Wir sollten mal kurz einen Blick nach links auf das Schema werfen, um uns die Parallelität zum Aufbau des Vorsatzdeliktes deutlich zu machen.

Aufbaufragen sind umstritten, insbesondere die Zuordnung einzelner Merkmale zu den Deliktsstufen.

Die Fahrlässigkeit ist ein besonderer Typus des strafbaren Verhaltens, der Unrechts- und Schuldelemente in sich vereinigt. Es finden daher sowohl auf der Unrechtsebene (= Tatbestand / Rechtswidrigkeit) als auch auf der Schuldebene Fahrlässigkeitsprüfungen statt. Nach der hier vertretenen Auffassung je einmal im objektiven, einmal im subjektiven Tatbestand (ergibt mit der Rechtswidrigkeit zusammen das Unrecht) und ein weiteres Mal in der Schuld, insgesamt damit dreimal.

Wir werden hier an drei Stellen Fahrlässigkeitselemente prüfen:

zweimal im TB und einmal in der Schuld.

Wichtiger Hinweis: An vielen Unis wird die Auffassung vertreten, es gebe nur einen Fahrlässigkeitstatbestand, aber nicht die

I. Tatbestandsmäßigkeit
1. Objektiver Tatbestand
   a. Die Tathandlung: Pflichtverletzung
   b. Der Taterfolg
   c. Die Verbindung von Handlung und Erfolg
      aa. Kausalität
      bb. Objektive Vorhersehbarkeit
      cc. Obj.Pflichtwidrigkeitszus.
      dd. Schutzzweck der Sorgfaltspflicht
2. Subjektiver Tatbestand
   bewußte / unbewußte Fahrlässigkeit
3. Tatbestandsannexe
4. Fälle des § 28 II

II. Rechtswidrigkeit (indiziert)
Ausnahme: Rechtfertigungsgründe

III. Schuld
1. Schuldfähigkeit
2. Spezielle Schuldmerkmale
3. Die persönliche Vorwerfbarkeit
   Unrechtsbewußtsein im weiten Sinne
   a. Schuldform: Fahrlässigkeit
      aa. Subj. Sorgfaltspflichtverletzung
      bb. Subj. Vorhersehbarkeit
4. Entschuldigungsgründe

IV. Besonderheiten
1. Strafausschließungs- und aufhebungsgründe
2. Strafverfolgungshindernisse

Unterteilung in einen objektiven und subjektiven Fahrlässigkeitstatbestand (vgl. hierzu unten im subj. TB).

Auch wenn man es anders machen will (meinetwegen): der Aufbau wird nicht begründet.

Egal, welchem Aufbau man folgt, gilt die ***Grundregel,*** daß der Aufbau nicht begründet wird. Der Korrektor merkt bei der Lektüre, welchen Aufbau man vertritt. Da nahezu jede Zuordnungsmöglichkeit vertreten wird, kann man da nichts falsch machen. Entscheidend ist nur, daß man zu den Problemen des Falles gelangt.

Wir werden fallweise vorgehen.

Die Erläuterung des Aufbaus erfolgt nun anhand der folgenden Fälle.

Ausgangsfall: Der Autofahrer T durchquert eine geschlossene Ortschaft mit einer Geschwindigkeit von etwa 30 km/h. Plötzlich springt ihm der neunjährige Junge O, der sich beim Spiel hinter einem parkenden Mähdrescher versteckt hatte und zur anderen Straßenseite laufen will, direkt vor das Auto. Der aufmerksam fahrende T bremst sofort, kann aber nicht mehr verhindern, daß O angefahren und getötet wird.
Abwandlung 1: Wie läge es, wenn T die zulässige Höchstgeschwindigkeit von 50 km/h überschritten hätte und mit 60 km/h gefahren wäre? Hierbei ist zu unterstellen, daß O auch dann getötet worden wäre, wenn T seine Geschwindigkeit den geltenden Vorschriften und der gegebenen Verkehrssituation angepaßt hätte.
Abwandlung 2: Wie wäre das Verhalten des T zu beurteilen, wenn O weithin sichtbar zu einer an beiden Straßenseiten spielenden Kindergruppe gehört hätte?
Einstiegssatz: T kann sich durch die Tötung des O gemäß § 222 strafbar gemacht haben.

I. Tatbestandsmäßigkeit
1. Objektiver Tatbestand
   a. Die Tathandlung: Pflichtverletzung
   b. Der Taterfolg
   c. Die Verbindung von Handlung und Erfolg
      aa. Kausalität
      bb. Objektive Vorhersehbarkeit
      cc. Obj. Pflichtwidrigkeitszus.
      dd. Schutzzweck der Sorgfaltspflicht
2. Subjektiver Tatbestand
   bewußte / unbewußte Fahrlässigkeit
3. Tatbestandsannexe
4. Fälle des § 28 II

II. Rechtswidrigkeit (indiziert)
   Ausnahme: Rechtfertigungsgründe

III. Schuld
1. Schuldfähigkeit
2. Spezielle Schuldmerkmale
3. Die persönliche Vorwerfbarkeit
   Unrechtsbewußtsein im weiten Sinne
   a. Schuldform: Fahrlässigkeit
      aa. Subj. Sorgfaltspflichtverletzung
      bb. Subj. Vorhersehbarkeit
4. Entschuldigungsgründe

IV. Besonderheiten
1. Strafausschließungs- und aufhebungsgründe
2. Strafverfolgungshindernisse

I. Tatbestandsmäßigkeit

1. Objektiver Tatbestand

Der objektive Tatbestand eines Fahrlässigkeitsdeliktes unterscheidet sich grundsätzlich nicht von dem eines Vorsatzdeliktes. Diese Erkenntnis wird wohl kaum sonderlich überraschen, denn immerhin muß ja auch bei einem Fahrlässigkeitsdelikt irgendwas passieren, was in der Außenwelt (= objektiv) Spuren hinterläßt.

Das Fahrlässigkeitsdelikt sieht nach außen dem Vorsatzdelikt sehr ähnlich.

Dieses „irgendwas" muß sich einem Täter zuordnen lassen. Und das, was ein Täter „macht", nennen wir ja ***Handlung***. Bei Erfolgsdelikten muß es zusätzlich zu einem ***Erfolg*** kommen. Auch das stellt keine Besonderheit dar. Und schließlich müssen Handlung und Erfolg miteinander verbunden sein. Das Minimum der ***Verbindung*** ist eine Kausalität i.S.d. *conditio sine qua non.* Das alles hatten wir ebenfalls schon beim Vorsatzdelikt. Wir könnten also für alle Beispielfälle von oben formulieren:

Es braucht auch eine *Handlung* und evtl. einen *Erfolg*.

Und diese beiden müssen miteinander *verbunden* sein.

> ***Für alle Beispielsfälle:*** Die Handlung des T hat den Tod eines Menschen, des O, verursacht.

Die Unterschiede liegen dann nicht im Grundsätzlichen, sondern im Detail. So finden wir nämlich beim Fahrlässigkeitsdelikt die ***entscheidende Besonderheit,*** daß nicht *irgendeine* Handlung zur Tatbestandserfüllung ausreicht, sondern nur eine solche, die man als „Sorgfaltspflichtverletzung" bezeichnen kann.

Unterschied:
Irgendeine Handlung genügt nicht.
Es muß schon was Besonderes sein.

a. Handlung: Objektive Sorgfaltspflichtverletzung

Mit seiner Handlung muß der Täter eine objektive Sorgfaltspflicht verletzt haben.

Handlung = Pflichtverletzung.

I. Tatbestandsmäßigkeit
1. Objektiver Tatbestand
   a. Die Tathandlung: Pflichtverletzung
   b. Der Taterfolg
   c. Die Verbindung von Handlung und Erfolg
      aa. Kausalität
      bb. Objektive Vorhersehbarkeit
      cc. Obj.Pflichtwidrigkeitszus.
      dd. Schutzzweck der Sorgfaltspflicht
2. Subjektiver Tatbestand
   bewußte / unbewußte Fahrlässigkeit
3. Tatbestandsannexe
4. Fälle des § 28 II

II. Rechtswidrigkeit (indiziert)
Ausnahme: Rechtfertigungsgründe

III. Schuld
1. Schuldfähigkeit
2. Spezielle Schuldmerkmale
3. Die persönliche Vorwerfbarkeit
   Unrechtsbewußtsein im weiten Sinne
   a. Schuldform: Fahrlässigkeit
      aa. Subj. Sorgfaltspflichtverletzung
      bb. Subj. Vorhersehbarkeit
4. Entschuldigungsgründe

IV. Besonderheiten
1. Strafausschließungs- und aufhebungsgründe
2. Strafverfolgungshindernisse

T muß damit eine objektive Sorgfaltspflicht verletzt haben.

Definition Objektiv sorgfaltspflichtwidrig

Definition: Objektiv sorgfaltspflichtwidrig handelt, wer die Sorgfalt außer Acht läßt, zu der er *nach den Umständen* verpflichtet ist.

Nicht besonders hilfreiche Definition. Entscheidend daran sind die „Umstände".

Eine dieser tollen Definitionen, die uns im Grunde überhaupt nicht weiterhelfen. Nehmen wir sie nämlich auseinander, dann steht auf beiden Seiten etwas von *Sorgfalt*, es steht auf beiden Seiten etwas von *Pflicht*, wir finden auf beiden Seiten die *Widrigkeit* (einmal als Verletzung, einmal als Außerachtlassung). Das einzig wirklich Neue, Zusätzliche, ist die Formulierung *„nach den Umständen"*.

Wie kommt man an die Sorgfaltspflicht?

Für uns stellt sich also trotz der Definition (oder besser: gerade wegen) immer noch das Problem, wie wir an die objektive Sorgfaltspflicht drankommen.

aa. Inhalt der Sorgfaltspflicht

Untersuchen und Berücksichtigen!

Allgemein gilt der Grundsatz, daß eine Handlung auf ihre Gefährlichkeit hin abgeklopft werden muß (= Untersuchungspflicht) und daß sie nur unter Berücksichtigung dieser Gefährlichkeit vorgenommen werden darf (= Berücksichtigungspflicht). Es gibt also 2 Elemente:

Erkenntnis und ...

a. die Erkenntnis (vgl. dazu auch den unten folgenden Prüfungspunkt: Vorhersehbarkeit) der Gefährlichkeit und

... Verhalten.

b. ein entsprechend angepaßtes Verhalten.

I. Tatbestandsmäßigkeit
  1. Objektiver Tatbestand
    a. Die Tathandlung: Pflichtverletzung
    b. Der Taterfolg
    c. Die Verbindung von Handlung und Erfolg
      aa. Kausalität
      bb. Objektive Vorhersehbarkeit
      cc. Obj.Pflichtwidrigkeitszus.
      dd. Schutzzweck der Sorgfaltspflicht
  2. Subjektiver Tatbestand
    bewußte / unbewußte Fahrlässigkeit
  3. Tatbestandsannexe
  4. Fälle des § 28 II

II. Rechtswidrigkeit (indiziert)
  Ausnahme: Rechtfertigungsgründe

III. Schuld
  1. Schuldfähigkeit
  2. Spezielle Schuldmerkmale
  3. Die persönliche Vorwerfbarkeit
    Unrechtsbewußtsein im weiten Sinne
    a. Schuldform: Fahrlässigkeit
      aa. Subj. Sorgfaltspflichtverletzung
      bb. Subj. Vorhersehbarkeit
  4. Entschuldigungsgründe

IV. Besonderheiten
  1. Strafausschließungs- und aufhebungsgründe
  2. Strafverfolgungshindernisse

Sorgfältig handelt folglich der, der diesen Voraussetzungen entspricht. Weil die Überprüfung dieser Voraussetzungen objektiv geboten ist, also für jeden, der derartige gefährliche Handlungen vornehmen will, und nicht nur für einen bestimmten Täter, spricht man von einer objektiven Sorgfaltspflicht. Damit ist aber erst ***der allgemeine Inhalt*** einer Sorgfaltspflicht bestimmt.

Objektive Kriterien entscheiden, ob dem Genüge getan wurde.

bb. Art und Umfang der Sorgfaltspflicht

Um genau zu wissen, ob ein Täter eine Sorgfaltspflicht nicht beachtet hat, muß man darüber hinaus auch ***genau*** wissen, ***welche konkrete*** Sorgfaltspflicht besteht. Man muß Klarheit darüber gewinnen, in welchem Umfang der Täter überprüfen muß, welche Gefahren einer Handlung innewohnen. Und man muß sich weiter darüber im Klaren (Prost.) sein, welche Anforderungen an die Angepaßtheit der Handlung zu stellen sind.

Wichtige Zusatzfrage: Was *konkret* muß der Täter beachten?

Mit einem Wort: ***Es geht um den Maßstab.*** Die herrschende Meinung verwendet hier folgende Formel:

Der Maßstab:

> Art und Maß der anzuwendenden Sorgfalt ergeben sich aus den Anforderungen, die bei einer Betrachtung der Gefahrenlage „ex ante“ (lat.: von vorne) an einen besonnenen und gewissenhaften Menschen in der konkreten Lage und der sozialen Rolle des Handelnden zu stellen sind.

Der Durchschnitt macht´s.

Das „ex ante“ hat einen sehr simplen Grund: Hinterher („ex post“) ist man immer schlauer. Das darf dem Täter nicht angelastet werden.

Entscheidender Zeitpunkt: vorher.

I. Tatbestandsmäßigkeit
1. Objektiver Tatbestand
   a. Die Tathandlung: Pflichtverletzung
   b. Der Taterfolg
   c. Die Verbindung von Handlung und Erfolg
      aa. Kausalität
      bb. Objektive Vorhersehbarkeit
      cc. Obj.Pflichtwidrigkeitszus.
      dd. Schutzzweck der Sorgfaltspflicht
2. Subjektiver Tatbestand
   bewußte / unbewußte Fahrlässigkeit
3. Tatbestandsannexe
4. Fälle des § 28 II

II. Rechtswidrigkeit (indiziert)
Ausnahme: Rechtfertigungsgründe

III. Schuld
1. Schuldfähigkeit
2. Spezielle Schuldmerkmale
3. Die persönliche Vorwerfbarkeit
   Unrechtsbewußtsein im weiten Sinne
   a. Schuldform: Fahrlässigkeit
      aa. Subj. Sorgfaltspflichtverletzung
      bb. Subj. Vorhersehbarkeit
4. Entschuldigungsgründe

IV. Besonderheiten
1. Strafausschließungs- und aufhebungsgründe
2. Strafverfolgungshindernisse

Das soll heißen:

... Bauarbeiter ...

- Wenn ein ***Bauarbeiter*** einen Fehler macht, dann ist bei der Überprüfung der Sorgfaltspflicht darauf abzustellen, wie ein besonnener und gewissenhafter ***Bauarbeiter*** gehandelt hätte.

... Ärzte ...

- Wenn ein ***Arzt*** einen Fehler macht, dann ist bei der Überprüfung der Sorgfaltspflicht darauf abzustellen, wie ein besonnener und gewissenhafter ***Arzt*** gehandelt hätte.

... Autofahrer ...

- Wenn ein ***Autofahrer*** einen Fehler macht, dann ist bei der Überprüfung der Sorgfaltspflicht darauf abzustellen, wie ein besonnener und gewissenhafter ***Autofahrer*** gehandelt hätte.

... autofahrende Ärzte.

(Wir wollen lieber nicht überlegen, wie ein autofahrender Arzt zu behandeln ist.)

Für unseren Fall:

> Es ist bei der Überprüfung der Frage, ob T eine objektive Sorgfaltspflicht verletzt hat, darauf abzustellen, wie ein besonnener und gewissenhafter Autofahrer an seiner Stelle gehandelt hätte.

Besonnene und gewissenhafte Menschen beachten ...

Und nun fragt man weiter: Wie hätte sich denn ein besonnener und gewissenhafter Mensch in der konkreten Lage und der sozialen Rolle des Handelnden unter den gegebenen Umständen verhalten?

... die allgemeinen Rechtsvorschriften ...

- Zunächst: Jeder besonnene und gewissenhafte Mensch hält sich an die ***allgemeinen Rechtsvorschriften***. Damit sind bspw. die Straßenverkehrsordnung, die Unfallverhütungsvorschriften, ordnungsbehördliche Vorschriften etc. gemeint. Deshalb handelt bspw. objektiv pflichtwidrig, wer die Vorfahrt mißachtet (§ 8 I 1 StVO)

I. Tatbestandsmäßigkeit	**II. Rechtswidrigkeit** (indiziert)
1. Objektiver Tatbestand	Ausnahme: Rechtfertigungsgründe
a. Die Tathandlung: Pflichtverletzung	**III. Schuld**
b. Der Taterfolg	1. Schuldfähigkeit
c. Die Verbindung von Handlung und Erfolg	2. Spezielle Schuldmerkmale
aa. Kausalität	3. Die persönliche Vorwerfbarkeit Unrechtsbewußtsein im weiten Sinne
bb. Objektive Vorhersehbarkeit	a. Schuldform: Fahrlässigkeit
cc. Obj.Pflichtwidrigkeitszus.	aa. Subj. Sorgfaltspflichtverletzung
dd. Schutzzweck der Sorgfaltspflicht	bb. Subj. Vorhersehbarkeit
2. Subjektiver Tatbestand bewußte / unbewußte Fahrlässigkeit	4. Entschuldigungsgründe
3. Tatbestandsannexe	**IV. Besonderheiten**
4. Fälle des § 28 II	1. Strafausschließungs- und aufhebungsgründe
	2. Strafverfolgungshindernisse

- Weiterhin: Jeder besonnene und gewissenhafte Mensch hält sich an die ***allgemeinen Regeln der Verkehrssitte***. Damit sind Sportregeln, Jagdregeln, die Regeln der ärztlichen Kunst etc. gemeint. Deshalb handelt bspw. objektiv pflichtwidrig, wer *als Arzt* eine nichtdesinfizierte Spritze benutzt.

... die allgemeinen Regeln der Verkehrssitte ...

- Zuletzt: Jeder besonnene und gewissenhafte Mensch hält sich an die ***allgemeinen Regeln der Sorgfalt***. Damit sind solche Regeln gemeint, die nur in einer konkreten Situation gelten. Deshalb handelt bspw. objektiv pflichtwidrig, wer in einen Plastiktopf kochendes Fonduefett schüttet (ist mir mal passiert).

... die allgemeinen Regeln der Sorgfalt.

Ausgangsfall: T fuhr innerhalb einer geschlossenen Ortschaft. Dort ist eine Höchstgeschwindigkeit von 50 km/h erlaubt.
Abwandlung 1: Genauso
Abwandlung 2: Hinzu kommt aber noch, daß für T sichtbar Kindergruppen auf beiden Seiten der Straße spielten. Da es nun durchaus normal ist, daß Kinder willkürlich und ohne aufzupassen die Straßenseite wechseln, wenn sie im Spiel vertieft sind, war T verpflichtet, sich darauf einzurichten und so zu fahren, daß er einem solchen „Kindwechsel" notfalls durch Anhalten ausweichen konnte.

Hat man auf diese Weise festgestellt, *daß* den Täter eine Sorgfaltspflicht traf und *wie* diese Pflicht beschaffen war, muß man anschließend feststellen, *ob* der Täter sich dieser Pflicht gemäß verhalten hat. Ist dies nicht der Fall, handelte der Täter objektiv sorgfaltswidrig.

Eigentlich kenne ich dann gar keine besonnenen und gewissenhaften Menschen.

Ausgangsfall: Mit den von ihm gefahrenen 30 km/h ist T erheblich unter dieser Grenze geblieben. Die konkrete Situation gab ihm keinen Anlaß, noch langsamer zu fahren. T hat daher die ihm objektiv oblie-

I. Tatbestandsmäßigkeit
1. Objektiver Tatbestand
   a. Die Tathandlung: Pflichtverletzung
   b. Der Taterfolg
   c. Die Verbindung von Handlung und Erfolg
      aa. Kausalität
      bb. Objektive Vorhersehbarkeit
      cc. Obj.Pflichtwidrigkeitszus.
      dd. Schutzzweck der Sorgfaltspflicht
2. Subjektiver Tatbestand
   bewußte / unbewußte Fahrlässigkeit
3. Tatbestandsannexe
4. Fälle des § 28 II

II. Rechtswidrigkeit (indiziert)
Ausnahme: Rechtfertigungsgründe

III. Schuld
1. Schuldfähigkeit
2. Spezielle Schuldmerkmale
3. Die persönliche Vorwerfbarkeit
   Unrechtsbewußtsein im weiten Sinne
   a. Schuldform: Fahrlässigkeit
      aa. Subj. Sorgfaltspflichtverletzung
      bb. Subj. Vorhersehbarkeit
4. Entschuldigungsgründe

IV. Besonderheiten
1. Strafausschließungs- und aufhebungsgründe
2. Strafverfolgungshindernisse

---

gende Sorgfaltspflicht beachtet. Der Tatbestand des § 222 ist nicht erfüllt. (Ende der Prüfung des Ausgangsfalls.)
Abwandlung 1: Mit den von ihm gefahrenen 60 km/h ist T über diese Grenze hinausgegangen. Damit handelte er objektiv sorgfaltswidrig.
Abwandlung 2: Dadurch, daß T seine Geschwindigkeit nicht dem zu erwartenden „Kindwechsel" angepaßt hat, hat er gegen eine objektive Sorgfaltspflicht verstoßen. Er handelte folglich objektiv sorgfaltswidrig.

b. Taterfolg

Im Hinblick auf den Taterfolg gibt es beim Vorsatzdelikt keine Besonderheiten - er muß vorliegen (z.B. der Tod in § 222).

c. Verbindung von pflichtwidriger Handlung & Erfolg

aa. Kausalität (c.s.q.n.)

Die Kausalität ist meistens geschrieben: das Gesetz sagt: „verursacht"

Anders als beim Vorsatzdelikt aber ist die Kausalität, die Verursachung also, bei der Fahrlässigkeit manchmal ein geschriebenes Merkmal. So heißt es z.B. in § 222 und in § 229 jeweils: „Wer durch Fahrlässigkeit (...) *verursacht* (...)". Bei den Vorsatzdelikten dagegen hatten wir die Verbindung von Handlung und Erfolg als ein (meist) ungeschriebenes Merkmal des objektiven Tatbestandes bezeichnet (auf S. 21).

Gemeint ist dasselbe wie beim Vorsatzdelikt: c.s.q.n.

Mit der Kausalität ist wie beim Vorsatzdelikt gemeint, daß man die Handlung als solche nicht hinwegdenken darf, ohne daß der Erfolg in seiner konkreten Gestalt mit an Sicherheit grenzender Wahrscheinlichkeit entfällt.

I. Tatbestandsmäßigkeit
1. Objektiver Tatbestand
   a. Die Tathandlung: Pflichtverletzung
   b. Der Taterfolg
   c. Die Verbindung von Handlung und Erfolg
      aa. Kausalität
      bb. Objektive Vorhersehbarkeit
      cc. Obj.Pflichtwidrigkeitszus.
      dd. Schutzzweck der Sorgfaltspflicht
2. Subjektiver Tatbestand
   bewußte / unbewußte Fahrlässigkeit
3. Tatbestandsannexe
4. Fälle des § 28

II. Rechtswidrigkeit (indiziert)
Ausnahme: Rechtfertigungsgründe

III. Schuld
1. Schuldfähigkeit
2. Spezielle Schuldmerkmale
3. Die persönliche Vorwerfbarkeit
   Unrechtsbewußtsein im weiten Sinne
   a. Schuldform: Fahrlässigkeit
      aa. Subj. Sorgfaltspflichtverletzung
      bb. Subj. Vorhersehbarkeit
4. Entschuldigungsgründe

IV. Besonderheiten
1. Strafausschließungs- und aufhebungsgründe
2. Strafverfolgungshindernisse

Hinweis: Die bis hierhin dargestellten Prüfungspunkte müssen in *jeder* Fahrlässigkeitsklausur, die nicht offensichtlich mit einem Satz abgehandelt werden kann, erörtert werden. Für die folgenden ist das etwas anders. Alles, was jetzt noch kommt, wird nur dann erörtert, wenn der Sachverhalt einen Anlaß dafür gibt. Es handelt sich um ***Korrektive*** für Ergebnisse, die zwar „an sich" passen, die man aber insgesamt gesehen für unpassend hält.

Alle Prüfungspunkte *bis hierhin* müssen in einer Klausur erörtert werden.

Gibt der Sachverhalt keinen Anhaltspunkt wird ***nichts*** dazu gesagt, ***nicht mal ein (1) Satz***. (Man gliedert dann auch nicht mehr „b. Verbindung von pflichtwidriger Handlung und Erfolg", „aa. Kausalität", sondern baut das zu *einem* Prüfungspunkt zusammen).

Die *nachfolgenden* nur, wenn der Sachverhalt was dafür hergibt.

Im übrigen kann man die folgenden drei Punkte durchaus als Parallelpunkte zu dem beim Vorsatzdelikt geprüften Punkt der *Objektiven Zurechnung* verstehen. Um das zu verdeutlichen, habe ich die Begrifflichkeit „Objektive Zurechnung" jeweils in Klammern davor gesetzt. ***In der Klausur*** würde man diese Klammern nebst Inhalt weglassen!

Es ist ähnlich wie bei der *objektiven Zurechnung* im Vorsatzdelikt.

bb. (Objektive Zurechnung I) Objektive Vorhersehbarkeit

Für diesen Prüfungspunkt bedarf es in der Regel nur einer kurzen Feststellung, daß die Voraussetzung gegeben ist (vgl. unten).

Normalerweise höchstens 1 Satz wert.

Der ***Erfolg*** in seiner konkreten Gestalt ***und*** der ***Kausalverlauf*** in seinen wesentlichen Grundzügen müssen objektiv voraussehbar gewesen sein. Maßgeblich ist auch insoweit die Beurteilung ex ante aufgrund der dem Täter in der Tatsituation bekannten und erkennbaren Umstände; nachträglich gewonnene Erkenntnisse sind ohne Bedeutung.

Vorhersehbarkeit muß bei Tatbeginn gegeben sein.

I. Tatbestandsmäßigkeit
1. Objektiver Tatbestand
   a. Die Tathandlung: Pflichtverletzung
   b. Der Taterfolg
   c. Die Verbindung von Handlung und Erfolg
      aa. Kausalität
      bb. Objektive Vorhersehbarkeit
      cc. Obj.Pflichtwidrigkeitszus.
      dd. Schutzzweck der Sorgfaltspflicht
2. Subjektiver Tatbestand
   bewußte / unbewußte Fahrlässigkeit
3. Tatbestandsannexe
4. Fälle des § 28

II. Rechtswidrigkeit (indiziert)
Ausnahme: Rechtfertigungsgründe

III. Schuld
1. Schuldfähigkeit
2. Spezielle Schuldmerkmale
3. Die persönliche Vorwerfbarkeit
   Unrechtsbewußtsein im weiten Sinne
   a. Schuldform: Fahrlässigkeit
      aa. Subj. Sorgfaltspflichtverletzung
      bb. Subj. Vorhersehbarkeit
4. Entschuldigungsgründe

IV. Besonderheiten
1. Strafausschließungs- und aufhebungsgründe
2. Strafverfolgungshindernisse

Was keiner vorhersehen kann, ist grundsätzlich unvermeidbar. Strafe wäre sinnlos.

Der Grund für die Existenz dieser Anforderung liegt darin: Wenn niemand den Erfolg vorhersehen kann, kann es auch nicht ein konkreter Täter. Dann ist die Tat aber stets unvermeidbar. Was stets unvermeidbar ist, kann man aber nicht bestrafen. Eine Regel, die niemand einhalten kann, ist rechtlich sinnlos.

Es geht wieder mal um Atypisches.

Dieser Prüfungspunkt ist regelmäßig nur in den Fällen des ***atypischen Kausalverlaufs*** problematisch.

> ***Bsp.:*** Beim Reinigen der Fenster wirft T versehentlich einen Blumentopf um, der auf den Kopf des Fußgängers O fällt. O wird ins Krankenhaus gefahren und stirbt an einer Infektion, weil er von Schwester S, mit der er schon bei der Aufnahme ein Verhältnis begonnen hat, bei näherem Kontakt einen Erreger einfängt. (Vielleicht ein bißchen platt?)

Das gab es beim Vorsatzdelikt in der objektiven Zurechnung.

Er entspricht insoweit (teilweise) dem beim vorsätzlichen Delikt geprüften Merkmal der „objektiven Zurechnung". Wir hatten ja schon eingangs gesagt, daß es bei der Fahrlässigkeit etwas andere Terminologien gibt.

(... mißbilligte Gefahr geschaffen und im Erfolgseintritt realisiert?)

(Zur Erinnerung: Die objektive Zurechnung fragt danach, ob durch die - kausale: c.s.q.n. - Handlung des Täters eine rechtlich mißbilligte Gefahr geschaffen wurde, die sich im Erfolgseintritt realisiert hat. Nur wenn diese Frage bejaht werden kann, ist der eingetretene Erfolg dem Täter als sein Werk zuzurechnen.)

> ***Abwandlungen 1 & 2:*** Daß eine überhöhte Geschwindigkeit den Tod anderer Verkehrsteilnehmer zur Folge haben kann, ist allgemein bekannt und objektiv voraussehbar.

I. Tatbestandsmäßigkeit
1. Objektiver Tatbestand
   a. Die Tathandlung: Pflichtverletzung
   b. Der Taterfolg
   c. Die Verbindung von Handlung und Erfolg
      aa. Kausalität
      bb. Objektive Vorhersehbarkeit
      cc. Obj.Pflichtwidrigkeitszus.
      dd. Schutzzweck der Sorgfaltspflicht
2. Subjektiver Tatbestand
   bewußte / unbewußte Fahrlässigkeit
3. Tatbestandsannexe
4. Fälle des § 28

II. Rechtswidrigkeit (indiziert)
Ausnahme: Rechtfertigungsgründe

III. Schuld
1. Schuldfähigkeit
2. Spezielle Schuldmerkmale
3. Die persönliche Vorwerfbarkeit
   Unrechtsbewußtsein im weiten Sinne
   a. Schuldform: Fahrlässigkeit
      aa. Subj. Sorgfaltspflichtverletzung
      bb. Subj. Vorhersehbarkeit
4. Entschuldigungsgründe

IV. Besonderheiten
1. Strafausschließungs- und aufhebungsgründe
2. Strafverfolgungshindernisse

---

cc. (Objektive Zurechnung II) Objektiver Pflichtwidrigkeitszusammenhang

Ist das Verhalten des Täters rechtlich als Verstoß gegen eine Sorgfaltspflicht bewertet worden, so muß es auch zwischen diesem Verstoß *als Verstoß* und dem eingetretenen Erfolg einen Zusammenhang geben.

Diesen Zusammenhang bezeichnet man als „objektiven Pflichtwidrigkeitszusammenhang".

Verschiedene Namen für dieselbe Sache.

Objektiv heißt dieser Zusammenhang übrigens deshalb, weil er im *objektiven* Tatbestand geprüft wird. Dieser Prüfungspunkt trägt daneben bisweilen auch noch den Namen ***objektiver Zurechnungszusammenhang***.

Es geht um die Realisierung der „richtigen" Gefahr im Erfolgseintritt.

Hier findet sich wieder ein Ausschnitt aus der beim Vorsatzdelikt besprochenen Lehre von der objektiven Zurechnung. Die kausale Handlung des Täters (die Pflichtverletzung) hat eine (bestimmte) rechtlich mißbilligte Gefahr geschaffen. Und ***diese*** Gefahr muß sich jetzt im Erfolgseintritt realisiert haben.

Keine *Realisierung*, wenn's auch so passiert wäre.

Der Pflichtwidrigkeitszusammenhang ist deshalb immer dann zu verneinen, wenn der Erfolg auch bei pflichtgemäßem, rechtlich erlaubtem Verhalten mit an Sicherheit grenzender Wahrscheinlichkeit eingetreten wäre. Denn wenn es für den Eintritt des Erfolges einerlei ist, ob sich der Täter pflichtgemäß oder pflichtwidrig verhalten hat, dann hat sich auch nicht die Gefahr realisiert, die durch die Pflichtwidrigkeit geschaffen wurde (sondern eine andere).

I. Tatbestandsmäßigkeit
1. Objektiver Tatbestand
   a. Die Tathandlung: Pflichtverletzung
   b. Der Taterfolg
   c. Die Verbindung von Handlung und Erfolg
      aa. Kausalität
      bb. Objektive Vorhersehbarkeit
      cc. Obj.Pflichtwidrigkeitszus.
      dd. Schutzzweck der Sorgfaltspflicht
2. Subjektiver Tatbestand
   bewußte / unbewußte Fahrlässigkeit
3. Tatbestandsannexe
4. Fälle des § 28

II. Rechtswidrigkeit (indiziert)
Ausnahme: Rechtfertigungsgründe

III. Schuld
1. Schuldfähigkeit
2. Spezielle Schuldmerkmale
3. Die persönliche Vorwerfbarkeit
   Unrechtsbewußtsein im weiten Sinne
   a. Schuldform: Fahrlässigkeit
      aa. Subj. Sorgfaltspflichtverletzung
      bb. Subj. Vorhersehbarkeit
4. Entschuldigungsgründe

IV. Besonderheiten
1. Strafausschließungs- und aufhebungsgründe
2. Strafverfolgungshindernisse

Abwandlung 1 & 2: Fraglich ist allerdings, ob der Tod des O und die Pflichtverletzung des T in einem objektiven Pflichtwidrigkeitszusammenhang stehen. Dies wäre dann nicht der Fall, wenn O auch dann getötet worden wäre, wenn T sorgfältig gehandelt hätte, also
Abwandlung 1: nur 50 km/h gefahren wäre
Abwandlung 2: so langsam gefahren wäre, daß er jederzeit hätte anhalten können.

Es geht nicht um das ***Hinwegdenken*** der (jedenfalls kausalen) Handlung ...

... sondern um das ***Hinzudenken*** einer pflichtgemäßen Handlung (Spezialfall hypothetischer Kausalität).

Aufgepaßt: Das ist keine Frage der Kausalität! Nach der c.s.q.n.-Formel ist jede Ursache kausal, die nicht hinweggedacht werden kann, ohne daß der konkrete Erfolg entfällt.

Kausal ist die Handlung des T daher in beiden Abwandlungen. Wäre T nicht 60 (30) km/h gefahren, wäre O nicht so gestorben. Die Handlung als solche ist also immer kausal. Klausurmäßig muß das auch so sein, sonst wären wir mit unserer Prüfung gar nicht so weit gekommen.

Abwandlung 1: O wäre auch dann getötet worden, wenn T seine Geschwindigkeit den geltenden Vorschriften und der gegebenen Verkehrssituation angepaßt hätte. Dann aber hat sich ***sein Pflichtverstoß*** gar nicht in einem Erfolg ausgewirkt, sondern ist für den Eintritt des Erfolges irrelevant geblieben. Anders formuliert: Es liegt gar nicht am Pflichtverstoß des T, daß O getötet wurde. Es mangelt am objektiven Pflichtwidrigkeitszusammenhang und folglich auch am Tatbestand. T ist nicht nach § 222 strafbar geworden. (Ende der Prüfung Abwandlung 1.)
Abwandlung 2: Ohne die Pflichtverletzung hätte T rechtzeitig anhalten können und O wäre nicht getötet worden. Der Erfolg ist der Pflichtverletzung also objektiv zurechenbar.

I. Tatbestandsmäßigkeit
1. Objektiver Tatbestand
   a. Die Tathandlung: Pflichtverletzung
   b. Der Taterfolg
   c. Die Verbindung von Handlung und Erfolg
      aa. Kausalität
      bb. Objektive Vorhersehbarkeit
      cc. Obj.Pflichtwidrigkeitszus.
      dd. Schutzzweck der Sorgfaltspflicht
2. Subjektiver Tatbestand
   bewußte / unbewußte Fahrlässigkeit
3. Tatbestandsannexe
4. Fälle des § 28

II. Rechtswidrigkeit (indiziert)
   Ausnahme: Rechtfertigungsgründe

III. Schuld
1. Schuldfähigkeit
2. Spezielle Schuldmerkmale
3. Die persönliche Vorwerfbarkeit
   Unrechtsbewußtsein im weiten Sinne
   a. Schuldform: Fahrlässigkeit
      aa. Subj. Sorgfaltspflichtverletzung
      bb. Subj. Vorhersehbarkeit
4. Entschuldigungsgründe

IV. Besonderheiten
1. Strafausschließungs- und aufhebungsgründe
2. Strafverfolgungshindernisse

---

dd. (Objektive Zurechnung III) Schutzzweck der Sorgfaltspflicht

Unterstellt, es liegt ein Verstoß gegen eine Sorgfaltspflicht vor (das wird zumeist eine gesetzliche Vorschrift, d.h. eine Norm sein), dann muß der eingetretene Erfolg auch im Schutzzweck dieser Sorgfaltspflicht liegen. (Auch hier riecht es förmlich wieder nach der Lehre von der objektiven Zurechnung. Ob es sich bei diesem Prüfungspunkt wirklich um einen eigenständigen Prüfungspunkt handelt, wird deshalb nicht von allen Autoren gleich beurteilt. Manchmal findet man ihn auch als Unterpunkt zum Pflichtwidrigkeitszusammenhang.)

Nächste Frage: Vor was wollte die Sorgfaltspflicht eigentlich schützen?

Wenn ein Autofahrer bei Rotlicht über eine Ampel fährt und 500 Meter weiter einen Unfall mit tödlichem Ausgang verursacht (Fußgänger überfahren), dann hat er

- die Merkmale „Handlung", „Verursachung", „Tod eines Menschen" des § 222 erfüllt.
- Er hat dann weiterhin objektiv sorgfaltswidrig gehandelt: Fahren über Rotlicht; der Erfolg war objektiv vorhersehbar (da kann man sich drüber streiten).
- Dieser Pflichtverstoß hat auch objektiv zurechenbar zum Tod des Opfers geführt. Bei pflichtgemäßem Verhalten hätte er halten müssen, wäre der Fußgänger längst weg gewesen.

Rote Ampeln wollen den Verkehr in ihrer näheren Umgebung schützen ...

Aber: Die Sorgfaltspflicht, die es verbietet, bei Rotlicht über eine Ampel zu fahren, hat nicht den Schutz von 500 Meter entfernten Menschen zum Zweck. Sie dient alleine dazu, einen Kreuzungsbereich etc. zu sichern.

... aber nicht den in 500 Meter Entfernung.

I. Tatbestandsmäßigkeit
1. Objektiver Tatbestand
   a. Die Tathandlung: Pflichtverletzung
   b. Der Taterfolg
   c. Die Verbindung von Handlung und Erfolg
      aa. Kausalität
      bb. Objektive Vorhersehbarkeit
      cc. Obj.Pflichtwidrigkeitszus.
      dd. Schutzzweck der Sorgfaltspflicht
2. Subjektiver Tatbestand
   bewußte / unbewußte Fahrlässigkeit
3. Tatbestandsannexe
4. Fälle des § 28

II. Rechtswidrigkeit (indiziert)
Ausnahme: Rechtfertigungsgründe

III. Schuld
1. Schuldfähigkeit
2. Spezielle Schuldmerkmale
3. Die persönliche Vorwerfbarkeit
   Unrechtsbewußtsein im weiten Sinne
   a. Schuldform: Fahrlässigkeit
      aa. Subj. Sorgfaltspflichtverletzung
      bb. Subj. Vorhersehbarkeit
4. Entschuldigungsgründe

IV. Besonderheiten
1. Strafausschließungs- und aufhebungsgründe
2. Strafverfolgungshindernisse

Wird *dort* jemand verletzt, hat das strafrechtlich nichts mehr mit der roten Ampel zu tun.

Wenn also im Beispiel der T 500 Meter weiter jemanden tötet, dann hat sich nicht *die Gefahr* verwirklicht, zu deren Abwehr die Rechtspflicht bestimmt wurde. Es fehlt daher in diesen Fällen ein wesentliches Merkmal des Unrechts. Der objektive Tatbestand liegt dann nicht vor. (Wir erinnern uns erneut an die Vorgehensweise bei der Lehre von der objektiven Zurechnung: Rechtlich mißbilligte Gefahr geschaffen und im Erfolg realisiert?, oben S. 27.)

Sorgfaltspflichten dienen nicht dazu ...

Von Interesse ist dabei noch dieser Fall:

(BGHSt 24, 342) T ist Polizist. Er besucht mit einer (sehr guten) Bekannten O eine Gaststätte. Beide halten sich einige Stunden in der Gaststätte auf, anschließend ist O - durch Alkoholgenuß - in depressiver Stimmung. Dies war schon oft so der Fall. T erkennt dies, er weiß außerdem, daß O in den letzten 6 Monaten zwei Selbstmordversuche hinter sich hat. Als beide anschließend mit dem Auto nach Hause fahren, legt T routinemäßig seine Pistole auf das Armaturenbrett. Während der Fahrt nimmt O die Pistole an sich, ohne daß T dies bemerkt, und erschießt sich. Strafbarkeit des T?

... *eigenverantwortliche* Selbstschädigungen ***des Opfers*** ...

Hier muß man sich die ***Frage*** stellen: Will die Norm, die die Verhaltensregel aufstellt, keine geladenen Schußwaffen auf das Armaturenbrett zu legen, davor schützen, daß sich das Opfer durch eine eigene, vorsätzliche Entscheidung selbst das Leben nimmt? Also: Gibt es eine fahrlässige Beihilfe zum Selbstmord?

... strafrechtlich zu sanktionieren.

Antwort: Vergleich der vorliegenden Lage mit der, die bestünde, wenn der Täter um die Absicht des Opfers gewußt hätte. Dann wäre im Hinblick auf das Opfer ebenfalls eine Selbsttötungssituation gegeben, eine vorsätzliche Beihilfe wäre nicht strafbar gewesen. Es gilt daher der „Erst-recht-Schluß". Wenn die Tat als

I. Tatbestandsmäßigkeit
1. Objektiver Tatbestand
   a. Die Tathandlung: Pflichtverletzung
   b. Der Taterfolg
   c. Die Verbindung von Handlung und Erfolg
      aa. Kausalität
      bb. Objektive Vorhersehbarkeit
      cc. Obj.Pflichtwidrigkeitszus.
      dd. Schutzzweck der Sorgfaltspflicht
2. Subjektiver Tatbestand
   bewußte / unbewußte Fahrlässigkeit
3. Tatbestandsannexe
4. Fälle des § 28

II. Rechtswidrigkeit (indiziert)
Ausnahme: Rechtfertigungsgründe

III. Schuld
1. Schuldfähigkeit
2. Spezielle Schuldmerkmale
3. Die persönliche Vorwerfbarkeit
   Unrechtsbewußtsein im weiten Sinne
   a. Schuldform: Fahrlässigkeit
      aa. Subj. Sorgfaltspflichtverletzung
      bb. Subj. Vorhersehbarkeit
4. Entschuldigungsgründe

IV. Besonderheiten
1. Strafausschließungs- und aufhebungsgründe
2. Strafverfolgungshindernisse

---

vorsätzliche nicht strafbar gewesen wäre, dann erst recht nicht als fahrlässige.

Ergebnis: Der Tod durch einen freien Entschluß eines dazwischentretenden Dritten ist nicht vom Schutzzweck der Sorgfaltspflicht abgedeckt.

Dabei geht es hier nur um's Strafrecht, nicht um Disziplinarverfahren etc.

> ***Abwandlung 2:*** Die Rechtspflicht des Langsamfahrens dient dazu, in Fällen wie dem vorliegenden ein jederzeitiges Anhalten zu ermöglichen. Es hat sich dadurch, daß T dies nicht konnte, also genau die Gefahr verwirklicht, zu deren Abwehr die Sorgfaltspflicht bestimmt wurde.
> Damit hat T den objektiven Tatbestand verwirklicht.

Nur noch mal kurz der Hinweis, daß auch dieser Prüfungspunkt im Normalfall (also wenn keine Anhaltspunkte vorliegen) klausurmäßig mit völliger Nichtachtung behandelt wird.

In der Klausur: Normalerweise kein Wort darüber.

2. Subjektiver Tatbestand

Hier ist mit einem Satz festzustellen, ob T den Erfolg vorausgesehen hat oder nicht. Im ersten Fall läge bewußte Fahrlässigkeit, im zweiten Fall unbewußte Fahrlässigkeit vor. Diese Unterscheidung ist ***bedeutsam für die Höhe der Strafe.*** In einer Klausur kann man die Frage, ob bewußt oder unbewußt mit einem Satz abhaken.

Ob die Fahrlässigkeit bewußt oder unbewußt war, ist für die Höhe der Strafe wichtig.

Aufbauhinweis: Es gibt daneben auch etliche, die die Auffassung vertreten, in einer Fahrlässigkeitsklausur gebe es überhaupt keinen subjektiven Tatbestand, die Fahrlässigkeitsprüfung kenne daher auch *keinen objektiven und subjektiven*, sondern nur ganz allgemein einen *Fahrlässigkeitstatbestand.*

Manche prüfen gar keinen subjektiven Fahrlässigkeitstatbestand.

I. Tatbestandsmäßigkeit
1. Objektiver Tatbestand
   a. Die Tathandlung: Pflichtverletzung
   b. Der Taterfolg
   c. Die Verbindung von Handlung und Erfolg
      aa. Kausalität
      bb. Objektive Vorhersehbarkeit
      cc. Obj.Pflichtwidrigkeitszus.
      dd. Schutzzweck der Sorgfaltspflicht
2. Subjektiver Tatbestand
   bewußte / unbewußte Fahrlässigkeit
3. Tatbestandsannexe
4. Fälle des § 28

II. Rechtswidrigkeit (indiziert)
Ausnahme: Rechtfertigungsgründe

III. Schuld
1. Schuldfähigkeit
2. Spezielle Schuldmerkmale
3. Die persönliche Vorwerfbarkeit
   Unrechtsbewußtsein im weiten Sinne
   a. Schuldform: Fahrlässigkeit
      aa. Subj. Sorgfaltspflichtverletzung
      bb. Subj. Vorhersehbarkeit
4. Entschuldigungsgründe

IV. Besonderheiten
1. Strafausschließungs- und aufhebungsgründe
2. Strafverfolgungshindernisse

Muß man auch nicht. Macht aber viel Sinn, denn die Systematik ...

Ich halte das für falsch. Auch das fahrlässige, objektiv sichtbare Verhalten hat grundsätzlich eine subjektive Entsprechung. Es ist nur ein Fall denkbar, in dem dieser subjektive Teil gegen Null tendiert: die unbewußte Fahrlässigkeit. Nur in diesem Fall gibt es keine Entsprechung. (Und auch hierüber könnten wir uns trefflich streiten. Denn wie wir seit FREUD wissen, gibt es sehr wohl Verbindungen zwischen dem äußeren Handeln und den seelischen Phänomenen, die im Unbewußten ablaufen. Das einzige, was daran störend - aber gerade auch der Gag - ist, ist, *daß* es unbewußt ist. Und das haben wir gar nicht gern, denn es entzieht sich eben drum unserer Kontrolle.)

... ist der des Vorsatzdeliktes absolut vergleichbar.

Aber das ist dann eben die Eigenart der Fahrlässigkeit. Und es besteht daher insgesamt kein Anlaß, das Fahrlässigkeitsdelikt aufbautechnisch anders zu behandeln als das Vorsatzdelikt.

Wenn man eine Klausur aber noch bestehen muß, kann man die Systematik auch mal hinter der Ansicht des Übungsleiters zurückstehen lassen.

Abschließend aber noch der ***Opportunismushinweis***: Um auf Nummer Sicher zu gehen, empfiehlt es sich (und ich auch), den jeweiligen Übungsleiter zu fragen, ob er etwas gegen die Prüfung eines subjektiven Fahrlässigkeitstatbestandes hat. Sollte dies der Fall sein, dann läßt man ihn in einer Klausur eben einfach weg. Es entfällt dann natürlich auch die Überschrift „Objektiver Tatbestand".

Aufbauregeln sind (nur) Kommunikationsregeln. Wer sich anders verständigen kann, kann auch anders aufbauen.

Um das an dieser Stelle mal zu sagen: Es ist mir ziemlich egal, ob jemand in einer Klausur so aufbaut, wie ich das in diesem Skript vorexerziere. Ich halte meine (z.T. ja aus der etablierten Literatur geklauten) Aufbauvorschläge für sinnvoll. Aber diese Auffassung muß nicht jeder teilen. Findet jemand für sich einen anderen Aufbau, dann soll er den nehmen. Für diesen Fall ist le-

I. Tatbestandsmäßigkeit	**II. Rechtswidrigkeit** (indiziert)
1. Objektiver Tatbestand	Ausnahme: Rechtfertigungsgründe
a. Die Tathandlung: Pflichtverletzung	**III. Schuld**
b. Der Taterfolg	1. Schuldfähigkeit
c. Die Verbindung von	2. Spezielle Schuldmerkmale
Handlung und Erfolg	3. Die persönliche Vorwerfbarkeit
aa. Kausalität	Unrechtsbewußtsein im weiten Sinne
bb. Objektive Vorhersehbarkeit	a. Schuldform: Fahrlässigkeit
cc. Obj.Pflichtwidrigkeitszus.	aa. Subj. Sorgfaltspflichtverletzung
dd. Schutzzweck der Sorgfaltspflicht	bb. Subj. Vorhersehbarkeit
2. Subjektiver Tatbestand	4. Entschuldigungsgründe
bewußte / unbewußte Fahrlässigkeit	**IV. Besonderheiten**
3. Tatbestandsannexe	1. Strafausschließungs- und aufhebungsgründe
4. Fälle des § 28	2. Strafverfolgungshindernisse

diglich sicherzustellen, daß alle Probleme einen angemessenen Prüfungsplatz erhalten.

Abwandlung 2: Es liegen keine Anhaltspunkte dafür vor, daß T das Verhalten des O vorausgesehen hat. Damit liegt unbewußte Fahrlässigkeit vor.

II. Rechtswidrigkeit

Keine Besonderheiten gegenüber dem vorsätzlichen Delikt. Insbesondere ist hier jedoch einerseits an die Fälle einer (evtl. mutmaßlichen) ***Einwilligung*** zu denken.

Bei Fahrlässigkeit nicht selten: die mutmaßliche Einwilligung ...

Bsp.: Der Arzt, der am Unfallort mit einer nichtdesinfizierten Spritze arbeitet, weil keine desinfizierte da ist, kann davon ausgehen, daß einem Patienten dies lieber ist, als direkt zu sterben. (Im übrigen stirbt der Patient im Beispielsfall dann an einer Infektion, weil ansonsten schon der Tatbestand des § 222 nicht gegeben wäre.)

Andererseits kann man wieder die Fälle des „Erst-recht"-Schlusses bemühen. Die Rede ist hier von Notwehrkonstellationen besonderer Art.

... und der „Erst-recht"-Schluß.

Bsp.: T wird von O angegriffen. Er hat nur zwei Möglichkeiten: entweder er schießt ihn an oder er weicht aus. Obwohl Recht dem Unrecht nicht weichen muß, geht T langsam rückwärts. Dabei gerät er in's Stolpern und ein Schuß löst sich. Er trifft O und verletzt ihn so, daß dieser seinen Angriff aufgeben muß.

In Fällen wie diesen argumentiert man, daß ein Verhalten, das bei vorsätzlicher Begehung durch Notwehr gerechtfertigt gewesen wäre, erst recht bei fahrlässiger Begehung gerechtfertigt ist. Es

Was vorsätzlich gerechtfertigt wäre, muß es fahrlässig erst recht sein.

I. Tatbestandsmäßigkeit
1. Objektiver Tatbestand
   a. Die Tathandlung: Pflichtverletzung
   b. Der Taterfolg
   c. Die Verbindung von Handlung und Erfolg
      aa. Kausalität
      bb. Objektive Vorhersehbarkeit
      cc. Obj.Pflichtwidrigkeitszus.
      dd. Schutzzweck der Sorgfaltspflicht
2. Subjektiver Tatbestand
   bewußte / unbewußte Fahrlässigkeit
3. Tatbestandsannexe
4. Fälle des § 28

II. Rechtswidrigkeit (indiziert)
Ausnahme: Rechtfertigungsgründe

III. Schuld
1. Schuldfähigkeit
2. Spezielle Schuldmerkmale
3. Die persönliche Vorwerfbarkeit
   Unrechtsbewußtsein im weiten Sinne
   a. Schuldform: Fahrlässigkeit
      aa. Subj. Sorgfaltspflichtverletzung
      bb. Subj. Vorhersehbarkeit
4. Entschuldigungsgründe

IV. Besonderheiten
1. Strafausschließungs- und aufhebungsgründe
2. Strafverfolgungshindernisse

darf dem Täter nicht zum Nachteil gereichen, daß er zunächst versucht hatte, auszuweichen.

III. Schuld

Unrecht: Blick auf die Tat. Schuld: Blick auf den Täter.

Hier wird jetzt *auf den Täter* geblickt. (Wir erinnern uns: Mit dem Unrecht fällt das Urteil über die Tat. Mit der Schuld das Urteil über den Täter.) Es wird wie bei den Vorsatzdelikten eine rechtlich tadelnswerte Gesinnung des Täters gerügt. (Eintragung in's Klassenbuch: T hat auf dem Schulhof getötet - Rüge.)

1. Schuldfähigkeit & 2. Besondere Schuldmerkmale

Keine Besonderheiten gegenüber dem vorsätzlichen Delikt.

3. Unrechtsbewußtsein i.w.S.

Bei Fahrlässigkeitsdelikten wird in der Schuld *immer* was gesagt (anders als bei Vorsatzdelikten).

Es gibt zwischen der Schuldprüfung des Vorsatzdeliktes und der des Fahrlässigkeitsdeliktes mindestens einen relevanten Unterschied. Während man beim Vorsatzdelikt zur Schuld nur dann mehr als einen Satz („Die Tat geschah schuldhaft.“) sagen muß, wenn Anhaltspunkte dafür vorliegen, daß dies nicht so ist, gibt es beim Fahrlässigkeitsdelikt immer etwas zu prüfen.

a. Schuld-Fahrlässigkeit

Die subjektive Pflichtverletzung durch den Täter muß festgestellt werden.

Es muß hier nämlich *positiv festgestellt* werden, daß der Täter nicht nur unter objektiven Aspekten eine Pflicht verletzt hat, die zu einem vorhersehbarem Erfolg führte, sondern daß dies auch in subjektiver Hinsicht gilt. Dies, im übrigen, im schon angesprochenen Unterschied zum BGB (etwa in § 823 I), das in aller

I. Tatbestandsmäßigkeit
1. Objektiver Tatbestand
   a. Die Tathandlung: Pflichtverletzung
   b. Der Taterfolg
   c. Die Verbindung von Handlung und Erfolg
      aa. Kausalität
      bb. Objektive Vorhersehbarkeit
      cc. Obj.Pflichtwidrigkeitszus.
      dd. Schutzzweck der Sorgfaltspflicht
2. Subjektiver Tatbestand
   bewußte / unbewußte Fahrlässigkeit
3. Tatbestandsannexe
4. Fälle des § 28

II. Rechtswidrigkeit (indiziert)
   Ausnahme: Rechtfertigungsgründe

III. Schuld
1. Schuldfähigkeit
2. Spezielle Schuldmerkmale
3. Die persönliche Vorwerfbarkeit
   Unrechtsbewußtsein im weiten Sinne
   a. Schuldform: Fahrlässigkeit
      aa. Subj. Sorgfaltspflichtverletzung
      bb. Subj. Vorhersehbarkeit
4. Entschuldigungsgründe

IV. Besonderheiten
1. Strafausschließungs- und aufhebungsgründe
2. Strafverfolgungshindernisse

Regel (Ausnahme: der Verweis von § 277 BGB) nur objektive Maßstäbe verwendet.

aa. Subjektive Sorgfaltspflichtverletzung

Der Täter muß nach seinen persönlichen Fähigkeiten und dem Maß seines individuellen Könnens imstande gewesen sein, die objektive Sorgfaltspflicht zu erfüllen.

Sie ist im wirklichen Leben nicht automatisch gegeben ...

Während also oben im objektiven Tatbestand die Sorgfaltspflicht dadurch charakterisiert war, wie *irgendein* besonnener und gewissenhafter Mensch in der konkreten Lage und der sozialen Rolle des Handelnden sich verhalten würde, geht es hier nur noch um den konkreten Täter, nicht mehr um irgendeinen fiktiven Gewissenhaften.

... weil der Einzelne nicht der Durchschnitt ist ...

Da wir es in Klausuren aber *normalerweise mit normalen Durchschnittstypen* zu tun haben, kann man sagen, daß sich hier regelmäßig nicht viel tut: Die subjektive Sorgfaltspflichtverletzung ist durch die objektive indiziert.

... in Klausuren ist das regelmäßig anders.

Es kann aber auch durchaus (wenn auch ziemlich selten) sein, daß objektiv eine Sorgfaltspflicht verletzt wurde, zu deren Einhaltung der Täter subjektiv gar nicht in der Lage war.

Ausnahmen sind selten.

Bsp.: T überfährt nachts beim Rechtsabbiegen den Radfahrer O, weil er ihn nicht gesehen hat. O wird getötet. T ist, ohne daß er dies je gemerkt hat, nachtblind.

I. Tatbestandsmäßigkeit
1. Objektiver Tatbestand
   a. Die Tathandlung: Pflichtverletzung
   b. Der Taterfolg
   c. Die Verbindung von Handlung und Erfolg
      aa. Kausalität
      bb. Objektive Vorhersehbarkeit
      cc. Obj.Pflichtwidrigkeitszus.
      dd. Schutzzweck der Sorgfaltspflicht
2. Subjektiver Tatbestand
   bewußte / unbewußte Fahrlässigkeit
3. Tatbestandsannexe
4. Fälle des § 28

II. Rechtswidrigkeit (indiziert)
Ausnahme: Rechtfertigungsgründe

III. Schuld
1. Schuldfähigkeit
2. Spezielle Schuldmerkmale
3. Die persönliche Vorwerfbarkeit
   Unrechtsbewußtsein im weiten Sinne
   a. Schuldform: Fahrlässigkeit
      aa. Subj. Sorgfaltspflichtverletzung
      bb. Subj. Vorhersehbarkeit
4. Entschuldigungsgründe

IV. Besonderheiten
1. Strafausschließungs- und aufhebungsgründe
2. Strafverfolgungshindernisse

Wer objektiv eine Pflicht verletzt, zu deren Einhaltung er aufgrund körperlicher Defizite nicht in der Lage war, handelt unrechtmäßig, aber *insoweit* ohne Fahrlässigkeitsschuld.

Der objektive Tatbestand des § 222 ist hier erfüllt: T hat ursächlich den Tod des O herbeigeführt. Es liegt eine objektive Sorgfaltspflichtverletzung vor: Ein gewissenhafter Autofahrer biegt nicht nach rechts ab, wenn ein Radfahrer kommt. Der Tod des O war objektiv vorhersehbar und hängt direkt mit der Pflichtverletzung zusammen. Er liegt im Rahmen des Schutzzweckes der Norm (ggfls. § 1 StVO). Subjektiv liegt unbewußte Fahrlässigkeit vor: T wußte ja nicht um die Folgen seines Verhaltens. Rechtfertigungsgründe sind nicht ersichtlich. T ist schuldfähig. Jetzt der problematische Teil:

Fraglich ist allerdings, ob ihm der Schuldvorwurf der Fahrlässigkeit gemacht werden kann. Dann muß T nach seinen persönlichen Verhältnissen in der Lage gewesen sein, die objektiv gebotene Sorgfalt zu beachten. T war nachtblind, er konnte den O gar nicht sehen. Damit war er aber keineswegs in der Lage, die objektiv erforderliche Sorgfalt zu beachten, nämlich den O vorbeifahren zu lassen, bevor er abbog. Im Hinblick auf T stellt sich das Verhalten „Abbiegen" also nicht als Sorgfaltspflichtverletzung dar. Damit hat T aber nicht schuldhaft gehandelt.

Fahrlässigkeit ist *aber* bezüglich der Unkenntnis von den Defiziten möglich.

T ist nicht nach § 222 strafbar. Dies gilt natürlich nur für die konkrete Handlung „Überfahren". Man könnte aber auch daran denken, eine Fahrlässigkeitstat dahin zu prüfen, ob den T Pflichten zur Überprüfung seines Gesundheitszustandes trafen.

Abwandlung 2: T hätte ohne weiteres langsamer fahren und dadurch den Unfall vermeiden können. Er war nach seinen persönlichen Verhältnissen durchaus in der Lage, die objektiv gebotene Sorgfalt zu beachten.

I. Tatbestandsmäßigkeit
1. Objektiver Tatbestand
   a. Die Tathandlung: Pflichtverletzung
   b. Der Taterfolg
   c. Die Verbindung von Handlung und Erfolg
      aa. Kausalität
      bb. Objektive Vorhersehbarkeit
      cc. Obj.Pflichtwidrigkeitszus.
      dd. Schutzzweck der Sorgfaltspflicht
2. Subjektiver Tatbestand
   bewußte / unbewußte Fahrlässigkeit
3. Tatbestandsannexe
4. Fälle des § 28

II. Rechtswidrigkeit (indiziert)
Ausnahme: Rechtfertigungsgründe

III. Schuld
1. Schuldfähigkeit
2. Spezielle Schuldmerkmale
3. Die persönliche Vorwerfbarkeit
   Unrechtsbewußtsein im weiten Sinne
   a. Schuldform: Fahrlässigkeit
      aa. Subj. Sorgfaltspflichtverletzung
      bb. Subj. Vorhersehbarkeit
4. Entschuldigungsgründe

IV. Besonderheiten
1. Strafausschließungs- und aufhebungsgründe
2. Strafverfolgungshindernisse

---

bb. Subjektive Vorhersehbarkeit

Der tatbestandliche Erfolg und der Kausalverlauf in seinen wesentlichen Gründen müssen auch für den konkreten Täter voraussehbar gewesen sein.

Auch die subjektive Vorhersehbarkeit ist bei den Durchschnittstypen in der Klausur in der Regel gegeben.

Auch dieser Punkt birgt eigentlich keine wesentlichen Probleme. Wenn die objektive Vorhersehbarkeit vorliegt, müssen schon besondere Anhaltspunkte bestehen, um die subjektive Vorhersehbarkeit zu verneinen. (Affektsituationen/Streß/Schrecken etc.). Liegt er aber vor, genügt ein Satz.

> ***Abwandlung 2:*** T hätte den Unfall und den Tod des O ohne weiteres vorhersehen können.

Zur Ergänzung will ich noch auf ein ***Zusammenspiel der Prüfungspunkte*** hinweisen: Hat man einen subjektiven Fahrlässigkeitstatbestand geprüft, dann kann es sein, daß man dort als Ergebnis das Vorliegen *bewußter* Fahrlässigkeit festgestellt hat.

Im übrigen: wer bewußt fahrlässig handelt, *konnte* nicht nur vorhersehen, ...

Bewußte Fahrlässigkeit liegt aber nur dann vor, wenn der Täter den Erfolg hat kommen *sehen*. Dann war der Erfolg nicht nur subjektiv *vorhersehbar*, sondern sogar subjektiv *vorhergesehen*. Für diese Fälle kann man das oben gefundene Ergebnis in der Schuld natürlich in Bezug nehmen und darauf verweisen.

... sondern *hat* sogar vorhergesehen.

> ***Bsp.:*** Wie oben festgestellt, hat T den Erfolg vorhergesehen. Die subjektive Vorhersehbarkeit war daher gegeben.

I. Tatbestandsmäßigkeit	**II. Rechtswidrigkeit** (indiziert)
1. Objektiver Tatbestand	Ausnahme: Rechtfertigungsgründe
a. Die Tathandlung: Pflichtverletzung	**III. Schuld**
b. Der Taterfolg	1. Schuldfähigkeit
c. Die Verbindung von Handlung und Erfolg	2. Spezielle Schuldmerkmale
aa. Kausalität	3. Die persönliche Vorwerfbarkeit Unrechtsbewußtsein im weiten Sinne
bb. Objektive Vorhersehbarkeit	a. Schuldform: Fahrlässigkeit
cc. Obj.Pflichtwidrigkeitszus.	aa. Subj. Sorgfaltspflichtverletzung
dd. Schutzzweck der Sorgfaltspflicht	bb. Subj. Vorhersehbarkeit
2. Subjektiver Tatbestand bewußte / unbewußte Fahrlässigkeit	4. Entschuldigungsgründe
3. Tatbestandsannexe	**IV. Besonderheiten**
4. Fälle des § 28	1. Strafausschließungs- und aufhebungsgründe
	2. Strafverfolgungshindernisse

b. Unrechtsbewußtsein i.e.S.

Aktuell und ...

- ***Aktuelles Unrechtsbewußtsein*** wird nur in den Fällen vorliegen, in denen der Täter bewußt fahrlässig handelt.

Bsp.: T überholt an einer völlig unübersehbaren Stellc im Vertrauen darauf, daß kein Gegenverkehr naht.

... potentiell unrechtsbewußt.

- ***Potentielles Unrechtsbewußtsein*** genügt aber für die Fälle der unbewußten Fahrlässigkeit. D.h., der Täter hat das Unrecht seiner Handlung zwar nicht erkannt, er hätte es bei pflichtgemäßer Sorgfalt aber erkennen können.

In der Regel so unproblematisch, daß man nichts dazu schreiben muß.

Normalerweise müssen wir hier nichts mehr schreiben. Die Fälle, in denen der Täter einerseits subjektiv eine Sorgfaltspflicht verletzt hat und auch subjektiv in der Lage gewesen wäre, den Erfolg seiner Tat vorherzusehen, andererseits aber ohne Unrechtsbewußtsein gehandelt hat, sind wohl nur als Lehrbuchkriminalität denkbar (wir könnten uns hier den ohne jedes Unrechtsbewußtsein handelnden umweltverschmutzenden Manager M vorstellen - wer glaubt's?).

4. Entschuldigungsgründe

Es gibt einen besonderen Entschuldigungsgrund: die Unzumutbarkeit normgemäßen Verhaltens.

Normalerweise kommt an dieser Stelle ***primär § 35*** zum Zuge. Nicht so bei den Fahrlässigkeitsdelikten. ***Hier*** ist man der Ansicht, die Grenzen des § 35 seien häufig zu eng. Man benutzt daher zusätzlich einen eigenen Entschuldigungsgrund: die sog. ***„Unzumutbarkeit normgemäßen Verhaltens“***.

I. Tatbestandsmäßigkeit
1. Objektiver Tatbestand
   a. Die Tathandlung: Pflichtverletzung
   b. Der Taterfolg
   c. Die Verbindung von Handlung und Erfolg
      aa. Kausalität
      bb. Objektive Vorhersehbarkeit
      cc. Obj.Pflichtwidrigkeitszus.
      dd. Schutzzweck der Sorgfaltspflicht
2. Subjektiver Tatbestand
   bewußte / unbewußte Fahrlässigkeit
3. Tatbestandsannexe
4. Fälle des § 28

II. Rechtswidrigkeit (indiziert)
Ausnahme: Rechtfertigungsgründe

III. Schuld
1. Schuldfähigkeit
2. Spezielle Schuldmerkmale
3. Die persönliche Vorwerfbarkeit
   Unrechtsbewußtsein im weiten Sinne
   a. Schuldform: Fahrlässigkeit
      aa. Subj. Sorgfaltspflichtverletzung
      bb. Subj. Vorhersehbarkeit
4. Entschuldigungsgründe

IV. Besonderheiten
1. Strafausschließungs- und aufhebungsgründe
2. Strafverfolgungshindernisse

Der hinter dieser Figur steckende Gedanke ist, daß einem Täter ein Verhalten nur dann vorgeworfen werden kann, wenn es für diesen Täter zumutbar gewesen ist, auch anders zu handeln. Es gibt also folglich Fälle, in denen es dem Täter nicht zumutbar war, anders zu handeln. Der berühmteste ist der sog. Leinenfängerfall des Reichsgerichts (RGSt 30, 25).

Man kann dem Täter ein Fehlverhalten nur vorwerfen, wenn ein „richtiges“ Verhalten zumutbar gewesen wäre.

Leinenfängerfall: Auf Anweisung seines Dienstherrn, eines Pferdedroschkenbesitzers, fährt T mit einem bekannt unverträglichem Pferd. Dieses Pferd hatte die Angewohnheit, sich in die Zügel-Leinen zu verbeißen. Eine Weigerung des T hätte zum Verlust seiner Stelle geführt. Das Pferd geht durch und verletzt O.

Nach Auffassung des Reichsgerichtes lag hier keine fahrlässige Körperverletzung vor, weil es an der Zumutbarkeit fehlte.

Der ***Standort*** dieser Rechtsfigur ist allerdings ***umstritten***. Während sie zum Teil wie gerade vorgeführt als Entschuldigungsgrund gehandelt wird, gibt es ebenso Stimmen, die sie zur Begrenzung der subjektiven Sorgfaltspflicht einsetzen wollen (dort wäre sie dann nicht Entschuldigungsgrund = Schuld*aufhebungs*grund, sondern Schuld*ausschließungs*grund).

Manche wollen mit der Zumutbarkeit aber auch schon Pflichten begrenzen.

Da ist was dran.

Daran hängt nichts, das ist Geschmackssache. Die Hauptsache ist, daß man, wenn sie denn mal vorliegt, die *Unzumutbarkeit normgemäßen Handelns* als solche gekennzeichnet durchprüft.

Aber klausurtaktisch gesehen ist das Geschmacksache.

Abwandlung 2: T handelte damit schuldhaft. Er ist nach § 222 zu bestrafen.

Zum Abschluß jetzt noch einmal die Fälle komplett, damit es sich auch mal flüssig durchliest.

I. Tatbestandsmäßigkeit
1. Objektiver Tatbestand
   a. Die Tathandlung: Pflichtverletzung
   b. Der Taterfolg
   c. Die Verbindung von Handlung und Erfolg
      aa. Kausalität
      bb. Objektive Vorhersehbarkeit
      cc. Obj.Pflichtwidrigkeitszus.
      dd. Schutzzweck der Sorgfaltspflicht
2. Subjektiver Tatbestand
   bewußte / unbewußte Fahrlässigkeit
3. Tatbestandsannexe
4. Fälle des § 28

II. Rechtswidrigkeit (indiziert)
   Ausnahme: Rechtfertigungsgründe

III. Schuld
1. Schuldfähigkeit
2. Spezielle Schuldmerkmale
3. Die persönliche Vorwerfbarkeit
   Unrechtsbewußtsein im weiten Sinne
   a. Schuldform: Fahrlässigkeit
      aa. Subj. Sorgfaltspflichtverletzung
      bb. Subj. Vorhersehbarkeit
4. Entschuldigungsgründe

IV. Besonderheiten
1. Strafausschließungs- und aufhebungsgründe
2. Strafverfolgungshindernisse

Ausgangsfall: T kann sich durch die Tötung des O nach § 222 strafbar gemacht haben.

Objektiver Tatbestand
Die Handlung des T hat den Tod eines Menschen, des O, verursacht. T muß damit eine ***objektive Sorgfaltspflicht*** verletzt haben.
Es ist bei der Überprüfung der Frage, ob T eine objektive Sorgfaltspflicht verletzt hat, darauf abzustellen, wie ein besonnener und gewissenhafter Autofahrer an seiner Stelle gehandelt hätte.
T fuhr innerhalb einer geschlossenen Ortschaft. Dort ist eine Höchstgeschwindigkeit von 50 km/h erlaubt.
Mit den von ihm gefahrenen 30 km/h ist T erheblich unter dieser Grenze geblieben. Die konkrete Situation gab ihm keinen Anlaß, noch langsamer zu fahren. T hat daher die ihm objektiv obliegende Sorgfaltspflicht beachtet. Der Tatbestand des § 222 ist nicht erfüllt.

Abwandlung 1: T kann sich durch die Tötung des O nach § 222 strafbar gemacht haben.

Objektiver Tatbestand
Die Handlung des T hat den Tod eines Menschen, des O, verursacht. T muß damit eine ***objektive Sorgfaltspflicht*** verletzt haben.
Es ist bei der Überprüfung der Frage, ob T eine objektive Sorgfaltspflicht verletzt hat, darauf abzustellen, wie ein besonnener und gewissenhafter Autofahrer an seiner Stelle gehandelt hätte.
T fuhr innerhalb einer geschlossenen Ortschaft. Dort ist eine Höchstgeschwindigkeit von 50 km/h erlaubt.
Mit den von ihm gefahrenen 60 km/h ist T über diese Grenze hinausgegangen. Damit handelte er objektiv sorgfaltswidrig.
Daß eine überhöhte Geschwindigkeit den Tod anderer Verkehrsteilnehmer zur Folge haben kann, ist allgemein bekannt und ***objektiv voraussehbar***.
Fraglich ist allerdings, ob der Tod des O und die Pflichtverletzung des T in einem ***objektiven Pflichtwidrigkeitszusammenhang*** stehen. Dies wäre dann nicht der Fall, wenn O auch dann getötet worden wäre, wenn T sorgfältig gehandelt hätte, also nur 50 km/h gefahren wäre O wäre auch dann getötet worden, wenn T seine Geschwindigkeit den geltenden Vorschriften und der gegebenen Verkehrssituation an-

I. Tatbestandsmäßigkeit
1. Objektiver Tatbestand
   a. Die Tathandlung: Pflichtverletzung
   b. Der Taterfolg
   c. Die Verbindung von Handlung und Erfolg
      aa. Kausalität
      bb. Objektive Vorhersehbarkeit
      cc. Obj.Pflichtwidrigkeitszus.
      dd. Schutzzweck der Sorgfaltspflicht
2. Subjektiver Tatbestand
   bewußte / unbewußte Fahrlässigkeit
3. Tatbestandsannexe
4. Fälle des § 28

II. Rechtswidrigkeit (indiziert)
Ausnahme: Rechtfertigungsgründe

III. Schuld
1. Schuldfähigkeit
2. Spezielle Schuldmerkmale
3. Die persönliche Vorwerfbarkeit
   Unrechtsbewußtsein im weiten Sinne
   a. Schuldform: Fahrlässigkeit
      aa. Subj. Sorgfaltspflichtverletzung
      bb. Subj. Vorhersehbarkeit
4. Entschuldigungsgründe

IV. Besonderheiten
1. Strafausschließungs- und aufhebungsgründe
2. Strafverfolgungshindernisse

---

gepaßt hätte. Dann aber hat sich ***sein Pflichtverstoß*** gar nicht in einem Erfolg ausgewirkt, sondern ist für den Eintritt des Erfolges irrelevant geblieben. Anders formuliert: Es liegt gar nicht am Pflichtverstoß des T, daß O getötet wurde. Es mangelt am objektiven Pflichtwidrigkeitszusammenhang und folglich auch am Tatbestand. T ist nicht nach § 222 strafbar geworden. (Ende der Prüfung Abwandlung 1.)

Abwandlung 2: T kann sich durch die Tötung des O nach § 222 strafbar gemacht haben.

Objektiver Tatbestand

Die Handlung des T hat den Tod eines Menschen, des O, verursacht. T muß damit eine ***objektive Sorgfaltspflicht*** verletzt haben.

Es ist bei der Überprüfung der Frage, ob T eine objektive Sorgfaltspflicht verletzt hat, darauf abzustellen, wie ein besonnener und gewissenhafter Autofahrer an seiner Stelle gehandelt hätte.

T fuhr innerhalb einer geschlossenen Ortschaft. Dort ist eine Höchstgeschwindigkeit von 50 km/h erlaubt.

Mit den von ihm gefahrenen 30 km/h ist T erheblich unter dieser Grenze geblieben. Hinzu kommt aber noch, daß für T sichtbar Kindergruppen auf beiden Seiten der Straße spielten. Da es nun durchaus normal ist, daß Kinder willkürlich und ohne aufzupassen die Straßenseite wechseln, wenn sie im Spiel vertieft sind, war T verpflichtet, sich darauf einzurichten und so zu fahren, daß er einem solchen „Kindwechsel" notfalls durch Anhalten ausweichen konnte.

Dadurch, daß T seine Geschwindigkeit nicht dem zu erwartenden „Kindwechsel" angepaßt hat, hat er gegen eine objektive Sorgfaltspflicht verstoßen. Er handelte folglich objektiv sorgfaltswidrig.

Daß eine überhöhte Geschwindigkeit den Tod anderer Verkehrsteilnehmer zur Folge haben kann, ist allgemein bekannt und ***objektiv voraussehbar***.

Fraglich ist allerdings, ob der Tod des O und die Pflichtverletzung des T in einem ***objektiven Pflichtwidrigkeitszusammenhang*** stehen. Dies wäre dann nicht der Fall, wenn O auch dann getötet worden wäre, wenn T sorgfältig gehandelt hätte, also so langsam gefahren wäre, daß er jederzeit hätte anhalten können.

Ohne die Pflichtverletzung hätte T rechtzeitig anhalten können und O wäre nicht getötet worden. Der Erfolg ist der Pflichtverletzung also objektiv zurechenbar.

I. Tatbestandsmäßigkeit
1. Objektiver Tatbestand
   a. Die Tathandlung: Pflichtverletzung
   b. Der Taterfolg
   c. Die Verbindung von Handlung und Erfolg
      aa. Kausalität
      bb. Objektive Vorhersehbarkeit
      cc. Obj.Pflichtwidrigkeitszus.
      dd. Schutzzweck der Sorgfaltspflicht
2. Subjektiver Tatbestand
   bewußte / unbewußte Fahrlässigkeit
3. Tatbestandsannexe
4. Fälle des § 28

II. Rechtswidrigkeit (indiziert)
Ausnahme: Rechtfertigungsgründe

III. Schuld
1. Schuldfähigkeit
2. Spezielle Schuldmerkmale
3. Die persönliche Vorwerfbarkeit
   Unrechtsbewußtsein im weiten Sinne
   a. Schuldform: Fahrlässigkeit
      aa. Subj. Sorgfaltspflichtverletzung
      bb. Subj. Vorhersehbarkeit
4. Entschuldigungsgründe

IV. Besonderheiten
1. Strafausschließungs- und aufhebungsgründe
2. Strafverfolgungshindernisse

Die Rechtspflicht des Langsamfahrens dient dazu, in Fällen wie dem vorliegenden ein jederzeitiges Anhalten zu ermöglichen. Es hat sich dadurch, daß T dies nicht konnte, also genau die Gefahr verwirklicht, zu deren Abwehr die Sorgfaltspflicht bestimmt wurde.
Damit hat T den objektiven Tatbestand verwirklicht.

Subjektiver Tatbestand

Es liegen keine Anhaltspunkte dafür vor, daß T das Verhalten des O vorausgesehen hat. Damit liegt unbewußte Fahrlässigkeit vor.

Schuld

T hätte ohne weiteres langsamer fahren und dadurch den Unfall vermeiden können. Er war nach seinen persönlichen Verhältnissen durchaus in der Lage, die objektiv gebotene Sorgfalt zu beachten.
T hätte den Unfall und den Tod des O ohne weiteres vorhersehen können.
T handelte damit schuldhaft. Er ist nach § 222 zu bestrafen.

IV. Exkurs - Leichtfertigkeit

Leichtfertigkeit ...

Bisweilen fordert das Gesetz „Leichtfertigkeit", so etwa in §§ 138 III, 178, 251, 311 III.

... ist besonders grobe Fahrlässigkeit, bei der die Pflicht besonders schwer verletzt wird.

Damit ist eine ungewöhnlich hohe (grobe) Sorgfaltspflichtverletzung gemeint, eine, die weit über das normale Maß hinausgeht. Es ändert sich also gegenüber der normalen Fahrlässigkeit der Maßstab. Und dies auf beiden Ebenen: der Unrechtsebene (***obj. Sorgfaltspflichtverletzung***) und der Schuldebene (***subj. Sorgfaltspflichtverletzung***). Das bedeutet, man muß die ***Leichtfertigkeit zweimal*** prüfen: einmal im objektiven Tatbestand unter der Überschrift „obj. Sorgfaltspflichtverletzung" und einmal in der Schuld unter der Überschrift „subj. Sorgfaltspflichtverletzung".

I. Tatbestandsmäßigkeit
1. Objektiver Tatbestand
   a. Die Tathandlung: Pflichtverletzung
   b. Der Taterfolg
   c. Die Verbindung von Handlung und Erfolg
      aa. Kausalität
      bb. Objektive Vorhersehbarkeit
      cc. Obj.Pflichtwidrigkeitszus.
      dd. Schutzzweck der Sorgfaltspflicht
2. Subjektiver Tatbestand
   bewußte / unbewußte Fahrlässigkeit
3. Tatbestandsannexe
4. Fälle des § 28

II. Rechtswidrigkeit (indiziert)
Ausnahme: Rechtfertigungsgründe

III. Schuld
1. Schuldfähigkeit
2. Spezielle Schuldmerkmale
3. Die persönliche Vorwerfbarkeit
   Unrechtsbewußtsein im weiten Sinne
   a. Schuldform: Fahrlässigkeit
      aa. Subj. Sorgfaltspflichtverletzung
      bb. Subj. Vorhersehbarkeit
4. Entschuldigungsgründe

IV. Besonderheiten
1. Strafausschließungs- und aufhebungsgründe
2. Strafverfolgungshindernisse

Achtung: Die Unterscheidung zwischen „normaler" Fahrlässigkeit und Leichtfertigkeit hat nichts zu tun mit der Unterscheidung zwischen bewußter und unbewußter Fahrlässigkeit. Diese Formen können sich beliebig überschneiden.

Leichtfertigkeit hat nichts mit bewußter Fahrlässigkeit zu tun.

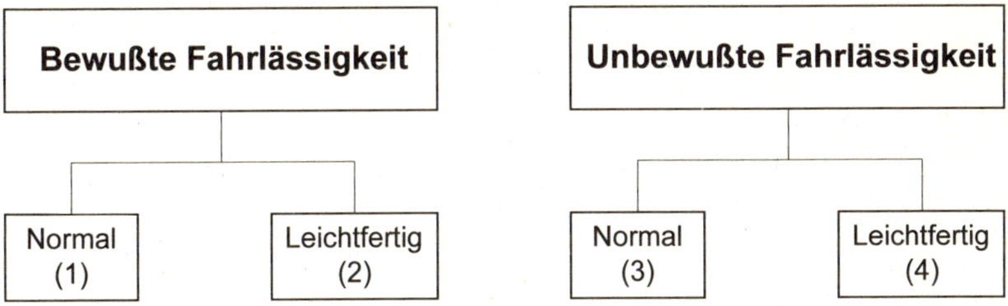

Bsp.:
(1) T überholt an einer an sich übersichtlichen Stelle. Er sieht O entgegenkommen, denkt aber, er werde es noch vorher schaffen, den Überholvorgang zu beenden.
(2) T überholt an einer völlig unübersichtlichen Stelle. Er weiß, daß die Gefahr, daß ihm jemand entgegenkommt sehr hoch ist, denkt aber, er werde es noch vorher schaffen, den Überholvorgang zu beenden.
(3) T überholt an einer an sich übersichtlichen Stelle. Er sieht nicht, daß ihm O entgegenkommt.
(4) T überholt an einer völlig unübersichtlichen Stelle. Er macht sich überhaupt keine Gedanken darüber, daß ihm jemand entgegenkommen könnte.
In allen 4 Beispielen kollidiert das Fahrzeug des T mit dem des O und O kommt zu Tode.

Nachdem hier das Fahrlässigkeitsdelikt vom Prinzip her abgeschlossen, der Aufbau damit auch bekannt ist, sollten wir uns vielleicht daran erinnern, daß ich oben bei der a.l.i.c. einige Aufbaumuster eingebaut habe, die man erst nach dem Durcharbeiten

Jetzt müßen auch die Ausführungen zur fahrlässigen a.l.i.c. verständlich sein.

I. Tatbestandsmäßigkeit
1. Objektiver Tatbestand
   a. Die Tathandlung: Pflichtverletzung
   b. Der Taterfolg
   c. Die Verbindung von Handlung und Erfolg
      aa. Kausalität
      bb. Objektive Vorhersehbarkeit
      cc. Obj.Pflichtwidrigkeitszus.
      dd. Schutzzweck der Sorgfaltspflicht
2. Subjektiver Tatbestand
   bewußte / unbewußte Fahrlässigkeit
3. Tatbestandsannexe
4. Fälle des § 28

II. Rechtswidrigkeit (indiziert)
Ausnahme: Rechtfertigungsgründe

III. Schuld
1. Schuldfähigkeit
2. Spezielle Schuldmerkmale
3. Die persönliche Vorwerfbarkeit
   Unrechtsbewußtsein im weiten Sinne
   a. Schuldform: Fahrlässigkeit
      aa. Subj. Sorgfaltspflichtverletzung
      bb. Subj. Vorhersehbarkeit
4. Entschuldigungsgründe

IV. Besonderheiten
1. Strafausschließungs- und aufhebungsgründe
2. Strafverfolgungshindernisse

dieses Kapitels verstehen kann. Das Kapitel ist jetzt abgeschlossen. Die a.l.i.c. wartet (die Fahrlässigkeitsmuster ab S. 89).

V. Exkurs - Vorsatz-Fahrlässigkeitskombinationen

Entweder Vorsatz *oder* Fahrlässigkeit ...

Normalerweise kann man ein Delikt ***entweder*** vorsätzlich ***oder*** fahrlässig begehen.

... aber: es gibt auch Vorsatz + Vorsatz ...

Nun wurde aber schon beim Vorsatz gezeigt, daß es verschiedene Formen des Vorsatzes gibt. Der Gesetzgeber mischt diese Formen manchmal.

Bsp.: Diebstahl, § 242 I

... z.B. beim Diebstahl ...

Dort ist bezüglich „fremder beweglicher Sache" und „Wegnahme" Eventualvorsatz erforderlich, bezüglich der „rechtswidrigen Zueignung" aber Absicht.

Und so gibt es auch Vorsatz + Fahrlässigkeit.

Der Gesetzgeber mischt nun nicht nur verschiedene Vorsatzformen, sondern ab und zu auch Vorsatz und Fahrlässigkeit.

Es gibt diese Mischformen in 2 Varianten
- die eigentlichen Vorsatz-Fahrlässigkeitskombinationen und
- die uneigentlichen Vorsatz-Fahrlässigkeitskombinationen.

Und auch noch Fahrlässigkeit + Fahrlässigkeit.

(Letztlich gibt's auch noch Fahrlässigkeits-Fahrlässigkeits-Kombinationen, z.B. § 315a III Nr. 2. Dabei handelt es sich aber um nichts Besonderes. Die Kombination besteht dort nämlich nicht im Mix verschiedener Formen, sondern nur in der Aneinanderreihung bestimmter Handlungen und Erfolge. Wir müssen uns hier nicht darum kümmern.)

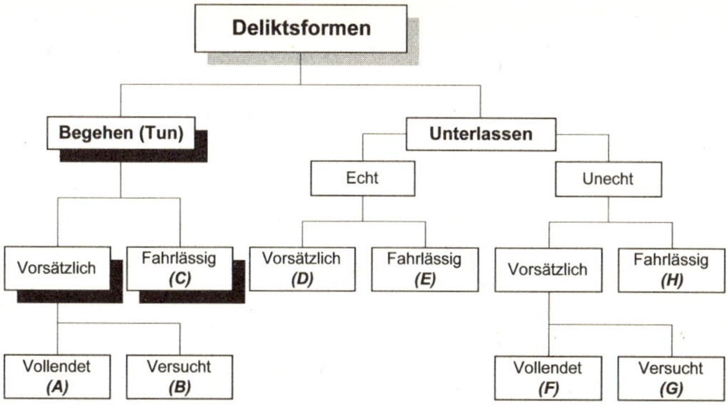

1. Eigentliche Vorsatz-Fahrlässigkeitskombinationen

Ein für sich nicht strafbarer (aber regelmäßig pflicht- bzw. ordnungswidriger) *Vorsatzteil* wird mit einem für sich nicht strafbaren *Fahrlässigkeitsteil* kombiniert. ***Eigentlich*** sind die jeweiligen Verhaltensweisen nicht strafbar, sie werden es erst durch die Verbindung.

Eigentlich nicht Strafbares wird durch eine Verbindung strafbar.

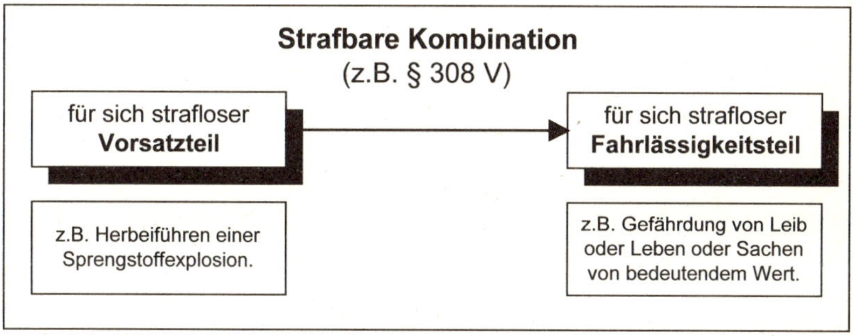

Hier gilt nach § 11 II das ganze Delikt als Vorsatzdelikt, so daß - anders als bei Fahrlässigkeitsdelikten - Versuch und Beteiligung möglich sind. Bei Beteiligung ist für jeden Beteiligten auf § 18 zu achten.

Einmal Vorsatz, *immer* Vorsatz: § 11 II.

Wir beachten aber, daß es § 308 auch in einer reinen Fahrlässigkeits-Fahrlässigkeits-Kombination gibt (vgl. § 308 VI). Für diese Fälle gilt § 11 II natürlich nicht. Und eine Beteiligung ist auch nicht denkbar, da es Beteiligungen ja nur bei Vorsatzdelikten gibt.

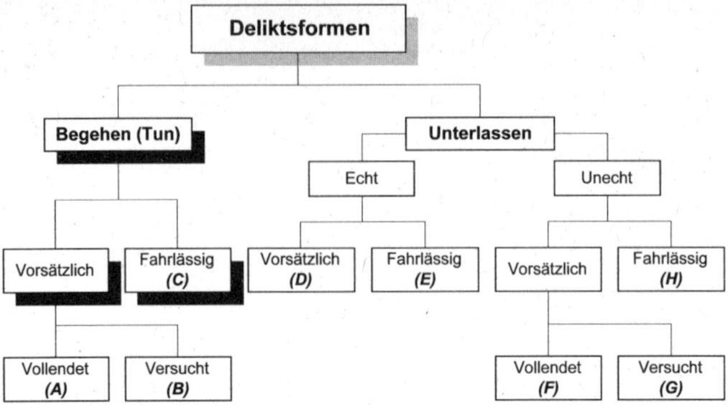

2. Erfolgsqualifizierte Delikte (uneigentliche)

Eigentlich sowieso schon strafbar, in Kombination (uneigentlich) noch (erhöht) strafbarer.

Es gibt Tatbestände, mit denen typischerweise die Gefahr schlimmer Erfolge verbunden ist. Beispiele bieten die Körperverletzung, § 223 I, der Raub, § 249 I, und die Aussetzung, § 221 I. Diese Tatbestände sind (eigentlich) schon für sich strafbar, sie werden es nicht erst durch die Kombination (= Unterschied zu den gerade behandelten eigentlichen Vorsatz-Fahrlässigkeitskombinationen).

Wegen der Kombination mit einem Erfolg: Erfolgsqualifikation.

Die Strafbarkeit erhöht sich ganz beträchtlich, wenn die schlimme Folge wirklich eintritt, wenn also z.B. Körperverletzung, Raub oder Aussetzung den Tod eines Menschen zur Folge haben, vgl. §§ 227, 251, 221 III. Man nennt diese Delikte wegen der durch einen zusätzlichen *Erfolg* eintretenden Strafschärfung „erfolgsqualifizierte“ Delikte.

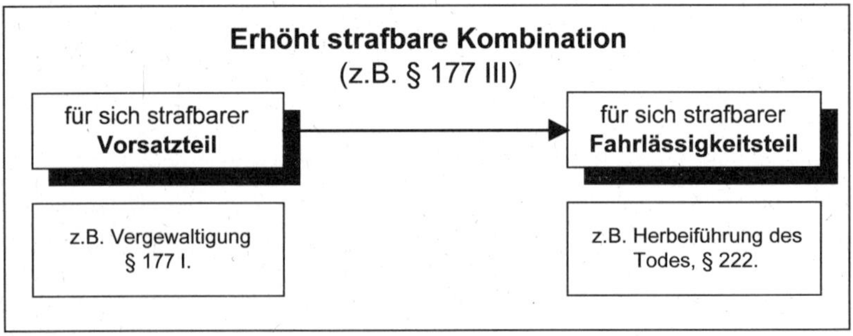

Für den Erfolg: § 18, Fahrlässigkeit.

Weil im deutschen Recht das Schuldprinzip gilt, muß dem Täter hinsichtlich der schweren Folge mindestens Fahrlässigkeit zur Last fallen, vgl. § 18. (Eine Ausnahme hiervon - für die Tatbestandsannexe, z.B. § 231 I - haben wir schon kennengelernt.)

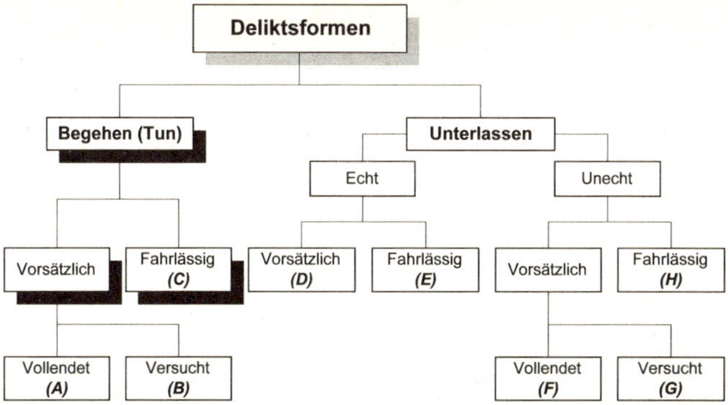

Aufbaumäßig beginnt man mit dem Tatbestand des Grunddeliktes. Dann kann man entweder nach der kompletten Prüfung des Grunddeliktes (RW und Schuld) auf den Tatbestand der Erfolgsqualifikation überschwenken (Möglichkeit 1) oder man prüft vor RW und Schuld, aber nach kompletten Tatbestand (auch subj.!) des Grunddeliktes die Erfolgsqualifikation (Möglichkeit 2).

Der Aufbau von EQ-Delikten.

Möglichkeit 1 (am Beispiel von §§ 249 I, 251):

I. Tatbestand § 249 I

1. Objektiver Tatbestand § 249 I
   Sache, fremd, beweglich, Wegnahmehandlung, Nötigungshandlung
2. Subjektiver Tatbestand § 249 I
   Insbesondere: Vorsatz

II. Rechtswidrigkeit § 249 I

III. Schuld § 249 I

IV. Tatbestand § 251

1. Objektiver Tatbestand § 251
   a. *Handlung: Objektive Sorgfaltspflichtverletzung*
      aa. besonders grobe: wenigstens Leichtfertigkeit
      bb. durch den Raub indiziert (str.)
   b. *Erfolg: Tod eines Menschen*
   c. *Verbindung zwischen pflichtwidriger Handlung & Erfolg*
      aa. Kausal verursacht durch den Raub
      bb. Objektive Vorhersehbarkeit
      cc. Objektiver Zurechnungszusammenhang
      dd. Schutzzweck der Sorgfaltspflicht
2. Subjektiver Tatbestand § 251
   Bewußte oder unbewußte Fahrlässigkeit

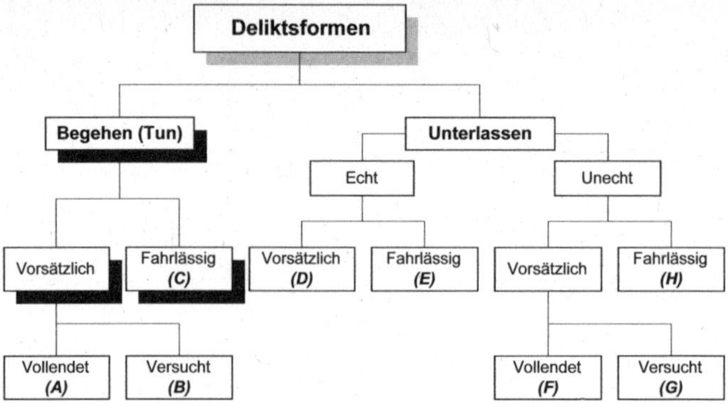

V. Rechtswidrigkeit § 251

VI. Schuld § 251

- Insbesondere: Schuldform Fahrlässigkeit
  - *a. Subjektive Sorgfaltspflichtverletzung, besonders grobe: wenigstens Leichtfertigkeit*
  - *b. Subjektive Vorhersehbarkeit*

Möglichkeit 2:

I. Tatbestand § 249 I

1. Objektiver Tatbestand § 249 I
2. Subjektiver Tatbestand § 249 I
   Insbesondere: Vorsatz

II. Tatbestand § 251

1. Objektiver Tatbestand § 251
   - *a. Handlung: Objektive Sorgfaltspflichtverletzung*
     - aa. besonders grobe: wenigstens Leichtfertigkeit
     - bb. durch den Raub indiziert (str.)
   - *b. Erfolg: Tod eines Menschen*
   - *c. Verbindung zwischen pflichtwidriger Handlung und Erfolg*
     - aa. Kausal verursacht durch den Raub
     - bb. Objektive Vorhersehbarkeit
     - cc. Objektiver Zurechnungszusammenhang
     - dd. Schutzzweck der Sorgfaltspflicht
2. Subjektiver Tatbestand § 251
   Bewußte oder unbewußte Fahrlässigkeit

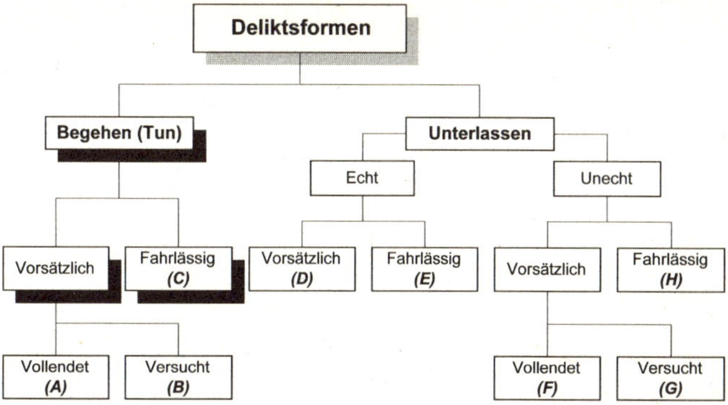

III. Rechtswidrigkeit §§ 249 I/251

IV. Schuld §§ 249 I/251

1. Schuldform Vorsatz bez. § 249 I (indiziert)
2 Insbesondere: Schuldform Fahrlässigkeit bez. § 251
   a. Subjektive Sorgfaltspflichtverletzung, besonders grobe: wenigstens Leichtfertigkeit
   b. Subjektive Vorhersehbarkeit

Bei dieser Prüfung ist zu beachten, daß durch die Erfüllung des Grundtatbestandes in aller Regel (aber nicht immer) bereits die für die Erfüllung der Erfolgsqualifikation erforderliche objektive Sorgfaltspflichtverletzung (es geht ja um einen Fahrlässigkeitsteil!) vorliegt (indiziert ist). Zu prüfen ist daher regelmäßig nur, ob der Täter den Erfolg vorausgesehen hat (bewußte / unbewußte F.) und ob die Fahrlässigkeitsschuld zu bejahen ist.

Der Grundtatbestand ist in der Regel so begangen, daß seine Erfüllung die Pflichtverletzung indiziert.

Da anders als bei den eigentlichen Vorsatz-Fahrlässigkeitskombinationen bereits der Vorsatzteil für sich strafbar ist, gilt das ganze Delikt als Vorsatzdelikt, ohne daß auf § 11 II zurückgegriffen werden muß.

§ 11 II wird nicht benötigt.

Einziges ernsthaftes Klausurproblem: der Versuch.

Im Grunde ist das erfolgsqualifizierte Delikt ziemlich problemfrei. Es gibt allerdings eine Ausnahme: ***das versuchte erfolgsqualifizierte Delikt***.

Es sind dabei im übrigen verschiedene Konstellationen denkbar, die diesen Namen tragen können. So kann es sein, daß

3 Konstellationen:

- das Grunddelikt versucht wurde und dabei die schwere Folge eintritt (hier wäre die Bezeichnung ***erfolgsqualifizierter Versuch*** besser) und

Versuch + Vollendung.

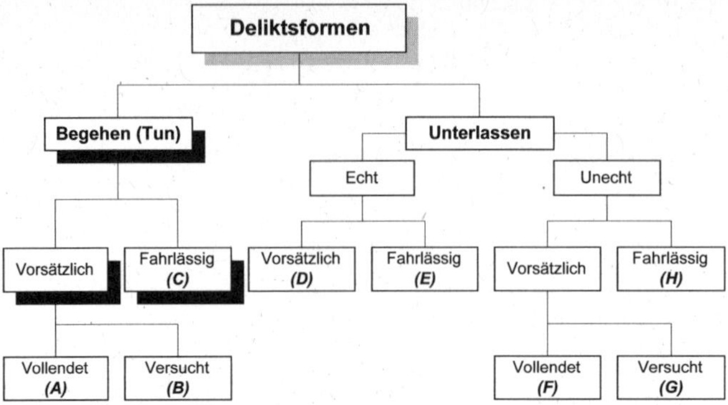

Vollendung + Versuch.

- das Grunddelikt vollendet wurde und die schwere Folge versucht, also zwar angestrebt wurde, aber ausblieb, und

Versuch + Versuch.

- das Grunddelikt versucht wurde und die schwere Folge versucht, also zwar angestrebt wurde, aber ausblieb.

Der dritte Fall ist ersichtlich nur eine Verbindung der ersten beiden. Diese beiden Bereiche haben ihre Probleme.

Zuerst die 1. Konstellation.

Wenn bereits der Versuch des Grunddeliktes die schwere Folge herbeiführt, ist fraglich, nach welcher Norm bestraft werden muß.

> ***Bsp. 1:*** T würgt sein Opfer vor der Vergewaltigung. Das Opfer stirbt, ehe es zum Geschlechtsverkehr kommt.
> ***Bsp. 2:*** T holt zum Schlag aus, um O zu verletzen. O weicht zurück, stolpert und stürzt tödlich.
> ***Bsp. 3:*** T versucht, O auszurauben. O wehrt sich erfolgreich. T muß ohne Beute abziehen. O stirbt an den Folgen des Raubversuchs.

Versuch des Grunddelikts ⇨ Eintritt der schweren Folge

Man kann darauf abstellen, woran der qualifizierende Erfolg hängt ...

Richtigerweise gilt hier folgende Differenzierung:

Ist der qualifizierende ***Erfolg (schon) an*** die ***Tat-Handlung*** des Grunddelikts geknüpft, wird wegen Versuch der Erfolgsqualifikation bestraft.

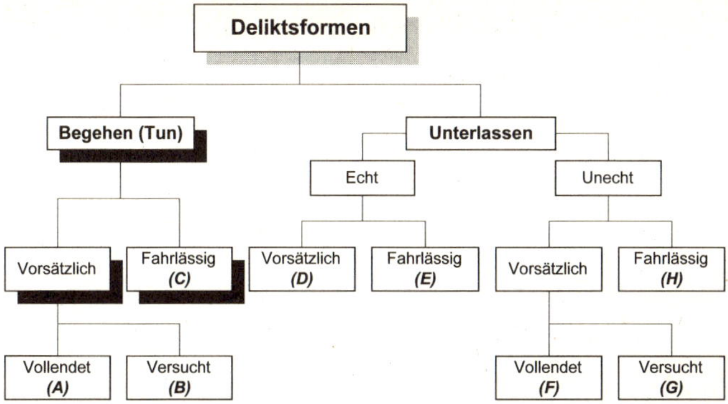

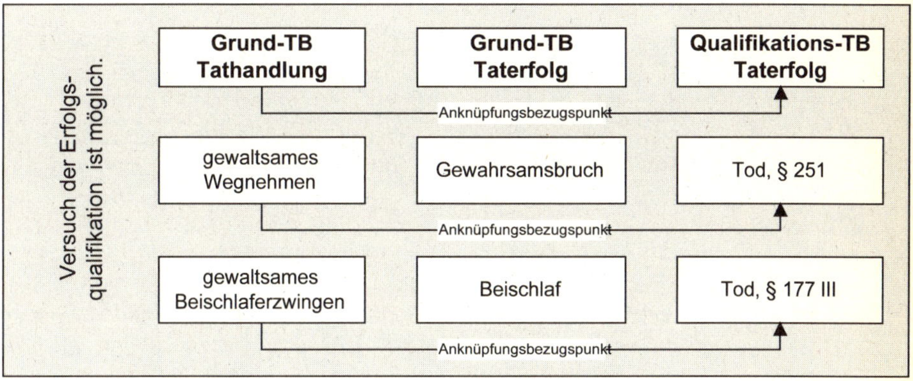

Bei § 178 ist der Tod an die Handlung *Vergewaltigungs-Gewalt* geknüpft: Versuch des § 178 (Bsp. 1); bei § 251 ist der Tod an die Handlung *Raub-Gewalt* geknüpft: Versuch des § 251 (Bsp. 3). Dies liegt jeweils daran, daß ***die Handlung das eigentlich Gefährliche*** ist. Beim Raub ist der Gewahrsamswechsel im Hinblick auf eine eventuelle Todesfolge nicht so gefährlich, wie die dahin führende Gewalt.

... ob an der *Handlung* des Grundtatbestandes oder am *Erfolg* des Grundtatbestandes.

Ist der qualifizierende ***Erfolg*** dagegen ***(erst) an*** den ***Tat-Erfolg*** des Grunddelikts geknüpft, wird nur wegen Versuch des Grunddelikts bestraft (wenn *dieser* Versuch überhaupt strafbar ist) und ggfls. (zusätzlich, aber unabhängig davon) wegen fahrlässiger Herbeiführung des Taterfolges (§ 222). Bei § 227 ist der Tod an den Erfolg Körperverletzung geknüpft, daraus folgt: kein Versuch des § 227 möglich (Bsp. 2).

Dann gibt es manchmal keinen Versuch des EQ-Deliktes.

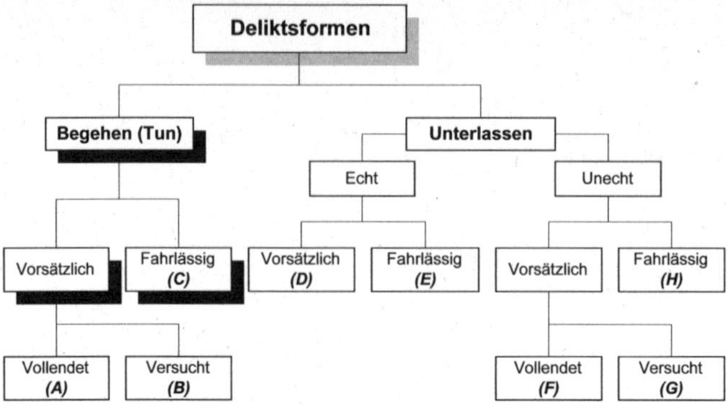

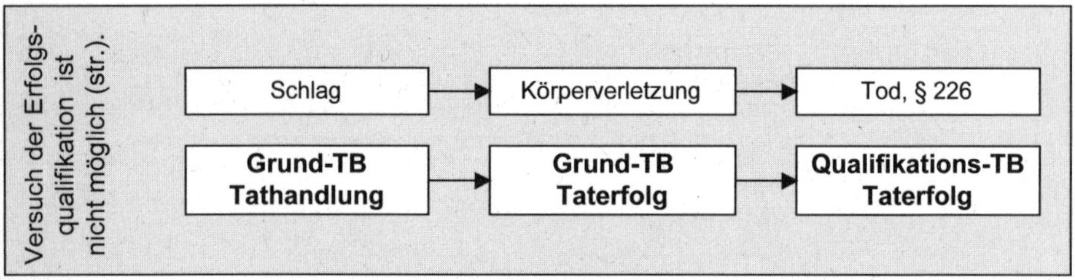

Geringe Strafbarkeit für versuchten § 223.

Speziell für die „versuchte Körperverletzung mit Todesfolge" kann man sich auch noch klarmachen, daß der ***Versuch der Körperverletzung*** (ohne Todesfolge) nur minimal strafbar ist. Eine Körperverletzung wird mit einer Freiheitsstrafe bis zu 5 Jahren bestraft (Mindeststrafe daher: 1 Monat, § 38 II).

Geringe Strafbarkeit für § 222,

Findet eine fahrlässige Tötung statt, so bestraft § 222 dies ebenfalls nur mit einer Freiheitsstrafe bis zu 5 Jahren (Mindeststrafe daher wiederum: 1 Monat, § 38 II).

Sehr hohe Strafbarkeit für § 227,

§ 227 enthält dagegen eine Strafandrohung von mindestens 3 Jahren bis zu höchstens 15 Jahren (§ 38 II).

Mittelhohe Strafbarkeit für §§ 227, 22.

Nimmt man nun die Strafmilderung, die bei einem - mal als möglich unterstellten - Versuch (des § 227) verhängt werden kann, dann reduziert sich dieser Rahmen nach unten hin auf immerhin mindestens noch 6 Monate (§ 49 I Ziffer 3 Var. 2) bis maximal 135 Monate (= 3/4 von 15 Jahren) gemäß § 49 I Ziffer 2 S. 1.

Zusammenfassend:

60 Monate +

1. Strafbarkeit wg. versuchter Körperverletzung (KV) : 1 Monat - 5 Jahre (= 60 Monate).

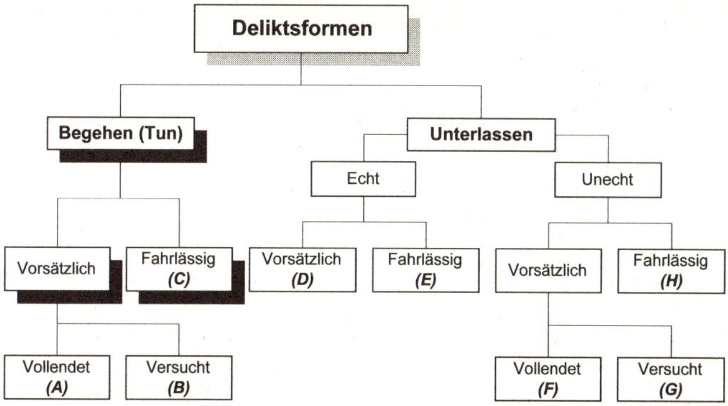

2. Strafbarkeit wg. fahrlässiger Tötung: 1 Monat - 5 Jahre (= 60 Monate).
3. Strafbarkeit wg. KV mit Todesfolge: 3 - 15 Jahre.
4. Strafbarkeit wg. versuchter KV mit Todesfolge: 6 - 135 Monate.

60 Monate
= 120 Monate.
180 Monate.
135 Monate.

Bedenkt man nun, daß die versuchte Körperverletzung mit Todesfolge (Nr. 4) ja nur eine Kombination aus Nr. 1 und Nr. 2 (Obergrenze: 120 Monate) ist, zeigt sich sofort, daß Nr. 4 schon wegen des Strafmaßes (Obergrenze: 135 Monate) eigentlich nicht existieren dürfte.

Das Ganze ist zwar immer anders als die Summe seiner Teile, aber soviel mehr?

Gerade bei § 227 ist dies allerdings strittig. Der BGH steht (heftig bekämpft) auf dem gegenteiligen Standpunkt: er hält den Versuch des § 227 für möglich (BGHSt 31, 96).

Der BGH meint: ja.

Wir hatten eben so formuliert:

- Ist der qualifizierende ***Erfolg (schon) an*** die ***Tat-Handlung*** des Grunddelikts geknüpft, wird wegen Versuch der Erfolgsqualifikation bestraft.
- Ist der qualifizierende ***Erfolg*** dagegen ***(erst) an*** den ***Tat-Erfolg*** des Grunddelikts geknüpft, wird nur wegen Versuch des Grunddelikts (wenn der Versuch überhaupt strafbar ist) und wegen des Fahrlässigkeitsdeliktes bestraft .

Diese Differenzierung ist ***aufbautechnisch*** in die Vorprüfung des Versuches einzubauen. Man beginnt (am Beispiel von §§ 249, 251, 22) damit, zunächst einen versuchten Raub durchzuprüfen und zu bejahen. (Deutlicher wäre übrigens eine Zitierung, die den § 22 dort hinsetzt, wo der Versuch steckt: §§ 249, 22, 251.)

Aufbautechnisch gehört das in die Vorprüfung des Versuches hinein ...

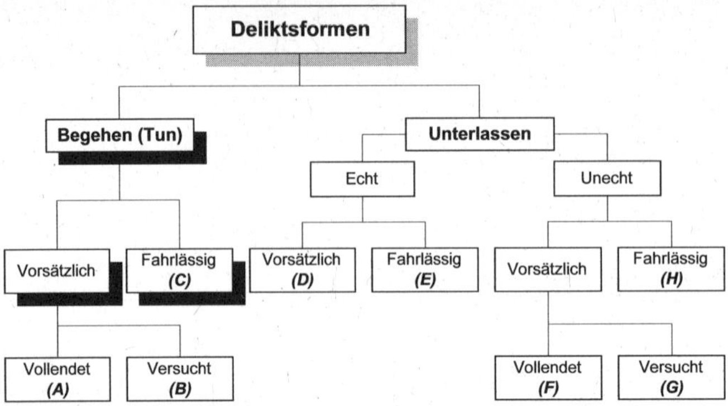

... und zwar in die Frage nach der Strafbarkeit des Versuchs.

Anschließend startet man neu und fragt nach einer Strafbarkeit gemäß §§ 249, 251, 22, 23 I, 12 I (zur alternativen Paragraphenfolge, s.o.). Dort muß man als erstes die Frage nach der ***Strafbarkeit des Versuches*** stellen. Und genau dort gehören die gerade dargestellten Erwägungen hinein.

Zur 2. Konstellation:

2. Konstellation.

Wenn das Grunddelikt vollendet und die schwere Folge zwar angestrebt wurde, aber ausblieb, ist ebenfalls zu untersuchen, ob ein Versuch des EQ-Deliktes vorliegt.

Was passiert, wenn man die Folge sogar *will?*

Enthält § 18 nur eine Untergrenze ...

Die Beantwortung hängt entscheidend davon ab, ob man die EQ-Delikte *nur fahrlässig* oder *auch vorsätzlich* begehen kann. Gemäß § 18 ist *wenigstens* Fahrlässigkeit erforderlich. Es handelt sich dabei um eine Untergrenze. Versteht man Fahrlässigkeit und Vorsatz als eine Mehr-Weniger-Reihe, dann fällt es nicht schwer zu sagen, daß wenn schon Fahrlässigkeit ausreicht, dies erst recht für Vorsatz gelten muß.

... das ist für normale EQ-Delikte unstreitig so ...

Solange es sich um normale EQ-Delikte handelt, ist dem auch nicht viel entgegenzuhalten. Die richtigen Probleme beginnen, wenn sich eine Norm findet, die den erfolgsqualifizierenden Charakter modifiziert. In § 251 z.B. ist die Rede von *wenigstens leichtfertiger* Begehung. Damit ist die „normale" Fahrlässigkeit nicht mehr ausreichend. Die Untergrenze ist verändert worden.

... oder auch eine Obergrenze?

Und es gab eine Auffassung, die meint, daß damit nicht nur die Untergrenze, ***sondern auch die Obergrenze*** festgeschrieben sei, weil § 18 jetzt nicht mehr gelte. Diese These, die aus der Zeit stammte, als § 251 sich darauf beschränkte, die Herbeiführung des Todes als „leichtfertig" zu bestrafen, dürfte sich durch die seit 1.4.1998 geltende Neufassung („wenigstens leichtfertig") erledigt haben.

1. Teil - Das System ✓

2. Teil - Die einzelnen Deliktsformen

A. Das vollendete vorsätzliche Begehungsdelikt ✓

B. Das versuchte vorsätzliche Begehungsdelikt ✓

C. Das fahrlässige Begehungsdelikt ✓

☞ **D. und E. Echte Unterlassungsdelikte**

3. Teil - Täterschaft und Teilnahme

4. Teil - Konkurrenzen

5. Teil - Gutachtenstil und Übungsklausuren

6. Teil - Hausarbeiten

7. Teil - Aufbaumuster bei § 242

8. Teil - Sachregister

9. Teil - Werbung

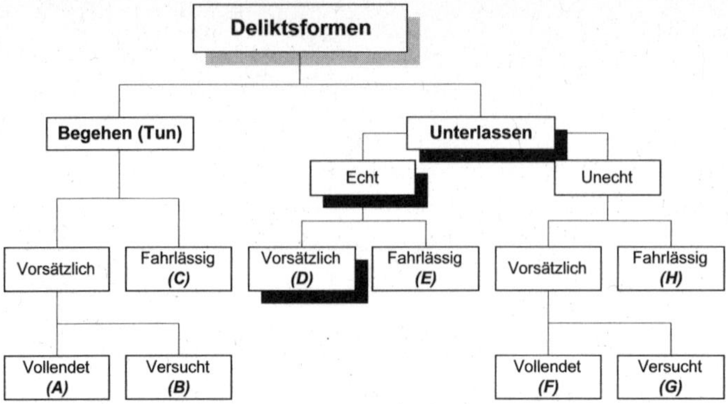

D. Das vorsätzliche echte Unterlassungsdelikt

I. Tatbestandsmäßigkeit

1. Objektiver Tatbestand

a. Geschriebene Merkmale

aa. Nichtvornahme eines gebotenen Tuns. Die Handlung besteht in einem Unterlassen, ansonsten: Keine Besonderheiten: Wer schläft, sündigt nicht.

bb. Tatsächliche Möglichkeit dieses Tuns (bei § 323c geschrieben)

cc. Zumutbarkeit dieses Tuns (bei § 323c geschrieben)

b. Ungeschriebene Merkmale

aa. Tatsächliche Möglichkeit dieses Tuns (bei §§ 123, 138, 142 ungeschrieben)

bb. Zumutbarkeit dieses Tuns (bei §§ 123, 138, 142 ungeschrieben)

2. Subjektiver Tatbestand

a. Vorsatz

b. Sonstige subjektive Tatbestandsmerkmale werden von den vier relevanten Unterlassungstatbeständen (§§ 123, 138 I, 142, 323c) nicht verlangt.

II. Rechtswidrigkeit

Eine Besonderheit: Zusätzlicher Rechtfertigungsgrund Pflichtenkollision

III. Schuld

Keine Besonderheiten

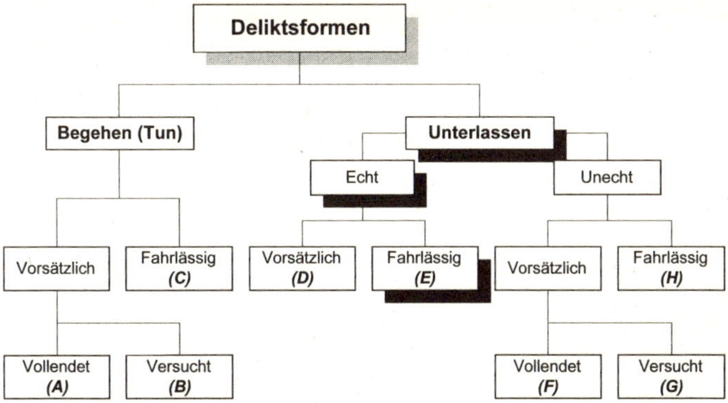

E. Das fahrlässige echte Unterlassungsdelikt

I. Tatbestandsmäßigkeit

1. Objektiver Tatbestand

a. Geschriebene Merkmale

- *Nichtvornahme eines gebotenen Tuns. Die Handlung besteht in einem Unterlassen, ansonsten: Keine Besonderheiten: Wer schläft, sündigt nicht.*

b. Ungeschriebene Merkmale

aa. Tatsächliche Möglichkeit dieses Tuns
bb. Zumutbarkeit des Tuns

c. Fahrlässigkeitsteil

- *Nichtvornahme des Tuns als objektive Sorgfaltspflichtverletzung*

2. Subjektiver Tatbestand

a. Wissen oder

b. Nichtwissen

II. Rechtswidrigkeit

Zusätzlicher Rechtfertigungsgrund: Pflichtenkollision

III. Schuld

Keine Besonderheiten, aber insbesondere:

Schuldform: Fahrlässigkeit
Subjektive Sorgfaltspflichtverletzung

I. Tatbestandsmäßigkeit
1. Objektiver Tatbestand
   a. Geschriebene Merkmale
      aa. Nichtvornahme eines Tuns
      bb. Möglichkeit dieses Tuns
      cc. Zumutbarkeit dieses Tuns
   b. Ungeschriebene Merkmale
      aa. Möglichkeit dieses Tuns
      bb. Zumutbarkeit dieses Tuns
2. Subjektiver Tatbestand
   a. Vorsatz (= Wissen und Wollen)
   b. Sonstige subjektive Merkmale

II. Rechtswidrigkeit (indiziert)
Insbesondere: Pflichtenkollision

III. Schuld
1. Schuldfähigkeit
2. Spezielle Schuldmerkmale
3. Die persönliche Vorwerfbarkeit
   Unrechtsbewußtsein im weiten Sinne
   a. Schuldform: Vorsatz
   b. Unrechtsbewußtsein im engen Sinne
4. Entschuldigungsgründe

IV. Besonderheiten
1. Strafausschließungs- und aufhebungsgründe
2. Strafverfolgungshindernisse

Echte Unterlassungsdelikte

Man kann sich auch strafbar machen, indem man nichts tut.

Während die bis hierhin gemachten Ausführungen sich alle mit Begehungsdelikten befaßten, geht es nun folgend um Unterlassungsdelikte.

I. Tatbestandsmäßigkeit

1. Objektiver Tatbestand

- Unterschied zum Begehungsdelikt

Prüfungsstandort: die Handlung ...

Der entscheidende Unterschied liegt im Bereich der Handlung. Während bei den Begehungsdelikten aktives Tun vorliegt,

> ***Bsp.:*** Die ledige Mutter T ertränkt ihr unerwünschtes dreijähriges Kind O in der Badewanne.

... nichts getan, obwohl Tun geboten war.

sind die Unterlassungsdelikte dadurch gekennzeichnet, daß ein aktives Tun unterlassen wird, obwohl es geboten war.

> ***Bsp.:*** Die ledige Mutter T sieht, wie ihr dreijähriges Kind O in die Badewanne fällt. Die Badewanne ist - wie dies bei normalen gesunden Frauen so üblich ist - mit Sekt und Eselsmilch gefüllt. Das Kind O kommt auf den Geschmack und trinkt, bis es tot ist. Die Mutter sieht ihm dabei zu, unternimmt aber nichts dagegen, zum einen, weil sie der Ansicht ist, daß Dreijährige sich früh an Alkohol gewöhnen müssen, zum zweiten, weil sie die Wanne sowieso gerade ablassen wollte, zum dritten, weil ihr das Kind zuwider ist und sie es loswerden will.

Daß T in beiden Fällen zu bestrafen ist, liegt auf der Hand. Es handelt sich beidesmal um Totschlag, § 212 (bzw. §§ 212, 211).

I. Tatbestandsmäßigkeit
1. Objektiver Tatbestand
   a. Geschriebene Merkmale
      aa. Nichtvornahme eines Tuns
      bb. Möglichkeit dieses Tuns
      cc. Zumutbarkeit dieses Tuns
   b. Ungeschriebene Merkmale
      aa. Möglichkeit dieses Tuns
      bb. Zumutbarkeit dieses Tuns
2. Subjektiver Tatbestand
   a. Vorsatz (= Wissen und Wollen)
   b. Sonstige subjektive Merkmale

II. Rechtswidrigkeit (indiziert)
Insbesondere: Pflichtenkollision

III. Schuld
1. Schuldfähigkeit
2. Spezielle Schuldmerkmale
3. Die persönliche Vorwerfbarkeit
   Unrechtsbewußtsein im weiten Sinne
   a. Schuldform: Vorsatz
   b. Unrechtsbewußtsein im engen Sinne
4. Entschuldigungsgründe

IV. Besonderheiten
1. Strafausschließungs- und aufhebungsgründe
2. Strafverfolgungshindernisse

Ob man das Unterlassen als einen Unterfall der Handlung auffassen kann, der mit dem Tun auf einer Ebene steht, ist umstritten, aber klausurmäßig nicht besonders wichtig. Wir können allerdings feststellen, daß ein Tun etwas Reales ist, man kann es sehen, man kann es beschreiben. Ein ***Unterlassen*** dagegen ***ist*** ein ***Nichts.*** *Die Unterlassung* ist im Grunde nur ein (Wert-) Urteil, das die Enttäuschung darüber ausdrückt, daß ein erwartetes Tun nicht stattgefunden hat. In diesem Sinne sagt man auch: „Unterlassen ist enttäuschte Erwartung".

Ein Unterlassen ist ein Nichts.

Ein Nichts kann man nicht sehen.

Man kann aber darüber enttäuscht sein.

Enttäuscht wird man im Leben oft. Damit eine solche Enttäuschung aber strafrechtlich meßbar wird, müssen Tatbestände vorliegen. Diese wiederum müssen dem Bestimmtheitsgebot, § 1, Rechnung tragen. Dazu bestehen zwei grundsätzliche Wege:

Strafrechtlich relevante Enttäuschungen müssen sich an § 1 messen lassen.

2. Die gesetzgeberischen Möglichkeiten

1. Der Gesetzgeber beschreibt die Voraussetzungen, unter denen ein Unterlassen strafbar ist, in ***eigenen Tatbeständen***. Dieser Weg ist unproblematisch: Man kann dann Stück für Stück solche Tatbestände durchprüfen und zu einem Ergebnis kommen. Derartige Tatbestände nennt man ***echte Unterlassungsdelikte***.

Gesetzgeber schafft eigene Tatbestände: So funktionieren die echten Unterlassungsdelikte.

Wir beachten im übrigen, daß der Gesetzgeber *nur die Voraussetzungen* umschreibt, ein Unterlassen *selbst* kann man nicht beschreiben: Es existiert ja nicht.

Die Tatbestände können das Nichts nicht be- sondern nur umschreiben.

I. Tatbestandsmäßigkeit
1. Objektiver Tatbestand
   a. Geschriebene Merkmale
      aa. Nichtvornahme eines Tuns
      bb. Möglichkeit dieses Tuns
      cc. Zumutbarkeit dieses Tuns
   b. Ungeschriebene Merkmale
      aa. Möglichkeit dieses Tuns
      bb. Zumutbarkeit dieses Tuns
2. Subjektiver Tatbestand
   a. Vorsatz (= Wissen und Wollen)
   b. Sonstige subjektive Merkmale

II. Rechtswidrigkeit (indiziert)
Insbesondere: Pflichtenkollision

III. Schuld
1. Schuldfähigkeit
2. Spezielle Schuldmerkmale
3. Die persönliche Vorwerfbarkeit
   Unrechtsbewußtsein im weiten Sinne
   a. Schuldform: Vorsatz
   b. Unrechtsbewußtsein im engen Sinne
4. Entschuldigungsgründe

IV. Besonderheiten
1. Strafausschließungs- und aufhebungsgründe
2. Strafverfolgungshindernisse

Gesetzgeber ermöglicht (nur) eine Analogie zu den Begehungsdelikten: So funktionieren die unechten Unterlassungsdelikte.

2. Der Gesetzgeber verweist auf die Begehungstatbestände und nennt lediglich generell die Voraussetzungen, unter denen ein Unterlassen in ***Analogie*** zu den Begehungstatbeständen tatbestandsmäßig sein soll. Dieser Weg ist problematisch, weil nicht bis ins einzelne geregelt ist, wann denn nun ein Unterlassen strafbar ist. Die generelle Verweisung läßt viele Fragen offen. Weil hier von den Begehungstatbeständen ausgegangen wird, nennt man solche Unterlassungsdelikte ***unechte Unterlassungsdelikte***.

Im deutschen Recht gibt es beides nebeneinander.

Der deutsche Gesetzgeber ist beide Wege gegangen: *Echte* Unterlassungsdelikte sind etwa in den §§ 123, 138, 323c, 142 unter Strafe gestellt, *unechte* durch § 13 i.V.m. den Begehungsdelikten.

Die wichtigsten.

Wichtigste Vertreter des echten Unterlassungsdeliktes:

- § 123 I, 2. Begehungsweise (Hausfriedensbruch in der Alternative des Sich-nicht-Entfernens)
- § 138 (Nichtanzeige geplanter Straftaten) Abs. 1: vorsätzliche Begehung, Abs. 3: fahrlässige (leichtfertige) Begehung
- § 323c (Unterlassene Hilfeleistung)
- § 142 (Entfernen vom = *Nicht*-Verweilen am Unfallort)

Grundsätzlich gibt es bei den echten Unterlassungsdelikten keine Besonderheiten.

Die Prüfung dieser Paragraphen bringt gegenüber dem vorsätzlichen Begehungsdelikt überhaupt keine Probleme mit sich. Insbesondere § 323c ist besonders einfach, weil er die Merkmale, die bei den anderen beiden ungeschrieben sind, im Gesetzestext hat: die tatsächliche Möglichkeit (ein Stummer kann nicht um Hilfe rufen) und die Zumutbarkeit (ein nur mit Badehose Bekleideter muß nicht in ein brennendes Haus, um Hilfe zu leisten).

I. Tatbestandsmäßigkeit 1. Objektiver Tatbestand a. Geschriebene Merkmale aa. Nichtvornahme eines Tuns bb. Möglichkeit dieses Tuns cc. Zumutbarkeit dieses Tuns b. Ungeschriebene Merkmale aa. Möglichkeit dieses Tuns bb. Zumutbarkeit dieses Tuns 2. Subjektiver Tatbestand a. Vorsatz (= Wissen und Wollen) b. Sonstige subjektive Merkmale	**II. Rechtswidrigkeit** (indiziert) Insbesondere: Pflichtenkollision **III. Schuld** 1. Schuldfähigkeit 2. Spezielle Schuldmerkmale 3. Die persönliche Vorwerfbarkeit Unrechtsbewußtsein im weiten Sinne a. Schuldform: Vorsatz b. Unrechtsbewußtsein im engen Sinne 4. Entschuldigungsgründe **IV. Besonderheiten** 1. Strafausschließungs- und aufhebungsgründe 2. Strafverfolgungshindernisse

Über die geschriebenen Merkmale gibt es nichts Nennenswertes zu berichten. Hier gibt es ja keine Unterschiede zum Begehungsdelikt: das Vorliegen dieser Merkmale muß schlicht festgestellt werden.

Was im Gesetz geschrieben steht, muß eben vorliegen.

- Möglichkeit und Zumutbarkeit

Diese beiden Merkmale, die in § 323c zu den geschriebenen gehören, muß man sich bei den §§ 123 und 138 als ungeschriebene noch dazudenken und prüfen.

Teilweise ist Geschriebenes aber auch ungeschrieben.

Während mit ***Möglichkeit*** im übrigen die physisch-realen (die tatsächlichen) Umstände gemeint sind, die den Täter dazu befähigt hätten, das gebotene Tun (doch) vorzunehmen, stellt die ***Zumutbarkeit*** mehr auf rechtlich-wertende Elemente ab.

Für den Täter Unmögliches kann ebensowenig geboten sein wie Unzumutbares.

Beispiele für Nichtmöglichkeit bei § 123 und § 138:
§ 123: Der Schwarzfahrer T wird vom Eisenbahnschaffner aufgefordert, den Zug zu verlassen. Die Türen sind aber sämtlich verriegelt.
§ 138: T unterläßt es, die Vorbereitung eines Angriffskrieges anzuzeigen. T ist gelähmt, befindet sich in der ersten Etage eines einsamen Landhauses, es gibt kein Telefon, außerdem ist T gefesselt.

Beispiele für Unzumutbarkeit bei § 123 und § 138:
§ 123: Der Schwarzfahrer T wird vom Eisenbahnschaffner aufgefordert, den Zug zu verlassen. Die Türen sind zwar nicht verriegelt, der Zug hat aber schon eine Geschwindigkeit von 150 km/h.
§ 138: T unterläßt es, die Vorbereitung eines Angriffskrieges anzuzeigen. T wird dauernd beobachtet. Es kann als sicher unterstellt werden, daß T, wenn er anzeigen würde, unmittelbar anschließend umgebracht würde.

I. Tatbestandsmäßigkeit
1. Objektiver Tatbestand
   a. Geschriebene Merkmale
      aa. Nichtvornahme eines Tuns
      bb. Möglichkeit dieses Tuns
      cc. Zumutbarkeit dieses Tuns

   b. Ungeschriebene Merkmale
      aa. Möglichkeit dieses Tuns
      bb. Zumutbarkeit dieses Tuns
2. Subjektiver Tatbestand
   a. Vorsatz (= Wissen und Wollen)
   b. Sonstige subjektive Merkmale

II. Rechtswidrigkeit (indiziert)
Insbesondere: Pflichtenkollision

III. Schuld
1. Schuldfähigkeit
2. Spezielle Schuldmerkmale
3. Die persönliche Vorwerfbarkeit
   Unrechtsbewußtsein im weiten Sinne
   a. Schuldform: Vorsatz
   b. Unrechtsbewußtsein im engen Sinne
4. Entschuldigungsgründe

IV. Besonderheiten
1. Strafausschließungs- und aufhebungsgründe
2. Strafverfolgungshindernisse

Diese Gedanken tauchten schon bei der Notwehr auf.

Wir erinnern uns hierzu abschließend noch einmal der Voraussetzungen der Notwehrhandlung. Auch dort hatten wir etwas Tatsächliches (die Erforderlichkeit der Abwehr) und etwas Rechtliches (die Gebotenheit der Abwehr). Wir sehen daran, daß der Gesetzgeber häufig beide Aspekte zusammenbringt.

II. Rechtswidrigkeit - Die rechtfertigende Pflichtenkollision

Zusätzlicher Rechtfertigungsgrund: <u>*die Pflichtenkollision*</u>.

Was immer der Täter macht, er macht was falsch.

Es bleibt eine Besonderheit, die auf der Stufe der Rechtswidrigkeit angesiedelt ist: Für die Unterlassungsdelikte gibt es nämlich noch ***einen eigenen Rechtfertigungsgrund***: die sog. Pflichtenkollision. Gemeint ist damit der Fall, daß der Täter, egal *wie* er handelt, *jedenfalls* eine Handlungspflicht verletzt.

> ***Bsp.:*** T sieht, wie in einem Teich 2 Kinder zu ertrinken beginnen: O1 und O2. T kann genau eines dieser beiden Kinder retten. Das tut er dann auch. Bezüglich des anderen Kindes, das zwischenzeitlich ertrunken ist, liegt der Tatbestand des § 323c vor:
>
> ***Auflösung:*** 1. a. Nichtvornahme des gebotenen Tuns = Rettung
> b. Tatsächliche Möglichkeit dieses Tuns = T hätte anstelle des anderen Kindes auch dieses Kind retten können.
> c. Zumutbarkeit dieses Tuns = Es war für T zumutbar, anstelle des anderen Kindes dieses Kind zu retten.
> 2. T wußte, daß, wenn er das eine Kind retten würde, das andere sterben würde. Ob er das wollte, ist unerheblich: Es handelt sich hier um direkten Vorsatz (starkes Wissen/schlappes Wollen).

Bei Pflichtenkollision liegt kein Unrecht vor ...

Trotzdem dieser Tatbestand vorliegt, fehlt es aber an der Rechtswidrigkeit: Egal, wie T sich nun verhalten hätte, er hätte eine Pflicht verletzt. Hätte er nämlich das jetzt ertrunkene Kind gerettet, wäre das jetzt gerettete Kind ertrunken. Wenn dem aber so

I. Tatbestandsmäßigkeit
- 1. Objektiver Tatbestand
  - a. Geschriebene Merkmale
    - aa. Nichtvornahme eines Tuns
    - bb. Möglichkeit dieses Tuns
    - cc. Zumutbarkeit dieses Tuns
  - b. Ungeschriebene Merkmale
    - aa. Möglichkeit dieses Tuns
    - bb. Zumutbarkeit dieses Tuns
- 2. Subjektiver Tatbestand
  - a. Vorsatz (= Wissen und Wollen)
  - b. Sonstige subjektive Merkmale

II. Rechtswidrigkeit (indiziert)
Insbesondere: Pflichtenkollision

III. Schuld
- 1. Schuldfähigkeit
- 2. Spezielle Schuldmerkmale
- 3. Die persönliche Vorwerfbarkeit
  Unrechtsbewußtsein im weiten Sinne
  - a. Schuldform: Vorsatz
  - b. Unrechtsbewußtsein im engen Sinne
- 4. Entschuldigungsgründe

IV. Besonderheiten
- 1. Strafausschließungs- und aufhebungsgründe
- 2. Strafverfolgungshindernisse

---

ist, soll es *kein Unrecht* sein, daß T ein Kind hat ertrinken lassen. Es versteht sich, daß dies strittig ist.

Vertreten wird auch, daß es *zwar Unrecht* ist (man darf kein Kind ertrinken lassen), daß es dem Täter aber nicht zum persönlichen *(Schuld-) Vorwurf* gereichen kann, weil er ja ein anderes gerettet hat. (In gewisser Weise entspricht dies der Konstellation des § 35.)

... oder keine Schuld ...

Zu vertreten ist weiter, daß es schon *nicht geboten* sein kann, beide Kinder zu retten, daß sich das Gebot vielmehr nur auf ein Kind bezieht, daß damit im Hinblick auf das jeweilig nichtgerettete Kind schon der Prüfungspunkt „Nichtvornahme des *gebotenen* Tuns" und damit der Tatbestand zu verneinen wäre.

... oder schon kein Tatbestand.

Auf jeden Fall soll der Täter nicht strafbar sein.

Sonstige Besonderheiten gibt es bei den echten vorsätzlichen Unterlassungsdelikten nicht.

I. Tatbestandsmäßigkeit
1. Objektiver Tatbestand
   a. Geschriebene Merkmale
      - Nichtvornahme eines Tuns
   b. Ungeschriebene Merkmale
      aa. Möglichkeit dieses Tuns
      bb. Zumutbarkeit dieses Tuns
   c. Fahrlässigkeitsteil
      - Obj. Sorgfaltsflichtverletzung
2. Subjektiver Tatbestand
   a. Wissen oder Nicht-Wissen
   b. Kein Wollen

II. Rechtswidrigkeit (indiziert)
Insbesondere: Pflichtenkollision

III. Schuld
1. Schuldfähigkeit
2. Spezielle Schuldmerkmale
3. Die persönliche Vorwerfbarkeit
   Unrechtsbewußtsein im weiten Sinne
   Schuldform: Fahrlässigkeit
   insbes. Subj. Sorgfaltspflichtverletzung
4. Entschuldigungsgründe

IV. Besonderheiten
1. Strafausschließungs- und aufhebungsgründe
2. Strafverfolgungshindernisse

Hier tut sich eigentlich überhaupt nichts.

Wichtigster Fall des *fahrlässigen* echten Unterlassungsdeliktes ist § 138 III. Es gilt das allgemeine Prüfschema (vgl. die Kopfzeile!) mit einer Erweiterung: Im Tatbestand wird eine objektive Sorgfaltspflichtverletzung geprüft, in der Schuld eine subjektive.

Kleine Prüfungserleichterung.

Es fehlen hier im übrigen die Punkte Vorhersehbarkeit (objektiv und subjektiv) / Pflichtwidrigkeitszusammenhang / Schutzzweck. Diese Punkte haben nur bei *Erfolgs*delikten einen Sinn. § 138 III ist aber ein (Un-) *Tätigkeits*delikt.

Muß man nicht unbedingt lernen.

Zuletzt: Dieser Fall ist so selten, daß es nicht allzu dramatisch wäre, wenn man ihn lernmäßig vernachlässigt.

1. Teil - Das System ✓

2. Teil - Die einzelnen Deliktsformen

A. Das vollendete vorsätzliche Begehungsdelikt ✓

B. Das versuchte vorsätzliche Begehungsdelikt ✓

C. Das fahrlässige Begehungsdelikt ✓

D. Das vorsätzliche echte Unterlassungsdelikt ✓

E. Das fahrlässige echte Unterlassungsdelikt ✓

☞ **F. Das vollendete vorsätzliche unechte Unterlassungsdelikt**

3. Teil - Täterschaft und Teilnahme

4. Teil - Konkurrenzen

5. Teil - Gutachtenstil und Übungsklausuren

6. Teil - Hausarbeiten

7. Teil - Aufbaumuster bei § 242

8. Teil - Sachregister

9. Teil - Werbung

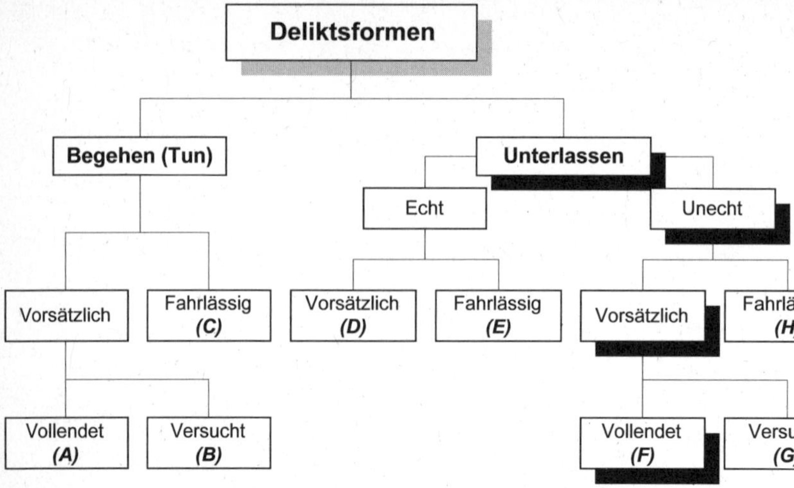

F. Das vollendete vorsätzliche unechte Unterlassungsdelikt

I. Tatbestandsmäßigkeit

1. Objektiver Tatbestand

a. Tatsubjekt & Tatobjekt.
b. Eintritt des tatbestandsmäßigen Erfolges.
c. Nichtvornahme der zur Erfolgsabwendung gebotenen Handlung.
- *Abgrenzung Tun - Unterlassung*

aa. Objektive Gebotenheit eines Tuns
bb. Subjektive Gebotenheit
- Garantenstellung
- Tatsächliche Möglichkeit
- Zumutbarkeit

d. Verbindung zwischen Unterlassen und Erfolg: Quasikausalität (hypothetische Kausalität).
e. Gleichwertigkeitskorrektiv, obj. = Entsprechungsklausel

2. Subjektiver Tatbestand

a. Vorsatz
b. Sonstige subjektive Tatbestandsmerkmale
c. Gleichwertigkeitskorrektiv, subj. = Entsprechungsklausel

II. Rechtswidrigkeit
Eine Besonderheit: Zusätzlicher Rechtfertigungsgrund: Pflichtenkollision

III. Schuld: Keine Besonderheiten

I. Tatbestandsmäßigkeit
- 1. Objektiver Tatbestand
  - a. Tatsubjekt & Tatobjekt
  - b. Taterfolg
  - c. Nichtvornahme des gebotenen Tuns
    - aa. Objektive Gebotenheit
    - bb. Subjektive Gebotenheit
      - Garantenstellung
      - Möglichkeit / Zumutbarkeit
  - d. Quasikausalität
  - e. Entsprechungsklausel, objektiv
- 2. Subjektiver Tatbestand
  - a. Vorsatz (insbes. bez. Garantenstellung)
  - b. Sonstige subjektive Merkmale
  - c. Entsprechungsklausel, subjektiv

II. Rechtswidrigkeit (indiziert)
Insbesondere: unechte Pflichtenkollision

III. Schuld: keine Besonderheiten

IV. Besonderheiten
1. Strafausschließungs- und aufhebungsgründe
2. Strafverfolgungshindernisse

I. Tatbestandsmäßigkeit

1. Objektiver Tatbestand

a. Tatsubjekt und Tatobjekt

Da die unechten Unterlassungsdelikte in Analogie zu den normalen Begehungsdelikten gebildet werden, gilt natürlich, daß alle dortigen Voraussetzungen (bis auf die Handlung als aktives Tun) auch hier vorliegen müssen. Also muß es der richtige Täter sein (z.B. ein Beamter) und das richtige Objekt (z.B. ein Kind, § 176).

Die Analogie wirkt nur für die Handlung als Tun.
Der Rest muß ganz normal vorliegen.

b. Eintritt des tatbestandsmäßigen Erfolges

Den Eintritt des Erfolges und dessen Verbindung mit der Handlung (Kausalität, Zurechnung) haben wir beim vollendeten vorsätzlichen Begehungsdelikt erst nach der Handlung genannt. Hier machen wir es etwas anders. Das hat natürlich einen Grund. Der liegt darin, daß wir, wenn mal Abgrenzungsprobleme zwischen Begehungs- und Unterlassungsdelikten auftauchen, einen Bezugspunkt haben müssen.

Wir beginnen hier mit dem, was in der Außenwelt sichtbar ist.

Nachdem das Unterlassen nicht sichtbar ist, bleibt da nur der Erfolg.

Wir müssen ja wissen, *was* durch eine Begehung, bzw. *was* durch eine Unterlassung geschehen sein soll. Und weil man bei der Unterlassung eben eigentlich *nichts* hat, muß man vorher einen Erfolg festgestellt haben, um dann mit beleidigter Stimme fragen zu können: Warum hat der Täter *nichts* dagegen unternommen?

Erst wenn man einen Erfolg hat, kann man fragen, ob der Täter dagegen etwas hätte tun *müssen*.

(Nebenbei bemerkt: Natürlich könnten wir auch beim vollendeten vorsätzlichen Begehungsdelikt mit dem Erfolg beginnen und dann fragen, ob dieser Erfolg das Werk des Täters ist.)

(Wäre beim Begehungsdelikt grundsätzlich auch möglich.)

Zunächst mal ein neuer Fall:

> T läßt ihr Kind O vorsätzlich in der Badewanne ertrinken.
>
> **Lösung:** T kann sich nach §§ 212, 13 strafbar gemacht haben.

I. Tatbestandsmäßigkeit
1. Objektiver Tatbestand
   a. Tatsubjekt & Tatobjekt
   b. Taterfolg
   c. Nichtvornahme des gebotenen Tuns
      aa. Objektive Gebotenheit
      bb. Subjektive Gebotenheit
         - Garantenstellung
         - Möglichkeit / Zumutbarkeit
   d. Quasikausalität
   e. Entsprechungsklausel, objektiv
2. Subjektiver Tatbestand
   a. Vorsatz (insbes. bez. Garantenstellung)
   b. Sonstige subjektive Merkmale
   c. Entsprechungsklausel, subjektiv

II. Rechtswidrigkeit (indiziert)
Insbesondere: unechte Pflichtenkollision

III. Schuld: keine Besonderheiten

IV. Besonderheiten
1. Strafausschließungs- und aufhebungsgründe
2. Strafverfolgungshindernisse

Der tatbestandsmäßige Erfolg des § 212 (Tod eines Menschen) liegt hier vor.

c. Nichtvornahme der zur Erfolgsabwendung objektiv gebotenen Handlung

So war es früher:

Vorbemerkung: Wir erinnern uns. Beim ganz normalen vollendeten Begehungsdelikt in der Form des Erfolgsdeliktes, bei § 212 etwa, haben wir geprüft:

- Handlung + — eine Handlung (= Tun)
- Erfolg + — einen Erfolg (= Tod)
- Verbindung . — die Verbindung zwischen beiden (=Kausalität / ggfls.: Zurechnung)

So ist es jetzt auch. Nur, daß die Handlung jetzt kein Tun, sondern ein Unterlassen ist.

Nichts anderes machen wir hier jetzt auch. Allerdings müssen wir das aktive Tun ersetzen durch ein Unterlassen. Das bringt uns zweierlei Probleme. Eines, ob es überhaupt um ein Unterlassen geht oder ob es nicht doch ein Tun war. Ein zweites, was denn Unterlassen im Rahmen des jeweilig geprüften Tatbestandes eigentlich heißt. Aber der Reihe nach.

- Abgrenzung Tun - Unterlassen

Für Unterlassen braucht man mehr.

Die ***Bedeutung*** der Abgrenzung liegt darin, daß für eine Tatbestandsverwirklichung durch Unterlassen zusätzlich zu dem normalen Kram noch eine Garantenstellung vorliegen muß (dazu gleich auf S. 234). Wäre das nicht so, wäre es völlig egal, ob das eine (Tun) oder das andere (Unterlassen) vorläge.

Normalerweise ist klar, ob Tun oder Unterlassen vorliegt. Dann sagt man nichts.

In der Regel ist die Abgrenzung unproblematisch. Dann ist kein Wort darüber zu verlieren. Man prüft sofort das, was ersichtlich alleine in Betracht kommt.

I. Tatbestandsmäßigkeit
1. Objektiver Tatbestand
   a. Tatsubjekt & Tatobjekt
   b. Taterfolg
   c. Nichtvornahme des gebotenen Tuns
      aa. Objektive Gebotenheit
      bb. Subjektive Gebotenheit
         - Garantenstellung
         - Möglichkeit / Zumutbarkeit
   d. Quasikausalität
   e. Entsprechungsklausel, objektiv
2. Subjektiver Tatbestand
   a. Vorsatz (insbes. bez. Garantenstellung)
   b. Sonstige subjektive Merkmale
   c. Entsprechungsklausel, subjektiv

II. Rechtswidrigkeit (indiziert)
Insbesondere: unechte Pflichtenkollision

III. Schuld: keine Besonderheiten

IV. Besonderheiten
1. Strafausschließungs- und aufhebungsgründe
2. Strafverfolgungshindernisse

Bsp.: Die Mutter, die ihr Kind in der Badewanne ertränkt, tötet durch Tun. Strafbarkeit nach § 212.
Die Mutter, die ihr Kind ertrinken läßt, ohne etwas dagegen zu unternehmen, tötet durch Unterlassen. Strafbarkeit nach §§ 212, 13.

Es gibt aber ***mehrdeutige Verhaltensweisen***, bei denen sich sowohl ein Tun als auch ein Unterlassen als Anknüpfungspunkt für die strafrechtliche Beurteilung anbieten.

Bei mehrdeutigen Verhaltensweisen muß abgegrenzt werden.

Bsp.1: Ein Fabrikant T gibt seinem Arbeiter O nichtdesinfizierte Ziegenhaare zur Verarbeitung. O stirbt an einer Infektion.

Tun	⇨	***Unterlassen***
(Übergabe)		(ohne Desinfektion)

Bsp.2a: T wirft dem in einen Brunnenschacht gefallenen O ein Seil zu. Dann erkennt er, daß es sich bei O um seinen Lieblingsfeind handelt. Er zieht das Seil zurück, ehe O es ergreifen kann.
Bsp.2b: T läßt das Seil los, nachdem O es ergriffen hat.
Bsp.3: Der Arzt T schaltet die Herz-Lungen-Maschine eines sich in hoffnungsloser Lage befindenden Patienten O ab.

(Seil zurückziehen / loslassen)		(Seil nicht so zuwerfen, wie nötig)
Tun	⇨	***Unterlassen***
(Rettungsgerät ausschalten)		(Patient nicht weiterbehandeln)

Die in Beispiel 1 genannten Fälle betreffen Fahrlässigkeitsdelikte. Solche Situationen sind sehr häufig: Das sorgfaltspflicht*widrige* Tun bei der Fahrlässigkeit beinhaltet ja gleichzeitig auch die Unterlassung des sorgfaltspflicht*gemäßen* Tuns.

Häufig: Verdacht auf Fahrlässigkeit. Wer etwas sorgfaltswidrig *tut, unterläßt* das Sorgfaltsgemäße.

I. Tatbestandsmäßigkeit
1. Objektiver Tatbestand
   a. Tatsubjekt & Tatobjekt
   b. Taterfolg
   c. Nichtvornahme des gebotenen Tuns
      aa. Objektive Gebotenheit
      bb. Subjektive Gebotenheit
         - Garantenstellung
         - Möglichkeit / Zumutbarkeit
   d. Quasikausalität
   e. Entsprechungsklausel, objektiv
2. Subjektiver Tatbestand
   a. Vorsatz (insbes. bez. Garantenstellung)
   b. Sonstige subjektive Merkmale
   c. Entsprechungsklausel, subjektiv

II. Rechtswidrigkeit (indiziert)
Insbesondere: unechte Pflichtenkollision

III. Schuld: keine Besonderheiten

IV. Besonderheiten
1. Strafausschließungs- und aufhebungsgründe
2. Strafverfolgungshindernisse

Seltener: Rückgängigmachung selbst eingeleiteter Rettungsmaßnahmen.

Die in Beispiel 2 und 3 genannten Fälle betreffen Vorsatzdelikte. Der Täter macht von ihm selbst eingeleitete Rettungsmaßnahmen wieder rückgängig. Solche Situationen sind extrem selten. (Wo gibt's heut noch Brunnenschächte?). Etwas häufiger ist bloß der Herz-Lungen-Fall.

Und wie jetzt?

Preisfrage nun: Worauf ist abzustellen?

Wichtig für die Anwendung von § 13 und die Prüfung einer Garantenstellung.

Die Bedeutung dieser Frage sei erneut in's Blickfeld gerückt. Jenachdem, ob Tun oder Unterlassen vorliegt, prüft man ***mit oder ohne § 13***. Und dieser § 13 sagt, daß der, der es unterläßt, einen Erfolg abzuwenden, nur dann strafbar ist, wenn er rechtlich dafür einzustehen hat, daß der Erfolg nicht eintritt. Dieses „Einstehenmüssen" nennt man Garantenstellung.

Ohne Garantenstellung bekommt man die Strafbarkeit schneller hin.

Das aber ist der Pfiff an der ganzen Sache. Bei einem normalen Begehungsdelikt ist nämlich ***keine Garantenstellung*** von Nöten. Das bedeutet, daß man ***viel eher strafbar*** werden kann: Es fehlt ja dann eine Voraussetzung, die der Täter beim Unterlassungsdelikt zusätzlich erfüllen muß.

Voll das Gummi:

Schwerpunkt der Vorwerfbarkeit.

Lösung: Entscheidender Gesichtspunkt ist nach h.M. der sog. „***Schwerpunkt der Vorwerfbarkeit***" (Gummibegriff). Wo dieser Schwerpunkt liegt, ist wertend zu ermitteln. Man vollzieht diese Wertung so, indem man für den jeweils untersuchten Fall überlegt, wie ***eine Gebotsnorm*** lauten würde. Man muß dabei also danach fragen, was geboten war. (Ein Formulierungsbeispiel kommt gleich anhand des Ziegenhaarfalles.)

Faustregel bei Fahrlässigkeitsdelikten:

Aktives Tun.

Bei ***Fahrlässigkeitsdelikten*** gilt als ***Faustregel***, daß im Zweifel Tun anzunehmen ist. Dies folgt - wie eben gesagt - daraus, daß bei einem Fahrlässigkeitsdelikt immer etwas unterlassen wurde: der Täter hat es dort unterlassen, die erforderliche Sorgfalt anzuwenden.

I. Tatbestandsmäßigkeit
1. Objektiver Tatbestand
   a. Tatsubjekt & Tatobjekt
   b. Taterfolg
   c. Nichtvornahme des gebotenen Tuns
      aa. Objektive Gebotenheit
      bb. Subjektive Gebotenheit
         - Garantenstellung
         - Möglichkeit / Zumutbarkeit
   d. Quasikausalität
   e. Entsprechungsklausel, objektiv
2. Subjektiver Tatbestand
   a. Vorsatz (insbes. bez. Garantenstellung)
   b. Sonstige subjektive Merkmale
   c. Entsprechungsklausel, subjektiv

II. Rechtswidrigkeit (indiziert)
Insbesondere: unechte Pflichtenkollision

III. Schuld: keine Besonderheiten

IV. Besonderheiten
1. Strafausschließungs- und aufhebungsgründe
2. Strafverfolgungshindernisse

Damit kommt man im ***Beispiel 1*** zu einer Prüfung des § 222 durch aktives Tun. Es ist damit nicht zu prüfen, ob der Fabrikbesitzer eine Garantenstellung hatte. - Die Ausformulierung kommt etwas weiter unten.

Bei Vorsatzdelikten: Effektivität bereits eingeleiteter Rettungsmaßnahmen entscheidet.

Bei ***Vorsatzdelikten*** ist dagegen zu differenzieren. Solange das Tun (hier die Rettungshandlung) noch nicht effektiv geworden ist, kann man es vernachlässigen, so daß dann ein Unterlassen (hier: der Rettungshandlung) vorliegt. Wirkt sich dagegen ein Tun des Täters schon aus, dann bedarf es auch eines dagegen gerichteten Tuns um diese Auswirkungen zu beseitigen. Und schon hätten wir eine Begehungsdelikt.

Im ***Beispiel 2a*** ist die Rettungshandlung Zuwerfen des Seils noch nicht effektiv geworden. Damit hat T es unterlassen, dem O durch Zuwerfen eines Seils zu helfen.
Im ***Beispiel 2b*** dagegen ist im Loslassen ein Tun zu sehen, da T damit aktiv eine sich bereits auswirkende Rettungsmaßnahme vereitelt.
Im ***Beispiel 3*** wird beides vertreten. Es hängt im Ergebnis auch nicht viel davon ab, da der Arzt jedenfalls eine Garantenstellung hat.

Alles gut durchdenken ...

Die bis hierhin gemachten Überlegungen werden zunächst gedanklich vorgenommen. Ist man zu einem Ergebnis gelangt, bringt man dies in die Überschrift mit ein. Dabei wird dann - allgemeine Regel - das Verhalten des Täters, das strafrechtlich untersucht wird, *genau* bezeichnet.

Beispiel 1 (s.o.): T kann sich dadurch, daß er seinem Arbeiter nichtdesinfizierte Ziegenhaare gegeben hat, nach § 222 strafbar gemacht haben.

... und einen entsprechenden Obersatz formulieren ...

Diese Überschrift geht ersichtlich davon aus, daß T durch aktives Tun strafbar sein könnte. Ist man aber nun der Ansicht, daß ein Unterlassungsdelikt vorliegt, beginnt man wie folgt:

I. Tatbestandsmäßigkeit
1. Objektiver Tatbestand
   a. Tatsubjekt & Tatobjekt
   b. Taterfolg
   c. Nichtvornahme des gebotenen Tuns
      aa. Objektive Gebotenheit
      bb. Subjektive Gebotenheit
         - Garantenstellung
         - Möglichkeit / Zumutbarkeit
   d. Quasikausalität
   e. Entsprechungsklausel, objektiv
2. Subjektiver Tatbestand
   a. Vorsatz (insbes. bez. Garantenstellung)
   b. Sonstige subjektive Merkmale
   c. Entsprechungsklausel, subjektiv

II. Rechtswidrigkeit (indiziert)
Insbesondere: unechte Pflichtenkollision

III. Schuld: keine Besonderheiten

IV. Besonderheiten
1. Strafausschließungs- und aufhebungsgründe
2. Strafverfolgungshindernisse

T kann sich dadurch, daß er O die Ziegenhaare übergeben hat, ohne sie vorher desinfiziert zu haben, nach §§ 222, 13 strafbar gemacht haben.

... mit sprachlichem Schwerpunkt.

Schon sprachlich liegt hier der Schwerpunkt auf dem Unterlassen („ohne sie ..."), durch die Zitierweise („§ 13") wird ganz klar, worum es geht.

Dann problematisieren.

Anschließend problematisiert man dann, ob ein Tun oder ein Unterlassen vorliegt. Dies, egal, ob man nun in der Überschrift von einem Tun oder einem Unterlassen ausgeht. Es empfiehlt sich allerdings, zumindest in der Überschrift das anzugeben, was hinterher auch herauskommt. In der Problematisierung zeigt man ja, daß man das andere auch gesehen hat.

(Frage aufwerfen)
Fraglich ist hier, ob T durch ein Tun - das Hingeben nichtdesinfizierter Ziegenhaare - oder durch ein Unterlassen - Nichtdesinfizierung - den Tod des O verursacht hat.

(Definition/Argumente bringen)
Das ist eine Wertungsfrage. Maßgebend ist, wogegen sich der rechtliche Vorwurf richtet. Dort, wo der Schwerpunkt der Vorwerfbarkeit liegt, ist anzuknüpfen.
Es läßt sich nun nicht vorwerfen, daß T die Ziegenhaare überhaupt verarbeiten läßt. Das ist ja gerade die Aufgabe der Arbeiter. Es läßt sich aber vorwerfen, daß er sie vorher nicht desinfizieren ließ. Damit läge der Schwerpunkt in einem Unterlassen.
Andererseits ist auch das bloße Unterlassen einer Desinfizierung für sich nichts Vorwerfbares. Allein der Umstand, daß T sie weitergegeben hat, bringt schließlich die Infektionsgefahr. Damit gelangt man dazu, daß der Schwerpunkt in einem Tun läge.

(Vergleich mit dem Sachverhalt + Ergebnis)
Entscheidend ist, daß ein für diesen Fall zu bildendes Gebot nicht lauten würde, Ziegenhaare zu desinfizieren, sondern vielmehr, nur ungefährliche Materialien an die Arbeiter auszugeben. Der Schwerpunkt liegt somit auf dem aktiven Tun dem Ausgeben. T hat den Tod des O folglich durch ein aktives Tun verursacht.

I. Tatbestandsmäßigkeit
- 1. Objektiver Tatbestand
  - a. Tatsubjekt & Tatobjekt
  - b. Taterfolg
  - c. Nichtvornahme des gebotenen Tuns
    - aa. Objektive Gebotenheit
    - bb. Subjektive Gebotenheit
      - - Garantenstellung
      - - Möglichkeit / Zumutbarkeit
  - d. Quasikausalität
  - e. Entsprechungsklausel, objektiv
- 2. Subjektiver Tatbestand
  - a. Vorsatz (insbes. bez. Garantenstellung)
  - b. Sonstige subjektive Merkmale
  - c. Entsprechungsklausel, subjektiv

II. Rechtswidrigkeit (indiziert)
Insbesondere: unechte Pflichtenkollision

III. Schuld: keine Besonderheiten

IV. Besonderheiten
- 1. Strafausschließungs- und aufhebungsgründe
- 2. Strafverfolgungshindernisse

Wichtig noch einmal zum Abschluß: Die ganze Abgrenzungskiste kommt natürlich nur dann, wenn es Zweifel gibt, ob das eine oder das andere vorliegt. Also nicht Wissen um jeden Preis ausbreiten. Ansonsten schreibt der Korrektor todsicher daneben: „Sie sollen kein Lehrbuch (ab-)schreiben."

Und nochmal: Abgrenzen nur, wenn Zweifel vorliegen.

Keine Zweifel - keine Ausführungen.

aa. Objektive Gebotenheit eines Tuns

Unterlassen im Sinne des jeweilig geprüften Tatbestandes bedeutet, daß der Täter die aktive Handlung, die zur Abwendung des Erfolges (= Tod im § 212) objektiv geboten war, nicht vorgenommen hat. Wir bemerken hier übrigens, daß wir das Abgrenzungskriterium (was würde eine Gebotsnorm sagen?) zwischen Tun und Unterlassen weiterführen, wenn wir von einem *„gebotenen"* Tun sprechen.

Unterlassen ist Nichtvornahme des obj. gebotenen Tuns.

Das bedeutet, daß wir ***zunächst mal schauen*** müssen, ***welche Handlung*** denn ***geboten war***. Auch die Mutter, die versucht, ihr Kind zu retten, unterläßt ja während dieser Rettung eine ganze Masse von anderen Dingen. Möglicherweise unterläßt sie es zu rauchen, zu telefonieren etc.; der Phantasie sind da keine Grenzen gesetzt. Auf all diese Dinge kommt es aber gar nicht an.

Also: was war geboten?

Entscheidend ist nur, welche Handlung geboten war. Und wenn ein Kind in der Badewanne ertrinkt, dann ist es nicht geboten zu rauchen, telefonieren, phantasieren etc., sondern dann ist es (objektiv) geboten, das Kind aus der Wanne zu holen.

Uninteressant: was hätte man alles tun können?

> T hat es unterlassen, die Handlung vorzunehmen, die zur Erfolgsabwendung, mithin zur Rettung des O objektiv erforderlich gewesen war: Sie hat O nicht aus der Wanne geholt.

I. Tatbestandsmäßigkeit
1. Objektiver Tatbestand
   a. Tatsubjekt & Tatobjekt
   b. Taterfolg
   c. Nichtvornahme des gebotenen Tuns
      aa. Objektive Gebotenheit
      bb. Subjektive Gebotenheit
         - Garantenstellung
         - Möglichkeit / Zumutbarkeit
   d. Quasikausalität
   e. Entsprechungsklausel, objektiv
2. Subjektiver Tatbestand
   a. Vorsatz (insbes. bez. Garantenstellung)
   b. Sonstige subjektive Merkmale
   c. Entsprechungsklausel, subjektiv

II. Rechtswidrigkeit (indiziert)
Insbesondere: unechte Pflichtenkollision

III. Schuld: keine Besonderheiten

IV. Besonderheiten
1. Strafausschließungs- und aufhebungsgründe
2. Strafverfolgungshindernisse

bb. subjektive Gebotenheit eines Tuns

- Garantenstellung

Unterlassen ist nur strafbar, wenn man Garant für die Erfolgsverhinderung ist.

Die Prüfung der Garantenstellung ist das Kernstück jedes Unterlassungsdeliktes. In § 13 steht geschrieben: „... wenn er rechtlich dafür einzustehen hat, ...“. Damit ist gemeint, daß der Täter nur dann wegen eines Unterlassens nach einem unechten Unterlassungsdelikt bestraft werden kann, wenn er rechtlich gesehen ***ein Garant*** für die Verhinderung des Erfolges ist.

Der Begriff „Garant“ läßt sich im übrigen leicht merken: Der Täter muß dafür ***garantieren***, daß ein bestimmter Erfolg nicht eintritt.

Ohne Garantenstellung liegt überhaupt kein tatbestandsmäßig relevantes Handeln vor.

Klausurmäßig gesehen hat im übrigen der, der nicht als Garant gehandelt (der also nicht als Garant ein Tun unterlassen) hat, *gar nicht* tatbestandsmäßig *gehandelt*. Die Betonung liegt auf ***gehandelt***. Bei Licht besehen schließt also die fehlende Eigenschaft als Garant schon die Handlung (= Unterlassen) aus. Man könnte auch sagen, es fehlt dann an der subjektiven Gebotenheit des Handelns (= an einem für das Tatsubjekt gebotenen Handeln).

Also: Wann ist jemand Garant?

§ 13 nun gibt leider keine Antwort auf die Frage, *wann* jemand ein Garant ist.

Klassisch: die Trias.

Die klassische Lehre kannte 3 Quellen für Garantenpflichten (sog. ***Garantentrias***):

1. Gesetz (Eltern ihren Kindern gegenüber aus § 1626 BGB)
2. Vertrag, bzw. (besser) tatsächliche Gewährübernahme (Kindermädchen ab Dienstantritt)
3. Vorangegangenes gefährdendes Tun, sog. Ingerenz (Gastgeber, der seinen Gast betrunken macht, dem Gast gegenüber)

I. Tatbestandsmäßigkeit
1. Objektiver Tatbestand
   a. Tatsubjekt & Tatobjekt
   b. Taterfolg
   c. Nichtvornahme des gebotenen Tuns
      aa. Objektive Gebotenheit
      bb. Subjektive Gebotenheit
         - Garantenstellung
         - Möglichkeit / Zumutbarkeit
   d. Quasikausalität
   e. Entsprechungsklausel, objektiv
2. Subjektiver Tatbestand
   a. Vorsatz (insbes. bez. Garantenstellung)
   b. Sonstige subjektive Merkmale
   c. Entsprechungsklausel, subjektiv

II. Rechtswidrigkeit (indiziert)
Insbesondere: unechte Pflichtenkollision

III. Schuld: keine Besonderheiten

IV. Besonderheiten
1. Strafausschließungs- und aufhebungsgründe
2. Strafverfolgungshindernisse

Dabei war es im übrigen egal, ob ein Vertrag wirksam war oder nicht. Der unwirksame Vertrag löste gleichfalls Pflichten aus, wenn nur eine tatsächliche Übernahme der Gewähr erfolgte (17-jähriges Kindermädchen tritt Dienst an), der wirksame Vertrag bewirkte nichts, wenn tatsächlich keine Übernahme der Gewähr vorlag (20-jähriger Wächter erscheint überhaupt nicht zum Dienst).

Kleine Feinheit: die Wirksamkeit von Verträgen ist egal.

Daß in derartigen Fällen Garantenpflichten bestehen, ist auch heute noch anerkannt. Man bemüht sich aber heute um ein anderes Modell, das verstärkt inhaltliche Kriterien berücksichtigt.

Mit der Trias kann man es auch heute noch machen.

Dieses (etwas modernere) Modell unterscheidet zwischen ***2 Grundpositionen***.

Moderner ist aber was anderes.

1. ***Sicherungspflichten***
2. ***Obhutspflichten***

Der Unterschied zwischen diesen beiden Positionen besteht darin, daß bei den Sicherungspflichten eine Verantwortlichkeit für bestimmte Gefahrenquellen besteht, bei den Obhutspflichten dagegen eine Schutzpflicht für bestimmte Rechtsgüter.

Es geht um Verantwortlichkeiten für Gefahrenquellen und Schutzgüter.

Anders formuliert: Bei den Sicherungspflichten muß man aufpassen, daß keine Gefahr rauskommt, bei den Obhutspflichten, daß keine Gefahr reinkommt. Am anschaulichsten kommt dies vielleicht zum Ausdruck bei dem Schutzobjekt „16-jährige Tochter (Typ Behütet)“, die vor allerlei Gefahren geschützt werden muß, und dem Gefahrenobjekt „16-jähriger Sohn (Typ Punk)“, vor dem allerlei Umwelt geschützt werden muß. Die ***Kurzformel*** damit: ***Nichts rein - nichts raus***.

Aus der Quelle darf nichts rauskommen, in das Schutzgut nichts rein.

Um allerdings allen Mißverständnissen vorzubeugen: ***Klausurmäßig*** macht die Unterscheidung nach formellen (Garantentrias) und materialem Modell keinerlei Unterschied. Es ist egal, ob man

In der Klausur ist es egal, ob klassisch oder modern.

I. Tatbestandsmäßigkeit
1. Objektiver Tatbestand
   a. Tatsubjekt & Tatobjekt
   b. Taterfolg
   c. Nichtvornahme des gebotenen Tuns
      aa. Objektive Gebotenheit
      bb. Subjektive Gebotenheit
         - Garantenstellung
         - Möglichkeit / Zumutbarkeit
   d. Quasikausalität
   e. Entsprechungsklausel, objektiv
2. Subjektiver Tatbestand
   a. Vorsatz (insbes. bez. Garantenstellung)
   b. Sonstige subjektive Merkmale
   c. Entsprechungsklausel, subjektiv

II. Rechtswidrigkeit (indiziert)
Insbesondere: unechte Pflichtenkollision

III. Schuld: keine Besonderheiten

IV. Besonderheiten
1. Strafausschließungs- und aufhebungsgründe
2. Strafverfolgungshindernisse

---

nach dem einen oder nach dem anderen Modell Garantenstellungen konstruiert. Hauptsache, man bekommt überhaupt eine hin.

Im objektiven TB geht es nur um tatsächliche Merkmale.

Wir merken hier aber noch vor, daß es im Rahmen des objektiven Tatbestandes allein um die Frage der *tatsächlichen Merkmale* geht, die eine Garantenstellung begründen. Es geht also um die Umstände, die es deutlich machen, daß ein Täter z.B. Vater ist, daß ein Täter z.B. jemanden anders durch sein Tun gefährdet hat.

Es geht noch nicht um daraus resultierende (Rechts-) Pflichten und ihre Verletzung.

Es geht (noch) nicht darum, daß eine solche *tatsächlich* gegebene Garantenstellung den Täter *rechtlich verpflichtet*, ein bestimmtes Tun vorzunehmen. Dies ist erst eine Frage der Rechtswidrigkeit.

Bedeutsam ist diese Zuordnung für die Frage der Irrtümer. Irrtümer über ein Tatbestandsmerkmal sind Tatbestandsirrtümer (§ 16 I S. 1), Irrtümer über die Rechtswidrigkeit sind Verbotsirrtümer (§ 17)!

I. Tatbestandsmäßigkeit
1. Objektiver Tatbestand
   a. Tatsubjekt & Tatobjekt
   b. Taterfolg
   c. Nichtvornahme des gebotenen Tuns
      aa. Objektive Gebotenheit
      bb. Subjektive Gebotenheit
         - Garantenstellung
         - Möglichkeit / Zumutbarkeit
   d. Quasikausalität
   e. Entsprechungsklausel, objektiv
2. Subjektiver Tatbestand
   a. Vorsatz (insbes. bez. Garantenstellung)
   b. Sonstige subjektive Merkmale
   c. Entsprechungsklausel, subjektiv

II. Rechtswidrigkeit (indiziert)
Insbesondere: unechte Pflichtenkollision

III. Schuld: keine Besonderheiten

IV. Besonderheiten
1. Strafausschließungs- und aufhebungsgründe
2. Strafverfolgungshindernisse

Sicherungspflicht	**Obhutspflicht**
Die Situation:	
Unbestimmt viele Rechtsgüter (A-D) sind von einer Gefahr bedroht. 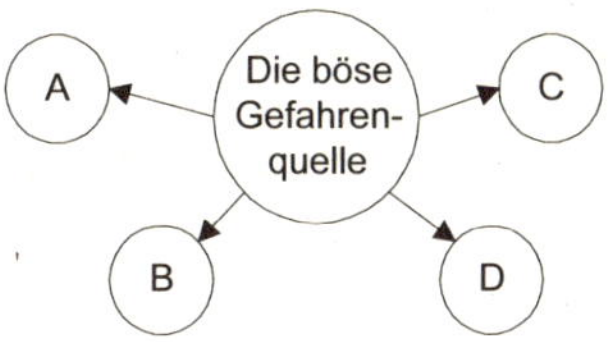	Unbestimmt viele Gefahren (1-4) drohen einem Rechtsgut. 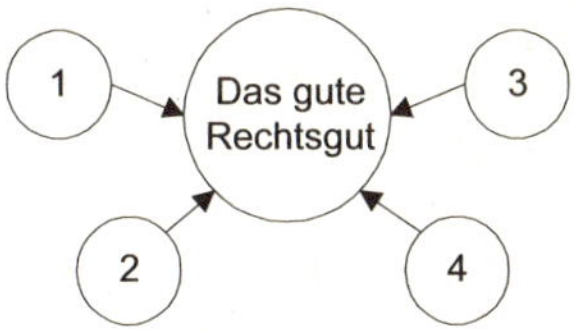
Merkfälle:	
Die Umwelt wird vor einem Kind (Punk) geschützt.	Ein Kind (Tochter aus gutem Hause) wird vor der Umwelt geschützt.
Hauptfälle:	
Pflichtwidriges gefährdendes Vorverhalten (Gastgeber / Alkohol). Überwachung von Gefahrenquellen (Streupflicht des Hauseigentümers). Beaufsichtigung anderer (Aufsicht der Eltern über die Kinder).	Natürliche Verbundenheit mit Rechtsgutträger (Familienmitglied). Enge Gemeinschaftsbeziehungen (Expeditionstrupp). Freiwillige Übernahme (Kindermädchen / Arzt-Patient).

I. Tatbestandsmäßigkeit
1. Objektiver Tatbestand
   a. Tatsubjekt & Tatobjekt
   b. Taterfolg
   c. Nichtvornahme des gebotenen Tuns
      aa. Objektive Gebotenheit
      bb. Subjektive Gebotenheit
         - Garantenstellung
         - Möglichkeit / Zumutbarkeit
   d. Quasikausalität
   e. Entsprechungsklausel, objektiv
2. Subjektiver Tatbestand
   a. Vorsatz (insbes. bez. Garantenstellung)
   b. Sonstige subjektive Merkmale
   c. Entsprechungsklausel, subjektiv

II. Rechtswidrigkeit (indiziert)
Insbesondere: unechte Pflichtenkollision

III. Schuld: keine Besonderheiten

IV. Besonderheiten
1. Strafausschließungs- und aufhebungsgründe
2. Strafverfolgungshindernisse

Die richtige Begrifflichkeit kann in einer Klausur viel ausmachen.

Zuletzt noch eine kurze Bemerkung zur ***Terminologie:*** So mancher Korrektor liest hier gerne „seine“ Bezeichnung der jeweiligen Garantenstellung. Wir sollten es diesen Leuten durch Vollständigkeit leicht machen. Wenn wir also etwa einen Fall von Garantenstellung aus *vorangegangenem gefährdenden Tun* haben, dann schreiben wir nicht nur dies, sondern auch die entsprechende lateinische Bezeichnung (*Ingerenz*) direkt in Klammern dazu:

> T besaß gegenüber O eine Garantenstellung aus vorangegangenem gefährdenden Tun (Ingerenz).
>
> ***(Fall:)*** T besaß O gegenüber eine Garantenstellung aus § 1626 BGB.

- Tatsächliche Möglichkeit dieser Handlung

Toyota hin oder her.

Hier gilt das oben bei den echten Unterlassungsdelikten Gesagte entsprechend. Wer nicht schwimmen kann, kann einen Ertrinkenden nicht aus dem Meer herausholen. Aber aus der Badewanne. Bei Licht betrachtet ist die *objektiv gebotene* Handlung dann (täterbezogen) *subjektiv nicht geboten.*

- Zumutbarkeit dieser Handlung

Zumutbar muß es sein.

Auch hier gilt das oben bei den echten Unterlassungsdelikten Gesagte entsprechend. Wenn das Meerwasser vor weißen Haien nur so wimmelt, ist es nicht zumutbar, die Reste des Ertrinkenden ans Land zu holen. Bei Badewannenenten gilt anderes.

Normalerweise genügt für beide Punkte (Möglichkeit und Zumutbarkeit) der folgende Satz:

> Es war T ohne weiteres möglich und zumutbar, die gebotene Handlung vorzunehmen (hier: O aus der Wanne zu holen).

I. Tatbestandsmäßigkeit
1. Objektiver Tatbestand
   a. Tatsubjekt & Tatobjekt
   b. Taterfolg
   c. Nichtvornahme des gebotenen Tuns
      aa. Objektive Gebotenheit
      bb. Subjektive Gebotenheit
         - Garantenstellung
         - Möglichkeit / Zumutbarkeit
   d. Quasikausalität
   e. Entsprechungsklausel, objektiv
2. Subjektiver Tatbestand
   a. Vorsatz (insbes. bez. Garantenstellung)
   b. Sonstige subjektive Merkmale
   c. Entsprechungsklausel, subjektiv

II. Rechtswidrigkeit (indiziert)
Insbesondere: unechte Pflichtenkollision

III. Schuld: keine Besonderheiten

IV. Besonderheiten
1. Strafausschließungs- und aufhebungsgründe
2. Strafverfolgungshindernisse

d. Verbindung zwischen Unterlassen und Erfolg: Quasikausalität des Unterlassens

So wie wir bei den Begehungsdelikten die Kausalität geprüft haben, so prüfen wir hier die Quasikausalität. (Man liest bisweilen auch: hypothetische Kausalität. Nachdem dieser Begriff aber überwiegend für Problemfälle benutzt wird - vgl. oben auf S. 24 - sollten wir ihn hier vermeiden.)

Eigentlich bräuchte man Kausalität, aber ...

Quasikausalität heißt dieser Punkt deshalb, weil bei der echten Kausalität die Handlung hinweggedacht wird. Ein Unterlassen kann man aber aber nicht hinwegdenken, es ist ja gar nicht da. Hier benutzt man dann eine abgewandelte Formel:

... hier heißt das Quasikausalität, denn ...

„Kausal“ ist ein Unterlassen dann, wenn die unterlassene, aber objektiv gebotene Handlung den Erfolgseintritt mit an Sicherheit grenzender Wahrscheinlichkeit verhindert hätte (Conditio-***cum***-qua-non-Formel (c.c.q.n.)).

... man muß jetzt nicht weg-, sondern hinzudenken.

Hätte sie dies getan, wäre der Tod des Kindes mit an Sicherheit grenzender Wahrscheinlichkeit *nicht* eingetreten.

e. Entsprechungsklausel I: objektiv

Nach § 13 I 2. HS ist weiter erforderlich, daß „das Unterlassen der Verwirklichung des gesetzlichen Tatbestandes durch ein Tun entspricht“. Diese Klausel gewinnt ihren Sinn, wenn man unterscheidet zwischen ***reinen Verursachungsdelikten,*** also solchen Delikten, die sich darin erschöpfen, einen Erfolg zu fordern (Totschlag: Tod eines Menschen) einerseits, und ***verhaltensgebundenen Delikten,*** also solchen, die darüberhinaus noch ein bestimmtes Verhalten (Mord: heimtückisch, zur Verdeckung einer Straftat etc.) verlangen andererseits.

Bei verhaltensgebundenen Delikten muß die Entsprechungsklausel geprüft werden.

I. Tatbestandsmäßigkeit
1. Objektiver Tatbestand
   a. Tatsubjekt & Tatobjekt
   b. Taterfolg
   c. Nichtvornahme des gebotenen Tuns
      aa. Objektive Gebotenheit
      bb. Subjektive Gebotenheit
         - Garantenstellung
         - Möglichkeit / Zumutbarkeit
   d. Quasikausalität
   e. Entsprechungsklausel, objektiv
2. Subjektiver Tatbestand
   a. Vorsatz (insbes. bez. Garantenstellung)
   b. Sonstige subjektive Merkmale
   c. Entsprechungsklausel, subjektiv

II. Rechtswidrigkeit (indiziert)
Insbesondere: unechte Pflichtenkollision

III. Schuld: keine Besonderheiten

IV. Besonderheiten
1. Strafausschließungs- und aufhebungsgründe
2. Strafverfolgungshindernisse

Im übrigen - das am Rande bemerkt - *fordern* diese Delikte natürlich nicht den Tod oder die Heimtücke, sondern *verbieten* sie, stellen sie unter Strafe!

Bei den reinen Verursachungsdelikten entspricht die Verwirklichung durch Unterlassen *immer* der Verwirklichung durch Tun. Das bedeutet, daß die Entsprechungsklausel dort keinen Sinn macht - man schreibt nichts dazu.

Im subjektiven Tatbestand kommt hierfür ein Beispiel.

Anders bei den ***verhaltensgebundenen Delikten***. Bei diesen ist zu prüfen, ob das Nichtstun, das Unterlassen, ebenfalls diese Verhaltensmerkmale zeigt, ob also bspw. auch das Unterlassen heimtückisch war, bzw. zur Verdeckung einer Straftat erfolgte. Obwohl es an sich eine Frage des jeweiligen Tatbestandes, also eine solche des Besonderen Teiles ist, werde ich das Problem am Beispiel des Verdeckungsmordes im Rahmen des subjektiven Tatbestandes kurz darstellen (vgl. unten).

2. Subjektiver Tatbestand

a. Vorsatz

Vorsatz ist Vorsatz. Auch beim unechten Unterlassungsdelikt.

Wer also nicht weiß, daß er Garant ist ...

Hier ist Vorsatz erforderlich. Vorsatz ist Wissen und Wollen der zum gesetzlichen Tatbestand gehörenden objektiven Umstände. Es gibt strukturell keine Unterschiede zum Vorsatz beim Begehungsdelikt, nur die Bezugspunkte sind erweitert: Der Täter muß neben der Verwirklichung des objektiven Tatbestandes auch mitkriegen, daß er den Erfolg hätte abwenden können und daß er Garant war. Weiß der Täter nicht, daß er Garant ist, liegt ein vorsatzausschließender Tatbestandsirrtum vor.

Bsp.: T geht spazieren. Sein Sohn O läuft ohne T's Wissen hinter ihm her und fällt in einen Teich. T hört Hilferufe, sieht ein Kind ertrinken, weiß aber nicht, daß es sein Sohn ist. (Darin ist dann automatisch

I. Tatbestandsmäßigkeit
1. Objektiver Tatbestand
   a. Tatsubjekt & Tatobjekt
   b. Taterfolg
   c. Nichtvornahme des gebotenen Tuns
      aa. Objektive Gebotenheit
      bb. Subjektive Gebotenheit
         - Garantenstellung
         - Möglichkeit / Zumutbarkeit
   d. Quasikausalität
   e. Entsprechungsklausel, objektiv
2. Subjektiver Tatbestand
   a. Vorsatz (insbes. bez. Garantenstellung)
   b. Sonstige subjektive Merkmale
   c. Entsprechungsklausel, subjektiv

II. Rechtswidrigkeit (indiziert)
Insbesondere: unechte Pflichtenkollision

III. Schuld: keine Besonderheiten

IV. Besonderheiten
1. Strafausschließungs- und aufhebungsgründe
2. Strafverfolgungshindernisse

---

enthalten, daß er glaubt, es sei nicht sein Sohn = Irrtum.) T läßt O ertrinken.

Kein Fall von §§ 212, 13 mangels Vorsatz. Es bleibt § 323c und (wenn T hätte erkennen können, daß es sein Sohn war) §§ 222, 13.

... handelt insoweit ohne Vorsatz.

Aufgepaßt: Es gibt ein Problem, das gerne auftaucht (s. schon oben S. 236). Gemeint ist die ***Unterscheidung zwischen*** den ***tatsächlichen Umständen***, die die Garantenstellung begründen (der Täter ist Vater) ***und der rechtlichen Folge*** aus dieser Garantenstellung (Pflicht, einen Erfolg abzuwenden).

Aber:

Hier geht es erst (und nur) um die tatsächlichen Umstände der Garantenstellung und (noch nicht) um die rechtlichen Folgen (die Garantenpflicht)

Nur die *tatsächlichen* Umstände gehören zum Irrtum im subjektiven Tatbestand, zum Tatbestandsirrtum nach § 16 also.

Irrt sich der Täter über eine *rechtliche* Folge (T weiß, daß der Ertrinkende sein Sohn ist, glaubt aber, er sei nicht verpflichtet, sich naß zu machen), gehört dies allein in's Unrechtsbewußtsein, unter die Sparte „Verbotsirrtum“.

b. Absichten etc.

Keine Probleme, alles wie beim Begehungsdelikt.

c. Entsprechungsklausel II: subjektiv

Wie im objektiven Tatbestand kann es auch im subjektiven Tatbestand vorkommen, daß sich spezielle Merkmale finden, die man als verhaltensgebundene Merkmale bezeichnen kann. Bei diesen ist zu prüfen, ob das Unterlassen dem Tun entspricht.

Was jetzt kommt, gilt wieder nur für verhaltensgebundene Delikte.

Bsp.: T überfährt nachts mit seinem Pkw grob fahrlässig den Fußgänger O. Er steigt aus, sieht, daß O sterben wird, wenn kein Arzt geholt würde, fürchtet aber die Entdeckung seiner Unfallbeteiligung, steigt wieder ein und flüchtet. Tatsächlich stirbt O an den Unfallfol-

I. Tatbestandsmäßigkeit
1. Objektiver Tatbestand
   a. Tatsubjekt & Tatobjekt
   b. Taterfolg
   c. Nichtvornahme des gebotenen Tuns
      aa. Objektive Gebotenheit
      bb. Subjektive Gebotenheit
         - Garantenstellung
         - Möglichkeit / Zumutbarkeit
   d. Quasikausalität
   e. Entsprechungsklausel, objektiv
2. Subjektiver Tatbestand
   a. Vorsatz (insbes. bez. Garantenstellung)
   b. Sonstige subjektive Merkmale
   c. Entsprechungsklausel, subjektiv

II. Rechtswidrigkeit (indiziert)
Insbesondere: unechte Pflichtenkollision

III. Schuld: keine Besonderheiten

IV. Besonderheiten
1. Strafausschließungs- und aufhebungsgründe
2. Strafverfolgungshindernisse

gen. Hätte T Hilfe geholt, wäre O mit an Sicherheit grenzender Wahrscheinlichkeit gerettet worden.

Am Beispiel des Verdeckungsmordes.

Vorüberlegung: Standort der Erörterung ist der qualifizierende Tatbestand des § 211 (wobei hier von der herrschenden Literaturmeinung ausgegangen wird, daß Mord eine Qualifikation des Totschlages ist). Vorher ist bereits festgestellt worden, daß ein Totschlag durch Unterlassen, §§ 212 I, 13 I vorliegt (***Objektiver Tatbestand:*** *Tod eines Menschen, Unterlassen eines gebotenen Tuns durch den Täter, Garantenstellung* - regelmäßig: Ingerenz, *Erforderlichkeit, Möglichkeit, Quasikausalität*; ***Subjektiver Tatbestand:*** *Vorsatz* im Hinblick auf alles, inklusive Garantenstellung).

Verdeckungsabsicht als rein subjektives Merkmal.

Das Merkmal der Verdeckungsabsicht bei § 211 ist ein rein subjektives, das bedeutet, es hat keine objektive Entsprechung. Demgemäß hätte ein qualifizierender Mordtatbestand im Falle der Verdeckungsabsicht auch nur subjektive Elemente.

Das Problem.

Problemstellung: Grundsätzlich unstreitig ist, daß die Merkmale des § 211 prinzipiell durch Unterlassen verwirklicht werden können. Strittig ist, ob dies auch für alle Merkmale gilt. Die ***Rechtsprechung*** stellt bei der Verdeckungsabsicht darauf ab, ob der Täter den Tod als ***Mittel*** zur Unterlassung brauchte (soll nur in Ausnahmefällen so sein) oder ob er ihn lediglich als ***Folge*** seines Unterlassens ansah (Regelfall), ohne daß es ihm darauf ankam.

Die Auffassung der Rechtsprechung.

Die Gegenauffassung aus der Literatur.

Die ***Literatur*** sieht dies z.T. anders. Sie ist der Ansicht, der BGH betreibe „bloße Wortklauberei". Richtig sei, darauf hinzuweisen, daß eine Tötung durch Unterlassen gemäß § 13 nur dann einer Tötung durch aktives Tun gleichgestellt sei, wenn sie dieser *entspreche*. Daran soll es bei einer Tötung zur Verdeckung fehlen.

I. Tatbestandsmäßigkeit
1. Objektiver Tatbestand
   a. Tatsubjekt & Tatobjekt
   b. Taterfolg
   c. Nichtvornahme des gebotenen Tuns
      aa. Objektive Gebotenheit
      bb. Subjektive Gebotenheit
         - Garantenstellung
         - Möglichkeit / Zumutbarkeit
   d. Quasikausalität
   e. Entsprechungsklausel, objektiv
2. Subjektiver Tatbestand
   a. Vorsatz (insbes. bez. Garantenstellung)
   b. Sonstige subjektive Merkmale
   c. Entsprechungsklausel, subjektiv

II. Rechtswidrigkeit (indiziert)
Insbesondere: unechte Pflichtenkollision

III. Schuld: keine Besonderheiten

IV. Besonderheiten
1. Strafausschließungs- und aufhebungsgründe
2. Strafverfolgungshindernisse

Während die ***Verbot***snorm beim Verdeckungsmord (§§ 212, 211 aktive Begehung) nämlich nur ein (1) Verhalten des Täters fordere (Du sollst nicht töten!), fordere die ***Gebot***snorm (§§ 212, 211, 13) gleich zwei Verhalten des Täters: 1. Du sollst (aktiv) am Leben erhalten! und 2. Du sollst (aktiv) Deine Tat aufdecken!

Einmal wird nur ein Verhalten gefordert. Ein andermal gleich zwei.

Dabei widerspräche das 2. Gebot dem Grundsatz unserer Rechtsordnung, wonach aktive Mitwirkung an der (u.U. eigenen) Strafverfolgung dem Bürger nicht zugemutet wird. Dann könne das Unterlassen einer Aufdeckung aber nicht das Unrecht des Nichtrettens schärfen und zum Mord machen.

Das zweite Gebot soll im Widerspruch zur Rechtsordnung stehen.

Der BGH (in BGHSt 7, 287, 290/291, vgl. aber auch BGH NStZ 1992, 125 unter d)) nimmt diesen Ansatz vorsichtshalber in seine Argumentation (zusätzlich) mit auf (Hervorhebungen von mir):

Sicher ist sicher.

> Der ***innere Tatbestand*** des Mordes ist auch deshalb nicht erfüllt, weil der Angeklagte die Hilfeleistung nicht unterlassen hat, um die fahrlässige Tötung zu verdecken. Der Täter, der sich - wie der Angeklagte - bloß vom Tatorte entfernt, verdeckt dadurch noch nicht die Tat. Der Begriff des ***Verdeckens*** hat nämlich einen anderen Inhalt als den des ***Nichtaufdeckens***. Zu ihm gehört, wie die Grundbedeutung des Wortes richtig erkennen läßt, ein Zudecken der Tat, also ein Unkenntlichmachen von Tatspuren oder ein Unschädlichmachen von Menschen voraus, die zur Aufdeckung beitragen könnten.
> Wer die Pflicht zur Abwendung des tödlichen Erfolges seiner eigenen Straftat nur deshalb verabsäumt, um seine Täterschaft nicht selbst aufzudecken, will somit die Tat nicht verdecken, sondern bloß dem Geschehen seinen Lauf lassen. ***Sein*** pflichtwidriges ***Unterlassen***, Hilfe zu leisten und damit sich selbst der Strafverfolgung zu überantworten, ***erreicht nicht den Unrechtsgehalt*** der besonderen Verwerflichkeit, ***der*** den ***Begehung***sformen des Mordes insgesamt eigen ist.

I. Tatbestandsmäßigkeit
1. Objektiver Tatbestand
   a. Tatsubjekt & Tatobjekt
   b. Taterfolg
   c. Nichtvornahme des gebotenen Tuns
      aa. Objektive Gebotenheit
      bb. Subjektive Gebotenheit
         - Garantenstellung
         - Möglichkeit / Zumutbarkeit
   d. Quasikausalität
   e. Entsprechungsklausel, objektiv
2. Subjektiver Tatbestand
   a. Vorsatz (insbes. bez. Garantenstellung)
   b. Sonstige subjektive Merkmale
   c. Entsprechungsklausel, subjektiv

II. Rechtswidrigkeit (indiziert)
Insbesondere: unechte Pflichtenkollision

III. Schuld: keine Besonderheiten

IV. Besonderheiten
1. Strafausschließungs- und aufhebungsgründe
2. Strafverfolgungshindernisse

II. Rechtswidrigkeit

Die Rechtswidrigkeit wird im wesentlichen durch die Garantenpflichtverletzung gekennzeichnet.

Die Rechtswidrigkeit des Unterlassungstatbestandes folgt daraus, daß der Täter seiner ***Rechtspflicht*** zur Erfolgsabwendung ***nicht nachgekommen*** ist. Dies kann man mit einem, im Urteilsstil gehaltenen Satz feststellen. Die einzige Bedeutung dieser Feststellung liegt dann auch darin, diese Pflicht in der Rechtswidrigkeit festzuschreiben. Wichtig ist dies, wie wir gesehen haben, für die Zuordnung der Irrtümer. Alles, was nach dem Tatbestand kommt (also ab Rechtswidrigkeit aufwärts) kann kein Tatbestandsirrtum (§ 16 I S. 1) mehr sein.

Zum Rechtfertigungsgrund „Pflichtenkollision“ vgl. oben (auf S. 222).

Besonderheit hier: die unechte Pflichtenkollision.

Eine Besonderheit ist allerdings noch anzumerken: Gemeint ist die ***unechte Pflichtenkollision***. Bei der echten war die Situation so, daß zwei Rechts- und Schutzgüter bedroht waren, der Täter aber nur eines retten konnte und damit zwangsläufig das andere verletzt. Dies kann man sich vorstellen für 2 Objekte, zu denen der Täter in keinerlei Beziehung steht (zwei Fälle von § 323c).

Bsp.: T macht mit einem Freund F und mit einem Freund O eine Ruderpartie. F und O sind Nichtschwimmer, was T unbekannt war. Das Boot kentert.

Also zweimal gleich: nichts oder Garant.

Man kann es sich vorstellen für 2 Objekte, zu denen der Täter in einer Garantenbeziehung steht (2 eigene Kinder - zwei Fälle von § 13).

Bsp.: T macht mit seinem Sohn F und mit seinem Sohn O eine Ruderpartie. F und O sind Nichtschwimmer, was T unbekannt war. Das Boot kentert.

I. Tatbestandsmäßigkeit
1. Objektiver Tatbestand
   a. Tatsubjekt & Tatobjekt
   b. Taterfolg
   c. Nichtvornahme des gebotenen Tuns
      aa. Objektive Gebotenheit
      bb. Subjektive Gebotenheit
         - Garantenstellung
         - Möglichkeit / Zumutbarkeit
   d. Quasikausalität
   e. Entsprechungsklausel, objektiv
2. Subjektiver Tatbestand
   a. Vorsatz (insbes. bez. Garantenstellung)
   b. Sonstige subjektive Merkmale
   c. Entsprechungsklausel, subjektiv

II. Rechtswidrigkeit (indiziert)
Insbesondere: unechte Pflichtenkollision

III. Schuld: keine Besonderheiten

IV. Besonderheiten
1. Strafausschließungs- und aufhebungsgründe
2. Strafverfolgungshindernisse

Diese beiden Fälle sind unproblematisch, denn hier kann sich der Täter aussuchen, wen er rettet.

Wer die Wahl hat ...

Die Besonderheit kommt erst, wenn es um 2 Objekte geht und der Täter zu einem dieser Objekte eine Garantenbeziehung hat, zu dem anderen nicht. Er muß dann diese Situation zugunsten des Garantenobjektes auflösen.

Und jetzt: zwei verschiedene Wertigkeiten.

> ***Bsp.:*** T macht mit einem Freund F und mit seinem Sohn O eine Ruderpartie. F und O sind Nichtschwimmer, was T unbekannt war. Das Boot kentert.

Hier muß T seinen Sohn O retten. Er wird damit auch schon rein tatbestandlich nicht nach § 323c strafbar, wenn er F ertrinken läßt. § 323c spricht nämlich von *anderen wichtigen Pflichten* (hier: die Garantenpflicht dem O gegenüber), die nicht verletzt werden dürfen. Ist aber eine Verletzung in Sicht, ist eine Handlung, die die Verletzung herbeiführen würde, nicht mehr zumutbar. Weil hier eine Pflicht aus § 323c und eine Pflicht aus § 13 (Garantenpflicht) kollidieren, von denen die § 13-Pflicht höherwertiger ist (vgl. die Strafandrohung im Todesfall: §§ 212, 13 gegen § 323c), nennt man dies auch ***unechte Pflichtenkollision***.

Da gibt es keine Wahl mehr. Das Gesetz gibt (über §§ 13 und 323c) die Priorität vor.

III. Schuld

Einzige Besonderheit: Wenn der Täter sich über eine Rechtspflicht irrt, die aus seiner Garantenstellung folgt, handelt es sich um einen Spezialfall des Verbotsirrtums, der das Unrechtsbewußtsein ausschließt.

Ein Irrtum über die Garanten*pflicht* ist Verbotsirrtum.

Ansonsten alles wie beim Begehungsdelikt.

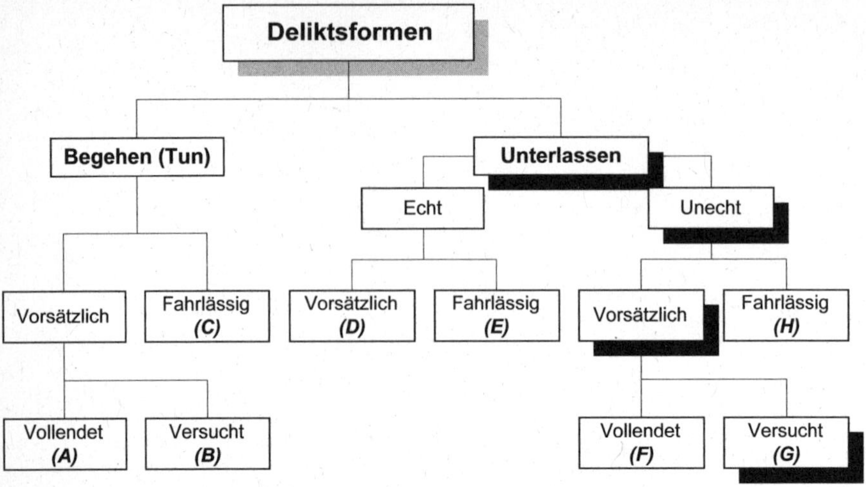

G. Das versuchte vorsätzliche unechte Unterlassungsdelikt

-. *Vorprüfung*

1. Fehlen der Vollendung
2. Strafbarkeit des Versuches

I. *Tatbestandsmäßigkeit*

1. Subjektiver Tatbestand = Tatentschluß

a. Tatbestandsvorsatz
b. Sonstige subjektive Merkmale

2. Objektiver Tatbestand

a. Der unmittelbare Ansatz zur Tat: Entscheidender Gesichtspunkt ist die Gefährdung des geschützten Rechtsgutes durch das Unterlassen des Täters.
b. Etwaige besondere täterschaftliche Merkmale des Handelnden

II. *Rechtswidrigkeit*

III. *Schuld*

IV. *Besonderheiten: Rücktritt gem. § 24*

I. Tatbestandsmäßigkeit
1. Subjektiver Tatbestand - Tatentschluß
   a. Tatbestandsvorsatz
   b. Sonstige subjektive Merkmale
2. Objektiver Tatbestand
   a. Unmittelbarer Ansatz zur Tat
   b. Sonstige täterschaftliche Merkmale

II. Rechtswidrigkeit (indiziert)
Insbesondere: unechte Pflichtenkollision

III. Schuld: keine Besonderheiten

IV. Besonderheiten
1. Strafausschließungs- und aufhebungsgründe insb. Rücktritt gemäß § 24
2. Strafverfolgungshindernisse

Dem Grunde nach handelt es sich hier um einen ganz normalen Versuch. Insbesondere bei der ***Vorprüfung*** und bei der Prüfung des ***subjektiven Tatbestandes*** ergeben sich technisch keine Besonderheiten. Dies kann auch nicht anders sein, weil sich das Unterlassungsdelikt ja nur in seinem äußeren Bild sehr vom Begehungsdelikt unterscheidet. Sieht man dort ein Tun, sieht man hier gar nichts.

Eigentlich gibt es hier überhaupt nichts Besonderes.

Die einzige Besonderheit, die es daher bei dem Versuch des unechten Unterlassungsdeliktes zu merken gilt, ist im Rahmen des objektiven Versuchstatbestandes die ***Abgrenzung zwischen Vorbereitungs- und Ausführungshandlung***.

Mit einer Ausnahme: Wann liegt der unmittelbare Ansatz vor?

Beispielsfall: T macht mit seiner Frau O eine Bergwanderung. Bei der Überquerung eines kleinen Schneefeldes kommt O ins Rutschen, kann sich aber unmittelbar vor dem Abgrund noch an einer Wurzel festhalten. Sie ruft verzweifelt um Hilfe, weil sich die Wurzel langsam aus dem Boden löst. Obwohl es für T möglich wäre, seiner Frau ohne eigene Gefährdung zu Hilfe zu kommen, unternimmt er nichts. Der unmittelbar bevorstehende Tod seiner Frau kommt ihm sehr gelegen, da sie erhebliches Vermögen besitzt und ihn zum Alleinerben eingesetzt hat. Durch die Hilferufe der O herbeigeeilt, gelingt es aber dem Wanderer W, sie im letzten Augenblick zu retten. Hat sich T strafbar gemacht?

Lösung: T kann sich dadurch, daß er es unterlassen hat, der O zu helfen, eines versuchten Mordes durch Unterlassen gemäß §§ 211, 212, 22, 23 I, 13 strafbar gemacht haben.

I. Tatbestand

1. Subjektiver Tatbestand - Tatentschluß

T hatte den Tatentschluß, den Absturz und damit den sicheren Tod seiner Frau durch Unterlassen der ihm tatsächlich möglichen und auch zumutbaren Hilfeleistung herbeizuführen, wobei ihm die tatsächlichen Voraussetzungen seiner Garantenstellung, also die Obhutspflicht für das Leben seiner Frau aufgrund enger natürlicher und rechtlich fundierter Verbindung, bekannt waren. Sein Entschluß beruhte auf dem Umstand, auf diese Weise schneller an das Vermögen

I. Tatbestandsmäßigkeit
1. Subjektiver Tatbestand - Tatentschluß
   a. Tatbestandsvorsatz
   b. Sonstige subjektive Merkmale
2. Objektiver Tatbestand
   a. Unmittelbarer Ansatz zur Tat
   b. Sonstige täterschaftliche Merkmale

II. Rechtswidrigkeit (indiziert)
Insbesondere: unechte Pflichtenkollision

III. Schuld: keine Besonderheiten

IV. Besonderheiten
1. Strafausschließungs- und aufhebungsgründe insb. Rücktritt gemäß § 24
2. Strafverfolgungshindernisse

seiner Frau heranzukommen, also auf einem Gewinnstreben um jeden Preis; das Mordmerkmal Habgier liegt vor.

2. Objektiver Tatbestand: Unmittelbarer Ansatz

Wann ist ein Nichtstun Vorbereitung und wann Ausführung?

Problematisch ist dagegen, wo bei einem Unterlassungsdelikt die ***Abgrenzung*** zwischen strafloser ***Vorbereitungshandlung*** und strafbarer ***Ausführungshandlung*** zu treffen ist. Wir könnten es auch etwas zugespitzter formulieren: wann ist ein Nichtstun noch Vorbereitung und wann ist ein Nichtstun schon Ausführung?

bei der unmittelbaren Gefährdung des geschützten Rechtsguts.

Man stellt überwiegend auf den Gesichtspunkt der ***unmittelbaren Gefährdung des geschützten Rechtsgutes*** ab. Diese Gefährdung ist in dem Augenblick erreicht, in dem es *geboten* ist, durch ein Tun einzugreifen, um weiteres zu vermeiden. Dies kann sowohl bei Verstreichen der ersten als auch bei Verstreichen der letzten Rettungsmöglichkeit der Fall sein. Es kann aber auch dazwischen liegen.

Nach der Vorstellung des Täters.

Entscheidend ist (wie immer), was sich der Täter vorgestellt hat. Wenn der Täter glaubt, daß das Rechtsgut unmittelbar in Gefahr ist („Wenn nichts dazwischen kommt, ist sie jetzt gleich hopps."), dann liegt strafbares Ausführungsunterlassen vor.

Im Zweifel: für den Angeklagten.

Die Gebotenheit ist dabei manchmal in einer gewissen Grauzone, in der man nicht genau sagen kann, ob es schon gefährlich ist oder nicht. Dann muß man in ***dubio pro reo*** sagen, es war noch nicht so weit.

Bei längerem Untätigbleiben: akutes Gefahrenstadium.

Ist für den Eintritt des Erfolges etwa ein längeres Untätigbleiben (Vorstellung des Täters!) erforderlich, beginnt der Versuch (erst) in dem Zeitpunkt, in dem der Garant untätig bleibt, obwohl nach seiner Auffassung die Gefahr in ein akutes Stadium tritt.

Will z.B. T ihr Kind O verhungern lassen, liegt Tötungsversuch durch Unterlassen erst dann vor, wenn das Kind über den normalen Hunger hinaus gesundheitsschädlich bedroht ist.

I. Tatbestandsmäßigkeit
1. Subjektiver Tatbestand - Tatentschluß
   a. Tatbestandsvorsatz
   b. Sonstige subjektive Merkmale
2. Objektiver Tatbestand
   a. Unmittelbarer Ansatz zur Tat
   b. Sonstige täterschaftliche Merkmale

II. Rechtswidrigkeit (indiziert)
Insbesondere: unechte Pflichtenkollision

III. Schuld: keine Besonderheiten

IV. Besonderheiten
1. Strafausschließungs- und aufhebungsgründe insb. Rücktritt gemäß § 24
2. Strafverfolgungshindernisse

Spielt das Zeitmoment nach der Vorstellung des Täters aber keine Rolle mehr, beginnt der Versuch *sofort* in dem Zeitpunkt, in dem der Garant untätig bleibt. Wenn z.B. T sieht, daß ihr Kind in die Badewanne gefallen ist, liegt Tötungsversuch durch Unterlassen sofort vor, wenn sie nichts unternimmt, das Kind herauszuholen.

Und immer wieder: die Vorstellung des Täters.

(Fall:) O war mit dem langsamen Lösen der Wurzel nach der Vorstellung des T in akuter Gefahr, abzustürzen und zu sterben. Für T stand der Tod der O unmittelbar bevor. Ein unmittelbarer Ansatz ist gegeben.

II. Rechtswidrigkeit/Schuld

Rechtswidrigkeit und Schuld sind gleichfalls gegeben. Für einen Rücktritt nach § 24 I bietet der Sachverhalt keine Anhaltspunkte.

Weitere Schwierigkeiten gibt es hier nicht. Im übrigen: Wer es bis jetzt noch nicht getan haben sollte, der mag langsam mal die im 5. Teil dieses Skriptes abgedruckten Fälle betrachten (ab Seite 338). Sinnvollerweise erst einen eigenen Lösungsversuch starten und dann meine Lösungsvorschläge nachlesen.

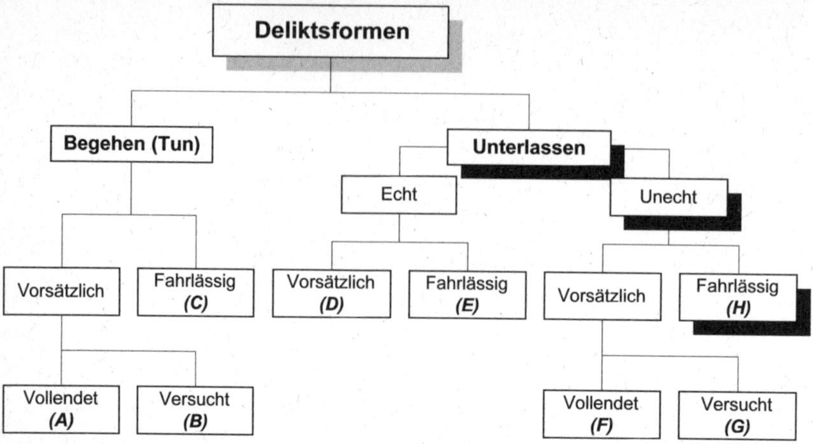

H. Das fahrlässige unechte Unterlassungsdelikt

I. Tatbestandsmäßigkeit

1. Objektiver Tatbestand
   a. Tatsubjekt & Tatobjekt
   b. Eintritt des tatbestandsmäßigen Erfolges
   c. Nichtvornahme des gebotenen Tuns
      - Abgrenzung Tun - Unterlassung
      aa. Objektive Gebotenheit eines Tuns
      bb. Subjektive Gebotenheit
         - Garantenstellung
         - Tatsächliche Möglichkeit
         - Zumutbarkeit
   d. Verbindung zwischen unterlassener Handlung und Erfolg
      aa. Quasikausalität (hypothetische Kausalität)
      bb. Objektive Voraussehbarkeit der Tatbestandsverwirklichung
      cc. Pflichtwidrigkeitszusammenhang
      dd. Schutzzweck der Sorgfaltspflicht
   e. Gleichwertigkeitskorrektiv, obj. = Entsprechungsklausel I
2. Subjektiver Tatbestand
   a. Wissen um die Verwirklichung = bewußte Fahrlässigkeit
   b. Nicht-Wissen = unbewußte Fahrlässigkeit
   c. Gleichwertigkeitskorrektiv, subj. = Entsprechungsklausel II

II. Rechtswidrigkeit

III. Schuld, insbesondere: Schuldform Fahrlässigkeit

1. Subjektive Sorgfaltspflichtverletzung
2. Subjektive Vorhersehbarkeit

Dieses Delikt ist - wie man dem Schema unschwer entnehmen kann - ein zusammengesetztes. Man hat schlicht den Fahrlässigkeitsaufbau und den Unterlassungsaufbau zusammengepackt. Prüfungstechnisch genügt es also, wenn man das fahrlässige Begehungsdelikt und das unechte vorsätzliche Unterlassungsdelikt aufbauen kann. Beides zusammen ergibt das unechte *fahrlässige* Unterlassungsdelikt.

Das Schema sieht bombastisch aus, ist aber nur nach dem Baukastenprinzip zusammengesetzt.

Die einzige ***Besonderheit*** ergibt sich aus dem ***Bezugspunkt der Sorgfaltspflichtverletzung*** (und wir erinnern uns sicher noch: es gibt die Sorgfaltspflichtverletzung zweimal - einmal im objektiven Tatbestand (der besonnene und gewissenhafte ...) und ein andermal in der Schuld (der konkrete Täter).)

Einzige Besonderheit:

Pflichtverletzung hat zusätzliche Bezugspunkte.

Der Sorgfaltsmangel kann in einem ***Verhaltensfehler*** durch die Vornahme einer anderen als der gebotenen Handlung liegen.

z.B. bei fehlerhafter Auswahl der gebotenen Handlung.

> ***Bsp.:*** Das 3jährige Kind O des T droht zu ertrinken. T will es retten, indem er ihm einen Rettungsring zuwirft. O ertrinkt, weil es für den Rettungsring zu klein ist.

Hier liegt eine fahrlässige Tötung durch Unterlassen vor. T hat es unterlassen, die gebotene Handlung vorzunehmen = ins Wasser zu gehen und O selbst herausholen. T ist Garant, § 1626 BGB. Der Rest liegt vor.

Er kann aber auch die ***sorgfaltswidrig fehlende Kenntnis***

z.B. bei fehlerhafter Kenntnis.

- vom Bevorstehen des ***Erfolgseintritts***,

> ***Bsp.:*** T sieht, daß sein Kind O im Wasser strampelt, merkt aber gar nicht, daß es ertrinkt.

- von den vorhandenen ***Rettungsmöglichkeiten***,

> ***Bsp.:*** T sieht, daß sein 10jähriges Kind O im Wasser ertrinkt, merkt aber gar nicht, daß er direkt neben den Rettungsringen steht.

- von der Existenz der konkreten ***Garantenstellung***

> ***Bsp.:*** T sieht, daß ein 10-jähriges Kind O im Wasser ertrinkt, merkt aber gar nicht, daß es sein eigenes ist.

- oder von ***sonstigen Merkmalen*** des objektiven Tatbestandes betreffen.

3. Teil - Täterschaft und Teilnahme

A. Übersicht

Was passiert, wenn mehr als eine Person etwas gemacht hat?

Solange nur *eine* Person irgendwelche Tatbestände verwirklicht, muß man sich um die Begriffe Täterschaft und Teilnahme nicht kümmern. Sobald aber *mehrere* Personen auftauchen, die möglicherweise irgendwie zusammengearbeitet haben, stellt sich die Frage nach Täterschaft und Teilnahme, also nach der Beteiligung eines jeden. Es gibt die folgend dargestellten 6 Möglichkeiten.

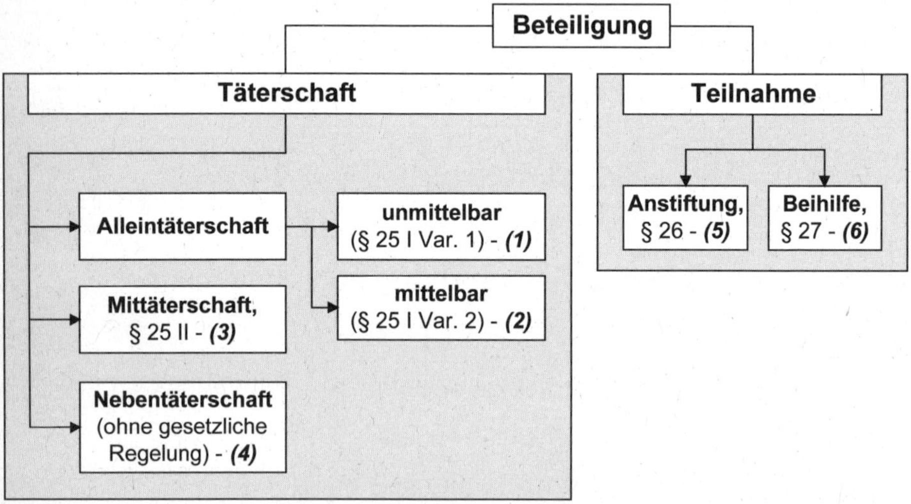

Unterteilung: Täterschafts- und Teilnahmeformen

Diese Übersicht zeigt, daß es notwendig ist, zunächst Täterschaft und Teilnahme voneinander abzugrenzen und dann innerhalb von Täterschaft und Teilnahme die unterschiedlichen Erscheinungsformen jeweils näher zu bestimmen. Zunächst je ein Beispiel.

Unmittelbare T.

(1) ***Unmittelbare (Allein-) Täterschaft:*** T erschießt O.

Mittelbare T.

(2) ***Mittelbare (Allein-) Täterschaft:*** Arzt T gibt der Krankenschwester W eine Ampulle. Sie solle dieses kreislaufstärkende Mittel dem Patienten O, einem Erbonkel des T spritzen. Die Ampulle enthält in Wirklichkeit Gift. Die W, die keine Veranlassung hat, den Worten des Arztes zu mißtrauen, injiziert das Mittel. O stirbt.

Mittäterschaft.

(3) ***Mittäterschaft:*** T1 und T2 beschließen, gemeinsam eine Villa auszurauben. T1 kauft Werkzeug und macht einen Plan. T2 steigt durch das von T1 aufgebrochene Fenster ein und

entwendet diverse Gegenstände. Den Erlös teilen sich T1 und T2.

(4) ***Nebentäterschaft:*** T1 und T2 stoßen mit ihren Motorrädern zusammen, weil T1 zu schnell gefahren ist und T2 die Vorfahrt verletzt hat. Das Motorrad des T1 prallt gegen den Fußgänger O und verletzt ihn.

Nebentäterschaft.

T1 gibt O eine 100%-tige Dosis Gift ins Essen. T2 ebenfalls. O stirbt an beiden gleichzeitig.

(5) ***Anstiftung:*** T will seine Ehefrau O loswerden. Er heuert Killer K an, der O tötet.

Anstiftung.

(6) ***Beihilfe:*** X, der einen Tresor knacken will, bittet den T unter Schilderung des Planes, ihm sein Schweißgerät zu leihen. T stellt das Gerät zur Verfügung.

Beihilfe.

Bis hierhin sieht's eigentlich ganz einfach aus. Und es bleibt auch ganz einfach. Aber wir können uns überlegen, daß es bei den geschilderten 6 Formen nur um die Reinform und noch nicht um Mischformen geht.

Es gibt leider nicht nur Reinformen, sondern auch Mischungen.

So ist es ja ohne weiteres möglich, daß zwei Personen gemeinsam über eine dritte Person eine vierte Person töten (mittelbare Täterschaft in Mittäterschaft).

z.B. Mittelbare Täterschaft in Mittäterschaft.

Bsp.: Ehepaar B bringt seinen schwachsinnigen Sohn S dazu, die reiche Oma X zu töten, um sie zu beerben.

Oder wir denken uns den Fall, daß zwei Personen gemeinsam zwei weitere Personen dazu anstiften, über einen Fünften einen sechsten zu töten. Dann hätten wir schon eine mittäterschaftliche Anstiftung zu einer mittelbaren Täterschaft in Mittäterschaft.

z.B. mittäterschaftliche Anstiftung zu einer mittelbaren Täterschaft in Mittäterschaft

Bsp.: Ehepaar A stiftet Ehepaar B an, den schwachsinnigen Sohn S von B dazu zu bringen, den X zu töten.

Zuletzt könnten wir uns überlegen, daß dem anstiftenden Ehepaar noch ein weiteres Ehepaar unterstützend (beihelfend) zur Seite gestanden hat. Dann hätten wir eine mittäterschaftliche Beihilfe zur mittäterschaftlichen Anstiftung zu einer mittelbaren Täterschaft in Mittäterschaft. Sagenhaft, oder?

z.B. dazu noch mittäterschaftliche Beihilfe.

Bsp.: Ehepaar A stiftet Ehepaar B an, den schwachsinnigen Sohn S von B dazu zu bringen, den X zu töten. Ehepaar A wird dabei von Ehepaar C unterstützt.

Die Reihenfolge Täter vor Teilnehmer ...

Wie oben bereits gesagt, muß zwischen Täterschaft und Teilnahme abgegrenzt werden. Das ist deshalb besonders wichtig, weil die Strafbarkeit des Täters (genauer: das Vorhandensein einer vorsätzlich, rechtswidrigen Tat) stets vor der (Tat) des Teilnehmers geprüft werden muß.

... ist zwingend, weil Teilnahme eine Täterschaft *voraussetzt.*

Grund für diese ***zwingende Reihenfolge*** ist, daß die §§ 26, 27 (die Teilnahmevorschriften also) eine vorsätzliche, rechtswidrige Tat voraussetzen. Für diese braucht man aber einen Täter. Absolut wichtige Aufbauregel daher:

Täter vor Teilnehmer

Täter machen Eigenes, Teilnehmer was Fremdes.

Allgemein gilt: Täter ist, wer eine ***eigene*** Straftat begeht. Teilnehmer ist, wer sich an einer ***fremden*** Straftat als Anstifter oder Gehilfe beteiligt.

Und wie unterscheidet man jetzt ...

In vielen Fällen ist aber zweifelhaft, welche der beiden Situationen vorliegt.

> ***Bsp.1:*** T1 und T2 fahren gemeinsam zu einem Einbruch. T1 steigt ins Haus ein und räumt aus. T2 wartet derweil vor dem Haus und steht Schmiere.

... Mittäter und Gehilfen ...

Abgrenzungsproblem: Ist T2 Mittäter oder Gehilfe (Beihelfer) ?

> ***Bsp.2:*** Arzt T1 gibt der Schwester T2 eine Spritze mit einer tödlichen Dosis Gift, wobei er ihr sagt, daß die Spritze ein Kreislaufmittel enthielte. Sie solle diese Spritze dem O injizieren. T2 merkt den Schwindel, spritzt aber trotzdem.

... Anstifter und mittelbare Täter?

Abgrenzungsproblem: Ist T1 Anstifter oder mittelbarer Täter?

2 Unterscheidungskriterien:

Man kann zur Abgrenzung von Täterschaft und Teilnahme, genauer: zur Beantwortung der Frage, ob jemand Täter ist, auf 2 verschiedene Aspekte abstellen:

Das Äußere ...

1. Die Erfüllung des objektiven Tatbestandes

... und das Innere.

2. Die Willensrichtung der Beteiligten (= subj. Tatbestand).

Umfang der objektiven TB-Erfüllung.

Stellt man nur auf die Erfüllung des objektiven Tatbestandes ab, kann Täter des vollendeten Deliktes nur der sein, der den Tatbestand selbst ganz erfüllt, Täter eines Versuches kann nur sein, wer selbst unmittelbar ansetzt. Fehlt es an dieser Erfüllung, an diesem Ansetzen ganz oder teilweise, bleibt nur noch Teilnahme übrig.

Stellt man nur auf die Willensrichtung der Beteiligten ab, ist Täter der, der mit Täterwillen handelt, d.h. die Tat als eigene will.

Oder Willensrichtung.

Beide Standpunkte sind früher so vertreten worden. Die erste war Inhalt der sog. „***Formal-objektiven Theorie***", die zweite war Inhalt der „***Extrem-subjektiven Theorie***". Die formal-objektive verlangte dabei allerdings nicht nur, daß der Täter am Tatbestand mitbastelt, sie setzte (natürlich) auch voraus, daß er einen entsprechenden Vorsatz (also einen vollen Vorsatz) hatte. Sie war also im Ganzen gesehen die Theorie mit den strengsten Anforderungen.

Extrempositionen:

Formal-Objektiv und Extrem-subjektiv

Die extrem-subjektive Theorie hieß, weil sie an Willenselemente des Betrachteten anknüpfte und das lateinische Wort hierfür *animus* lautet, auch ***animus-Theorie***. Sie unterschied zwischen einem Täterwillen (animus auctoris) und einem Teilnehmerwillen (animus socii). Für sie war es unerheblich, inwieweit ein Täter objektiv an der Erfüllung des Tatbestandes mitwirkte. Extrem betrachtet kann das dann soweit gehen, daß überhaupt keine Eigenbeteiligung an der Tatbestandserfüllung nötig ist.

Extrem-subjektiv knüpfte an den Willen an (lat. animus) und hieß deshalb auch animus-Theorie.

Es gab den animus auctoris und den animus socii.

Und wie das so ist im juristischen Bereich, gibt es zwischen zwei extremen Standpunkten auch immer einen mittleren. Und genauso liegt es hier.

Die Mitte:

Ein mittlerer Standpunkt wird (u.a.) von der sog. „***Lehre von der Tatherrschaft***" vertreten. An die sollte man sich in Klausuren und Hausarbeiten halten, weil sie noch die klarsten Vorgaben für eine Fallbearbeitung liefert. Die Lehre von der Tatherrschaft ist eine *Synthese von objektiven und subjektiven Gesichtspunkten*. Auf den Namen „Tatherrschaftslehre" hat das Schrifttum sein Monopol gesetzt, in der Sache wird diese Lehre aber (überwiegend) auch von der Rechtsprechung des BGH befolgt.

Lehre von der Tatherrschaft.

Eine Synthese von objektiv und subjektiv.

Diese Synthese ist dabei kein Monopol der Tatherrschaftslehre, es gibt noch eine Reihe von anderen Theorien, die im Grunde (bis auf minimale Abweichungen) genau dasselbe machen (sog. neuere final-objektive Theorie, sog. neuere materiell-objektive Theorie). Damit müssen wir uns aber nicht belasten. Es genügt normalerweise, wenn wir aus dem ganzen Theorienkram *eine* kennen - eben die von der Tatherrschaft.

Andere Theorien haben ähnlichen Ansatz und ähnlichen Inhalt.

Definition
Tatherrschaft

> Tatherrschaft bedeutet dabei „das vom Vorsatz (= subj.) umfaßte In-den-Händen-Halten des tatbestandsmäßigen Geschehensablaufes (= obj.)".

Von Zentralfiguren und Randfiguren.

(Wenig hilfreich)

Täter ist danach, wer die ***Zentralfigur*** des konkrete Handlungsgeschehens ist. Teilnehmer ist, wer demgegenüber eine ***Randfigur*** ist. Diese Aussagen bringen uns vom Prinzip her übrigens keinen Millimeter weiter. Wir können ihnen nur schon einmal ein bißchen was vom Wertungscharakter entnehmen, der die Tatherrschaftslehre prägt.

Irgendwo wollen alle dasselbe:

Der *subjektive* TB muß voll vorliegen.

Wenn wir die verschiedenen Theorien in einer Übersicht zusammenfassen, die die Anforderungen an die Annahme einer Täterschaft gegenüberstellt, dann sieht das aus, wie in der folgenden Abbildung. Leicht zu bemerken ist, daß die Theorien vom Prinzip her ***im subjektiven Tatbestand*** alle dasselbe fordern: volles Vorliegen aller Voraussetzungen (also Vorsatz und eventuelle sonstige subjektive Merkmale). Wer subjektiv nicht voll dabei ist, kann kein Täter sein (sondern nur Teilnehmer).

Die Unterschiede zwischen den Theorien liegen im Bereich des *obj.* Tatbestandes.

Im objektiven Tatbestand dagegen finden sich Unterschiede. Von gar nichts bis alles wurde (wird) alles vertreten. Wir können daraus aber direkt schon einmal folgern, daß diese Theorien im Rahmen einer ***Klausur oder Hausarbeit*** nur in der Prüfung des objektiven Tatbestandes einen Sinn machen. Denn nur dort unterscheiden sie sich in ihren Anforderungen.

Prüfungsebene: ***Theorie:***	*Objektiver TB*	*Subjektiver TB*
extrem-subjektiv (animus-Theorie)	keine Anforderungen	volles Vorliegen
Lehre von der ***Tatherrschaft*** (materiell-objektive Lehre) (final-objektive Lehre)	Tatherrschaft	volles Vorliegen
formal-objektive Lehre	volles Vorliegen	volles Vorliegen

Wichtig:
Das überlegen wir nur, um festzulegen, ob wir jemanden als Täter oder als Teilnehmer prüfen.

Wir sollten uns an dieser Stelle darüber im klaren sein, daß diese Überlegungen alleine dazu dienen, herauszufinden, ob die gerade betrachtete Person *Täter* (oder „nur") Teilnehmer einer Straftat ist. Hierfür sehen wir uns jetzt ein Raster an, das anschließend vertieft behandelt wird. Wir kommen danach noch einmal auf die Abbildung zurück.

Und auch das noch mal: Der Täter wird immer *vor* dem Teilnehmer geprüft. Das gilt einmal für zwei verschiedene Personen, denn ***ohne Täter*** kann es gar ***keinen Teilnehmer*** geben. Das gilt aber auch für *eine* (1) Person, wenn wir uns nicht sicher sind, ob sie Täter oder Teilnehmer ist.

Denn:
Der Täter muß *vor* dem Teilnehmer geprüft werden.

Wir müßten dann allerdings ein wenig anders formulieren: Eine Person wird immer *als Täter* geprüft, bevor sie *als Teilnehmer* geprüft wird. Der Grund hierfür liegt darin, daß man immer erst mal das Delikt mit der höheren Strafandrohung prüft. Und das ist eben *in der Regel* die Täterschaft. Sollte nun aber ausnahmsweise mal die Teilnahme eine höhere Strafandrohung bieten, dann kann man auch damit beginnen.

Das gilt nicht nur *zwischen* zwei Personen, sondern auch für den jeweilig einzelnen.

Raster zur Feststellung der Täter- bzw. Teilnehmereigenschaft

Rasterfahndung:

Die Lage: Mehrere spielen mit. Für den als Täter Verdächtigsten wird *gedanklich* folgendes geprüft:

Ausgangslage ...

1. ***Negativselektion:*** Ist schon wegen der Eigenart des Deliktes die Tätereigenschaft ausgeschlossen? („Ist er's nicht, weil er es nicht sein kann?")
   a. Sonderdelikte?
   b. Eigenhändige Delikte?
   c. Pflichtdelikte?

   Wenn ***ja:*** Ende der Täterprüfung. Es bleibt eine eventuelle Teilnahme.

   Wenn ***nein:*** Prüfung der folgenden Frage.

... er kann´s nicht sein ...

2. ***Positivselektion:*** Ergibt sich Täterschaft nach Tatherrschaftsregeln? („Ist er's doch?")
   a. Handlungsherrschaft? (⇨ Unmittelbarer Täter)
   b. Willensherrschaft? (⇨ Mittelbarer Täter)
   c. Funktionelle Tatherrschaft? (⇨ Mittäter)

   Wenn ***ja:*** Weitere Prüfung (Rechtswidrigkeit, Schuld etc.)

   Wenn ***nein:*** Ende der Täterprüfung.

... er muß es sein.

Im letzteren Falle muß ein anderer als Täter gesucht werden. Bei der bis hierhin geprüften Person kann nur Teilnahme vorliegen. Das bedeutet, daß sie nicht als erste geprüft werden darf!

Dann eben jemand anders!

Man beginnt damit, daß der Verdächtigste überprüft wird. Es wäre etwas merkwürdig, zunächst jemanden zu prüfen, der den ganzen Sachverhalt über still im Auto gesessen hat, und dann erst den, der vor sich hin gewürgt, gestochen, geraubt hat.

Zuerst nimmt man immer den Verdächtigsten.

Dann den Gesetzestext.

Dann durchläuft man die Gliederung des Gesetzestextes und sucht sich die in Frage kommenden Tatbestände heraus. Anschließend klappert man sie einzeln ab:

Negativselektion Nr. 1

- ***Sonderdelikte:*** Der Jurist T kann nicht Täter des § 203 I 1 sein: Er ist kein Arzt etc. Es fehlt ihm die entsprechende Subjektsqualität. Er kann insoweit nur Teilnehmer sein.

Negativselektion Nr. 2

- ***Eigenhändige Delikte:*** Meineid, § 154, kann nur der begehen, der selbst schwört. Alle anderen können nicht Täter sondern nur Teilnehmer sein.

Negativselektion Nr. 3

- ***Pflichtdelikte:*** Täter einer Untreue, § 266, kann nur der sein, den eine Vermögensbetreuungspflicht trifft. Alle anderen können nur Teilnehmer sein.

Überschneidungen sind möglich, aber unwichtig.

Zu beachten ist dabei, daß sich diese Gesichtspunkte auch überschneiden können. So ist Totschlag durch Unterlassen, §§ 212, 13, sowohl ein Sonderdelikt (nur Garanten) als auch ein Pflichtdelikt (Garantenpflicht). Es kann also verschiedene, gleichzeitig vorliegende Gründe geben, warum jemand kein Täter sein kann. *Ein* Grund würde für die Klausur oder Hausarbeit aber ausreichen.

Wenn die Negativselektion nicht zum Ausschluß führt ...

Die Ausgangsfrage zu 1. war, ob schon wegen der Eigenart des Deliktes die Tätereigenschaft ausgeschlossen ist. Ist das betrachtete Delikt weder ein Sonderdelikt, noch ein eigenhändiges Delikt, noch ein Pflichtdelikt, dann kann dieses Delikt die Tätereigenschaft jedenfalls nicht ausschließen.

... kommt die Positivselektion.

Man geht dann zur 2. Frage über und überlegt, ob die betrachtete Person nach Tatherrschaftsregeln Täter ist.

Dazu muß man die Tatherrschaftsregeln kennen.

Dies setzt natürlich voraus, daß man die Tatherrschaftsregeln auch kennt. Es geht hierbei um allgemeine Prinzipien der Täterschaft, so daß die Tatherrschaftsregeln nachfolgend im Rahmen der Erläuterungen zu den verschiedenen Erscheinungsformen (Alleintäterschaft / mittelbare T. / Mittäterschaft / Nebentäterschaft) der Täterschaft erklärt werden.

B. Täterschaft

I. Der unmittelbare Täter

Wer *selbst alles* macht, ist unmittelbarer Täter.

Der unmittelbare Täter ist ein dankbares Erklärungsobjekt. Eine Person ist immer dann unmittelbarer Täter, wenn sie die Straftat in eigener Person begeht.

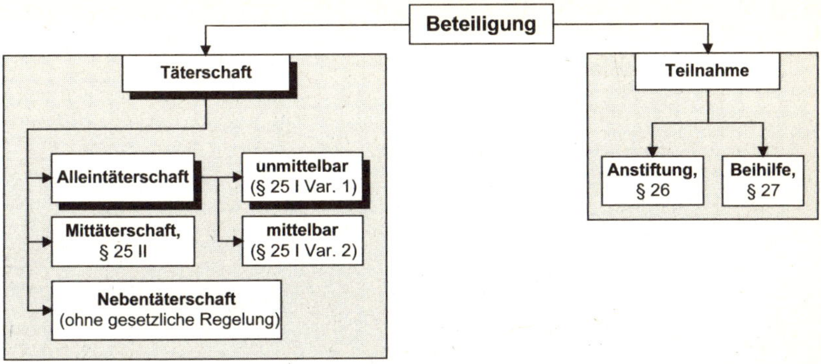

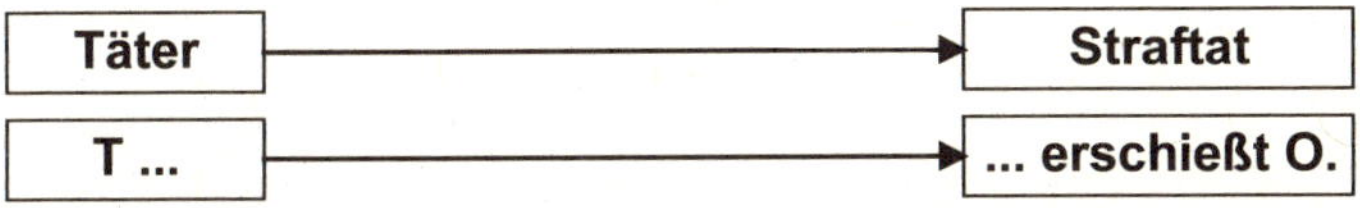

Es handelt sich hier um den vom Gesetz angenommenen ***Normalfall***. Der Rest ist Ausnahme, was sich klausurmäßig auch daran zeigt, daß bei den anderen in die Überschriften immer noch ein zusätzlicher Paragraph kommt (§ 25 I Var. 2, § 25 II).

Das ist normal und deshalb ziemlich einfach.

Bezogen auf unsere Überlegungen zur Tatherrschaftslehre liegt hier Tatherrschaft in Form der ***Handlungsherrschaft*** vor: Wer selber handelt, hat natürlich auch die Herrschaft über sein Handeln. Wir erinnern uns der hübschen Definition von eben: Tatherrschaft bedeutet „das vom Vorsatz (= subj.) umfaßte In-den-Händen-Halten des tatbestandsmäßigen Geschehensablaufes". Diese Merkmale liegen beim unmittelbaren Täter zweifellos vor, so daß darauf nicht weiter eingegangen werden muß.

Der unmittelbare Täter hat ohne Zweifel die Tatherrschaft (in Form der Handlungsherrschaft)

II. Der mittelbare Täter

1. Die Konstellation

Wer die Straftat durch einen anderen begeht, ist mittelbarer Täter, § 25 I Var. 2.

Wer es über einen andern macht ...

Der Täter benutzt hier ein menschliches Werkzeug. Er beherrscht dieses Werkzeug kraft seiner ***Wissens- und Willensherrschaft*** (Herrschaft seines Vorsatzes).

... also ein menschliches Werkzeug benutzt.

Bsp.: Arzt T gibt der Krankenschwester W eine Ampulle. Sie solle dieses kreislaufstärkende Mittel dem Patienten O, einem Erbonkel des T spritzen. Die Ampulle enthält in Wirklichkeit Gift. Die W, die

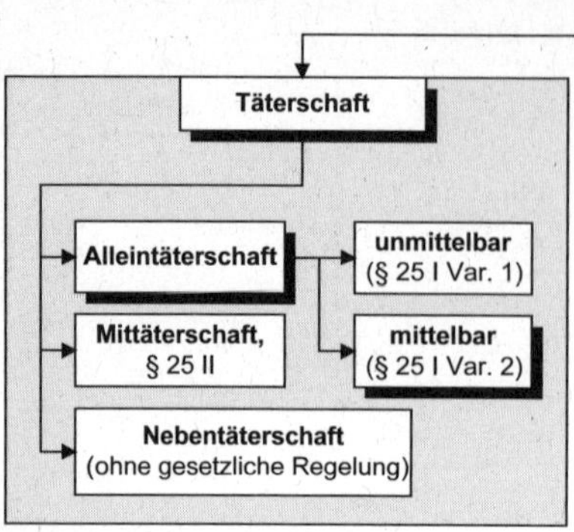

keine Veranlassung hat, den Worten des Arztes zu mißtrauen, injiziert das Mittel. O stirbt.

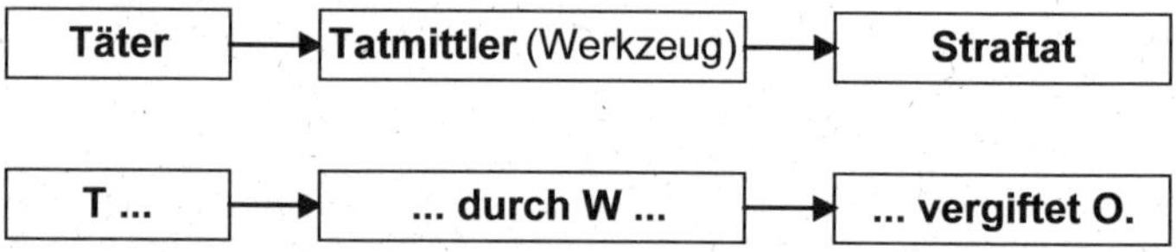

Es geht um die Steuerung des Geschehensablaufes.

T hat hier jederzeit die Möglichkeit, den Geschehensablauf nach seinem Belieben zu steuern. Er kann die Schwester zurückrufen, aufklären etc. Er hält den Geschehensablauf „in der Hand".

Formulierungsmäßig kann das so aussehen:

> ***Bsp.:*** T muß Tatherrschaft gehabt haben haben, die sich bei der mittelbaren Täterschaft in Form der Willensherrschaft zeigt. Diese liegt immer dann vor, wenn der Täter das Geschehen kraft seines planvoll lenkenden Willens nach Belieben ablaufen lassen oder hemmen kann.

Werkzeugen fehlt in aller Regel irgendetwas.

Der TB, die RW, die Schuld.

Es gibt dabei verschiedene Möglichkeiten, warum das Werkzeug ein Werkzeug und nicht selber Täter ist. Früher habe ich dabei wie folgt argumentiert: *„Jemand, der tatbestandsmäßig, rechtswidrig und schuldhaft handelt, ist selber Täter einer Straftat. Wer aber selber Täter ist, kann nicht Werkzeug sein. Das würde dem Prinzip der Eigen-Verantwortlichkeit widersprechen."*

Das kann im Einzelfall aber auch anders sein:

Ziemlich abgedreht: der Katzenkönig-Fall.

Diese Argumentation war die früher in den Lehrbüchern gängige. Der BGH hatte sich dann aber mit dieser Problematik zu befassen und er hat anders entschieden, als es die Argumentationskette nahelegt. Der Entscheidung des BGH (***Katzenkönig-Fall***, BGHSt 35, 347) lag dabei folgender Sachverhalt zugrunde:

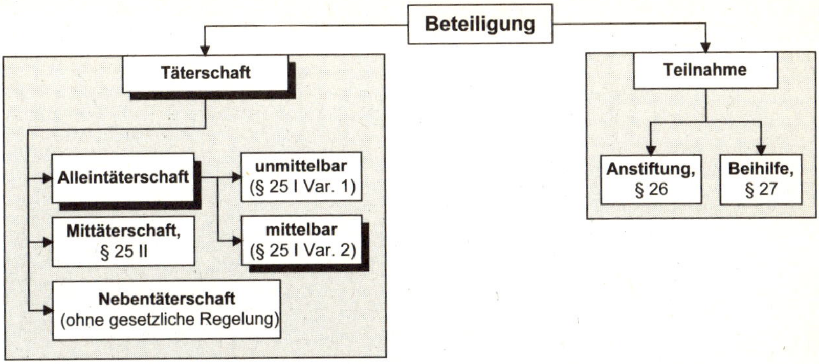

Ein Polizist W versuchte, eine Frau O zu töten. Er ging dabei davon aus, daß der Tod dieser Frau nötig sei, um die Welt vor dem Angriff eines Dämons Katzenkönig zu schützen, der die gesamte Menschheit oder jedenfalls viele Millionen das Leben kosten würde. Er glaubte also, nicht unrecht zu handeln, er befand sich in einem Verbotsirrtum (verfehlter Glaube an den Umfang des § 34). Der BGH stellte fest, daß dieser Verbotsirrtum vermeidbar gewesen sei.
Der Glaube des W an die Existenz des Katzenkönigs einerseits und die Gefährdung der Menschenleben andererseits, sowie die Möglichkeit, eine Rettung durch Tötung der O zu bewirken, wurde durch Manipulationen einer Frau T hervorgerufen, in die W verliebt war. T wollte O aus Eifersucht aus dem Weg räumen lassen. Sie bediente sich dabei des W.

(Dieser Sachverhalt ist so komprimiert, daß man sich ihn am besten anhand einer Skizze kurz veranschaulicht.)

Ein vermeidbarer Verbotsirrtum etwa, der die Schuld nur mindert ...

Zentral an diesem Sachverhalt ist dabei der Umstand, daß W in einem vermeidbaren Verbotsirrtum, also schuldhaft gehandelt hat. Daß seine Strafe nach § 17 S. 2 zu mindern ist, spielt dabei keine Rolle. Nach der gängigen Argumentation hätte das für die mittelbare Täterschaft das „Aus" bedeutet.

... schließt nach dem BGH die mittelbare Täterschaft nicht aus.

Der BGH entschied anders. Er ging zunächst davon aus, daß jeder Verbotsirrtum bedeutet, daß dem Handelnden die Unrechtseinsicht fehlt. Der unvermeidbare Verbotsirrtum unterscheidet sich dann vom vermeidbaren nur dadurch, daß der Handelnde im letzteren Fall das Unrecht hätte erkennen können. Hat er aber nicht. Wenn nun hinzu kommt, daß sowohl die Entstehung des Irrtums (in den Irrtum rein) als auch die Aufrechterhaltung (nicht mehr aus dem Irrtum raus) von einem Dritten gesteuert wird, dann ist nicht einzusehen, warum dieser Dritte nicht mittelbarer Täter, warum der Handelnde nicht Werkzeug sein soll.

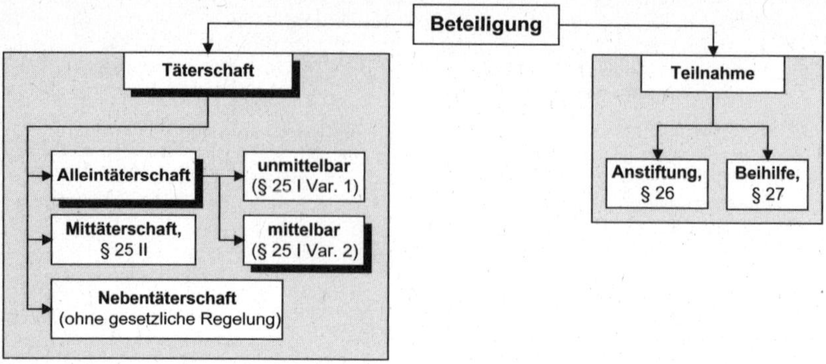

Das ist mit dem Prinzip der Eigenverantwortlichkeit vereinbar.

Das ist überzeugend. Das Prinzip der Eigenverantwortlichkeit zwingt nicht in jedem Falle dazu, die Werkzeugeigenschaft zu verneinen. Letztlich kann man dabei noch daran denken, daß die Verantwortung für das Handeln bei einem (vermeidbaren Verbots-) Irrtum ja auch aus der Sicht des Gesetzgebers geringer ist, wie die Strafmilderung nach § 17 S. 2 zeigt.

Es sind 3 Möglichkeiten denkbar, warum das Werkzeug Werkzeug ist.

Ausgehend von diesen Überlegungen gibt es drei Möglichkeiten, warum der direkt Handelnde, der Tatmittler (= das Werkzeug) nicht selber Täter ist:

TB-Fehler
- Es kann ein Tatbestandsfehler vorliegen.

RW-Fehler
- Es kann ein Rechtswidrigkeitsfehler vorliegen.

Schuld-Fehler
- Es kann ein Schuldfehler vorliegen.

Diese Möglichkeiten sind in folgender Darstellung aufgezeigt.

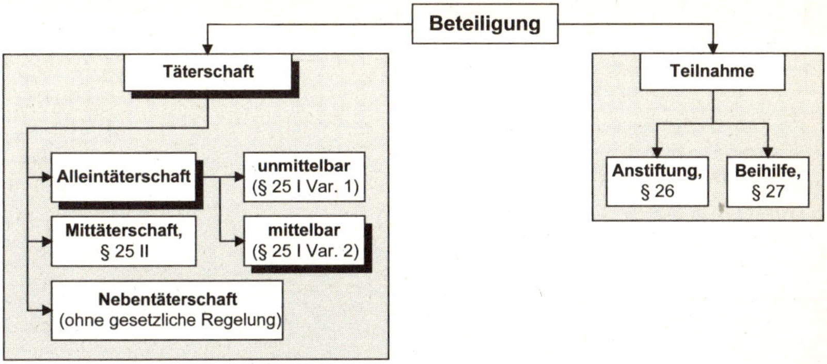

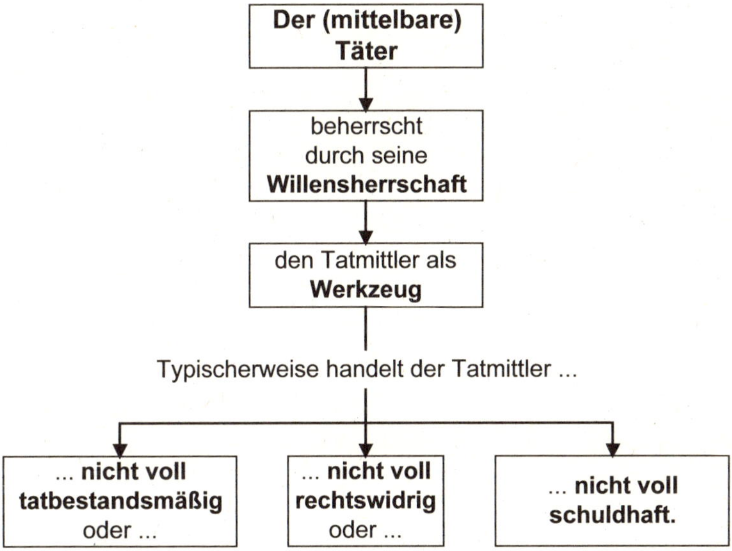

3 Möglichkeiten, 1 Problem.

Es gibt also drei Möglichkeiten. Innerhalb dieser drei Möglichkeiten sind zwei unproblematisch:

Ohne TB und ohne RW des Werkzeugs ...

Es treten *keine* Abgrenzungsschwierigkeiten auf. Gemeint sind die ersten beiden Möglichkeiten. Wenn ein Werkzeug nicht tatbestandsmäßig und nicht rechtswidrig handelt, liegt entweder mittelbare Täterschaft vor oder gar nichts.

... gibt's aber keine Schwierigkeiten.

Teilnahme (Anstiftung oder Beihilfe) scheidet nämlich aus, weil hierfür immer eine tatbestandsmäßige und rechtswidrige Tat vorausgesetzt wird, vgl. §§ 26, 27.

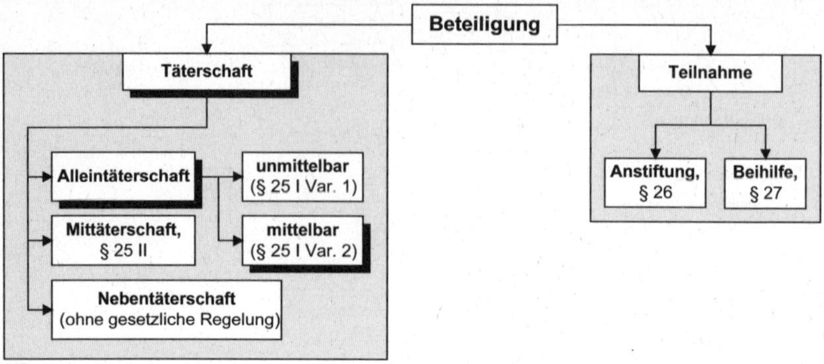

Erst mit TB und RW könnte man auch auf Anstiftung kommen.

Abgrenzungsprobleme ergeben sich folglich erst dann, wenn ein Werkzeug zwar tatbestandsmäßig und rechtswidrig, aber nicht schuldhaft handelt. Hier kommt dann regelmäßig die ***Abgrenzung zwischen mittelbarer Täterschaft und Anstiftung*** zum Zuge.

Entscheidend ist die Willensherrschaft des - potentiellen - Täters ...

Entscheidend ist dann immer, ob der Täter (im objektiven Tatbestand) die Willensherrschaft als eine Form der Tatherrschaft gehabt hat (dann kann mittelbare Täterschaft vorliegen) oder nicht (dann kann nur noch Anstiftung vorliegen).

... für die der Täter natürlich auch einen Vorsatz gehabt haben muß.

Kann vorliegen soll hier darauf hinweisen, daß der objektive Tatbestand alleine natürlich nicht genügt. Der Täter muß auch jeweils einen entsprechenden Vorsatz (Mittelbarer-Täter-Vorsatz bzw. Anstiftervorsatz) haben.

2. Konsequenzen für den Aufbau einer Arbeit

a. Objektiver Tatbestand

Täter hat obj. TB nicht selbst voll verwirklicht.

Die mittelbare Täterschaft hat regelmäßig zur Folge, daß der Täter (der Hintermann) selbst den objektiven Tatbestand nicht verwirklicht. Das besorgt derweil ein anderer.

Der „Schweinebuchtfall“: Bauer T befiehlt seinem Knecht W, Schweine aus der Nachbarbucht in den heimischen Stall zu treiben. W weiß nicht, daß es die Schweine des O sind. Er glaubt, es seien Schweine des T und geht deshalb davon aus, daß T Gewahrsamsinhaber ist.

Er bedient sich eines Dritten.

Hier hat W keinen Diebstahl begangen, weil er *keinen Vorsatz zur Wegnahme* einer fremden beweglichen Sache hatte. Er wußte ja nicht, daß er fremden Gewahrsam *brach*. T hingegen wußte al-

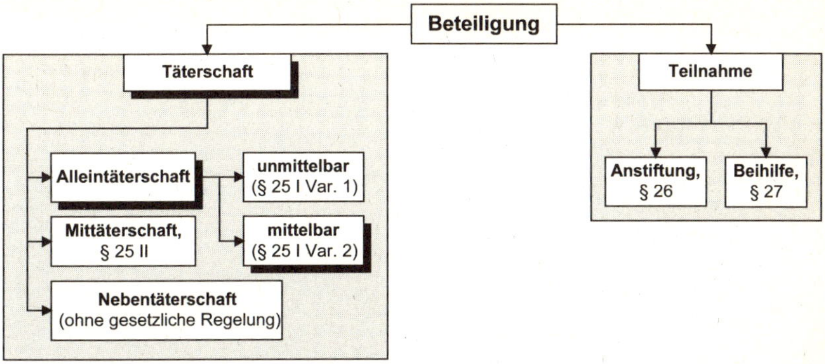

les. Bei ihm fehlt aber die Wegnahme, die Tathandlung. Hierfür hatte er sich des Knechtes bedient.

Folge bei Anwendung der Figur der mittelbaren Täterschaft: Man rechnet T die ***Handlung*** des W zu. Es darf keinen Unterschied machen, ob T einen Diebstahl mit eigenen oder mit fremden Händen begeht. Zugerechnet wird dabei übrigens auch *nur die Handlung*. Und nicht mehr. Es sind nämlich Fälle denkbar, in denen ein Hintermann von einem Werkzeug *eine eigene* Sache wegnehmen läßt.

Die mittelbare Täterschaft rechnet dem Täter die *Handlung* des Dritten zu.

Aber auch *nur die Handlung*.

Bsp.: T hat sein Auto an O vermietet. Er will es bereits vor Ablauf der Zeit wiederhaben. Er erklärt dem W, daß dieser es im Einverständnis mit O abholen solle.

Für W handelt es sich (objektiv) um die Wegnahme einer fremden beweglichen Sache. Im Wege der mittelbaren Täterschaft kann man jetzt lediglich die *Tathandlung Wegnahme* zurechnen. Was man nicht zurechnen kann, ist das *Merkmal fremd*. Für T ist die Sache nicht fremd (es ist ja sein eigenes Auto) und sie wird es auch nicht dadurch, daß sie für W fremd ist. Zu denken wäre nunmehr allenfalls an eine Strafbarkeit nach §§ 289, 25 I Var. 2.

Wer das nicht bedenkt, versägt die Klausur.

Anhand dieses Beispiels könnte man „normale“ und mittelbare Täterschaft so gegeneinander abgrenzen, wie es die nachstehende Gegenüberstellung zeigt. Deutlich zu sehen, daß die mittelbare Täterschaft in das Merkmal der Handlung eingebaut wurde. Wer mag, kann ja mal eine Reihe gängiger Tatbestände (z.B. §§ 212, 223, 249, 263, 267) in mittelbarer Täterschaft schematisieren. Ist ein gutes Training.

Einbau der mittelbaren Täterschaft in den objektiven Tatbestand eines beliebigen Deliktes.

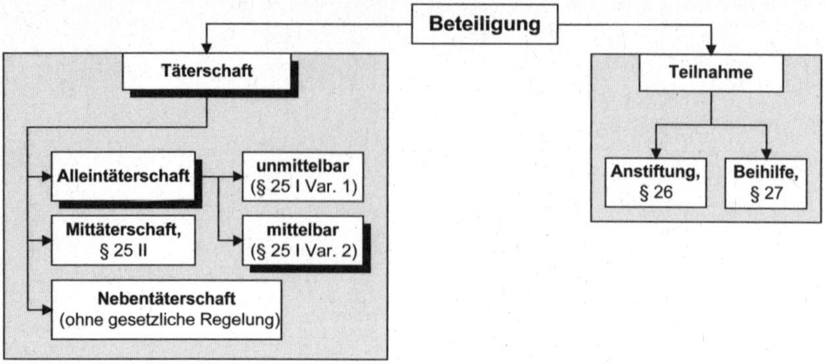

§ 242 I (normal)	*§§ 242 I, 25 I Var. 2*
Wer eine (für ihn) fremde bewegliche Sache einem anderen wegnimmt ...	Wer eine (für ihn) fremde bewegliche Sache einem anderen *durch ein Werkzeug* wegnimmt.

Prüfungsreihenfolge: Das tatnähere Werkzeug antäuschen ... ... und dann mit dem Täter weitermachen.

Man ***beginnt*** jetzt ***die Prüfung mit dem tatnäheren*** Werkzeug, stellt fest, daß dieses den objektiven Tatbestand verwirklicht, aber nicht vorsätzlich gehandelt hat. Einstieg in die Prüfung der Strafbarkeit des T dann:

T kann sich dadurch, daß W die Schweine des O in seinen Stall trieb, eines Diebstahls in mittelbarer Täterschaft gem. §§ 242 I, 25 I Var. 2 strafbar gemacht haben.
Dann muß W, der den objektiven Tatbestand des § 242 I erfüllt hat (s.o.), das Werkzeug des T gewesen sein. Dies wäre dann der Fall, wenn nicht W, sondern T die Tatherrschaft über das Geschehen gehabt hätte. Tatherrschaft bedeutet das vom Vorsatz umfaßte In-den-Händen-Halten des tatbestandsmäßigen Geschehensablaufes. Bei der Figur der mittelbaren Täterschaft kann sich dies nur als eine der Handlungsherrschaft des W übergeordnete Willensherrschaft des T darstellen.
W ist Knecht des T; er hört mithin auf die Anweisungen des T. Folglich hängt es allein am Willen des T, ob W die Handlung des Schweinetreibens (ätzendes Deutsch!) vornimmt oder nicht. Damit hat T aber die erforderliche Willensherrschaft. W ist daher das Werkzeug des mittelbaren Täters T.
T wird demnach behandelt, als habe er die Handlung des W selbst vorgenommen. Der objektive Tatbestand des § 242 I ist damit erfüllt.

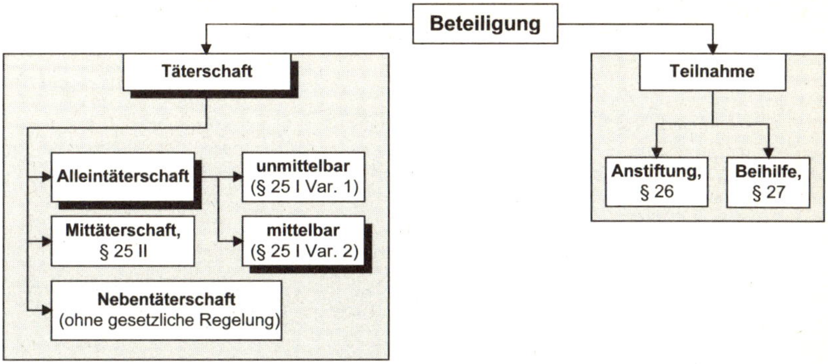

b. Subjektiver Tatbestand

So. Jetzt aufgepaßt. Im subjektiven Tatbestand prüfen wir wie immer zunächst den Vorsatz.

Im subjektiven TB der Täterprüfung ...

Vorsatz bedeutet Wissen und Wollen der zum objektiven Tatbestand gehörenden Umstände. Und zu diesen Umständen (bei § 242 I: Wegnahme, fremde bewegliche Sache) kommt jetzt noch ein weiterer: Die ***Werkzeugeigenschaft*** des Tatmittlers.

... kommt jetzt zusätzlich der Vorsatz bezogen auf die Benutzung eines Werkzeuges ...

Das bedeutet: der Täter muß auch wissen und wollen, daß der Handelnde sein Werkzeug ist, er muß folglich um seine Willensherrschaft wissen und wollen.

... also die Kenntnis um die Willensherrschaft.

Und wie immer im Vorsatz gibt es auch hier Irrtümer. Uns interessiert an dieser Stelle nur der Aspekt der Willensherrschaft, alle anderen Irrtümer sind genauso wie bei der Alleintäterschaft.

Darüber kann man sich irren.

2 Irrtumsvarianten sind denkbar:

2 Varianten.

a. Der Täter glaubt, er habe die Willensherrschaft, in Wirklichkeit hat er aber keine.

Man kann zuviel glauben ...

> ***Bsp.:*** Die Krankenschwester, die die Gefährlichkeit der Giftspritze erkennt, aber trotzdem injiziert, handelt selber voll deliktisch: § 212.

b. Der Täter glaubt, er habe die Willensherrschaft nicht, in Wirklichkeit hat er sie aber.

... und zuwenig.

> ***Bsp.:*** T will die Krankenschwester W anstiften, den O mittels Giftspritze zu töten. Er glaubt, W habe kapiert, was er will. W glaubt aber, die Spritze enthalte ein Kreislaufmittel: allenfalls § 222.

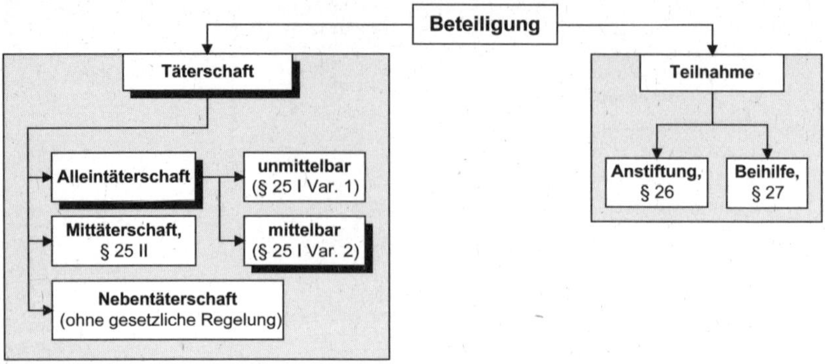

Wer was Eigenes will, will *mindestens* auch was Fremdes.

Auflösung: Grundgedanke ist, daß in jedem Vorsatz zur mittelbaren Täterschaft als „minus" (lat.: weniger) ein Anstiftervorsatz steckt. Wer eine Tat als eigene will, der will sie, wenn das nicht klappt, wenigstens als fremde. Wenn man das glaubt (muß man nicht, ist eine schlichte Setzung), dann folgt

Das eine versucht, das andere vollendet.

- bei a.: Strafbarkeit wegen versuchter mittelbarer Täterschaft (das hat er gewollt) und vollendeter Anstiftung (das hat geklappt, gewollt hat er's als minus).

Nichts vollendet, aber das eine versucht.

- bei b.: keine Strafbarkeit wegen mittelbarer Täterschaft (das hat er nicht gewollt), aber Strafbarkeit wegen versuchter Anstiftung (weiter reicht der Vorsatz nicht), wenn diese strafbar ist, vgl. § 30 (Einzelheiten zu §§ 30 und 31 unten auf S. 306.). Zuletzt eventuell eine eigene Fahrlässigkeitstat als Nebentäter.

Aufbaufolgen.

Aufbautechnisch sieht das so aus, daß man

1. Werkzeug - 2. vollendete m. T. - 3. versuchte m. T. - 4. Anstiftung.

- bei a.: zunächst eine selbständige Haupttat des „Werkzeuges" prüft, diese bejaht; dann (neuer Obersatz) eine mittelbare Täterschaft, diese aber mangels Tatherrschaft (im obj. TB) verneint; dann (neuer Obersatz) eine versuchte mittelbare Täterschaft, diese auch bejaht. Zuletzt (neuer Obersatz) wird eine Anstiftung zur Haupttat des „Werkzeuges" bejaht.

1. Werkzeug 2. m. T. 3. versuchte Anst.

- bei b.: zunächst eine selbständige Haupttat des Werkzeuges prüft, diese aber (im subj. TB) verneint; dann (neuer Obersatz) eine mittelbare Täterschaft, diese aber mangels Vorsatz (subj. TB) verneint, dann (neuer Obersatz) eine versuchte Anstiftung.

Vorliegend (Schweinebucht) gibt es da allerdings keine Probleme.
Bauer T wußte und wollte alles.
Am Rest besteht kein Zweifel: T ist strafbar nach §§ 242 I, 25 I Var. 2.

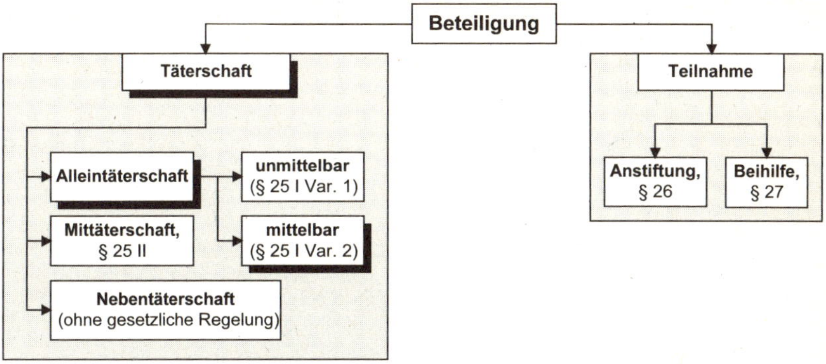

Weitere Fälle:
1. Aus einem abfahrbereiten Zug sieht T einen Koffer am Bahnsteig stehen. Sein Besitzer studiert gerade intensiv den Fahrplan. Als sich der Zug in Bewegung setzt, ruft T: „Mein Gott, ich habe meinen Koffer vergessen!" Ein nichtsahnender Passant W reicht ihm schnell noch den Koffer durch das Zugfenster.
2. Die Eltern T1 und T2 quälten ihre Tochter W solange, bis diese sich selbst das Leben nahm.

Ein ***beliebtes Sonderproblem*** taucht auf, wenn das Werkzeug sich irrt und aus Versehen den Falschen bspw. tötet. Es verhält sich hier ***grundsätzlich*** nicht anders, als mit einem mechanischem Werkzeug: Aus der Sicht des Hintermannes ist das Verhalten des Tatmittlers eine aberratio ictus.

Sonderproblem: *das Werkzeug* macht einen Fehler.

Dies gilt aber auch nur im Grundsatz. Bestehen nämlich für den Hintermann Anhaltspunkte dafür, daß sich sein Werkzeug irren kann, und schickt der Hintermann das Werkzeug trotzdem los, dann stellt sich der Irrtum des Werkzeuges für den Hintermann als eine lediglich unerhebliche Abweichung vom Kausalverlauf dar und der Hintermann bekommt den Taterfolg voll als vorsätzlich zugerechnet (so der BGH in BGHSt 37, 214 - Rose-Rosahl-II für das Verhältnis Haupttäter - Anstifter). Über diese Entscheidung kann man sich allerdings streiten (wird auch getan).

Stellt sich für den Hintermann entweder als aberratio ictus dar oder als unerhebliche Abweichung vom Kausalverlauf.

3. Zusammenfassung der Aufbaukonsequenz

Zunächst wird der direkt Handelnde geprüft. Es wird festgestellt, daß dieser mangels Tatbestand/Rechtswidrigkeit/Schuld nicht (voll) strafbar ist.

Immer erst der direkt Handelnde ...

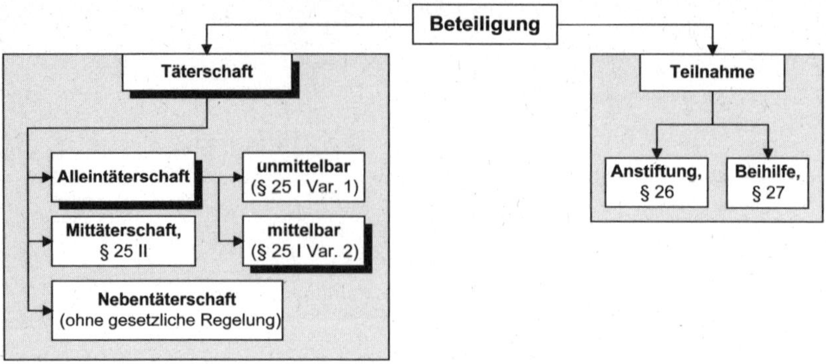

... dann der mittelbare Täter.

Dann wird der mittelbare Täter geprüft. Der objektive Tatbestand wird um die Feststellung erweitert, daß dieser objektive Tatbestand nicht durch eine Handlung des Täters, sondern durch die eines Dritten erfüllt wurde. Es folgt die Erkenntnis, daß dem Täter diese Handlung als eigene zugerechnet wird, weil er die Willensherrschaft gehabt hat. Im subjektiven Tatbestand kommt ein entsprechender Vorsatz hinzu.

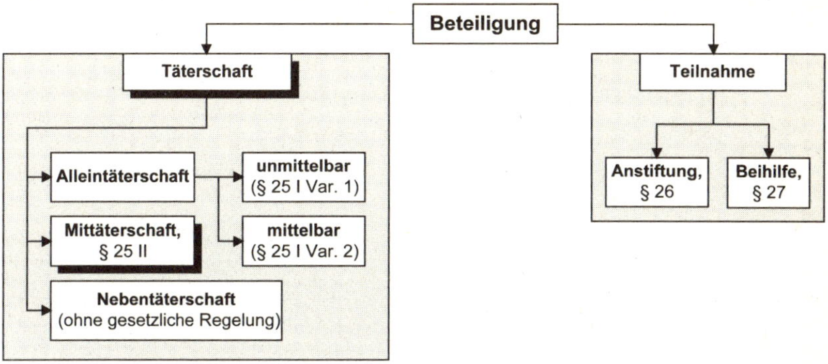

III. Die Mittäterschaft

Begehen mehrere die Straftat gemeinschaftlich, so wird *jeder* als Täter bestraft, § 25 II.

Mehrere sind Täter ...

Diese Norm ist eine ***Zurechnungsnorm***. Soll heißen: Man hat erkannt, daß im Industriezeitalter auch der letzte Dieb gemerkt hat, daß man gemeinsam, arbeitsteilig also, besser arbeiten kann.

... weil sie zusammengearbeitet haben.

Bsp.: T1, T2, T3, T4 und T5 planen einen Einbruch in die Villa von Professor Kohlemann. T1 beschafft das erforderliche Werkzeug. T2 arbeitet einen Zeitplan aus und bricht das Fenster auf. T3 steht mit geladener Schußwaffe Schmiere. T4 steigt ein und nimmt Kohlemanns Geld mit. T5 schließlich mietet einen LKW, um den ganzen Zaster abtransportieren zu können, wartet vor dem Haus und schaufelt das von T4 herausgeworfene Geld auf die Ladefläche.

Wenn das alles einer alleine machen müßte, würde er ja noch am nächsten Tag schaufeln. Also teilt man lieber Arbeit und Geld.

Mitgefangen - mitgehangen.

Besieht man jetzt die ganze Sache bei Licht, stellt man fest, daß nur T4 alle Tatbestandsmerkmale des § 242 I erfüllt. Die anderen wären fein raus, wenn man sie jetzt nur noch wegen Beihilfe zum § 242 I des T4 bestrafen könnte. Das erscheint unbillig, weil sie ja genausoviel, vielleicht sogar noch mehr (T3 wartet schließlich bewaffnet!), getan haben und bei Gelingen auch genausoviel kassieren.

Damit bei ***Arbeitsteilung*** die Möglichkeit besteht, jeden gleichviel (Strafe) kassieren zu lassen, gibt es § 25 II als Zurechnungsnorm. Wenn die Beteiligten Mittäter sind, muß sich jeder den Tatbeitrag des anderen zurechnen lassen. Das ergäbe im Beispiel:

Arbeitsteilung wird über Zurechnung ausgeglichen.

T1, T2, T3, T5 die §§ 242 I, 243 I, 123 I des T4
T1, T3, T4, T5 den § 303 I des T2

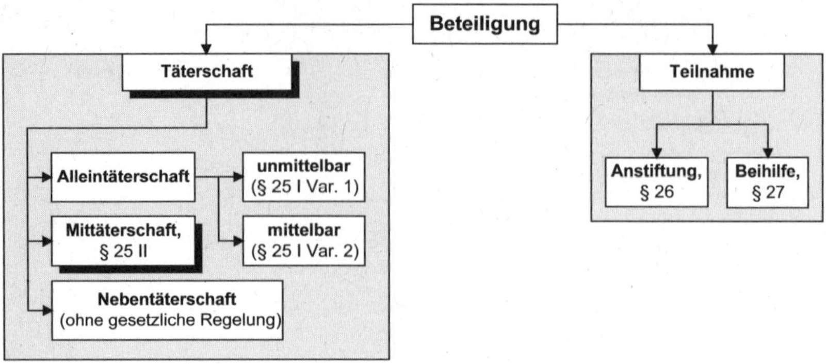

T1, T2, T3, T5 den § 244 I Nr.1.a) des T4

Und wann ist jemand Mittäter?

Dies (Zurechnung) ist der Sinn der Mittäterschaft. Es stellt sich nun aber sofort die Frage, unter welchen Voraussetzungen denn jemand Mittäter ist.

Wenn er funktionelle Tatherrschaft hat.

Beantwortet wird dies mit der Formel von der ***funktionellen Tatherrschaft***. Zwei wesentliche Kriterien müssen kumulativ erfüllt sein: ein gemeinsamer Tatentschluß (***Plan***) und eine gemeinsame Tatausführung (***Aktion***).

1. Subj. Tatbestand - Gemeinsamer Tatentschluß

Voraussetzung ist immer der volle subjektive Tatbestand bei jedem einzelnen Mittäter.

Mehrere müssen sich als gleichberechtigte Partner zusammenfinden, wobei sämtliche subjektiven Tatbestandsmerkmale (Vorsatz, besondere Absichten etc.) bei jedem einzelnen vollständig vorliegen müssen. Wir merken noch einmal: Die Mittäterschaft hilft uns nur darüber hinweg, daß einzelne nicht alles mit eigener Hand ***getan*** haben. ***Wollen*** muß jeder alles!

Wer sich erst *nach* Beginn einer Tat einfindet, ist *sukzessiver* Mittäter.

Finden sie sich von Anfang an zusammen, liegt eine ***normale***, finden sie sich später bis spätestens zur Beendung der Tat zusammen, liegt eine ***sukzessive*** Mittäterschaft vor (nach dem BGH sogar bei einem Zusammenfinden zwischen Vollendung und Beendung). Geht einer der Mittäter über den gemeinsamen Plan hinaus, so liegt mangels Vorsatz bei den übrigen ein sog. ***Mittäter-Exzeß*** vor.

Die ***Abgrenzung*** des Mittäters zum Gehilfen findet ***im subjektiven Tatbestand*** statt.

Im subjektiven Tatbestand ist also auch zu prüfen, ob die einzelnen Täter auch alle Täter sein wollen. Wir hatten eingangs die Frage gestellt: Was ist mit dem, der Schmiere steht? Ist der Täter

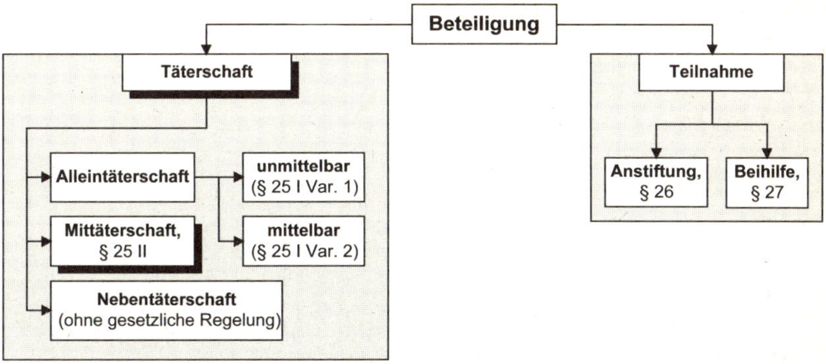

oder Teilnehmer? Wir müssen genau diese Frage bei der Mittäterschaft im subjektiven Tatbestand aufwerfen.

Denn genau hier wird ***in der Klausur*** zur Teilnahme abgegrenzt: Anhand des (subjektiven Willens) der gerade auf ihre Strafbarkeit hin untersuchten Person.

Klausurwichtig!

Wichtige Indizien für einen Willen zur Täterschaft kann man dabei dem Interesse des Einzelnen entnehmen, das sich (sachverhaltsmäßig) z.B. daran fixieren läßt, daß eine Beute geteilt wird. Das ist ein Hinweis auf Täterschaftsinteresse (Erfolgsabhängigkeit).

Den wichtigsten Hinweis auf einen Mittäterschaftswillen bildet die ***Erfolgsabhängigkeit***.

2. Obj. Tatbestand - Gemeinsame Tatausführung

Bei der Aktion muß es zu einer Arbeitsteilung kommen. Wenn jeder alle Merkmale erfüllen würde, brauchte man ja nicht die Zurechnungsnorm der Mittäterschaft, sondern könnte direkt aus dem Straftatbestand vorgehen. Scheinbar ausnahmsweise kann man aber auch dann mal zusammenziehen, wenn jeder den Tatbestand erfüllt hat: Nämlich zum einen dann, wenn es um Wertgrenzen geht, die nur gemeinsam erreicht werden, vgl. §§ 243 II, 248a.

Erst bei Arbeitsteilung macht Mittäterschaft überhaupt einen Sinn.

Ausnahme 1:
Wertgrenzen.

> ***Bsp.:*** T1 und T2 rauben zusammen einen Kiosk aus. T1 nimmt für DM 30,- Colaflaschen, T2 nimmt für DM 30,- Salino mit. Als geringwertige Sachen gelten derzeit solche, bis zu einem Wert von ca. DM 50,-.

Zum anderen aber auch in den Fällen, in denen bei Annahme einer Täterschaft an einer bestimmten Tat die Strafbarkeit an einer anderen entfällt: wegen Hehlerei, § 259, ist der nicht strafbar, der Täter eines vorangegangenen (z.B.) Diebstahls war.

Ausnahme 2:
Vortaten ...

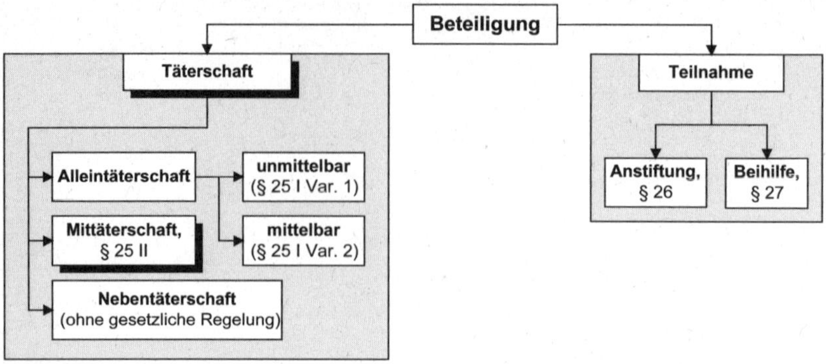

Bsp.: T1 und T2 rauben zusammen einen Kiosk aus. T1 nimmt für DM 60,- Colafläschen, T2 nimmt für DM 60,- Salino mit. Anschließend helfen sie sich gegenseitig beim Verkauf.

... deren Verwirklichung bestimmte Anschlußtaten ausschließt.

Wenn man bei diesem Beispiel nicht im Wege der Mittäterschaft die Tatbeiträge des jeweiligen Diebstahls zurechnen würde (was für die Strafbarkeit nach §§ 242, 243 nicht nötig wäre), dann hätte jeder noch eine Strafe nach § 259 zu befürchten.

Es geht nicht nur um Stücke von TB-Verwirklichungen, sondern auch um Vorbereitungen und Unterstützungen.

Es werden bei der Mittäterschaft nicht nur einzelne Stücke der Tatbestandsverwirklichung zusammenaddiert, sondern auch bloße Vorbereitungs- und Unterstützungshandlungen. Ansonsten wäre es nämlich nicht möglich, den im Hintergrund alles planenden und lenkenden Boss als Täter zu bestrafen. Bei dieser Betrachtungsweise ist natürlich auch wieder viel Wertung im Spiel, hier z.B., daß man einen alles planenden Boss auch ***als Täter*** bestrafen ***will***.

Bei Vorbereitungen: Minus bei Aktion wird ausgeglichen durch ein Plus beim Plan.

Natürlich kann nicht jede Vorbereitungshandlung ausreichen. Ein gewisser Schwellenwert muß schon überschritten sein. Als Faustregel gilt insoweit: Ein ***Minus bei der Aktion*** muß durch ein ***Plus beim Plan*** ausgeglichen sein. Das Ganze ist also, wie gesagt, wertend.

Die verschiedenen Theorien kommen erst im objektiven TB zu verschiedenen Ergebnissen.

Deshalb müssen sie dort diskutiert werden.

Dieser Ansatz (funktionelle Tatherrschaft) ist natürlich nicht unumstritten. Bereits oben habe ich die drei Gruppen von Theorien aufgezeigt, die sich mit der Täterschaft und Teilnahme beschäftigen. Diese Theorien unterschieden sich im Rahmen dessen, was sie für eine ausreichende Erfüllung des objektiven Tatbestandes forderten. Ich werde nach diesen Ausführungen zur Mittäterschaft noch einmal die Theorien, diesmal mit ihren unterschiedlichen Anforderungen, tabellarisch darstellen (auf S. 285).

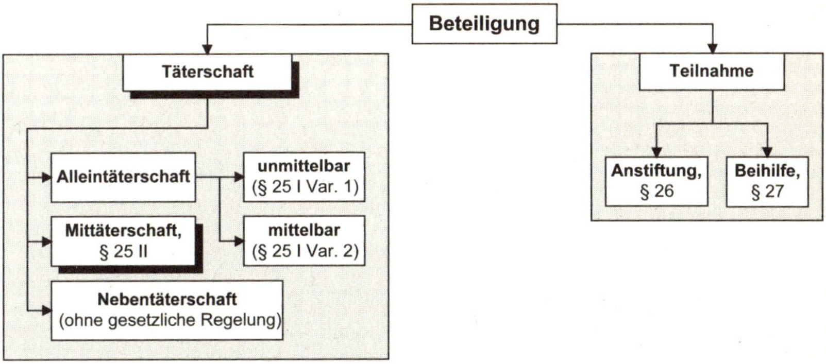

Die lustige Konsequenz der Zurechnung ist die, daß ein Täter sein eigenes Opfer werden kann.

Wer Mittäter ist, kann sein eigenes Opfer werden.

Bsp.: Mehrere Mittäter begehen einen Einbruch und glauben sich entdeckt. Einer von ihnen schießt, dem gemeinsamen Tatentschluß folgend, auf den vermeintlichen Verfolger, trifft aber nur einen der anderen Mittäter (X). X ist infolge der Zurechnung als Täter eines Totschlags- bzw. Mordversuchs strafbar. Der Versuch ist natürlich untauglich, weil aus der Sicht des X aus tatsächlichen Gründen nie Vollendung eintreten kann. Selbsttötung ist nicht tatbestandsmäßig.
Letztlich führt das auch dazu, daß - wenn es um eine Körperverletzung geht - der schießende Mittäter wegen einer vollendeten gefährlichen Körperverletzung, der angeschossene dagegen wegen einer (untauglich) versuchten gefährlichen Körperverletzung strafbar wird. (Vgl. dazu auch die Musterhausarbeit in diesem Skript.)

3. Konsequenzen für den Aufbau

Es gibt drei Möglichkeiten der Prüfung, wenn mehrere etwas gemeinsam gemacht haben. Entweder man prüft jeden für sich - ohne Mittäterschaft. Oder man prüft die Täter zusammen - als Mittäter. Oder man prüft erst den einen - ganz „normal" und dann die anderen als Mittäter hinterher. Welchen Weg man wählt, hängt von Zweckmäßigkeitserwägungen ab.

3 Möglichkeiten, die Mittäterschaft aufzubauen.

a. Gemeinsame Prüfung

Alle Mittäter werden dann gemeinsam behandelt, wenn jeder für sich nicht genug getan hat, um den objektiven Tatbestand voll zu kriegen.

Keiner hat alleine genug getan: alle werden zusammen gepruft.

Bsp.: T1 und T2 beschließen, schwere Teppichrollen von einem umzäunten Fabrikgelände zu stehlen. T1 klettert abends hinein und wirft die Rollen über den Zaun (= Gewahrsamsbruch ***ohne*** Neu-

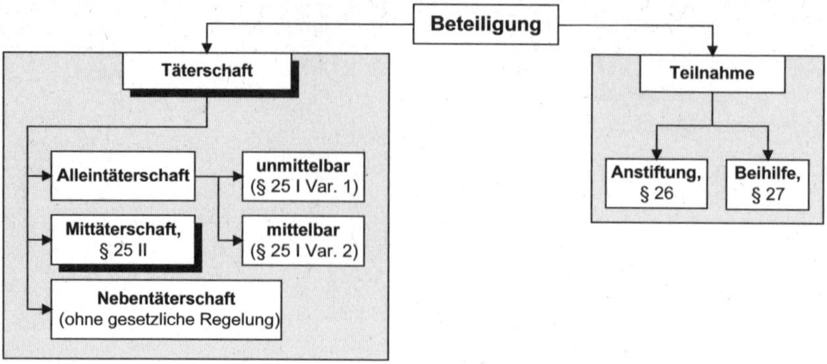

begründung). T2 nimmt morgens die Rollen und transportiert sie ab (= Gewahrsamsbegründung ***ohne*** Bruch).

Es zeigt sich deutlich, daß nur beide gemeinsam den objektiven Tatbestand des § 242 I erfüllt haben.

Zuerst den subj. TB, dann den obj. TB, inkl. Theorienstreit.

Man beginnt mit dem subjektiven Tatbestand (1. gemeinsamer Tatentschluß als Täter, 2. jeweiliger Vorsatz, 3. Sonstige subjektive Merkmale) und behandelt erst anschließend den objektiven Tatbestand (gemeinsame Tatausführung, Zurechnung der Handlung des anderen - Theorienstreit).

Der subj. TB kommt zuerst, weil er vollständig vorliegen muß und weil man ohne ihn objektiv nichts zurechnen könnte.

Der Grund hierfür liegt in der Überlegung, daß ähnlich wie beim Versuch (bei mindestens einem Mittäter) ein Stück des objektiven Tatbestandes fehlt, der subjektive Tatbestand dagegen vollständig vorliegen muß. Außerdem kann man ***erst dann objektiv*** etwas zurechnen, ***wenn*** man weiß, daß es ***subjektiv*** vom gemeinsamen Tatplan ***abgedeckt*** ist.

Theoretisch denkbar - und an einigen Unis und von älteren Prüfern gerne praktiziert - ist es natürlich auch, mit dem objektiven Tatbestand zu beginnen. Dies bringt aber Schwierigkeiten mit sich, wenn man den dazugehörigen Theorienstreit darstellen will (vgl. hierzu auch den übernächsten Punkt *Theoriengruppen* – ab S. 284). Ich rate daher aus Zweckmäßigkeitserwägungen davon ab.

Wenn alle sowieso schon den vollen obj. TB haben, braucht man keine Mittäterschaft.

Wäre der objektive Tatbestand bei allen Mittätern gleich vollständig, brauchte man nicht die Zurechnung über § 25 II, sondern könnte direkt jeden für sich prüfen (aber §§ 243 II, 248a, 259 nicht vergessen!).

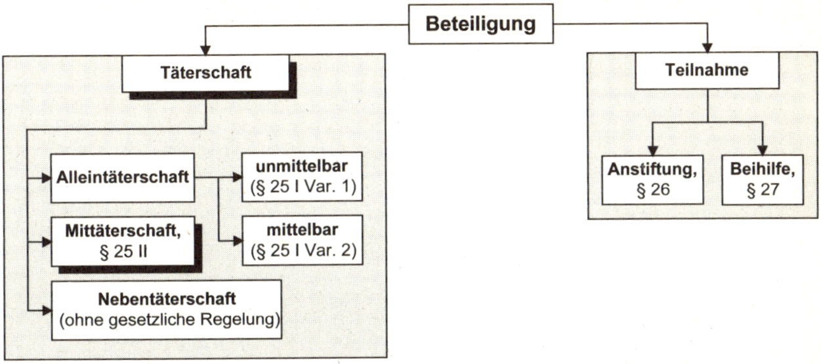

Letztlich bleibt noch, darauf hinzuweisen, daß es sich manchmal sprachlich machen läßt, wenn man, wie gerade vorgeschlagen, den subjektiven Tatbestand so prüft (am Bsp. Diebstahl):

1. Gemeinsamer Tatentschluß als Täter mit jeweilig anderem Mittäter handeln zu wollen.
2. Vorsatz bez. Sache, fremd, beweglich, Wegnahme.
3. Absicht, sich oder einem Dritten die Sache rechtswidrig zuzueignen.

Manchmal kann man es in dieser Reihenfolge und Aufsplittung machen.

Manchmal sieht's aber besser aus, die Gemeinsamkeit aus 1. in die Punkte 2. und 3. zu integrieren. Das sähe dann so aus:

1. Vorsatz bez. Sache, fremd, beweglich und *gemeinsamer* Wegnahme als Täter.
2. Absicht, sich oder einem Dritten die Sache *gemeinsam mit* dem jeweilig anderen Mittäter rechtswidrig zuzueignen.

Manchmal sieht es so besser aus.

b. Getrennte Prüfung

Eine getrennte Prüfung empfiehlt sich dann, wenn einer alleine den ganzen Tatbestand erfüllt hat und der andere nur über die Mittäterschaft drangekriegt werden kann. Dann liegt die Arbeitsteilung nämlich nicht in der Tatbestandsverwirklichung und in der insoweit erfolgenden Zurechnung, sondern entweder im ***Vorfeld*** (der planende Boss) oder im ***Umfeld*** (Schmiere stehen und Fluchtwagen).

Einer hat einen ganzen Tatbestand voll erfüllt, ein anderer soll über die Mittäterschaft drangekriegt werden.

Für diese Fälle beginnt man mit dem, der alles getan hat, und untersucht anschließend in einer gesonderten Prüfung, ob der andere sich dies über Mittäterschaftsregeln zurechnen lassen muß. Auch im Rahmen dieser gesonderten Prüfung beginnt man mit

Dann erst den mit dem vollen TB prüfen und dann den anderen hinterher wie oben.

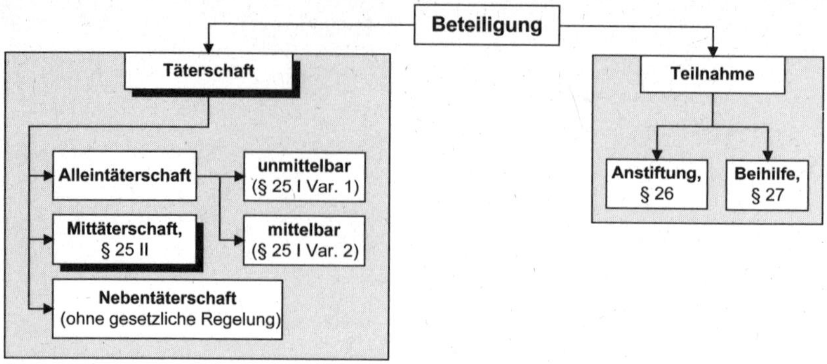

dem subjektiven Tatbestand, klärt den Willen zum gemeinsamen Handeln, das volle Vorliegen aller subjektiven Voraussetzungen ab, um dann objektiv festzustellen, daß dies für die Zurechnung des objektiven Tatbeitrages des anderen Täters reicht.

c. Die Theoriengruppen

Nochmal: Darum erst den subjektiven, dann den objektiven TB.

Die gleich folgende Darstellung soll noch einmal verdeutlichen, warum es sinnvoll ist, den objektiven Tatbestand erst nach dem subjektiven zu prüfen.

<u>1. Schritt:</u> Mittäterschaft ist Zurechnung. Str. ist der Umfang des *obj.* Tatbeitrages.

Mittäterschaft ist Zurechnung. Die Zurechnung hängt vom Vorliegen objektiver und subjektiver Umstände ab. Wieviel subjektiv vorliegen muß, ist unstrittig, was objektiv gegeben sein muß, darüber herrscht Streit. Zu diesem Streit gibt es die ***Theoriengruppen***. Sie ***gehören in den objektiven Tatbestand***.

<u>2. Schritt:</u> Kein Streitentscheid bei Ergebnisirrelevanz.

Ein Streit ist dann nicht zu entscheiden, wenn alle Auffassungen zu demselben Ergebnis führen, also alle eine Mittäterschaft entweder bejahen oder verneinen würden.

<u>3. Schritt:</u> Eine Meinung will *obj.* extrem wenig (nix), wenn *subj.* alles vorliegt.

Eine der Gruppen (Extrem-subjektiv) will aber eine Mittäterschaft allein davon abhängig machen, ob der subjektive Tatbestand vollständig vorliegt. (Für die Tatherrschaft gilt - abgeschwächt - ebenfalls eine vorrangige Bedeutung des subjektiven Tatbestandes.)

<u>4. Schritt:</u> Streitentscheid ist nur möglich, wenn man weiß, ob *subjektiv* alles vorliegt.

<u>5. Schritt:</u> Also muß subjektiv *vorher* geklärt sein.

Folglich lassen sich die Konsequenzen dieser Auffassung nur und erst dann richtig abschätzen, wenn man den subjektiven Tatbestand geprüft hat. Hat man dies nicht schon *vor* dem objektiven Tatbestand getan, muß man es (schachtelweise) *im* objektiven Tatbestand tun.

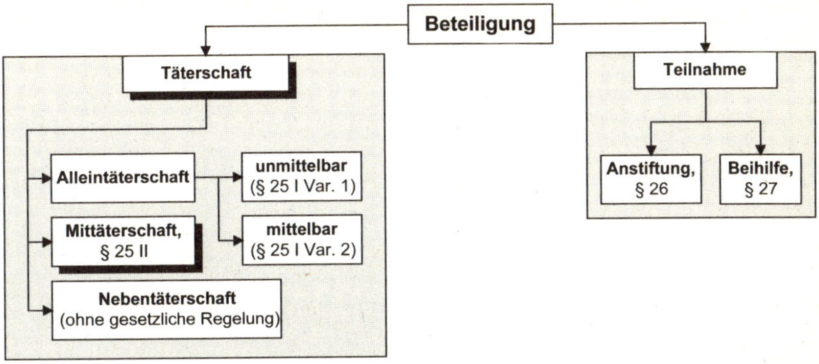

Wenn es aber sowieso am subjektiven Tatbestand hängt, dann kann man ihn auch direkt vorab prüfen.

Prüfungsebene: **Theorie:**	*Objektiver TB*	*Subjektiver TB*
extrem-subjektiv (animus-Theorie)	keine Anforderungen	volles Vorliegen
Lehre von der ***Tatherrschaft*** (materiell-objektiv) (final-objektiv)	Tatherrschaft in Form: - Handlungsherrschaft[10] - funktionaler Tatherrschaft[11] - Willensherrschaft[12]	volles Vorliegen
formal-objektiv	volles Vorliegen	volles Vorliegen

IV. Nebentäterschaft

Wenn mehrere Personen einen tatbestandsmäßigen Erfolg bewirken, ohne daß ein gemeinsamer Tatentschluß vorliegt, liegt die (gesetzlich nicht geregelte) Nebentäterschaft vor.

Mehrere bewirken gemeinsam kausal einen Taterfolg, ...

10 Bei der „normalen" Alleintäterschaft.

11 Bei der Mittäterschaft.

12 Bei der mittelbaren Täterschaft.

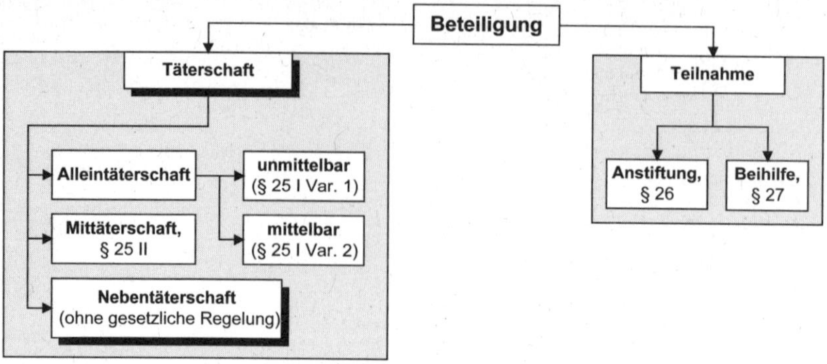

... ohne dies bewußt und gewollt zusammen zu tun.

Dies wird häufig bei Fahrlässigkeitsdelikten der Fall sein (vgl. oben den Motorradunfallfall, S. 259): Dort gibt es ja überhaupt keinen Tatentschluß = Vorsatz. Manchmal allerdings auch bei Vorsatzdelikten, wie bei dem oben angeführten Doppelgiftfall.

Praktische Relevanz: keine. Wir müssen nur daran denken, die Prüfung nicht schon nach dem ersten kausalen Beitrag abzubrechen.

Diese Figur hat in ihrer Terminologie allerdings keinerlei praktische Relevanz. Ich bringe sie nur deshalb, damit man nicht schon dann mit einer Prüfung aufhört, wenn man einen hat, der der Böse war. Man muß immer noch im Umfeld schauen, ob es nicht noch mehr Täter gibt, die vielleicht nur etwas weiter weg sind.

Auch aufbaumäßig bietet diese Konstellation überhaupt keine Schwierigkeiten: Es wird jeder für sich geprüft, wie gehabt.

Rasterfahndung II

Wir kommen jetzt auf das oben eingeführte Raster zurück, mit dessen Hilfe festgestellt werden soll, ob eine verdächtige Person Täter oder Teilnehmer ist.

Die Tatherrschaftsregeln waren der erste Teil.

Nachdem wir den ersten Teil dieses Rasters abgehandelt haben (die Negativprüfung), ist anschließend zu prüfen, ob sich die Täterschaft des Betrachteten aus Tatherrschaftsregeln ergibt. Diese Tatherrschaftsregeln haben wir soeben kennengelernt.

Wer danach kein Täter war, ist überhaupt kein Täter.

Ergibt sich nun, daß der Betrachtete weder unter dem Gesichtspunkt der Handlungsherrschaft (= unmittelbarer Täter = Normalfall) noch unter dem der Willensherrschaft (= mittelbarer Täter) noch unter dem der funktionellen Tatherrschaft (= Mittäter) als Täter angesehen werden kann, ist er überhaupt kein Täter.

Er kann nur noch Teilnehmer sein.

Er kann dann bestenfalls als Teilnehmer strafbar sein. Das wiederum darf man aber erst dann prüfen, wenn man eine vorsätzliche, rechtswidrige Tat hat, an der er teilgenommen haben kann. Grundregel war: ***Täter vor Teilnehmer!***

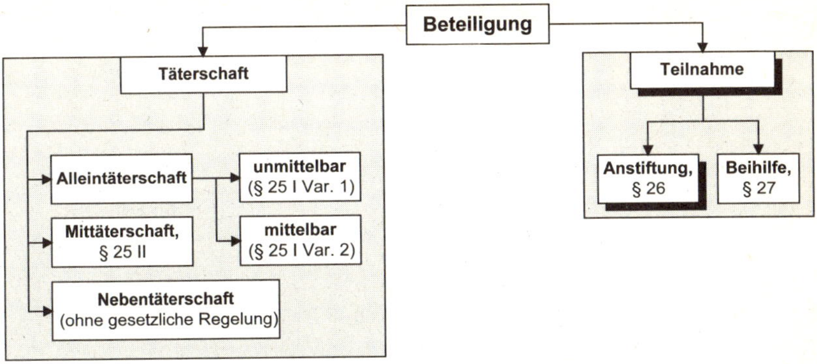

C. Die Teilnahme

Elegante Überleitung zur Teilnahme. Wie bereits gesagt, gibt es 2 Formen der Teilnahme: die ***Anstiftung*** und die ***Beihilfe*** (Blick in die Kopfzeile!)

Die Teilnahme kennt zwei Formen.

Vorbemerkung: Anstiftung und Beihilfe haben eines gemeinsam: Sie setzen beide eine tatbestandsmäßige (das Gesetz sagt: vorsätzliche), rechtswidrige (Haupt-) Tat voraus. Hoffentlich aufgefallen ist, daß *nicht* vorausgesetzt wird, daß die Haupttat auch *schuldhaft* begangen wurde. Der Grund hierfür liegt in der Struktur der Straftaten.

Gemeinsam ist beiden eine vorsätzliche und rechtswidrige (Haupt-) Tat.

Schuld *des Haupttäters* ist nicht nötig.

Wir haben unterteilt in Unrecht (= Tatbestand + Rechtswidrigkeit) und Schuld. Während beim Unrecht das ***Urteil über die Tat*** gefällt wurde, fällt bei der Schuld das ***Urteil über den Täter***. (An dieser Stelle, an der wir jetzt sind, können wir den Satz abwandeln: Mit der Schuld fällt das ***Urteil über den Beteiligten***.) Für die Teilnahme genügt es, daß die Tat als Unrecht qualifiziert wird. Es muß für die Strafbarkeit eines Teilnehmers egal sein, ob auch dem Haupttäter ein persönlicher Vorwurf gemacht werden kann, ob also der Haupttäter schuldhaft gehandelt hat.

Es kommt insoweit nämlich nur auf die Schuld des *Teilnehmers* an.

In der Schuld wird jeder (Täter oder Teilnehmer) persönlich angeschaut. Und der persönliche Vorwurf gegen den Haupttäter darf nicht die Strafbarkeit des Teilnehmers beeinflussen. Seinen gesetzlichen Niederschlag hat dieses Prinzip in ***§ 29*** gefunden: Jeder Beteiligte ist ohne Rücksicht auf die Schuld des anderen nach seiner Schuld strafbar.

Das ist in § 29 normiert.

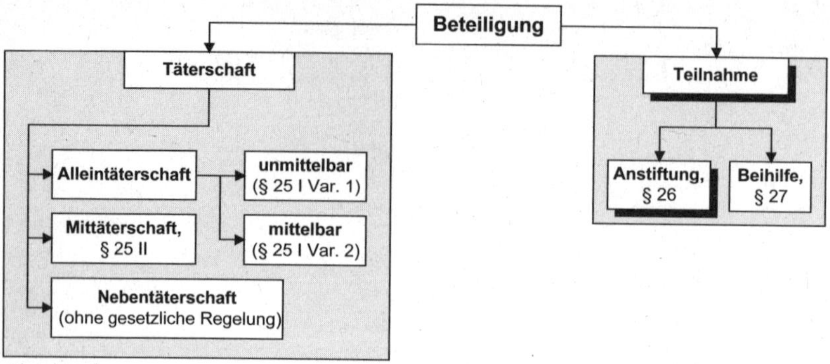

Die Verbindung von Haupttat und Teilnahme nennt man Akzessorietät.

Die Teilnahme hängt an der Haupttat. Dies wird als ***Akzessorietät*** (lat.: accedere = anhängen) bezeichnet. Weil man sich dabei nicht an die gesamte Haupttat anhängt, sondern die Schuld ausläßt, heißt dieses Anhängen ***„limitierte (begrenzte) Akzessorietät“***.

Zu Fahrlässigkeit kann man nicht anstiften oder beihelfen.

Im übrigen, vgl. den Wortlaut von §§ 26, 27, ist Teilnahme nur an vorsätzlichen Delikten möglich. Eine Fahrlässigkeitstat, etwa § 222, kann also nicht Haupttat sein. Anders formuliert: Zu § 222 kann man nicht anstiften oder beihelfen. (Es kann nur Nebentäterschaft vorliegen.)

1. Form - Die Anstiftung

Aufbauschema zur Anstiftung.

Zunächst einmal ein kleiner Überblick über den Aufbau. In der folgenden Reihenfolge prüft man die Strafbarkeit eines Anstifters:

I. Tatbestandsmäßigkeit

1. Objektiver Tatbestand

a. Vorsätzliche und rechtswidrige Haupttat

b. Anstifterhandlung (= Hervorrufen eines Tatentschlusses beim Haupttäter)

2. Subjektiver Tatbestand

a. Vorsatz bez. der Haupttat (= Wissen und Wollen der Vollendung der Haupttat)

b. Vorsatz bez. der Anstifterhandlung (= Wissen und Wollen des Hervorrufens eines Tatentschlusses beim Haupttäter)

3. Fälle des § 28 II

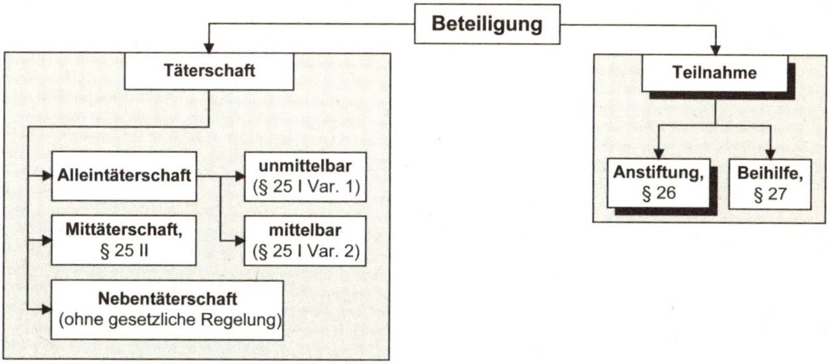

II. Rechtswidrigkeit: Keine Besonderheiten

III. Schuld: Keine Besonderheiten

Das Gesetz sagt: Anstifter ist, wer vorsätzlich einen anderen zu dessen vorsätzlich begangener rechtswidriger Tat bestimmt hat, § 26.

Das gute alte Gesetz.

Dieser Überblick hat zunächst einmal etwas ungemein Beruhigendes. Zeigt er uns doch, daß wir uns keine Sorgen machen müssen, es käme schon wieder etwas ganz Neues. Zumindest aufbaumäßig gibt es in diesem riesigen Baukastenspiel Strafrecht sowieso nie so richtig Neues. Man kann die immer gleichen Klötzchen (Tatbestand, Rechtswidrigkeit, Schuld) immer wieder neu anstreichen und zusammensetzen.

Das Schema zeigt: Hier kommt nichts grundlegend Neues.

- Obersatz

Im Obersatz zur Prüfung des Anstifters wird die Haupttat, zu der man eine Anstiftung überprüft, genauso gekennzeichnet, wie man sie bei der vorhergehenden Prüfung des Haupttäters als Ergebnis festgestellt hat. An dieses Ergebnis, wie immer es lautet, hängt man dann einfach einen § 26.

Ein präziser Obersatz läßt sich leicht bilden.

Haupttatparagraphen + § 26.

Anstiftung zum Diebstahl: §§ 242 I, 26.
Anstiftung zum versuchten Diebstahl: §§ 242 I, II, 22, 23 I, 12 II, 26.
Anstiftung zum Diebstahl in mittelbarer Täterschaft: §§ 242 I, 25 I Var. 2, 26.
Anstiftung zum versuchten Diebstahl in mittelbarer Täterschaft: §§ 242 I, II, 22, 23 I, 12 II, 25 I Var. 2, 26.

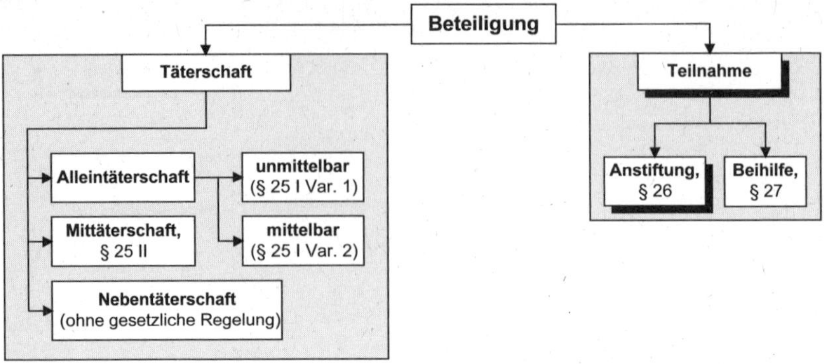

Sogar, wenn die Haupttat im Versuch steckengeblieben ist.

Dann eben: Versuch + § 26.

Was wir hieran übrigens schon bemerken, ist, daß die Terminologie ebenfalls akzessorisch ist. Wenn die Haupttat nur versucht war, dann liegt eben nur ***Anstiftung zum Versuch*** vor. Das hat nichts damit zu tun, daß der Anstifter natürlich die Vollendung wollen muß (dazu gleich noch), es hat nur mit dem Anhängen zu tun.

I. Tatbestandsmäßigkeit

1. Objektiver Tatbestand

a. Vorliegen einer vorsätzlichen und rechtswidrigen Haupttat

In aller Regel gibt es hier nur einen kurzen Verweis nach oben.

Selten, aber möglich, auch etwas komplizierter: Inzidenzprüfung.

Dieser Prüfungspunkt ist stets zuerst zu prüfen. Es wird hier allerdings regelmäßig nur eine Verweisung nach oben stattfinden, weil der Aufbau die Prüfung *Täter vor Teilnehmer* zwingend vorschreibt. Ausnahmsweise kann das anders sein, wenn entweder der Haupttäter schon gestorben ist, oder aber, wenn die Aufgabenstellung den Haupttäter ausdrücklich von der Strafbarkeitsprüfung ausnimmt. Dann muß man die Haupttat „in" der Teilnahme prüfen (lat.: inzidenter).

Als Haupttat kommt so allerlei in Betracht, jenachdem, was vorher beim Haupttäter schon geprüft wurde: ein einfacher Tatbestand, ein Tatbestand mit einer Qualifikation oder mit einer Privilegierung, ein Tatbestand mit einem Regelbeispiel.

Anstiftung zur Anstiftung.

Interessant schließlich: auch die Anstiftung zu einer Tat kann als Haupttat in Frage kommen. Wir hätten dann die ***Anstiftung zu einer Anstiftung*** (sog. ***Kettenanstiftung***).

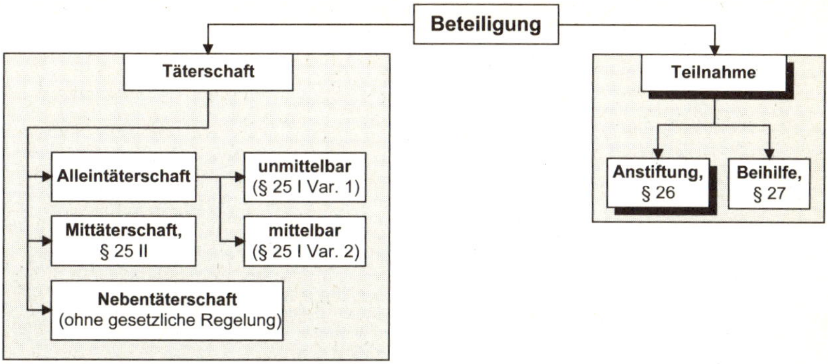

Man kann dabei zu vier Ergebnissen kommen: die Haupttat wurde nicht versucht, wurde versucht, aber nicht vollendet, wurde vollendet und wurde beendet.

4 mögliche Ergebnisse.

aa. Nicht versuchte Haupttat

Wenn die Haupttat nicht mal versucht wurde, dann kann bei Licht besehen auch keine Anstiftung vorliegen (ohne Haupttat keine Anstiftung). Es fehlt dann am objektiven Tatbestand der Anstiftung. Andererseits will aber doch der „Anstifter" eine bestimmte Haupttat. Das führt uns dann dahin, wo wir immer hinkommen, wenn einer was will, was nicht (ganz) geklappt hat: zum Versuch.

Wenn die Haupttat noch nicht mal versucht wurde, kann das nur heißen, daß ...

In solchen Fällen liegt nur ***versuchte Anstiftung*** vor. Diese ist allein nach § 30 I (dazu gleich noch auf S. 306) oder nach Sondervorschriften (§§ 111, 159) strafbar. Wir registrieren, daß es hier tatsächlich um eine versuchte Anstiftung und nicht um eine Anstiftung zum Versuch geht (dazu jetzt folgend: bb.).

... (nur) die Anstiftung versucht wurde.

bb. Versuchte, aber nicht vollendete Haupttat

Hier liegt Anstiftung zur versuchten Haupttat vor, die als solche mit dieser immer strafbar ist. Zu der merkwürdigen Formulierung ***Anstiftung zur „versuchten" Haupttat***, s.o. Der Anstifter will natürlich die Vollendung (sonst schon keine Anstiftung, vgl. unten beim Vorsatz). Darauf kommt es aber bei der Bezeichnung nicht an. Wegen der Akzessorietät richtet sich die Bezeichnung nach der Haupttat.

Und führe mich nicht in Versuchung ...

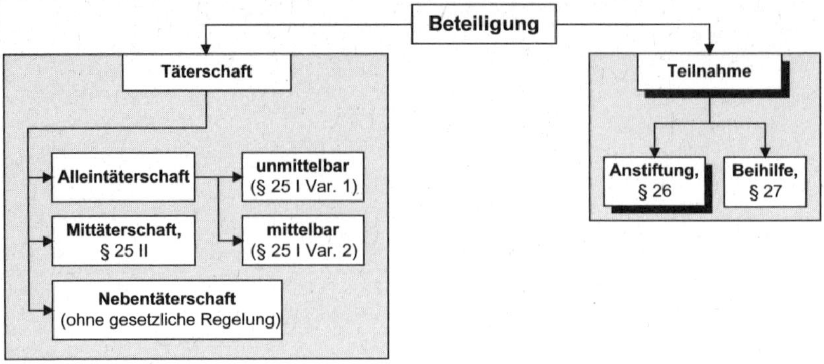

cc. Vollendete Haupttat

Rien ne va plus. Der Normalfall.

Ab der Vollendung selbst ist keine Anstiftung mehr möglich. Ist vorher angestiftet worden, wird wegen Anstiftung zur vollendeten Haupttat bestraft.

dd. Beendete Haupttat

Wie vollendete Haupttat.

Gelangt man zu dem Ergebnis, daß eine Haupttat vorliegt, geht es weiter mit der Anstifterhandlung.

b. Die Anstifterhandlung

Egal, wie ...

aa. Die Anstifterhandlung kann unter ***Einsatz beliebiger Mittel*** erfolgen. Es kommen Geschenke, Versprechungen, Drohungen, Vorspiegelungen falscher Erwartungen etc. in Betracht.

... Hauptsache, der Täter fängt ***deshalb*** an.

bb. Diese Handlung muß in einem anderen einen den ***Entschluß auslösen***, die Tat auszuführen, er muß dadurch zur Tat „bestimmt" werden (§ 26). Bestimmen in diesem Sinne bedeutet, daß die Handlung für den Entschluß kausal war.

Wenn der Haupttäter allerdings schon fest zu einer konkreten Tat entschlossen war, ...

Deshalb liegt mangels Bestimmung - dann keine Anstiftung vor, wenn der Haupttäter zur Tat ohnehin schon fest entschlossen war. Es genügt allerdings nicht, daß der Haupttäter zu irgendeiner Tat entschlossen war, es muß die konkrete sein, zu der er angestiftet werden soll.

Bsp.: Terrorist A will Terrorist T dazu anstiften, Politiker O zu töten. Er gibt ihm hierfür DM 10.000,-. T wollte O aber vorher schon töten, da dieser auch seiner terroristischen Einstellung zuwider lebt.

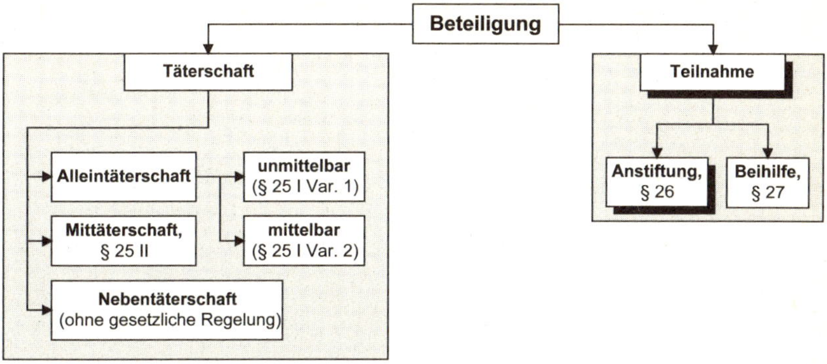

Hier ist keine Anstiftung mehr möglich. T ist ein sog. ***„omnimodo facturus“*** (lat.: omnis/omnia = jeder, alle/alles, ganz - modus = Art/Weise - facere = handeln, machen). Grundgedanke: ***Offene Türen kann man nicht mehr öffnen***. Strafbarkeit ist dann nur nach § 30 I möglich: versuchte Anstiftung (§ 30 gilt nur für *Verbrechen!*).

... ist keine Anstiftung mehr möglich.

Umstritten ist die Situation dann, wenn der Haupttäter zur Verwirklichung eines Grundtatbestandes entschlossen war, der „Anstifter“ ihn aber zur Verwirklichung einer darüberhinausgehenden Qualifikation noch bestimmt hat (sog. ***Aufstiftung***).

Denkbar soll aber eine *Aufstiftung* sein.

> ***Bsp.:*** T will O berauben, indem er ihn niederschlägt und dann das Geld wegnimmt. A weist T darauf hin, daß O früher ein bekannter Berufsboxer gewesen sei, und rät T, einen Knüppel mitzunehmen. T begeht daraufhin die Tat, indem er O mit dem Knüppel niederschlägt.

Das Problem dieser Konstellation liegt darin, daß man jemanden, wenn man ihn aus der Qualifikation bestraft, zwangsläufig (wegen des höheren Strafmaßes) auch aus dem Grundtatbestand bestraft. Und im Hinblick darauf war der „Angestiftete“ ja schon fest entschlossen, so daß *eigentlich* kein Grund besteht, den „Anstifter“ (auch) deswegen zu bestrafen (anders die wohl h.M.).

Das ist problematisch.

Klausurmäßig gehört dieses Problem in den objektiven Tatbestand hinein, wenn es darum geht, ob das Verhalten des potentiellen „Anstifters“ ***ein kausales Bestimmen*** für den Tatentschluß des Haupttäters war.

Erörterung gehört in den obj. TB (Merkmal: kausales Bestimmen) hinein.

Das Gegenstück zur Aufstiftung ist die ***Abstiftung***, bei der der Abstifter die Gefährlichkeit einer Tat verringert. Daß man dafür nicht wegen Anstiftung bestraft werden kann, versteht sich von

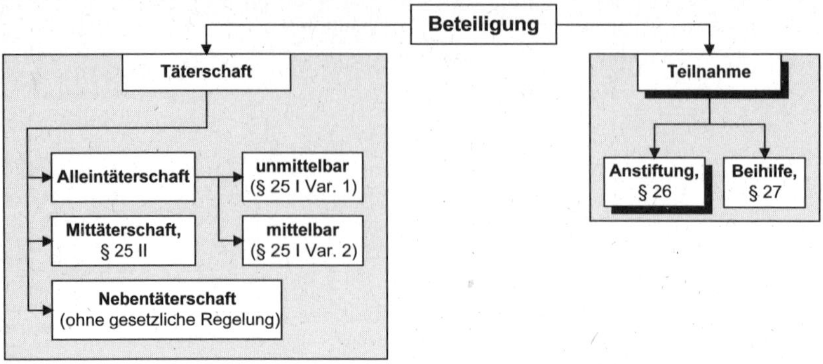

selbst. Soweit allerdings das Grunddelikt gutgeheißen wird, kann man an ***psychische Beihilfe*** denken.

Der Adressat der Anstiftung muß konkret sein.

cc. Das Bestimmen muß sich an einen ***bestimmten Adressaten*** richten. Die allgemeine Aufforderung des Politikers G: „Boykottiert die Steuerzahlung, wo immer ihr könnt!" ist daher keine Anstiftung.

Sonst bleibt nur § 111.

Es ist dann allerdings der allgemeine ***Auffangtatbestand des § 111*** zu prüfen.

Auch die Haupttat muß konkret sein.

dd. Zuletzt muß das Bestimmen eine ***konkrete Haupttat*** betreffen: Wenn Student A den Studenten T auffordert, „die Professoren" müßten „fertiggemacht" werden, fehlt es an der Bestimmtheit der Haupttat.

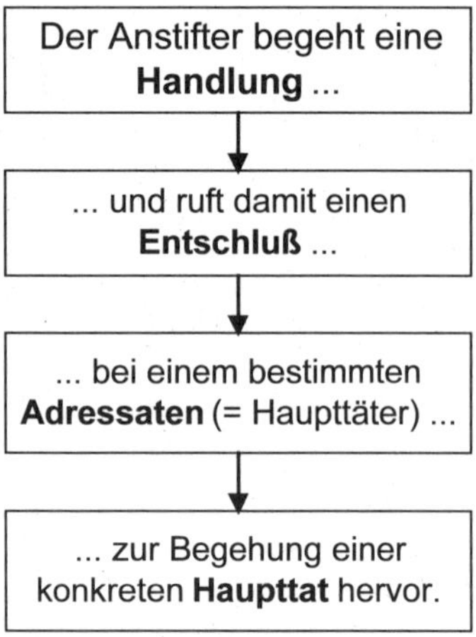

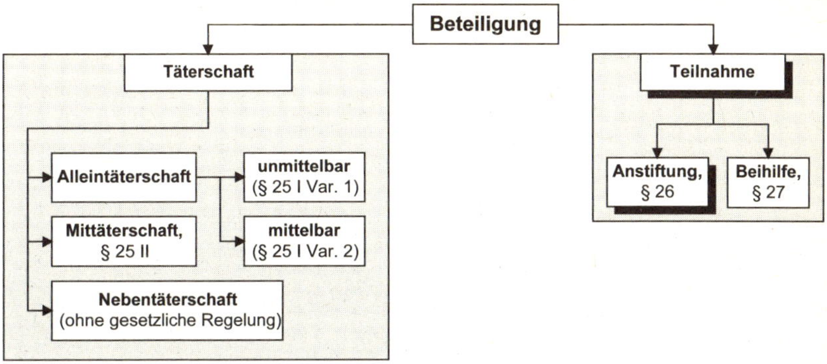

2. Subjektiver Tatbestand

a. Der (Doppel-) Vorsatz

Der Vorsatz des Anstifters muß alle Tatbestandsmerkmale der in Angriff genommenen Tat umfassen und auf ihre Vollendung gerichtet sein.

Der Anstifter braucht den vollen Vorsatz bezüglich ...

Weil der Anstifter sowohl die

- Vollendung der Haupttat durch den Haupttäter, als auch den
- Tatentschluß beim Haupttäter hervorrufen (= Bestimmen)

... der Haupttat und ...

... des Bestimmens.

wollen muß, spricht man vom sog. „***Doppelvorsatz***" des Anstifters. (Dabei ist das Wort *Doppelvorsatz* an sich ziemlicher Quatsch. Der Anstifter hat natürlich nur *einen* Vorsatz, der sich allerdings auf mehrere Merkmale (Haupttat, Bestimmen) richtet. Aber das ist ja immer so.)

Das *Doppelvorsatz* zu nennen, ist Quatsch.

Bei einer Anstiftung zum Diebstahl sieht das formulierungsmäßig dann so aus:

Formulierungsbeispiel für §§ 242 I, 26.

> Der Anstifter A muß zunächst den Vorsatz bezüglich der Haupttat gehabt haben. A muß also gewußt haben, daß es sich um eine für T fremde, bewegliche Sache handelte, und A muß gewollt haben, daß T diese wegnimmt. A muß weiter gewußt haben, daß T vorsätzlich im Hinblick auf den objektiven Tatbestand und weiter in der Absicht handelte, sich oder einem Dritten die Sache rechtswidrig zuzueignen, und A muß auch dies gewollt haben.
> Zuletzt muß A den Vorsatz gehabt haben, T zu diesem Verhalten zu bestimmen.

Daraus ergeben sich einige wichtige Folgerungen.

Folgerungen:

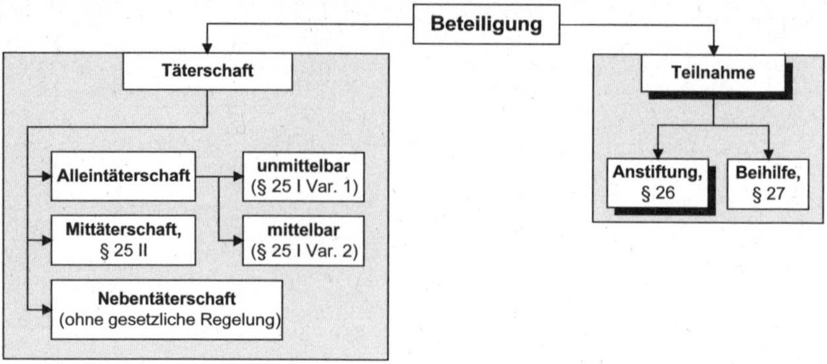

Wer die Vollendung nicht will, ist kein Anstifter (sondern evtl. agent provocateur)

aa. Folgerung Nr. 1: Will der Anstifter die Vollendung nicht, kann keine Anstiftung vorliegen. Dies ist der gerne geprüfte Fall des ***agent provocateur***.

> ***Bsp.:*** Polizeispitzel J (= Judas) überredet die ihm bekannten Chaoten T1 und T2 auf der nächsten Demo mit Fahrradketten und Schlagringen mal so richtig Stimmung zu machen. Kaum sind T1 und T2 unterwegs, benachrichtigt J die Einsatzleitung. Just als T1 und T2 versuchen wollen, mit den Schlagringen einem Pazifisten beizubringen, warum seinesgleichen Auschwitz erst möglich gemacht hat, werden sie von einer freundlichen Hundertschaft zu einem Besuch in den Knast eingeladen.

Hier liegt keine Anstiftung zur (versuchten) gefährlichen Körperverletzung vor, weil J gar nicht wollte, daß es dazu kam.

Wenn der Haupttäter mehr macht als er soll, liegt ein Exzeß vor.

bb. Folgerung Nr. 2: Macht der Haupttäter mehr, als er sollte, liegt ein ***Exzeß*** vor (vgl. das gleichgelagerte Problem bei der Mittäterschaft). Es fehlt dem Anstifter dann am Vorsatz bez. dieses Umstandes.

> ***Bsp.:*** A hat T zu einem Diebstahl angestiftet. T wird auf dem Weg vom Tatort von O überrascht und schlägt ihn daher nieder. T ist nach §§ 242, 252 strafbar; A dagegen nur nach §§ 242, 26.

Will der Anstifter den Haupttäter unvorsätzlich handeln sehen, liegt gar keine Anstiftung vor (sondern mittelbare Täterschaft).

cc. Folgerung Nr. 3: Weiß der Anstifter, daß der Haupttäter ohne Vorsatz handelt, liegt gar keine Anstiftung vor. Das ist durchaus logisch, es liegt dann ja auch gar keine Haupttat vor. Es handelt sich vielmehr um einen Fall von ***mittelbarer Täterschaft***, vgl. die folgenden Beispiele zu den Irrtümern.

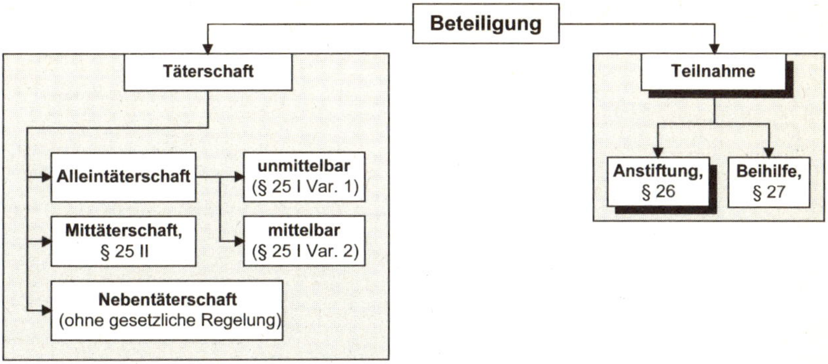

b. Irrtümer

Der Anstiftende muß mit Vorsatz = Wissen und Wollen handeln, also kann er sich auch irren. Und zwar einmal über die allgemeinen Tatbestandsmerkmale (Bsp. Diebstahl: fremd / beweglich / Sache / Wegnahme / Vorsatz des Täters / Zueignungsabsicht des Täters) und zum zweiten über die Umstände der Anstiftung. Ersteres birgt keine Besonderheiten, letzteres ist zu erläutern.

Wenn sich der Anstifter über die Umstände der Anstiftung irrt, ...

Es handelt sich hier strukturell um dasselbe Problem, das bereits oben im Rahmen der mittelbaren Täterschaft besprochen wurde (vgl. S. 273). Es werden daher auch dieselben Beispiele verwandt. Man beachte, daß es hier im wesentlichen nur um die ***Abgrenzung von Anstiftung zu mittelbarer Täterschaft*** geht.

... dann ist das strukturell mit dem Irrtum bei der mittelbaren Täterschaft identisch.

Es sind 2 grundsätzliche Varianten denkbar:

2 Varianten.

aa. Der ***Täter will anstiften***, der Haupttäter merkt's aber gar nicht. Anders formuliert: Der Täter glaubt, er habe die Willensherrschaft nicht, in Wirklichkeit hat er sie aber.

Anstiftung fehlgeschlagen, weil der Haupttäter zu blöd war.

> ***Bsp.:*** T will die Krankenschwester W anstiften, den O mittels Giftspritze zu töten. Er glaubt, W habe kapiert, was er will. W glaubt aber, die Spritze enthalte ein Kreislaufmittel.

bb. Der ***Täter will nicht anstiften***, sondern mittelbarer Täter sein (Willensherrschaft!), der Haupttäter merkt's aber und macht's trotzdem. Anders formuliert: Der Täter glaubt, er habe die Willensherrschaft, in Wirklichkeit hat er aber keine.

Mittelbare Täterschaft fehlgeschlagen, weil der Haupttäter zu schlau war.

> ***Bsp.:*** Die Krankenschwester, die die Gefährlichkeit der Giftspritze erkennt, aber trotzdem injiziert, handelt selber voll deliktisch: § 212.

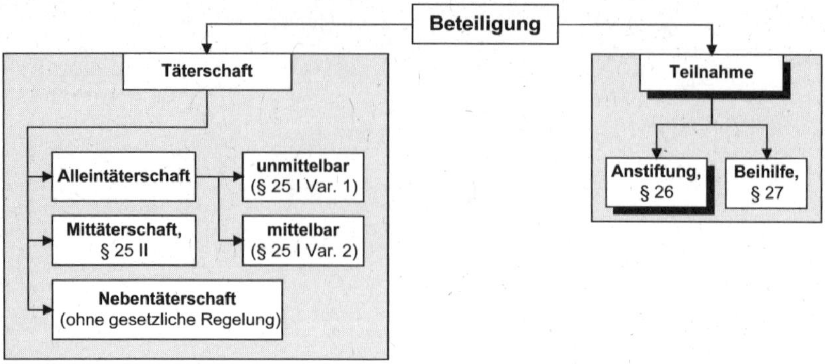

Erneut ein Glaubensbekenntnis:

Im ersten Fall bekommen wir gar keine Anstiftung hin, denn es fehlt dann ja an einer *vorsätzlichen* Haupttat. Im zweiten Fall liegt zwar eine Haupttat vor, der Täter hatte sich das aber anders gedacht.

Wer schon mittelbarer Täter sein will, will mindestens auch Anstifter sein.

Auflösung: Grundgedanke ist, daß in jedem Vorsatz zur mittelbaren Täterschaft als „minus" (lat.: weniger) ein Anstiftervorsatz steckt. (Zum Charakter dieser Aussage als Glaubensbekenntnis vgl. oben, bei der mittelbaren Täterschaft, auf S. 274.)

Damit ergibt sich

Das eine versucht.

- bei aa.: Strafbarkeit wg. versuchter Anstiftung (weiter reicht der Vorsatz nicht), wenn versuchte Anstiftung strafbar ist, vgl. § 30.

Das eine versucht, das andere vollendet.

- bei bb.: Strafbarkeit wg. versuchter mittelbarer T. und vollendeter Anstiftung (als minus).

Aufbaufolgen:

Aufbautechnisch sieht das so aus, daß man

1. Werkzeug
2. mittelbare T.
3. versuchte Anstiftung (wenn strafbar)

- bei aa.: zunächst eine selbständige Haupttat des Werkzeuges prüft, diese aber verneint; dann eine mittelbare Täterschaft, diese aber mangels Vorsatz (subj. TB) verneint, dann eine versuchte Anstiftung, diese - wenn strafbar - bejaht.

1. Werkzeug
2. mittelb. T.
3. versuchte m.T.
4. vollendete Anst.

- bei bb.: zunächst eine selbständige Haupttat des Werkzeuges prüft, diese bejaht; dann eine mittelbare Täterschaft, diese aber mangels Tatherrschaft (obj. TB) verneint; dann eine versuchte mittelbare Täterschaft, diese auch bejaht; zuletzt eine vollendete Anstiftung, diese ebenfalls bejaht.

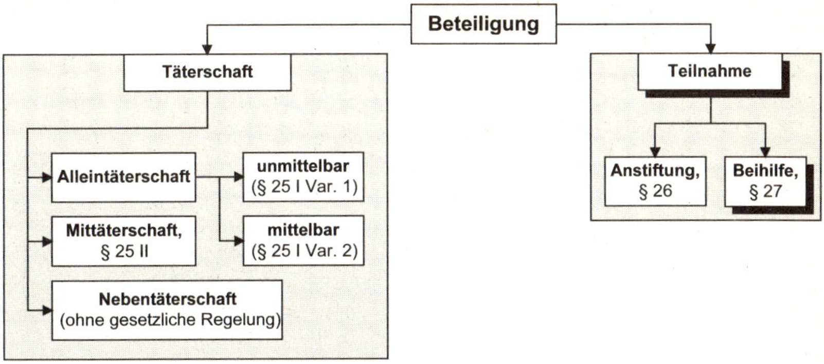

3. Fälle des § 28 II

Die Fälle des § 28 II werden nach dem subjektiven Tatbestand erörtert. Wir werden sie uns in einem Sonderkapitel weiter unten anschauen (ab S. 305).

§ 28 wird weiter unten erörtert.

II. Rechtswidrigkeit & III. Schuld

Keine Besonderheiten

2. Form - Die Beihilfe

Zunächst einmal ein kleiner Überblick über den Aufbau. In der folgenden Reihenfolge prüft man die Strafbarkeit eines Gehilfen:

Aufbauschema Beihilfe

I. Tatbestandsmäßigkeit

1. Objektiver Tatbestand

a. Vorsätzliche und rechtswidrige Haupttat
b. Gehilfenhandlung (= Förderung der Haupttat)

2. Subjektiver Tatbestand

a. Vorsatz bez. der Haupttat (= Wissen und Wollen der Vollendung der Haupttat)
b. Vorsatz bez. der Gehilfenhandlung (= Wissen und Wollen der Förderung der Haupttat)

3. Fälle des § 28 II

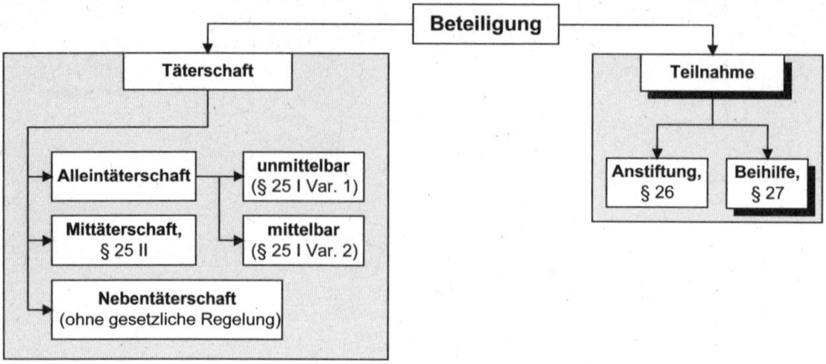

II. Rechtswidrigkeit: Keine Besonderheiten

III. Schuld: Keine Besonderheiten

Ein Blick in´s Gesetz.

Gehilfe ist, wer vorsätzlich einem anderen zu dessen vorsätzlich begangener rechtswidriger Tat Hilfe geleistet hat, § 27.

Alles beim Alten.

Auch hier gilt, was bereits oben beim ersten Kontakt mit der Anstiftung gesagt wurde: im wesentlichen nichts Neues. Hinzu kommt, daß die Ähnlichkeit des Aufbaus mit dem der Anstiftung geradezu frappierend ist. Ich habe versucht, dem Rechnung zu tragen, indem ich auch meine Ausführungen bis in die Formulierungen hinein denen zur Anstiftung angeglichen habe.

- Obersatz

Ein präziser Obersatz läßt sich leicht bilden.

Haupttatparagraphen + § 27 I.

Im Obersatz zur Prüfung des Gehilfen wird die Haupttat, zu der man eine Beihilfe überprüft, genauso gekennzeichnet, wie man sie bei der vorhergehenden Prüfung des Haupttäters als Ergebnis festgestellt hat. An dieses Ergebnis, wie immer es lautet, hängt man dann einfach einen § 27 I.

Beihilfe zum Diebstahl: §§ 242 I, 27 I.
Beihilfe zum versuchten Diebstahl: §§ 242 I, II, 22, 23 I, 12 II, 27 I.
Beihilfe zum Diebstahl in mittelbarer Täterschaft: §§ 242 I, 25 I Var. 2, 27 I.
Beihilfe zum versuchten Diebstahl in mittelbarer Täterschaft: §§ 242 I, II, 22, 23 I, 12 II, 25 I Var. 2, 27 I.

Auch hier wieder die Akzessorietät.

Was wir hieran wiederum bemerken, ist, daß die Terminologie ebenfalls akzessorisch ist. Wenn die Haupttat nur versucht war, dann liegt eben nur ***Beihilfe zum Versuch*** vor. Das hat nichts

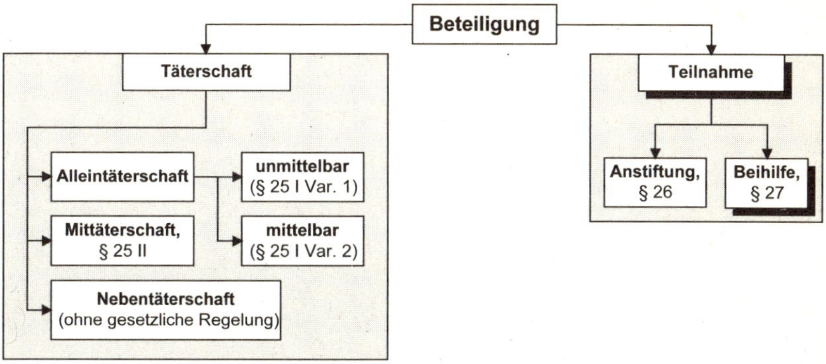

damit zu tun, daß der Gehilfe natürlich die Vollendung wollen muß (dazu gleich noch), es hat nur mit dem Anhängen zu tun.

I. Tatbestandsmäßigkeit

1. Objektiver Tatbestand

a. Vorliegen einer vorsätzlichen und rechtswidrigen Haupttat

Dieser Prüfungspunkt ist stets zuerst zu prüfen. Es wird hier allerdings regelmäßig nur eine Verweisung nach oben stattfinden, weil der Aufbau die Prüfung Täter vor Teilnehmer zwingend vorschreibt.

Verweis nach oben. Mit denselben Ausnahmen wie bei der Anstiftung (s.o.)

Man kann dabei zu vier Ergebnissen kommen: die Haupttat wurde nicht versucht, wurde versucht, aber nicht vollendet, wurde vollendet und wurde beendet.

4 Ergebnisse.

aa. Nicht versuchte Haupttat

Hier liegt nur versuchte Beihilfe vor. Diese ist straflos.

Straflose versuchte Beihilfe.

bb. Versuchte, aber nicht vollendete Haupttat

Hier liegt Beihilfe zur versuchten Haupttat vor, die als solche mit dieser immer strafbar ist.

Beihilfe zum Versuch.

cc. Vollendete Haupttat

Es wird wegen Beihilfe zur vollendeten Haupttat bestraft.

Normalfall.

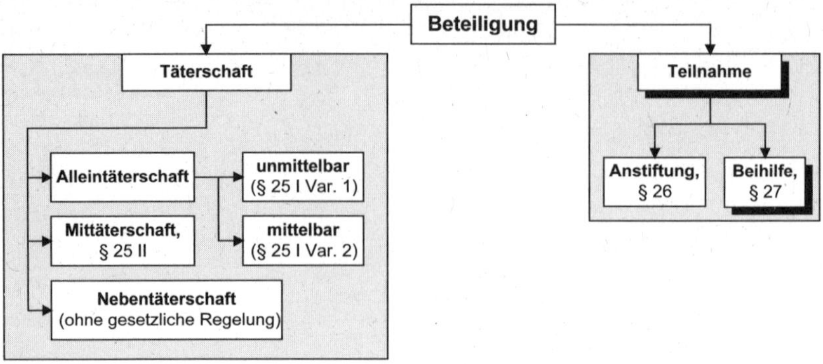

Beihilfe ist *weiterhin* möglich (h.M., str.)

Beihilfe ist nach wohl überwiegender Auffassung (aber aus guten Gründen strittig) immer noch möglich bis spätestens zur Beendung. (Es entstehen ***Abgrenzungsprobleme zur Begünstigung, § 257***, die nach h.M. über eine subjektive Betrachtung gelöst werden: Will der Täter zur Tat *Hilfe leisten*, liegt Beihilfe vor, will er die Vorteile der Tat *sichern*, liegt Begünstigung vor.)

Abgrenzung zu § 257.

Den Standort der Erörterung dieser Abgrenzungsprobleme kann man sich aus zwei Möglichkeiten aussuchen.

Erst § 257 und dort im subjektiven TB oder ..

- Entweder man prüft zuerst § 257 und fragt dort im subjektiven Tatbestand nach dem Vorliegen eines *Vorsatzes zur Sicherung* von Vorteilen. Dann kann man dort zur Beihilfe abgrenzen.

erst Beihilfe und dort im subjektiven TB.

- Oder aber man prüft zuerst § 27 in Verbindung mit dem entsprechenden Delikt und fragt bei der Beihilfe im Rahmen des subjektiven Tatbestandes danach, ob ein *Vorsatz zur Vollendung* der fremden Haupttat besteht.

dd. Beendete Haupttat

Keine Beihilfe mehr möglich. Wenn vorher geholfen worden ist, wird wegen Beihilfe zur vollendeten Haupttat bestraft.

b. Die Gehilfenhandlung

Die *Art* der Hilfeleistung ist nicht wichtig.

Die Gehilfenhandlung kann unter Einsatz beliebiger Mittel erfolgen, z. B. physische / technische Beihilfe, wie Dietrich verschaffen, Leiter tragen, Lampe halten etc. oder psychische / intellektuelle Beihilfe, wie Mut machen, Rat geben, Belohnung versprechen etc.

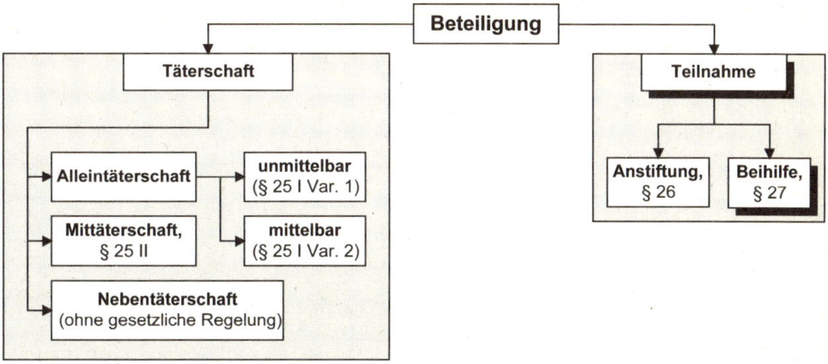

Umstritten ist, ob ***Beihilfe*** auch ***durch Unterlassen*** möglich ist.

Beihilfe durch Unterlassen ist str.

Bsp.: Kindermädchen B ist mit dem kleinen O auf einem Spielplatz. Sie beobachtet, wie O vom Triebtäter T hinter ein Gebüsch gelockt wird. T kommt dort exhibitionistischen Neigungen nach. B unternimmt nichts dagegen, weil sie denkt, daß man sexuelle Erfahrungen gar nicht früh genug machen kann.

Richtigerweise wird man die Möglichkeit von Beihilfe durch Unterlassen wohl bejahen (h.M.), wenn eine entsprechende Garantenstellung besteht.

Grundsätzlich wohl möglich (h.M.)

Der Begriff „Hilfeleisten", § 27, kann Schwierigkeiten bereiten. ***Hilfe*** kann man sprachlich nämlich auch dann bejahen, wenn sie ***erfolglos*** geblieben ist.

Ist erfolglose Hilfe auch Hilfe?

Bsp.: B bringt dem Einbrecher T ein Werkzeug an den Tatort. T weist es verächtlich zurück.

Die Frage ist, ob auch erfolglose Hilfe - und damit der Versuch der Hilfeleistung - tatbestandsmäßig ist.

Die Rechtsprechung stellt entscheidend darauf ab, ob die Hilfeleistung ***die Handlung des Haupttäters gefördert*** hat. Unerheblich ist, ob sie auch den *Erfolg* gefördert hat.

Entscheidend ist die Förderung der Haupttat ...

Wenn also im Beispiel T durch die versuchte Hilfe des B ***psychisch ermutigt*** weiterarbeitet, ist die Handlung gefördert worden und es liegt Beihilfe vor. Ist dem T das Kommen des B aber völlig egal, liegt keine Hilfeleistung i.S. d. § 27 vor und B ist nicht nach § 27 strafbar.

... evtl. auch als psychische Beihilfe.

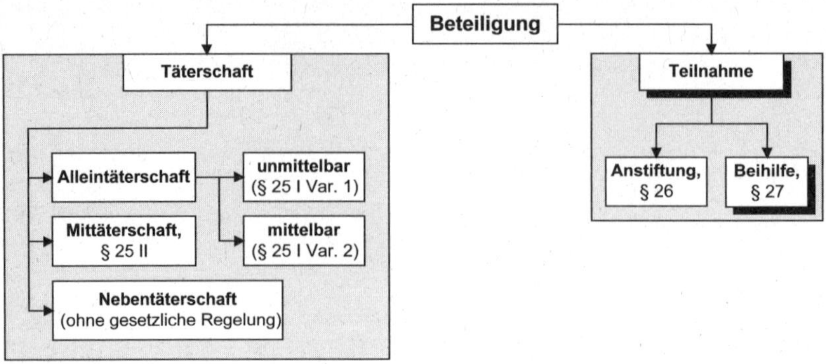

Von der Beihilfe muß niemand etwas wissen.

Zu beachten ist noch: Beihilfe ist auch möglich, wenn der Haupttäter nichts davon weiß.

> ***Bsp.:*** B räumt Hindernisse aus dem Weg. Er vergiftet z.B. den Wachhund, von dessen Existenz der Täter T gar nichts weiß.

2. Subjektiver Tatbestand - Der (Doppel-)Vorsatz

Voller Vorsatz ist nötig, aber der Begriff Doppelvorsatz ist trotzdem deplaziert.

Der Vorsatz des Gehilfen muß alle Tatbestandsmerkmale der in Angriff genommenen Tat umfassen und auf ihre Vollendung gerichtet sein. Weil der Gehilfe sowohl die

- Vollendung der Haupttat, als auch die
- Hilfeleistung bei der Haupttat

wollen muß, spricht man vom sog. „***Doppelvorsatz***" des Gehilfen (zum Begriff *Doppelvorsatz*, s.o.)

Wenn der Gehilfe keine Vollendung will, ist er kein Gehilfe.

Wenn der Vorsatz bez. der Vollendung fehlt, liegt also keine Beihilfe vor.

> ***Bsp.:*** Der Apotheker verkauft ein untaugliches Abtreibungsmittel, mit dem ein strafbarer untauglicher Versuch einer Abtreibung vorgenommen wird. Weiß er um die Untauglichkeit des Mittels, weiß er auch, daß die Tat nicht vollendet werden kann: Es fehlt dann ein Teil des Beihilfevorsatzes.

Abgrenzung zu § 257 wurde oben schon erörtert.

Hinzu kommt, daß an dieser Stelle zur Begünstigung abgegrenzt werden muß, wenn der Täter einem anderen zwischen Vollendung und Beendung geholfen hat. Damit es eine Beihilfe wird, muß der Täter die Vollendung einer fremden Haupttat wollen; für

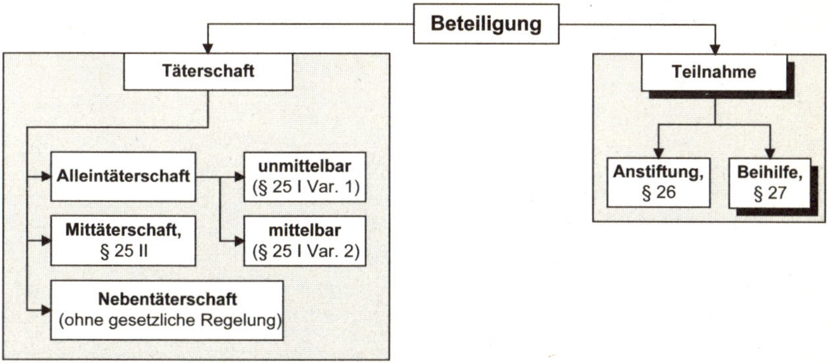

eine Begünstigung muß er Vorteile sichern wollen. Wir haben dies ein paar Seiten höher schon gesehen.

3. Fälle des § 28 II

Die Fälle des § 28 II werden nach dem subjektiven Tatbestand erörtert. Wir werden sie uns in einem Sonderkapitel wenige Zeilen tiefer anschauen.

§ 28 wird weiter unten erörtert.

II. Rechtswidrigkeit & III. Schuld

Keine Besonderheiten

Schlußbemerkung zum Aufbau: Wenn man die Schemata vergleicht, stellt man unschwer fest, daß Anstiftung und Beihilfe fast identisch geprüft werden. Bei beiden ist insbesondere ein Doppelvorsatz im Tatbestand erforderlich. Unterschiede bestehen nur in der Art der Teilnahmehandlung (Bestimmen und Hilfeleistung) und der Art des darauf bezogenen Vorsatzes.

Die Teilnahmeformen werden nahezu identisch geprüft. Das erleichtert das Lernen.

D. Sonderproblem §§ 30, 31

Wir haben jetzt schon mehrfach darauf verwiesen, daß manchmal nur eine versuchte Beteiligung in Frage kommt und daß dies dann ein Fall der §§ 30, 31 ist.

§ 30 I S. 1 enthält zwei Fälle:

§ 30 enthält mehrere Fälle, auf zwei Absätze verteilt. Ein kurzer Blick auf § 30 I S. 1 zeigt uns zunächst einmal, daß es dort um zwei Fälle geht:

Versuch einer Anstiftung.

- Abs. 1 S. 1 Var. 1 ist für den Versuch einer Anstiftung zur Begehung einer Tat (ggfls. sogar in Mittäterschaft mit dem, der versucht, anzustiften);

Versuch einer Kettenanstiftung

- Abs. 1 S. 1 Var. 2 ist für den Versuch einer Anstiftung zu einer Anstiftung (versuchte Kettenanstiftung).

Strafmilderung ist zwingend. Adressat der Strafe ist der Anstifter.

Die Strafe selbst *ist* zu mildern, wie sich zwanglos aus § 30 I S. 2 ergibt (im Gegensatz zum „normalen" Versuch nach § 23 II, dort *kann* sie gemildert werden). Von der Strafe bedroht ist in beiden Varianten der potentielle Anstifter.

Es geht hier aber nur um Verbrechen. Und es geht nur um Anstiftung.

Wir beachten dabei allerdings, daß all dies - ebenso wie die Fälle des Abs. 2 - ***nur für Verbrechen*** (§ 12 I) und ***nicht für*** irgendwelche ***Formen der Beihilfe*** gilt.

Absatz 2 enthält drei Fälle:

Absatz 2 enthält drei weitere Fälle, die durch einen Verweis auf Abs. 1 („ebenso wird bestraft") in gleichem Umfang der Strafandrohung unterliegen.

einen für den Angestifteten.

- Abs. 2 Var. 1 ist für den Angestifteten, der das Verbrechen begehen oder zu ihm anstiften soll. Den Anstifter selbst haben wir ja schon mit Abs. 1 S. 1 erfaßt.

einen fast Überflüssigen.

- Abs. 2 Var. 2 ist nahezu deckungsgleich mit Abs. 1 S. 1, denn in der Annahme eines Anerbietens wird man zugleich auch eine versuchte Anstiftung zum Anerbotenen sehen können.

einen für mittäterschaftliche Verabredungen.

- Abs. 2 Var. 3 ist für die mittäterschaftliche Verabredung zur Verbrechensbegehung oder -anstiftung (Dieser Fall ist in der Musterhausarbeit im Anhang ausformuliert - dort auf S. 12).

Und noch mal:

Es geht nur um Verbrechen.

Bei all diesen fünf Fällen dürfen wir aber nicht versäumen, festzustellen, daß es immer (nur) um den Fall einer ***versuchten*** Beteiligung im Hinblick auf ein ***Verbrechen*** geht. Klausurmäßig wirkt sich das in zwei Richtungen aus.

§ 30 wird genauso eingebaut wie § 23 I.

Einmal kann § 30 genausowenig allein stehen, wie etwa § 23 I. Wir brauchen immer irgendeine (Verbrechens-) Norm, mit der wir ihn gemeinsam prüfen können.

Bsp.: §§ 212 I, II, 30 I S. 1 Var. 1

Zum anderen greift § 30 immer dann *nicht* ein, wenn der Versuch (der Anstiftung) in die Vollendung (der Anstiftung) rübergerutscht ist. Wir prüfen ja auch beim normalen Versuch nach § 23 I dann keinen Versuch mehr, wenn das Delikt vollendet wurde.

§ 30 kommt nicht, wenn es eine Haupttat gibt (und sei sie auch nur versucht).

Mit diesen beiden Überlegungen sind die Weichen für den Aufbau gestellt. Der Aufbau sieht nämlich genauso aus, wie bei jedem anderen Versuch auch (hier am Beispiel von § 30 I S. 1 Var. 1.):

Aufbauschema § 30 I S. 1 Var. 1

- Vorprüfung
  1. Die Tat ist nicht vollendet: es ist nicht zu einer vollendeten Anstiftung zum Verbrechen gekommen. Es fehlt vorliegend an einer (auch nur versuchten) Haupttat.
  2. Der Versuch ist strafbar gemäß § 30 I S. 1 Var. 1.

I. Tatbestand
  1. Subjektiver Tatbestand = Tatentschluß
     a. im Hinblick auf die durch einen Anzustiftenden auszuführende Haupttat (eventuell Grundtatbestand + Qualifikation);
     b. im Hinblick auf die Anstifterhandlung (= das Bestimmen).
  2. Objektiver Tatbestand = Unmittelbarer Ansatz zur Anstiftung zur Haupttat (= unmittelbarer Ansatz zum Bestimmen).

II. Rechtswidrigkeit + Schuld

III. Besonderheiten: Rücktritt nach § 31 I Nr. 1, II

Der Blick auf ***§ 31*** zuletzt zeigt uns, daß es auch hier einen Rücktritt gibt, der sich nicht nach § 24 richtet (der würde auch gar nicht passen), sondern eigenen Regelungen zu folgen hat. § 31 I Nr. 1 bezieht sich dabei nur auf § 30 I S. 1, während die Nrn. 2 und 3 die Fälle des § 30 II erfassen.

§ 31 ist das Gegenstück zu § 24.

Der ganze Abs. 1 des § 31 kümmert sich um den beendeten Versuch, bei dem aktives Gegensteuern („abwendet", „aufgibt", „verhindert") des Täters dazu führt, daß die Vollendung unterbleibt.

Abs. 2 dagegen hat die Fälle im Auge, in denen der Erfolg aus sonstigen Gründen ausbleibt (bzw. ein anderer, vom Täterbeitrag unabhängiger Erfolg eintritt). Das entspricht dem, was wir im Rahmen des § 24 II S. 2 kennengelernt haben. Wir können es also auch dort nachlesen (ab S. 168).

E. Sonderproblem § 28 II

I. Übersicht

1. Zusätzliche Akzessorietätslockerungen

Die Teilnahme hängt nur eingeschränkt an der Haupttat. Das folgt aus § 29.

Wir haben oben festgestellt, daß der Grundsatz der limitierten Akzessorietät gilt, daß also die Teilnahme nur eingeschränkt an der Haupttat hängt. Diese Einschränkung bestand darin, daß im Hinblick auf die Schuld jeder Täter und Teilnehmer für sich betrachtet wird, § 29.

§ 28 schränkt noch weiter ein.

Es gibt aber noch eine ***zusätzliche Einschränkungsmöglichkeit***. Über ***§ 28 II*** kann die Akzessorietät noch mehr beschränkt werden. Im Klartext heißt das, daß Tat und Teilnahme noch ein Stück unabhängiger voneinander werden.

2. Besondere persönliche Merkmale

Wenn etwas besonders persönlich ist, dann wirkt es auch (nur) besonders persönlich.

Für besondere persönliche Merkmale bestimmt § 28, daß diese nur der Person angerechnet werden, bei der sie vorliegen. Was besondere persönliche Merkmale sind, bestimmt grundsätzlich ***§ 14 I***: Es sind besondere persönliche Eigenschaften, Verhältnisse oder Umstände. (Interessant zu wissen, aber für den vorliegenden Zusammenhang nicht bedeutsam ist, daß die Auslegung der Begriffe *Eigenschaften, Verhältnisse, Umstände* bei § 14 selbst etwas anders vorgenommen wird als bei § 28.)

Standort: *hinter* dem subjektiven TB.

Wichtig ist hier aber insbesondere der ***Standort der Prüfung*** des § 28. § 28 II wird ***hinter dem subjektiven Tatbestand*** geprüft. § 28 I erst nach der Schuld (das ergibt sich jeweils aus der Rechtsfolge – lesen!).

Vermeidet zweierlei: unnötige Prüfungen und falsche Vermischungen.

Das bedeutet, daß man erst einmal klären muß, ob dem Teilnehmer diese Merkmale überhaupt bekannt waren (Vorsatzfrage). Ist dies nicht der Fall und bietet der Sachverhalt auch keine Anhaltspunkte für das Vorliegen eigener persönlicher Merkmale des Teilnehmers, wird § 28 II überhaupt nicht geprüft.

3. Konsequenzen des § 28 II

§ 28 kann einmal zu einer Günstigerstellung führen.

Die Konsequenzen, die sich aus einer Anwendung von § 28 II ergeben können, sind im übrigen in zwei Richtungen zu denken. Die eine Richtung bewirkt eine ***Akzessorietätslockerung*** im Sinne einer ***Begünstigung*** des Betrachteten. Obwohl er z.B. zu einer qualifiziert begangenen Straftat angestiftet hat, wird er nur wegen einer Anstiftung zum Grunddelikt bestraft, wenn ihm ein besonderes persönliches Merkmal fehlt, das zur Qualifikation führte: § 28 II.

Die andere Richtung ist für den Täter ***schlechter.*** Obwohl die Haupttat nur den Grundtatbestand eines Deliktes erfüllt, wird der Täter aus einem qualifizierten Delikt bestraft, wenn ihm ein besonderes persönliches Merkmal zu eigen ist, das zur Qualifikation führte: § 28 II.

Ein andermal aber auch zu einer Schlechterstellung.

In einer Klausur oder einer Hausarbeit geht man am besten nach einer bestimmten Reihenfolge vor, die ich in dem nachstehenden Prüfschema einerseits, in dem abgebildeten Ablaufplan andererseits aufgezeigt habe.

Prüfschema § 28.

II. Prüfungsschema

1. Feststellung, welche Haupttat der Haupttäter verwirklicht hat.
2. Feststellung, ob diese Haupttat besondere persönliche Merkmale enthält.
   a. *Wenn ja, weiter bei 4.*
   b. *Wenn nein, weiter bei 6.*
3. Feststellung, ob dem Beteiligten das Vorliegen dieser Merkmale bekannt war.
   a. *Wenn ja, weiter bei 4.*
   b. *Wenn nein, weiter bei 6.*
4. Feststellung, ob diese Merkmale
   a. *strafbegründend (dann § 28 I) oder*
   b. *schärfend / mildernd / ausschließend (dann § 28 II) wirken.*
5. Feststellung, ob diese Merkmale auch beim Beteiligten vorliegen.
   a. *Wenn ja, wird der Beteiligte genauso bestraft wie der Täter.*
   b. *Wenn nein, wird der Beteiligte*
      aa. im Falle des § 28 I (begründend) zwar aus derselben Norm wie der Täter, aber gemildert nach § 49 I bestraft.
      bb. Bei § 28 II (schärfend / mildernd / ausschließend) wird der Beteiligte aus der ungeschärften / ungemilderten Grundnorm bestraft, es sei denn er verwirklicht eigene (andere) Merkmale, die schärfen, mildern, ausschließen. - Dann wird er nach der schärferen / milderen / ausschließenden Norm bestraft.

6. Gibt es eine Norm, welche die Haupttat oder das darin enthaltene (dem Beteiligten bekanntermaßen verwirklichte) Grunddelikt schärft / mildert / ausschließt?
   a. *Wenn nein, ist der Beteiligte wie der Haupttäter strafbar.*
   b. *Wenn ja: Sind diese Merkmale beim Beteiligten vorhanden?*
      aa. Wenn ja: Strafbar aus diesem Delikt
      bb. Wenn nein: Strafbar wie der Haupttäter.

B*sp.:* Anstifter A stiftet den Sohn T an, seinen Vater V zu töten. Ohne daß A dies weiß, hatte V den T darum ohnehin schon ernsthaft und ausdrücklich gebeten, weil er schwer krank war. T tötet V.

T ist nach §§ 212, 216 I strafbar. § 216 I ist eine Privilegierung (eine Milderung) des § 212.

A dagegen ist wegen Anstiftung zu § 212 strafbar: Wegen § 28 II kommt ihm die Milderung des § 216 I nicht zugute; er ist schließlich nicht durch die Bitte des V motiviert.

So ein Ablaufschema kann man nicht auswendig lernen. Man muß lernen, es zu (re-) konstruieren.

Das alles klingt viel komplizierter, als es ist. Vgl. zur Materie den folgenden Ablaufplan. Dieser Plan ist im übrigen nur anwendbar, aber nicht lernbar. Dazu ist er zu abstrakt. Sofern in diesem Plan und in dem gerade gebrachten Schema „strafbar wie der Haupttäter" auftaucht, ist im Falle der Beihilfe selbstverständlich § 27 II zu berücksichtigen.

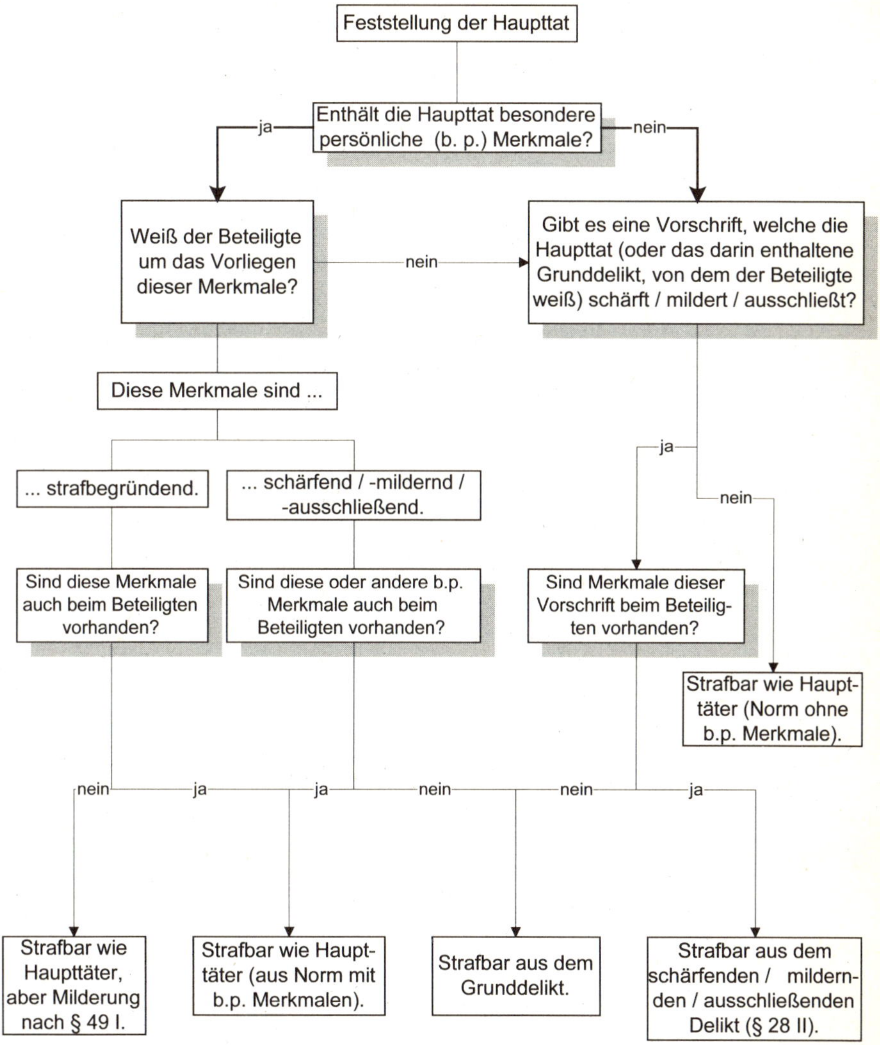
Feststellung der Haupttat
Enthält die Haupttat besondere persönliche (b. p.) Merkmale?
ja
nein
Weiß der Beteiligte um das Vorliegen dieser Merkmale?
nein
Gibt es eine Vorschrift, welche die Haupttat (oder das darin enthaltene Grunddelikt, von dem der Beteiligte weiß) schärft / mildert / ausschließt?
Diese Merkmale sind ...
... strafbegründend.
... schärfend / -mildernd / -ausschließend.
ja
nein
Sind diese Merkmale auch beim Beteiligten vorhanden?
Sind diese oder andere b.p. Merkmale auch beim Beteiligten vorhanden?
Sind Merkmale dieser Vorschrift beim Beteiligten vorhanden?
Strafbar wie Haupttäter (Norm ohne b.p. Merkmale).
nein
ja
ja
nein
nein
ja
Strafbar wie Haupttäter, aber Milderung nach § 49 I.
Strafbar wie Haupttäter (aus Norm mit b.p. Merkmalen).
Strafbar aus dem Grunddelikt.
Strafbar aus dem schärfenden / mildernden / ausschließenden Delikt (§ 28 II).

IV. Aufbaubeispiele zu § 28

Standardproblem: § 28 und die Tötungsdelikte.

Die meisten Probleme im Zusammenhang mit § 28 treten üblicherweise bei ***Tötungsdelikten*** auf. Aus diesem Grund habe ich hier einiges aufbereitet, das als Anregung für eigenes Vorgehen zu verstehen ist.

Strafbarkeit von Beteiligten, wenn irgendwo täterbezogene Mordmerkmale mitspielen.

Neben den beliebten Selbsttötungsproblemen und den unzähligen di- bis perversen Theorien zur Restriktion von (TB- (str.)) Merkmalen geht es um die Frage, wie ein Beteiligter zu bestrafen ist, wenn täterbezogene Mordmerkmale (1. und 3. Gruppe) mitspielen. Dabei können wir dann zunächst festhalten, daß die Literatur Mord und Totschlag als Grundtatbestand-Qualifikation versteht, die Rechtsprechung eigenständige Delikte sieht. Als Konsequenz wendet die Literatur (wenn's geht) § 28 II an, die Rechtsprechung (wenn überhaupt) § 28 I.

Der Streit um die Deliktseigenschaften von Mord und Totschlag ist in der Klausur nur noch ein Scheingefecht.

Da es sich um einen Streit handelt, der bisweilen ergebnisrelevante Auswirkungen zeigt, muß man ihn kennen, zeigen, auflösen. Wie man sich entscheidet, steht im übrigen schon dann fest, wenn man den Haupttäter geprüft hat: Diesen schon hat man nämlich entweder nur auf § 211 (nach Rechtsprechung) oder aber auf §§ 212, 211 (nach Literatur) hin überprüft. Was jetzt noch im Rahmen des § 28 II kommen kann, ist nur ein Scheingefecht. Das Ergebnis steht. Gehen wir hier mit der Literatur, so findet sich, daß das Ergebnis *immer § 28 II* lauten muß.

Kurze Begründung für den Prüfungsstandort von § 28.

Zuletzt müssen wir wissen, daß es für den Aufbau der Beteiligtenprüfung von Bedeutung ist, daß § 28 (I oder II) erst *nach dem subjektiven Tatbestand* zu prüfen ist (dazu bereits oben). Ob man ihn dabei vor der Rechtswidrigkeit oder nach der Schuld prüft, ist zwar strittig, aber in der Sache uninteressant. Wichtig ist eben nur, daß der subjektive Tatbestand vorher geprüft wurde. Seinen Grund hat dies darin, daß man dann schon vorher geklärt haben kann, ob der Täter von dem Merkmal, um das es geht, überhaupt Kenntnis hatte. Nur dann stellt sich nämlich die Frage nach § 28. Ansonsten kann man locker auf ***§ 16 I 1*** verweisen und muß sich § 28 nur noch dann widmen, wenn Anhaltspunkte dafür da sind, daß der Beteiligte selbst ein Mordmerkmal aufweist.

Verschiedene Fallgestaltungen sind denkbar.

Es sind damit eine Reihe von Konstellationen denkbar, die alle davon ausgehen, daß als Haupttat eine Tötung vorliegt, die ggfls. unter Verwirklichung von Mordmerkmalen erfolgte. Der Beteiligte (ich gehe im folgenden von einem Anstifter, § 26, aus) kennt diese Merkmale entweder oder er kennt sie nicht. Der Beteiligte hat diese Merkmale weiterhin entweder selber oder er hat andere oder er hat keine. All das läßt sich kombinieren. Es entstehen dabei die nachfolgend gezeigten 11 Konstellationen. Es sind allerdings noch nicht alle theoretisch denkbaren aufgeführt.

Zum Verständnis der Konstellationsdarstellung folgendes: Einige Erläuterungen.

- Als ***Obersatz*** für die Strafbarkeitsprüfung sollte die vollständige Paragraphenkette notiert werden. Das ist deshalb wichtig, weil sich der Obersatz in seinen Alternativen bisweilen vom Schlußsatz unterscheidet. Zum Obersatz.
- Im Rahmen des ***subjektiven Tatbestandes*** findet entweder eine „normale Vorsatzprüfung" statt (immer dann, wenn der Anstifter um das Merkmal weiß) oder aber der Vorsatz entfällt, dann ist § 16 I 1 zu notieren. Zum subj. TB.
- Bei ***§ 28 II*** wird zunächst notiert *anwendbar / nicht anwendbar, weil kein bes. persönliches Merkmal*. Wenn Anwendbarkeit vorliegt, ist festzustellen, ob § 28 II die Mordstrafbarkeit ausschließt (weil kein Merkmal beim Anstifter vorliegt) oder erst herbeiführt (weil Anstifter ein eigenes Merkmal aufweist). Zu § 28 II.
- Der ***Schlußsatz*** enthält wieder die vollständige Paragraphenkette. Zum Schlußsatz.

Für die Formulierung der Prüfung des § 28 II noch ein Beispiel. Zur Formulierung:

Einstieg: Fraglich ist zunächst, ob § 28 II überhaupt anwendbar ist. Dies wäre dann der Fall, wenn es sich bei dem Merkmal der Habgier um ein besonderes persönliches Merkmal handelt, das *strafschärfend* wirkt. Strafschärfend wäre es dann, wenn es sich bei § 211 um eine Qualifikation des § 212 handeln würde. Es gilt also, das Verhältnis von § 211 und § 212 zu klären. Einstieg - die Anwendbarkeit von § 28 II

Problemstellung: Während die Rechtsprechung davon ausgeht, daß es sich bei §§ 211 und 212 um zwei voneinander unabhängige Tatbestände handelt, geht die Literatur nahezu einhellig davon aus, daß diese Vorschriften im Verhältnis Grundtatbestand-Qualifikation zueinander stehen. Die Rechtsprechung begründet ihren Standpunkt mit Erwägungen der *systematischen Stellung* (schärfer vor milder) beider Vorschriften, des *Wortlautes* („ohne Mörder zu sein") und der *grundsätzlichen Andersartigkeit* (eigenständiger Unwertgehalt) des Mordes im Verhältnis zum Totschlag. Problem: die Deliktsnatur von Mord und Totschlag.

Auflösung: Die Auffassung der Rechtsprechung ist nicht überzeugend. Beide Vorschriften dienen dem *Schutz desselben Rechtsgutes* (Leben), sie erfassen *dieselbe Beeinträchtigung* (Zerstörung), sie setzen beide *dieselbe psychische Grundeinstellung* (Vorsatz) voraus. Weiter kann festgestellt werden, daß Mord die vorsätzliche Tötung eines Menschen ist, wenn eine der Modalitä- Auflösung: Mord ist eine Qualifikation von Totschlag.

ten des § 211 II vorliegt, Totschlag ist die vorsätzliche Tötung eines Menschen, wenn keine Mordmerkmal eingreift. Die beiden Vorschriften sind also über das eben gesagte hinaus auch durch die Fassung des § 212 I *tatbestandlich aufeinander bezogen*. Ein gegenseitiger Ausschluß im Sinne eines aliud ist damit nicht vereinbar.

Ausstieg.

Ausstieg: Es wird daher im folgenden mit der Lehre davon ausgegangen, daß der Mord eine Qualifikation des Totschlages darstellt.

Setzungen für die folgenden Fallgestaltungen.

Für die folgenden Konstellationen gilt: T ist der Haupttäter, A erfüllt jeweils die objektiven Merkmale der Anstiftung. Wenn dort irgendwo steht: ***„Rechtsprechung unklar"***, dann liegt dies an einer dogmatischen Schwierigkeit, mit der die Rechtsprechung aufgrund ihrer Lösung zu kämpfen hat: Immer dann, wenn der Beteiligte (Anstifter) um das Vorliegen der Mordmerkmale nicht weiß, wenn er also nur um das Vorliegen einer vorsätzlichen Tötung weiß, dann kann die Rechtsprechung nicht mehr sauber lösen.

Dogmatische Probleme der Rechtsprechung.

§ 212 liegt ja „eigentlich" nicht vor, weil § 211 und § 212 eigenständige Delikte sind, die sich ausschließen. Eine Anstiftung zu § 212 kommt daher vom Prinzip her auch nicht in Betracht. Das hätte zur Konsequenz, daß der Beteiligte im Hinblick auf die Tötung straffrei bliebe. Um dies zu verhindern, benutzt die Rechtsprechung eine „Was wäre, wenn ..." Argumentationskette: Was wäre, wenn die Haupttat keine Mordmerkmale gehabt hätte? Dann hätte § 211 der Eigenständigkeit des § 212 nicht entgegengestanden, der Haupttäter wäre aus § 212 und der Beteiligte aus §§ 212, 26 strafbar gewesen. Und weil der Beteiligte nicht dadurch besser stehen darf, daß der Haupttäter Mordmerkmale verwirklicht hat, wird er bestraft, als wenn der Haupttäter ohne Mordmerkmale getötet hätte. Die Dogmatik ist dann auf der Strecke geblieben.

Das gilt in gleicher Weise, wenn der Haupttäter „nur" einen § 212 verwirklicht hat, beim Beteiligten aber besondere persönliche Mordmerkmale vorliegen. Die Rechtsprechung kann hier mit § 28 I nichts anfangen, weil dieser genau den umgekehrten Fall meint.

1. Konstellation: T mordet heimtückisch. A weiß um die Heimtücke, hat selbst keine Mordmerkmale.	***T:*** §§ 212 I, 211 I, II 5.Var. (Heimtücke) ***A:*** ***Obersatz:*** §§ 212 I, 211 I, II 5.Var., 26 ***subj. TB:*** „normale" Vorsatzprüfung ***§ 28 II:*** nicht anwendbar, da kein (pers.) M. ***Schlußsatz:*** §§ 212 I, 211 I, II 5.Var., 26 (Rspr.: §§ 211 I, II, 26)

2. Konstellation: T mordet heimtückisch. A weiß nicht um die Heimtücke, hat selbst keine Mordmerkmale.	***T:*** §§ 212 I, 211 I, II 5.Var. (Heimtücke) ***A:*** ***Obersatz:*** §§ 212 I, 211 I, II 5.Var., 26 ***subj. TB:*** § 16 I 1: Mord-Vorsatz[13] entfällt. ***§ 28:*** nicht anwendbar, da kein (pers.) M. ***Schlußsatz:*** §§ 212 I, 26 Beachten: Ober- / Schlußsatz verschieden. *(Rspr.: unklar - §§ 212 I, 26)*

3. Konstellation: T mordet heimtückisch. A weiß um die Heimtücke, hat selbst Mordmerkmal Habgier.	***T:*** §§ 212 I, 211 I, II 5.Var. (Heimtücke) ***A:*** ***Obersatz:*** §§ 212 I, 211 I, II 5.Var., 26 ***subj. TB:*** „normale" Vorsatzprüfung ***§ 28 II:*** für Heimtücke nicht anw., da kein pers. M. ***§ 28 II:*** anw. - § 211 (+), da Habgier pers. M. des A ***Schlußsatz:*** §§ 212 I, 211 I, II 3.,5.Var., 26, 28 II Beachten: Ober- / Schlußsatz verschieden. *(Rspr.: §§ 211 I, II, 26)*

4. Konstellation: T mordet heimtückisch. A weiß nicht um die Heimtücke, hat selbst Mordmerkmal Habgier.	***T:*** §§ 212 I, 211 I, II 5.Var. (Heimtücke) ***A:*** ***Obersatz:*** §§ 212 I, 211 I, II 5.Var., 26 ***subj. TB:*** § 16 I 1: Mord-Vorsatz entfällt. ***§ 28 II:*** anw. - § 211 (+), da Habgier pers. M. des A ***Schlußsatz:*** §§ 212 I, 211 I, II 3.Var., 26, 28 II Beachten: Ober- / Schlußsatz verschieden. *(Rspr.: unklar - §§ 212 I, II 26)*

5. Konstellation: T mordet habgierig. A weiß um die Habgier, hat selbst keine Mordmerkmale.	***T:*** §§ 212 I, 211 I, II 3.Var. (Habgier) ***A:*** ***Obersatz:*** §§ 212 I, 211 I, II 3.Var., 26 ***subj. TB:*** „normale" Vorsatzprüfung ***§ 28 II:*** anw. - § 211 (-), da kein pers. M. bei A. ***Schlußsatz:*** §§ 212 I, 26, 28 II Beachten: Ober- / Schlußsatz verschieden. *(Rspr.: §§ 211, 26, 28 I)*

13 Beachten: Soweit hier und im folgenden vom „Mord-Vorsatz" die Rede ist, ist damit der Vorsatz im Hinblick auf vom Haupttäter T verwirklichte Mordmerkmale gemeint.

6. Konstellation: T mordet habgierig. A weiß nicht um die Habgier, hat selbst keine Mordmerkmale.	***T:*** §§ 212 I, 211 I, II 3.Var. (Habgier) ***A:*** ***Obersatz:*** §§ 212 I, 211 I, II 3.Var., 26 ***subj. TB:*** § 16 I 1: Mord-Vorsatz entfällt. ***§ 28:*** anw. - § 211 (-), da kein pers. M. bei A. ***Schlußsatz:*** §§ 212 I, 26 Beachten: Ober- / Schlußsatz verschieden. *(Rspr.: unklar - §§ 212 I, 26)*

7. Konstellation: T mordet habgierig. A weiß um die Habgier, hat selbst Mordmerkmal Habgier.	***T:*** §§ 212 I, 211 I, II 3.Var. (Habgier) ***A:*** ***Obersatz:*** §§ 212 I, 211 I, II 3.Var., 26 ***subj. TB:*** „normale" Vorsatzprüfung ***§ 28 II:*** anw. - § 211 (+), Habgier pers. M. des A ***Schlußsatz:*** §§ 212 I, 211 I, II 3.Var., 26, 28 II *(Rspr.: §§ 211, 26, 28 I)*

8. Konstellation: T mordet habgierig. A weiß nicht um die Habgier, hat selbst Mordmerkmal Habgier.	***T:*** §§ 212 I, 211 I, II 3.Var. (Habgier) ***A:*** ***Obersatz:*** §§ 212 I, 211 I, II 3.Var., 26 ***subj. TB:*** § 16 I 1: Mord-Vorsatz entfällt. ***§ 28 II:*** anw. - § 211 (+), da Habgier pers. M. des A ***Schlußsatz:*** §§ 212 I, 211 I, II 3.Var., 26, 28 II *(Rspr.: unklar - §§ 212 I, II, 26)*

9. Konstellation: T mordet habgierig. A weiß um die Habgier, hat selbst Mordmerkmal Verdeckungsabsicht.	***T:*** §§ 212 I, 211 I, II 3.Var. (Habgier) ***A:*** ***Obersatz:*** §§ 212 I, 211 I, II 3.Var., 26 ***subj. TB:*** „normale" Vorsatzprüfung ***§ 28 II:*** anw. § 211 (-), Habgier kein pers. M. des A. ***§ 28 II:*** anw. § 211 (+), Verd.Abs. pers. M. des A. ***Schlußsatz:*** §§ 212 I, 211 I, II 9.Var., 26, 28 II Beachten: Ober- / Schlußsatz verschieden. *(Rspr.: §§ 211, 26 / § 28 I (-), da gekreuzte M.)*

10. Konstellation: T mordet habgierig. A weiß nicht um die Habgier, hat selbst Mordmerkmal Verdeckungsabsicht.	***T:*** §§ 212 I, 211 I, II 3.Var. (Habgier) ***A:*** ***Obersatz:*** §§ 212 I, 211 I, II 3.Var., 26 ***subj. TB:*** § 16 I 1: Mord-Vorsatz entfällt. ***§ 28 II:*** anw. - § 211 (+), da Verd. pers. M. des A. ***Schlußsatz:*** §§ 212 I, 211 I, II 9.Var., 26, 28 II Beachten: Ober- / Schlußsatz verschieden. *(Rspr.: unklar - §§ 212 I, II, 26)*

11. Konstellation: T tötet ohne Mordmerkmale. A hat selbst Mordmerkmal Habgier.	***T:*** §§ 212 I ***A:*** ***Obersatz:*** §§ 212 I, 26 ***subj. TB:*** „normale" Vorsatzprüfung ***§ 28 II:*** anw. § 211 (+), Habgier pers. M. des A. ***Schlußsatz:*** §§ 212 I, 211 I, II 3. Var., 26, 28 II Beachten: Ober- / Schlußsatz verschieden. *(Rspr.: unklar - §§ 212 I, II, 26)*

4. Teil - Konkurrenzen

A. Übersicht

Meistens gibt es in einer Klausur mehrere Beteiligte, die jeweils mehrere Tatbestände erfüllen. Dann fragt sich: aus welcher Norm bestrafen?

Es gibt praktisch kaum eine Strafrechtsarbeit, in der nur ein Täter nur eine Straftat verwirklicht. Zumeist sind es mehrere Beteiligte, die jeweils durch eine oder mehrere Handlungen mehrere Straftatbestände erfüllen. Sind aber mehrere Straftatbestände erfüllt, ist der Täter also nach verschiedenen Vorschriften strafbar, stellt sich für den Richter die Frage, aus welcher Vorschrift er die Strafe nehmen soll.

Aus der schärfsten, der mildesten, addieren, nebeneinander?

Er könnte die schärfste nehmen. Er könnte auch die mildeste nehmen. Er könnte alle addieren. Er könnte alle nebeneinander anwenden (etwa: Freiheitsstrafe und Geld).

Die Anwort gibt die Lehre von den Konkurrenzen.

Die Lehre, die sich mit der Beantwortung dieser Frage befaßt, ist die Lehre von den Konkurrenzen. In Klausuren und Hausarbeiten kann man sich mit Konkurrenzen sinnvoll erst dann befassen, wenn alle Strafbarkeiten des jeweiligen Täters feststehen. Das bedeutet, daß die Konkurrenzen fast ***immer am Ende*** einer Arbeit abgehandelt werden. Das bedeutet weiter, daß sie das letzte sind, was der Korrektor von der Arbeit zu sehen bekommt. Das bedeutet zuletzt, daß sie richtig sein müssen, getreu dem Satz: Der erste Eindruck entscheidet - der letzte bleibt.

Prüfungsstandort ist immer am Ende, wenn (alle) Strafbarkeiten feststehen.

Ausnahme I: Wenn´s unübersichtlich wird.

Ausnahme II: bei Spezialitäten.

Ausnahmen von der Regel, daß immer alles am Ende abgehandelt wird, werden dann gemacht, wenn ***zuviele Strafbarkeiten*** auf zuviele Handlungsabschnitte verteilt vorkommen. Dann ist es sinnvoller, nach jedem Abschnitt sofort die bis dahin vorliegenden Konkurrenzen abzuhandeln und zum Schluß nur noch die Ergebnisse miteinander konkurrieren zu lassen. Dies gilt in gleicher Weise, wenn man ***Spezialitäten*** sofort erledigen kann („§ 224 I Nr. 2 verdrängt § 223 I im Wege der Gesetzeskonkurrenz - Spezialität.“) Dann sollte man das auch sofort tun.

B. Vorgehensweise

Zuerst mal alles einsammeln.

Damit ist dann auch schon angedeutet, wie man bei Konkurrenzfragen vorgeht. ***Zuerst klappert man*** die ganze fertiggeschriebene Arbeit ***ab*** und schreibt jedes einzelne Strafbarkeitsergebnis auf. (Wegen der Einzelformulierungen verweise ich auf die unten abgedruckte Musterhausarbeit.)

Bsp.: T hat zunächst einen Einbruch gemacht und Tage später jemanden mit einem Knüppel niedergeschlagen. X hat aus Habgier versucht, jemanden zu erschießen; hat einen Kaufvertrag mit einem falschen Namen unterschrieben und das Vordach eines Hauses in Brand gesetzt.

Das kann dann so aussehen (Zitierweise hier aus Gründen der Übersichtlichkeit teilweise nur verkürzt!):

Strafbarkeiten des T:
- §§ 242, 243 I S. 2 Ziffer 1 / § 303 / § 123 / §§ 223, 224 I Nr. 2

Strafbarkeiten des X:
- §§ 211, 212, 22, 23 I / § 267 I 1. Var. / §§ 306, 306a

Dann teilt man die Strafbarkeiten einzelnen Handlungsabschnitten ***zu***.

Dann auf Handlungsabschnitte *aufteilen*.

Strafbarkeiten des T:
a: durch den Einbruch
- §§ 242, 243 I S. 2 Ziffer 1 / § 303 / § 123
b: durch den Schlag mit dem Knüppel
- §§ 223, 224 I Nr. 2 1. Var.

Strafbarkeiten des X:
a: durch den Schuß
- §§ 211, 212, 22, 23 I
b: durch die Manipulation am Kaufvertrag
- § 267 I 1. Var.
c: durch das Anzünden des Vordaches
- §§ 306, 306a

Anschließend wird innerhalb der einzelnen Handlungsabschnitte geprüft, welche Vorschrift die stärkste ist, bzw. ob mehrere nebeneinander stehen. Was alleine steht, kann natürlich auch nichts verdrängen.

Dann *innerhalb* der Handlungsabschnitte sortieren.

Strafbarkeiten des T:
a: durch den Einbruch
- §§ 242, 243 I S. 2 Ziffer 1 verdrängen § 303 und § 123 im Wege der Gesetzeskonkurrenz (Konsumtion).
b: durch den Schlag mit dem Knüppel
- § 224 I Nr. 2 verdrängt § 223 I (Gesetzeskonkurrenz - Spezialität).

Strafbarkeiten des X:
a: durch den Schuß
- §§ 211, 22, 23 I verdrängen §§ 212, 22, 23 I (Gesetzeskonkurrenz - Spezialität).
b: durch die Manipulation am Kaufvertrag
- § 267 I 1. Var.
c: durch das Anzünden des Vordaches

- § 306a verdrängt § 306 (Gesetzeskonkurrenz – Spezialität)

Dann Ergebnisse *pro* Handlungsabschnitt feststellen.

Danach zieht man den Extrakt aus dieser Prüfung ...

Strafbarkeiten des T:
a: durch den Einbruch
- §§ 242, 243 I S. 2 Ziffer 1
b: durch den Schlag mit dem Knüppel
- § 224 I Nr. 2 1. Var.

Strafbarkeiten des X:
a: durch den Schuß
- §§ 211, 22, 23 I
b: durch die Manipulation am Kaufvertrag
- § 267 I 1. Var.
c: durch das Anzünden des Vordaches
- § 306a

Dann Ergebnisse *zwischen* den Handlungsabschnitten gegenüberstellen.

... und stellt die verbliebenen Delikte einander gegenüber:

Strafbarkeiten des T:
- §§ 242, 243 I S. 2 Ziffer 1 stehen in Realkonkurrenz zu § 224 I Nr. 2.

Strafbarkeiten des X:
- §§ 211, 22, 23 I und § 267 I 1. Var. und § 306a stehen je in Realkonkurrenz zueinander.

Dafür ein Prüfschema.

Daß hier jeweils Realkonkurrenz herauskommt, können wir anhand der nachfolgend gegebenen Kriterien nachprüfen.

1. ***An erster Stelle steht die Frage, ob seitens des Täters* eine *Handlung im rechtlichen Sinne oder* mehrere *Handlungen vorliegen.***

   a. Eine Handlung - Handlungseinheit - liegt vor, bei
      - *einer Handlung im natürlichen Sinn,*
      - *natürlicher Handlungseinheit,*
      - *rechtlicher Handlungseinheit.*

   b. In allen anderen Fällen liegt Handlungsmehrheit vor.

2. ***An zweiter Stelle folgt die Frage, ob die durch eine oder mehrere Handlungen verwirklichten Delikte zueinander im Verhältnis der Gesetzeskonkurrenz stehen. Gesetzeskonkurrenz liegt vor bei***

   a. Spezialität,

   b. Subsidiarität,

   c. Konsumtion

3. Steht fest, daß kein Fall von Gesetzeskonkurrenz vorliegt, handelt es sich bei

- *einer* Handlung (Handlungseinheit) um Idealkonkurrenz
- *mehreren* Handlungen (Handlungsmehrheit) um Realkonkurrenz.

Wir gehen dabei im übrigen schon bei der Bearbeitung unserer Klausur oder Hausarbeit zumeist intuitiv so vor, daß wir die Handlungs- oder Tatkomplexe nach den verschiedenen Handlungen untergliedern.

Das Schema ist im übrigen nur Beschreibung dessen, was wir sowieso schon machen.

Wenn wir also nicht gerade irgendwelche seltsamen Mega-Handlungen untersuchen, die sich über einen langen Zeitraum hinziehen, kommen wir fast immer zu dem Ergebnis, daß ***innerhalb*** eines Handlungsabschnittes entweder Gesetzeskonkurrenz oder Idealkonkurrenz (= Tateinheit) vorliegt, und daß ***zwischen*** verschiedenen Handlungsabschnitten entweder Gesetzeskonkurrenz oder Realkonkurrenz (= Tatmehrheit) vorliegt.

Normale Klausuren sind auf Handlungsabschnittsebenen aufgebaut.

Das Schema mag kompliziert aussehen, ist es aber nicht. Zur Verdeutlichung soll folgender Ablaufplan dienen:

Zum Schema ein Ablaufplan.

C. Ablaufplan Konkurrenzen

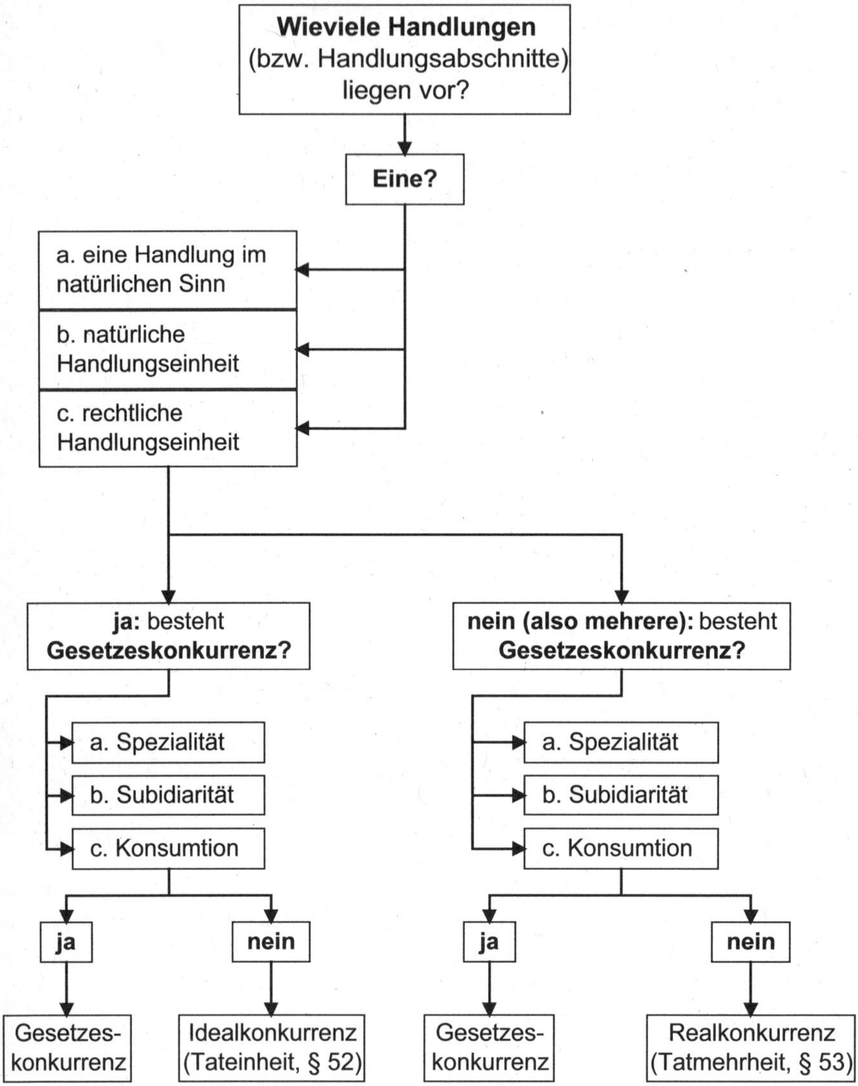

Einstiegsfrage: Anzahl der Handlungen?

Eine einzige Handlung liegt vor bei ...

Die 1. Frage ist: Liegt 1 Handlung vor?

Von *einer* Handlung (auch Handlungseinheit genannt) spricht man in 3 Fällen:

1. ***Natürliche Handlung.*** Eine Handlung im natürlichen Sinn liegt vor, wenn ***ein Handlungsentschluß*** in ***einer Willensbetätigung*** realisiert wird, wobei gleichgültig ist, ob der Täter damit 1 deliktischen Erfolg erzielt (T ersticht O) oder mehrere (T wirft eine Bombe: Menschen sterben, Sachen gehen zu Bruch, Menschen werden verletzt).

   ... natürlicher Handlung (1+1

   Dieser Fall ist regelmäßig völlig unproblematisch.

2. ***Natürliche Handlungseinheit.*** Sie liegt dann vor, wenn der Täter ***einen Handlungsentschluß*** durch ***mehrere Willensbetätigungen*** umsetzt.

   ... natürlicher Handlungseinheit (1+n)

   Der Unterschied zur natürlichen Handlung besteht darin, daß dort 1 Entschluß / 1 Betätigung, hier aber 1 Entschluß / *mehrere* Betätigungen vorliegen.

   Völlig unproblematisch ist die natürliche Handlungseinheit, wenn durch die mehreren Willensbetätigungen derselbe Tatbestand wiederholt erfüllt wird (T beleidigt O durch mehrere Schimpfwörter) oder wenn der auf die einmalige Verwirklichung eines Deliktes gerichtete Wille durch mehrere Betätigungen umgesetzt wird (T ersticht O mit 2000 Messerstichen).

   Problematisch aber der Fall, in dem *ein* Willensentschluß durch *mehrere* Betätigungen so umgesetzt wird, daß dabei *verschiedene* Delikte verwirklicht werden. (Einbruch: §§ 123, 303, 242, 243 I S. 2 Ziffer 1)

   Die Rspr. stellt hier darauf ab, ob die natürliche Lebensauffassung unter Berücksichtigung des zeitlichen und räumlichen Zusammenhanges noch eine Einheit erkennen würde. Wenn ja: natürliche Handlungseinheit, wenn nein, dann mehrere Handlungen. Die von der Rspr. benutzte Formel ist natürlich absolutes Gummi. Was eine natürliche Lebensauffassung ist, kann nur über den Daumen gepeilt werden.

3. ***Rechtliche Handlungseinheit. Mehrere Handlungen*** im natürlichen Sinn, werden unter rechtlichen Gesichtspunkten zu einer Handlung zusammengefaßt. Wichtig sind dabei insbesondere die folgenden beiden Fallgruppen:

   ... rechtlicher Handlungseinheit (n+n)

   a) ***Tatbestandliche Handlungseinheit.*** Das Gesetz verknüpft im selben Tatbestand *mehrere natürliche* Handlungen zu *einer* Handlung zusammen.

   ... durch gesetzliche Verknüpfung zu einer Handlung ...

Bsp.: § 177, Vergewaltigung, verknüpft die beiden natürlichen Handlungen Beischlaf und Gewalt. Es handelt sich dabei um ein mehraktiges Delikt.

b) ***Handlungseinheit durch Klammerwirkung.*** Zwei Fälle sind zu unterscheiden:

... durch Teilidentität ...

Sind *mehrere natürliche Handlungen* ***teilweise identisch***, liegt nur *eine* Handlung im rechtlichen Sinne vor.

Bsp.: T nötigt O mit Gewalt zum Beischlaf. O wird dabei verletzt. Die §§ 223, 177 sind erfüllt. Es liegt aber nur eine Handlung vor, weil die Körperverletzungshandlung mit der Gewaltverhandlung des § 177 identisch ist.

... durch Klammer eines dritten Tatbestandes ...

Zweiter Fall ist die ***Klammerwirkung des dritten Tatbestandes***: Der Täter begeht zwei an sich selbständige Delikte. Diese sind aber mit einem dritten Delikt teilidentisch.

Bsp.: T schlägt O1 und O2 nieder, um sie auszurauben. Das tut er dann auch. Es liegen durch zwei selbständige Handlungen zwei Körperverletzungen vor, die aber mit der Gewaltanwendung im Raub identisch sind; daher nur eine Handlung im rechtlichen Sinn. Stellt man bei der Prüfung dieser drei Möglichkeiten einer Handlungseinheit fest, daß keine vorliegt, dann handelt es sich bei dem betrachteten Verhalten um mehrere Handlungen.

Nur noch geschichtlich interessant: der Fortsetzungszusammenhang ..

Fortsetzungszusammenhang. Früher gab es noch einen dritten Fall, den sog. Fortsetzungszusammenhang. Mehrere Handlungen, die sich gegen das gleiche Rechtsgut richten, in der Begehungsweise gleichartig sind, einen gewissen räumlichen und zeitlichen Zusammenhang aufweisen und von einem Gesamtvorsatz getragen sind, wurden zu einer fortgesetzten Handlung verbunden.

Bsp.: T beschließt, fünfmal hintereinander in Kioske einzusteigen, um sein Taschengeld aufzubessern. So geschieht es dann auch.

... mit Streit über Gesamtvorsatz oder Fortsetzungsvorsatz.

Es gab allerdings auch eine Ansicht, die es für ungerecht hielt, einen Gesamtvorsatz, also einen Vorsatz, der alle in Aussicht genommenen Delikte umschließt, zu fordern. Ausreichend soll nach dieser Ansicht sein, daß der Täter während der (ersten) Tat den Entschluß faßt, weiterzumachen, wobei die sonstigen Voraussetzungen (gleichartige Begehungsweise, gleiches Rechtsgut, räumlicher und zeitlicher Zusammenhang) vorliegen müssen. Dieser Vorsatz wird in Abgrenzung zum Gesamtvorsatz als Fortsetzungsvorsatz bezeichnet. Begründet wurde dies damit, daß sonst derjenige, der sich von vorneherein zu mehr Kriminalität entschlossen hätte, besser stünde, als der, der dies erst nach und nach täte.

Der Fortsetzungszusammenhang wurde durch eine Entscheidung des Großen Senates beerdigt. Dort wurde (verkürzt formuliert) festgestellt, daß in den über 100 Jahren, in denen man sich um eine Klärung von Begründung und Auswirkungen dieser Rechtsfigur bemüht habe, nichts zwingend Gescheites herausgekommen sei.

Die Rechtsprechung hat sich davon verabschiedet.

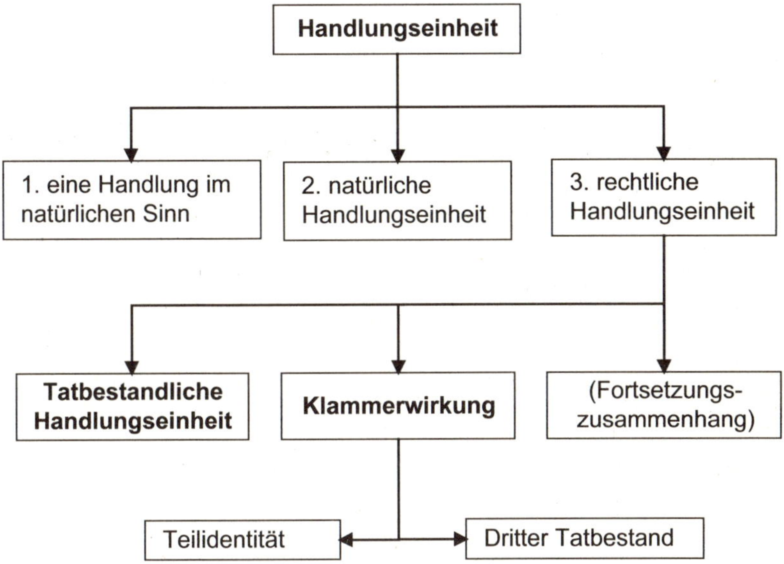

Zum Abschluß sei nochmal auf den ***Gag der rechtlichen Handlungseinheit*** hingewiesen. *Eigentlich* liegen mehrere Handlungen vor. Man will sie nur nicht als mehrere bestrafen, sondern sucht nach Wegen, sie als eine zu bestrafen. Man schafft zu diesem Zweck eine künstliche Einheit - die rechtliche Handlungseinheit eben.

Eigentlich Mehreres wird künstlich zu einer Einheit gemacht.

D. Gesetzeskonkurrenz

Egal, ob man nun zum Ergebnis kommt, daß es sich um Handlungseinheit oder Handlungsmehrheit handelt: Der nächste Schritt ist die Prüfung, ob ein Fall von Gesetzeskonkurrenz vorliegt. Diese Konkurrenz verdient ihren Namen eigentlich gar nicht. Sie ist nämlich keine. Konkurrieren heißt übersetzt „Zusammenlaufen“. Bei der Gesetzeskonkurrenz läuft aber nichts zusammen, sondern das eine frißt das andere gleichsam auf.

Man gibt der Gesetzeskonkurrenz daher ab und an auch den Namen ***unechte Konkurrenz***.

Wenn *eine* Handlung vorliegt, prüft man innerhalb, wenn *mehrere* Handlungen vorliegen, prüft man zwischen ihnen:

Liegt Gesetzeskonkurrenz (auch: unechte Konkurrenz) vor?

Gemeint sind die folgenden 3 Fälle:

Fall 1: Spezialität (alles + mindestens eins drauf)

1. ***Spezialität.*** Auf Deutsch: Besonderheit. Ein Tatbestand enthält alle Merkmale eines anderen und noch etwas mehr. (§ 224 I enthält alle Merkmale von § 223, zuzüglich der Merkmale Waffe etc.). Weil der Täter mit Erfüllung des speziellen zwangsläufig auch das allgemeine erfüllt, genügt es, ihn aus dem speziellen zu bestrafen: Es steckt ja alles drin. § 223 I wird deshalb von § 224 I verdrängt.

   Spezialität ist zwar theoretisch sowohl bei der Handlungseinheit als auch bei der Handlungsmehrheit denkbar, wirkt sich aber praktisch nur bei der Handlungseinheit aus.

Fall 2: Subsidiarität (einer ist kleiner)

2. ***Subsidiarität.*** Auf Deutsch: Untergeordnetheit. Ein Tatbestand (der subsidiäre) kommt einem anderen gegenüber nur hilfsweise zur Anwendung, wenn dieser nicht vorliegt. Subsidiarität kommt in drei Variationen vor:
   a. *Das Gesetz ordnet es ausdrücklich an (§ 145d etc.).*
   b. *Es gibt verschiedene Verwirklichungsstufen (Versuch/ Vollendung, Anstiftung/Täterschaft, Beihilfe/Anstiftung)*
   c. *Es liegt ein Gefährdungs- und ein Verletzungsdelikt vor. Dann verdrängt die Verletzung (ist passiert) die Gefährdung (kann passieren).*

Fall 3: Konsumtion (Typisch!)

3. ***Konsumtion.*** Auf Deutsch: Aufzehrung. Ein Delikt trifft *typischerweise* mit einem anderen schwereren zusammen. (Einbruchdiebstahl, § 243 I S. 2 Ziffer 1 und Hausfriedensbruch, § 123). Das schwerere Delikt verzehrt dann den Unwertgehalt des leichteren. Zu beachten ist dabei, daß Konsumtion nur vorliegt, wenn das Zusammentreffen typisch ist. Ist es dagegen *zwingend*, d.h. treffen die beiden Delikte immer zusammen, liegt keine Konsumtion, sondern Spezialität vor. Ein Einbruchdiebstahl kann auch ohne Hausfriedensbruch stattfinden: wenn der Hausrechtsinhaber verstorben ist und ein anderer den Gewahrsam fortführt, ohne Hausrechtsinhaber zu sein.

   Bei Tatmehrheit finden sich hier übrigens die Fälle der ***mitbestraften Nachtat*** (Sicherungsbetrug an der Kasse nach Diebstahl im SB-Laden) und der mitbestraften Vortat.

E. Idealkonkurrenz & Realkonkurrenz

Das bleibt, wenn's keine Gesetzeskonkurrenz ist.

Steht fest, daß die einzelnen Delikte erfüllt wurden, ohne daß Gesetzeskonkurrenz vorliegt, dann stehen diese Delikte, bei

- einer Handlung in ***Idealkonkurrenz = Tateinheit, § 52***;
- mehreren Handlungen in ***Realkonkurrenz = Tatmehrheit, § 53***.

5. Teil - Gutachtenstil & Übungsklausuren

Zuerst eine Einführung in den Gutachtenstil, dann diverse Übungen zur Überprüfung.

Der jetzt folgende Teil hat die Aufgabe, zunächst eine Einführung in den Gutachtenstil zu geben und alsdann, die materiellen und Aufbaukenntnisse anhand einiger kleiner Fälle zu überprüfen. Die zu den jeweiligen Fällen gebrachten Lösungsvorschläge sind nicht nur stichwortartig, sondern ausformuliert. Sie sollen eine Vorstellung davon geben, wie eine Klausur aussehen soll. Dabei ist aber immer zu beachten, daß es sich nur um *Vorschläge* handelt.

Verweise auf einen Kommentar bedeuten, daß hier nicht immer alle Definitionsdetails gebracht werden.

Wenn im Rahmen der Lösungen auf einen „Kommentar" verwiesen wird, dann bedeutet das, daß wir uns die Details einer Definition in einem Kommentar ansehen sollten (Bibliothekskenntnisübung!). Ich habe sie dann weggelassen, wenn sie für das Verständnis der Lösung ohne Bedeutung waren. Ich hätte übrigens genauso gut auf THIELEN/BRAUNSCHNEIDER Jura *light* verweisen können. Wir haben dort nämlich in 2 Bänden (u.a.) zu allen wichtigen Tatbeständen des Strafrecht BT sämtliche Definitionen mit Fundstellenangaben aus TRÖNDLE, LACKNER und SCHÖNKE / SCHRÖDER aufgelistet

A. Der Gutachtenstil - Überblick

Das hängt mit dem Sinn eines Gutachtens zusammen.

Zweck eines Gutachtens ist es, die Lösung eines Rechtsfalles vorzubereiten. Wirft man einen Blick auf die gerichtliche Praxis, sieht man, daß sehr viele Gerichte als sog. Kollegialgerichte tätig werden. Das bedeutet, daß es mehr als einen Richter gibt. Nun könnte man natürlich sagen, daß jeder Richter jeden Fall bis ins Detail selber gelesen und durchdacht haben sollte, bevor er ihn entscheidet, beurteilt. Ein solches Vorgehen wäre zugegebenermaßen ideal, ist aber schon aus praktischen Gründen gar nicht durchführbar. Der Arbeitsanfall an den Gerichten ist viel zu hoch.

Andere sollen sich auf der Basis eines Gutachtens ein eigenes Urteil bilden können.

Das führt dann dazu, daß sich ein solches Richterkollegium die Arbeit aufteilt. Vereinfacht dargestellt kann man sagen, daß bei einem Dreierkollegium (etwa einer Kammer am Landgericht) jeder ein Drittel aller bei dem entsprechenden Kollegium eingehenden Fälle erhält. Für diese Fälle ist er dann der sog. *Berichterstatter*. Die Fälle nun muß er dann lesen (und möglichst verstehen). Wenn er das hinter sich gebracht hat, muß er den jeweils zwei anderen erzählen, worum es geht. Er soll die Zuhörer aber nicht vor vollendete Tatsachen stellen, sondern es durch seinen

Vortrag ermöglichen, daß die anderen sich eine eigene Meinung bilden können.

Um dieser Aufgabe gerecht zu werden, muß der Verfasser eines Gutachtens ***alle möglichen Lösungswege*** eines Rechtsfalles behandeln und folglich auch darstellen. Erst nach der Begutachtung *aller* juristischen Möglichkeiten kann die Entscheidung in einer Rechtsfrage fallen. Bis zu Lösung aber ist es die Aufgabe eines jeden Gutachters, Zweifel in wissenschaftlicher Weise auszuräumen.

Da wäre es schädlich, nur eine einzige Möglichkeit darzustellen.

Für unseren Berichterstatter bedeutet dies also, daß er ruhig eine eigene Meinung dazu haben darf, wie der Fall gelöst werden sollte. Er muß aber davon ausgehen, daß die beiden anderen die Lage etwas anders beurteilen. Also muß er sich auch überlegen, wie man es noch sehen kann, welche Möglichkeiten es über die, die er sich später selbst zu eigen machen will, noch gibt. Die muß er dann genauso durchdenken und mit Gegenargumenten abblokken. Findet er dabei gute Argumente, stehen die Chancen gut, daß er seine Richterkollegen überzeugt. Der Berichterstatter hat also einiges vor-, bzw. zurückzutragen. Und weil das lateinische Wort für „tragen" *ferre* heißt, und eine dazugehörige Beugungsform dieses Verbes sich *latum* nennt, weil zuletzt „zurück" auf lateinisch *re* heißt, sprechen wir entweder von einem *Referat* oder einer ***Relation***. Der lernende Vortragende heißt dann logischerweise ***Referendar***.

Was nicht heißt, daß der Bearbeiter zum Schluß nicht doch zu einem einzigen Ergebnis gelangt.

Wenn eben gesagt wurde, daß man Zweifel „in wissenschaftlicher Weise" ausräumen muß, dann bedeutet das im wesentlichen, daß man nach einer bestimmten Methode vorgeht. Ich setze das „wissenschaftliche" in Anführungszeichen, weil ich nicht glaube, daß allein die *Technik* des Vorgehens in einer bestimmten Reihenfolge sich schon *Wissenschaft* nennen sollte.

Aber erst, nachdem er deutlich gemacht hat, warum gerade dieses Ergebnis und warum die anderen Ergebnisse nicht.

Im juristischen Bereich benutzen wir eine Methode, die als *„Dreierschrittmethode"* bezeichnet werden kann. (Es gibt auch andere Benennungen, die aber alle dasselbe meinen.) Diese Methode werden wir uns jetzt gleich etwas näher ansehen. Sie ist natürlich nicht die einzig denkbare Methode. Aber sie ist anerkannt. Ihre Benutzung bietet den Vorteil, daß man sich nicht auch noch über die Sprachregelung streiten muß, sondern Streitigkeiten auf die Sache konzentrieren kann.

Der Dreierschritt ist hilfreich.

Wer ihn kennt, kann die Vorgehensweise von Gutachtern überprüfend nachvollziehen.

Daß man damit auch Schindluder treiben kann, ist normal.

Das kann man mit allen Dingen.

Sie birgt allerdings auch Gefahren in sich. Man kann logische Fehlschlüsse durch scheinbar logische Operationen herbeiführen (Alle Hunde müssen sterben, Sokrates ist gestorben, also ist Sokrates ein Hund), man kann die Sprache für Manipulationen (Minus*wachstum*) nutzen. Man kann schließlich das Sprachniveau auch noch so stark anheben, daß sicher ist, daß einen nur ein kleiner elitärer Kreis versteht. Ob diese Anhebung als höherwertiger angesehen werden kann, darf mit Fug bezweifelt werden. Meist geht es um eine Verkomplizierung des Satzbaus und die Unterbringung verschiedener lateinischer Fachwörter.

Verbindliche Feststellungen.

Für unsere Klausurbearbeitung nutzen uns diese kritischen Gedanken aber nichts. Die *Rechtsfolge* in einer Aufgabe (Anspruch auf Zahlung eines Kaufpreises z.B.) kann immer erst dann verbindlich festgelegt werden, ***nachdem*** die *Voraussetzungen* geprüft sind. Daraus ergibt sich für den Gutachter die Notwendigkeit, seine juristischen Untersuchungen auf dem Wege zur endgültigen Lösung als *mögliche* Voraussetzungen für eine bestimmte Entscheidung darzustellen.

I. Der unberechtigte Konjunktiv

Müßte, könnte, würde ...

Sprachlich findet diese Art der Entscheidungsvorbereitung ihren Ausdruck meistens (zu Unrecht) in der Verwendung der Möglichkeitsform, des *Konjunktivs*. Erst wenn sich aus der juristischen Prüfung ein bestimmtes Ergebnis herauskristallisiert hat, wird *die Lösung* schließlich *im Indikativ* ausgedrückt.

... sind meistens deplaziert, denn Voraussetzungen müssen, können, werden.

Unberechtigt ist die Verwendung des Konjunktivs meistens deshalb, weil die Bedingungen, die damit umschrieben werden, gar nicht nur *mögliche* sind, sondern *wirklich* vorliegen müssen, damit eine Rechtsfolge eintreten kann. Wenn etwa ein Verkäufer von einem Käufer die Zahlung eines Kaufpreises begehrt, dann *muß* hierfür ein wirksamer Kaufvertrag vorliegen.

Richtig ist also:

> „T kann sich gemäß § 303 I StGB strafbar gemacht haben, als er die Autoscheibe einschlug. Dann ***muß*** es sich bei der Autoscheibe um eine Sache handeln..." (Man kann *gedanklich* ergänzen: „Das erscheint hier möglich, und ob das so ist, werde ich jetzt im Anschluß prüfen.")

Wenn man nun demgegenüber formuliert:

„T ***könnte*** sich gemäß § 303 I StGB strafbar gemacht haben, als er die Autoscheibe einschlug. Dann ***müßte*** es sich bei der Autoscheibe um eine Sache handeln..."

nimmt man - entgegen der Intention des Gutachtenstils - das Ergebnis (eigentlich) schon vorweg. Der Konjunktiv an dieser Stelle drückt nämlich etwas Irreales, etwas Unwirkliches, also etwas *nicht* Gegebenes aus. Diese Art von Konjunktiv benutzen wir auch im normalen Leben nur dann, wenn wir zugleich sagen wollen, daß das mit ihm Formulierte in Wirklichkeit *nicht* gegeben ist.

Kaum zu glauben: mit dem Konjunktiv macht man genau das, was man vermeiden wollte.

„Da ***müßte*** ich ja ziemlich blöd sein." (Man kann *gedanklich* ergänzen: „Bin ich aber nicht.")

Blättert man ein wenig im DUDEN, findet sich schnell, daß dort nur wenige Formen des Konjunktivs voneinander unterschieden werden.

Ein relativ unbekanntes Buch.

Es gibt einen Konjunktiv, der für ***Wünsche*** benutzt wird:

Bsp.: Er lebe hoch!

Es gibt einen weiteren Konjunktiv, der für die ***indirekte Rede*** gebraucht wird:

Bsp.: Der BGH meint, das sei ein Fall der invitatio ad offerendum.

und es gibt einen Konjunktiv, der als Ausdruck von ***Irrealität*** dient:

Bsp.: Wenn ich jetzt Schluß machen könnte, wäre ich froh.

Dazu kommen noch diverse Mischformen und ein bißchen Konjunktiv, der sich mit der ***Zukunft,*** dem Noch-nicht-Begonnenen beschäftigt:

Bsp.: Wenn ich morgen fertig werden würde, dann wäre das noch früh genug.

All diese Fälle passen nun aber ersichtlich nicht auf unsere gutachterliche Prüfung. Wir dürfen vermuten, daß die inflationäre Verwendung des Konjunktivs auf einem ***Mißverständnis*** beruht. Aus der - richtigen - Annahme, daß im Gutachten jede angespro-

Im Gutachten ist vieles nur möglich, ...

chene Rechtsfolge so lange eine *nur mögliche* Rechtsfolge ist, bis man das Vorliegen ihrer Voraussetzungen entweder bejaht (dann tritt die Rechtsfolge tatsächlich ein) oder verneint (dann tritt die Rechtsfolge tatsächlich nicht ein), wird der - falsche - Schluß gezogen, daß man darüber nicht im Indikativ schreiben darf.

... aber manches absolut zwingend.

Tatsächlich *ist* es aber so, daß bestimmte Voraussetzungen für bestimmte Rechtsfolgen vorliegen *müssen* (und nicht: *müßten*). Der Fehler liegt damit in einer Vermischung:

Für Zwingendes ist der Konjunktiv verfehlt.

Es mag (nur) *möglich* sein, daß T sich durch Einschlagen einer Scheibe strafbar gemacht hat (Sachverhalt-Rechtslage-Verbindung), aber es ist *zwingend,* daß dies nur bei Vorliegen einer Sache (und der anderen Voraussetzungen) so ist (ausschließlich eine Frage der Rechtslage).

Das hat nichts mit der Reihenfolge zu tun.

All dies ändert aber nichts daran, daß das Ergebnis der Prüfung nicht vorweggenommen und anschließend begründet werden darf. Umgekehrt ist es richtig. Man wirft die Frage auf, ob etwas so ist, man stellt es als möglich dar, und zeigt anschließend auf, welche Voraussetzungen hierfür erfüllt sein müssen.

Nicht so.

Zu Beginn einer Prüfung darf es deshalb nicht heißen:

> „T hat sich gemäß § 303 I StGB strafbar gemacht, *weil* er eine fremde Sache zerstört hat."

Sondern so.

Richtig ist vielmehr:

> „T kann sich gemäß § 303 I StGB strafbar gemacht haben. *Dann* muß er eine fremde Sache beschädigt oder zerstört haben..."

Und zum Schluß noch das.

Erst am Ende steht dann - wenn alle Voraussetzungen vorliegen - der Satz:

> „Damit hat T sich gemäß § 303 I strafbar gemacht."

Aber auf keinen Fall das.

Aber aufpassen: Das ist dann auch das Ergebnis. Danach kommt dann nichts mehr. Und erst recht nicht ein Satz, wie ich ihn in einer Klausur lesen durfte:

> „... Damit hat T sich gemäß § 303 I StGB strafbar gemacht. Man könnte (kann) natürlich auch anders entscheiden."

Kann man nicht. Sonst ist man eben noch nicht beim Ergebnis.

II. Der Dreierschritt

Das war der Grundgedanke des Gutachtens: Alles ist nur *möglich*, bis es sich dann als Ergebnis erweist. Jetzt die Details, die Dreierschrittmethode.

Alles ist möglich.

Im Rahmen jeder Prüfung taucht immer wieder derselbe Ablauf auf. Ein Merkmal, sei es nun in der Handlung, der Tatbestandsmäßigkeit, der Rechtswidrigkeit, der Schuld oder sonstwo, kann ***nicht eindeutig*** als vorliegend erkannt werden. Dann muß - wiederum gutachtenmäßig - überprüft werden, ob es vorliegt. Dies geschieht mit folgenden 3 Schritten.

Der typische Gutachtenablauf:

Etwas ist nicht eindeutig ...

1. ***Problem/Frage aufwerfen***. Dieser Schritt entspricht beim Einstieg in eine Norm dem Aufzeigen der Normvoraussetzungen, daher auch: Voraussetzungen aufzeigen.
2. Die ***Definition des Merkmals bringen,*** damit überhaupt eine Einordnungsmöglichkeit gegeben ist.
3. ***Vergleich der Definition mit dem Sachverhalt***. Danach entweder das Vorliegen des Merkmals bejahen oder verneinen.

... die Frage danach wird aufgeworfen ...

... die Voraussetzungen aufgezeigt ...

... ein Vergleich gemacht und ein Ergebnis gefunden.

III. Beispielsfall

T geht in den O-Supermarkt. Er steckt auf dem Weg zur Kasse ein Päckchen Kondome ein, das er ohne zu bezahlen mitnimmt. Strafbarkeit?

> *Aus didaktischen Gründen prüfe ich in der folgenden Lösung auch Merkmale, die „eigentlich" unzweideutig vorliegen. Die Bemerkungen, die in Klammern stehen, gehören selbstverständlich nicht in eine schriftliche Lösung.*

IV. Lösungsvorschlag

(Einstieg = Frage aufwerfen)

T kann sich durch das Einstecken der Kondome nach § 242 I StGB strafbar gemacht haben.

(Die eigentliche Prüfung:)

I. Tatbestandsmäßigkeit 1. Objektiver Tatbestand

(1. Schritt: Problem aufwerfen = Voraussetzungen aufzeigen)

1. Schritt

T muß eine fremde bewegliche Sache weggenommen haben.

(2. Schritt: Definitionen bringen)

2. Schritt *Sache* i.S.d. § 242 I ist jeder körperlicher Gegenstand.

Fremd ist eine Sache dann, wenn sie im (Mit)Eigentum eines anderen steht.

Beweglich ist eine Sache dann, wenn sie rein tatsächlich fortbewegt werden kann. Auf die Beweglichkeit i.S.d. BGB kommt es nicht an.

Wegnahme bedeutet Bruch fremden, Begründung neuen Gewahrsams.

Gewahrsam ist ein tatsächliches Herrschaftsverhältnis getragen von einem Herrschaftswillen.

3. Schritt (3. Schritt: Vergleich Definitionen-Sachverhalt)

Die Kondome sind ein körperlicher Gegenstand, sie sind daher eine *Sache*.

Die Kondome stehen im Eigentum des Supermarktes, sie sind daher *fremd*.

Die Kondome können fortbewegt werden, sie sind daher *beweglich*.

Solange die Kondome im Regal lagen, hatte der O-Supermarkt (über seine Angestellten) die tatsächliche Herrschaft über die Kondome. Daß er auch den Willen zu dieser Herrschaft hatte, kann unterstellt werden. Der O-Supermarkt hatte also *ursprünglich Gewahrsam*.

Mit dem Einstecken der Kondome erlangt T die Herrschaft über die Kondome. Auch er hat einen Herrschaftswillen. Damit hat er mit dem Einstecken ***neuen Gewahrsam*** begründet.

Die Begründung dieses neuen Gewahrsams erfolgte nicht mit dem Willen des O-Supermarktes, sondern gegen, mindestens ohne diesen Willen. Es handelt sich daher auch um einen *Gewahrsamsbruch*.

Damit liegt auch das Merkmal der *Wegnahme* vor.

Der objektive Tatbestand des § 242 ist folglich erfüllt.

2. Subjektiver Tatbestand

1. Schritt - Subj. TB, Teil I (1. Schritt: Voraussetzungen aufzeigen).

a. T muß den objektiven Tatbestand vorsätzlich verwirklicht haben.

2. Schritt (2. Schritt: Definitionen)

Vorsatz bedeutet Wissen und Wollen der Tat.

(3. Schritt: Vergleich + Ergebnis) — 3. Schritt

T wußte, daß die Kondome eine fremde bewegliche Sache waren. Er wußte auch, daß er mit dem Einstecken fremden Gewahrsam gebrochen und neuen - eigenen - begründet, also weggenommen hat.

Dies wollte er ja gerade.

Er handelte also mit ***Vorsatz***.

(1. Schritt: Voraussetzungen aufzeigen). — 1. Schritt - Subj. TB, Teil II

b. Darüberhinaus muß er in der ***Absicht rechtswidriger Zueignung*** für sich oder einen Dritten gehandelt haben.

(2. Schritt: Definitionen) — 2. Schritt

Absicht in diesem Sinne bedeutet, daß das Wollen bezüglich der Zueignung dominieren muß und an das Wissen keine allzu großen Anforderungen zu stellen sind. *(Je mehr er weiß, umso besser.)*

Zueignung setzt eine dauernde Enteignung und eine (zumindest vorübergehende) Aneignung voraus.

Rechtswidrig ist eine Zueignung immer dann, wenn der Täter keinen Anspruch darauf hat. *(**Achtung:** Das ist hier ein Tatbestandsmerkmal, das nichts mit der gleich noch zu prüfenden Rechtswidrigkeit als allgemeines Aufbaumerkmal zu tun hat!)*

(3. Schritt: Vergleich + Ergebnis) — 3. Schritt

T wollte sich die Kondome aneignen und dabei den O-Supermarkt enteignen. Er wollte sich die Kondome also zueignen. Da er keinen Anspruch auf die Kondome hatte, ist eine derartige Zueignung rechtswidrig. Er wußte, daß er keinen Anspruch darauf hatte, wollte die Zueignung aber trotzdem.

Der subjektive Tatbestand des § 242 ist folglich ebenfalls erfüllt.

II. Rechtswidrigkeit

> (***Überlegung:*** *Es gibt nur 2 offene Tatbestände - §§ 240 und 253 -, bei denen die Rechtswidrigkeit extra geprüft werden muß. Bei allen anderen ist sie indiziert, es sei denn, es lägen Rechtfertigungsgründe vor. Wenn ersichtlich keine solchen vorliegen, schweigt man darüber und stellt schlicht die Rechtswidrigkeit fest.)*

Die Erfüllung des Tatbestandes war rechtswidrig. — Gutachtenstil überflüssig.

III. Schuld

(***Überlegung:*** *Normalerweise ist ein Täter schuldfähig, bis das Gegenteil gesagt wird. Besondere Schuldmerkmale gibt es bei § 242 nicht. Der Schuldvorsatz und das Unrechtsbewußtsein sind ebenfalls nur bei Vorliegen von Anhaltspunkten für das Gegenteil zu untersuchen. Gleiches gilt für Entschuldigungsgründe.*)

Gutachtenstil überflüssig.

Die rechtswidrige Erfüllung des Tatbestandes geschah auch schuldhaft.

IV. Ergebnis:

T hat sich nach § 242 I strafbar gemacht. Wegen der Geringwertigkeit des Diebstahlsobjektes ist gemäß § 248a ein Strafantrag erforderlich.

V. Zusammenfassung

Wie hoffentlich aufgefallen, liegt eine verschachtelte Prüfung vor, die dem 3er-Schritt-Muster folgt. Die Verschachtelung liegt dabei im wesentlichen im Folgenden:

(1. Schritt: Frage aufwerfen)

T kann sich nach § 242 I strafbar gemacht haben.

(2. Schritt: Definitionen bringen)

Diebstahl ist die tatbestandsmäßige, rechtswidrige und schuldhafte Erfüllung des § 242 I

(1. Schritt: Frage aufwerfen)
T kann den Tatbestand verwirklicht haben.

(2. Schritt: Definitionen bringen)
Tatbestand des § 242 I ist: . . . .

(1. Schritt: Frage aufwerfen)
Fraglich ist, ob eine Wegnahme vorliegt.
(2. Schritt: Definitionen bringen)
Wegnahme ist: . . . . .
(3. Schritt: Vergleich + Ergebnis)
T hat eingesteckt und daher weggenommen.

(3. Schritt: Vergleich + Ergebnis)
T hat dies getan und daher den Tatbestand verwirklicht.

(3. Schritt: Vergleich + Ergebnis)

T hat § 242 I tatbestandsmäßig, rechtswidrig und schuldhaft erfüllt. Er hat sich nach § 242 I strafbar gemacht.

Manches denkt man sich nur noch.

Bestimmte Allgemeinplätze werden in einer Klausur allerdings nicht mehr ausdrücklich erwähnt („*Diebstahl ist die tatbestands-*

mäßige, rechtswidrige und schuldhafte Erfüllung des § 242 I.“), sie sind nur noch in der gedanklichen Prüfung enthalten.

Das Wichtigste bei der Prüfung ist, daß man nicht einfach blindlings drauflos prüft. Man sollte zunächst eine Gliederung erstellen. Dies ist mit Hilfe der 8 Schemata aus dem 2. Teil dieses Skriptes überhaupt kein Problem. Beispiele hierfür geben im übrigen auch die nun folgenden Übungsklausuren mit ihren ausformulierten Lösungen.

Man muß einen Plan haben, wie die Klausur abzulaufen hat.

Dann ist beim Schreiben darauf zu achten, daß die aufgeworfenen Fragen auch beantwortet werden. Also bitte nicht schreiben:

Fragen müssen beantwortet werden!

> „Möglicherweise sind die Kondome eine Sache. (= 1. Schritt)
> Sache ist jeder körperlicher Gegenstand. (= 2. Schritt)
> Möglicherweise ist diese Sache auch fremd. (= 1. Schritt)
> etc. „

Da fehlt dann was. Und das hat der Korrektor gar nicht gerne. Korrektoren wollen nicht selbst anfangen müssen zu denken. Sie wollen abhaken. Und das geht nur, wenn was zum Abhaken da ist. Also: Den Schlußsatz, das Ergebnis nicht vergessen!

Sonst hat der Korrektor ein Problem. Und wenn der eins hat, haben wir auch eins.

Für's Beispiel:

> „Die Kondome sind ein körperlicher Gegenstand und damit eine Sache. (= 3. Schritt)“

B. Übungsklausur Nr. 1*

Der Fall.

In der Absicht, den Viehhändler V zu berauben, verbirgt sich der mit einem Eichenknüppel bewaffnete T eines Abends an einem Waldweg hinter einem Baum. Zufällig kommt O, ein Bruder des T, diesen Weg entlang. In der Annahme, den V vor sich zu haben, versetzt T dem O (ohne Tötungsvorsatz) von hinten einen Schlag auf den Kopf. Als er den laut aufschreienden O an der Stimme erkennt, läßt er von weiteren Hieben ab, versorgt den O mit einem Notverband und bringt ihn sodann nach Hause. Außer einer Platzwunde und einer Gehirnerschütterung hat O jedoch keinen Schaden erlitten. Nach einigen Tagen ist er wieder wohlauf.

Die Fallfrage.

Wie hat sich T strafbar gemacht? Es sind nur vollendete Delikte zu prüfen.

I. Lösungsvorschlag - Vorarbeiten

Vorbemerkung: *Die nachfolgend gebrachte Lösung ist nicht der Weisheit letzter Schluß. Sie ist nur eine Möglichkeit, diesen Fall zu lösen. Eine andere (Teil-) Lösung ist genauso gut vertretbar, wenn nur sauber und konsequent begründet wird. Begründung ist insbesondere da erforderlich, wo Probleme stekken. Ein Leser wird nicht einfach jeder Behauptung zustimmen, er erwartet - mit Recht - eine Begründung für das, was behauptet wird.*
Ein weiteres: Die in Klammern geschriebenen Bemerkungen gehören natürlich nicht in eine Klausur hinein. Sie sind eine gedankliche Stütze, sonst nichts.

Erste Maßnahme: ***Sachverhalt*** erfassen!

Die Fallbearbeitung beginnt damit, daß der ***Sachverhalt*** erfaßt wird. Bevor man irgendwelche Strafbarkeiten prüfen kann, muß man wissen, wer was gemacht hat. Bei komplizierten Sachverhalten erfolgt eine Einteilung nach Zeitabschnitten, Täter etc. Es kann sinnvoll sein, sich zum Sachverhalt eine Zeichnung der Beteiligten zu machen. Man sollte sich das zur Gewohnheit werden lassen.

Zweite Maßnahme: ***Inhaltsverzeichnis*** abklappern.

Anschließend sucht man im ***Inhaltsverzeichnis*** die in Frage kommenden Vorschriften heraus und notiert sie. Dies sind hier:

- §§ 223 I und 224 I Nr. 2, 3 und 5
- §§ 249 I, 250 II Nr. 1, 3.a) (Versuch: §§ 22, 23 I, 12 I)
- § 240 I (Versuch: §§ 22, 23 I, 12 II, 240 III)

---

* Nach Wessels, Strafrecht AT, Rn. 882.

Wichtig ist, daß man bereits hier exakt bezeichnet, welchen Tatbestand man prüft: Immerhin haben die §§ 224 I und 250 II je mehrere verschiedene Varianten (Ziffern).

Dann wird ***sortiert.*** § 224 I Nr. 2, 3 und 5 sind Qualifikationen von § 223 I und werden daher erst nach dem Grundtatbestand (§ 223) geprüft, vgl. hierzu S. 123.

Dritte Maßnahme: ***Sortieren*.**

Dasselbe gilt für § 250 II Nr. 1 und 3.a) (Qualifikationen) im Verhältnis zu § 249 I (Grundtatbestand).

Im folgenden wird die Versuchsstrafbarkeit nicht weiter erörtert. Diese Klausur sollte eigentlich direkt nach Abschluß der Lektüre des vollendeten, vorsätzlichen Begehungsdeliktes durchgearbeitet werden.

(Und nicht vergessen: nur die Fallfrage entscheidet, was geprüft wird!)

Aus gegebenem Anlaß erneut der Hinweis: Die in Klammern stehenden Bemerkungen gehören selbstverständlich nicht in eine Klausur hinein. Im Anschluß an diese Lösung mit Erläuterungen, befindet sich dieselbe noch einmal ohne Erläuterungen.

II. Die eigentliche Klausur (mit Zwischenbemerkungen)

(Einstieg = Frage aufwerfen)

Einstieg (Obersatz).

T kann sich durch den Schlag nach §§ 223 I, 224 I Nr. 2, 3 und 5 StGB *(in eine Fußnote: „Die nachfolgenden Paragraphen sind - soweit nicht anders gekennzeichnet - solche des StGB" oder vergleichbare Formulierung)* strafbar gemacht haben.

I. Tatbestandsmäßigkeit – Grundtatbestand, § 223 I

1. Objektiver Tatbestand

(1. Schritt: Voraussetzungen aufzeigen)

1. Schritt

a. T muß einen anderen körperlich mißhandelt oder an der Gesundheit beschädigt haben.

(2. Schritt: Definitionen bringen)

2. Schritt

b. Unter einer körperlichen Mißhandlung versteht man jede üble unangemessene Behandlung, durch die das körperliche Wohlbefinden oder die körperliche Unversehrtheit des Opfers mehr als nur unerheblich beeinträchtigt wird.

Gesundheitsbeschädigung ist ..... (vgl. Kommentar)

3. Schritt

(3. Schritt: Vergleich Definitionen Sachverhalt)

O hat eine Gehirnerschütterung und eine Platzwunde. Dies stellt eine erhebliche Beeinträchtigung seines Wohlbefindens dar. Er ist folglich körperlich mißhandelt worden.

(An der Kausalität zwischen Schlag und Verletzung besteht ebenso wie an der Zurechnung (mißbilligte Gefahr geschaffen & realisiert) keinerlei Zweifel. Also: Kein Wort darüber.)

c. Der objektive Tatbestand des § 223 I ist damit erfüllt.

2. Subjektiver Tatbestand

1. Schritt

(1. Schritt: Voraussetzungen aufzeigen).

a. T muß den objektiven Tatbestand vorsätzlich verwirklicht haben.

2. Schritt

(2. Schritt: Definitionen)

Vorsatz bedeutet Wissen und Wollen der Tat.

3. Schritt

(3. Schritt: Vergleich + Ergebnis)

T wußte, daß er das körperliche Wohlbefinden des O mit dem Schlag beeinträchtigen würde. Genau das wollte er ja auch.

1. Schritt

(1. Schritt: Frage aufwerfen)

b. Fraglich ist allerdings, wie es sich auswirkt, daß T nicht wußte, daß sein Opfer nicht der V, sondern der O war. Möglicherweise entfällt dadurch das Wissenselement des Vorsatzes und damit auch der Vorsatz selbst. Es kann ein vorsatzausschließender Tatbestandsirrtum gem. § 16 I S. 1 vorliegen.

2. Schritt

(2. Schritt: Definitionen)

Problem einbauen:

Bezugspunkt des Tatbestandsvorsatzes sind allein die Merkmale des objektiven Tatbestandes. Der objektive Tatbestand des § 223 I weist als geschütztes Rechtsgut und damit als Tatobjekt *eine andere Person* aus – entscheidend ist also (nur) die Qualität des Tatobjektes als Mensch. Als Angriffsart und damit als Tathandlung wird eine körperliche Mißhandlung bzw. eine Gesundheitsbeschädigung benannt – entscheidend ist insoweit also nur die Qualität der Handlung als die Herbeiführung eines pathologischen Zustandes. Keine rechtliche Relevanz hat der Umstand, welche *Eigenarten dem Opfer* über die Qualität *Mensch* hinaus noch zugeschrieben werden können. (Ebensowenig spielt es eine Rolle, welche *Eigenarten der Handlung* über die Qualität Herbeiführung eines pathologischen Zustandes hinaus noch innewohnen können.) Ob das Opfer ein alter oder ein junger Mensch ist, ob es arm oder reich ist, welcher Rasse oder Herkunft es ist, wie sein persönlicher oder beruflicher Werdegang ist, kurz: welches seine identitätsbildenden Eigenschaften sind, spielt für den Tatbestand des § 223 I keine Rolle.

Daraus folgt, daß der Tatbestandsvorsatz bereits dann vorliegt, wenn der Täter im Bewußtsein handelt, (irgend-) einen Menschen zu verletzen. Weiterhin folgt, daß der Tatbestandsvorsatz nur dann fehlt, wenn der Täter mit dem von ihm angezielten Objekt nicht *einen Menschen* verletzen will.

Irrt sich der Täter also im Hinblick auf die Identität des verletzten Objekts, so ist entscheidend, ob das angezielte und tatsächlich verletzte und das vermeintlich verletzte Objekt wertungsmäßig gleich zu behandeln sind. Handelt es sich bei beiden um Menschen, spielt ein Irrtum über die Identität keine Rolle mehr. Es handelt sich dann um einen unbeachtlichen sog. „error in persona".

(3. Schritt: Vergleich + Ergebnis)

3. Schritt

T weiß, daß sein Opfer ein Mensch ist. Nach dem gerade Gesagten ist sein Irrtum über dessen Identität unbeachtlich. Für das Wissenselement des Vorsatzes genügt die Kenntnis der Menschqualität.

Problem auflösen.

Damit liegt kein vorsatzausschließender Tatbestandsirrtum vor.

c. T handelte vorsätzlich.

Der subjektive Tatbestand des § 223 I ist folglich ebenfalls erfüllt.

II. Rechtswidrigkeit

(***Überlegung:*** Es gibt nur 2 offene Tatbestände - §§ 240 und 253 -, bei denen die Rechtswidrigkeit extra geprüft werden muß. Bei allen anderen ist sie indiziert, es sei denn, es lägen Rechtfertigungsgründe vor. Wenn ersichtlich keine solchen vorliegen, schweigt man darüber und stellt schlicht die Rechtswidrigkeit fest.)

Die Erfüllung des Tatbestandes war rechtswidrig.

Gutachtenstil überflüssig.

III. Schuld

> *(**Überlegung**: Normalerweise ist ein Täter schuldfähig, bis das Gegenteil gesagt wird. Besondere Schuldmerkmale gibt es bei § 223 I nicht. Der Vorsatz-Schuldvorwurf und das Unrechtsbewußtsein sind ebenfalls nur bei Vorliegen von Anhaltspunkten für das Gegenteil zu untersuchen. Gleiches gilt für Entschuldigungsgründe.)*

Die rechtswidrige Erfüllung des Tatbestandes geschah auch schuldhaft.

Gutachtenstil überflüssig.

- Zwischenergebnis

Ausstieg (Schlußsatz). (Ausstieg: Die im Einstieg aufgeworfene Frage beantworten)

T hat sich nach § 223 I strafbar gemacht.

Einstieg = 1. Schritt (Einstieg = Frage aufwerfen; hier: 1. Schritt: Frage aufwerfen)

V. Darüberhinaus kann T auch die Qualifikationen des § 224 I Nr. 2, 3 und 5 verwirklicht haben.

> (**Vorbemerkung:** *Eine Qualifikation kann man auf 2 Arten prüfen: Entweder nach dem komplett überprüften Grunddelikt (so wie's gerade hier geschieht). Oder man prüft zunächst den Tatbestand (objektiv und subjektiv!) des Grunddelikts und schwenkt dann direkt auf den Tatbestand (objektiv und subjektiv) der Qualifikation über. Rechtswidrigkeit und Schuld von beiden prüft man dann gemeinsam (vgl. auch S. 123).*

Wichtig ist, daß man beide Paragraphen bereits in der ersten Einstiegsüberschrift aufführt:

„T kann sich durch den Schlag nach §§ 223, 224 I Nr. 2 .. strafbar gemacht haben.“)

1. Objektiver Tatbestand

2. Schritt (2. Schritt: Definitionen)

a. Ein gefährliches Werkzeug liegt dann vor, wenn der Täter einen Gegenstand benutzt, der entweder durch seine Beschaffenheit oder durch die konkrete Art seiner Benutzung geeignet ist, die Schwere einer Körperverletzung nicht unerheblich zu erhöhen.

3. Schritt (3. Schritt: Vergleich + Ergebnis)

Ein Eichenknüppel erfüllt diese Voraussetzungen ohne weiteres.

2. Schritt (2. Schritt: Definitionen)

b. Ein hinterlistiger Überfall liegt dann vor, wenn ... (vgl. Kommentar).

3. Schritt (3. Schritt: Vergleich + Ergebnis)

Dies ist hier zu bejahen/verneinen.

2. Schritt (2. Schritt: Definitionen)

c. Eine das Leben gefährdende Behandlung liegt dann vor, wenn ... (vgl. Kommentar).

3. Schritt (3. Schritt: Vergleich + Ergebnis)

Dies ist hier zu bejahen/verneinen.

d. Damit ist der objektive Tatbestand des § 224 I Nr. 2 (ggfls. 3 und 5) erfüllt.

2. Subjektiver Tatbestand

T handelte hinsichtlich all dieser Merkmale vorsätzlich.

V. Rechtswidrigkeit/Schuld

Für Rechtswidrigkeit und Schuld kann nichts anderes gelten, als bei § 223 I: Sie liegen vor.

VI. Ergebnis

(Ausstieg: Die im Einstieg aufgeworfene Frage beantworten) Ausstieg (Schlußsatz).

Damit hat T auch die Qualifikation des § 224 I Nr. 2 .... erfüllt. T ist nach §§ 223, 224 I Nr. 2 ... zu bestrafen.

III. Die eigentliche Klausur (ohne Zwischenbemerkungen)

T kann sich durch den Schlag nach §§ 223 I, 224 I Nr. 2, 3 und 5 StGB* strafbar gemacht haben.

I. Tatbestandsmäßigkeit – Grundtatbestand, § 223 I

1. Objektiver Tatbestand

a. T muß einen anderen körperlich mißhandelt oder an der Gesundheit beschädigt haben.

b. Unter einer körperlichen Mißhandlung versteht man jede üble unangemessene Behandlung, durch die das körperliche Wohlbefinden oder die körperliche Unversehrtheit des Opfers mehr als nur unerheblich beeinträchtigt wird.

Gesundheitsbeschädigung ist ..... (vgl. Kommentar)

O hat eine Gehirnerschütterung und eine Platzwunde. Dies stellt eine erhebliche Beeinträchtigung seines Wohlbefindens dar. Er ist folglich körperlich mißhandelt worden.

(An der Kausalität zwischen Schlag und Verletzung besteht ebenso wie an der Zurechnung (mißbilligte Gefahr geschaffen & realisiert) keinerlei Zweifel. Also: Kein Wort darüber.)

c. Der objektive Tatbestand des § 223 I ist damit erfüllt.

---

* Die nachfolgenden Paragraphen sind - soweit nicht anders gekennzeichnet - solche des StGB

2. Subjektiver Tatbestand

a. T muß den objektiven Tatbestand vorsätzlich verwirklicht haben.

Vorsatz bedeutet Wissen und Wollen der Tat.

T wußte, daß er das körperliche Wohlbefinden des O mit dem Schlag beeinträchtigen würde. Genau das wollte er ja auch.

b. Fraglich ist allerdings, wie es sich auswirkt, daß T nicht wußte, daß sein Opfer nicht der V, sondern der O war. Möglicherweise entfällt dadurch das Wissenselement des Vorsatzes und damit auch der Vorsatz selbst. Es kann ein vorsatzausschließender Tatbestandsirrtum gem. § 16 I S. 1 vorliegen.

Bezugspunkt des Tatbestandsvorsatzes sind allein die Merkmale des objektiven Tatbestandes. Der objektive Tatbestand des § 223 I weist als geschütztes Rechtsgut und damit als Tatobjekt *eine andere Person* aus – entscheidend ist also (nur) die Qualität des Tatobjektes als Mensch. Als Angriffsart und damit als Tathandlung wird eine körperliche Mißhandlung bzw. eine Gesundheitsbeschädigung benannt – entscheidend ist insoweit also nur die Qualität der Handlung als die Herbeiführung eines pathologischen Zustandes. Keine rechtliche Relevanz hat der Umstand, welche *Eigenarten dem Opfer* über die Qualität *Mensch* hinaus noch zugeschrieben werden können. (Ebensowenig spielt es eine Rolle, welche *Eigenarten der Handlung* über die Qualität Herbeiführung eines pathologischen Zustandes hinaus noch innewohnen können.) Ob das Opfer ein alter oder ein junger Mensch ist, ob es arm oder reich ist, welcher Rasse oder Herkunft es ist, wie sein persönlicher oder beruflicher Werdegang ist, kurz: welches seine identitätsbildenden Eigenschaften sind, spielt für den Tatbestand des § 223 I keine Rolle.

Daraus folgt, daß der Tatbestandsvorsatz bereits dann vorliegt, wenn der Täter im Bewußtsein handelt, (irgend-) einen Menschen zu verletzen. Weiterhin folgt, daß der Tatbestandsvorsatz nur dann fehlt, wenn der Täter mit dem von ihm angezielten Objekt nicht *einen Menschen* verletzen will.

Irrt sich der Täter also im Hinblick auf die Identität des verletzten Objekts, so ist entscheidend, ob das angezielte und tatsächlich verletzte und das vermeintlich verletzte Objekt wertungsmäßig gleich zu behandeln sind. Handelt es sich bei beiden um Menschen, spielt ein Irrtum über die Identität keine Rolle mehr. Es handelt sich dann um einen unbeachtlichen sog. „error in persona“.

T weiß, daß sein Opfer ein Mensch ist. Nach dem gerade Gesagten ist sein Irrtum über dessen Identität unbeachtlich. Für das Wissenselement des Vorsatzes genügt die Kenntnis der Menschqualität.

Damit liegt kein vorsatzausschließender Tatbestandsirrtum vor.

c. T handelte vorsätzlich.

Der subjektive Tatbestand des § 223 I ist folglich ebenfalls erfüllt.

II. Rechtswidrigkeit

Die Erfüllung des Tatbestandes war rechtswidrig.

III. Schuld

Die rechtswidrige Erfüllung des Tatbestandes geschah auch schuldhaft.

- Zwischenergebnis

T hat sich nach § 223 I strafbar gemacht.

IV. Darüberhinaus kann T auch die Qualifikationen des § 224 I Nr. 2, 3 und 5 verwirklicht haben.

1. Objektiver Tatbestand

a. Ein gefährliches Werkzeug liegt dann vor, wenn der Täter einen Gegenstand benutzt, der entweder durch seine Beschaffenheit oder durch die konkrete Art seiner Benutzung geeignet ist, die Schwere einer Körperverletzung nicht unerheblich zu erhöhen.

Ein Eichenknüppel erfüllt diese Voraussetzungen ohne weiteres.

b. Ein hinterlistiger Überfall liegt dann vor, wenn ... (vgl. Kommentar).

Dies ist hier zu bejahen/verneinen.

c. Eine das Leben gefährdende Behandlung liegt dann vor, wenn ... (vgl. Kommentar).

Dies ist hier zu bejahen/verneinen.

d. Damit ist der objektive Tatbestand des § 224 I Nr. 2 (ggfls. 3 und 5) erfüllt.

2. Subjektiver Tatbestand

T handelte hinsichtlich all dieser Merkmale vorsätzlich.

V. Rechtswidrigkeit/Schuld

Für Rechtswidrigkeit und Schuld kann nichts anderes gelten, als bei § 223 I: Sie liegen vor.

VI. Ergebnis

Damit hat T auch die Qualifikation des § 224 I Nr. 2 .... erfüllt. T ist nach §§ 223 I, 224 I Nr. 2 ... zu bestrafen.

C. Übungsklausur Nr. 2

Der gelähmte Oberst T sitzt in seinem Garten im Rollstuhl. Um häufigen Diebstählen entgegenzutreten, hat er seine Jagdflinte mitgenommen. Als O über den Gartenzaun springt, vor T's Augen sich die Jackentaschen mit den gerade von ihm gepflückten Kirschen vollsteckt, ruft der sonst hilflose T: „Stehenbleiben oder ich schieße!" Dabei gibt T einen Warnschuß in die Luft ab. O will nicht erkannt werden und setzt sich deshalb dennoch ab. Er übersteigt wieder den Gartenzaun und sieht höhnisch grinsend kurz zurück. Deshalb schießt T erneut, jetzt in Richtung auf O. Ein Schrotkorn trifft und verletzt O nicht unerheblich. O entkommt samt Kirschen.

Der Fall.

Wie ist das Verhalten der Beteiligten strafrechtlich zu beurteilen? Soweit erforderlich, ist Strafantrag gestellt.

Die Fallfrage.

I. Lösungsvorschlag - Vorarbeiten

> **Vorbemerkung:** *Auch für die nachfolgend gebrachte Lösung gilt, was ich bereits bei der ersten Klausur gesagt habe: Man muß es nicht genauso machen; es ist nur ein Vorschlag.*

Die Fallbearbeitung beginnt damit, daß der ***Sachverhalt*** erfaßt wird. Die Beteiligten haben folgende Aktivitäten entwickelt (in der Reihenfolge ihres Handelns):

Erste Maßnahme: ***Sachverhalt*** erfassen.

- O betritt das Grundstück des T.
- O nimmt die Kirschen des T.
- O verläßt das Grundstück des T.
- O grinst höhnisch zurück.
- T fordert O zum Stehenbleiben auf und gibt dabei einen Warnschuß ab.
- T schießt auf O und trifft ihn.

Anhand dieser Liste sucht man anschließend im ***Inhaltsverzeichnis*** die in Frage kommenden Vorschriften heraus und notiert sie. Das sind hier:

Zweite Maßnahme: ***Inhaltsverzeichnis*** abklappern.

a. Für O:

- § 123 I 1. Begehungsweise 3. Var.
- §§ 242 I, 243 I S. 2 Nr. 2, 6, II, 248a
- § 185 1. Begehungsweise

b. Für T:

- § § 240 I, III, 23 I, 22
- § § 223 I, 224 I Nr. 2 und 5.

Dritte Maßnahme: Sortieren und *Gliederung* machen.

Hat man dies, macht man als nächstes eine ***Gliederung***. In den Anfangsauflagen habe ich noch geschrieben, daß diese Gliederung zwar nicht mit abgegeben würde, aber eine absolut notwendige Voraussetzung für einen sauberen Aufbau und ein gutes Timing sei. Das mit Timing und Aufbau bleibt auch; das andere revidiere ich. Ich stehe nunmehr auf dem Standpunkt, daß die Gliederung auf jeden Fall mit abgegeben werden sollte, selbst wenn dies nicht vorgeschrieben ist.

Gliederung mitabgeben hat Vorteile.

Der Grund liegt in folgender Überlegung: Als Korrektor einer solchen Arbeit liest man normalerweise alles, was geschrieben hereinkommt. Wenn jetzt - was gar nicht so selten ist - der Verfasser einmal die aus der Sicht des Korrektors falsche Lösung gewählt hat oder gar nicht fertig geworden ist, dann kann die Gliederung dem Korrektor helfen zu sehen, daß der Verfasser die Sache dem Grunde nach im Griff hat. Liest man daher in der Gliederung, daß der Verfasser die Arbeit zu Ende gedacht hat, ist jedenfalls der Vorwurf vom Tisch, daß der Verfasser die Arbeit nicht richtig verstanden, bestimmte Probleme gar nicht gesehen hat.

Eine Bemerkung allerdings noch hintenan: Damit kann man keine völlig neben der Sache liegende Arbeit retten. Man verschafft sich nur einen kleinen psychologischen Vorteil. Aber den sollte man mitnehmen.

Aufbau der Gliederung anhand von Zweckmäßigkeitserwägungen.

Wie die Gliederung aufgebaut wird, richtet sich nach Zweckmäßigkeitserwägungen. Als solche ist hier insbesondere eine mögliche Notwehr durch T zu nennen. Notwehr setzt einen gegenwärtigen rechtswidrigen Angriff voraus. Der kann hier nur von O kommen. Am naheliegendsten ist es also, zunächst O durchzuprüfen. Stellt man dabei fest, daß er rechtswidrig angreift (§ 242), kann man später bei T im Rahmen der Notwehr darauf verweisen. Würde man mit T beginnen, müßte man bei der Notwehr anfangen zu schachteln und innerhalb der Prüfung des T das Verhalten des O prüfen.

Eine mögliche Gliederung sähe dann etwa so aus:

Die Strafbarkeit des O

A. § 123 I 1. Begehungsweise 3. Var.

I. Tatbestandsmäßigkeit

1. Objektiver Tatbestand:
- Befriedetes Besitztum
- Eindringen

2. Subjektiver Tatbestand:
- Vorsatz

II. Rechtswidrigkeit

III. Schuld

IV. Strafantrag, § 123 II.

B. §§ 242 I, 243 I S. 2 Nr. 2, 6, II, 248a

I. Tatbestandsmäßigkeit

1. Objektiver Tatbestand:
- Sache
- fremde
- bewegliche
- Wegnahme

2. Subjektiver Tatbestand:
- Vorsatz
- Absicht rechtswidriger Zueignung

II. Rechtswidrigkeit

III. Schuld

IV. Regelbeispiele des § 243 I S. 2

1. Nr. 2
- Sicherung gegen Wegnahme
- durch besondere Schutzvorrichtung

2. Nr. 6
- Hilflosigkeit eines anderen
- Ausnutzen

3. Vorsatz

4. Ausschluß durch § 243 II
- geringwertige Sache

V. Ggfls. Antrag, § 248a
- geringwertige Sache
- Fall des § 242

C. § 185 1. Begehungsweise

I. Tatbestandsmäßigkeit

1. Objektiver Tatbestand:

- Beleidigung

2. *Subjektiver Tatbestand:*
   - Vorsatz

II. Rechtswidrigkeit

III. Schuld

D. Ergebnis der Prüfung des O

- Strafbarkeit nach: § 123 I 1. Begehungsweise 3. Var.
- Strafbarkeit nach: §§ 242 I, 243 I S. 2 Nr. 2, 6, II, 248a
- Strafbarkeit nach: § 185 1. Begehungsweise

Man gliedert alles, was plausibel aussieht. Auf das Strafbarkeitsergebnis kommt es dabei nicht an. Das Ergebnis steht ja immer erst am Ende.

Die Strafbarkeit des O ist eigentlich ziemlich problemlos, sieht man mal davon ab, daß die ganzen Normen gefunden werden müssen. Ob die Normen jetzt alle auch eingreifen, insbesondere, ob im höhnischen Angrinsen bereits eine Beleidigung, § 185, liegt, ist für die Gliederung als Gliederung egal. Man wird aber bei der Gliederung bereits überlegen, ob die Merkmale, die man aufschreibt, auch vorliegen. Ich denke, daß dies bis auf die Beleidigung der Fall ist.

Die Strafbarkeit des T

E. §§ 240 I, III, 23 I, 22, 12 II

- ***Vorprüfung:***
  1. *Fehlen der Vollendung*
  2. *Strafbarkeit des Versuchs, III*

I. Tatbestandsmäßigkeit

1. *Subjektiver Tatbestand:*
   - Tatentschluß = Vorsatz
2. *Objektiver Tatbestand:*
   - unmittelbarer Ansatz zur Tat

II. Rechtswidrigkeit

1. *Notwehr, § 32*
   a. Notwehrlage: gegenwärtiger, rechtswidriger Angriff
   b. Notwehrhandlung:
      - erforderlich (= tatsächlich)
      - angemessen (= wertend)
   c. Notwehrwille
2. *Ergebnis: Notwehr (+)*

F. §§ 223 I, 224 I Nr. 2 und 5

I. Tatbestandsmäßigkeit

1. *Objektiver Tatbestand des § 223 I:*
   - Körperliche Mißhandlung

- Gesundheitsbeschädigung

2. *Subjektiver Tatbestand des § 223I:*
   - Vorsatz
3. *Objektiver Tatbestand des § 224 I Nr. 2 und 5:*
   - Waffe
   - das Leben gefährdende Behandlung
4. *Subjektiver Tatbestand des § 224 I Nr. 2 und 5:*
   - Vorsatz

II. Rechtswidrigkeit

1. *Notwehr, § 32*
   a. Notwehrlage: gegenwärtiger, rechtswidriger Angriff
   b. Notwehrhandlung:
      - erforderlich (= tatsächlich)
      - angemessen (= wertend) (-)
2. *Ergebnis: Notwehr (-); RW (+)*

III. Schuld

- *Verbotsirrtum*

G. Ergebnis der Prüfung des T

(- Keine Strafbarkeit nach §§ 240 I, III, 23 I, 22)

- Strafbarkeit nach §§ 223 I, 224 I Nr. 2 und 5.

Wenn man soweit ist und die Gliederung in der hier vorgeschlagenen Art und Weise erstellt hat, ist die eigentliche Arbeit nur noch ein Kinderspiel. Es muß dann lediglich noch die Gliederung aufgebläht werden.

Mit einer guten Gliederung ist das Schreiben der Klausur quasi Nebensache.

Der Zeitaufwand bis hierhin beträgt zwischen 30% und 50% der gesamten zur Bearbeitung zur Verfügung stehenden Zeit. Etwa weitere 40% gehen anschließend für's Schreiben drauf. Die restlichen 10% dienen dazu, die Arbeit noch einmal im Ganzen zu lesen und eventuelle Rechtschreibfehler zu beseitigen.

Deshalb kann man sich für die Gliederung selbst relativ viel Zeit lassen.

Insbesondere ist dabei auf Bezugsfehler zu achten: Häufig wechselt man allein aus Gedankenlosigkeit die Namen der geprüften Personen, so daß inmitten der Strafbarkeit des einen auf einmal der andere auftaucht (In der Prüfung der Strafbarkeit des O feststellen, daß T den Tatbestand erfüllt hat.)

Gerne gemacht: Bezugsfehler.

II. Die eigentliche Klausur

Strafbarkeit des O

Einstieg = 1. Schritt

A. O kann sich dadurch, daß er in den Garten des T gestiegen ist, nach § 123 I 1. Begehungsweise 3. Var. StGB[1] strafbar gemacht haben.

I. Tatbestandsmäßigkeit

1. Objektiver Tatbestand

2. Schritt + 3. Schritt

Befriedetes Besitztum ist jeder Ort, der gegen das willkürliche Betreten durch Dritte gesichert ist. Der Garten des T ist durch einen Zaun von den übrigen Grundstücken abgetrennt, er ist also ein befriedetes Besitztum.

2. Schritt + 3. Schritt

Ein Eindringen liegt dann vor, wenn der Täter gegen den Willen des Berechtigten mit mindestens einem Körperteil in die geschützte Sphäre gelangt ist. O ist im Garten des T. T wollte nicht, daß Kirschdiebe in seinen Garten kommen, er wollte also auch nicht, daß O ihn betrat. O ist folglich eingedrungen.

3. Schritt

Der objektive Tatbestand liegt vor.

2. Subjektiver Tatbestand

1. Schritt + 2. Schritt

O muß vorsätzlich gehandelt haben. Vorsatz bedeutet Wissen und Wollen der zum objektiven Tatbestand gehörenden Umstände.

3. Schritt

O wußte, daß der Garten ein befriedetes Besitztum war und daß er diesen Garten gegen den Willen des T betreten würde. Das wollte er aber trotzdem. Er handelte folglich vorsätzlich.

3. Schritt

Der subjektive Tatbestand liegt vor.

Gutachtenstil überflüssig.

II. Die Tatbestandserfüllung geschah auch rechtswidrig und schuldhaft. O hat sich nach § 123 I 1. Begehungsweise 3. Var. strafbar gemacht.

Gutachtenstil überflüssig.

III. Der zur Strafverfolgung notwendige Antrag, § 123 II, ist gestellt.

---

14 Die nachfolgenden Paragraphen sind - soweit nicht anders gekennzeichnet - solche des StGB.

B. Mit dem Einstecken der Kirschen kann sich O darüberhinaus nach §§ 242 I, 243 I S. 2 Nr. 2, 6, II, 248a strafbar gemacht haben. Einstieg = 1. Schritt

I. Tatbestandsmäßigkeit

1. Objektiver Tatbestand

Sache i.S.d. § 242 I ist jeder körperliche Gegenstand. Die Kirschen sind also Sachen. 2. Schritt + 3. Schritt

Beweglich bedeutet, daß die Sache rein tatsächlich bewegt werden können. Auf die Beweglichkeit i.S.d. BGB kommt es dabei nicht an. Die Kirschen können bewegt werden, sind also beweglich. 2. Schritt + 3. Schritt

Fremd ist eine Sache dann, wenn sie im (Mit)Eigentum eines anderen steht. Die Kirschen stehen im Eigentum des T, sind dem O also fremd. 2. Schritt + 3. Schritt

Wegnahme bedeutet Bruch fremden und Begründung neuen Gewahrsams. Gewahrsam ist ein tatsächliches Herrschaftsverhältnis, getragen von einem Herrschaftswillen. Solange die Kirschen im Garten und am Baume des T sind, hat dieser die tatsächliche Herrschaft über sie. Sein Wille dazu wird durch seine Jagdflintenaktion eindrucksvoll demonstriert. T hatte also ursprünglich Gewahrsam. Mit dem Einstecken erlangt O die tatsächliche Herrschaft über die Kirschen. Auch er will diese Herrschaft. Damit hat jetzt O Gewahrsam. Dieser Gewahrsamswechsel erfolgte gegen den Willen des T; O hat also den Gewahrsam des T gebrochen. Das Merkmal der Wegnahme liegt folglich vor. 2. Schritt + 3. Schritt

Der objektive Tatbestand ist erfüllt. 3. Schritt

2. Subjektiver Tatbestand

O wußte, daß die Kirschen fremde bewegliche Sachen waren und daß zur eigenen Gewahrsambegründung der Bruch fremden Gewahrsams erforderlich war. Genau das wollte er ja auch. Er handelte also vorsätzlich. 2. Schritt + 3. Schritt

Darüberhinaus muß er aber auch in der Absicht rechtswidriger Zueignung für sich oder einen Dritten gehandelt haben. 1. Schritt

Unter Zueignung versteht man die dauernde Enteignung und die (mindestens vorübergehende) Aneignung. 2. Schritt

Rechtswidrig ist eine solche Zueignung dann, wenn der Täter keinen Anspruch darauf hat. 2. Schritt

2. Schritt Absicht als Vorsatzform i.S.d. § 242 I bedeutet, daß die Wollenskomponente stark ausgeprägt sein muß, während bei der Wissenskomponente ein bloßes Für-möglich-Halten genügt.

3. Schritt O wollte sich die Kirschen aneignen; es ist anzunehmen, daß er sie essen wollte. Dazu mußte er T enteignen; auch dies wollte er. Er wußte, daß er keinen Anspruch auf die Zueignung hatte, er wollte sie aber trotzdem. Er handelte folglich in der Absicht rechtswidriger Zueignung

3. Schritt Der subjektive Tatbestand ist erfüllt.

3. Schritt ***II.*** Die Tatbestandserfüllung geschah auch rechtswidrig und schuldhaft. O hat sich nach § 242 I strafbar gemacht.

Einstieg = 1. Schritt ***III.*** Möglicherweise liegt außerdem noch ein Regelbeispiel nach § 243 I S. 2 Nr. 2, 6 und damit ein besonders schwerer Fall des Diebstahls vor.

1. Regelbeispiel nach Nr. 2

1. Schritt Fraglich ist, ob es sich bei dem Zaun um eine Schutzvorrichtung handelt, durch die die Kirschen besonders gegen Wegnahme gesichert sind.

2. Schritt + 3. Schritt Eine solche Schutzvorrichtung liegt immer dann vor, wenn ... (Def. vgl. Kommentar). Damit handelt es sich hier (nicht) um eine Schutzvorrichtung.

3. Schritt Das Regelbeispiel nach Nr. 2 liegt also (nicht) vor.

2. Regelbeispiel nach Nr. 6

1. Schritt Zu prüfen ist weiterhin, ob O bei seinem Kirschdiebstahl die Hilflosigkeit eines anderen ausgenutzt hat.

2. Schritt + 3. Schritt Das Ausnutzen einer Hilflosigkeit ist dann zu bejahen, wenn ... (Def. vgl. Kommentar). O hat hier also die Hilflosigkeit des T (nicht) ausgenutzt.

3. Schritt Das Regelbeispiel nach Nr. 6 liegt also (nicht) vor.

Gutachtenstil überflüssig. ***3.*** Obwohl es sich bei den Regelbeispielen nicht um Tatbestände handelt, ist erforderlich, daß der Täter mit Vorsatz bezüglich der einzelnen Merkmale handelt. Dies kann hier bejaht werden.

4. Zuletzt ist aber ein besonders schwerer Fall nach § 243 I S. 2 gemäß § 243 II dann ausgeschlossen, wenn es sich bei den Kirschen um geringwertige Sachen handelt.[15] 1. Schritt

Geringwertig ist eine Sache, wenn sich der Marktpreis nicht über DM 50, - bewegt. Eine Handvoll Kirschen kann diese Summe nicht erreichen. Es handelt sich folglich um geringwertige Sachen. 2. Schritt + 3. Schritt

Es liegt damit kein besonders schwerer Fall vor; es bleibt bei der Strafbarkeit nach § 242 I. 3. Schritt

IV. Der bei geringwertigen Sachen erforderliche Strafantrag, § 248a, ist gestellt. Gutachtenstil überflüssig.

C. O kann sich durch sein höhnisches Zurückgrinsen weiterhin nach § 185 1. Begehungsweise strafbar gemacht haben. Einstieg = 1. Schritt

(I.) Tatbestandsmäßigkeit (1.) Objektiver Tatbestand [16]

Unter Beleidigung versteht man jede Kundgabe der Nichtachtung oder Mißachtung. 2. Schritt

Fraglich ist, ob O damit, daß er T höhnisch angrinst, diesem eine Nicht- oder Mißachtung kundgibt. Richtigerweise ist wohl davon auszugehen, daß O lediglich seinem Triumpf über den erfolgreichen Diebstahl Ausdruck geben wollte; es fehlt damit an der Kundgabe von Nicht- oder Mißachtung. 3. Schritt

Mit dem Grinsen hat O den T folglich nicht beleidigt. (a. A. aber durchaus vertretbar!) 3. Schritt

Der objektive Tatbestand liegt nicht vor. O ist nicht nach § 185 1. Begehungsweise strafbar. 3. Schritt

D. Ergebnis der Strafbarkeitsprüfung des O.

O ist gem. § 123 I 1. Begehungsweise 3. Var. und § 242 I strafbar. Er handelte dabei in einer natürlichen Handlungseinheit. Nachdem hier kein Fall einer Gesetzeskonkurrenz ersichtlich ist, liegt Idealkonkurrenz vor.

---

15 Man könnte Abs. 2 auch als erstes in § 243 prüfen. Damit spart man sich die inhaltliche Prüfung der Regelbeispiele. Die Prüfungsfolge ist an den Unis nicht einheitlich. Dozenten fragen!

16 Ich habe die Zahlen in Klammern gesetzt, weil kein II. und kein 2. mehr folgt.

Strafbarkeit des T

Einstieg = 1. Schritt

E. T kann sich dadurch, daß er O unter Abgabe eines Warnschusses zum Stehenbleiben aufforderte, einer versuchten Nötigung i.S.d. §§ 240 I, III, 23 I, 22 strafbar gemacht haben.

Vorprüfung im Urteilsstil

Die Tat ist nicht vollendet: O ist nicht stehengeblieben. Die Strafbarkeit des Versuchs folgt aus § 240 III.

I. Tatbestandsmäßigkeit

1. Subjektiver Tatbestand

1. Schritt

T muß den Tatentschluß gehabt haben, O durch Drohung mit einem empfindlichen Übel zu einem Unterlassen zu bewegen.

2. Schritt + 3. Schritt

T wollte O durch den Warnschuß davon abhalten, mit den Kirschen zu flüchten; er wollte O mithin zum Unterlassen der Flucht bewegen. Er wollte dies weiterhin mittels einer Drohung erreichen: Er droht O mit einem (gezielten) Schuß.

3. Schritt

T hatte demnach den Tatentschluß.

3. Schritt

Der subjektive Tatbestand liegt vor.

2. Objektiver Tatbestand

1. Schritt

T muß nach seiner Vorstellung von der Tat unmittelbar zur Verwirklichung angesetzt haben, § 22.

2. Schritt

Ein unmittelbarer Ansatz liegt immer dann vor, wenn zur Verwirklichung der Tat keine wesentlichen Zwischenschritte mehr erforderlich sind, jedenfalls aber dann, wenn der Täter bereits ein Merkmal des gesetzlichen Tatbestandes verwirklicht hat.

3. Schritt

T hat durch seine Aufforderung und den Warnschuß das Merkmal der Drohung erfüllt, also bereits ein Merkmal verwirklicht. Er hat folglich unmittelbar angesetzt.

3. Schritt

Der objektive Tatbestand liegt vor.

II. Rechtswidrigkeit

1. Schritt (Frage nach Verwerflichkeit)

Rechtswidrig ist die Tat nach § 240 II aber nur dann, wenn die Androhung des Übels (das Mittel) zu dem angestrebten Zweck als verwerflich anzusehen ist.

1. Rechtfertigung nach § 32

1. Schritt (Ausweichen auf Notwehr)

Ob dies der Fall ist, kann dann dahinstehen, wenn in jedem Fall ein Rechtfertigungsgrund eingreift. In Betracht kommt hier § 32.

a. Notwehrlage

Es muß ein gegenwärtiger rechtswidriger Angriff auf ein Rechtsgut des T vorliegen. 2. Schritt + 3. Schritt

Der Diebstahl des O war ein rechtswidriger (vgl. oben die Prüfung der Strafbarkeit des O) Angriff auf das Eigentum des T. Im Zeitpunkt der Nötigungshandlung dauerte dieser Angriff noch an, er war mithin auch gegenwärtig. 2. Schritt + 3. Schritt

b. Notwehrhandlung

Die Handlung des T muß erforderlich und angemessen sein. 1. Schritt

Erforderlich ist eine Handlung dann, wenn sie das schonendste Mittel ist, den Angriff unverzüglich ohne eigene Gefahr zu beenden. 2. Schritt

Geht man davon aus, daß T mit seinem Rollstuhl nicht über den Gartenzaun springen kann, gab es überhaupt kein anderes Mittel für ihn. Gibt es aber kein anderes, war es auch das schonendste. Die Handlung des T war also erforderlich. 3. Schritt

Angemessen ist eine Handlung dann, wenn die sich gegenüberstehenden Rechtsgüter in ihrer konkreten Ausprägung nicht in einem so krassen Mißverhältnis zueinander stehen, daß sich die Ausübung der Notwehr als rechtsmißbräuchlich erweist. Es ist dies wertend zu ermitteln. 2. Schritt

Das Eigentum des T steht der Willens- und Handlungsfreiheit des O gegenüber. Die Beeinträchtigung der Willens- und Handlungsfreiheit ist nur gering: O soll ja lediglich stehenbleiben. Dann kann man aber - wenn überhaupt - jedenfalls nicht von einem krassen Mißverhältnis sprechen. 3. Schritt

Die Handlung ist also auch angemessen. 3. Schritt

c. Notwehrwille

T hat darüberhinaus auch mit einem Notwehrwillen gehandelt. Gutachtenstil überflüssig.

2. Ergebnis der Notwehrprüfung

Damit liegen die Voraussetzungen der Notwehr vor: Die Tat ist gerechtfertigt; T ist nicht nach §§ 240 I, III, 23 I, 22 strafbar. 3. Schritt

Einstieg = 1. Schritt

F. Mit der Verletzung des O durch den Schuß aus der Jagdflinte kann T sich aber nach §§ 223 I, 224 I Nr. 2 und 5 strafbar gemacht haben.

I. Tatbestandsmäßigkeit

T hat mit der nicht unerheblichen Verletzung einen pathologischen Zustand des O bewirkt. Gutachtenstil überflüssig.

Der objektive Tatbestand des § 223 I liegt vor.

Gutachtenstil überflüssig. T hat die Verletzung des O mindestens billigend in Kauf genommen.

Der subjektive Tatbestand des § 223 I liegt ebenfalls vor.

2. Schritt + 3. Schritt Eine Jagdflinte ist eine Waffe. Das Leben gefährdend ist eine Behandlung immer dann, wenn . . . (Def. vgl. Kommentar). Damit liegt eine das Leben gefährdende Behandlung (nicht) vor.

Gutachtenstil überflüssig. T hatte den Vorsatz bez. dieser Merkmale.

3. Schritt Der Tatbestand des § 224 I Nr. 2 und 5 ist gleichfalls verwirklicht.

II. Rechtswidrigkeit

1. Schritt Fraglich ist indes, ob T sich hier ebenso wie bei der versuchten Nötigung auf § 32 als Rechtfertigungsgrund berufen kann.

Gutachtenstil überflüssig. *1.* Es liegt nach wie vor eine Notwehrlage vor: Der rechtswidrige Angriff des O auf das Eigentum des T ist solange gegenwärtig, wie T noch die Möglichkeit hat, sein Rechtsgut zu verteidigen. Daß T diese Möglichkeit noch hat, hat er mit dem Schuß anschaulich bewiesen.

Gutachtenstil überflüssig. *2.* Der Schuß ist als einziges Mittel (vgl. oben) auch erforderlich.

1. Schritt + 2. Schritt *3.* Zu prüfen ist jetzt allerdings, ob die Tat noch ein angemessenes Mittel war. Für die Notwehr gilt der Grundsatz, daß das Recht dem Unrecht nicht weichen muß. Das bedeutet, daß eigentlich keine Abwägung zwischen dem angegriffenen und dem beeinträchtigten Rechtsgut stattfindet. Etwas anderes gilt nur für die Fälle des oben bereits erwähnten Rechtsmißbrauches, wenn nämlich die Rechtsgüter in einem krassen Mißverhältnis zueinander stehen.

3. Schritt Konkret geht es hier um die Gesundheitsbedrohung durch eine Schußverletzung auf der einen Seite und das Eigentum an - wie oben festgestellt - geringwertigen Sachen auf der anderen Seite. Gesundheit und Eigentum klaffen in ihrer konkreten Ausprägung (Schuß und geringwertige Sachen) derart weit auseinander, daß ein krasses Mißverhältnis bejaht werden muß.

3. Schritt Es fehlt damit an der Angemessenheit der Handlung. Die Tat ist nicht durch Notwehr gedeckt.

3. Schritt Die Körperverletzung war rechtswidrig.

III. Schuld

Möglicherweise glaubt T aber, seine Tat sei durch Notwehr gerechtfertigt. Es handelte sich dann um einen das Unrechtsbewußtsein ausschließenden Verbotsirrtum über die Grenzen eines tatsächlich existierenden Rechtfertigungsgrundes, § 17. 1. Schritt + 2. Schritt

T schießt „deshalb“ auf O, weil dieser ihn höhnisch angrinst. Man kann also davon ausgehen, daß er gar nicht mehr sein Rechtsgut Eigentum verteidigen, sondern sich rächen will, für das, was ihm O angetan hat. Wenn er aber nicht mehr schießt, um sich zu verteidigen, glaubt er auch nicht, daß er gerechtfertigt ist. Er irrt sich damit auch nicht: Er hat aktuelles Unrechtsbewußtsein. 3. Schritt

(a.A. gut vertretbar, dann aber die Vermeidbarkeit des Verbotsirrtums prüfen, § 17 S. 2, die hier wohl zu bejahen wäre.) (Alternative)

T ist damit nach §§ 223 I, 224 I Nr. 2 und 5 strafbar geworden. 3. Schritt

G. Ergebnis der Strafbarkeitsprüfung des T

T ist allein nach §§ 223 I, 224 I Nr. 2 und 5 strafbar geworden.

Schlußbemerkung: *Eine Lösung in dieser Ausführlichkeit wird in einer Anfängerübung (2./3. Semester) natürlich nicht erwartet; viel weniger dann von Erstsemestern. Hoffentlich aufgefallen ist, daß der Aufbau alleine dann nicht hilft, wenn man keine oder zu wenig materielle Rechtskenntnisse hat. So kann man auf die Idee, den Täter O vor dem Täter T zu prüfen, nur dann kommen, wenn man weiß, daß im Rahmen der Notwehr auf die vorher gemachten Ausführungen zurückgegriffen werden kann. Dazu muß man natürlich auch erst einmal darauf kommen, daß Notwehr überhaupt einschlägig sein kann.*

D. Übungsklausur Nr. 3

T hat hohe Schulden. Um zu Geld zu kommen, beschließt er, seinen Onkel X, dessen einziger Erbe er ist, zu erschießen. Der auf X abgegebene Pistolenschuß trifft jedoch nicht diesen, sondern versehentlich den neben X stehenden O, der sofort tot ist. B hatte, als T ihn bat, ihm eine Pistole zu leihen, diesem Wunsche aus Freundschaft entsprochen. Er hielt es für möglich, daß T die Waffe dazu benutzen würde, um sich durch Tötung des X finanziell zu sanieren, war sich dessen jedoch nicht sicher. Kurz nach der Aushändigung entstanden bei ihm Skrupel. Er eilte deshalb mit einem Taxi zu den Wohnungen von X und T, kam jedoch zu spät.

Der Fall.

Diesmal ohne ausdrückliche Fallfrage. - Dann muß man die Strafbarkeit aller in Betracht kommenden Beteiligten untersuchen.

I. Lösungsvorschlag - Vorarbeiten

Vorbemerkung: *Man kann's gar nicht oft genug sagen: Die richtige Lösung gibt es nicht. Wichtig ist, daß der Aufbau und die Begründungen überzeugen. Nachfolgend also eine Möglichkeit, diese Übungsklausur zu lösen.*

Der 1. Schritt besteht - wie immer - darin, daß der ***Sachverhalt*** erfaßt wird. Die Beteiligten haben folgende Aktivitäten entwickelt:

Erste Maßnahme: ***Sachverhalt*** erfassen.

- T schießt mit einer Pistole auf X.
- T trifft X nicht.
- T trifft den neben X stehenden O.
- T hat gehandelt, um zu Geld zu kommen.
- B hat T eine Pistole geliehen.
- B hielt es für möglich, daß T den X töten wollte.
- B eilt mit dem Taxi zu X/T.
- B kommt zu spät.

Anhand dieser Liste sucht man anschließend im ***Inhaltsverzeichnis*** die in Frage kommenden Vorschriften heraus und notiert sie. Das sind hier:

Zweite Maßnahme: ***Inhaltsverzeichnis*** abklappern.

a. Für T:

- § 212 I im Hinblick auf O
- § 222 im Hinblick auf O
- §§ 211 I, II, 3. Alt. (Habgier), 212 I, 22, 23 I, 12 I im Hinblick auf X

b. Für B:

- §§ 211 I, II, Var. 3 (Habgier), 212 I, 22, 23 I, 12 I, 27 I, 28 II im Hinblick auf X
- § 24 II S. 2 Var. 1 im Hinblick auf X
- § 222 im Hinblick auf O (Nebentäterschaft)
- § 138 I Nr. 6

Dritte Maßnahme: ***Gliederung*** machen.

Anschließend macht man eine ***Gliederung***. Der Aufbau richtet sich dabei nach Zweckmäßigkeitserwägungen. Hier sind natürlich auch schon materielle Kenntnisse erforderlich. Bestimmte Probleme fallen direkt ins Auge, so z.B. die aberratio ictus (Fehlgehen der Tat), der mögliche Rücktritt vom Versuch. Weiter ist die zwingende Aufbauregel „Täter vor Teilnehmer" zu beachten. Daraus folgt, daß die Strafbarkeit des T (= Täter, man beachte die didaktisch wertvolle Wahl des Buchstabens) in jedem Fall vor der des B (= Beihelfer, s.o.) geprüft werden muß.

Schon gesehene Probleme taktisch angehen und die Gliederung danach ausrichten.

Bei T wiederum sollte man daran denken, daß die aberratio ictus irgendwo eingebaut werden muß. Dieses irgendwo kann nur im subjektiven Tatbestand liegen. Sinnvoll ist es daher, mit einem vorsätzlichen Delikt (hier: § 212) zu beginnen. Im Rahmen des subjektiven Tatbestandes stellt man dann fest, daß im Hinblick auf das Opfer O der Vorsatz fehlt, und schwenkt elegant auf § 222 über.

Gegliedert kann das so aussehen:

Die Strafbarkeit des T

A. § 212 I im Hinblick auf O

I. Tatbestandsmäßigkeit

1. Objektiver Tatbestand

- Tod eines Menschen (+)
- Handlung des T (+)
- Verbindung: Kausalität/Zurechenbarkeit (+)

2. Subjektiver Tatbestand

- Vorsatz = Wissen und Wollen (-)

II. Ergebnis zu § 212 I

B. § 222 im Hinblick auf O

I. Tatbestandsmäßigkeit

1. Objektiver Tatbestand

- Tod eines Menschen (+)
- Handlung des T als obj. Sorgfaltspflichtverletzung (+)
- Verbindung:
  - Kausalität (+)

- Objektive Vorhersehbarkeit (+)
- Objektiver Zurechnungszusammenhang (+)
- Schutzzweck der Pflicht (+)

2. *Subjektiver Tatbestand*
   - Kein Anhaltspunkt für Wissen: Unbewußte Fahrlässigkeit

II. Rechtswidrigkeit (+)

III. Schuld

1. *Subjektive Sorgfaltspflichtverletzung (+)*
2. *Subjektive Vorhersehbarkeit (+)*

C. §§ 211 I, II, Var. 3 (Habgier), 212, 22, 23 I, 12 I im Hinblick auf X

- Vorprüfung

1. *Tat ist nicht vollendet (s.o.).*
2. *Versuch ist strafbar (vgl. Zitierung).*

I. Tatbestand

1. *Subjektiver Tatbestand*
   - Tatentschluß = Vorsatz bez.
     a. Grundtatbestand, § 212 (+)
     b. Qualifikationsmerkmal „Habgier", § 211 II, Var. 3 (+)
2. *Objektiver Tatbestand*
   - Unmittelbarer Ansatz zur Tat (+)

II. Rechtswidrigkeit (+)

III. Schuld (+)

Die Strafbarkeit des B

D. §§ 211 I, II, Var. 3(Habgier), 212 I, 22, 23 I, 12 I, 27 I, 28 II i.H. auf X

I. Tatbestand

1. *Objektiver Tatbestand*
   a. Vorliegen einer Haupttat (+)
   b. Gehilfenhandlung (+)
2. *Subjektiver Tatbestand*
   a. Vorsatz bez. der vollendeten Haupttat
      aa. Grundtatbestand des § 212 I (+)
      bb. Qualifikationsmerkmal der Habgier, § 211 (+)
   b. Vorsatz bez. der Gehilfenhandlung
3. *Vorliegen eigener Mordmerkmale, § 28 II (-)*

II. Rechtswidrigkeit (+)

III. Schuld (+)

IV. Strafaufhebungsgründe: § 24 II (+)

E. § 222 im Hinblick auf O

I. Tatbestandsmäßigkeit

1. Objektiver Tatbestand

- Tod eines Menschen (+)
- Handlung des T als obj. Sorgfaltspflichtverletzung (+)
- Verbindung:
  - Kausalität (+)
  - Objektive Vorhersehbarkeit (+)
  - Objektiver Zurechnungszusammenhang (+)
  - Schutzzweck der Pflicht (+)

2. Subjektiver Tatbestand

- Kein Anhaltspunkt für Wissen: Unbewußte Fahrlässigkeit

II. Rechtswidrigkeit (+)

III. Schuld

1. Subjektive Sorgfaltspflichtverletzung (+)

2. Subjektive Vorhersehbarkeit (+)

F. § 138 I Nr. 6

I. Tatbestandsmäßigkeit

1. Objektiver Tatbestand

- Unterlassung einer Anzeige (+)
- Glaubhaftes Erfahren eines geplanten Mordes (+)
- Möglichkeit (+)
- Zumutbarkeit (-)

2. Ergebnis zum Tatbestand

II. Ergebnis zu § 138

II. Die eigentliche Klausur

Je fortgeschrittener man ist, umso souveräner kann man zwischen Gutachten- und Urteilsstil wechseln.

Der folgende Vorschlag berücksichtigt diesmal, daß es Umstände gibt, die so eindeutig sind, daß sie nicht mehr im Gutachtenstil geprüft, sondern im Urteilsstil als vorliegend befunden werden. Die Abgrenzung zwischen diesen eindeutigen Umständen (Urteil) und weniger eindeutigen Umständen (Gutachten) erfordert eine gewisse Erfahrung; man kann kein Patentrezept dafür geben.

Dem Korrektor genügt es, wenn Definitionen *einmal* gebracht werden.

Weiterhin werden Definitionen, wie etwa die des Vorsatzes, nur einmal gebracht und anschließend als bekannt vorausgesetzt. Soweit Verweisungen möglich sind, werden sie gemacht.

Strafbarkeiten sollten im Einleitungssatz so genau wie möglich bezeichnet werden.

Beachtet zuletzt, daß im jeweiligen Einleitungssatz *genau* bezeichnet wird, warum eine Strafbarkeit des Täters geprüft wird. Also nicht schreiben: „T kann sich nach § 212 I strafbar gemacht haben.", sondern: „T kann sich dadurch, daß er O mit einem Schuß getötet hat, nach § 212 I strafbar gemacht haben."

A. T kann sich dadurch, daß er O mit einem Schuß getötet hat, nach § 212 I strafbar gemacht haben. Einstieg = 1. Schritt

I. Tatbestandsmäßigkeit

1. Objektiver Tatbestand

T hat mit seiner Handlung, dem Schuß, den Tod eines Menschen, des O, kausal und zurechenbar herbeigeführt. Er hat den objektiven Tatbestand des § 212 I erfüllt. Gutachtenstil überflüssig.

2. Subjektiver Tatbestand

Fraglich ist, ob T vorsätzlich gehandelt hat. Vorsatz bedeutet Wissen und Wollen der zum gesetzlichen Tatbestand gehörenden objektiven Merkmale. Da man Wissen immer erst hinterher hat, handelt es sich bei Erfolgsdelikten stets um eine Prognose des Täters. Ob T prognostizierte, daß er O treffen würde, kann hier nur anhand seines Willens ermittelt werden. Sein Wille steht fest: Er wollte X treffen und töten. Dem Willen, X zu töten, ist im Umkehrschluß zu entnehmen, daß es eben nicht O sein sollte. Folglich fehlt es im Hinblick auf O am Tötungswillen und damit auch an einer entsprechenden Prognose. T handelte daher im Hinblick auf O nicht mit Tötungsvorsatz. Sein Schuß stellt sich vielmehr als eine fehlgegangene Tat dar; es handelt sich um eine sog. aberratio ictus.

1. Schritt +
2. Schritt +
3. Schritt

> **Zwischenbemerkung:** *Der normale Leser registriert beim Überfliegen eines Textes die Anfangs- und Endmerkmale eines Abschnittes deutlicher als den Wust in der Mitte. Sind also Termini fällig, die besondere Sachkenntnis zum Ausdruck bringen sollen, plaziert man sie sinnvollerweise entweder am Anfang oder am Ende. Der vorgehende Abschnitt ist ein Beispiel dafür. Der Gutachtenstil wird durch das „Fraglich" demonstriert, die aberratio ictus war der Punkt, auf den es an dieser Stelle sachlich ankam.*

II. Ergebnis

Soweit es den Tod des O betrifft, scheidet eine Strafbarkeit des T gemäß § 212 I aus. 3. Schritt

B. T kann sich aber durch die Tötung des O nach § 222 strafbar gemacht haben. Einstieg = 1. Schritt

I. Tatbestandsmäßigkeit / 1. Objektiver Tatbestand

T hat, wie soeben festgestellt, den Tod des O verursacht. Verweis

1. Schritt + 2. Schritt

Er muß dabei eine objektive Sorgfaltspflicht verletzt haben. Objektiv pflichtwidrig handelt, wer die Sorgfalt außer Acht läßt, zu der er nach den Umständen verpflichtet ist. Art und Maß der Sorgfalt ergeben sich aus den Anforderungen, die bei einer Betrachtung der Gefahrenlage ex ante an einen besonnenen und gewissenhaften Menschen in der konkreten Lage und der sozialen Rolle des Handelnden zu stellen sind.

3. Schritt

Ein besonnenhafter und gewissenhafter Täter hätte sich vor der Abgabe des Schusses darüber versichern müssen, daß ein solcher Schuß keine Unbeteiligten treffen kann. Dies hat T nicht getan. Er handelte folglich sorgfaltswidrig.

> **Zwischenbemerkung:** *Es gibt keine Rechtsvorschrift, die regelt, wie man auf einen Menschen zu schießen hat; es gibt auch keine allgemeine Regel der Verkehrssitte (Jagdregeln etc.), auf die man sich stützen kann (Kenner der Mafiaszene können ihre Kenntnis natürlich einbringen.); es bleiben daher nur die allgemeinen Regeln der Sorgfalt, die man selber formulieren muß.*

1. Schritt +
2. Schritt +
3. Schritt

Desweiteren hätte der Erfolg, Tod des O, objektiv vorhersehbar sein müssen. Maßgeblich ist insoweit die Beurteilung ex ante aufgrund der dem Täter in der Tatsituation bekannten und erkennbaren Umstände. Einem objektiven Betrachter war es ohne weiteres erkennbar, daß O neben X stand und so das Opfer eines Schusses werden konnte. Der Erfolg war also objektiv vorhersehbar.

3. Schritt

Damit hat T den objektiven Tatbestand des § 222 erfüllt.

2. Subjektiver Tatbestand

Gutachtenstil überflüssig.

Es liegen keine Anhaltspunkte dafür vor, daß T um die mögliche Tötung des O gewußt hat. Es handelt sich hier folglich um unbewußte Fahrlässigkeit.

II. Rechtswidrigkeit

Gutachtenstil überflüssig.

Die tatbestandsmäßige Erfüllung geschah rechtswidrig.

III. Schuld

Gutachtenstil überflüssig.

T hätte auch subjektiv sorgfaltswidrig handeln und den Erfolg subjektiv vorhersehen können müssen. T war nach seinen persönlichen Verhältnissen durchaus in der Lage, die objektiv gebotene Sorgfalt zu beachten; er hätte darüberhinaus den Tod des O auch vorhersehen können. Die Merkmale der subjektiven Sorgfaltspflichtverletzung und Vorhersehbarkeit liegen demnach ebenfalls vor.

IV. Ergebnis

Mit der Tötung des O hat sich T nach § 222 strafbar gemacht. — 3. Schritt

> **Vorbemerkung** *zur Prüfung der §§ 212, 211: Das Verhältnis, in dem diese beiden Vorschriften zueinander stehen, ist umstritten. Während die absolut herrschende Meinung im Schrifttum = Lehre davon ausgeht, daß es sich dabei um Grundtatbestand und Qualifikation handelt, steht die Rechtsprechung ebenso entschlossen auf dem Standpunkt, es handle sich um jeweils eigenständige Delikte. Dieser Streit ist eine Frage des Besonderen Teils; er kann daher hier nicht vertieft werden. Ich gehe bei meiner Lösung aber davon aus, daß § 211 eine Qualifikation des § 212 ist. Wir haben dies im Rahmen von § 28 begründet.*

C. Mit dem Schuß auf X kann sich T darüberhinaus auch nach §§ 211 I, II, Var. 3 (Habgier), 212, 22, 23 I, 12 I strafbar gemacht haben. — Einstieg = 1. Schritt

- Die Tat ist nicht vollendet, X lebt noch; der Versuch ist strafbar, § 23 I. — Gutachtenstil überflüssig.

I. Tatbestandsmäßigkeit / 1. Subjektiver Tatbestand

T hatte den Vorsatz, X zu töten. Fraglich ist, ob dieser Vorsatz auch das Mordmerkmal der Habgier umfaßte. Unter Habgier versteht man ein übersteigertes Gewinnstreben um jeden Preis. Wenn jemand, nur um an Geld zu kommen, einen Menschen töten will, ist dieses Streben übersteigert. T war bewußt, daß er wegen des Geldes töten würde; gerade das wollte er ja auch. Er handelte folglich auch hinsichtlich des Mordmerkmales Habgier mit Vorsatz. — 1.-3. Schritt

Er hatte den für einen Mordversuch nötigen Tatentschluß. — 3. Schritt

> **Zwischenbemerkung:** *Wenn wir normalerweise einen Grundtatbestand (§ 212) und eine Qualifikation (§ 211) prüfen, dann prüfen wir erst den kompletten Tatbestand, also objektiv und subjektiv, des Grundtatbestandes durch und wenden uns dann der Qualifikation (obj. und subj. TB) zu.*
> *Beim Versuch geht das nicht. Es fehlt ja etwas am objektiven Tatbestand: er ist nicht komplett. Deshalb fangen wir mit dem subjektiven Tatbestand an. Und hier - das ist die Besonderheit - prüfen wir dann den Tatentschluß = Vorsatz bez. des Grundtatbestandes und der Qualifikation auf einmal (vgl. auch S. 173).*

2. Objektiver Tatbestand

1.- 3. Schritt

T muß nach seiner Vorstellung von der Tat unmittelbar zur Verwirklichung derselben angesetzt haben. Dies ist dann der Fall, wenn nach der Vorstellung des Täters keine wesentlichen Zwischenschritte mehr erforderlich sind, um den Erfolg herbeizuführen. Nach der Vorstellung des T ist mit der Abgabe des Schusses alles getan, um den Tod des X herbeizuführen. Ein unmittelbarer Ansatz liegt also vor.

3. Schritt

Der objektive Tatbestand der §§ 212 I, 211 II, Var. 3, 22 liegt also vor.

> **Zwischenbemerkung:** *Aufgepaßt bei dem letzten Satz. Nicht der objektive Tatbestand der §§ 212 I, 211 II, Var. 3 liegt vor, sondern der der §§ 212 I, 211 II, Var. 3, 22. Das „22" im letzten Teil ist besonders wichtig, weil dadurch der objektive Tatbestand von der Vollendung auf den unmittelbaren Ansatz reduziert wird.*
> *Wem das zu kompliziert ist und wer glaubt, daß er das leicht vergißt, läßt den letzten Satz lieber ganz weg.*

II. Rechtswidrigkeit/Schuld

Gutachtenstil überflüssig.

T handelte auch rechtswidrig und schuldhaft.

III. Ergebnis

3. Schritt

T ist wegen versuchten Mordes gem. §§ 211 I, II, Var. 3 (Habgier), 212, 22, 23 I, 12 I strafbar.

Strafbarkeit des B

Einstieg = 1. Schritt

D. B kann sich dadurch, daß er T seine Pistole lieh, einer Beihilfe zum versuchten Mord gem. §§ 211 I, II, Var. 3 (Habgier), 212 I, 22, 23 I, 12 I, 27 I, 28 II strafbar gemacht haben.

I. Tatbestandsmäßigkeit

1. Objektiver Tatbestand

Gutachtenstil überflüssig.

Mit dem versuchten Mord durch T liegt eine tatbestandsmäßige, rechtswidrige Haupttat vor.

Gutachtenstil überflüssig.

Das Verleihen der Waffe stellt eine Hilfeleistung dar, die es T erst ermöglichte, seine Tat auszuführen.

2. Subjektiver Tatbestand

2. Schritt + 3. Schritt

B hielt es für möglich, daß T die Waffe dazu nutzen würde, seinen Onkel zu töten. Er sah den Erfolg also voraus: Das *Wissens*element des Vorsatzes ist demnach - wenn auch schwach ausgeprägt - gegeben.

Fraglich ist aber, ob er den Erfolg auch *wollte*. Es ergeben sich hier 2 Möglichkeiten: Entweder war es B egal, dann läge bedingter Vorsatz vor, oder er hoffte, der Erfolg würde nicht eintreten, dann wäre ein Fall bewußter Fahrlässigkeit gegeben. 1. Schritt + 2. Schritt

Das Verhalten des B ist widersprüchlich. Zunächst händigt er aus, obwohl er Befürchtungen hat. Dann bekommt er Skrupel. Bekommt er (erst) kurz nach der Aushändigung Skrupel, läßt dies den Schluß zu, daß er vorher eben keine solchen hatte. Wer aber keine Skrupel hat, dem ist der Erfolg auch egal. Daraus kann gefolgert werden, daß B im Zeitpunkt der Hilfeleistung, der Aushändigung nämlich, mit Eventualvorsatz gehandelt hat. Seine späteren Skrupel und seine Taxiaktion sind in diesem Zusammenhang ohne Bedeutung; es wird später im Zusammenhang mit § 24 II noch darauf zurückzukommen sein. 3. Schritt

Der Vorsatz bezüglich des Grundtatbestandes der Haupttat liegt mithin vor. Es war B weiterhin bekannt, daß T aus finanziellen Motiven handeln würde. B nahm dies daher zumindest billigend in Kauf. Der Vorsatz liegt damit auch bezüglich des Qualifikationstatbestandes der Haupttat vor. 3. Schritt

Zwischenbemerkung: *Wenn der Vorsatz bezüglich des Qualifikationstatbestandes der Haupttat nicht vorgelegen hätte, wäre jedes Eingehen auf § 28 II (direkt im Anschluß) überflüssig geworden. Denn für diesen Fall könnte man sofort auf § 16 I S. 1 zugreifen, der die Kenntnis der Tatumstände zur Voraussetzung für die Strafbarkeit anordnet. Es wäre dann also egal, ob es § 28 gibt oder nicht. Das gilt natürlich nur dann, wenn der Beteiligte nicht selbst eigene Merkmale i.S.d. § 28 aufweist. Im Rahmen des § 28 sind diese Fragen ausführlich erörtert worden (auf S. 299 ff).*

Ein Vorsatz bezüglich der Hilfeleistung ist ebenfalls gegeben. Gutachtenstil überflüssig.

3. Im Hinblick auf § 28 II ist aber nun fraglich, ob auch bei B das Merkmal der Habgier vorliegt. B gibt T die Waffe aus Freundschaft. B weiß zwar um das Habgiermotiv seines Freundes, handelte selbst aber nicht aus Habgier. Andere - persönliche - Mordmerkmale sind bei B nicht ersichtlich. Damit gelangt § 28 II zur Anwendung: B kann nur noch aus dem Grundtatbestand, aus § 212 I bestraft werden. 1.-3. Schritt

B hat folglich nur den Tatbestand der Beihilfe zum versuchten *Totschlag* gem. §§ 212 I, 22, 23 I, 12 I, 27 I, 28 II verwirklicht. 3. Schritt

II. Rechtswidrigkeit/Schuld

Gutachtenstil überflüssig. Die Erfüllung dieses Tatbestandes geschah auch rechtswidrig und schuldhaft.

III. Strafaufhebungsgründe

1. Schritt Möglicherweise kommt B aber die Prämie der Straffreiheit gem. § 24 II S. 2 Var. 1 zugute.

2. Schritt + 3. Schritt An der Tat sind mehrere beteiligt, nämlich T und B. Die Tat ist ohne Zutun des B *nicht vollendet* worden: T schoß daneben. B hätte sich daher nur freiwillig und ernsthaft bemühen müssen, die Tat zu verhindern. B ließ nur kurze Zeit vergehen, nahm anschließend sofort ein Taxi und versuchte, die Tat zu verhindern. Dies deutet auf Ernsthaftigkeit seines Bemühens hin. Es gab weiterhin keinen äußeren Zwang, der ihn zu diesem Verhalten bewogen hatte, er handelte also freiwillig. Damit liegen die Voraussetzungen des § 24 II S. 2 Var. 1 vor.

IV. Ergebnis

3. Schritt B bleibt straflos, er ist nicht nach §§ 212 I, 22, 23 I, 12 I, 27 I, 28 II zu bestrafen.

Einstieg = 1. Schritt ***E.*** B kann sich aber dadurch, daß er T seine Pistole lieh, gem. § 222 strafbar gemacht haben.

I. Tatbestandsmäßigkeit / 1. Objektiver Tatbestand

Gutachtenstil überflüssig. Mit der Hingabe der Waffe hat B den Tod eines Menschen, des O, verursacht.

1. Schritt + 2. Schritt Er muß dabei eine objektive Sorgfaltspflicht verletzt haben. Objektiv pflichtwidrig handelt, wer die Sorgfalt außer Acht läßt, zu der er nach den Umständen verpflichtet ist. Art und Maß der Sorgfalt ergeben sich aus den Anforderungen, die bei einer Betrachtung der Gefahrenlage ex ante an einen besonnenen und gewissenhaften Menschen in der konkreten Lage und der sozialen Rolle des Handelnden zu stellen sind.

3. Schritt Ein besonnenhafter und gewissenhafter Täter hätte die Waffe gar nicht aus der Hand geben dürfen. Dies hat B aber getan. Er handelte folglich sorgfaltswidrig.

1.-3. Schritt Desweiteren hätte der Erfolg, Tod des O, objektiv vorhersehbar sein müssen. Maßgeblich ist insoweit die Beurteilung ex ante aufgrund der dem Täter in der Tatsituation bekannten und erkennbaren Umstände. Einem objektiven Betrachter war es ohne weiteres erkennbar, daß T die Waffe zur Abgabe eines Schusses gebrauchen würde und daß dabei auch ein Unbeteiligter Opfer eines Schusses werden konnte. Der Erfolg war also objektiv vorhersehbar.

Damit hat B den objektiven Tatbestand des § 222 erfüllt. 3. Schritt

2. Subjektiver Tatbestand

B vermutete zwar, daß T den X töten wollte, aber es liegen keine Anhaltspunkte dafür vor, daß B um die mögliche Tötung des O gewußt hat. Es handelt sich hier folglich um unbewußte Fahrlässigkeit. Gutachtenstil überflüssig.

II. Rechtswidrigkeit

Die tatbestandsmäßige Erfüllung geschah rechtswidrig. Gutachtenstil überflüssig.

III. Schuld

B hätte auch subjektiv sorgfaltsgemäß handeln und den Erfolg subjektiv vorhersehen können müssen. B war nach seinen persönlichen Verhältnissen durchaus in der Lage, die objektiv gebotene Sorgfalt zu beachten; er hätte darüberhinaus den Tod des O auch vorhersehen können. Die Merkmale der subjektiven Sorgfaltspflichtverletzung und Vorhersehbarkeit liegen demnach ebenfalls vor. 1.-3. Schritt

IV. Ergebnis

Mit der Tötung des O hat sich B nach § 222 strafbar gemacht. 3. Schritt

F. Er kann sich weiterhin nach § 138 I Nr. 6 strafbar gemacht haben. Einstieg = 1. Schritt

I. Tatbestandsmäßigkeit

1. Objektiver Tatbestand

B hatte glaubhaft von einem geplanten Mord erfahren. Er hat es unterlassen, eine Anzeige hierüber zu machen. Eine solche Anzeige wäre ihm tatsächlich möglich gewesen. Gutachtenstil überflüssig.

Fraglich ist allerdings, ob sie auch zumutbar gewesen wäre. Zu berücksichtigen ist hier einerseits, daß B - hätte er gar nichts unternommen - wegen der Aushändigung der Waffe ohnehin bereits wegen Beihilfe zu einer Straftat (die an dieser Stelle wohl schon im Versuchsstadium gewesen ist) strafbar gewesen wäre. 1. Schritt + 2. Schritt

Andererseits soll niemand gezwungen werden, sich selbst anzuzeigen. Genau dies hätte B aber mit einer Anzeige bewirkt. Dar- 2. Schritt + 3. Schritt aus läßt sich der allgemeine Schluß ableiten, daß eine Anzeige dann nicht zumutbar ist, wenn es sich um Tatbeteiligte handelt: Mit derselben Argumentation könnte man ja sonst auch den Täter zur Anzeige nach § 138 I verpflichten. B ist hier Teilnehmer (Gehilfe, s.o.); die Anzeige war ihm folglich nicht zumutbar.

3. Schritt Der objektive Tatbestand liegt nicht vor.

II. Ergebnis

3. Schritt B ist nicht nach § 138 I Nr. 6 strafbar.

Schlußbemerkung: *Es handelt sich hierbei um eine Wertungsfrage. Wer zu einem anderen Ergebnis kommt und die Zumutbarkeit bejaht, muß aber nach Prüfung der restlichen Merkmale auf § 139 IV S. 2 eingehen (und dort die Strafbarkeit abbiegen.)*

6. Teil - Hausarbeiten

A. Anleitung zur Anfertigung von Hausarbeiten

Hektik bricht aus.

Alle Semester wieder dasselbe Spiel: Der Text des Sachverhaltes, auf schmuckem Umweltgrau, hat kaum den Weg zur Verteilung als Einzel- oder Kopierexemplar gefunden, da geschehen merkwürdige Dinge. Studenten, einen ebensolchen Text in der Hand, hetzen durch Bibliotheken, stürmen die Lesesäle, raffen alles, was wie ein Buch aussieht, an, mauern eine Literaturfestung um sich und sind ein Sinnbild fleißigen Schaffens gegen alle.

Und unnützer Fleiß.

Nichts gegen Fleiß. Wo er angebracht ist. Eine Menge dagegen, wo er sinnlos ist. Wie im Beispiel.

Panik bricht aus.

Blenden wir ein paar Tage aus und begeben uns in die Endphase einer Hausarbeit. Apotheker haben Hochkonjunktur: Aufputschmittel gehen wie selten. Der Kaffeekonsum steigt progressiv. Die Nerven von Müttern und Freundinnen, die das Pech haben, zu laut mit einem Schreibmaschinenkurs geprotzt zu haben, werden dünner. Nächte werden zu Tagen. Freunde zu Feinden. Blätter zu Papierkorbfutter. Mit einem Wort: Das Leben lohnt sich.

Und unnützer Streß.

Nichts gegen Streß. Wo er angebracht ist. Eine Menge dagegen, wo er sinnlos ist. Wie im Beispiel.

Das muß nicht sein.

Beide Beispiele sind gewiß kein Phantasieprodukt. Was ich hier geschildert habe, ist Realität. Es ist aber eine Realität, die es eigentlich nicht geben müßte.

Bei Anfängern verzeihlich.

Tauchen die beschriebenen Phänomene bei den Anfangssemestern, den ersten, „kleinen“ Hausarbeiten auf, ist das verständlich: Als Anfänger weiß man es eben nicht besser.

Bei Fortgeschrittenen Dummheit.

Zeigen dagegen auch Fortgeschrittene und sogar Examenshausarbeitler solche Anwandlungen, ist eine andere Vokabel angebracht: Das ist Dummheit.

Grundregel beachten!

Eine Hausarbeit muß nicht in Streß ausarten. Es gilt allerdings, einige elementare Regeln zu beachten. Grundregel jeder Arbeit muß sein:

Erst denken, dann handeln.

Da diese Regel gerade bei den Hausarbeiten auf's Sträflichste mißachtet wird, sollen im Folgenden einige grundsätzliche Tips zum Besten gegeben werden.

Jede Hausarbeit weist eine Reihe von Elementen auf, die immer wieder vorkommen.

Es ist immer dasselbe.

So kann man bei jeder Hausarbeit zwei Phasen unterscheiden, die hier mit ***Vorbereitungs- und Bearbeitungsphase*** gekennzeichnet werden sollen. Folgen wir dem chronologischen Ablauf, steht die Vorbereitungsphase an erster Stelle.

Vorbereitungen und Bearbeitung.

I. Die Vorbereitungsphase

Diese Phase beginnt etwa 1 Woche vor Ausgabe des Hausarbeitstextes und endet am Tag vor der Ausgabe. Ihre Aufgabe ist es, die Bearbeitungsphase von all den Kleinigkeiten zu entlasten, die nicht notwendig dazugehören. Diese Kleinigkeiten sind - mangels Kenntnis der konkreten Aufgabe - zwangsläufig nicht inhaltlicher, sondern formaler Natur.

Vorher daran denken entlastet.

1. Arbeitsmittel

Natürlich hat jeder seine eigenen Vorstellungen von Arbeitsmitteln. Der eine benutzt am liebsten gut durchgekaute Bleistifte, ein anderer nur Kugelschreiber. Daran hängt nichts. Wichtig ist hier nur, daß das, was man braucht, auch dann da ist, wenn man es braucht. Soll heißen:

Die Arbeitsmittel

- Schreibmaterialien

(Bleistifte, Kugelschreiber, Füllfederhalter inkl. Patronen etc.) müssen bereits vor Beginn der Arbeit in so ausreichender Menge vorhanden seien, daß während der Bearbeitung keine Nachbeschaffung erforderlich wird.

Vorher die Schreibgeräte.

- Kopierkleingeld / - karten

(1- und 10 Pf.-Stücke). Ein wohlbekanntes Erlebnis: Bettlergleich ziehen während jeder Hausarbeit Gestalten umher, die mitten in einer Kopierphase kein Münzgeld mehr haben. Vorzugsweise dann, wenn niemand mehr Wechselgeld hat. Also: ***Vorher*** (möglichst) 1,- und 0,10-Stücke besorgen.

Vorher die richtigen Zahlungsmittel.

Soweit die Benutzung von Kopierkarten möglich ist, ist vorher zu klären, wo man sie kaufen, wo, wie und wann man sie auffüllen kann (welche Geldstückelung?).

- Schreibpapier.

Je nach Gusto und Gewohnheit kariert, liniert oder blank. Tunlichst ein Format (DinA 4), gelocht. Ausreichende Menge: Je nach Hausarbeit zwischen 100 und 400 Blatt.

Vorher das Handschreibpapier.

- Schreibmaschinenpapier / Druckerpapier

Vorher das Papier für die Endfassung.

(mindestens 100 Blatt). Viele Hausarbeiten enden am Wochenende. Wer, wie die meisten Selbsttipper, erst dann daran denkt, wenn er zu tippen beginnt, sieht alt aus. Gleiches gilt für Farbbänder, Tipp-Ex, dünner schwarzer Stift zum Nachkorrigieren etc.

- Computer

Vorher den Computer checken.

Wer mit einem Computer arbeitet, sollte sich vorher vergewissern, daß dieser die Normalanforderungen auch erfüllen kann. Weiter ist bei den Programmen, die diese Funktionen eingebaut haben, vorher zu üben, wie die Fußnoten verwaltet werden, wie Gliederungen und alphabetisch sortierte Literaturverzeichnisse erstellt werden. Und schließlich - fast noch mit das Wichtigste - ist nach jeder relevanten Veränderung (spätestens jeden Abend) eine ***Sicherheitskopie*** auf einen weiteren Datenträger (Diskette) zu machen. Dabei nicht immer nur eine Diskette benutzen, sondern mehrere im Wechsel. Wenn es das gibt, die Optionen für automatisches Speichern einstellen (auf 10 Minuten). Optionen für Schnellspeicherungen auf jeden Fall ausschalten. Optionen für das Erstellen von Sicherheitskopien aktivieren.

- Aktenordner mit Register (A-Z).

Vorher die Aktenordner mit Register

Das beliebte Kopiermarathon versetzt nicht Berge, sondern schafft sie erst. Ein mit mehreren Lagen Kopien versehener Schreibtisch ist ineffizient: Bisweilen geht mehr Zeit für's Suchen als für's Arbeiten drauf. Am sinnvollsten ist es, mit mindestens 2 Aktenordnern (DinA 4), besser noch mit 3 Ordnern zu arbeiten. Einen für die Literatur (die alphabetisch nach Verfassername geordnet werden muß), einen für die Rechtsprechung (die zeitlich nach Entscheidungsdatum geordnet werden muß) und - bei Benutzung von 3 Ordnern - einen für das Selbstproduzierte.

Die Anzahl der Ordner hängt aber natürlich auch von der Art der Hausarbeit ab: Bei den ersten kleinen Hausarbeiten ist weniger, bei der Examensarbeit mehr Aufwand erforderlich.

- Karteikarten mit Kasten.

Vorher die Karteikästen mit den Karteikarten.

Zwei Größen sind anzuraten: DinA 7 = halbe Postkarte für die Fundstellen (Aufsätze/Bücher/Entscheidungen), DinA 5 = doppelte Postkarte für ein Stichwortverzeichnis. In jedem Fall: keine grellen Farben, sondern eher Pastelltöne wählen. Grund: Der Kontrast zur Tinte/zum Bleistift ist bei grellen Farbtönen zu gering, um entspannt lesen zu können. Verschiedene Farben für verschiedene Zwecke kaufen. Beispiel: weiß - Rechtsprechung;

gelb - Aufsätze; blau - Bücher. Ausreichende Anzahl (mindestens je 100).

- Sonstige Kleinigkeiten.

Schere, Klebstoff, Radiergummi, Bleistiftspitzer, Tesafilm, Locher (mit Schiene), Hefter (mit Klammern), Heftstreifen, Büroklammern etc.

Vorher den ganzen Rest.

Hat man all dieses, bevor die Hausarbeit ausgegeben wird, kann man den Dingen, die da kommen, schon gelassener entgegensehen. Jetzt ein weiteres.

2. Der Arbeitsplatz

a. Daheim

Jede Hausarbeit wird (teilweise) auch zu Hause geschrieben. Hier sollte man sich zunächst mal seinen ***Schreibtisch*** anschauen. Erkennt man die Tischplatte noch als solche, besteht eine gewisse Hoffnung. Der Schreibtisch dient natürlich als Ablage- und Schreibfläche. Dazu ist er da. Während einer Hausarbeit sollte sich aber der Großteil des darauf abgelegten Materials mit den Themen dieser Hausarbeit befassen. Mag es auch ab und an ganz amüsant sein, blind in einen Stapel Papier und Bücher zu greifen und mit einem Ruck ganze Berge zum Einsturz zu bringen: Das ist zeitraubend und kostet Nerven. Streß kann da gar nicht ausbleiben.

Wo ist mein Schreibtisch?

Das ist mein Schreibtisch?

Wichtig ist weiterhin, daß die hoffentlich benutzten Aktenordner und Karteikarten & Kästen in Griffweite stehen. Völlig witzlos ist es, jedesmal mit energischem Schritt beispielsweise in das Schlafzimmer der Eltern zu rennen. Das schränkt den Wert solcher Mittel doch nicht unerheblich ein.

Alles im Griff.

Schreibt man zu Hause, ist man stets Opfer zahlreicher Attacken. Seien es die Eltern, Freund/Freundin, Geschwister oder sonstwer: Jeder fühlt sich bemüßigt, kurz den Kopf durch die Tür zu stekken und mit einem herzlichen „Ich-störe-doch-nicht?“ zu stören.

Störenfriede ...

Da hilft nur eines: ***Disziplin***. Wer zu Hause arbeitet, braucht feste Zeiten, in denen nicht telefoniert, nicht gegessen, nicht geplaudert wird.

... müssen rausfliegen.

b. Unterwegs

Daheim und unterwegs. Daheim hatten wir - jetzt unterwegs.

In den meisten Universitäten gibt es eine besonders zentrale, große Bibliothek, die meist auf den klangvollen Namen *Hauptseminar* hört. Dieses ***Hauptseminar*** als größte Bücherei ist Anlaufpunkt der überwiegenden Mehrheit aller Hausarbeitler. Entspre-

Wo sind die wichtigen Bibliotheken?

chend gemütlich geht es dort zu. Keine 2 Schritte bleiben ungetan, ohne daß in irgendjemandes Auge der freudige Funke des Erkennens aufblitzt.

- Am Rande bemerkt: Vereinzelt blitzt noch mehr, man möcht' fast meinen, es funkt. Dem Verfasser dieser Zeilen sind eine ganze Reihe von Romanzen bekannt, die ihre Quelle in Hauptseminaren entspringen sehen. Zwar ist es Sinn von Hausarbeiten, Kenntnisse zu vertiefen, zugestanden. Aber mit den Kenntnissen, die durch eine Romanze erworben werden, läßt sich bestenfalls ein „Trau"-Schein erwerben. Conclusio aus dem Ganzen: Auch das Hauptseminar fordert. Und zwar Disziplin.

Was sind die denkbaren Alternativen?

Besser ist es, gleich die denkbaren ***Alternativen*** wahrzunehmen. Welche dies sind, hängt von dem jeweiligen Fachgebiet der Hausarbeit ab. So gibt es verschiedene Institute, die in jeweils einem Rechtsgebiet umfangreich sortiert sind. Die möglichen Alternativen aufzuzeigen, würde an dieser Stelle zu weit führen. Es ist ratsam, sich bei der jeweiligen Fachschaft (studentische Vertretung) zu erkundigen. Als Beispiel darf ich Köln anführen, wo es einen von der Fachschaft herausgegebenen ***Hauptseminarführer*** gibt, der alle Bibliotheken und ihre Öffnungszeiten enthält.

Wie sind Öffnungszeiten? Wie die Kopierzeiten?

Gleich, welches man nun bevorzugt: Bevor die Hausarbeit ausgegeben wird, sollten die ***Öffnungszeiten*** im fraglichen Zeitraum ausgekundschaftet werden. Insbesondere ist hier auf Feiertage zu achten. Abweichende ***Kopierzeiten*** (so in Hauptseminaren) müssen ebenfalls bekannt sein.

Wo steht der ganze Kram?

Alsdann: Die ***Standorte*** der wichtigsten Literaturquellen müssen lokalisiert sein; dies setzt natürlich voraus, daß man die Standardkommentare, die Rechtsprechungssammlungen, die großen Zeitschriften kennt.

Wie bedient man Computerprogramme?

Schließlich sollte man sich - so vorhanden - unbedingt noch mit der Bedienung der wichtigsten ***CD-ROM-Programme*** vertraut machen (NJW-Volltext, LSK, AP-Arbeitsrecht, JURIS-Data-Discs, bei den letzten gibt's für Studenten Sonderkonditionen auf Altauflagen).

Hat man auch dieses, steht der Prädikatshausarbeit eigentlich nichts mehr entgegen. Oder bestenfalls noch die Bearbeitungsphase.

II. Die Bearbeitungsphase

Alles liegt in Ihrer Hand.

Die Bearbeitungsphase beginnt mit der ***Ausgabe des Hausarbeitstextes***. Unmittelbar anschließend werden die ersten und mit die gröbsten Fehler gemacht. Der Bearbeiter verschwindet im Laufschritt im Seminar, je nach Sachgebiet vielleicht in einem Ober-, Erd- oder Untergeschoß, und schlägt zu. Eine Fülle von

Literatur wird angehäuft und abgearbeitet. Nun möchte man fragen, was denn daran fehlerhaft sein soll, schließlich ist ja gerade die Aufgabe einer Hausarbeit, den Bearbeiter mit Literatur und Rechtsprechung arbeiten zu lassen.

Wohl, aber arbeiten heißt nicht, einfach nur lesen. Es sollte ein sinnvolles Arbeiten sein. Und sinnvoll kann ein juristisches Arbeiten nur dann sein, wenn klar ist, warum man gerade das liest, was man da liest. Hier hilft auch nicht die allgemeine Bemerkung, man müsse sich erst einmal in ein Thema einlesen. Wer sagt denn, daß das, worüber man sich einzulesen gedenkt, gerade das Thema ist, um das es in der Hausarbeit geht? Diese Überlegungen zeigen, daß ***der direkte Weg*** vom Sachverhalt ***in das Seminar nicht der beste*** sein kann.

Lassen Sie´s erst mal da liegen.

1. Vorüberlegung

Im ersten Teil wurde bereits ein Satz aufgestellt, den man unbesehen als Zeichen maßloser Überheblichkeit werten könnte.

Erst denken, dann handeln.

lautete er. Das kann natürlich überheblich sein, muß es aber nicht. Der empörte Leser möge sich selber prüfen, ob er noch nie einen der vorstehend und nachfolgend beschriebenen Fehler begangen hat. Mit dieser Prämisse heißt es folglich zunächst zu überlegen. Zu überlegen nämlich, wie die Bearbeitungsphase jeder Hausarbeit abläuft. Folgende Elemente enthält jede Hausarbeit:

Denken Sie sich erst mal Ihren Teil.

- Lektüre
- Verständnis
- (Grob-)Gliederung
- Literaturverarbeitung
- Manuskripterstellung
- Typoskripterstellung

2. Lektüre und Verständnis

Zu Beginn steht die ***Lektüre*** des Sachverhaltes. Es folgt das ***Verständnis***. Man sieht: Hier ist zu differenzieren. Lesen heißt nicht immer direkt Verstehen. Insbesondere bei umfangreicheren Texten fällt beides regelmäßig auseinander. Lektüre und Verständnis erfordern ein gründliches Durcharbeiten des Textes. Es genügt nicht, den Sachverhalt einmal kurz überflogen zu haben. Am sinnvollsten ist es, man notiert sich die von den einzelnen Personen vorgenommenen Handlungen in der Reihenfolge ihrer Vornahme. Dies muß selbstverständlich für jeden Beteiligten ge-

Den Sachverhalt muß man lesen und verstehen.

Das ist zweierlei.

Hilfreich sind immer Zeichnungen.

trennt erfolgen. Anhand der dadurch entstehenden Liste kann man dann die rechtlichen Verhältnisse ausloten, also im Strafrecht etwa die Strafbarkeit der einzelnen Handlungen, im bürgerlichen Recht die Relevanz für die Anspruchsprüfung. Ebenfalls sinnvoll ist es in den meisten Fällen, eine (ggfls. mehrere) ***Zeichnung(en)*** anzufertigen, die die Rechtsbeziehungen der Beteiligten untereinander widerspiegelt.

Richtige Ausführungen zu einem falschen Sachverhalt sind falsche Ausführungen zu einem richtigen Sachverhalt.

Diese Arbeit zu Beginn darf nicht unterschätzt werden. Die besten rechtlichen Ausführungen nutzen nichts, wenn sie auf ***fehlerhaften tatsächlichen Umständen*** basieren. Es ist nicht nur sehr peinlich, sondern darüberhinaus auch mindestens ebenso ärgerlich, die Arbeit etlicher Stunden nur deshalb wegwerfen zu müssen, weil man „aus Versehen“, besser: aus Schlampigkeit, beispielsweise den Falschen hat morden, den Falschen den Untergang einer Sache hat verschulden lassen.

Eigenkontrolle durch präzise Zergliederung.

Im übrigen hat die detaillierte Aufdröselung des Sachverhaltes einen weiteren Vorzug: Bekanntermaßen hat jeder Satz im Sachverhalt seine Bedeutung; Füllsätze kommen selten vor. Die detaillierte Auflistung der einzelnen Vorgänge garantiert eine ***Eigenkontrolle***, die ansonsten leicht untergeht. Man kann jederzeit überprüfen, ob auch alle Umstände verarbeitet wurden, es wird nichts übersehen. Bleibt nach dieser Prüfung etwas übrig, kann man ohne weiteres davon ausgehen, daß mit der eigenen Arbeit etwas nicht stimmt.

3. (Grob-) Gliederung

Auch wenn´s schwerfällt:

Erst mal ohne jede Literatur arbeiten.

Hat man verstanden, worum es geht, macht man eine Lösung, eine vorläufige ***(Grob-)gliederung***. Diese Grobgliederung erstellt man tunlichst ***ohne jedes literarische Hilfsmittel***. Man verfeinert sie anschließend. Bei der Erstellung dieser Gliederungen kommt man über kurz oder lang todsicher an Punkte, die man ohne Literatur nicht lösen kann. Es sind in aller Regel Schaltpunkte, bei denen das weitere Vorgehen von der Entscheidung im konkreten Punkt abhängt. Hier - und erst hier - ist Literatur, sinnigerweise ein kleinerer Kommentar, zu Hilfe zu nehmen.

Alle Fallfragen *von Anfang an* bearbeiten.

Diese Arbeit (Erstellung einer Gliederung) ist ***für alle in Betracht kommenden Fragen*** vorzunehmen. Hat eine Hausarbeit etwa 3 Fragen, dann muß, ***bevor*** irgendetwas anderes geschieht, die Gliederung auch für die letzte, die dritte Frage bereits stehen. Der Sinn dieser Arbeit ist folgender: Regelmäßig ist die Seitenzahl einer Hausarbeit, immer die Bearbeitungszeit begrenzt. Die Probleme einer Hausarbeit verteilen sich normalerweise auf die ganze Arbeit.

Sonst stimmt weder die Schwerpunktsetzung ...

Es ist nicht selten, daß die letzte Frage besonders knifflig ist. Hat man nun eine Gliederung zunächst nur für die ersten beiden Fragen erstellt, und handelt man folglich nach dem Motto „Alles zu seiner Zeit", besteht die Gefahr, daß man die Probleme, die man durch das Erstellen der Gliederung kennt, sehr sorgfältig abhandelt, die anderen aber - mangels Kenntnis - nicht berücksichtigt.

Das wiederum führt dazu, daß die letzte Woche der Hausarbeit in absoluten Streß ausartet: Denn jetzt muß man die letzte Frage ja behandeln. Und jetzt stellt sich dann auf einmal heraus, daß hier noch ein dickes Problem liegt. Und jetzt merkt man, daß dieses Problem eigentlich viel mehr Zeit beansprucht, als man noch übrig hat. Und jetzt merkt man auch, daß man den anderen Problemen vielleicht zuviel Zeit gewidmet hat, jedenfalls mehr als ihnen in Relation zum nun aufgetauchten Problem zukommt. Zuletzt merkt man auch, daß wegen der Überbetonung der bekannten Probleme die ***Seitenzahlbegrenzung*** nicht mehr eingehalten werden kann.

... noch das Timing.

Die Erstellung einer Gliederung für die komplette Arbeit soll es dem Bearbeiter also ermöglichen, die Schwerpunkte richtig zu setzen, Zeit und Raum richtig zu verplanen.

4. Literaturverarbeitung

Unter Literaturverarbeitung im Sinne dieses Abschnitts wird die Verarbeitung von allem verstanden, was geschrieben ist, also auch von Gerichtsentscheidungen. Die Literaturverarbeitung besteht aus drei Phasen:

Umgang mit Literatur.

- Orten und Herausschreiben
- Überprüfen
- Beschaffen.

Die Gliederung bringt den Bearbeiter - wie bereits erwähnt - an Schaltpunkte. Diese ***Schaltpunkte beschäftigen sich*** in aller Regel ***mit einem Streit***. Verschiedene Ansichten führen zu verschiedenen Ergebnissen. Verschiedene Ansichten werden aber auch von verschiedenen Personen und/oder Gerichten mit verschiedenen Argumenten vertreten. Hier beginnt die eigentliche Arbeit mit der Literatur, also die eigentliche Arbeit im Hauptseminar oder anderen Büchereien.

Schaltpunkte finden sich normalerweise bei einem Streit.

In einer ersten Phase wird ***gesammelt***: Wer hat zur betrachteten Streitfrage überhaupt Stellung genommen? In dieser Phase wird anhand eines Kommentars (jetzt schon ein etwas größerer) ***herausgeschrieben***, wer wo etwas zur betrachteten Thematik gesagt hat. Hat man alle Namen, Gerichte und Fundstellen auf eine Liste, besser noch auf die im 1.Teil empfohlenen Karteikarten geschrieben, beginnt eine zweite Phase:

Von Jägern und Sammlern.

Auf Brauchbarkeit überprüfen führt zu massivem Schwund.

Im Hauptseminar oder einer sonstigen Bücherei werden die herausgesuchten Quellen ***überprüft***. Dazu sucht man das konkrete Werk heraus (Bsp.: JuS 1982, 332) und überfliegt es kurz anhand der Überschriften oder sonstiger markanter Punkte (Fettdruck etc.). In dieser Phase fällt ein lockeres Drittel bis knapp zur Hälfte der vorher notierten Quellen wieder heraus. Der Grund dafür ist simpel: Der Aufsatz/das Urteil beschäftigt sich zwar mit der betrachteten Thematik, aber unter einem anderen Blickwinkel.

Geht es um die Frage, ob AGB durch kaufmännische Bestätigungsschreiben Vertragsinhalt werden können, dann ist ein Aufsatz, der die Problematik sich kreuzender Bestätigungsschreiben behandelt, zwar thematisch (Bestätigungsschreiben) treffend, aber inhaltlich unergiebig.

Es genügt nicht, alles zu kopieren.

Man muß es auch lesen.

Und man muß es dann auch noch verstehen.

In der dritten Phase der Literaturbearbeitung wird die Literatur ***beschafft***. Das bedeutet für Hauptseminarbenutzer konkret, daß kopiert wird. Man beachte aber zweierlei: Erstens erfolgt dieses Kopieren erst, wenn man die unbrauchbare Literatur bereits ausgesiebt hat. Das erspart Zeit und Kosten. Zweitens bedeutet auch ***Kopieren*** noch nicht ***Kapieren***. Es nutzt nichts, wenn man stapelweise Kopien mit nach Hause schleppt und diese dann nicht liest. Die Folgerung aus dieser Erkenntnis: Lieber etwas weniger. Zum Thema Kopieren noch ein praktischer Tip: Man kann sich das lästige Sortieren sparen, wenn man die Vorlage von hinten nach vorne kopiert.

Grundsätzlich: Lieber einmal zuviel die Fundstelle notiert als einmal zu wenig.

Im übrigen ist es für eine bestimmte Sorte von Literatur ausgesprochen wichtig, die ***Fundstelle*** nach dem Kopieren ***auf der Kopie*** zu ***notieren***. Gemeint sind etwa die Entscheidungssammlungen des BGH, weiterhin alle Monographien, zum Teil auch Kommentare. Man sollte bereits in dieser Phase daran denken, daß aus der zitierten Literatur ja auch irgendwann einmal ein Literaturverzeichnis gebastelt werden muß. Verzichtet man bei BGH-Entscheidungssammlungen auf die Notiz in der Kopie, kann man schon das Zitieren vergessen:

Wo kam das gleich noch her?

Mangels Bandangabe wird man nicht mehr wissen, woher das Urteil kommt. Bei Kommentaren weiß man zwar noch, wer ihn geschrieben hat - das steht regelmäßig in der Kopfzeile -, aber die Auflagen und exakten Angaben aller Kommentare haben wohl nur die wenigsten im Kopf. Bei Monographien, Dissertationen und Festschriften ist es noch viel lustiger; da kann man sich dann am letzten Tag mit der im übrigen fertigen Arbeit und einer Reiseschreibmaschine in die Uni setzen und den Rest im Hauptseminar tippen.

Im Zweifel:

Erst mal selbst auf die heiße Herdplatte packen.

Hoffentlich gemerkt: Die Zeit, die man vorher hineinsteckt, um die Fundstelle exakt zu notieren, bekommt man hinterher vielfach wieder heraus. Wer´s nicht glaubt (zweifellos sehr viele), der wird es probieren und merken. Wer's gemerkt hat und trotzdem nicht ändert, dem ist nicht zu helfen.

5. Manuskripterstellung

Jedes Manuskript (lat.: handgeschrieben) enthält eine Reihe von strukturell immer gleichen Elementen (wobei heutzutage die meisten „Manuskripte" wohl direkt in den PC kommen):

- Deckblatt
- Sachverhalt
- Gliederung (Inhaltsverzeichnis)
- Literaturverzeichnis
- Text

a. Der Text

Jetzt wird's ernst. Hat man bis hierher alles gemacht, wie vorgeschlagen, kann man aber schnell wieder zum heiteren Teil übergehen.

Nehmen wir einmal an, wir haben eine Gliederung. Dann wissen wir im Idealfall auch genau, wo die Probleme liegen. Das bedeutet, wir wissen auch, bis wohin es problemlos ist. Diesen Teil kann man mal als erstes in Angriff nehmen. So etwas schreibt sich runter, wie eine ganz normale Klausur, eher noch: kürzer. Dann kommen ***die ersten Probleme***. Ein Streit beispielsweise.

Wenn man eine Gliederung hat, hat man auch Probleme.

aa. Stellungnahme zu juristischen Streitfragen

Jeder Streit hat immer ***dieselbe Struktur***: Entweder es gibt ***eine herrschende und eine Mindermeinung*** (manchmal auch ein paar völlig abartige dazu, die man direkt wieder vergessen kann), ***oder*** es gibt ***drei Meinungen***, zwei extreme (eine dafür, eine dagegen) und eine vermittelnde (plus die abartigen, s.o.). An dieser Stelle gibt es zwei Möglichkeiten; entweder es kommt auf den Streit nicht an, weil alle Ansichten zum selben Ergebnis führen (sog. „Glasmurmelspiel"). Dann kann man die Ansichten in aller Kürze darstellen und anschließend mit der Bemerkung „Im vorliegenden Fall bedarf es keiner Entscheidung, weil jede Ansicht ..." zur Tagesordnung, sprich: zur weiteren Lösung übergehen. Oder es kommt drauf an. Dann muß eine Entscheidung zugunsten einer Ansicht getroffen werden.

Die Struktur eines juristischen Meinungsstreites.

1+1
oder:
1+1+1

Nun verlangt niemand von einem Studenten, daß er sich einen eigenen neuen Grund ausdenkt, warum dieser oder jener Meinung zu folgen sei. Es empfiehlt sich, ein bestimmtes Raster aus-

Kein Student kann sich noch eine neue Meinung dazudenken.

zuarbeiten und zu befolgen. Zwei Möglichkeiten möchte ich vorstellen. Möglichkeit 1 sieht so aus:

Antäuschen, ...

1. Darstellung der abgelehnten Ansicht

... antäuschen ...

2. Wenn mehrere verschiedene abgelehnt werden, wie Punkt 1.

... zuschlagen.

3. Darstellung der befürworteten Ansicht, mit einem Einführungssatz, der in etwa so aussehen sollte: „Richtigerweise ist hier der Ansicht des BGH zu folgen. Es wäre inkonsequent, eine Schadensverlagerung zu bejahen ...“

Taktischer Kniff.

Man beachte, daß die Argumente der befürworteten Ansicht erst ***nach*** dem Einführungssatz kommen und quasi die Stütze der eigenen Ansicht geworden sind.

Gern benutzter Trick mit Risiko.

Gewarnt werden soll an dieser Stelle noch kurz vor einer beliebten Methode, mit der man übel auf die Nase fallen kann. Man beginnt mit der Darstellung der abgelehnten Ansicht(en). Dann stellt ***man*** die befürwortete Ansicht dar (ohne Einführungssatz) und ***unterschlägt ein paar Argumente***. Anschließend bringt man diese Argumente, um die Befürwortung durch die eigene Ansicht zu begründen. Das ist unredlich. Und schlimmer noch: Korrekturassistenten sind nicht nur dumm. Am schlimmsten: Es gibt Leute, die sind ehrlich und schreiben der befürworteten Ansicht auch alle Argumente zu, die diese gebracht hat. Spätestens dann fliegt man auf. Also besser die Finger davon lassen.

Die Rechtsprechung hat in der Praxis eine überragende Bedeutung.

Möglichkeit 2 beginnt etwas anderes. Als Vorüberlegung spielt mit, daß wir als Juristen mit hoher Wahrscheinlichkeit früher oder später etwas mit Gerichten zu tun haben. Das bedeutet, daß die Rechtsprechung der Gerichte das ist, was wir als mindestes kennen müssen. Es wäre (später) in der Praxis ein Riesenfehler, sich um einige Literaturauffassungen zu kümmern, den BGH dabei aber zu vergessen.

Man beginnt damit mit der Darstellung ihrer Ansicht.

Der Rechtsprechung kommt daher eine herausragende Bedeutung zu, mit deren Betrachtung die Bearbeitung eines praktischen Falles stets zu beginnen ist. Das soll jetzt aber nicht so aussehen, als ob man es dabei dann belassen könnte. Ganz im Gegenteil. Anschließend zeigt man, was aus der Sicht der Literatur (oder auch abweichender Rechtsprechung) dagegen spricht. Also sieht es so aus:

Rechtsprechung ...

1. Darstellung der Rechtsprechung, möglichst höchstrichterlich, und der unterstützenden Auffassungen.

... Sonstige ...

2. Darstellung der sonstigen Ansichten.

... Stellungnahme.

3. Überschrift „Stellungnahme“, Feststellung, daß die Argumente der Ansicht 1. oder 2. überzeugender sind.

Die Ausführungen zu Punkt 3. sind von einer Wertung getragen, die nicht vertieft begründet werden kann, wenn man bei 1. und 2. ausführlich genug war. Man kann dann wirklich nur noch formulieren:

Die Stellungnahme ist de facto nur noch ein Glaubensbekenntnis.

> „Die Auffassung des BGH ist überzeugend. Es ist aus Gründen der Rechtssicherheit davon auszugehen, daß es bei der Frage der Wegnahme im Rahmen des § 249 allein auf das äußere Erscheinungsbild ankommt."

Wer hier mehr verlangt, sollte mal darlegen, wie das aussehen soll.

Hat man auf diese Weise das Problem erledigt, hat man den ersten Schaltpunkt hinter sich gelassen. Es folgt regelmäßig ein kurzes unproblematisches Zwischenstück und anschließend der nächste Schaltpunkt. Verfahren dann genau, wie gerade beschrieben. So geht man die ganze Arbeit durch, bis man irgendwann nicht mehr weiter kann. Hat man alles richtig gemacht, ist die Arbeit genau dort am Ende. Alles, was wie ein Problem aussah, ist dann erschöpft. Damit sind wir hier natürlich noch lange nicht am Ende. Es gilt eine Fülle von scheinbaren „Formalien" zu beachten, die allesamt eigentlich nur ein Ziel haben: Zeit und Aufwand sparen. Nebenbei bringen sie aber noch den hübschen Nebeneffekt, daß die Arbeit überaus wissenschaftlich aussieht. Genau das wird Thema des nun folgenden Teiles sein.

Gefahr erkannt, Gefahr gebannt.

Noch´n Problem.

bb. Meinungsdarstellung und Fußnoten - Allgemeines und Fehler

Jede wissenschaftliche Auseinandersetzung mit einer Problematik verlangt, daß man sich mit den Veröffentlichungen auseinandersetzt, die zu dieser Problematik gemacht wurden. Natürlich nicht mit allen, das ist gar nicht möglich.

Wissenschaft bedeutet Auseinandersetzung mit anderen Ansichten.

Wenn man sich auseinandergesetzt hat, dann hat man die eine und die andere Ansicht dargestellt. Solche Darstellungen müssen im Text als solche gekennzeichnet sein. Man benutzt hierfür herkömmlicherweise Fußnoten, die an´s Ende der dargestellten Meinung kommen.[17] Die Darstellung der Ansicht erfolgt dabei fast immer in der ***indirekten Rede***, ***wörtliche Zitate*** sind nur dann erlaubt, wenn es genau auf die zitierte Formulierung ankommt. Dann allerdings gehören sie in „Anführungszeichen". Und dann ist auch keine Manipulation an der Form zulässig; soll heißen: Grammatikalische Korrekturen sind verboten.

Auseinandersetzung bedeutet jedenfalls auch Darstellung.

> ***Beispiel:*** Der Autor A hat zur Frage der Sittenwidrigkeit von Prostitutionsverträgen folgende Erkenntnis zum Besten gegeben: „Es handelt

[17] Der Fußnotentext steht dabei unten auf der Seite, auf der die Fußnote auftaucht.

sich hierbei um eine allgemeine sittliche Anschauung, nach der der entgeltliche Verkehr zu mißbilligen ist."

Wörtliche Wiedergaben müssen exakt sein.

Solch eine Stellungnahme muß, wenn man sie schon wörtlich wiedergibt, genau so erscheinen und nicht etwa wie folgt:

'A vertritt die Ansicht, „es handle sich ..."' Dieses Zitat ist falsch. A hat nicht gesagt, es „handle", sondern es „handelt" sich.

Ein Klassiker: Das Sachverhaltszitat.

Ein weiterer häufig vorkommender Fehler ist das beliebte ***Sachverhaltszitat***. Der konkret zu untersuchende Sachverhalt wird mit einem Zitat belegt.

Text: Damit ist das Verhalten des A strafbar. (Fn)
Fn: Vgl. BGH aaO

Woran der BGH niemals dachte.

Eine derartige Zitierung ist unzulässig. Der BGH hat - das kann man sagen, ohne das BGH-Urteil zu kennen - mit Sicherheit nichts über das Verhalten des A gesagt. Er hatte vielleicht einen ähnlichen Fall zu entscheiden.

Zwei Korrekturmöglichkeiten.

Es gibt nun zwei Möglichkeiten, diesen Fehler zu korrigieren. Die eine ist eine Änderung des Textes:

Text: Ein derartiges Verhalten ist strafbar. (Fn) A ist folglich zu bestrafen.
Fn: Vgl. BGH aaO

Die andere besteht in einer Änderung der Fußnote:

Text: Damit ist das Verhalten des A strafbar. (Fn)
Fn: Vgl. zur Problematik derartiger Fallkonstellationen: BGH aaO

In Zeitnot: Juristisches Roulette.

Ein besonders in Zeitnot gespieltes Spiel ist das sog. „***Juristische Roulette***". Eine Fußnote wird benötigt, man hat aber keine. Man hat darüberhinaus auch keine Zeit, im Hauptseminar eine herauszusuchen. Dann muß man eben eine basteln. Das geht ganz einfach. Man weiß ja, daß jeder Kommentar gleich aufgebaut ist. Alle Vorschriften werden der Reihe nach kommentiert, wobei die allgemeinen Aspekte jeder Vorschrift am Anfang, die besonderen eher auf das Ende zu behandelt werden. Benötigt man nun beispielsweise eine Definitionsfußnote für den Vorsatz im Strafrecht, peilt man zunächst die Norm (§ 15 StGB). Anschließend einen mittelgroßen Kommentar (Schönke-Schröder), dann eine Randnummer (am Anfang, sagen wir: 3). Fertig ist ein sauberes Zitat.

Text: Vorsatz bedeutet Wissen und Wollen der Tat. (Fn)
Fn: Vgl. Schönke-Schröder, § 15 Rn. 3

Sieht doch ganz prima aus, oder? Hat nur einen Nachteil: Die Wahrscheinlichkeit, daß es nicht stimmt, ist recht hoch. Entdeckt der Korrektor drei oder vier solcher ***Scheinzitate***, kann man die Arbeit vergessen. Auch wenn sie ansonsten inhaltlich o.k. ist, fehlt ihr doch die Wissenschaftlichkeit, um derentwillen sie u.a. geschrieben werden sollte.

Ergebnis: das Scheinzitat.

Neben den Scheinzitaten, gibt es aber noch die ***Blindzitate***. Ein solches liegt immer dann vor, wenn man dem Kommentar einfach vertraut und die dort zitierten Fundstellen blind übernimmt. Diese Fundstelle kann richtig sein, ist es auch meistens, aber nicht immer. Es ist keineswegs selten, daß der Kommentator selber falsch zitiert. Peinlich kann dies bei Sinnentstellung werden.

Einfach übernommen: das Blindzitat.

Bsp.: Wer eine Fundstelle mit dem Inhalt „Es handelt sich hierbei um eine allgemeine sittliche Anschauung, nach der der entgeltliche Verkehr zu mißbilligen ist." für die Ablehnung von Fahrpreiserhöhungen der Bundesbahn zitiert, läuft in Gefahr, in seiner Wissenschaftlichkeit nicht uneingeschränkt anerkannt zu werden.

cc. Fußnoten - Standort und Minimalformalien

Nach all dem stellt sich jetzt natürlich die Frage, ***wo*** denn nun Zitate hinkommen ***und wie*** zitiert wird. Die erste Frage ist ganz einfach zu beantworten. Zitate - Fußnoten stehen immer hinter Definitionen und Ansichten. Dabei kann man sagen, daß Definitionen in aller Regel mit Kommentarzitaten belegt werden, Ansichten mit Rechtsprechungs- und Aufsatz- oder Buchzitaten. Mehr gibt es dabei eigentlich nicht zu wissen.

Der Standort eines Zitates - wo gehört überhaupt eins hin?

Wer mit dem Umfang seines Literaturverzeichnisses nicht zu frieden ist, kann dabei diese Kenntnisse mit der sog. ***Ballontechnik*** zur Erweiterung umsetzen. Dabei wird das Literaturverzeichnis künstlich aufgeblasen (Ballon).

Die Ballontechnik.

Erster Schritt ist es, eine möglichst allgemeine, unstreitige Definition zu finden.

Im zweiten Schritt wird an diese Definition eine Fußnote an gehangen.

Der dritte Schritt besteht im systematischen Abgleich der gesamten Kommentarliteratur mit dieser Definition. Dabei kann man dann sicher sein, daß sich immer mindestens sechs oder sieben Kommentare finden. Bekanntlich ist einmal zitieren nicht nur notwendig, sondern auch ausreichend, um eine Quelle in´s Literaturverzeichnis zu hebeln.

Beispiel Strafrecht: (Diebstahl) Wegnahme bedeutet Bruch fremden und Begründung neuen Gewahrsams. Das sagt jeder. Na wunderbar, wenn es jeder sagt, kann man ja auch jeden zitieren.

Nicht besonders wissenschaftlich. Aber manchmal sehr wirkungsvoll.

Dies ist natürlich, das sei klar gesagt, nicht Sinn der Sache. Aber wenn mal Not am Mann ist, wird man die Zeitnot der Korrektoren einplanen können.

Minimalanforderungen an ein Zitat.

Die zweite Frage oben war, wie man zitieren soll, welche Minimalformalien Fußnoten erfüllen müssen. In dieser Frage herrscht im juristischen Bereich eine geradezu unglaubliche Schlamperei, die ihre Ursache in einer schlechten Ausbildung hat. Beginnen wir damit, daß wir zwei Kategorien von Fußnoten bilden: Diejenige, die sich mit der Zitierung von Urteilen beschäftigt. Und die, die den Rest ausmacht.

dd. Die Zitierung von Gerichtsentscheidungen

Identitätsangaben einer Gerichtsentscheidung.

Nachdem Gerichtsentscheidungen nicht in das Literaturverzeichnis aufgenommen werden, muß ***jede Entscheidung mit sämtlichen Identitätsangaben*** in der Fußnote wiedergegeben werden. Diese Identitätsangaben bestehen aus

Name — - dem Namen des Gerichts (BAG),

Datum — - dem Datum der Entscheidung (19.06.1967),

Aktenzeichen — - dem Aktenzeichen der Entscheidung (2 AZR 287/66),

Fundstelle — - der Fundstelle (BAGE 19)

Seiten — - mit Anfangsseite und zitierter Seite (351, 352).

zusammen also: BAG v. 19.06.1967 (2 AZR 287/66) BAGE 19, 351, 352.

Nachdem es üblich ist, eine Reihe von Elementen einfach wegzulassen (BAGE 19,352), möchte ich begründen, warum alle diese Merkmale erscheinen sollten. Vorweggeschickt sei, daß mit jedem abgedruckten Urteil die oben dargestellten Angaben mitabgedruckt werden.

Deshalb der Name.

Der ***Name des Gerichts*** dient zunächst schlicht der Identifizierung. Die Entscheidungssammlung „BAGE" (Entscheidungen des Bundesarbeitsgerichtes) läßt diesen Schluß zwar auch schon zu, es soll aber vorkommen, daß Entscheidungen etwa in der NJW abgedruckt werden. Ein gleichnamiges Gericht gibt es bislang noch nicht.

Deshalb das Datum.

Das ***Datum der Entscheidung*** ist aus mehreren Gründen von Bedeutung. Für den Leser, der nicht alle Bände von BAGE kennt, der folglich eine Entscheidung im 19.Band ohne Angabe des Datums zeitlich gar nicht einordnen kann. Für den Bearbeiter, der - im Zusammenhang mit dem Aktenzeichen - unnütze Doppelkopien und -lektüren vermeiden kann. Daß eine Entscheidung in mehreren Zeitschriften gleichzeitig veröffentlicht wird, ist keine Seltenheit. Es ist daher leider auch sehr häufig, daß man nach einer rauschenden Kopiersession ernüchtert feststellen muß, daß man zumindest inhaltlich nur die Hälfte dessen bekommen, was man da kopiert hat. Derlei Unbill passiert bei einer Auswertung mit Datum und Aktenzeichen in aller Regel nicht mehr. Daneben versetzt die korrekte chronologische Erfassung den Bearbeiter in die Lage, eine Rechtsprechungskette historisch korrekt zu verfolgen.

Deshalb das Aktenzeichen.

Das ***Aktenzeichen*** hat neben seiner Ordnungsfunktion in Verbindung mit dem Datum auch erhebliche inhaltliche Bedeutung. Es gestattet eine zusätzliche Bewertung. Die Zahl am Anfang gibt den Spruchkörper an. Im oben angeführten Beispiel (2 AZR 287/66) bedeutet die „2", daß die Entscheidung vom 2.Senat des BAG gefällt wurde. Das kann wertvolle Hinweise auf die Qualität der Entscheidung geben. Findet sich beispielsweise ein nicht erklärbares Taumeln der Rechtsprechung des BAG, dergestalt, daß mal so, mal anders entschieden wurde, kann der Blick auf's Aktenzeichen ergeben, daß sich unterschiedliche Senate der Sache angenommen hatten.

Wird ein Senat immer wieder hart kritisiert, hat man möglicherweise den Querulantensenat des BAG erwischt. Die Bedeutung der Buchstaben hinter der Spruchkörperbezeichnung ist im Anhang 1 des Schönfelders nachzulesen. Man kann daraus u.a. ersehen, ob es sich um ein Urteil oder einen Beschluß handelt, teilweise auch, welches Sachgebiet behandelt wurde. Die Zahlenkette am Ende, schließlich, ist die laufende Geschäftsnummer. Die Zahl hinter dem Schrägstrich gibt das Jahr an, in dem der Prozeß bei dem entscheidenden Gericht begann, die Zahl davor, der wievielte Vorgang in diesem Jahr es war. Auch hier kann man einiges herausholen. Eine BGH-Entscheidung aus dem Jahre 1980, die eine Geschäftsnummer 12/77 trägt, sollte stutzen lassen. Mehr als 3 Jahre sind eine ungewöhnlich lange Zeit für eine Instanz, es könnte sich um eine Problematik handeln, die schwieriger ist, als sie aussieht.

Deshalb die Fundstelle.

Die Angabe der ***Fundstelle*** erklärt sich ohne weiteres. Irgendwo muß man ja nachlesen können, was da zitiert wurde.

Deshalb die verschiedenen Seitenzahlen.

Die verschiedenen Seitenzahlen haben Orientierungsfunktion. Sie ermöglichen es, auf eine Entscheidung verschiedenartig zuzugreifen und erleichtern so die beschleunigte Lektüre. Man stelle sich eine 40-Seiten-Entscheidung des BVerfG zum Thema „Strafbarkeit der Homosexualität bei Männern" vor. Abgesehen vom Inhalt (amüsant bis nur-peinlich) genügt die Angabe der Anfangsseite nicht im entferntesten, wenn die zitierte Stelle auf der dreißigsten Seite liegt. Bis dahin hat der suchende Korrektor längst aufgegeben und einen dicken Kringel um die Fußnote gemacht. Ähnlich ist es mit der ausschließlichen Angabe der zitierten Seite. Hier ist es ärgerlich, wenn man 30 Seiten suchend zurückblättern muß, um den Anfang zu finden, den man möglicherweise des eigenen Verständnisses wegen braucht.

Diese Gründe mögen verständlich gemacht haben, warum eine Rechtsprechungsfußnote vollständig sein sollte. Sie sollte nicht so aussehen:

Und deshalb nicht so ...

BAGE 19, 352

sondern so:

sondern so.

BAG v. 19.06.1967 (2 AZR 287/66) BAGE 19, 351, 352.

Wenn der Schein den Schein macht (Teil I).

Abgesehen von den praktischen Vorteilen hat diese Zitierweise noch einen weiteren: Sie sieht in jedem Fall viel beeindruckender aus, als die kurze. Und da darf man sich nichts vormachen: Es geht nicht nur um den Schein, den man bekommen will, sondern auch um den, den man selber setzt. Fußnoten dieser Art bezeugen, daß sich der Verfasser mit den Quellen auseinandergesetzt hat. Jedenfalls dann, wenn eine Arbeit auf der Kippe zwischen zwei Noten steht, werden derartige Umstände den Ausschlag geben.

ee. Die Zitierung von Literatur

Literatur wird kurz zitiert, weil sich das Zitat auf das Literaturverzeichnis beziehen kann.

Nach den Ausführungen zur Zitierung von Rechtsprechung nun zur Literatur. Die Zitierung von Literatur unterscheidet sich durch einen wesentlichen Faktor von der Zitierung der Rechtsprechung. Während die Rechtsprechung nämlich alleine in den Fußnoten auftaucht, gibt es für die Literatur noch ein Literaturverzeichnis. Die ordnungsgemäße Anfertigung dieses Verzeichnisses unterstellt, muß die Fußnote ***nicht mehr komplett*** alle bibliographischen Angaben enthalten, sondern kann sich auf das Verzeichnis beziehen. Aus diesem Grund nennt man die hier vorgeschlagene Zitierweise auch ***„literaturverzeichnisbezogene Kurzzitierweise“***. Die Elemente, die eine Literaturfußnote danach noch haben muß, können allerdings nicht für jede Art von Literatur einheitlich genannt werden. Man muß - nur für die Zitierung - unterscheiden zwischen Kommentaren, Lehrbüchern und Aufsätzen. Es ergibt sich dabei folgendes:

Für ***Kommentare***:

- Namen des Autors (Lackner)
- Stichwort aus dem Titel + Jahreszahl (StGB, 2000)
- bearbeiteter Paragraph (§ 15)
- Randnummer (Rn. 3)

Für ***Lehrbücher***:

- Namen des Autors (Brox)
- Stichwort aus dem Titel + Jahreszahl (BGB AT, 1994)
- Seite (110) oder Randnummer (Rn. 210)

Für ***Aufsätze***:

- Name des Autors (Stark)
- Stichwort aus dem Titel, Jahr (Arbeitsvertrag, 1903)
- Fundstelle (JW 1903)
- mit Anfangsseite und zitierter Seite (230, 235)

Die ***vollständigen Zitate*** in den Fußnoten sähen dann so aus:

1) Lackner - StGB, 2000 - § 15 Rn. 3

2) Brox - BGB AT, 1994 - S. 110 (oder: Rn. 210)

3) Stark - Arbeitsvertrag, 1903 - JW 1903, 230, 235

Man beachte dabei folgendes: Vom ***Namen des Autors*** muß man nur den ***Nachnamen*** nennen. Wer sich dafür interessiert, wie bspw. Stark mit ***Vornamen*** heißt, kann ja im Literaturverzeichnis nachschlagen (Ralf). Der zweite Punkt - ***Stichwort und Jahreszahl*** - sichert, daß immer einheitlich zitiert wird. Als Stichwort aus dem Titel sollte man immer das erste selbständige Ordnungswort, das erste Hauptwort wählen. Lautet der Titel daher: „Der Arbeitsvertrag - eine Antikritik“, dann hieße das Stichwort: „Arbeitsvertrag“.

Soviel gehört in die Fußnote (in das Zitat)

Die Unterschiede im übrigen (bearbeiteter Paragraph und Randnummer einerseits, nur die Seite oder Randnummer andererseits, Fundstelle und Seite dritterseits) resultieren aus den unterschiedlichen Funktionen der einzelnen Literaturgattungen. Während Kommentare in der Reihenfolge der Paragraphen alles Wissenswerte bringen (sollten), stellen Lehrbücher den Stoff paragraphenunabhängig dar. Aufsätze haben ohnehin eher punktuellen Charakter. Die Zitierung von Kommentaren nach Paragraph und ***Randnummer*** hat darüberhinaus den Vorteil, daß sie einen hohen Grad von ***Auflagenunabhängigkeit*** erreicht. Wenn auch neu kommentiert wird - und sich die Seitenzahlen des Kommentars nahezu immer ändern -, bleibt doch der Standort meistens gleich.

Besser nach Randnummern zitieren.

Auf ***Zitiervorschläge*** in den einzelnen Werken muß man sich nicht nur nicht, man sollte sich auch nicht darauf einlassen. Es dient der eigenen Sicherheit und Kontrolle, wenn man stets davon ausgehen kann und muß, daß man jedes Werk in derselben Art zitiert hat.

Zitiervorschläge in einzelnen Werken lieber nicht beachten.

Deshalb die Jahreszahl der Veröffentlichung.

Offen geblieben ist jetzt vielleicht die Frage, warum dem Stichwort noch die ***Jahreszahl der Veröffentlichung*** hintenan gestellt wird. Dies ist einfach zu beantworten. Es gibt nicht wenige Autoren, die scheinen im Schlaf ein Diktiergerät neben sich stehen zu haben, so viele Veröffentlichungen bringen sie auf den Markt. Wenn man eine derartige Veröffentlichung benutzt, ist es für den Leser vorteilhaft zu wissen, aus welcher Periode des Autors sie stammt (z.B. die blaue). Da sich darüberhinaus viele Autoren auch noch auf ein paar Spezialthemen eingeschossen haben, bringt die Angabe des Stichwortes aus dem Titel alleine nichts mehr.

Das gibt es auch in renommierten Werken:

Verweis innerhalb der Fußnote.

Von a.a.O. ...
... über l.c. ...
... über op. cit. ...
... über ebenda ...
... über ibid ...
... bis zu passim.

Noch nicht behandelt wurde eine beliebte Unsitte. Die Rede ist vom ***Verweis innerhalb der Fußnote***. Gerade in umfangreichen Aufsätzen von 10 oder mehr Seiten, die mit 200 oder mehr Fußnoten protzen können, findet man häufig das aus Kindestagen bekannte Spiel ***„Schnitzeljagd“***. Die aufgemotzte Version spielt sich im - für´s Nachschlagen wichtigen - Fußnotenbereich ab. Das ganze beginnt, wenn man sich für die in Fn. 178 genannte Quelle interessiert, sie kopieren, womöglich gar nachlesen will. Fn. 178 nennt „Witzel a.a.O.“ Das bedeutet im Klartext: Witzel (der Autor), am angegebenen Ort. Nun beginnt der lustige Teil. Man muß suchen, wo denn der Ort angegeben ist. Dazu fährt das Auge die vorstehenden Fußnoten aufwärts und - Stunden später - rastet bei Fn. 120 wieder ein. Fn. 120 lautet: „Witzel l.c.“ Das ist zwar etwas vornehmer als eben, heißt aber nichts anderes (l.c. = loco citato = an der zitierten Stelle). Es geht suchend weiter über Fn. 98 („Witzel op.cit.“ = opere citato) zu Fn. 70 („Witzel ebenda S.10“) nach Fn. 34 („Witzel ibid S.9“ - ibid = ebenda) bis Fn. 3. Dort findet sich als krönender Höhepunkt „Witzel passim“. Das nun wiederum ist der Gipfel. Passim heißt „hier und dort“ - eine der unbrauchbarsten Angaben, die man sich denken kann. Ist der zitierte Witzel Autor eines Standardwerkes zur Kommentierung von Fußballspielen, und umfaßt dieses Werk mehrere hundert Seiten, dann wäre man ja gezwungen, *alles* zu lesen. Das ist nicht Sinn einer Fußnote. Eine Aussage, die im Text wiedergegeben wird, soll belegt werden. Nicht nötig ist es, dem Leser allgemeine Literaturtips an die Hand zu geben.

Damit 1 Blick genügt.

Von daher sollte jede Fußnote alle Angaben enthalten, die erforderlich sind, die genannte Quelle auch zu finden. Über den Bezug zum Literaturverzeichnis und die sich (nur) hieraus ergebenden Abkürzungsmöglichkeiten wurde bereits geredet.

ff. Text in Fußnoten

Fußnoten sind nicht der Text!

Abschließend soll zu den Fußnoten aber noch eines gesagt werden: Sie sollen im wesentlichen ***nur die Quellenangaben*** beinhalten. Belehrende Hinweise („Instruktiv auch: ...", „Lesenswert: ...") sind ebenso entbehrlich, wie undifferenzierte Kritik („Völlig planlos: ...", „Wie immer neben der Sache liegend: ...") und wohlwollende Bemerkungen („Diesmal ganz ordentlich: ..."). Wenn man schon Text in Fußnoten hinein bringen will, dann muß man sorgfältig darauf achten, daß dieser nicht zum Verständnis der eigentlichen Arbeit erforderlich ist. Die Fußnoten sind Belege, sonst nichts. Jegliche Ausweitung oder Weiterführung sollte einer Doktorarbeit oder vergleichbaren Veröffentlichungen vorbehalten bleiben. Wer mal sehen möchte, wie man es nicht machen darf, aber kann, wenn der Korrektor pennt, möge sich die Fußnoten der Musterhausarbeit anschauen. Ich habe dort einige Sachen hineingemischt, die so niemals hätten durchgehen dürfen (insbesondere die letzte Fußnote!).

gg. Überschriften

Überschriften werden weiter unten erörtert.

Der Text des Manuskriptes ist damit nahezu vollständig abgehandelt. Was noch fehlt (Überschriften als Gliederungspunkte), werde ich des Sachzusammenhanges wegen bei der Gliederung erörtern (ab Seite 397). Eine Arbeit - und damit auch das Manuskript - besteht aber, wie eingangs schon gesagt, aus mehreren Teilen. Es waren dies:

1. Deckblatt
2. Sachverhalt
3. Gliederung (Inhaltsverzeichnis)
4. Literaturverzeichnis
5. Text

Sind wir vorhin rückwärts gegangen, indem wir mit dem Text angefangen haben, setzen wir dies nun fort.

b. Das Literaturverzeichnis

Voll die Protzerei:

Literaturverzeichnis *vor* der eigentlichen Bearbeitung.

Vorweg bemerkt sei festgestellt, daß es eine seltsame Marotte allein der Juristen ist, das Literaturverzeichnis ***vor*** die eigentliche Bearbeitung des Falles zu stellen. In jeder „normalen" wissenschaftlichen Arbeit steht es ***dahinter***. Dies erscheint auch folgerichtiger: Vor der Lektüre der Arbeit ist das Verzeichnis ziemlich unsinnig; die Arbeit verweist ja erst darauf. Also bleibt nur ein Grund, es trotzdem vorher zu bringen: ***schlichte Protzerei.*** Der Leser soll bereits vor der Lektüre der Arbeit geblendet werden mit dem Wissen, das der Autor durch die Verarbeitung der angegebenen Literatur zu haben scheint. Gleichwohl, es ist so (Un-) Sitte, folglich müssen wir uns danach ausrichten.

Alles einfach nach dem Alphabet.

Das Literaturverzeichnis beginnt mit einer ***Überschrift***. Sinnigerweise sollte sie „Literaturverzeichnis" lauten. Es folgen in ***alphabetischer Reihenfolge*** (des Autorennachnamens) alle jemals irgendwo im Text zitierten Werke. Wichtig ist, daß es wirklich *alle* sind. Fast noch wichtiger ist aber, daß es nicht *mehr* sind. Die zitierten Quellen legen sowohl die Ober- als auch die Untergrenze fest. Eine früher übliche ***Unterteilung nach Kommentaren, Lehrbüchern, Monographien und Aufsätzen*** oder ähnliches sollte unterbleiben. Sie ***ist sinnlos***.

Die meisten Juristen beherrschen das Alphabet.

Abgesehen davon, daß man als Leser ja nicht immer weiß, um welche Art von Literatur es sich bei der zitierten Quelle handelt, daß man weiter nicht weiß, ob der Autor das auch weiß, gibt es - zumindest im deutschsprachigen Raum - keine schnellere Zugriffsmöglichkeit als die über das Alphabet. Die Literaturgattung bleibt dann dem genauen Titel der jeweils zitierten und im Literaturverzeichnis aufgenommenen Quelle vorbehalten.

Bibliographische Daten ...

Mit welchen Angaben die Quellen im Literaturverzeichnis erscheinen (sog. ***bibliographische Daten***), hängt von der Art der Arbeit ab. Man kann hier unterteilen zwischen Werken, die alleine stehen (***Einzelwerke***) und solchen, die in ***Sammelwerken*** erschienen sind.

... von Einzelwerken und von Sammelwerken.

In die erste Gattung gehören zum einen Bücher mit einem Autor und zum zweiten Zeitschriftenaufsätze. Sammelwerke sind solche, in denen mehrere Werke von mehreren Autoren stehen, wie etwa die meisten Kommentare, Festschriften usw. Da Bücher, Aufsätze und Kommentare unterschiedliche Merkmale aufweisen (vgl. bereits oben bei der Zitierung), muß man auch ihre Daten unterschiedlich erfassen. Zunächst einige Beispiele.

z.B. Kommentare.

Kommentare (= in der Regel Sammelwerke) benötigen mindestens zwei Nachweise im Literaturverzeichnis: Einen unter dem des Werkes, einen unter dem des Autors.

Beispiel:
Palandt, Otto
Bürgerliches Gesetzbuch
59., neubearbeitete Auflage
2000 München

Heinrichs, Helmut (BGB, 2000)
in: Palandt, Otto
Bürgerliches Gesetzbuch
59., neubearbeitete Auflage
2000 München

Noch mehr Einträge.

Wenn ein Kommentar mehrere Namen im Titel führt, sollte man auch diese vollständig ins Literaturverzeichnis aufnehmen. Dabei gibt es dann einen Eintrag für den Titel selbst, einen für den Bearbeiter und für den (oder die) Übriggebliebenen einen Verweis.

Beispiel:
Tröndle, Herbert / Fischer, Thomas
Strafgesetzbuch und Nebengesetze
49., neubearbeitete Auflage
1999 München

Fischer, Thomas (StGB, 1999)
in: Tröndle, Herbert / Fischer, Thomas
Strafgesetzbuch und Nebengesetze
49., neubearbeitete Auflage
1999 München

Tröndle, Herbert
s. Tröndle, Herbert / Fischer, Thomas

Das kann man ausdehnen auf Werke mit bis zu vier Namen im Titel. Mehr als vier Namen werden nicht aufgenommen. Hat ein Werk aber mehr, schreibt man nur den ersten und für die übrigen ein „u.a.“.

Ab 5 ist Schluß.

Ähnlich wie mit Kommentaren verhält es sich auch mit Festschriften. Auch diese werden von bestimmten Personen herausgegeben und von (zusätzlichen) anderen mit Inhalt gefüllt.

Festschriften.

Für das Literaturverzeichnis ergibt sich dann eine Erfassung unter dem Namen des Gefeierten, unter dem Namen des Herausgebers und unter dem des zitierten Autors, im Ganzen folglich wieder drei Eintragungen.

3 Eintragungen.

Betrachtet man die obigen Beispiele und beginnt man dann zu abstrahieren, ergibt sich folgendes ***Raster***:

Ein Raster für Sammelwerke.

1. Notwendig sind die allgemeinen Daten eines Sammelwerkes.
2. Der konkrete Autor wird dann nur noch mit seinem Namen aufgenommen, es folgen ein „in: „ und die allgemeinen Daten des Sammelwerkes (gerade unter 1.)

Die Arbeit, die man sich (mehr) machen muß, wenn man das Literaturverzeichnis vollständig haben will, ist also nur geringfügig. Abstrakt sehen die entsprechenden bibliographischen Daten so aus:

Autorenname, -vorname	Tröndle, Herbert / Fischer, Thomas
Titel	Strafgesetzbuch und Nebengesetze
Auflagenzahl, -art	49., neubearbeitete Auflage
Jahr, Erscheinungsort	1999 München

für das ***Sammelwerk***, und:

Autorenname, -vorname	Tröndle, Herbert
in: Autorenname, -vorname	in: Tröndle, Herbert / Fischer, Thomas
Titel	Strafgesetzbuch und Nebengesetze
Auflagenzahl, -art	49., neubearbeitete Auflage
Jahr, Erscheinungsort	1999 München

für den ***einzelnen Autor*** des Sammelwerkes.

Einzelwerke.

Bei Einzelwerken verändert sich dieses Bild. Nehmen wir zunächst einmal die - zumindest in Anfängerarbeiten häufigen - Aufsätze. Die sehen etwa so aus:

Beispiel:
Roxin, Claus
Die Mittäterschaft im Strafrecht
JA 1979, 519

1 Eintrag genügt.

Hier genügt natürlich ein Eintrag. Allerdings müßte er etwas vollständiger sein. Wir haben oben von einer ***literaturverzeichnis-bezogenen Kurzzitierweise*** gesprochen. Auf das Literaturverzeichnis kann man sich aber nur dann beziehen, wenn man dort die Grundlagen für den Bezug geschaffen hat. Deshalb muß es im Literaturverzeichnis etwas ausführlicher zugehen. Anders formuliert: Man muß dort angeben, ***wie man zitiert*** hat. Das geschieht am sinnvollsten ***in einer Klammer*** direkt hinter dem Autorennamen. Elemente sind (vgl. oben) das erste selbständige Ordnungswort (= Hauptwort) aus dem Titel und die Jahreszahl.

Beispiel:
Roxin, Claus (Mittäterschaft, 1979)
Die Mittäterschaft im Strafrecht
JA 1979, 519

Gilt für alle: der Zitierhinweis im Literaturverzeichnis.

Genauso geht es dann mit allen anderen Einträgen. Zu beachten ist dabei aber, daß bei Sammelwerken nur an den Namen ein Zitierhinweis hinkommt, der auch tatsächlich zitiert wurde. Im Beispiel oben (Tröndle/Fischer) käme der Zitierhinweis also nur an den einsamen Fischer.

Arbeitserleichterung: Karteikarten.

Ist man nun soweit, wird auch die ***technische Arbeit*** mit Quellen ein Kinderspiel. Man kann sie darüberhinaus aber noch weiter vereinfachen. Bereits im ersten Teil dieser Abhandlung (Vorbereitungsphase) war die Rede von ***Karteikarten und -kästchen***. Darauf möchte ich nun zurückkommen.

Quellenangaben auf Karteikarten ...

Bevor man Literatur oder Rechtsprechung kopiert, muß man irgendwo etwas darüber gelesen haben, sonst wüßte man ja gar nicht, was man kopieren soll. Dieses „irgendwo" wird im Zweifel in einem Kommentar sein. An dieser Stelle setzt die Arbeit mit den Karteikarten ein. Jede Quelle, aus der man schöpfen möchte, sollte eine eigene kleine Karteikarte bekommen. Und das, bevor man sie kopiert.

Dieses Verfahren - Arbeiten mit Karteikarten - hat mehrere entscheidende Vorteile. Der wichtigste ist der ***Sortiervorteil***. Nehmen wir an, wir haben 20 verschiedene Quellen verschiedener Autoren. Dann kann man für das Kopieren nach Fundstellen sortieren (alle JuS, alle NJW usw.). Man kann die Fundstellen intern auch weiter untersortieren, nach Jahreszahl, Seite und Band, Seite etwa. Hat man diese Sortierung vorgenommen, geht das Heraussuchen des zu kopierenden Materials schon erheblich schneller vor sich.

... haben Sortiervorteile ...

Hinzu kommt folgendes: Bekanntermaßen ist es in Büchereien verboten, die Bücher geöffnet übereinander zu stapeln und/oder auf diese Weise zu transportieren. Die Verluste durch ausreißende Bindungen sind nämlich bei derartigem Verfahren enorm. Benutzt man Karteikarten, stellt sich die Frage nach einer solchen Transportart gar nicht. Man nimmt schlicht das jeweilige Karteikärtchen und steckt es an der passenden Stelle in das Buch hinein. Am Kopierer öffnet man mit dieser Karte nach Art eines ***Lesezeichens***.

... haben Kopiervorteile ...

Zuletzt dieses: Wer nicht gerade mit einem Computer arbeitet, steht am Ende einer Hausarbeit bei der Erstellung des Literaturverzeichnisses vor dem Problem, daß die einzelnen Autoren alphabetisch genannt werden müssen. Bei einer Anfängerarbeit mit nur etwa ein bis zwei Seiten ***Literaturverzeichnis*** ist das noch handhabbar, ohne Nachmittage hineinzustecken. Spätestens im Examen aber kann man ohne weiteres mit ca. 100 verschiedenen Quellen rechnen, die das Verzeichnis füllen werden. Diese auf Karteikarten lassen eine unproblematische Sortierung zu. Dieselben auf normalem Papier (möglichst auch noch Vorder- und Rückseite) verschiedener Blätter verteilt, erfordern starke Nerven. Und an denen wiederum fehlt es gegen Ende einer Hausarbeit regelmäßig.

... erleichtern Literaturverzeichniserstellung.

c. Die Gliederung

Bevor über das Aussehen der Gliederung etwas gesagt wird, ein Wort zur ihrer Aufgabe. Die Gliederung ist ***ein Wegweiser*** durch die folgende Arbeit. Ein Wegweiser ist nur dann sinnvoll, wenn es am Ende des Weges den Ort auch gibt, zu dem hingeführt werden soll. Daraus folgt zunächst dreierlei.

Die Gliederung ist ein Wegweiser, ...

Zum einen muß die Gliederung *alle* Überschriften (= Gliederungspunkte) enthalten, die in der Arbeit auftauchen. Zum anderen dürfen es auch *nicht mehr* sein. Zum dritten müssen die Überschriften in der Arbeit und die Punkte der Gliederung absolut *inhaltsgleich* sein.

... der so aussehen muß.

Entweder wichtig oder nicht.

- Zur ersten Forderung: Wenn die Überschrift nicht in der Gliederung auftaucht, muß sie auch nicht im Text erscheinen. ***Überschriften*** dienen nur der Übersicht, wenn etwas neues beginnt. Sie ***sind*** insoweit eine ***Miniaturgliederung*** auf jeder Seite. Hält man dagegen einen Gliederungspunkt für so unwichtig, daß man ihn nicht in die Gliederung der Gesamtarbeit aufnehmen will, dann ist nicht einzusehen, welche Bedeutung er für die konkrete Seite noch hat.

Wo nichts ist, muß man nicht hinweisen.

- Zur zweiten Forderung: Wegweiser sollen auf etwas weisen, was es gibt. Gibt es den in der Gliederung ausgewiesenen Punkt im Text nicht, ist der Punkt in der Gliederung ebenfalls überflüssig.

Wo etwas anders ist, geht der Hinweis fehl.

- Zur dritten Forderung: Wenn die Überschrift im Text anders ist als der Punkt in der Gliederung, verhält es sich ähnlich wie mit einer ganz fehlenden Überschrift. Der Gliederungspunkt hat seinen Job als Wegweiser dann verfehlt. Er verweist nur noch - notwendig - auf etwas, was (so) gar nicht besteht. Das aber ist witzlos.

Daraus folgt: Zu jedem Gliederungspunkt gehört eine Seitenzahl.

Eine.

Aus der Wegweiserfunktion folgt ein weiteres: ***Jedem Gliederungspunkt*** muß ***eine Seitenzahl*** folgen. Und zwar nur eine. Es ist völlig überflüssig zu sagen, wie lang der Gliederungspunkt ist (S. 10-15); das kann der Leser ohne Schwierigkeit selbst herausfinden. Er muß ja nur nachschauen, wo der nächste systematisch gleichwertige Gliederungspunkt beginnt.

Wer A sagt, muß auch B sagen.

Die ***systematische Gleichwertigkeit*** gibt das nächste Stichwort. Es gilt für jeden Gliederungspunkt die Regel: „Wer A sagt, muß auch B sagen." Folglich darf

kein „A." ohne ein „B.",

kein „I." ohne ein „II.",

kein „1." ohne ein „2.",

kein „a." ohne ein „b.",

kein „aa." ohne ein „bb." stehen.

Nicht tiefer als 5.

Wenn schon mehr als 5, dann höher.

Damit sind zugleich die denkbaren Gliederungspunkte in ihrer üblichen Reihenfolge vorgestellt. ***Tiefer*** als bis hierher sollte man ***nicht*** untergliedern. Wenn 5 Ebenen nicht reichen, dann stimmt irgendwas nicht. Kann man es trotzdem nicht vermeiden, dann nicht tiefer untergliedern („aaa."), sondern die Ebenen nach oben erweitern: „1. Abschnitt", „1. Kapitel". Zumindest psychologisch wirkt das nicht so entsetzlich kleinkariert.

Hinzuweisen ist darauf, daß ***jede Gliederungsebene*** auch ***eine Argumentationsebene*** darstellen muß. Und dann, daß gleiches auf vergleichbaren Ebenen liegt. Also nicht:

Gliederung hat was mit Argumentation zu tun.

A. Strafbarkeit des A gemäß § 212 Abs. 1 StGB
- I. Objektiver Tatbestand
- II. Subjektiver Tatbestand
- III. Rechtswidrigkeit
- IV. Schuld

B. Strafbarkeit des B gemäß § 212 Abs. 1 StGB

Das stimmt deshalb nicht, weil die Elemente objektiver und subjektiver Tatbestand nicht jeweils für sich, sondern nur zusammen als Tatbestand auf einer Ebene mit Rechtswidrigkeit und Schuld liegen. Deshalb muß es so aussehen:

Wertigkeiten müssen beachtet werden.

A. Strafbarkeit des A gemäß § 212 Abs. 1 StGB
- I. Tatbestand
  - 1. Objektiver Tatbestand
  - 2. Subjektiver Tatbestand
- III. Rechtswidrigkeit
- IV. Schuld

B. Strafbarkeit des B gemäß § 212 Abs. 1 StGB

Theoretisch denkbar ist es auch, für die Gliederungspunkte statt des hier vorgeschlagenen Systems Ziffernfolgen zu nehmen. Dies wird in der Tat (auf der Basis einer DIN) von einigen Autoren auch genauso gehandhabt.

Ein paar kleine Zahlenspielereien ...

Nehmen wir das gerade gebrachte Beispiel und erweitern es etwas, zeigen sich die Nachteile dieser Möglichkeit sofort.

1. Strafbarkeit des A gemäß § 212 Abs.1 StGB
- 1.1. Tatbestand
  - 1.1.1. Objektiver Tatbestand
  - 1.1.2. Subjektiver Tatbestand
    - 1.1.2.1. Das Wissenselement
      - 1.1.2.1.1. Der error in persona
      - 1.1.2.1.2. Die aberratio ictus
    - 1.1.2.2. Das Wollenselement
- 1.2. Rechtswidrigkeit
- 1.3. Schuld

2. Strafbarkeit des B gemäß § 212 Abs.1 StGB

Das gesamte Bild wirkt sehr unübersichtlich. Aus gutem Grund. Es *ist* sehr unübersichtlich. Man sollte es bei dem Buchstaben-Zahlen-Kombinationssystem belassen.

... führen schnell zur Unübersichtlichkeit.

Immer locker bleiben,

Vielleicht aufgefallen ist, daß ich innerhalb der Gliederung Einrückungen vorgenommen habe. Diese bewirken eine zusätzliche optische Auflockerung, die die Übersichtlichkeit fördert. Die Einrückungen sollten allerdings nicht zu tief sein, da die Auflockerung dann sehr schnell in eine Zerrissenheit kippen kann. Das Gegenstück zur Einrückung ist die linksbündige Schreibweise. Beides hintereinander sähe so aus:

aber nicht auseinanderfallen.

A. Strafbarkeit des A gemäß § 212 Abs.1 StGB
I. Tatbestand
1. Objektiver Tatbestand
2. Subjektiver Tatbestand
a. Das Wissenselement
b. Das Wollenselement
II. Rechtswidrigkeit
III. Schuld

B. Strafbarkeit des B gemäß § 212 Abs.1 StGB

A. Strafbarkeit des A gemäß § 212 Abs.1 StGB
    I. Tatbestand
        1. Objektiver Tatbestand
        2. Subjektiver Tatbestand
            a. Das Wissenselement
            b. Das Wollenselement
    II. Rechtswidrigkeit
    III. Schuld

B. Strafbarkeit des B gemäß § 212 Abs.1 StGB

Kommen zuletzt noch die Seitenzahlen hinzu und verbindet man diese optisch mit den Gliederungspunkten ergibt sich die fertige Gliederung:

A. Strafbarkeit des A gemäß § 212 Abs.1 StGB 1
    I. Tatbestand 1
        1. Objektiver Tatbestand 1
        2. Subjektiver Tatbestand 2
            a. Das Wissenselement 2
                aa. Der error in persona 3
                bb. Die aberratio ictus 6
            b. Das Wollenselement 7
    II. Rechtswidrigkeit 8
    III. Schuld 8

B. Strafbarkeit des B gemäß § 212 Abs.1 StGB 9

Jede Gliederung ein kleines Drama?

Abschließend zur Gliederung noch zwei Bemerkungen: Die eine über den Inhalt von Gliederungspunkten (und damit auch über den Inhalt von Überschriften). Es sollten ***keine ganzen Sätze*** und ***keine Fragen*** darin auftauchen. So sehr eine geschickt gestellt Frage auch die Dramatik einer Bearbeitung erhöht, so sehr auch ein gut formulierter Satz auf grammatikalische Grundkenntnisse schließen läßt: Um beides geht es nicht. Es geht in der Gliederung allein um Hinweise. Und ein Hinweisschild muß knapp sein, damit man es bei rasender Vorbeifahrt (s.o. zur Zeitnot von Korrekturassistenten) noch mitbekommt.

Reine Formsache: Arabisches und Römisches.

Die zweite über die sich nicht auf den Text beziehenden Gliederungspunkte: Neben dem Text enthält die Hausarbeit ja noch den Sachverhalt, die Gliederung selbst, das Literaturverzeichnis. Auch diese müssen in der Gliederung auftauchen. Man schreibt sie in der Reihenfolge ihres Auftretens hinein. Bemerkenswert: Bis auf den ***Text*** (***arabische Zahlen***) werden alle Seiten mit ***römischen Zahlen*** durchnumeriert. Das sieht dann so aus:

- II -

GLIEDERUNG

Sachverhalt I
Gliederung II
Literaturverzeichnis IV

A. Strafbarkeit des A gemäß § 212 Abs.1 StGB 1
I. Tatbestand 1
1. Objektiver Tatbestand 1

usw.

d. Der Sachverhalt / Das Deckblatt

Der Sachverhalt heißt Sachverhalt.

Was jetzt vom Manuskript noch übrigbleibt, ist der Sachverhalt und das Deckblatt. Zum Sachverhalt ist hier nicht viel zu sagen. Er ist ja vorgegeben. Der Sachverhalt bekommt die Überschrift „SACHVERHALT“ und die Seitenzahl - I -.

Das Deckblatt ermöglicht die Zuordnung der Arbeit.

Das Deckblatt enthält oben links (wie ein Absender) Name, Vorname, Anschrift, Matrikelnummer und Semesterzahl des Verfassers. Etwas weiter unten folgt (eventuell zentriert) der Name der Übung, der Name des Dozenten, die Art der Arbeit und das Semester. Das Deckblatt bekommt weder Überschrift noch Seitenzahl.

Mit diesen Elementen ist das Manuskript dann abgeschlossen. Es beginnt der letzte Teil der Bearbeitungsphase: die Typoskripterstellung. Auf deutsch: Das Prachtwerk muß noch abgetippt werden. Das gilt natürlich nur für die, die nicht mit einem PC oder ähnlichem arbeiten.

6. Typoskripterstellung

a. So wie früher

Ohne PC muß gerechnet werden.

Auch dieser Teil bedarf einer gewissen Überlegung. Insbesondere, wenn man nicht mit einer rechnerunterstützten Textverarbeitung basteln darf, muß man vorher einiges ausrechnen.

Man muß wissen, wie der ***Umrechnungsfaktor*** von ***Handschrift*** auf ***Druckschrift*** ist. Man muß dabei berücksichtigen, daß nur 2/3 der Seite beschrieben werden dürfen (linker Rand auf 27, rechter Rand auf 79), daß eine durchschnittliche Seite nur 66 Zeilen Text enthält (die Seitennumerierung ausgenommen), daß dieser Platz noch dadurch reduziert wird, daß in der Regel ein 1 1/2-zeiliger Abstand zu halten ist, wodurch nur noch 44 beschreibbare Zeilen/Seite verbleiben. Dann kann man rechnen.

Auf eine Seite passen höchstens 2.000 Zeichen.

Dazu zählt man erst einige repräsentativ aussehende Zeilen seines Manuskriptes nach Buchstaben aus (Leerstellen nicht vergessen!). Dann zählt man aus, wieviele Zeilen man handgeschrieben hat (DinA-4 Blätter normalerweise ca. 30). Beide Werte multipliziert man miteinander. Anschließend weiß man, wieviele Zeichen (Buchstaben, Kommata, Leerzeichen etc.) in etwa auf jeder Seite stehen. Wenn man nun dasselbe für die getippten Seiten überschlägt (44 Zeilen multipliziert mit ca. 53 Zeichen/Zeile = 2.332 Zeichen), sieht man auch, wieviel auf eine getippte Seite paßt. (Nachdem man aber im Normalfall nicht jede Zeile bis zur letzten Stelle volltippen kann, bleiben etwa 2.000 Zeichen pro Seite übrig.) Zwischen den so erhaltenen Werten bildet man das Verhältnis und hat damit den Umrechnungsfaktor.

Mollig kommt besser.

Der Schein macht den Schein (Teil II).

Den Sachverhalt sollte man ebenfalls abtippen. Dies ist zwar keine Vorschrift, gibt der ganzen Arbeit aber ein einheitliches Aussehen. Für die Optik kann man ein weiteres tun, indem man ein ordentlich ***dickes Papier*** wählt. Mindestens 80 g/qm sind vonnöten, besser noch 90 g/qm. Das ist zwar etwas teurer, sieht aber entschieden besser aus. Und da darf man sich nichts vormachen: Manchmal bringt der Schein eher den Schein als das Sein.

b. Schöner, schneller, aufreibender

Es könnte alles so viel leichter gehen ...

Wer einen Computer hat, ist in vielen Dingen fein raus. Unterstellt, man hat es geübt, kann man sich an schwierigen, zeitaufwendigen Stellen eine Masse helfen lassen. Jedes Programm, das einigermaßen was auf sich hält, ist heute in der Lage, automatisch die Fußnoten zu verwalten (wenn auch nicht immer auf jeder Seite neu von 1 an zu numerieren), Inhaltsverzeichnisse zu erstellen und Literaturverzeichnisse alphabetisch zu ordnen.

... wenn man nur wüßte, wie.

Leider setzt dies aber voraus, daß man das geübt hat, als man noch Zeit dafür hatte. Also nicht am letzten Tag vor der Abgabe.

WINDOWS-Programme sind natürlich schöner, weil man mehr davon sieht, wie´s später rauskommt. DOS-Programme sind in der Regel schneller und (nach meinen langjährigen und leidigen Erfahrungen mit WINDOWS-Programmen) auch absturzsicherer. Eine neue Oberfläche (wie etwa WINDOWS 98) verdient in der Regel mindestens ein Jahr Mißtrauen, bevor man ihr seine wichtigen Hausarbeiten anvertraut. Vergleichsweise ausgereift ist inzwischen WINDOWS 95, empfehlenswerter, weil stabiler, ist WINDOWS NT4 (aber leider auch teurer).

Schönheit hat ihren Preis (Geschwindigkeit).

Nach meiner Kenntnis existieren auf dem Buchmarkt derzeit mindestens vier Titel, die sich gezielt mit der ***Anfertigung juristischer Hausarbeiten auf dem Computer*** beschäftigen. Wir dürfen allerdings vermuten, daß sich diese Zahl noch erhöhen wird. Interessant ist es, sich im Internet umzutun, insbesondere die Computerzeitung ct (www.heise.de/ct) hat Wissenswertes über die Schwierigkeit von Uniarbeiten mit WinWord veröffentlicht.

Einen Nachteil der Computerarbeiten sollten wir nicht verschweigen. Wer die Möglichkeit hat, formal schöne Arbeiten herzustellen (Blocksatz, ***Fettkursivdruck,*** kleinere Schrift für Fußnoten etc.), der sollte diese Möglichkeiten nutzen und wird dies in der Regel auch tun. Und das führt nach einer Weile zu perfektionistischen Anwandlungen, die einen für Stunden vor dem Monitor fesseln, um hier und da eine Zeile noch etwas schöner zu gestalten.

Die schöne neue Welt hält einen oft länger bei der Arbeit.

Wir merken daher:

- Die Möglichkeiten nutzen - ja! (Um Gottes willen kein understatement, indem man z.B. auf den Blocksatz verzichtet. Wer was zu bieten hat, soll´s auch zeigen.)
- Sich für die Perfektion totarbeiten - nein!

7. Unterschreiben, Kopieren und Tschüß.

Nun nehmen wir noch einen Stift und ***unterschreiben*** die Arbeit. Und jetzt nehmen wir an, der letzte Tag der Hausarbeit sei gekommen, die Arbeit liegt fertig getippt (und unterschrieben) auf dem Tisch (im Idealfall natürlich schon seit Tagen), Abgabe in der Vorlesung in wenigen Stunden. Irgendwas fehlt. Was? Nachdenken: Was passiert, wenn zwischen Abgabe und Wegschaffen durch die Assistenten ein böser Kommilitone Diebesgelüste verspürt und erste und letzte Seite gegen neue mit seinem Namen austauscht? Was passiert, wenn widrige Umstände zum Verlust der Arbeit irgendwo auf dem Weg zwischen Abgabe und Rückgabe führen. Nichts passiert. Es sei denn, man hat ***vorsichtshalber eine Kopie*** angefertigt. Nur dann nämlich kann man etwas reklamieren. Und eine Kopie sollte man schon deshalb machen, damit man auch nach der Rückgabe ein nicht durch unbotmäßige

Mit der Unterschrift übernimmt man die Verantwortung für den Inhalt.

Mit einer Kopie übernimmt man die Verantwortung für die Arbeit.

Bemerkungen des Korrekturassistenten verunglimpftes Werk daheim hat.

Fristgerecht abgeben!

Hinweise auf dem ausgegebenen Sachverhalt beachten!

Für die Abgabe der Arbeit gibt es eine ***Ausschlußfrist***, die unbedingt eingehalten werden muß. Typischerweise genügt es hier, die Arbeit am entsprechenden Tag bei der Post ***aufzugeben*** (Einschreiben ***mit Rückschein!),*** wenn der Poststempel stimmt. Dazu der Hinweis, daß in manchen Städten die Haupt- oder Bahnhofspost von 22.00 Uhr bis nach Mitternacht geöffnet hat. Das muß man natürlich vorher geklärt haben! In letzter Zeit findet sich aber auch verstärkt die Anweisung, daß die Arbeit in der Frist ***eingegangen*** sein muß. Dann ist auf jeden Fall die persönliche Abgabe in der Übung oder beim Institut anzuraten.

Eingangsbestätigungen sollten dem Personal keine Mühe machen.

Für diesen Fall sollte man sich die Abgabe der Arbeit auf einer Kopie des Deckblattes kurz bestätigen lassen. Um dem Personal keine unnötige Mühe zu machen (die werden sich bedanken, wenn sie mehrere hundert Bestätigungen schreiben sollen), werden wir die Empfangsbestätigung auf dem Deckblatt schon mal vorschreiben. („Der Eingang einer Hausarbeit in der Übung ... am .... um .... Uhr wird hiermit bestätigt.“) Aktuelles Datum und die Uhrzeit der Abgabe können wir vor der Tür noch schnell einfügen. Für das Institut bleibt dann nur noch, einen Stempel draufzusetzen.

III. Die Nachbearbeitungsphase - Beschwerden

Wenn´s nicht so benotet wurde, wie erhofft, muß man sich eben beschweren.

Die ersten beiden Phasen einer Hausarbeit (***Vorbereitung*** - bis zur Ausgabe - und ***Bearbeitung*** - ab der Ausgabe-) wurden in den vergangenen Teilen dieser Anleitung abgehandelt. Jetzt ist eine Phase an der Reihe, die dann an Bedeutung gewinnt, wenn die Arbeit nach der Korrektur nicht so bewertet ist, wie der Verfasser sich das vorgestellt hat. Ich nenne diese Phase die ***Nachbearbeitungsphase***. Wie man eine Bewertung bewertet und wie man sich beschwert, das soll Gegenstand dieses Teils sein.

1. Übersicht - Der Beschwerdeansatz

Eine Benotung ist ein Werturteil auf Tatsachenbasis.

Damit man sich beschweren kann, muß man erst einmal wissen, worüber man sich beschweren will. Sicher als erstes über die Note. Aber die Note ist nur ein ***Wert***urteil, das allenfalls sehr eingeschränkt überprüfbar ist. Nur: Die Note steht ja auf einer ***tatsächlichen*** Grundlage. Eine Beschwerde macht daher nur (aber auch immer) dann einen Sinn, wenn man die ***tatsächliche Grundlage*** der Benotung erschüttern kann. Die Grundlage der Benotung wiederum kann man den ***Randbemerkungen*** und der ***Schlußbemerkung*** des Korrektors entnehmen.

Also: Tatsachen erfassen.

Der erste Schritt zur erfolgreichen Beschwerde besteht also darin, jede einzelne Randbemerkung des Korrektors auf ihre Plausibilität hin zu untersuchen. - Die Schlußbemerkung ist dann im Regelfall nur noch eine Zusammenfassung der ohnehin schon gemachten Anmerkungen. -

Vorarbeiten leisten.

Dabei kann man von ihrem Inhalt her verschiedene Arten von Randbemerkungen unterscheiden: Manche nehmen zu ***Formalien*** Stellung („Hinter jede Fußnote gehört ein Punkt!"), manche gehen auf ***Aufbaufragen*** ein („Hier hätten Sie zunächst vertragliche Ansprüche prüfen müssen."), manche lassen den ***Stilisten*** raushängen („A"); manche bemängeln das ***Ergebnis*** („Nicht vertretbar"), manche die ***Argumentation*** („Nicht nachvollziehbar", „Nicht überzeugend"), manche den ***Ansatz*** („Abwegig").

Einige vertreten die reine Lehre („Das ist kein ***Gutachtenstil***."), andere arbeiten lieber mit Piktogrammen (2 Seiten Schlängellinie mit Fragezeichen, am Ende ein „?!?"), wiederum andere üben sich in Drittverweisen („Vgl. Besprechung").

All dies gibt es pur, aber auch in Kombination.

Absolutes Muß:
An der Besprechung teilnehmen!

Wenn man sich nun beschweren will, muß man erst einmal überprüfen, was an den Randbemerkungen dran ist. Einige setzen dabei voraus, daß man über einen Duden verfügt (Stilfragen, Grammatik, Rechtschreibung und Zeichensetzung), andere, daß man an der Besprechung teilgenommen hat („Vgl. Besprechung").

2. Korrekturfehler bei Formalien

Formalien sind einfach, aber in der Regel nicht besonders wichtig.

Am einfachsten sind ***die formalen Dinge*** zu überprüfen. Ob dort ein Punkt hingehört oder nicht, kann man ja nachschlagen. Das sind allerdings (bis zu einem gewissen Umfang) auch die unwichtigsten Korrekturfehler. Im Normalfall wird man niemandem schon deshalb eine schlechtere Note geben, weil hier und dort einige - vermeintliche - formale Fehler gemacht wurden. Die Bemängelung einer fehlerhaften Korrektur in diesem Bereich dient daher lediglich der Schaffung eines günstigen Beschwerdeklimas.

3. Formelle Korrekturfehler

Schlängellinien sind noch keine Korrektur. Sie sind auch noch keine qualifizierte Mängelrüge.

Weit wichtiger sind die übrigen Umstände. Beginnen wir mit Korrekturen der ***Schlängellinienkategorie***, so können wir festhalten, daß derartiges alleine eine Abwertung nicht tragen kann. Als Verfasser einer Arbeit darf man erwarten, daß Mängel auch als solche gekennzeichnet werden; das ist schließlich der Job eines Korrekturassistenten, dafür wird er bezahlt. Zu beachten ist aber, daß dies nur dann gilt, wenn solche Kunstwerke für sich alleine stehen. Stehen sie mit einem Kommentar oder folgt ein solcher, richtet sich die Beschwerde natürlich nach diesem Kommentar.

Man sollte bei der gedanklichen Vorarbeit zur Beschwerde dabei zwei Gruppen auseinanderhalten: Die eine, die von der konkreten Arbeit unabhängig ist (Gutachtenstil), und die andere, die nur an der Arbeit hängt (Aufbau, Ansatz, Argumentation, Ergebnis).

4. Korrekturfehler bei fallunabhängigen Kriterien

Typische Korrekturfehler.

Bei der Bemängelung, daß ***kein anständiger Gutachtenstil*** vorliege, werden wiederum zwei typische Korrektur-Fehler gemacht.

Gutachtenstil verkannt.

Einmal werden bestimmte Formulierungen als Gutachtenstil erkannt („Möglicherweise") und andere nicht („Zweifel bestehen, ob ..."). Hier sollte man sich selber überprüfen und schauen, ob man den charakteristischen Dreiertakt eingehalten hat (1. Frage aufwerfen, 2. Voraussetzungen aufzeigen, 3. Vergleich Sachverhalt - Voraussetzungen und Frage beantworten). Wenn dies der Fall ist, ist die Korrektur fehlerhaft.

Zu berücksichtigen ist dabei, daß sich diese drei Schritte bei komplexen Fragestellungen durchaus mehrfach geschachtelt über mehrere Seiten erstrecken können. Da kann es leicht vorkommen, daß man als Korrektor einmal etwas übersieht. Aber - und das muß hier auch gesagt werden - es kann genausogut vorkommen, daß man als Bearbeiter einen Schritt übersehen hat. Und dann hat der Korrektor Recht!

Gutachtenstil zu Unrecht gefordert.

Der andere typische Korrektur-Fehler besteht darin, daß der Korrektor zwar zutreffend erkannt hat, daß kein Gutachtenstil benutzt wurde, daß er aber nicht erkannt hat, daß dies gar nicht nötig war. Es gibt ja bekanntlich Dinge, die nicht im Gutachtenstil geschrieben werden sollten, weil sie etwa evident sind. Dazu gehören auch schlichte Wiedergaben des Sachverhaltes, die zwar an sich nicht erlaubt, manchmal aber unumgänglich sind.

Aber Vorsicht: Der Korrektor hat meistens recht.

Auch hier gilt natürlich, daß sorgfältig geprüft werden muß, ob der Korrektor nicht zu Recht gerügt hat. Ein auf Bearbeiterseite beliebter Mißgriff besteht nämlich darin, Unsicherheiten in der Argumentation, die durch Verwendung des Gutachtenstils zu Tage treten würden, mit dem Urteilsstil zuzudecken. Indizien auf dieser Seite liefert die Existenz der Wörter „zweifellos", „natürlich", „fraglos" etc.

5. Korrekturfehler bei fallabhängigen Kriterien

Es bleiben die Mängel, die in Aufbau, Ansatz, Argumentation und Ergebnis gefunden sein sollen. Beginnt man hinten und stellt nur am (jeweiligen) ***Ergebnis*** einen Korrekturvermerk fest, kann man schon konstatieren, daß diese Korrektur fehlerhaft ist.

Entscheidend ist bekanntermaßen nicht so sehr das Ergebnis, sondern wie ein Ergebnis begründet wird. Steht daher nur am Ergebnis ein „Nicht-Vertretbar" und keine Bemerkung neben der Argumentation liegt eine typische ***lösungsskizzenorientierte Korrektur*** vor. Ein Beschwerdegrund liegt dann alleine schon in dieser Form der Korrektur: Dem Korrektor ist offensichtlich nichts gegen die Argumentation eingefallen - wenn diese aber nicht widerlegbar ist, dann kann auch das resultierende Ergebnis nur „Vertretbar" sein.

Lösungsskizzen-orientierte Korrekturen.

Wenn Einwände gegen die ***Argumentation*** vorgebracht werden, sollte man bedenken, daß es sich in erster Linie um die Wiedergabe von Ansichten aus Rechtsprechung und Literatur handelt, Formale Argumentationseinwände bezögen sich dann darauf, daß man nur jeweils gesagt hat, daß die Rechtsprechung diese und die Literatur jene Ansicht vertrete, daß man aber nicht gesagt hat, aus welchen Gründen die das machen. Das ist dann natürlich auch gar keine richtige Argumentation (der Korrektor hätte folglich Recht).

Einwände gegen Argumentationen.

Inhaltliche Einwände könnten sich auf das Fehlen bestimmter, wichtiger Meinungen oder die fehlerhafte Wiedergabe beziehen. Hier muß man dann die Angaben des Korrektors mit der eigenen Darstellung und den angeführten Meinungen vergleichen. Und das diesmal direkt, also nicht über ein Blindzitat aus einem Kommentar, der es auch nicht verstanden hat.

Einwände gegen Inhalte.

Ein fehlerhafter ***Ansatz*** ist möglicherweise dann keiner, wenn er nur darauf beruht, daß man irgendwo von der Musterlösung abgewichen ist. Dann ist nur noch entscheidend, ob man ***konsequent*** geblieben ist. Kann man dies nachweisen und ist die Abweichung von der Musterlösung darüberhinaus vertretbar, sind Rügen im Hinblick auf den Ansatz unbegründet.

Einwände gegen Ansätze.

Aufbaufragen sind, sofern sie nicht durch die Aufgabenstellung vorgegeben sind („Hat die Klage Aussicht auf Erfolg?" bedeutet eben die Reihenfolge: 1. Zulässigkeit und 2. Begründetheit), weitestgehend von ***Zweckmäßigkeitserwägungen*** bestimmt. Das gilt allerdings nur in begrenztem Umfang. Nämlich solange, wie sich die aufzubauenden Elemente auf ***einer logischen Ebene*** befinden. So ist zum Beispiel die Prüfungsreihenfolge von objektiven Tatbestandsmerkmalen im Strafrecht nicht zwingend vorgegeben. Wohl vorgegeben ist aber die Reihenfolge „Tatbestand, Rechtswidrigkeit, Schuld". Ähnliches gilt im BGB, bei § 823 Abs. 1 etwa.

Einwände gegen den Aufbau.

6. Zusammenfassung zur Vorgehensweise

Alles sorgfältig und umfassend untersuchen lohnt sich auch, wenn man dann keine Beschwerde schreibt.

Jede Randbemerkung ist also auf ihre formale und inhaltliche Richtigkeit hin zu untersuchen. Findet sich danach, daß der Korrektor zu viele Fehler gemacht hat, lohnt sich eine Beschwerde. Aber Vorsicht: Das ist mit Sicherheit nur selten der Fall. Gelohnt hat sich der Überprüfungsaufwand aber auch dann, wenn man anschließend von einer Beschwerde absieht. Denn um davon absehen zu können, muß man ja verstanden haben, daß der Korrektor Recht gehabt hat. Und um das zu verstehen, muß man auch die Arbeit selbst (nunmehr doch) verstanden haben.

Kommt man aber zu dem Ergebnis, daß eine Beschwerde fällig ist, ist folgendes zu beachten.

7. Formalien einer Beschwerde

Beschwerdefrist beachten!

1. Üblicherweise besteht eine ***Ausschlußfrist***, die (z.B. in Köln) in der Regel ***eine Woche*** beträgt. (Wenn eine Arbeit montags zurückgegeben wird, muß die Beschwerde spätestens am Montag der kommenden Woche eingegangen sein.)

Alles aufschreiben!

2. Beschwerden sind ***grundsätzlich schriftlich*** abzufassen. Eine fundierte Beschwerde enthält eine differenzierte Auseinandersetzung mit dem Beschwerdegegenstand, dazu ist ein mündlicher Vortrag komplett ungeeignet. Außerdem zwingt die schriftliche Abfassung zur Präzision der eigenen Kritik. („Find ich alles nicht gut“ klingt schon blöd, wenn man`s mündlich bringt, schriftlich macht es gar nichts her.)

Von der äußeren Form her sieht eine Beschwerde so aus:

Wer an Wen. Warum und wann.

Oben links der Absender mit Matrikelnummer und Fachsemester. Darunter der Adressat. Dann ein Betreff-Vermerk („Korrektur der 1. Hausarbeit / Beschwerde“). Danach das Datum, dann die Anrede. Anschließend ein kurzer Hinweis über die Vorgehensweise, dann die eigentliche Beschwerde. Zum Schluß eine Zusammenfassung, die mit der Feststellung schließt, daß die Benotung zu schlecht war, verbunden mit der Bitte um sachgerechte Neubenotung. Hochachtungsvoll. Amen.

Wie es aussehen könnte, zeigt das folgende Beispiel.

Als Schlußbemerkung noch dies: Auch ein guter Jurist kann nicht immer gewinnen. Aber er kann es versuchen.

8. Beschwerdemuster

Mike Motz
Punkte 3
1818 Ungerecht
Matr.-Nr.: 4711
2. Fachsemester

Herrn
Prof. Dr. Milde
Gnadenweg 1

50939 Köln

Betr.: Bewertung meiner Hausarbeit / Beschwerde

01.05.2000

Sehr geehrter Herr Prof. Dr. Milde,

ich erlaube mir, die von Ihnen eingeräumte Möglichkeit zu nutzen und mich gegen die Bewertung meiner Hausarbeit zu beschweren.

Ich halte die Korrektur für in der Sache und die Benotung für in der Stufe verfehlt. Ich möchte die bemängelten Passagen meiner Arbeit derart verteidigen, daß ich zunächst die Korrekturbemerkung und dann die Gründe, warum ich diese für unzutreffend halte, vortrage.

Diese Einstiegssätze kann man zwar einfach übernehmen, es wäre aber für den Empfänger der Beschwerde etwas abwechslungsreicher, sich hier eine eigene Formulierung auszudenken.

Seite 1

Es beginnt auf S. 1 damit, daß der Korrektor schreibt: ***m.E. fehlt hier die Subsumtion unter eine konkrete Norm.*** Dies ist jedenfalls insoweit richtig, als daß in den ersten Zeilen der Arbeit in der Tat noch keine abgeschlossene Subsumtion vorgenommen wird. Dies ist allerdings an dieser Stelle der Arbeit auch noch gar nicht möglich. Zunächst einmal muß ja für eine Subsumtion eine Norm gefunden werden, unter die alsdann subsumiert werden kann. Wenn der Korrektor dann weiter noch eine konkrete Norm vermißt, hat er wohl übersehen, daß die für die Zuständigkeit maßgebliche Vorschrift des § 12 ZPO genannt, in ihren Voraussetzungen aufgezeigt und danach unter sie subsumiert wurde. Konkreteres ist hier wohl kaum denkbar.

.

.

Rückseite

Das gilt in gleicher Weise für die Zusammenfassung und für die Bitte um bessere Benotung.

Zusammenfassende Bewertung auf der Rückseite: Nachdem dort nur die im Text bereits gemachten angeblichen Fehler noch einmal unter bestimmten Gesichtspunkten aufgelistet werden, verzichte ich darauf, zu den Punkten im Einzelnen Stellung zu nehmen.

Zur Bewertung „mangelhaft" möchte ich aber feststellen, daß ich sie für ungerecht halte. Meine Arbeit ist zweifellos nicht frei von Schwächen; ich denke, daß man dies im 2. Semester aber auch noch nicht erwarten darf. Die in der Besprechung auftauchenden, dort als wesentlich gekennzeichneten Probleme der Aufgabe habe ich in der Bearbeitung erkannt und behandelt. Daß man an der einen oder anderen Stelle auch ein anderes Ergebnis vertreten kann, will ich damit nicht in Frage stellen. Subsumtionsfehler vermag ich trotz der gegenteiligen Anmerkungen nicht zu entdecken.

Aus all diesen Gründen meine ich, daß ein „mangelhaft" eine verfehlte Bewertung darstellt, deren Korrektur ich mir von Ihnen erhoffe.

Hochachtungsvoll

Mike Motz

B. Eine Musterhausarbeit

Nachfolgend jetzt eine Musterhausarbeit. Der Sachverhalt wurde tatsächlich im Wintersemester 1986/87 zur Bearbeitung ausgegeben. Die Bearbeitungszeit betrug etwas über 3 Wochen; die Seitenzahl war auf maximal 20 begrenzt. Die Arbeit selbst war damals die beste aller abgegebenen. Sie kann als Muster gelten. Allerdings ist hier - wie immer bei Mustern - Vorsicht angebracht: Die Lösung, wie sie dort steht, ist natürlich wieder nur ***eine*** Möglichkeit, dem Sachverhalt gerecht zu werden. Man kann mit anderen Schwerpunkten und anderen Begründungen auch zu anderen Ergebnissen kommen. Zu berücksichtigen ist dabei aber, daß ich mir bei der Lösung schon was gedacht habe. Wenn man also eine andere Lösung vertreten will, muß man an meinen Gründen basteln.

Die Arbeit enthält daneben einige Besonderheiten, auf die ich nur kurz hinweisen will.

Besonderheiten

- So findet sich auf Seite II eine ***Inhaltsübersicht*** und ab Seite III ein ***Inhaltsverzeichnis*** (= Gliederung). Der Grund dafür besteht in der Überlegung, daß es bei einer sehr detaillierten Gliederung nicht mehr ganz einfach ist, den Überblick zu wahren. Daher kann es ***sinnvoll*** sein, nur die Oberpunkte der Gliederung in einer eigenen kleinen und vor allem kurzen Übersicht zusammenzufassen. So wie dort. Es ist aber in keinem Fall ***zwingend***.

Inhaltsübersicht vor Inhaltsverzeichnis.

- Die ***Fußnoten*** enthalten z.T. wirklich ***unqualifizierte Bemerkungen***. So gehört etwa ein „nach seiner Gründung dann der BGH: (...)“ - vgl. Fn. 16 - auf keinen Fall in die Fußnote einer Hausarbeit hinein, die man noch bestehen muß oder will. Nebenbei bemerkt: Wann sonst hätte der BGH entscheiden sollen? Inhaltlich sind die Fußnoten aber alle in Ordnung; insbesondere sind nur gelesene Quellen zitiert worden (eigentlich eine Selbstverständlichkeit).

Im Original müssen die Fußnoten frei von Bemerkungen sein.

- Die ***Gesetzesangaben*** (z.B. § 223a) stammen aus der Zeit vor dem 6. StrRG (1.4.1998). § 223a z.B. ist inzwischen in § 224 I Nr. 2-5 aufgegangen. Ich habe mich dazu entschlossen, die Hausarbeit für diese Auflage unverändert zu lassen, weil es zu den neuen Vorschriften derzeit noch überhaupt keine Kommentar- und Lehrbuchliteratur gibt, die man für Zitate hätte verwenden können.

Gesetze sind auf dem Stand vor dem 1.4.98.

- Letztlich gehört in die wirkliche Hausarbeit natürlich noch eine ***Unterschrift*** auf die letzte Seite.

In´s Original gehört eine Unterschrift.

Manfred Mustermann
Streberweg 1
1111 Fleißheim
Matr.-Nr.: 072212011
3. Fachsemester

Übungen im Faustrecht
für Anfänger

WS 1999/2000

1. Hausarbeit

- I -

Sachverhalt

Den beiden aufeinander eingespielten Industriespionen S und K gelingt es, sich mit Hilfe eines Nachschlüssels eines Nachts Zugang zum Zentrallabor der Firma F zu verschaffen. Als S gerade mit dem Photographieren von Testergebnissen und dem Einpacken von Materialproben beginnen will, bekommt er von K, der vor der Tür Schmiere steht, ein Zeichen, daß offenbar ein Werkspolizist im Anzug sei.

S läßt alles stehen und liegen und stürmt hinaus auf ein dunkles Parkgelände. Als er plötzlich Schritte hinter sich hört, zieht er verabredungsgemäß seinen Revolver und schießt in dem Glauben, daß K ihm bereits vorausgerannt sei, in Bauchhöhe auf den vermeintlichen Verfolger. An dem Aufschrei des Getroffenen muß er zu seinem Schrecken erkennen, daß er auf K geschossen hat.

Aus Angst, selbst entdeckt zu werden, überläßt er K zunächst seinem Schicksal und bringt sich über die Fabrikhofmauer in Sicherheit. Als er nach etwa 10 Minuten zurückkehrt, um K vielleicht doch noch herausholen zu können, muß er feststellen, daß dieser bereits abtransportiert worden ist.

Wie haben sich S und K, der den Bauchschuß überlebt, strafbar gemacht?

- II -

Inhaltsübersicht

- III -

Inhaltsverzeichnis

- IV -

- V -

LITERATURVERZEICHNIS

Blei, Hermann (Verletzung, 1974)
Die „Verletzung des persönlichen Lebens- und Geheimbereichs“ (15.Abschnitt: §§ 201 ff. StGB) i.d.F. des EGStGB
JA 1974, 601

Braunschneider, Hartmut (Strafrecht, 1986)
Strafrecht AT - Das Skript
Köln 1986

Cramer, Peter (StGB, 1985)
in: Schönke, Adolf / Schröder, Horst (Begr.)
Strafgesetzbuch Kommentar
22., neubearbeitete Auflage
München 1985

Dreher, Eduard (Anmerkung, 1970)
Anmerkung zu BGH v. 03.04.1970 (2 StR 419/69)
NJW 1970,1802

Dreher, Eduard / Tröndle, Herbert
s. Tröndle, Herbert

Eser, Albin (StGB, 1985)
in: Schönke, Adolf / Schröder, Horst (Begr.)
Strafgesetzbuch Kommentar
22., neubearbeitete Auflage
München 1985

Haft, Fritjof (Strafrecht, 1985)
Strafrecht Allgemeiner Teil
2. überarbeitete Auflage
München 1985

Herzberg, Rolf-Dietrich (Täterschaft, 1977)
Täterschaft und Teilnahme
9. Auflage
München 1977

Lackner, Karl (StGB, 1985)
Strafgesetzbuch
16., neubearbeitete Auflage
München 1985

- VI -

Lenckner, Theodor (StGB, 1985)
in: Schönke, Adolf / Schröder, Horst (Begr.)
Strafgesetzbuch Kommentar
22., neubearbeitete Auflage
München 1985

Preisendanz, Holger (StGB, 1978)
Strafgesetzbuch
30., völlig überarbeitete und ergänzte Auflage
Berlin 1978

Roxin, Claus (Mittäterschaft, 1979)
Die Mittäterschaft im Strafrecht
JA 1979,519

Schmidthäuser, Eberhard (Strafrecht, 1980)
Strafrecht Besonderer Teil
Tübingen 1980

Seelmann, Kurt (Mittäterschaft, 1980)
Mittäterschaft im Strafrecht
JuS 1980,571

Spendel, Günter (Kritik, 1969)
Zur Kritik der subjektiven Versuch- und Teilnahmetheorie -
BGHSt 11,268
JuS 1969,314

Schönke, Adolf / Schröder, Horst (Begr.)
Strafgesetzbuch Kommentar
22., neubearbeitete Auflage
München 1985

Tröndle, Herbert (StGB, 1985)
in: Dreher, Eduard / Tröndle, Herbert
Strafgesetzbuch
42., neubearbeitete Auflage
München 1985

Weber, Hellmuth von
s. Welzel, Hans

Welzel, Hans (Festschrift, 1963)
in: Welzel, Hans u.a. (Hrsg.)
Festschrift für Hellmuth von Weber zum 70. Geburtstag
Bonn 1963

- VII -

Welzel, Hans u.a. (Hrsg.)
Festschrift für Hellmuth von Weber zum 70. Geburtstag
Bonn 1963

Wessels, Johannes (Strafrecht, 1986)
Strafrecht Allgemeiner Teil
16., völlig neubearbeitete Auflage
Heidelberg 1986

- 1 -

1. Abschnitt

A. Strafbarkeit des S gemäß § 123 I StGB[1]

S kann sich dadurch, daß er sich Zugang zum Labor der Firma F verschaffte, nach § 123 I, 1. Begehungsweise, 2. Alt. strafbar gemacht haben.

Dann muß es sich bei dem Zentrallabor der F um **Geschäftsräume** gehandelt haben. Unter Geschäftsräumen i.S.d. § 123 versteht man alle Räume, die in irgendeinem Zusammenhang mit den geschäftlichen Aktivitäten eines Unternehmens stehen.[19] Dazu gehören auch Räume, in denen geforscht oder sonst dem Geschäftszweck des Unternehmens gedient wird. Ein Labor ist ein Ort, an dem typischerweise geforscht und ausgewertet wird. Das Labor der F ist folglich ein Geschäftsraum.

In diesen Geschäftsraum muß S eingedrungen sein. **Eindringen** bedeutet das Hineingelangen gegen den Willen des Hausrechtsinhabers.[20] S befand sich im Labor. Die verschlossene Türe zeigte, daß der Hausrechtsinhaber, hier F, nicht wollte, daß jedermann in dieses Labor gelangte, sondern nur dazu Autorisierte. Der von S benutzte Nachschlüssel reicht zur Autorisierung nicht aus. S handelte also gegen den Willen von F. S ist in das Labor eingedrungen.

Das Verhalten des S muß weiterhin vorsätzlich gewesen sein. **Vorsätzlich** handelt, wer den objektiven Tatbestand mit Wissen und Wollen verwirklicht.[21] S wußte, daß er mit dem Betreten des Labors gegen den Willen von F deren Geschäftsräume betreten würde. Dies wollte er auch. S handelte daher vorsätzlich.

Die Tat geschah **rechtswidrig** und **schuldhaft**. S hat sich damit gemäß § 123 I, 1. Begehungsweise, 2. Alt. strafbar gemacht. Zur Bestrafung ist allerdings gemäß § 123 II ein **Strafantrag** erforderlich.

B. Strafbarkeit des K gemäß § 123 I

Nachdem K sowohl objektiv als auch subjektiv genauso gehandelt hat wie S, hat auch er sich gemäß § 123 I, 1. Begehungsweise, 2. Alt. strafbar gemacht. Zur Bestrafung ist allerdings auch bei ihm gemäß § 123 II ein Strafantrag erforderlich.

---

18 Soweit nicht anders gekennzeichnet sind alle Paragraphen solche des StGB.

19 TRÖNDLE - StGB, 1985 - § 123 Rn. 4; LACKNER - StGB, 1985 - § 123 Rn. 2a; LENCKNER - StGB, 1985 - § 123 Rn. 5

20 TRÖNDLE - StGB, 1985 - § 123 Rn. 10; LACKNER - StGB, 1985 - § 123 Rn. 3a; LENCKNER - StGB, 1985 - § 123 Rn. 11; PREISENDANZ - StGB, 1978 - § 123 Rn. 3a

21 RG v. 04.12.1917 (IV 622/17) RGSt 51,311; eher kritisch: TRÖNDLE - StGB, 1985 - § 15 Rn. 2; LACKNER - StGB, 1985 - § 15 Rn. II; CRAMER - StGB, 1985 - § 15 Rn. 12,16

- 2 -

2. Abschnitt

C. Strafbarkeit von S und K gem. §§ 242, 243, 22, 25 II

Dadurch, daß S mit dem Einpacken von Materialproben und dem Photographieren von Testergebnissen beginnen wollte, können sich S und K in Mittäterschaft eines versuchten besonders schweren Diebstahls i.S.d. §§ 242 I, II, 243 I Ziffer 1 und 3, 22, 23 I, 12 II, I, 25 II strafbar gemacht haben.

I. Vorprüfung

Die Tat ist **nicht vollendet**: S und K haben alles stehen und liegen lassen, eine Wegnahme scheidet daher aus. Die Tat ist als Vergehen, § 12 II, I, **strafbar**: § 23 I, 242 II.

II. Tatbestand - 1. Subjektiv: Tatentschluß
a. Tatentschluß bezüglich Mittäterschaft

Kennzeichnend für eine Mittäterschaft ist das **bewußte und gewollte Zusammenwirken** mehrerer Täter.[22] Im subjektiven Bereich in jedem Fall erforderlich ist daher, daß jeder einzelne Täter die Tat zusammen mit den anderen verwirklichen will. Die Mittäterschaft basiert auf dem **Prinzip der Arbeitsteilung**.[23] Es genügt daher für die Mittäterschaft, wenn der Täter Mitträger eines gemeinsamen Tatentschlusses hinsichtlich einer gemeinschaftlichen Tatbestandsverwirklichung ist. Nicht notwendig ist es, daß jeder Mittäter alle Tatbestandsmerkmale in eigener Person verwirklichen will.[24] Wichtig ist dabei allerdings, daß der Täter auch die Verwirklichung des Tatbestandes durch andere **als eigene** Tat will. Hier scheidet sich die **Mittäterschaft** von der **Beihilfe**, bei der der Täter auch mit anderen zusammenarbeiten, dabei die Tat aber nur als fremde will.[25]

Ob ein Beteiligter die Tat als eigene will, ist nach dem BGH unter Berücksichtigung aller Umstände, die von der Vorstellung des Täters umfaßt werden, in wertender Betrachtung zu ermitteln. Wesentliche Anhaltspunkte könnten im **Grad des eigenen Interesses** am Erfolg der Tat, im **Umfang der Tatbeteiligung** und im **Willen zur Tatherrschaft** oder der **Tatherrschaft selber** gefunden werden.[26]

---

22 LACKNER - StGB, 1985 - § 25 Rn. 2b

23 BRAUNSCHNEIDER - Strafrecht, 1986 - S.111; CRAMER - StGB, 1985 - Vorbem §§ 25 ff. Rn. 25

24 BGH v. 10.03.1961 (4 StR 30/61) BGHSt 16,14f; kurz vor Ausbruch des 2. Weltkriegs noch das RG v. 17.09.1936 (1 D 826/36); LACKNER - StGB, 1985 - § 25 Rn. 2b

25 TRÖNDLE - StGB, 1985 - Vor § 25 Rn. 5

26 BGH v. 25.03.1982 (1 StR 534/81) NStZ 82,243

- 3 -

S und K sind eingespielte Industriespione. Eingespielt bedeutet, daß jeder seine Funktion in den Dienst des anderen stellt. Sie sind beide Industriespione. Dies bedingt im Zusammenhang mit der Eingespieltheit eine gewisse Gleichrangigkeit. Es ist - da keine anderen Anhaltspunkte bestehen - davon auszugehen, daß der Erlös aus der Spionage zu gleichen Teilen geteilt wird. S und K dringen beide in die Räume der auszuspionierenden Firma ein. Der eine (S) kann nur deshalb damit beginnen, die gewünschten Daten herauszusuchen, weil der andere (K) die Situation unter Kontrolle hält. Insoweit haben beide die Herrschaft über die Tat; sie haben sie unter sich aufgeteilt. Zuletzt haben sie für den Fall einer eventuellen Verfolgung vereinbart, daß auf Verfolger geschossen wird; auch insoweit haben sie gemeinsam die möglichen Folgen ihrer Tat bedacht und Reaktionen vorgeplant.

All dies war sowohl S als auch K bekannt. Sie wußten darum und wollten es auch so. Unter Berücksichtigung der vom BGH geforderten wertenden Betrachtung läßt dies nur den Schluß zu, daß sie die Tat nicht nur gemeinsam, sondern auch als jeweils eigene wollten. Der erforderliche Tatentschluß bezüglich einer Mittäterschaft lag also vor.

b. Tatentschluß bezüglich § 242 I

S und K müssen weiterhin jeder den Tatentschluß zur Verwirklichung eines Diebstahls gehabt haben, daß heißt, sie hätten vorsätzlich im Hinblick auf den objektiven Tatbestand des § 242 I gehandelt haben müssen.

aa. Die Materialproben

Die Materialproben waren körperliche Gegenstände, sie standen im Eigentum der F. Sie konnten tatsächlich fortbewegt werden. Es handelte sich daher bei ihnen um für S und K **fremde bewegliche Sachen**. Dies war S und K auch bekannt. Die Materialproben standen solange sie sich im Zentrallabor der F befanden unter der tatsächlichen Sachherrschaft der F. Üblicherweise hat der Inhaber eines Geschäftsraumes einen generellen Herrschaftswillen über alle Gegenstände, die sich in seinem Geschäftsraum befugtermaßen befinden.[27] Von einem Herrschaftswillen der F über die in ihrem Labor befindlichen Proben kann daher ausgegangen werden. F hatte folglich den Gewahrsam an diesen Proben. Damit S und K Gewahrsam erlangen konnten, mußten sie den Gewahrsam der F brechen. Dies wußten und genau das wollten sie auch mit dem Einpacken durch S bewirken.

Sie hatten also im Hinblick auf die Materialproben den **Vorsatz zur Wegnahme** von fremden beweglichen Sachen.

---

27 ESER - StGB, 1985 - § 242 Rn. 30

- 4 -

bb. Die Testergebnisse

Die Testergebnisse müssen, damit man überhaupt auf die Idee kommt, sie zu photographieren, auf einem Datenträger manifestiert sein. Bei diesem Datenträger - die Photographierabsicht spricht für Papier - handelt es sich um eine für S und K **fremde bewegliche Sache**, die im Gewahrsam der F steht. Dies wußten S und K. Insoweit kann nichts anderes gelten, als für die Laborproben auch. Fraglich ist indes, ob S und K den Vorsatz hatten, den Gewahrsam der F zu brechen und neuen zu begründen. Gewahrsamsbruch setzt voraus, daß der Täter die Sache aus der Herrschaft des Inhabers bringt.[28] Dies ist auch innerhalb des eigentlichen Herrschaftsbereiches möglich, durch Einstecken etwa, wenn nur der Gegenstand seiner Beschaffenheit nach dazu geeignet ist.[29]

So liegt der Fall vorliegend allerdings nicht. Weder S noch K hatten einen Tatplan dahingehend, daß die Datenträger aus der Herrschaft der F entfernt werden sollten. Im Gegenteil sollten sie dort bleiben und lediglich die darauf niedergelegten Ergebnisse auf Photos aufgenommen werden. **Es fehlt** S und K folglich **an einem Tatentschluß bezüglich der Wegnahme** der allein als Diebstahlsobjekt in Betracht kommenden Manifestation **der Testergebnisse**, der Datenträger also.

c. Tatentschluß - Zueignungsabsicht

Zuletzt hätten S und K auch in rechtswidriger Zueignungsabsicht handeln müssen. Zueignung bedeutet **dauernde Enteignung** und mindestens **vorübergehende Aneignung**. Rechtswidrig ist die erstrebte Zueignung dann, wenn die Täter **keinen Anspruch** darauf haben.[30]

S und K wollten F im Hinblick auf die Materialproben auf Dauer aus ihrer Eigentümerinnenstellung verdrängen. Sie handelten insoweit vorsätzlich. Sie wollten die Materialproben mitnehmen, etwas, was normalerweise nur der Eigentümer darf, sich also **wie Quasi-Eigentümer** aufspielen. Darauf kam es ihnen auch gerade an; ihr Wollenselement war genau daraufhin ausgerichtet: sie besaßen daher diesbezüglich die Vorsatzform Absicht. Sie hatten keinerlei Anspruch auf die Materialproben - die beabsichtige Zueignung war rechtswidrig.

---

28 ESER - StGB, 1985 - § 242 Rn. 35

29 ESER - StGB, 1985 - § 242 Rn. 39

30 ESER - StGB, 1985 - § 242 Rn. 59

- 5 -

2. Objektiver Tatbestand - Unmittelbarer Ansatz

Für den objektiven Tatbestand eines Versuches ist es erforderlich, daß der Täter nach seiner Vorstellung von der Tat unmittelbar zur Verwirklichung der Tat ansetzt. Dies ist immer dann der Fall, wenn nach dieser Vorstellung **keine wesentlichen Zwischenschritte mehr** vorzunehmen sind, damit die Tathandlung beginnt.[31]

Im Rahmen der Mittäterschaft ist dieses Merkmal allerdings nicht unproblematisch. Strittig ist, inwieweit die einzelnen Täter tätig werden müssen, um als Mittäter qualifiziert werden zu können.[32] Soweit es denjenigen angeht, der selbst unmittelbar ansetzt, ist dieser Streit allerdings ohne Bedeutung. Dieser ist in jedem Fall wegen Versuches strafbar.

Vorliegend steht S unmittelbar davor, die Proben einzupacken; es trennt ihn nur noch der Ruf des K davon. Für S läßt sich also ohne weiteres ein unmittelbarer Ansatz feststellen.

Fraglich ist nun, inwieweit K dieser Ansatz zugerechnet werden kann. Grundsätzlich möglich ist es, allein darauf abzustellen, ob die Tat als gemeinsame gewollt ist und bejahenderweise jedes Handeln jedem zuzurechnen.[33] Dieser **extrem subjektiven Auffassung** gegenüber steht eine **formal-objektive Betrachtung**, die verlangt, daß jeder Täter selbst angesetzt haben muß.[34] Dazwischen steht **vermittelnd** die Möglichkeit, daß der subjektiv als Mittäter erkannte Täter zwar einen Beitrag zur Tat geleistet haben muß, der aber nicht in einem Ansatz zur Tatbestandsverwirklichung selbst, sondern vielmehr nur in einer **sonstigen Tatunterstützungshandlung** liegen kann.[35]

Die erste und die letzte Sicht führen vorliegend zu demselben Ergebnis: K und S wollten die Tat - wie oben dargestellt - als gemeinsame. Dies würde nach der extrem subjektiven Sicht ausreichen, K den Ansatz des S zuzurechnen. K hat darüber hinaus aber auch eine Tatunterstützungshandlung vorgenommen, er hat „Schmiere" gestanden. Das genügt für die vermittelnde Position. Allein die formal-objektive Betrachtungsweise müßte vorliegend eine Zurechnung verneinen.

---

31 BRAUNSCHNEIDER - Strafrecht, 1986 - S.58; ESER - StGB, 1985 - § 22 Rn. 42

32 Übersicht bei: CRAMER - StGB, 1985 - Vorbem §§ 25 ff. Rn. 53 ff

33 So bereits in grauer Vorzeit: RG v. 12.05.1880 (Rep. 1056/80) RGSt 2,163; dann: RG v. 07.01.1881 (Rep. 3349/80) RGSt 3,182; RG v. 16.10.1883 (Rep. 2270/83) RGSt 9,77; RG v. 03.12.1901 (Rep. 2306/01); nach seiner Gründung dann der BGH: BGH v. 19.12.1952 (1 StR 353/52) BGHSt 3,350; BGH v. 21.06.1955 (2 StR 271/54) BGHSt 8,73; BGH v. 10.03.1961 (4 StR 30/61) BGHSt 16,14f

34 Übersicht bei: CRAMER - StGB, 1985 - Vorbem §§ 25 ff. Rn. 55

35 BRAUNSCHNEIDER - Strafrecht, 1986 - S.112; CRAMER - StGB, 1985 - Vorbem §§ 25 ff. Rn. 82/83; HAFT - Strafrecht, 1985 - 8.Teil § 3 unter 3b)

- 6 -

Diese Betrachtungsweise hat aber einen schweren Mangel an Sachgerechtigkeit: Würde man ihr folgen, könnte man einen alles allein planenden Chef, der sich an der Tat nicht beteiligt, etwa um keinen Verdacht zu erregen, nicht wegen Täterschaft, sondern nur wegen Teilnahme bestrafen. Dies, obwohl die Tat doch sein Werk wäre.[36] Für den Versuch kommt ein weiteres hinzu. Fordert man eine Teiltatbestandsverwirklichung eines jeden Mittäters, könnte man auf die Mittäterschaft direkt ganz verzichten: Wenn jeder selbst ansetzt, ist ja ohnehin jeder selbst wegen Versuchs strafbar.

Aus dem folgt, daß dieser Meinung nicht der Vorzug gegeben werden kann. Es verbleibt daher beim oben dargestellten Ergebnis: Das Handeln des S wird dem K zugerechnet; K hat damit (durch S) selbst unmittelbar zur Tat angesetzt.

III. Die Regelbeispiele des § 243 I S.2 Ziffer 1 und 3

Möglicherweise hatten S und K darüberhinaus auch noch den Tatentschluß zur Verwirklichung der Regelbeispiele des § 243 I S.2 Ziffer 1 und 3.

1. § 243 I S.2 Ziffer 1

Daß S und K mittels eines Nachschlüssels in einen Geschäftsraum eindringen wollten, wurde bereits oben im Rahmen der Prüfung des § 123 festgestellt. Ein **Nachschlüssel ist** auch **ein falscher Schlüssel** i.S.d. § 243 S.2 Ziffer 1. Insoweit liegt der gemeinsame Tatentschluß vor. Desweiteren wollten sie dies auch zur Ausführung eines Diebstahls, eines Diebstahls an den Materialproben nämlich.

Objektiv schließlich ist es genauso gekommen, wie sie es subjektiv gewollt haben: Sie sind gemeinsam mittels eines Nachschlüssels in einen Geschäftsraum eingedrungen. Die Voraussetzungen des § 243 I S.2 Ziff. 1 sind also gegeben.

2. § 243 I S.2 Ziffer 3

Unter **gewerbsmäßig** i.S.d. Vorschrift versteht man ein Handeln, das in der Absicht erfolgt, sich durch wiederholte Begehung eine Einnahmequelle von gewisser Dauer und Erheblichkeit zu schaffen.[37] S und K sind eingespielt. Dies wird man nicht durch singuläres Verhalten; von einer Wiederholung kann daher ausgegangen werden. S und K sind Industriespione. Als solcher arbeitet man nicht für ein „VerGeld's Gott“, sondern für Geld. Angesichts der hierfür berufstypischen Gefahren ist davon auszugehen, daß eine leistungsgerechte Entlohnung eine gewisse Erheblichkeit umfaßt.

Dies alles ist S und K bekannt - deshalb spionieren sie ja. Die Voraussetzungen von § 243 I S.2 Ziffer 3 liegen also gleichfalls vor.

---

36 Beispiel nach WESSELS - Strafrecht, 1986 - § 13 III 2

37 ESER - StGB, 1985 - § 243 Rn. 31; TRÖNDLE - StGB, 1985 - § 243 Rn. 26

IV. Rechtswidrigkeit, Schuld, Rücktritt und Ergebnis

Die Tat geschah rechtswidrig und schuldhaft. Für einen Rücktritt gemäß § 24 II bieten sich keine Anhaltspunkte. Bei einer - vermeintlichen - Entdeckung fehlt es an jeder **Freiwilligkeit**.[38]

S und K haben sich daher gemäß §§ 242 I, II, 243 I Ziffer 1 und 3, 22, 23 I, 12 II, I, 25 II strafbar gemacht.

D. Strafbarkeit von S & K gem. §§ 242,244,22,25 II

Dadurch, daß S einen Revolver bei sich führt und sie gemeinsam als eingespielte Industriespione gehandelt haben, können S und K sich weiterhin eines versuchten Waffen- und Bandendiebstahls nach §§ 242 I, II, 244 I Ziffer 1 und 3, 22, 23 I, 12 II, I, 25 II strafbar gemacht haben.

I. Tatbestand - 1. Subjektiv: Tatentschluß

S und T wußten beide um die **Schußwaffe Revolver** und wollten sie auch bei dem - im Versuch steckengebliebenen - Diebstahl dabei haben. Der für Ziffer 1 nötige (gemeinsame) Tatentschluß lag also vor.

Unter einer **Bande** versteht man **mehrere Täter**. Strittig ist allerdings, ob eine Bande auch aus **(nur) zwei Mitgliedern** bestehen kann.[39] Entscheidender Gesichtspunkt muß der Grund der für eine Bande bestehenden Strafschärfung sein.

Mehrere Täter unterstützen sich gegenseitig in ihren Absichten, so daß es für jeden einzelnen nicht so leicht ist, sich von einer geplanten Tat loszusagen.[40]

Es verhält sich hier ähnlich wie bei § 30. Dazu kommt noch, daß es gefährlicher ist, wenn mehrere eine Straftat begehen, als wenn dies einer alleine tut.[41] Beide Argumente - psychodynamischer Prozeß und erhöhte Gefährlichkeit - können nicht für sich beanspruchen, erst ab drei Personen aufwärts zu gelten.[42] Ihnen kommt die gleiche Bedeutung schon bei zwei Tätern zu. Man muß daher auch zwei Tätern eine Bandeneigenschaft zubilligen können.

S und K hatten ihren Tatentschluß darauf ausgerichtet gemeinsam unter jeweils gegenseitiger Mitwirkung etwas zu stehlen.

---

38 Vorsichtiger: ESER - StGB, 1985 - § 24 Rn. 50

39 Übersicht bei: ESER - StGB, 1985 - § 244 Rn. 24

40 BGH v. 06.10.1955 (3 StR 279/55) BGHSt 8,208f

41 BGH v. 06.10.1955 (3 StR 279/55) BGHSt 8,209; ESER - StGB, 1985 - § 244 Rn. 23

42 So aber: DREHER - Anmerkung, 1970 - NJW 70,1803/1804; SCHMIDTHÄUSER - Strafrecht, 1980 - S.79

- 8 -

Sie hatten sich („eingespielt") zu einer auf gewisse Dauer angelegten, fortgesetzten, Begehung von Diebstählen verbunden.

Sie wußten darum und wollten dies. Sie hatten folglich den Tatentschluß auch bezüglich der Merkmale der Ziffer 3.

2. Objektiver Tatbestand - Unmittelbarer Ansatz

S und T hätten unmittelbar zur Verwirklichung des Grundtatbestandes des § 242 I angesetzt haben müssen. Dies wurde bereits oben geprüft und bejaht.

III. Rechtswidrigkeit, Schuld und Ergebnis

Die Tat war rechtswidrig und schuldhaft. S und K haben sich nach §§ 242 I, II, 244 I Ziffer 1 und 3, 22, 23 I, 12 II, I, 25 II strafbar gemacht.

E. Strafbarkeit des S gemäß § 202

S kann sich dadurch, daß er die Testergebnisse zum Photographieren bereitmacht, gemäß § 202 I, II strafbar gemacht haben.

I. Tatbestand - Objektiv

S ist mittels eines Nachschlüssels in einen verschlossenen Raum eingedrungen. Der Versuch, die Ergebnisse zu photographieren setzt notwendig voraus, daß eine Minimalkenntnis ihres Inhaltes besteht, ansonsten eine Qualifizierung als Testergebnis gar nicht möglich wäre.

Fraglich ist allerdings, ob ein verschlossener Raum ein verschlossenes Behältnis i.S.d. § 202 II darstellt. Dies wird allgemein mit dem Hinweis auf den diesbezüglich differenzierenden § 243 verneint. Es mache keinen Sinn, wenn der Gesetzgeber einmal zwischen **Raum und Behältnis** trenne - so Ziffer 1 und 2 von § 243 - und ein anderes Mal beides gleichsetze. Dies insbesondere dann nicht, wenn sich der Gesetzgeber damit eben teilweise an § 243 anlehne.[43]

Die Gegenmeinung vermag dieses Argument nicht zu erschüttern, sondern nur festzustellen, daß es aber besser wäre, durch § 202 II auch verschlossene Räume zu umfassen.[44] Dies überzeugt nicht. Mag es möglicherweise besser sein, so ist dies doch die Aufgabe des Gesetzgebers.

---

43 LENCKNER - StGB, 1985 - § 202 Rn. 18

44 BLEI - Verletzung, 1974 - JA 74,606 zur seinerzeit geplanten Neufassung

II. Ergebnis

Der objektive Tatbestand liegt nicht vor. Ein möglicherweise irrtümlich darauf gerichteter Wille des S wäre unbeachtlich, da ein (untauglicher) Versuch des § 202 nicht strafbar ist.

F. Konkurrenzen

§ 244 steht in Gesetzeskonkurrenz (Spezialität) zu § 242. Der als Regelbeispiel dem § 242 zugefügte § 243 wird davon mitumfaßt. Der an sich von § 243 I S.2 Ziffer 1 konsumierte § 123 steht neben § 244 in Idealkonkurrenz. Es verbleibt eine Strafbarkeit nach §§ 244,22, 123.

3. Abschnitt

G. Strafbarkeit des S gemäß §§ 212, 211, 22

Mit dem Schuß auf den vermeintlichen Verfolger kann sich S eines versuchten Mordes gemäß §§ 212 I, 211 II letzte Alt., 22, 23 I, 12 I strafbar gemacht haben.

I. Vorprüfung

Die Tat ist nicht vollendet: Es ist niemand getötet worden. Die Strafbarkeit des Versuchs folgt aus den §§ 211 I, 23 I, 12 I.

II. Tatbestand - Subjektiv: Tatentschluß

S hätte bei der Abgabe des Schusses den Vorsatz bezüglich der Tötung eines Menschen haben müssen.

S schießt in Bauchhöhe auf einen Menschen. Dies in einem dunklen Parkgelände. Es ist also davon auszugehen, daß S nicht genau sieht, wie er seinen Verfolger treffen wird. Ein Schuß, der in Bauchhöhe abgegeben wird, beinhaltet schon bei einer kleine **Veränderung des Schußwinkels** die **Gefahr**, daß ein Kopftreffer erfolgt. Aber selbst wenn auch der Treffer in Bauchhöhe liegt, kann dort immer noch der **solar plexus** getroffen werden, eine Verletzung, die innerhalb weniger Minuten zum Tod führen kann. S hatte gemeinsam mit K vorgeplant, auf eventuelle Verfolger zu schießen. Er hatte also Zeit, sich die möglichen Folgen in Ruhe zu überlegen. Dabei wird es - nach der Lebenserfahrung - klar, welche Risiken einem derartigen Schuß innewohnen. Wenn ein Täter trotzdem **in Bauchhöhe** und **nicht** etwa **auf die Beine** schießt, ist davon auszugehen, daß er die Folgen seines Handelns billigt. S hatte folglich im Hinblick auf die Tötung eines Menschen einen sog. „Eventualvorsatz“.

- 10 -

Fraglich ist nun allerdings, wie es sich auswirkt, daß S statt des erwarteten Verfolgers seinen eigenen Spionfreund trifft. Nachdem dieser Irrtum nur die Identität des Opfers und nicht die tatsächliche Bahn der Kugel betrifft, handelt es sich hierbei nicht um eine **aberratio ictus**, sondern um einen **error in persona**.

Man muß hierbei auf das Gebot der betroffenen Norm abstellen. § 212 lautet nicht: „Töte keinen bestimmten Menschen", sondern: „Töte gar keinen Menschen". Daraus folgt, daß eine Identitätsverwechslung gleichgültig ist, solange nur das getroffene Objekt dem vermeintlichen gleichwertig ist.[45] Dies ist hier der Fall. Es ging beide Male um Menschen. Der Irrtum über die Identität ist also ein **unbeachtlicher Motivirrtum**[46]; der Tatentschluß bezüglich der Tötung lag vor.

S hatte weiterhin die Absicht, mit seiner Tat den vorangegangenen - versuchten - Einbruchdiebstahl, also eine **Straftat** zu **verdecken**.

2. Objektiver Tatbestand - Unmittelbarer Ansatz

Mit der Abgabe des Schusses hat S unmittelbar zur Tat angesetzt; weitere Schritte waren nach seiner Vorstellung von der Tat nicht mehr erforderlich.

III. Rechtswidrigkeit, Schuld und Rücktritt

Die Tat geschah rechtswidrig und schuldhaft. Fraglich ist allerdings, ob in dem Umstand, daß S nach etwa 10 Minuten wieder zurückkehrt, ein strafbefreiender Rücktritt nach **§ 24 II** zu sehen ist. Nachdem der Schuß im Rahmen des gemeinsamen Tatplanes lag, sind mehrere an der Tat beteiligt. Die Versuch ist auch beendet, da S mit dem Schuß und dem Treffer sicher ist, die Verfolgungsgefahr abgewandt zu haben.

Voraussetzung ist nun zunächst, daß ein Rücktritt überhaupt noch möglich ist. Er kann dadurch unmöglich geworden sein, daß S seinen Irrtum über die Person erkannt und dadurch gemerkt hat, daß das Ziel des Schusses - Aufdeckung der Straftat durch Festnahme zu verhindern - gar nicht mehr erreichbar ist. Der, den er als Verfolger wähnte, war ja gar keiner. Jede weitere Handlung, die sich gegen einen Verfolger richten könnte, war ab sofort sinnlos: Es gab keinen. Fälle wie diese werden allgemein gelöst über die Rechtsfigur des sog. „**fehlgeschlagenen Versuchs**".[47]

---

[45] BGH v. 23.01.1958 (4 StR 613/57) BGHSt 11,270; BRAUNSCHNEIDER - Strafrecht, 1986 - S.28; CRAMER - StGB, 1985 - § 15 Rn. 58; TRÖNDLE - StGB, 1985 - § 16 Rn. 6; WESSELS - Strafrecht, 1986 - § 7 IV 1

[46] WESSELS - Strafrecht, 1986 - § 7 IV 1

[47] BGH v. 28.02.1956 (5 StR 352/55) BGHSt 9,50/52; ESER - StGB, 1985 - § 24 Rn. 6ff

Dem Täter das Rücktrittsprivileg zu gewähren, obwohl er faktisch gar nicht anders kann, als die Tat unvollendet zu lassen, wäre systemwidrig. Es fehlt in solchen Fällen an der erforderlichen **Freiwilligkeit**.[48] Ein Rücktritt des S scheidet aus.

S hat sich gemäß §§ 212 I, 211 II letzte Alt., 22, 23 I, 12 I strafbar gemacht.

H. Strafbarkeit des S gemäß §§ 223, 223a

Nachdem K einen Bauchschuß erlitten hat, kann sich S zugleich nach §§ 223 I, 223a I 1., 3. und 4.Alt. strafbar gemacht haben.

I. Tatbestand - 1. Objektiv

Der Bauchschuß beeinträchtigt das **körperliche Wohlbefinden** des K und stellt einen **pathologischen Zustand** dar. Er geschah mittels einer Waffe. Der Schuß war eine **das Leben gefährdende Behandlung**. Nachdem er im Tatplan enthalten war, wurde die Tat von mehreren begangen.

2. Subjektiver Tatbestand

Fraglich ist allerdings, ob S auch vorsätzlich gehandelt hat. Dies mag man zunächst ohne weiteres bejahen, wo doch jede Tötung zwangsläufig über einen pathologischen Zustand - und sei er noch so kurz - geht und S ja töten will. Es wird zum Teil aber auch vertreten, daß der Wille zur Tötung den Willen zur Körperverletzung ausschließe. Wer töten wolle, wolle eben nicht verletzen, sog. **Gegensatztheorie**.[49] Was an dieser Auffassung stört, ist das Aufstellen eines Gegensätzlichkeitsaxioms, wo eine natürliche Betrachtungsweise ein **Stufenverhältnis** sieht.

Der Gegensatz zu Töten ist ja nicht etwa Körperverletzen, sondern Nicht-Töten. Körperverletzen ist nur eine Vorstufe. Es muß daher dabei verbleiben, daß S auch im Hinblick auf die Verletzung mit Vorsatz handelte. Auch hier ist sein error in persona unbeachtlich, es handelt sich um gleichwertige Objekte. Der Vorsatz des S erstreckt sich darüberhinaus auch auf die Waffe, die Gemeinschaftlichkeit und die das Leben gefährdende Behandlung.

II. Rechtswidrigkeit, Schuld und Ergebnis

S handelte rechtswidrig und schuldhaft. Er hat sich daher gemäß §§ 223 I, 223a I 1., 3. und 4. Alt. strafbar gemacht.

---

48 BGH v. 20.02.1953 (1 StR 719/52) BGHSt 4,59; gegen diese Einordnung: ESER - StGB, 1985 - § 24 Rn. 6 a.E.

49 WELZEL - Festschrift, 1963 - S.243

J. Strafbarkeit des S gemäß §§ 30 II, 252

S kann sich dadurch, daß er mit K verabredet hatte, auf eventuelle Verfolger zu schießen, gemäß §§ 30 II, 3.Alt., I, 252, 250 I Ziffer 1, 3 und 4 strafbar gemacht haben.

I. Nichtvorliegen des § 252

Es ist nicht zu einem Verbrechen nach § 252 gekommen: Es fehlt insoweit an der hierfür notwendigen Vollendung eines Diebstahls. Für einen - untauglichen - Versuch durch S bestehen keine Anhaltspunkte.

II. Voraussetzungen des § 30 II 3.Alt.

S muß sich mit einem anderen verabredet haben, ein Verbrechen zu begehen. S hatte mit K vereinbart, im Falle einer Entdeckung von der Schußwaffe Gebrauch zu machen. Dies konnte nach der Konzeption des Tatplanes in zwei Variationen geschehen: Die eine beinhaltet die Möglichkeit, daß der geplante Diebstahl nur versucht, aber nicht vollendet war. Hier hätte der Waffengebrauch dazu gedient, eine Entdeckung zu verhindern. Die andere, in der der Diebstahl geglückt wäre. Hier wäre zur Verdekkung noch der Umstand gekommen, daß der Besitz des gestohlenen Gutes erhalten werden sollte. Relevant wird vorliegend die letzte Variante. Da die Gewaltanwendung zur Erhaltung des durch Diebstahl erlangten Besitzes nach § 252 ein Verbrechen ist, hat S die Voraussetzungen des § 30 II 3.Alt. erfüllt. Darüberhinaus liegen auch die Voraussetzungen des § 250 I Ziffer 1, 3 und 4 vor.

S hat sich damit gemäß §§ 30 II 3.Alt., I, 252, 250 I Ziffer 1, 3 und 4 strafbar gemacht.

K. Strafbarkeit des S gemäß § 240

Dadurch, daß S den K durch einen Bauchschuß am Weiterlaufen gehindert hat, hat er ihn rechtswidrig zu einem Unterlassen i.S.d. § 240 genötigt. Sein Irrtum über die Person ist auch hier unbeachtlich.

L. Strafbarkeit des S gemäß § 303

Mit dem Schuß in den Bauch wurde zugleich die sich regelmäßig über diesem befindliche Kleidung beschädigt; S ist daher gemäß § 303 strafbar. Auch hier wirkt sich der Irrtum über die Person nicht aus. Es ist allerdings zweifelhaft, ob der zur Bestrafung erforderliche Antrag, § 303c, gestellt werden wird; ein öffentliches Interesse ist nicht ersichtlich.

- 13 -

M. Strafbarkeit des K gemäß §§ 212, 211, 22, 25 II

Mit dem Schuß des S auf den vermeintlichen Verfolger kann sich auch K eines versuchten Mordes gemäß §§ 212 I, 211 II letzte Alt., 22, 23 I, 12 I, 25 II strafbar gemacht haben.

I. Tatbestand - 1. Subjektiv: Tatentschluß

Fraglich ist hier zunächst, ob K überhaupt einen diesbezüglichen gemeinsamen Tatentschluß mit S hatte. Es war zwar verabredet, auf einen Verfolger, sicher nicht verabredet war aber, auf den jeweils anderen zu schießen.

In Fällen wie diesen besteht Streit, wie zu entscheiden ist. Zum Teil wird vertreten, daß der handelnde Mittäter mit einer solchen Handlung **über den gemeinsamen Tatplan** hinausgeht. Da der Schuß auf den anderen Mittäter nicht geplant war, handele es sich insoweit um einen **Exzeß** des Handelnden.[50] Nach dieser Ansicht würde es K am erforderlichen Tatentschluß fehlen.

Richtigerweise ist hier jedoch anders zu argumentieren. Wenn ein Mittäter das Opfer aufgrund eines error in persona verwechselt, dann muß dies für den anderen vom Grundsatz her egal sein. Ob nun das Opfer der Werkspolizist A oder B ist, macht für alle Mittäter keinen Unterschied. Daran ändert sich auch dann nichts, wenn der vermeintliche Werkspolizist ein außenstehender Spaziergänger ist: Nachdem der Tatplan Schüsse auf Verfolger vorsieht und jeder Mittäter das Handeln des anderen sich selbst zu eigen macht, spielt es keine Rolle, ob der dann konkret Handelnde sich irrt.[51] Folgt man soweit, ist es letztlich auch egal, wenn statt eines Spaziergängers ein Mittäter selbst ge- und damit betroffen wird. Für den selbst nicht handelnden und nunmehr getroffenen Mittäter stellt sich dies als reiner Zufall dar. Ein derartiger **Zufall** kann aber **nicht geeignet** sein, **die Strafbarkeit** dieses Mittäters **entfallen zu lassen**. Der error in persona des einen Mittäters ist daher auch für die anderen unbeachtlich.[52] Damit liegt ein gemeinsamer Tatentschluß bezüglich der Tötung eines Menschen vor. Daß dieser Tatentschluß für K niemals zur Vollendung gelangen kann - §§ 212, 211 erfordern die Tötung eines anderen Menschen - läßt die Strafbarkeit wegen Versuches unberührt.

---

50 HERZBERG - Täterschaft, 1977 - § 5 II 1; ROXIN - Mittäterschaft, 1979 - JA 79,519; SEELMANN - Mittäterschaft, 1980 - JuS 80,572; SPENDEL - Kritik, 1969 - JuS 69,318

51 BGH v. 23.01.1958 (4 StR 613/57) BGHSt 11,271; CRAMER - StGB, 1985 - § 25 Rn. 96; WESSELS - Strafrecht, 1986 - § 13 III 2

52 BGH v. 23.01.1958 (4 StR 613/57) BGHSt 11,271; BRAUNSCHNEIDER - Strafrecht, 1986 - S.113; WESSELS - Strafrecht, 1986 - § 13 III 2

- 14 -

Nachdem sich in seiner Vorstellung die Tat an einem anderen auswirken sollte, liegt der erforderliche Tatentschluß vor. Die Untauglichkeit des Tatentschlusses bewirkt lediglich die Einstufung der Tat als **untauglichen Versuch**. Dieser ist aber, wie die Regelung des **§ 23 III** zeigt, grundsätzlich strafbar.

K hatte darüber hinaus auch die erforderliche Verdeckungsabsicht.

2. Objektiv: Unmittelbarer Ansatz

Ein unmittelbarer Ansatz des K liegt vor, nachdem er auch zu dieser Tat eine Tatunterstützungshandlung geleistet hat: Die gemeinsame Planung reicht in Fällen dieser Art aus. Nach dem ist ihm der Ansatz des S zuzurechnen.

II. Rechtswidrigkeit, Schuld und Ergebnis

Die Tat geschah rechtswidrig und schuldhaft. K hat sich gemäß §§ 212 I, 211 II letzte Alt., 22, 23 I, 12 I, 25 II strafbar gemacht.

N. Strafbarkeit des K gemäß §§ 223, 223a, 22, 25 II

Desweiteren kann sich K durch den Treffer des S gemäß §§ 223 I, 223a I 1., 3 und 4. Alt., II, 23 I, 22, 12 II, I, 25 II strafbar gemacht haben.

I. Vorprüfung

Die Tat ist für K nicht vollendet: Es wurde kein anderer verletzt. Der Versuch ist strafbar, § 223a II.

II. Tatentschluß und unmittelbarer Ansatz

K hatte im Rahmen des gemeinsamen Tatplanes den Vorsatz, einen anderen - einen Verfolger - zu verletzen. Der error des S ist auch hier unbeachtlich. Es kann insoweit nichts anderes gelten, als beim Tatentschluß zur Tötung auch. Folglich muß K der Schuß des S zugerechnet werden, mit der weiteren Folge, daß K den für den Versuchstatbestand erforderlichen Ansatz gemacht hat. Daß der Versuch untauglich war, ist auch hier egal.

III. Rechtswidrigkeit, Schuld und Ergebnis

Die Tat war rechtswidrig und schuldhaft. K hat sich also auch nach den §§ 223 I, 223a I 1., 3 und 4. Alt., II, 23 I, 22, 12 II, I, 25 II strafbar gemacht.

O. Strafbarkeit des K gemäß §§ 30 II, 252

K hat sich dadurch, daß er sich mit S verabredet hatte, auf eventuelle Verfolger zu schießen, gemäß §§ 30 II, 3.Alt., I, 252, 250 I Ziffer 1, 3 und 4 strafbar gemacht: Es kann für ihn nichts anderes gelten, als für S auch.

P. Strafbarkeit des K gemäß §§ 240, 22, 25 II

Weiterhin hat sich K eines mittäterschaftlichen untauglichen Nötigungsversuches i.S.d. §§ 240 I, III, 23 I, 22, 12 II, I, 25 II strafbar gemacht.

Q. Strafbarkeit des K gemäß §§ 303, 22, 25 II

Der ebenfalls in Mittäterschaft erfüllte untaugliche Sachbeschädigungsversuch gemäß §§ 303 I, II, 23 I, 22, 12 II, I, 25 II wird wohl mangels Antragstellung durch K, § 303c, nicht verfolgt werden.

R. Konkurrenzen

S hat sich nach §§ 211,22 strafbar gemacht. Diese stehen in Gesetzeskonkurrenz (Spezialität) zu §§ 212, 22. Der in Gesetzeskonkurrenz (Spezialität) zu § 223 I stehende § 223a steht daneben in Idealkonkurrenz. Eine Konsumtion verbietet sich, da eine versuchte Tötung nicht typischerweise den Unwertgehalt einer vollendeten gefährlichen Körperverletzung enthält.[53]

§ 240 wird von § 223a konsumiert, § 303 steht zu diesem und zu §§ 211,22 in Idealkonkurrenz. § 30 II letztlich wird von §§ 211,22 konsumiert. Es verbleibt eine Strafbarkeit nach den §§ 211,22, 223a, 303. Für K gilt gleiches, nur daß bei ihm die §§ 223a,22 von §§ 211,22 konsumiert werden. Es bleibt eine Strafbarkeit nach den §§ 211,22, 303,22.

4. Abschnitt

S. Strafbarkeit des S gemäß §§ 212, 22, 13

S kann sich dadurch, daß er K trotz seiner Kenntnis um dessen Identität einfach liegen ließ, eines versuchten Totschlages durch Unterlassen gemäß §§ 212 I, 23 I, 22, 12 I, 13 strafbar gemacht haben.

I. Vorprüfung

K lebt noch und die Tat ist strafbar: §§ 212 I, 23 I, 12 I.

---

[53] ESER - StGB, 1985 - § 212 Rn. 23; dagegen: BGH v. 28.06.1961 (2 StR 136/61) BGHSt 16,123

- 16 -

II. Tatbestand - 1. Subjektiv: Tatentschluß

Fraglich ist zunächst, ob S überhaupt einen entsprechenden Tatentschluß hatte. Oben wurde ja bereits festgestellt, daß S die getroffene Person durch aktives Tun, durch den Schuß töten wollte. Beides gleichzeitig ist nicht denkbar: **Entweder** man will jemanden durch **Tun oder** durch **Unterlassen** töten.

Diese Überlegung, isoliert betrachtet, berücksichtigt aber nicht, daß S zwischenzeitlich erkannt hat, wen er mit seinem Schuß getroffen hat. Für S hat sich die Sachlage dadurch komplett geändert: Nicht mehr ein vermeintlicher Verfolger, sondern sein Komplize steht jetzt zur Disposition. In dieser Situation **entschließt** sich S **neu**, den Getroffenen sterben zu lassen. Bei der Abgabe seines Schusses handelte er - wie aufgezeigt - mit Eventualvorsatz hinsichtlich einer Tötung. Daß diese auch als zeitlich verzögerte Folge einer Schußverletzung eintreten konnte, wird er in seinen Tatplan mitaufgenommen haben. Damit kann nunmehr für sein Wissen diesbezüglich aber nichts anderes gelten. Wenn er K gleichwohl im Stich läßt, ist darin ein billigendes In-Kauf-nehmen zu sehen. S hatte daher den erforderlichen Tatentschluß im Hinblick auf den Tötungserfolg.

Daneben war sich S - wie seine spätere Rückkehr anschaulich zeigt - durchaus bewußt, daß ein anderes Verhalten geboten war, den Erfolg „Tod" abzuwenden. Er hätte auch nach seiner Vorstellung dem Verletzten helfen müssen. Eine solche Hilfeleistung wäre zum einen **tatsächlich möglich** gewesen: S war ja direkt vor dem Verletzten. Zum anderen war sie aber auch **zumutbar**; die Gefahr, die von ihr ausging (Strafverfolgung), muß in Relation zum eventuellen Erfolg (Tod des K) gesetzt werden.[54] Geht es um das höchste Rechtsgut Leben, steht die Gefahr der Strafverfolgung hintenan.[55] Diese beiden Umstände waren S auch bewußt.

S ging - auch dies kann man der späteren Rückkehr entnehmen - davon aus, daß zwischen der nicht erfolgten Hilfeleistung und einem eventuellen Eintritt des Erfolges ein **kausaler Zusammenhang** bestand.

Zuletzt hätte S einen Tatentschluß dahingehend haben müssen, Garant für den Nichteintritt des Erfolges zu sein. Garant ist der, der dafür verantwortlich ist, daß der Erfolg nicht eintritt. Eine derartige **Garantenstellung** kann sich hier zum einen aus dem Gesichtspunkt des vorangegangenen gefährdenden Tuns ergeben (sog. **Ingerenz**).

---

54 BGH v. 22.01.1953 (4 StR 417/52) BGHSt 4,23

55 BGH v. 27.06.1984 (3 StR 144/84) NStZ 84,452f

Danach ist der für die Verhinderung des Erfolges verantwortlich, der für die Entstehung der Möglichkeit, daß der Erfolg eintreten kann, verantwortlich ist.[56] Mit der Verletzung des K hat S die Möglichkeit des Todeseintritts des K geschaffen. Er ist demnach aus dem Gesichtspunkt der Ingerenz Garant. Zum anderen sind auch die Mitglieder einer **Gefahrengemeinschaft** untereinander Garanten.[57] S und K bilden in ihrer Eingespieltheit ein Team, das aufgrund seiner Berufswahl ständig Gefahren ausgesetzt ist. In einem solchen Team muß sich jeder auf den anderen verlassen können. Sie bilden daher eine Gefahrengemeinschaft; die Garantenstellung des S läßt sich auch von hier begründen. Beide Umstände waren S bewußt.

Er hatte damit insgesamt den erforderlichen Tatentschluß.

2. Objektiver Tatbestand - Unmittelbarer Ansatz

Der unmittelbare Ansatz beim Unterlassungsdelikt ist dann gegeben, wenn das angegriffene **Rechtsgut** nach der Vorstellung des Täter **in akute Gefahr** gerät.[58] Dies ist hier in dem Augenblick der Fall, in dem S den K zurückläßt und flieht. S hat damit unmittelbar angesetzt.

III. Rechtswidrigkeit und Schuld

Die Tat war rechtswidrig und schuldhaft.

IV. Rücktritt gemäß § 24 I

S kann aber nach § 24 I von der Tat zurückgetreten sein. Diese neue Tat des S stellt sich aus der Sicht des K als Exzeß dar: Nunmehr liegt kein error mehr vor, der für K unbeachtlich wäre. Damit ist nur einer an der Tat beteiligt.

Ob bei Unterlassungsdelikten zwischen beendeten und unbeendeten Versuchen unterschieden werden kann und muß, ist strittig[59], kann aber hier dahinstehen: Jedenfalls mußte S tätig werden; und da der Erfolg auch ohne das Zutun des S nicht eingetreten ist, kommt es nur noch darauf an, ob S freiwillig und ernsthaft versucht hat, die Vollendung zu verhindern.

S kehrt zurück, ohne daß außen liegende Umstände ihn dazu zwingen. Er handelt autonom, mithin **freiwillig**.

Fraglich ist allerdings, ob er auch ernsthaft handelt. Seine Rückkehr geschieht, um K „vielleicht“ noch herausholen zu können.

---

56 WESSELS - Strafrecht, 1986 - § 16 II 6c

57 Instruktiv: BRAUNSCHNEIDER - Strafrecht, 1986 - S.94

58 BRAUNSCHNEIDER - Strafrecht, 1986 - S.99; WESSELS - Strafrecht, 1986 - §16 IV1

59 Übersicht bei: ESER - StGB, 1985 - § 24 Rn. 27

- 18 -

Dies könnte dafür sprechen, daß er es sich noch einmal überlegen, von verschiedenen Faktoren abhängig machen will. Indes läßt dieses „vielleicht" auch die Möglichkeit offen, daß S zwar alles aus seiner Sicht Erforderliche tun will, aber nicht weiß, ob dies ganz ausreicht. Da diese Möglichkeit nicht auszuschließen ist und sie im übrigen auch ernsthaft wäre, ist nach dem Grundsatz **„in dubio pro reo"** von der **Ernsthaftigkeit** auszugehen.

Damit ist S strafbefreiend zurückgetreten. Eine Strafbarkeit nach §§ 212 I, 23 I, 22, 13, 12 I scheidet aus.

T. Strafbarkeit des S gemäß § 221 I

Mit dem Liegenlassen des K kann sich S aber gemäß § 221 I 2.Begehungsweise strafbar gemacht haben.

Nach dem Bauchschuß befand sich S in einem pathologischen Zustand; er war krank i.S.d. § 221 I. Dieser Bauchschuß machte ihn auch **hilflos**, sein Leben war in Gefahr. S hat K in diesem Zustand zurückgelassen, er hat sich räumlich von ihm entfernt. Zuletzt stand K auch unter der **Obhut** des S. Es ist anerkannt, daß diese Obhutspflicht insbesondere Garanten trifft.[60]

S war all dies bekannt oder er hielt es zumindest für möglich und er ließ K trotzdem zurück. Daß er noch einen Wachmann irgendwo auf dem Gelände wähnte, spielt keine Rolle. Selbst wenn dieser tatsächlich existierte, spielte er in der Vorstellung des S jedenfalls keine so bedeutende Rolle, daß dies etwa den Vorsatz bezüglich der Hilflosigkeit ausschließen kann. S handelte daher vorsätzlich.

Die Tat geschah rechtswidrig und schuldhaft. S hat sich gemäß § 221 I 2. Begehungsweise strafbar gemacht.

U. Strafbarkeit des S gemäß § 323c

Daneben hat sich S auch nach § 323c strafbar gemacht. Fraglich kann hier nur sein, ob ein Strafausschließungsgrund **„Tätige Reue"** vorliegt, der in Analogie zu § 306e gebildet werden müßte. Dies wird zum Teil mit der Begründung vertreten, die Beschränkung der Tätigen Reue auf Brandstiftungsdelikte sei zufällig.[61] Der BGH ist dem jedoch mit Recht nicht gefolgt.[62] Der Gesetzgeber hat diese Gründe **enumerativ** aufgeführt. Wäre dem nicht so, müßte Tätige Reue bei jedem Delikt möglich sein. Dies ist ersichtlich nicht gewollt. Es verbleibt daher bei der Strafbarkeit nach § 323c.

---

60 BGH v. 05.12.1974 (4 StR 529/74) BGHSt 26,37; ESER - StGB, 1985 - § 221 Rn. 9

61 ESER - StGB, 1985 - Vorbem §§ 25 ff. Rn. 118

62 BGH v. 08.04.1960 (4 StR 2/60) BGHSt 14,217

- 19 -

V. Strafbarkeit des S gemäß § 123 I

Für eine neuerliche Strafbarkeit des S gemäß § 123 I 1. Begehungsweise 3. Alt. enthält der Sachverhalt zuwenig Anhaltspunkte.[63] Es ist nicht erkennbar, ob S nach seiner Rückkehr den zwischenzeitlichen Abtransport des K von außerhalb des Geländes festgestellt hat oder ob er dazu in den Park eingedrungen ist.

W. Konkurrenzen und Gesamtergebnis

S hat sich nach § 221 strafbar gemacht, der § 323c im Wege der Gesetzeskonkurrenz (Konsumtion) verdrängt.

Insgesamt hat sich S nach §§ 244, 22, 123 strafbar gemacht, die in Realkonkurrenz zu §§ 211, 22, 223a, 303 stehen. Der ebenfalls verwirklichte § 221 wird von §§ 211, 22 konsumiert.

K hat sich nach §§ 244, 22, 123 strafbar gemacht, die in Realkonkurrenz zu §§ 211, 22, 303, 22 stehen.

---

63 So aber eine mindestens quantitativ beachtliche Mindermeinung im Hauptseminar am 08.10.86, die sich jedoch nicht in der Lage sah, meine Einwände hiergegen auszuräumen; anders noch dieselbe vom Vortag aaO.

7. Teil - Aufbaumöglichkeiten am Beispiel von § 242

Auf den nun folgenden Seiten habe ich einmal alle Aufbaumöglichkeiten, die es bei § 242 gibt, durchexerziert. Dabei enthält die erste Seite - gleichsam als kommentiertes Aufbauschema - in gedrängter Form die Definitionen der Tatbestandsmerkmale, sowie einen kurzer Anriß typischer Probleme, mit einigen kurzen Erläuterungen zu den dabei vorzunehmenden Lösungsansätzen.

Die übrigen Schemata beschäftigen sich dann mit den verschiedenen Varianten von Tatbeteiligungen (Täterschaft und Teilnahme). Erfahrungsgemäß bereiten nicht so sehr die einzelnen Elemente Schwierigkeiten, sondern vielmehr die Frage, wo diese Elemente in den Aufbau einzuordnen sind.

Um das Ganze zu vervollständigen, habe ich auch gleich den Versuchsaufbau in die Darstellung miteinbezogen.

Im übrigen handelt es sich hierbei natürlich um Fragen des Besonderen Teils. Es bleibt daher an dieser Stelle bei einem Anriß am Beispiel von § 242. Mehr würde den Umfang dieses Skriptes bei weitem sprengen.

Dabei durfte es natürlich nicht bleiben. Deshalb haben L. Thielen und ich die übrigen wichtigen Tatbestände des Besonderen Teils (etwa 380 Schemata) in einer ganz speziellen Form in einer gesonderten Reihe erläutert (Thielen / Braunschneider: Jura light - Strafrecht BT 1 und Strafrecht BT 2). In jeder guten Buchhandlung erhältlich.

A. Diebstahl, § 242 I (ein Täter)

I. Tatbestand
  1. Objektiver Tatbestand
    a. Tatobjekt
      (a) Sache
      (b) fremd
      (c) beweglich
    b. Tathandlung
      - Wegnahme
  2. Subjektiver Tatbestand
    a. Vorsatz
      (a) bez. Tatobjekt
      (b) bez. Tathandlung
    b. Absicht bez. Auf
      (a) Zueignung
        für sich oder Dritten
      (b) rechtswidrige
II. Rechtswidrigkeit
III. Schuld

Sache = jeder körperliche Gegenstand, gleich welchen Aggregatzustandes.
fremd = jede Sache, die im (Mit) Eigentum eines anderen steht.
beweglich = jede Sache, die tatsächlich fortbewegt werden kann. Auf Beweglichkeit i.S.d. BGB kommt es nicht an.
Wegnahme = Bruch fremden, Begründung neuen, nicht notwendig eigenen Gewahrsams.
Gewahrsam = tatsächliches Herrschaftsverhältnis, von einem Herrschaftswillen getragen.
Zueignung = dauernde Enteignung und - mindestens vorübergehende - Aneignung.
rechtswidrig = jede Zueignung, auf die kein Anspruch besteht.
Absicht = Absicht im technischen Sinne bezüglich Aneignung, im übrigen Eventualvorsatz.

Probleme:

1. **Sache:** Nichtkörperliches (Strom), Menschenwürdeträger (Leichen). Selten problematisch.
2. **beweglich:** Abgrenzung BGB-Beweglichkeit des (vgl. §§ 90 ff BGB). Selten problematisch.
3. **fremd:** Übereignungsvorgänge des BGB müssen nachvollzogen werden. Dabei kommen rechtsgeschäftliche (§§ 929 S.1 ff - 936 BGB) und gesetzliche (z.B. §§ 946 ff BGB) in Betracht. Merke: Man beginnt am besten mit den Worten „Ursprünglich stand die Sache im Eigentum des X. Dieser kann sein Eigentum jedoch dadurch an Y verloren haben, daß ...“
4. **Wegnahme:** Abgrenzung zum Betrug (dort: freiwillige Gewahrsamsübertragung) und zur Unterschlagung (dort: kein Bruch fremden Gewahrsams). Eine gewisse räumliche Trennung des Opfers von der Sache führt noch nicht zum Gewahrsamsverlust, sondern zur Gewahrsamlockerung. Entscheidendes Kriterium hierfür ist die eigene (Bearbeiter-)Meinung. Diese muß man tarnen mit den Universalbegriffen „nach der Verkehrsauffassung“ und „nach der allgemeinen Lebenserfahrung“. Aber nicht übertreiben!
5. **Zueignung:** Muß nur erstrebt und nicht auch verwirklicht sein (subjektives Merkmal!) Bedeutet nicht, daß der Täter oder der Dritte Eigentümer i.S.d. BGB wird. Standort zur Abgrenzung vom straflosen Gebrauch (dauernde Enteignung) und zur Abgrenzung von der hier straflosen Sachbeschädigung (vorübergehende Aneignung). Sinnvollste Prüfungsreihenfolge:
   1. *Maßt der Täter sich oder einem Dritten eine eigentümerähnliche Position an (formeller Zueignungsbegriff)?*
   2. *Wenn ja: Liegt eine dauernde Ent- und eine mindestens vorübergehende Aneignung vor (materieller Zueignungsbegriff)?*
      a. an der Sache selbst (Substanztheorie - Normalfall)
      b. an einem sachimmanenten Wert (Sachwerttheorie - vgl. Sparbuch)
6. **Rechtswidrigkeit der erstrebten Zueignung:** Nicht zu verwechseln mit der allgemeinen Rechtswidrigkeit (Stufe II). Schuldrechtliche Vorgänge des BGB müssen nachvollzogen werden. Ein Irrtum an dieser Stelle ist Tatbestandsirrtum über ein normatives Merkmal und kein Verbotsirrtum!

B. Diebstahl, §§ 242 I, 25 I Var. 2 (mittelb. Täterschaft)

I. Tatbestand
   1. Objektiver Tatbestand
      a. Tatobjekt
         (a) Sache
         (b) fremd
         (c) beweglich
      b. Tathandlung
         - Wegnahme durch einen Dritten
      c. Tatherrschaft (Willensherrschaft) über den Dritten
   2. Subjektiver Tatbestand
      a. Vorsatz
         (a) bez. Tatobjekt
         (b) bez. Tathandlung
         (c) bez. Tatherrschaft (Willensherrschaft)
      b. Absicht bez.
         (a) Zueignung für sich oder Dritten
         (b) rechtswidrige
II. Rechtswidrigkeit
III. Schuld

C. Diebstahl, §§ 242 I, 25 II (Mittäterschaft)

I. Tatbestand
   1. Subjektiver Tatbestand - Tatentschluß
      a. Vorsatz
         (a) bez. Mittäterschaft (funktionelle Tatherrschaft)
         (b) bez. Tatobjekt
            - Sache
            - fremd
            - beweglich
         (c) bez. Tathandlung
            - Wegnahme
            - durch mindestens einen Mittäter
      b. Absicht bez.
         (a) Zueignung für sich oder Dritten
         (b) rechtswidrige
   2. Objektiver Tatbestand
      a. Tatobjekt
         (a) Sache
         (b) fremd
         (c) beweglich
      b. Tathandlung
         - Wegnahme
         - durch mindestens einen Mittäter
      c. Funktionelle Tatherrschaft der übrigen Mittäter
II. Rechtswidrigkeit
III. Schuld

D. Diebstahl, §§ 242 I, 26 (Anstiftung)

I. Tatbestand
   1. Objektiver Tatbestand
      a. vorsätzlicher, rw § 242 (Versuch oder Vollendung)

(a) Diebstahl ist vollendet: Anstiftung zum Diebstahl
(b) Diebstahl ist unvollendet: Anstiftung zum versuchten D.
b. *Handlung: Hervorrufen des Tatentschlusses beim Haupttäter*
2. ***Subjektiver Tatbestand - Vorsatz***
a. *bez. eines vollendeten § 242 beim Haupttäter*
b. *bez. der Anstifterhandlung*
II. Rechtswidrigkeit
III. Schuld

E. Diebstahl, §§ 242 I, 27 I (Beihilfe)

I. Tatbestand
1. ***Objektiver Tatbestand***
a. *vorsätzlicher, rechtswidriger § 242 (Versuch oder Vollendung)*
(a) Diebstahl ist vollendet: Beihilfe zum Diebstahl
(b) Diebstahl ist nicht vollendet: Beihilfe zum versuchten Diebstahl
b. *Tathandlung: Unterstützung des Haupttäters*
2. ***Subjektiver Tatbestand - Vorsatz***
a. *bez. eines vollendeten § 242 beim Haupttäter*
b. *bez. der Unterstützungshandlung*
II. Rechtswidrigkeit
III. Schuld

F. Versuchter Diebstahl, § 242 I (ein Täter)

I. Tatbestand
1. ***Subjektiver Tatbestand = Tatentschluß***
a. *Vorsatz*
(a) bez. Tatobjekt
- Sache
- fremd
- beweglich
(b) bez. Tathandlung
- Wegnahme
b. *Absicht bez.*
(a) Zueignung für sich oder Dritten
(b) rechtswidrige
2. ***Objektiver Tatbestand***
- *unmittelbarer Ansatz zur Wegnahme*
II. Rechtswidrigkeit
III. Schuld
IV. Rücktritt gemäß § 24 (Abs.1 oder 2)

G. Versuchter Diebstahl, §§ 242 I, 25 I Var. 2 (mittelb. T.)

I. Tatbestand
  1. Subjektiver Tatbestand = Tatentschluß
    a. Vorsatz
      (a) bez. Tatobjekt
        - Sache
        - fremd
        - beweglich
      (b) bez. Tathandlung
        - Wegnahme durch einen Dritten
    b. Absicht bez.
      (a) Zueignung für sich oder Dritten
      (b) rechtswidrige
  2. Objektiver Tatbestand
    - *unmittelbarer Ansatz*
      (a) zur Wegnahme durch den Dritten oder
      (b) zur Manipulation des Dritten
II. Rechtswidrigkeit
III. Schuld
IV. Rücktritt gemäß § 24 (Abs.1 oder 2)

H. Versuchter Diebstahl, §§ 242 I, 25 II (Mittäterschaft)

I. Tatbestand
  1. Subjektiver Tatbestand - Tatentschluß
    a. Vorsatz
      (a) bez. Mittäterschaft (funktionelle Tatherrschaft)
      (b) bez. Tatobjekt
        - Sache
        - fremd
        - beweglich
      (c) bez. Tathandlung
        - Wegnahme
        - durch mindestens einen Mittäter
    b. Absicht bez.
      (a) Zueignung für sich oder Dritten
      (b) rechtswidrige
  2. Objektiver Tatbestand
    a. unmittelbarer Ansatz
      (a) zur Wegnahme
      (b) durch mindestens einen Mittäter
    b. Funktionelle Tatherrschaft der übrigen Mittäter
II. Rechtswidrigkeit
III. Schuld
IV. Rücktritt gemäß § 24 (nur Abs.2)

I. Versuchte Anstiftung: Nicht strafbar, vgl. § 30.

J. Versuchte Beihilfe: Nicht strafbar.

8. Teil - Sachregister

- A -

- B -

- F -

- G -

- H -

- I -

- J -

- K -

- P -

- Q -

- R -

- S -

- T -

- U -

- V -

- W -

- Z -

1. Teil - Das System ✓
2. Teil - Die einzelnen Deliktsformen ✓
3. Teil - Täterschaft und Teilnahme ✓
4. Teil - Konkurrenzen ✓
5. Teil - Gutachtenstil und Übungsklausuren ✓
6. Teil - Hausarbeiten ✓
7. Teil - Aufbaumuster bei § 242 ✓
8. Teil - Sachregister ✓

☞ **9. Teil - Werbung**

9. Teil - Werbung

Die Werbung *an dieser Stelle* kann heuer kurz ausfallen.

Ein Buch bietet heutzutage nicht mehr im Ansatz die Möglichkeiten, die wir Ihnen im **Internet** bieten können.

Sie finden dort neben der ***Übersicht*** aller von uns vertriebenen Titel auch ***Leseproben***, die Sie sich frei herunterladen können. Darin enthalten sind natürlich auch die kompletten Inhaltsverzeichnisse.

Sie können innerhalb dieser Proben eine ***Volltextsuche*** vornehmen und alles ***nach Belieben ausdrucken***. Nach dem Motto „try and buy" haben Sie damit die Gelegenheit zu prüfen, ob Sie das, was wir Ihnen anbieten, auch haben wollen.

Unabhängig davon stellen wir fortlaufend neue und auf Ihre ***Klausur-, Hausarbeits- und Examensvorbereitung*** zugeschnittene Materialien ins Netz. Schauen Sie einfach rein!

Unsere Adresse lautet: **www.achso.de.**